经以济世
建德尚美

贺教育部

……同项目

……

李路柏

教育部哲学社會科学研究重大課题攻關項目
"十三五"国家重点出版物出版规划项目

我国公共财政风险评估及其防范对策研究

RESEARCH ON EVALUATION AND PREVENTION OF FISCAL RISK IN CHINA

吴俊培 著

中国财经出版传媒集团

经济科学出版社
Economic Science Press

图书在版编目（CIP）数据

我国公共财政风险评估及其防范对策研究/吴俊培著.
—北京：经济科学出版社，2017.10

教育部哲学社会科学研究重大课题攻关项目

ISBN 978 - 7 - 5141 - 8346 - 7

Ⅰ.①我…　Ⅱ.①吴…　Ⅲ.①财政管理 – 风险管理 –
研究 – 中国　Ⅳ.①F812.2

中国版本图书馆 CIP 数据核字（2017）第 197479 号

责任编辑：王　丹　王　莹
责任校对：郑淑艳
责任印制：邱　天

我国公共财政风险评估及其防范对策研究

吴俊培　著

经济科学出版社出版、发行　新华书店经销

社址：北京市海淀区阜成路甲 28 号　邮编：100142

总编部电话：010 - 88191217　发行部电话：010 - 88191522

网址：www. esp. com. cn

电子邮件：esp@ esp. com. cn

天猫网店：经济科学出版社旗舰店

网址：http://jjkxcbs. tmall. com

北京季蜂印刷有限公司印装

787 × 1092　16 开　39.5 印张　750000 字

2017 年 11 月第 1 版　2017 年 11 月第 1 次印刷

ISBN 978 - 7 - 5141 - 8346 - 7　定价：98.00 元

课题组主要成员

课题组首席专家：吴俊培
课题组主要成员：刘尚希　卢洪友　张　馨
　　　　　　　　　刘京焕　张　青

编审委员会成员

主　任　周法兴

委　员　郭兆旭　吕　萍　唐俊南　刘明晖

　　　　陈迈利　樊曙华　孙丽丽　刘　茜

总 序

哲学社会科学是人们认识世界、改造世界的重要工具，是推动历史发展和社会进步的重要力量，其发展水平反映了一个民族的思维能力、精神品格、文明素质，体现了一个国家的综合国力和国际竞争力。一个国家的发展水平，既取决于自然科学发展水平，也取决于哲学社会科学发展水平。

党和国家高度重视哲学社会科学。党的十八大提出要建设哲学社会科学创新体系，推进马克思主义中国化时代化大众化，坚持不懈用中国特色社会主义理论体系武装全党、教育人民。2016 年 5 月 17 日，习近平总书记亲自主持召开哲学社会科学工作座谈会并发表重要讲话。讲话从坚持和发展中国特色社会主义事业全局的高度，深刻阐释了哲学社会科学的战略地位，全面分析了哲学社会科学面临的新形势，明确了加快构建中国特色哲学社会科学的新目标，对哲学社会科学工作者提出了新期待，体现了我们党对哲学社会科学发展规律的认识达到了一个新高度，是一篇新形势下繁荣发展我国哲学社会科学事业的纲领性文献，为哲学社会科学事业提供了强大精神动力，指明了前进方向。

高校是我国哲学社会科学事业的主力军。贯彻落实习近平总书记哲学社会科学座谈会重要讲话精神，加快构建中国特色哲学社会科学，高校应需发挥重要作用：要坚持和巩固马克思主义的指导地位，用中国化的马克思主义指导哲学社会科学；要实施以育人育才为中心的哲学社会科学整体发展战略，构筑学生、学术、学科一体的综合发展体系；要以人为本，从人抓起，积极实施人才工程，构建种类齐全、梯队衔接的高校哲学社会科学人才体系；要深化科研管理体制改革，发挥高校人才、智力和学科优势，提升学术原创能力，激发创新创造活力，建设中国特色新型高校智库；要加强组织领导、做好统筹规划、营造良好学术生态，形成统筹推进高校哲学社会科学发展新格局。

哲学社会科学研究重大课题攻关项目计划是教育部贯彻落实党中央决策部署的一项重大举措，是实施"高校哲学社会科学繁荣计划"的重要内容。重大攻关项目采取招投标的组织方式，按照"公平竞争，择优立项，严格管理，铸造精品"的要求进行，每年评审立项约 40 个项目。项目研究实行首席专家负责制，鼓励跨学科、跨学校、跨地区的联合研究，协同创新。重大攻关项目以解决国家现代化建设过程中重大理论和实际问题为主攻方向，以提升为党和政府咨询决策服务能力和推动哲学社会科学发展为战略目标，集合优秀研究团队和顶尖人才联合攻关。自 2003 年以来，项目开展取得了丰硕成果，形成了特色品牌。一大批标志性成果纷纷涌现，一大批科研名家脱颖而出，高校哲学社会科学整体实力和社会影响力快速提升。国务院副总理刘延东同志做出重要批示，指出重大攻关项目有效调动各方面的积极性，产生了一批重要成果，影响广泛，成效显著；要总结经验，再接再厉，紧密服务国家需求，更好地优化资源，突出重点，多出精品，多出人才，为经济社会发展做出新的贡献。

作为教育部社科研究项目中的拳头产品，我们始终秉持以管理创新服务学术创新的理念，坚持科学管理、民主管理、依法管理，切实增强服务意识，不断创新管理模式，健全管理制度，加强对重大攻关项目的选题遴选、评审立项、组织开题、中期检查到最终成果鉴定的全过程管理，逐渐探索并形成一套成熟有效、符合学术研究规律的管理办法，努力将重大攻关项目打造成学术精品工程。我们将项目最终成果汇编成"教育部哲学社会科学研究重大课题攻关项目成果文库"统一组织出版。经济科学出版社倾全社之力，精心组织编辑力量，努力铸造出版精品。国学大师季羡林先生为本文库题词："经时济世　继往开来——贺教育部重大攻关项目成果出版"；欧阳中石先生题写了"教育部哲学社会科学研究重大课题攻关项目"的书名，充分体现了他们对繁荣发展高校哲学社会科学的深切勉励和由衷期望。

伟大的时代呼唤伟大的理论，伟大的理论推动伟大的实践。高校
哲学社会科学将不忘初心，继续前进。深入贯彻落实习近平总书记系
列重要讲话精神，坚持道路自信、理论自信、制度自信、文化自信，
立足中国、借鉴国外，挖掘历史、把握当代，关怀人类、面向未来，
立时代之潮头、发思想之先声，为加快构建中国特色哲学社会科学，
实现中华民族伟大复兴的中国梦作出新的更大贡献！

教育部社会科学司

前 言

重大攻关项目都是从问题入手拟出的研究题目。当时我国正受美国金融危机影响，财政赤字率及债务率急剧上升。因此对财政风险的担忧及防范问题就成为理论界和政府关注的热点。经济热点不太可能持续很长时间，因为人们不断地在解决现实中的问题，新热点也会不断出现。我国自 1996 年以来，宏观调控一直是重要的政策工具，财政的赤字率和负债率一直是被关注的对象。该课题需要研究的理论问题属于长期的研究方向，具有重大的理论价值。

课题的形式要被大多数人接受，因为重大课题申请时有专家组评审、开题时邀请了很多专家共同商讨、课题进行中还有中期检查，最后结题有匿名专家评审。专家们都认为，课题分为"评估"和"防范"两个部分是合适的。这是本书没有安排总的理论阐述部分的重要原因，首席专家的理论观点蕴含在这两部分的表述中。因此在序言中介绍本书结构和主要理论观点是很有必要的。

本书有一个"前言"和"后记"，其中有九章内容。第一章导论，属于研究对象、研究意义及理论综述的介绍；第二章至第六章是财政风险"评估"部分；第七章至第九章是财政风险的"防范"对策部分。"评估"对象是财政风险的表现领域；"防范"主要研究财政体制、机制，即公共经济①的微观构造。

本书通常被认为属于宏观经济的范畴，本人并不这样认为。萨缪尔森在 20 世纪中叶开创了新古典综合学派，把经济学区分为宏观和微

---

① 公共经济是财政经济的现代表述，理论界更喜欢用公共经济学替代财政学。

观两个部分，这一直被奉为圭臬。但 20 世纪 90 年代初，斯蒂格利茨就认为"在过去的数十年中，经济学者们已经对微观经济学和宏观经济学的分割提出疑问。整个经济学界已经相信：宏观的变化必须以微观经济学的原理为基础；经济学的理论只有一套，而非两套。然而，这一观点却没有在现有的任何教科书中被反映出来。"① 在我国更是如此。斯蒂格利茨的《经济学》想改变这种状况，在我看来并不成功。因为公共经济中的微观结构对整个经济的影响不被理论界重视，甚至被完全忽视了。没有这方面的研究成果想统一宏观和微观的分割是不可能的。

在主流理论中，微观通常和竞争性的市场经济相联系，宏观则和政府干预相联系。这一度使公共经济学被认为属于宏观经济的范畴。今天，财政理论界虽然认识到公共经济学也可以区分为宏观和微观两个部分，但后者的研究一直不被重视。要沟通宏观和微观的桥梁，就不能按萨缪尔森的宏微观分法去理解。

我们认为市场经济属于竞争性领域；公共经济属于合作性领域。市场经济提供私人商品（Private Goods），也称竞争性商品；公共经济提供公共商品（Public Goods），也称合作性商品。市场经济体制定义为竞争和合作的体制可能更贴切一些。竞争和合作是效率的两个基本手段。马歇尔早就指出，竞争未必有效率，合作未必没有效率。实际上一个经济体的效率是竞争和合作均衡的产物。主流公共经济理论有许多观点是有问题的。突出的一点是把公共经济看作是市场经济的补充，或者说公共经济是从市场失败处被导入的。这个逻辑起点与财政的历史起点不符，也不符合现实状况。主流公共经济理论把公共商品说成是非排他性、非竞争性商品。这种否定性表述反映了对经济理论理解上的偏差，也不符合形式逻辑的要求。我们认为把公共商品定义为合作性商品更为贴切。主流理论把公共商品仅仅看作是消费品的看法也是片面的。公共商品同样存在投资品和消费品的组合，而且其效率的发挥还要视和竞争性商品的组合情况而定。

当然，把市场经济称为竞争性经济并不表明其中不存在合作，企

---

① ［美］斯蒂格利茨著：《经济学》（上册），中国人民大学出版社 1998 年 3 月第四次印刷，第 17 页。

业、公司就是合作的形式，但经济体之间以竞争为主。公共经济中以合作为主，也并不排除竞争，比如地方政府间就存在横向竞争，但基本制度是合作。

对公共经济微观领域的研究有两个方面：一是公共经济的制度结构，这是影响经济的机制性原因；二是公共经济提供的公共商品对经济的影响。前者属于公共经济微观经济的制度范畴，政府的资源配置和收入分配就是通过这种制度安排发挥作用的。这一研究，涉及财政收支两个方面，对整个经济的影响是明显的。后者是指财政支出是通过其提供的公共商品发挥作用的。在市场经济体制中，居民的消费水平和消费质量是由竞争性商品和合作性商品共同决定的；效率也是由市场资源配置方式和财政资源配置方式共同决定的。但在已有的研究中，跳过公共商品的中间环节直接考察财政支出对经济的影响。这是用传统的宏观方法来研究微观问题，显然是不妥当的，而且也失去了公共经济学自身的特点。本书主要对前者进行了研究，后者基本没有涉及。因为后者的研究需要有前者的条件。

本书在"评估"部分对财政的宏观风险和微观风险进行了全面评估。财政微观风险的评估，主要是对财政制度的微观构件、地方政府间的竞争，以及农村城镇化过程中的风险进行评估。评估结果表明，我国的宏观调控政策实际上并没有起到经济稳定的作用，自1994年以来，我国的经济一直处于波动状态。相机抉择是我国宏观调控的主要方式。这使我国财政制度的微观结构经常变动。通过评估，我们发现微观结构的变动并非主要是宏观调控造成的，微观制度安排自身的不合理是政府依靠相机调节的主要原因。我们经过对财政风险的全面评估以后发现，宏观上的财政风险实际上是微观风险的表达方式，解决微观风险是矛盾的主要方面。这些问题在其他研究财政风险的文献中较少涉及。

本书在"防范"部分重点探讨了防范财政风险的微观制度安排。我们认为，财政微观制度安排不当是财政风险的重要根源，也是宏观调控难以稳定经济的重要原因。分税制财政体制是财政微观制度安排的核心制度。在这一体制中，税制是基础。构建中性税制是市场经济体制的根本要求。但以往对税收收入侧的中性问题比较重视，对支出

3

侧的中性问题不够重视，甚至被忽视了。税收是对国民收入流量的扣除，仅从收入侧考虑，是社会总福利的减少。只有当支出提供的福利补偿了收入减少的福利，税收才是真正的中性。因此，必须加强税收转化为支出的中性研究。

税收是消费公共商品支付的价格。萨缪尔森提出这一观点，实际上是强调财政资源配置和市场资源配置一致才是有效率的。或者说市场经济在资源配置中处于决定性作用的地位。但是，要使每一种税收都一一对应某种公共商品的消费是不可能的。但不同性质的税收对相应支出之间是存在内在联系的。这一发现是对税收支出中性研究的结果。以往，人们认为只要是税收就可以用于公共支出的任何方面。本书认为，税收可以分为一般税和特种税。一般税用于满足一般公共商品的支出需要；特种税满足特种公共商品的支出需要。这就是税收和支出之间联系的大数对称定律。当然，大数对称定律只是总量上的，结构上也要符合大数对称定律的要求。这就要求税制、分税和转移支付制度之间要建立内在联系。本书提出的预算基金制就是建立在这一成果的基础之上的。市场经济资源配置无效率的原因是垄断、自然垄断、信息不对称等问题。公共经济资源配置无效率的原因是公共商品的成本分担不公和受益不公。不论是市场经济还是公共经济，无效率的本质是一样的，都是因为存在有人获得了不当利益。本书对这些问题进行了深入的探讨，为构建符合市场经济体制的分税制财政体制提供理论基础。这是防范财政风险的基础工作，也是当前深化改革的重点，可能属于开创性的研究。

本书是否存在那些成果，期待读者的鉴定和批评。

最后，要特别感谢责任编辑的敬业、认真和负责，减少了本书不少技术性的错误，但声明文责自负仍然是必要的。

吴俊培
2017 年 10 月 7 日于武汉

摘　要

对我国公共财政风险的高度关注，最初是出于对我国推行积极的财政政策以来财政赤字数量急剧增长的担忧。因此以往对公共财政的风险评估主要集中于宏观领域，不重视甚至忽视了微观风险的评估。实际上，公共财政的微观制度安排是宏观调控的基础，许多宏观风险实际上是微观风险在宏观领域的反映。

本书不仅对公共财政的宏观风险进行评估，而且对公共财政的微观风险也进行了全面的评估。评估表明，我国公共财政的经济增长、通货膨胀、挤出效应等宏观风险并不大，但宏观调控政策本身成为经济波动的一个重要因素，反过来又进一步依赖和强化了宏观调控。这表明，财政宏观调控需求许多是由微观风险产生的，而宏观调控又加剧了微观风险，后者又产生宏观调控需求，使经济陷入不良循环之中。

本书对公共财政微观制度安排的风险进行了评估。分税制财政体制是公共财政的核心制度安排。在这一制度安排中，中性税制是基础，"分税"和"转移支付"制度是保证预算中性的重要手段。所谓微观风险，就是这一制度安排不能保证市场经济在资源配置中起决定性作用的风险、不能保证地区均衡发展的风险、不能保证公共财政公开、透明、硬约束的风险。具体表现为税制的非中性、预算的非中性，以及地方财政风险和二元经济向一元经济过渡中的风险。

本书把防范公共财政风险对策研究的重点放在微观制度的安排上，而不是采取寻找可以预警的宏观指标。我们认为这是防范风险的治本之策。因为没有相对稳定的微观基础，预警指标是不可靠的。

本书重点探讨了一般公共预算防范风险的微观制度安排，进而探讨了防范风险的政府预算体系。研究的主要成果是：在分税制财政体制中，中性税制是基础、分税中性、转移支付中性、预算中性是防范风险的制度安排准则。本书认为，以往公共财政在处理中央和地方关系的制度安排中，只重视竞争出效率的制度安排，不重视甚至完全忽视了合作出效率的制度安排。根据理论研究成果，提出了中性税制、中性分税和中性转移支付等制度安排的政策建议。在分税制财政体制的制度设计中，既重视竞争出效率，又重视合作出效率。

本书根据新预算法研究了公共财政的预算体系。主要理论成果是：界定清楚四类预算之间的区别和联系。并根据理论研究成果，提出四类预算之间的分工和职责。只有政府四类预算和市场经济之间的边界是明晰的；只有四类预算内部功能的边界是明晰的；只有四类预算之间的边界是明晰的，才符合公正、公平、公开、透明的现代财政治理结构的要求。

Abstract

The Chinese government implemented a national proactive policy at this period with a sharp increase of financial deficit which aroused a high focus on fiscal risk originally. Consequently, the previous evaluation on fiscal risk used to focus on macroeconomic field but not concentrated on the assessment of microeconomic financial risks. Actually, the arrangement of microeconomic system on public finance is the base of macroeconomic regulation and control, many macroeconomic risks are the reflections of microeconomic risks in macro-fields.

We not only make an evaluation on the macroeconomic risks of the public finance, but also make a comprehensive assessment on microeconomic risks. The report shows that the macroeconomic risks including the fiscal growths, inflations, "crowding-out effect" of the government are not very serious. However, the macro-control policies, as a significant factor of the economic fluctuation, are not only relying on but also strengthening the macro-control itself. These show that the demands of the macro-control are generated by the microeconomic risks, furthermore, the macro-control will aggravate the microeconomic risks as well. Meanwhile, microeconomic risks arouse macro-control demands in a vicious circle.

We have made an assessment on the risks of the microeconomic system arrangement of the public finance. The fiscal tax distribution system is the kernel of the fiscal system arrangement in which the neutral tax system is the base, the system of "tax distribution" and "transfer expenditure" are the important means to guarantee the budget neutrality. We make a definition of the microeconomic fiscal risks to which can not guarantee the decisive roles of the market economy in the allocation of resources, or promote the development of different areas in a balanced way, or guarantee the publicity, transparency, rigid restrictions of the public finance. The microeconomic risks make the performances of non-neutrality of tax system and budget system, the municipal fiscal risk,

1

and the risks of the period of the transition from dual economy to the unitary economy.

We make the research emphasis on the arrangement of the microeconomic system to prevent fiscal risk and make countermeasures, but not try to find out some macro-indexes to the fiscal risk alarm. On our opinion, without the foundation of the analysis of the microeconomic system, the alarm indexes are not reliable.

We focus the research on the arrangement of the microeconomic system to prevent the risks of the general public budget and make countermeasures, and then discuss about the risk prevention system of the government budget. Our research results show that the neutral tax system is the base of the financial system of tax distribution, and the neutralities of the tax distribution, the transfer payment and the budget are the norms of the system arrangement. Our report also shows that the system pay more attention to the efficiency of competitions but not the efficiency of cooperation in the system of managing the relationships between the central and local governments. In our research we not only attach our importance to the efficiency of competitions but also the cooperation, and we put forward public policies of the neutralities of the tax, the tax distribution and the transfer expenditure to the arrangement of the system.

According to the study of the new budget law, we make the research to the budget system of public finance on how to demarcate the differences and relations of the four types of budgets. Meanwhile, we put forward the conceptions of the roles and responsibilities of the four types of budgets. On the conditions of making clear the boundary between the four types of budgets and the market economy, the boundary of internal functions of the four types of budgets, the boundary of the four types of budgets, we will meet the requests of the modern financial governance structure of the system of justice, fair, open and transparent.

目　录

Contents

Contents

3

第一章

导　论

第一节　研究背景

本书为教育部的重大攻关项目，从5年前开始研究。该书的直接动因和我国公开推行赤字财政政策有关。1998年，中国政府首次公开主张推行赤字财政政策，当时称为积极的财政政策。赤字率、政府负债率急剧上升，公共财政风险及其防范问题引起社会的普遍关注。2002年开始转入稳健的财政政策，赤字率、政府负债率有所下降。但2008年美国金融危机的影响遍及世界，我国采取更为积极的财政政策。赤字率、政府负债率又急速回升。公共财政风险及防范问题引起人们的进一步关注。因此，怎样认识公共财政风险，以及怎样防范风险的研究非常迫切。

在上述背景下，公共财政风险评估被关注的热点是债务风险，公共财政风险问题也主要从宏观经济的角度进行研究。公共财政风险防范却包括两个方面：一是经济波动的宏观调控政策；二是避免经济波动的微观制度安排。

本书主要研究公共财政宏观政策风险评估的方式方法以及防范公共财政风险的微观制度安排，有重大的理论意义和现实意义。

在这5年中，我国对市场经济体制有了更为深刻的认识。第一，对市场经济体制的认识更深刻了。1993年党的十四届三中全会决定指出，要在宏观调控下让市场在资源配置中起基础作用。而 2013 年党的十八届三中全会的决定指出，要让市场经济在资源配置中起决定作用。这表明对资源配置效率机制的认识达到了新的高度，同时指明了进一步深化改革的方向。第二，公共财政法治化管理的框架基本确立。2014 年 8 月 31 日，全国人大常委会通过了《中华人民共和国预算法》（以下简称新《预算法》），并于 2015 年 1 月 1 日起实行。新《预算法》明确提出，公共预算包括一般公共预算、政府性基金预算、国有资本经营预算和社会保险基金预算。这构筑了我国预算法治化管理的基本框架。第三，我国经济发展进入新常态时期。2014 年 12 月 9 日，习近平总书记在中央工作会议上明确指出："我国经济发展进入新常态是我国经济发展阶段性特征的必然反映，是不以人的意志为转移的。认识新常态，适应新常态，引领新常态，是当前和今后一个时期我国经济发展的大逻辑。"这表明，我国在发展理念、发展方式等方面发生重大转变。所有这些转变，都对公共财政风险评估及其防范研究提出了更高的要求。这使课题研究既有现实性，也有前瞻性。

第二节　国内外理论综述

一、国外财政风险研究

（一）宏观经济理论的进展

在国外的文献中，没有"公共财政风险"为主题词的研究，但对宏观经济的研究与本书直接相关。

在过去 30 年中，宏观经济学出现了三个深刻改变政策分析的重大理论进展：卢卡斯（Robert Lucas, 1976）对于政策实施效果评估的批判，基德兰德和普雷斯科特（Finn Kydland, Edward Prescott, 1977）关于相机抉择的动态不一致性的研究，还有基德兰德和普雷斯科特（Finn Kydland, Edward Prescott, 1982）开创的定量动态随机一般均衡模型。卢卡斯批判推动起来的定量一般均衡模型逐渐变得成熟起来（Calvo, 1978; Fischer, 1980），把金融市场的不完善、价格刚性、不完全竞争、不完全市场和其他市场摩擦因素都考虑进来（Cooley, 1995）。这些模型对于理想的财政政策和金融政策提出了基本要求。有一点值得特别注意的是：跨期扭曲会对未来的产出水平产生非常大的效应，跨期扭曲导致不同国家的国民收入水平出现了巨大的差异（Chari，Kehoe，McGrattan，1997）。因此，为了取得最优的经济效果，财政政策必须尽量减少跨时期的扭曲。我们的问题因而可以归结为：赤字财政政策是否存在跨期扭曲？如果存在，对宏观经济形成负面影响的风险边界何在？

（二）关于李嘉图等价效应

大卫·E·李嘉图（1772~1832年）认为，当政府部门陷入赤字时，家庭部门将减少其消费。按照现代观点，如果政府为赤字提供资金的借款的增加引起了一个使经济中的利率水平不变的私人储蓄的增加，就可以说达到了李嘉图等价[①]，一些实证研究似乎也支持这一观点（Charles I. Plosser，1982；John J.，Roberto S. Mariano，1985）。但研究也表明，储蓄的增加并不表现为恰好抵消政府借债的增加，这意味着政府赤字有可能产生提升利率的压力，这会减少私人投资从而使后代人遭受生活水平下降的后果（Michael J. Boskin，1978）。政府过度举债对真实产出的负面影响也受到关注（A. Alesina，M. de Broeck，A. Prati，G. Tabellini，1992）。另一方面，债务负担对未持有或继承政府债券的未来纳税人也造成税收冲击[②]。

（三）关于债务危机

主权债务（即一国政府欠外国债权人的债务）及其偿还问题是国际政治经济学的一个主要问题，这方面的文献也汗牛充栋。萨克斯[③]对危机设计出来的制度解决方案和应用进行了很好的综述。首先，偿还问题与偿还能力无关。一个债务国在技术上都有能力偿还债务，因此不偿还是一个政治问题，而不是因为一个国家没有偿还能力。其次，正如布洛与罗戈夫（Bulow，Rogoff，1989b）指出的，如果发生违约，债权国所能合理冻结的债务国的资产，通常仅为其拖欠债务的一小部分。两个重要且密切联系的问题表现为：债务国偿还其主权债务的激励是什么？债权国对不偿还债务的最优反应是什么？这一领域的开创性文献出自伊顿与格索维茨（Eaton，Gersovitz，1981），布洛与罗戈夫（Bulow，Rogoff，1989a）对主权债务的政治经济学问题也进行了深刻的剖析。伊顿与费尔南德斯（Eaton，Fernandez，1995）给出了精彩的综述。

---

① Barro R. J. Perceived wealth in bonds and social security and the Ricardian equivalence theorem：Reply to Feldstein and Buchanan ［J］. The Journal of Political Economy，1976：343 – 349.

② Buchanan J. M. Public principles of public debt a defense and restatement ［M］. Journal of finance，1959，14（1）：124.

③ J. D. Sachs. Developing country debt and the world economy ［J］. NBER Books，1989：57 – 80.

从中央与次级政府财政关系看，由于州和地方政府没有创造货币的能力，这些债券天生就要比联邦政府债券风险要高。州和地方政府债券的持有者与联邦债务的持有者相比，发行辖区以外的持有者可能要多一些，这意味着偿付州政府和地方政府债务将引起相当数量的资源流向别的管辖区（David N. Hyman，2005）。对次级政府财政风险的研究主要是以软预算约束为核心展开的（Yingyi Qian，Barry R. Weingast，1997；Barry R. Weingast，2009；David E. Wildasin，2001）。

（四）关于财政政策与经济增长的关系

财政政策与经济增长关系的讨论，基本集中在再分配工具的扭曲性质及对增长的抑制上。几乎所有关于增长的政治经济学的经验证据都是建立在对增长决定因素的跨国截面数据的简化型的估计之上，其中政治变量作为潜在的解释变量被加入到标准的增长方程中。佩鲁蒂[1]发现："这些结果实际上很难为任何现有的关于财政政策的标准政治、经济模型提供解释。"这个结论概括了大量关于财政政策方法，特别是不均等与增长关系分析的经验研究。一个相关的问题是，财政机制的效应是否只存在于民主国家而不存在于非民主国家之中，这方面的研究结论也存在较大的差异（Benabou，1996；Barro，1996；Easterly，1997）。

（五）关于财政风险评估

跨期扭曲对宏观经济波动的风险度量在操作层面表现为财政风险的评估。

与货币危机和银行危机风险预警（Early Warning Systems，EWS）相比，关于债务危机风险预警的文献并不多见。卡龙和特雷贝齐[2]（Ciarlone，Trebeschi，2005）采用两步法来预警债务风险：第一步是观察影响债务可持续性的经济指标，如外债负担、偿债资源、创汇能力、净资本流入等，将其作为经济运行健康与否的初步估计变量；第二步是以 CDSs 作为风险度量工具来监测债务风险。

政策上，《马斯特里赫特条约》要求欧盟成员国的国债余额和财政赤字分别不得超过当年 GDP 的 60% 和 3%，被认为是各成员国债务规模的警戒线。在应对 20 世纪末拉美国家债务危机过程中形成的《华盛顿共识》，则明确提出了加强财政纪律，压缩财政赤字，并进一步体现在后期拉美国家和东欧转型国家的宏观

---

① Alesina A. , Perotti R. Income distribution, political instability, and investment [J]. European economic review, 1996, 40（6）: 1203 – 1228.

② Ciarlone A. , Trebeschi G. Designing an early warning system for debt crises [J]. Emerging Markets Review, 2005, 6（4）: 376 – 395.

经济政策中。而当前欧盟和 IMF 对欧盟区国家债务危机的应对，也无不体现了财政紧缩政策的重要性。此外，WB 和 IMF 于 2001 年发布了公共债务管理指南，该指南包括债务管理目标和协调，透明度和问责，制度框架，债务管理战略，风险管理框架等，并于 2003 年进行了修订。

在实践中，西方国家采用的仍然是新古典综合理论。这一理论认为，在经济"萧条"时，赤字财政没有风险。只有当经济中的"潜在生产能力"发挥出来之后，赤字财政才存在诱发通货膨胀的风险。但"潜在生产能力"并不是一个常量，实证方法求出来的只不过是描述已经发生的"潜在生产能力"，并不能反映未来方向上的"潜在生产能力"。任何一项社会制度的变更、任何一项技术创新都可能改变"潜在生产能力"。因此，赤字财政政策的容量究竟有多大的问题，无法判断；该不该运用赤字财政政策的问题也无法判断。此外，通货膨胀的判断是需以"潜在生产能力"为依据的，而且通胀的两种方式：成本推进和需求拉上，在定量分析上根本无法区分开来。上述表明，主流财政经济理论不可能解决经济波动问题，也不可能真正消除公共财政的风险。对公共财政风险的评估主要停留在财政赤字率和负债率的层面上，并不深入。

二、国内对财政风险的研究

（一）从"风险"的含义入手，推导财政风险的含义

从通常意义上讲，风险是指各种不确定性因素的影响而给行为主体带来损失或造成损害的可能性。多数文献在认同财政风险的风险属性（即可能性与不确定性）的基础上，直接将内涵加以充实。

高志立等[1]认为财政风险是专指财政领域中因各种不确定性因素的综合影响而导致财政资金遭受损失和财政运行遭到破坏的可能性；王聪[2]指出财政风险是指财政不能提供必要财力，致使国家机器不能正常运转的可能性；邢俊英（2000）也指出财政风险是指财政不能提供足够的财力，致使政府无法实现其职能的可能性。

"财政风险是指我国现在执行的有关财政政策，使未来财政工作遭受损失或

---

[1] 高志立、陈志国、王延杰：《财政风险及其构成内容的理论分析》，载于《财政研究》2001 年第 2 期。

[2] 王聪：《积极防范和化解财政风险的对策》，载于《经济研究参考》2000 年第 52 期。

损害的可能性"①；"财政风险是指国家在组织财政收入和安排财政支出过程中，由于财政制度和财政手段本身的缺陷以及各种经济因素的不确定性造成损失和困难的可能性"②。

"财政风险是指与财政有关的经济危险，是国家在组织收入和安排支出过程中，由于财政制度和财政手段本身的缺陷以及多种经济因素的不确定性，造成财政损失、困难以及财政政策目标难以实现的可能性"③；"财政风险是指国家在组织收入和安排过程中，由于政府理论、财政制度和财政手段本身的缺陷以及财政运行过程中遇到的各种不确定性因素，阻碍了财政职能的正常发挥，有造成损失和困难的可能性"④。

刘尚希认为财政风险指政府拥有的公共资源不足以履行其应承担的支出责任和义务，以至于经济、社会的稳定与发展受到损害的一种可能性⑤；白贵（2003）也有类似的看法，财政风险是指政府在财政分配活动过程中，由于财政政策、制度、手段本身的缺陷和多种经济因素的不确定性，而给政府的财政活动和社会经济进一步带来的各种潜在危害的可能性。

（二）利用"财政困难"和"财政危机"来解释财政风险

根据《新帕尔格雷夫经济学大辞典》中有关词条的解释，财政风险是指爆发财政危机的可能性。广义的财政危机指包括国家财政、银行信用和货币流通的混乱和动荡；狭义的财政危机仅指国家财政收支的危机。财政危机的一般表现是国家预算入不敷出，财政赤字巨大，国家债务剧增，全部或部分国家债券停止兑付等。

"所谓财政风险，是指存在爆发财政危机的隐患"⑥；"就财政风险而言，它是指财政所面临的减收、增支以及由此引起财政危机的可能性"⑦；"所谓财政风险，主要是由于财政收入增长的惰性和财政支出增长的刚性以及两者合力所形成的财政困难，并可能引发财政危机的一种状况。从这点出发，也可以说财政风险是指存在爆发财政危机的隐患"⑧。

"通常来说，财政风险是指财政面临支付危机的可能性，集中表现为赤字和

① 陈学安、侯孝国：《财政风险：特点，表现及防范对策》，载于《财政研究》2001 年第 3 期。
② 吴厚德：《略论财政风险及其防范》，载于《财政研究》2001 年第 3 期。
③ 梁红梅：《转轨时期的财政风险及其防范与控制》，载于《财政研究》1999 年第 3 期。
④ 谢毅：《略论财政风险的防范与控制》，载于《国有资产管理》2001 年第 10 期。
⑤ 刘尚希：《财政风险：一个分析框架》，载于《经济研究》2003 年第 5 期。
⑥ 杨小军：《关注财政风险》，载于《资本市场》1999 年第 7 期。
⑦ 施青军：《中国当前财政风险分析》，载于《财政研究》2000 年第 8 期。
⑧ 孙国相：《论防范和化解财政风险》，载于《财贸经济》2001 年第 2 期。

我国公共财政风险评估及其防范对策研究

债务的膨胀，当这种膨胀超越一国经济和社会承受力时，将演变成财政危机，并由此引发一国经济、政治的全面危机和社会动荡"①。

（三）分别从广义和狭义角度，来界定财政风险

国内对于财政风险的理解主要有两种：一种是狭义上的财政风险，即仅从财政自身的角度来考察，是指政府资不抵债和无力偿付到期债务，不能维持正常机构运转的风险。它包含两方面的内容：一是财政不能提供必要财力致使国家机器不能正常运转的可能性；二是财政资源分配不当引起的资源浪费和损失。另一种是广义上的财政风险，在一定意义上，政府是为化解和规避公共风险而存在的，政府的每一项公共政策，最终都要体现在财政上。因此，财政风险就是公共风险。财政是社会经济风险的最终承担者，银行风险、国企财务风险等都将最终转化为财政风险，甚至将财政风险等同于国家经济安全问题。

施青军认为由于财政是全社会风险的最终承担者②，因此，从广义上理解的财政风险包括来自经济波动、利率变动、债务扩张等经济方面的风险和来自自然灾害、政治、社会不稳定等非经济方面的风险；而狭义财政风险是指财政的债务风险。丛树海也指出广义的财政风险就是公共风险，即来自经济、自然、社会和政治等方方面面的不利因素致使国家财政、银行信用和货币流通出现混乱和动荡的可能性③；而狭义的财政风险，指爆发财政危机的可能性，即政府财政入不敷出、预算赤字巨大、国家债务剧增、全部或部分国家债券停止兑付的可能性。

（四）从部门角度研究财政风险

在混合经济中，政府参与资源配置和收入分配，同时也为维持经济稳定负有责任。作为一个部门，其需要协调其自身的事权和财权以达成统一，而这种统一总是在政府的预算之中体现出来。就财政论财政风险的观点认为，当政府自身收不抵支时，就会形成赤字和债务，这意味着财政的不平衡，而财政不平衡蕴含着政府无力偿还债务的风险。因此，判断财政风险的准则就是财政平衡。根据IMF的定义，财政风险是指在遭受某种冲击，如经济增长偏离预期、失业率上升、利率升高、货币贬值、贸易条件恶化、自然灾害、政府担保需要偿付等后，财政运行结果显著偏离预算（或其他财政预测）的可能性。除此之外，就财政论财政风险的观点也是现实中各国政府判断财政风险的重要依据，这可以

① 丛明、胡哲一：《财政风险若干问题分析》，载于《经济研究参考》2001年第26期。
② 施青军：《中国当前财政风险分析》，载于《财政研究》2000年第8期。
③ 丛树海：《财政风险扩张与控制》，商务印书馆2005年版。

从欧洲 1992 年制定并已在国际上达成共识的《马斯特里赫特条约》（以下简称《马约》）窥见一斑。该条约规定赤字率 3%、债务率 60% 是判断一国财政风险的参考标准。

从本书第一部分关于财政风险理论的发展概述中可以看出，事实上就财政论财政风险可以说是从古典经济学时期就已兴起并一直延续至今的传统。只不过近些年来，经济学家在这一传统框架下进行了拓展，并形成了新的内容。概而言之，主要包括在以下两个方面的进展：

一方面，突破了以往对政府债务的局限认识，对政府债务的内容进行了拓展，在这方面的研究以世界银行高级经济学家布里克斯、希克（Hana Polackova Brixi, Allen Schick）等为代表。在布里克斯（Brixi）提出的"政府财政风险矩阵"[①] 中，将政府债务区分为两个层次：第一个层次是直接负债和或有负债，前者是指任何情况下都存在的负债，与其他事件的发生无关；后者是指在特定情况下才存在的负债，与其他事件的发生相关。第二个层次是显性负债和隐性负债。前者是通过法律契约或承诺等形式确定的负债；后者是根据将来可能出现的情况推定的负债，道义上的负债。责任边界不清楚，两个层次相互交叉形成四种类型的政府债务：直接显性负债、直接隐性负债、或有显性负债、或有隐性负债。这实际上指出了两种类型的财政风险：一是直接财政风险，即由财政直接承担债务，主要是直接显性债务；二是间接财政风险，包括直接隐性债务、或有显性债务和或有隐性债务，财政何时必须承担这些债务以及承担债务的规模都是取决于一定条件的。布里克斯的这种突破被运用在很多国家的具体研究中（Tarun Das et al., 2002；Brixi, 2004；Brixi, Irwin, 2004；Tom Dickson, Alva Lim, 2007）。

另一方面，突破了从短期关注财政不平衡的认识，提出了应从长期来看待财政风险的观点，主张财政风险应该是财政的不可持续性。国际货币基金曾提出运用平衡表来判断财政可持续性的分析框架。政府的资产负债关系可以由以下公式表示：外汇储备存量 + 政府未来收入的现值 = 政府未来支出的现值 + 内债 + 外债 + 政府资产净值。如果资产超过负债，净值为正，则政府有偿债能力；如果净值为负，则政府无偿付能力[②]。乔克和赫明（Chalk, Hemming, 2000）指出财政的可持续性要求政府预算既要满足静态预算约束，还需要满足跨期预算约束，如果利率大于经济增长率。国内学者余永定提出的财政稳定也是类似的观点[③]。他

---

① Brixi H. P. Contingent Government Liabilities: A Hidden Risk for Fiscal Stability [M]. World Bank, 1998.

② 袁佩佳：《资产负债管理框架下的地方财政可持续性分析》，载于《地方财政研究》2006 年第 3 期。

③ 余永定：《财政稳定问题研究的一个理论框架》，载于《世界经济》2000 年第 6 期。

认为财政稳定包含三层含义：首先，如果政府能够长期保持财政收支平衡，则政府财政处于稳定状态；其次，尽管在相当长时期内不能实现财政收支平衡，但政府能够发行国债为财政赤字融资，则政府财政依然可以认为处于稳定状态；最后，如果在经济中存在这样一种机制，即当财政脱离稳定状态之后，经济变量之间的相互作用可以使财政状况恢复或趋于稳定状态，则政府财政还可以认为是稳定的。

（五）从公共风险角度研究财政风险

刘尚希在对财政风险认识的创新方面做出了富有意义的工作，他试图跳出就财政论财政风险的角度来讨论财政风险，以期建立起一个更加广泛的分析框架。他在《财政风险：一个分析框架》[①] 中，把政府既当成一个经济主体，又当成一个公共主体，通过这样的方法来完成对财政风险的拓展。

从经济主体出发所讨论的财政风险是指在既定的政府预算框架下执行预算过程中产生的风险，是属于"怎么做"这个操作层次的风险；而政府作为公共主体，财政风险是政府决策层次的风险，即政府在决定要"干什么"的过程中所承担的风险。在政府以公共主体身份化解公共风险的过程中，面临着两个方面的不确定性：公共资源的不确定性；支出责任和义务的不确定性。因此，财政风险就是政府拥有的公共资源不足以履行其应承担的支出责任和义务，以至于经济、社会的稳定与发展受到损害的一种可能性。财政风险在表现形式上可能是赤字不可持续、债务不可持续、财政不可持续，并且会反过来渗透到经济、政治领域，导致经济衰退和政治不稳定。从性质上看，财政风险来自于个体风险（私人风险）的转化。企业、个人及其他机构应承担的风险在一定的条件下都有可能转化为财政风险，其转化的临界点是私人风险变为公共风险。至于公共风险的形成是一个社会契约的形成过程，是一个慢变量。当多数社会公众认为私人风险应该由政府出面救助或承担最基本的支出责任时，私人的事情就变成了社会的事务，即私人风险就变成了公共风险。财政风险是政府承担和化解公共风险过程中可能出现的一种结果。虽然从结果看，财政风险是化解公共风险过程中产生的，但其来源却有两个：一是经济、社会中的公共风险；二是政府干预公共风险失当。财政风险在本质上也属于公共风险，决定了财政风险有以下特点：

第一，在既定的制度框架内，财政风险不能被转移，也不能被分散。因此财政风险的管理不能采用类似企业风险管理的办法，而只能从制度变迁来寻找根本出路。

---

① 刘尚希：《财政风险：一个分析框架》，载于《经济研究》2003 年第 5 期。

第二，财政风险属于“兜底”风险，即财政是社会风险边际意义上的最终承担者。不能对出现的各种风险大包大揽，而只应该作为最后一名承担者承担最后一份风险。

第三，财政风险具有非敏感性。这是由财政风险的隐蔽性决定的。因此财政风险容易累积，增大了风险的压力，一旦爆发，可能形成财政危机，对经济社会具有很大的破坏力。

三、财政风险类型

财政运行本身的复杂性导致了财政风险的多样性。因此，从不同的角度、按照不同的标准，可以对财政风险进行不同的分类。

（一）根据财政风险的显露程度划分财政风险

根据财政风险的显露程度，可将财政风险分为显性风险和隐性风险。显性风险是指各种风险因素明显暴露，损失或损害能够测算的风险，如财政赤字、财政欠账、财政运行难度、财政职能实现程度等；隐性风险是指各种风险因素尚处于隐蔽状态，不容易被觉察的部分，如财政账面空转造成的虚收实支、非登记外债等①。显性风险是指由特定法律或合同确认的政府债务带来的风险；隐性风险是指政府道义上的责任，主要反映了公众期望以及利益集团压力②。

（二）按照财政风险的归属情况划分财政风险

按照财政风险在预算体制各级次上的表现划分，财政风险可分为中央财政风险和地方财政风险。地方财政风险又可细分为省财政风险、省辖市财政风险、县财政风险和乡镇财政风险（高志立等，2001）。

根据财政风险在财政运行各环节的具体表现划分，财政风险可分为财政收入风险、财政支出风险、财政赤字风险和债务风险。这几种风险都有规模风险和结构风险之分。从规模的角度分析，财政收入风险一般是指财政减收风险，财政支出风险一般是指财政增支风险，财政赤字风险和债务风险一般是指债务规模扩大的风险。

---

① 高志立、陈志国、王延杰：《财政风险及其构成内容的理论分析》，载于《财政研究》2001 年第 2 期。

② Polackova Brixi H. , Shatalov S. , Zlaoui L. Managing fiscal risk in Bulgaria [R]. The World Bank, 2000.

（三） 根据财政风险的形成原因划分财政风险

从内外因角度分析，可将财政风险分为内生风险和外生风险[1]（或称内部风险和外部风险[2]）、自我积累型财政风险和被动吸收型财政风险[3]（或称内源性风险和外源性风险）。内生风险是指财政系统内部因素（如财政政策不当、财政制度缺陷、预算管理体制不合理和管理低效率等）造成的财政风险。外生风险是指由财政系统外部因素造成的财政风险，一般是在经济和社会运行机制不健全时，由不确定性因素引起的需要财政"兜底"的风险，如自然风险、社会经济运行风险、技术风险、政治风险和战争风险等。

从主客观的角度分析，可将财政风险分为主观性风险和客观性风险。主观性财政风险主要由主观因素引起，客观性风险主要由客观因素引起；技术风险、体制风险、决策风险、管理风险和政治风险带有很大的主观性，而自然风险和经济运行风险则主要由客观因素引起（丛树海，2005）。

（四） 根据风险因素的作用方式，区分直接财政风险和间接财政风险

一类是直接的财政风险，即由财政直接承担的债务，相当于世界银行讲的直接显性债务，一般是通过财政预算安排并经过一定的法定程序批准的债务，这些债务是可预见、可计算出来的；另一类是间接的财政风险，即由财政间接承担的其他领域的债务，相当于世界银行讲的直接隐性债务、或有显性债务和或有隐性债务，一般是在财政预算以外可能要由财政来承担的债务，至于承担多少债务，是无法事先知道的[4][5]。

综观财政风险的分类，可以看出：财政风险的各种类型不是绝对孤立的，我们必须对各类财政风险交互关系进行深层次的分析。

第一，不同财政风险的分类之间存在两种关系。一是近似等同关系，如内生风险对应于直接风险，外生风险对应于间接风险。二是衔接关系，即任何一种分类所得出的财政风险形式都可以按照其他的分类方式再进一步划分。这种衔接关系将会形成一个非常复杂的体系，这正说明了财政风险的复杂性。

第二，就某一个具体的风险因素而言，从不同角度可以构成不同的财政风险。如国有企业债务，是财政的或有债务，它可以构成外生风险，也可以构成间

① 张燕、王刚义：《浅析我国财政的债务风险》，载于《南方经济》2001 年第 1 期。
② 孟繁金、庄龙涛：《防范财政风险的对策》，载于《中国财政》1999 年第 12 期。
③ 曾军平：《财政风险与扩张性财政政策》，载于《中国经济问题》2000 年第 4 期。
④ 丛明、胡哲一：《财政风险若干问题分析》，载于《经济研究参考》2001 年第 26 期。
⑤ 张青：《我国财政风险的分析和度量》，载于《湖北财经高等专科学校学报》2002 年第 4 期。

接风险；它会带来财政收入风险，也会带来财政支出风险。

第三，不同的财政风险形式相互影响，相互转化。如隐性风险可能转化为显性风险。显性风险也可以处理成隐性风险；地方财政风险与中央财政风险相互传导，财政运行各环节的风险传导性就更强。但在不同时期，财政风险总会以某些特定的表现形式让人更为关注。

四、财政风险成因的分析

财政风险对于政府部门本身的维持和一个国家的稳定具有重要的意义。针对不同国家，财政风险的成因有共性，但是更大程度上表现出来的是差异性，这和各国具体情况的差异有关。对于市场经济趋于成熟的国家而言，财政体制、福利制度、财政政策等都是财政风险的重要成因。

（一）不合理的财政体制导致了公共池资源（common-pool resource）问题

公共池问题的本质是地方政府在公共支出项目中收益和成本的不对称。政治家和选民从专项支出项目中获益，但他们将成本转移到公共池之中。这意味着他们在只负担了部分税收的情况下却获得了额外支出的全部收益。因此，会存在激励让受益的政府扩大支出，形成过度赤字（Von Hagen，1992；Persson，Tabellini，1999）。

在财政联邦制国家，由于中央政府有很强的激励为地方支付提供援助，因此会造成地方政府的预算约束软化的问题。在预算软约束的条件下，地方政府就有激励进行过度借款（Goodspeed，2002；Wildasin，2004；Akai，Sato，2005；Boadway，Tramblay，2005）。而中央政府如果做出可置信的承诺，表明地方政府陷入财政危机也不会援助，则软约束问题就不会存在。但中央政府这样做的政治成本是比较大的。但古德斯皮德（Goodspeed，2002）却认为，如果中央政府对没有过度支出的地方政府提供同样的资助，那么就意味着是对过度支出政府的惩罚，因此预算约束软化不必然导致地方政府的过度支出和债务积累。对于这个问题，龚强等（2011）做了一个很好的综述。

（二）福利制度被很多人认为是一些国家财政赤字居高不下的罪魁祸首

医疗、养老等方面的支出压力对财政造成了严重的负担（世界银行，1997）。

一个以社会福利最大化为目标的中央政府有更强的激励对陷入财政危机的地方政府施以援助之手（Persson，Trbellini，1996；Bordignon et al.，2001，龚强等，2011）。这些问题经常和民主体制联系在一起，布里坦（Brittan，1975）将之称为民主超载。无节制的民主经济的后果就是政府举债造成的高通胀，以及拖垮企业和削弱成本的赋税重担。在民主的收入分配不均的国家，大多数人会同意加大再分配的开支，从而增加财政赤字（Aleina，Rodrik，1994；Perrson，Tabellini，1994，胡锋等，2010）。但是樊鹏（2012）不赞同"福利许诺"推高政府赤字的观点。他认为西方民主体制对福利体系的贡献能力正在下滑，社会福利并非高赤字形成的。高赤字与债务危机本质上是放纵的市场经济、全面金融解放运动以及由此产生的放松管制和自由化政策的结果。

（三）欧盟的共同货币体系引起了人们对财政政策引发财政风险的可能性的关注

独立货币的限制意味着一国的财政政策作为调控经济的工具要承担更多更大的责任（Wyplosz，1997；Gali，Monacelli，2008；Gali，2010）。IMF（2006）认为财政规则（fiscal rule）有利于降低赤字带来的风险，但也有人对其有效性保持怀疑，因为面对财政规则下一系列的目标，政府会选择进行相机抉择（Von Hagen，1991；Bunch，1991；Kiewiet，Szakaly，1996；Dattlon Rossi，1999；Milesi－Ferretti，2003；Von Hagen，Wolff，2006）。

（四）我国财政风险的原因

我国处于从传统的计划经济体制向市场经济体制转型的过程之中，改革和转型是我国的基本特征，这种特征也在我国的财政风险成因分析中表现得很明显。尽管财政体制、社会保障等问题在我国也是财政风险的重要成因，但内容却和其他成熟的市场经济国家有很大的差别，我国更多表现出的是体制转型中的不到位和摩擦。除此之外，国有企业、金融体系、政府职能等问题也蕴含着财政风险的问题。

第一，1994年的分税制财政体制改革对中央政府和地方政府的关系进行了调整，但是中央与地方财权与事权划分不合理是现行的分税制财政体制的缺陷，直接导致地方政府开支缺口（平新乔等，2006，罗丹等，2009）。分税制确立后，税权上收，事权下移。地方政府没有税权，但可以"自赋"收费权；没有发债权，但可以借债；缺少发言权，但可以以地方公共风险来增加讨价还价的筹码。一方面看，在利益分配中，中央占有优势；但从另一方面看，在风险分配中，地方占有优势（刘尚希，2004）。

地方政府受公共预算约束软化也是财政风险的重要成因。大量的预算外活动导致我国地方政府有激励超越预算行事的激励，形成了大量的"准财政"活动，削弱了财政基础，增大了财政的脆弱性，给政府带来大量的债务（刘尚希，2004；张海星，2007）。张斌把这种现象称为"体制外分权"[①]，他的实证研究表明，体制外分权过高或过低都不利于地方财政风险的降低，体制外分权对地方财政风险的影响并非单向的，存在一个最有适度的分权水平。

第二，参保率低、缴费基数不统一、缴费基数不实、资金安全存在隐患、征缴成本高昂等一系列障碍是我国社会保障制度的主要障碍[②]，同时，由于社会保障支出增长过快，支付压力大，支出上刚性增长，加上我国面临人口老龄化的退休高峰、劳动用工制度改革、就业压力加大，社会保障基金支出缺口不断加大[③]。2008年我国社保"五险"基金的平均投资收益率还不到2%，甚至没跑赢为2.2%的CPI（2000~2008年）（李静等，2011）。因而，我国的社会保障制度存在较大的财务风险，而这种财务风险随时可能转化成财政风险。

第三，国有企业本身就会导致道德风险和预算约束软化的问题[④]。而我国正处于从计划经济向市场经济转型的进程之中，并且由于我国长期坚持公有制的主体地位，因此国有企业的财务问题受到广泛的关注。国有企业存在激励与约束不对称、信息不透明以及国企职工的"人质"效应等问题，政府在很大程度上替国企承担了风险（刘尚希，2004）。同时，随着市场化的推进和开放，国企面临的竞争不断加剧，也要求更多的财政救助（刘尚希等，2003）。祝志勇等发现国有化率和财政风险指数呈反向变动[⑤]，也从侧面上佐证了国有企业对我国财政风险的影响作用。

第四，金融风险财政化也是我国学者关注的一个课题。金融风险财政化是发展中国家经济发展中较为常见的风险规避方式。具体说来，金融风险财政化是指，政府采取财政手段来规避和抑制金融风险，如给银行注资、收购其不良资产和为其债务证券化大开方便之门[⑥]等。在我国，财政和金融的体制环境、政策选择和制度安排相互作用和影响，具有复杂的资金渗透性和关联性，存在着转嫁风

---

① 张斌：《"双向"分权视角下的财政风险实证研究》，载于《广东商学院学报》2012年第1期。

② 庞凤喜：《论社会保障税的征收与深化社会保障制度改革的关系》，载于《税务研究》2007年第10期。

③ 李桂平：《或有债与财政风险》，载于《财政研究》2001年第7期。

④ Kornai J. The soft budget constraint [J]. Kyklos, 1986, 39 (1): 3 - 30.

⑤ 祝志勇、吴垠：《内生型制度因子的财政风险分析框架——模型及实证分析》，载于《财经研究》2005年第2期。

⑥ 秦海林：《金融风险财政化、财政风险金融化与经济增长》，载于《上海金融》2010年第3期。

险的机制和微观基础①。可以说，金融风险财政化是我国处理金融风险问题的一种特殊模式，带有很强的体制转轨特征，从本质上来说，金融风险属于公共风险范畴，这就决定了金融风险财政化的客观必然性（阎坤等，2004；彭高旺，2006）。

第五，原则上，在混合经济中市场能处理的事务应该交给市场，市场失灵的事务政府应该承担。但这个原则在我国的转轨时期还没有得到贯彻。制度惯性和路径依赖的作用往往导致政府越俎代庖，从而使政府的财政捉襟见肘②。政府职能上的"越位、缺位和错位"妨碍了市场机制的建立与完善，导致原本应该由企业和个人承担的风险不能被市场机制分散与化解，集中转换为公共风险。为了将不断增大的公共风险控制在可以承受的水平之内，政府不得不动用财政资源加以化解，从而形成财政风险③。

五、公共财政风险与其他风险的关系

财政风险与政府债务紧密相连，它是国家财政出现资不抵债和无力支付的风险④，主要表现为政府的负债风险（HP Brixi，Schick，2002；HP Brixi，马骏，2003），它是未来出现政府支付危机的一种前奏反映（刘尚希，2003）。我们知道，财政支出与财政收入的差额被称为财政赤字（盈余），因此财政赤字（盈余）能直接反应财政风险的大小，因此财政赤字风险是公共财政风险中一个重要的风险构成。此外，国际贸易收支风险和通货膨胀都与财政风险高度相关。沿着这种思路，学者们对财政风险中的财政赤字问题进行了有针对性的研究。综合来看，他们主要从财政赤字与国际贸易收支、财政赤字与通货膨胀两个方面进行了研究。

（一）财政赤字与国际贸易收支的关系

在国外研究中，对财政赤字与国际贸易收支问题的研究大致分为两个观点。一部分学者支持李嘉图的等价假说，他们认为，财政赤字不具有净财富效应，因此财政赤字对贸易收支没有影响。在这种观点中，财政政策被认为是无效的，政府无法通过财政政策来对国际贸易收支进行调节。持这种观点的学者有米勒、鲁

---

① 郭平、李恒：《当前金融风险与财政赤字货币化的共生性分析》，载于《当代财经》2005 年第 9 期。

② 王玉华、孔振焕：《公共财政框架下我国财政风险分析》，载于《山东财政学院学报》2005 年第 2 期。

③ 李胜：《地方财政风险的制度性成因》，载于《财政研究》2007 年第 3 期。

④ 张春霖：《如何评估我国政府债务的可持续性？》，载于《经济研究》2000 年第 2 期。

塞克（Miller, Russek, 1989），恩德斯、李龙飞（Enders, Lee, 1990），埃文斯、哈森（Evans, Hasan, 1994）以及考夫曼、温克勒（Kaufmann, Winckler, 2002）等。然而，大量的实证研究表明，政府可通过对财政赤字的控制来改善其国际贸易收支状况，从而避免因国际收支严重失衡而导致的财政危机。这种观点是基于"双赤字"理论假说发展而来，该理论认为财政赤字与贸易赤字正相关且存在从财政赤字到贸易赤字的因果关系。达拉（Darrat, 1988），阿贝尔（Abell, 1990），瓦姆欧卡斯（Vamvoukas, 1999），皮耶尔桑蒂（Piersanti, 2000）以及利奇曼和弗朗西斯（Leachman, Francis, 2002）等大多数学者支持第二种观点。

此后，随着现代计量经济学的不断发展以及计量手段的不断更新与完善，后续研究对上述观点提出了质疑。金和鲁比尼（Kim, Roubini, 2004）运用结构VAR模型，对样本期为1973年第1季度~2002年第1季度美国财政赤字对经常项目和实际汇率的冲击效应进行研究，结果显示，在浮动汇率制度下，财政赤字的增加会导致经常项目改善和实际汇率贬值，从而得出结论："双赤字"假设在美国并不成立。此后，科拉伊和麦克米林（Koray, McMillin, 2006）同样采用结构VAR方法对美国1981年第3季度~2005年第3季度数据进行实证分析，研究扩张性财政政策对贸易收支和实际汇率的冲击效应，他们的实证结果也与传统观点相反：扩张性财政政策并非美国贸易赤字产生的原因，相反，扩张性财政政策的冲击导致实际汇率显著贬值，贸易收支显著改善。

国内相关研究主要集中在人民币汇率对中国贸易收支影响方面，但到目前为止并没有形成统一的结论。厉以宁等（1991）通过对1970~1983年的数据分析得出，人民币贬值不但不能改善贸易收支，反而会导致出口状况的恶化。陈彪如（1992）对1980~1989年中国的外贸数据进行分析后认为人民币汇率变动对中国贸易收支影响甚微。在此后的研究中，戴祖祥（1997）、卢向前（2005）、谢建国（2005）认为人民币汇率波动对中国贸易收支有显著的影响。近年来，一些文献开始关注中国财政赤字与贸易收支或经常项目收支间的关系。如魏陆（2001）认为持续的中国财政赤字必然导致经常项目赤字的出现。刘伟、李传昭（2005）发现财政赤字的增加在短期内对经常项目收支有负面影响，而从长期来看则可以改善经常项目收支状况。然而，两篇文献都只在双变量框架内讨论中国财政赤字与经常项目的关系，并没有考虑到其他因素的影响。许雄奇、张宗益（2006）在对中国财政赤字与贸易差额关系考察时，综合考虑了利率、汇率及GDP等因素，但实证模型中的汇率仅以人民币对美元名义汇率代替，忽略了人民币对其他国家货币的波动。刘伟、胡兵和李传昭（2007）基于时间序列模型和协整检验，在四变量系统内对中国数据进行了实证分析，研究表明，财政赤字、贸易收支和实际汇率等宏观经济变量间存在着复杂的联系和影响机制，他们还认为，财政政策是调节中国贸易收支和人民币汇率的有效手段。

（二）财政赤字与通货膨胀的关系

一般来说，一旦政府债务存量的增长率超过了产出增长率，持续赤字就会通过货币化的形式引起通货膨胀①。政府主要采用的财政赤字的融资方法有两种，货币融资和债务融资②。学术界把以维持货币目标路径的观点称为"货币主义"，维持债券存量的观点称为"债务主义"。事实上，在货币主义政策中，动态 IS - LM 模型告诉我们零通货膨胀的稳定态势很难实现。萨金特和华莱士（Sargent，Wallce，1981）的研究就表明：由于利息支付的存在，以发行国债方式弥补财政赤字最终会产生比以货币发行方式更多的货币供给，从而引发更严重的通货膨胀。汉布格尔和兹维克（Mich J. Hamburger，Burton Zwiek，1982）采用 1961～1981 年数据对美国财政赤字和货币增长关系进行了实证分析，结论也表明财政赤字对货币增长有显著的正向影响。此后，瑟阿斯（Searth，1987）、朗达拉（Langdana，1990）在开放经济下和不同的融资方式下的研究也得出了相同的结论。类似的结论在发展中国家也得到了验证。乔杜里和帕拉佛（Choudhary，Parai，1991）的研究表明秘鲁的赤字和货币增长明显地影响了通货膨胀。梅廷（Metin，1998）也发现，土耳其的财政赤字显著地影响通货膨胀。乌里韦（Uribe，2002）利用 VAR 模型对阿根廷 20 年间的财政赤字与零售物价指数进行了格兰杰因果关系检验，结果发现：不可持续的财政政策所导致的财政赤字是导致货币过度发行从而引发通货膨胀的一个主要原因。

然而，也有不少学者在对世界各国的实证分析后认为财政赤字并不是导致通货膨胀产生的主要原因。弗里德曼（Friedman，1982）发现在货币供应量增速极低时，较小规模的财政赤字通过向中央银行透支的方式弥补，可以把货币供应量增速提升到接近正常的水平，而不会引起货币发行的增速，导致通货膨胀。因此得出结论，赤字与通货膨胀之间实际上只存在最松散的关系。达尔比（Darby，1984）认为，只要既定的预算赤字就能够动态地同某一个范围内的货币增长率保持协调，那么财政赤字即使有货币化的倾向也不会引起通货膨胀的发生。齐安拉索斯和卡鲁里（Giannaros，Kolluri，1985）对 10 个工业化国家 1950～1981 年的数据进行回归分析发现，财政赤字与通货膨胀间不存在因果关系。费希尔和伊斯利（Stanley Fisher，William Easterly，1990）的实证研究结果表明，如果工业化

---

① Barro R. J. Perceived wealth in bonds and social security and the Ricardian equivalence theorem: Reply to Feldstein and Buchanan [J]. The Journal of Political Economy，1976：343 - 349.

② Goldsmith R. W. The National Balance Sheet of the United States for 1975 [M]. University of Chicago Press，1982：41 - 56.

国家的财政赤字规模在 GDP 的 1% 以下，发展中国家的财政赤字规模在 GDP 的 2.5% 以下，那么财政赤字所引起的货币供给量的增加将会被实物生产的增长所吸收，在不存在超额货币供给的情况下，一般不会因此而引发通货膨胀。阿肯和米勒（Ahking，Miller，1985）通过 1950～1980 年赤字、货币增长和通货膨胀的模型分析发现，20 世纪 50 年代和 70 年代的美国的财政赤字有通货膨胀倾向，而 60 年代没有。斯密森（Smithin，1994）则认为美国的货币需求函数的变化、通货膨胀与财政赤字之间没有联系。

此后，萨克斯和拉腊因（Sachs，Larrain，1997）借助政府预算约束的概念，对财政赤字和通货膨胀之间的关系进行了研究。他们发现，只有当货币供给的增长率超过货币需求的增长率时才可能导致通货膨胀；相反，如果随着货币供给量的增加，货币需求也在增加，且货币需求增加的幅度等于或超过货币供给量的增加幅度，那么就不会导致通货膨胀。应该说这种观点更接近实际情况，从而得到了广泛的认同。

在我国，高培勇的实证研究[①]表明：中国的国债连年发行是导致其间货币供给量一再失控的原因之一。李达昌等通过对中国 1981～1994 年的数据研究发现[②]：我国的经济增长、货币供应量、财政赤字与通货膨胀之间存在显著的滞后相关性，其滞后期为一年。经济增长是引发通货膨胀的首要因素，而货币供应量对通货膨胀的影响则远远超过了财政赤字，赤字与通货膨胀的相关程度很低。认为由于中国中央银行可以在公开业务中收购国债，加之过大的外汇储备，从而形成巨大的货币扩张压力[③]。当用以弥补财政赤字的国债规模达到一定程度后，政府信用就会有所动摇，一旦政府通过国债实现不了预期的结果，那么就只有靠铸币税来筹集资金，最终无疑会导致恶性通货膨胀。洪源和罗宏斌实证结果表明[④]，虽然我国财政赤字在不同的融资方式下均具有一定的货币扩张效应，但由于财政赤字的规模仍然在适度的范围内，财政赤字所引起的货币供给量增加幅度还不足以导致通货膨胀发生，我国财政赤字并不是通货膨胀产生的主要原因。

由上讨论不难看出，以不同国家的经济金融体制、经济环境作为研究背景，运用不同的实证研究方法都可能得出完全不同的结论。要弄清财政赤字与通货膨胀之间的关系，必须立足于两者在宏观经济运行中的实际运行轨迹，才能对两者的关系进行系统和客观的评判。

---

① 高培勇：《改革以来中国国债的实证分析》，载于《财贸经济》1995 年第 4 期。
② 李达昌、曹萍、高燕：《通货膨胀·赤字·财政政策》，载于《四川财政》1996 年第 10 期。
③ 阎坤：《积极财政政策与通货膨胀关系研究》，载于《财贸经济》2002 年第 4 期。
④ 洪源、罗宏斌：《财政赤字的通货膨胀风险——理论诠释与中国的实证分析》，载于《财经研究》2007 年第 4 期。

六、财政风险预评估和预警系统研究

(一) 国外概况

到目前为止，国内外对于财政风险评估和预警的研究都十分欠缺，还处于起步阶段。就相关研究成果来看，国内外文献对于财政风险的评估和预警的研究中采用的比较成熟的方法是：对各种衡量财政风险的各种指标（如财政赤字率、政府债务率通货膨胀率等）进行综合分析，然后采用如《马斯特里赫特条约》对国债风险设置的警戒线的方法，对评估财政风险后得出的指标设置警戒线，从而实现对财政风险的分析和控制。

从国外研究来看，学者们多将研究重点放在财政风险中政府债务风险的评估和预警中，且相关研究远远滞后于对于通货风险和金融风险的研究（Ana - Maria Fuertes，Elena Kalotychou，2007），因此部分国外学者在对财政风险中国债危机的研究过程中，甚至认为大部分的国债危机是由于通货危机所引起的（Reinhart，2002）。显然，这种结论是片面的。阿马杜（Amadou N. R. Sy，2004）推翻了上述观点，认为两种危机之间没有必然的联系。此后，卡龙和特雷贝齐（Alessio Ciarlone，Giorgio Trebeschi，2005）运用不同宏观经济变量构建了国债风险预警模型，并对三种不同经济情况下的国债危机的预测能力进行了实证检验，结果表明该模型对 76% 的债务危机具有预警作用，并且模型的非样本预测能力也很强。福尔特斯和卡洛奇欧（Ana - Maria Fuertes、Elena Kalotychou，2006）利用 96 个发展中国家 1983 ~ 2002 年的数据（国债规模、国债与 GDP 的比率、外债与 GDP 的比率以及政府负债和总负债之间的比率等）构建了国债预警系统并对其进行检验，结果发现，如果排除市场波动、市场结构差异以及经济一体化的差异等因素的影响，该国债预警模型是可以成功预测危机的。菲奥拉曼蒂（Marco Fioramanti，2008）构建了一个包含参数和非参数的神经网络预警系统，利用 46 个发展中国家 1980 ~ 2004 年的数据对该系统进行了检验，结果表明，该预警系统的灵活性大大提高了他对债务危机的预警作用。玛拿西和罗宾（Paolo Manasse，Nouriel Roubin，2009）利用统计学和计量经济学方法对国债危机中各种政治、经济因素进行研究并利用如偿债风险、流动性风险以及其他宏观风险归纳出了预警国债危机的"拇指法则"。通过对该法则的检验他们发现该"拇指法则"可以预计绝大多数 20 世纪 90 年代以后的国债风险。

（二）中国的财政风险评估

1. 对中国财政风险的直接评估

主要是基于财政赤字率或政府债务率指标，对中国的财政风险状况进行直接评估。刘迎秋构建了动态均衡赤字率和债务率模型[1]，估计了与中国现阶段经济发展相适应的赤字率和债务率；童本立和王美涵分析了中国的财政赤字规模及增长速度，发现近年来我国财政赤字率迅速攀升，财政风险包袱比较重[2]；马栓友测算了我国公共部门可持续赤字水平[3]，发现我国政府总债务占 GDP 比重相当高，国内债务负担率 1999 年合计达 72.4%，潜在的财政风险比较大；陈共（2003）匡算出我国直接显性债务占 GDP 的比重达 25%，直接隐性债务占 GDP 的比重为 30% 左右，或有显性债务占 GDP 的比重为 40%，或有隐性债务占 GDP 的比重为 15% ~ 20%，政府综合负债水平约占 GDP 的 115% ~ 118%。上述研究基于赤字率和（或）债务率指标，对中国的财政风险进行评估。以上这些研究由于指标选取较少，只能部分反映中国财政风险的状况和程度。

2. 中国财政风险评价指标体系的构建

主要是通过选取多维的财政风险衡量指标，对中国财政风险进行全方位的衡量和评估。郭琪设计了完整的统计指标[4]，衡量我国的内生财政风险。具体包括：①国家财政承受能力指标：财政债务依存度、国债偿债率；②社会承受能力指标：国债负担率、国债借债率、居民的国债负担率；③国债效率指标：国债发行成本系数、国债支出乘数。实证分析表明，我国当前内生财政风险主要存在于债务管理体制和国债结构两方面。欧林宏建立了财政风险层次组合模型[5]，基于模型对中国的财政风险进行实证分析。结果表明，财政的核心风险比较低，财政的分配性风险是核心的财政风险，而财政的摩擦性风险比较大。张振川选择国家财政风险的相关评估指标，利用层次分析法确定各个指标的相对权重，最终构建了财政风险评估的三因素模型，经过实证分析发现，中国财政风险值呈逐年增长的特征[6]。张志超（2003）提出从财政系统内部变量和财政系统环境变量两方面指标来评价财政风险，并运用这些指标来构建我国政府财政风险评估指标体系。武彦民（2004）选取了 8 个直接关联指标和 10 个间接关联指标，构建了中国财

---

① 刘迎秋：《论中国现阶段的赤字率和债务率及其警戒线》，载于《经济研究》2001 年第 8 期。

② 童本立、王美涵：《正确评价中国财政赤字的特殊风险》，载于《财政研究》2001 年第 12 期。

③ 马栓友：《宏观税负，投资与经济增长：中国最优税率的估计》，载于《世界经济》2001 年第 9 期。

④ 郭琪：《我国当前财政内生风险的统计分析》，载于《国际商务研究》2002 年第 5 期。

⑤ 欧林宏：《关于中国财政风险的几个问题》，载于《中央财经大学学报》2003 年第 10 期。

⑥ 张振川：《财政风险分析与防范》，载于《河北大学学报（哲学社会科学版）》2004 年第 3 期。

风险评价指标体系，并对中国的财政风险进行评估，发现目前中国面临着比较严重的财政风险。祝志勇和吴垠（2005）以修正后的中央财政国债依存度作为财政风险的衡量指标（修正后的中央财政国债依存度＝当年国债发行额／（当年中央财政支出＋当年中央预算外资金支出）），通过构建回归模型，检验对财政风险的影响，发现国有化率和财政分权对财政风险的影响最大。刘宜（2005）构建了地方政府债务风险指标集、地方财政收支风险指标集、地方财政承担的公共风险指标集，采用基于层次分析法的熵权模糊综合评价模型，确定 3 类财政风险指标的权重，对财政风险指标进行综合，并运用综合指标对重庆市 40 个区县 2003 年的地方财政风险进行评估。

（三）建立财政风险的预警系统

1. 财政赤字预警系统

刘迎秋（2001）构建了动态均衡赤字率和债务率模型，估计了与中国现阶段经济发展相适应的赤字率和债务率及警戒线；张雷宝和胡志文推导出财政赤字率模型和债务负担率模型并对我国财政赤字率和债务负担率的警戒线进行模拟测算[1]。结果显示：中国财政赤字率警戒线为 4.05%，中国公债负担率的警戒线为 49.05%。

米建国等初步研究了财政赤字和债务规模预警系统[2]，认为通过监测赤字占 GDP 的比重和国家综合负债率，以及观测利率、物价变动等指标，力求将赤字和债务控制在尽可能低的水平上。顾海兵遵循自然现象的预警逻辑，即确定警情→寻找警源→分析警兆→预报警度，初步研究了中国的财政预警系统框架并构建了一系列警兆指标[3]。1999 年长春税务学院"中国财政监测预警系统研究"课题组借鉴国外相对成熟的宏观经济监测研究的一般思路和技术方法，第一次较为系统地研究了如何建立中国财政监测预警系统，并且对中国的财政状况进行了实证预警分析。裴育建立了以预算为基础的直接显性财政风险预警系统[4]。丛树海等设计了我国财政风险预警系统[5]，其组成部分以预警方法为核心，包括数据库、预警指标、预警模型、预警信号系统等。王亚芬、梁云芳指出建立预警系统的最终目的是预报警源，除了必须建立科学的指标体系外，更重要的是确立一个与预警

---

① 张雷宝、胡志文：《中国财政风险两大警戒线的测算研究》，载于《财经论丛》2009 年第 4 期。

② 米建国、倪红日：《我国财政赤字与债务规模预警系统的初步研究》，载于《涉外税务》1999 年第 8 期。

③ 顾海兵、徐刚：《我国财政预警系统初探》，载于《计划经济研究》1993 年第 4 期。

④ 裴育：《构建我国财政风险预警系统的基本思路》，载于《经济学动态》2003 年第 9 期。

⑤ 丛树海、李生祥：《我国财政风险指数预警方法的研究》，载于《财贸经济》2004 年第 6 期。

指标体系相适应的预警界限值①。许涤龙和何达之运用统计方法构建一个反映财政总体风险和各部分风险的预警系统②，对我国现阶段财政风险做出评价和分析并提出建议。张明喜和丛树海选择 46 个财政风险预警指标，采用 BP 神经网络和因子分析法，构建了基于神经网络的财政风险预警系统③。

上述研究在测算中国的财政风险程度或财政风险预警线时，要么是采用主观估算法，要么是基于理论模型的推导，要么是通过简单的描述性统计分析法，并没有采用更为细致、严密和可靠的统计和计量分析方法。

2. 财政风险预警系统

丛树海等提出了我国财政预警系统所要实现的三大理想目标：正确反映当前财政风险状况、准确预测财政运行的走势和及时分析宏观经济调控对财政状况的影响，沿着风险识别→风险估测→风险评价的理论逻辑，设计了我国财政风险预警系统，其组成部分包括数据库、预警方法、预警指标、预警模型、预警信号系统等，其中预警方法是预警系统的核心部分。以指数预警方法为主，根据财政内部风险和外部风险对各指标对风险的影响程度，分别选取 8 个和 12 个核心指标编制成衡量和预警财政风险的内部合成指数和外部合成指数，并确定了各指标的预警区间，设置了财政风险预警信号系统（丛树海、李生祥，2004；丛树海，2005）。

张志超提出从财政系统内部变量和财政系统环境变量两方面指标来评价财政风险④，反映财政系统运行状态的指标主要有财政收入占 GDP 的比重、财政赤字率、国债负担率、国债依存度、国债偿债率和或有债务规模；反映财政系统环境的指标主要有经济增长率、物价波动幅度、失业率、企业亏损面、产业结构、国民受教育水平和经常项目赤字占 GDP 的比重，运用这些指标来构建我国政府财政风险评估指标体系。

王亚芬、梁云芳（2004）指出建立预警系统的最终目的是预报警源，除了必须建立科学的指标体系外，更重要的是确立一个与预警指标体系相适应的合理测度，即预警界限值。她们选择了 14 个财政风险度量指标：GDP 增长率、赤字率、中央财政收入占全国财政收入的比例、财政收入占 GDP 的比例；中央债务依存度、债务负担率、债务借债率、外债负债率、外债债务率；债务支出收入比率；税收弹性、偿债率；科教支出占财政支出比例、国有企业亏损补贴占财政收入的

---

① 王亚芬、梁云芳：《我国财政风险预警系统的建立与应用研究》，载于《财政研究》2004 年第 11 期。

② 许涤龙、何达之：《财政风险指数预警系统的构建与分析》，载于《财政研究》2007 年第 11 期。

③ 张明喜、丛树海：《我国财政风险非线性预警系统——基于 BP 神经网络的研究》，载于《经济管理》2009 年第 5 期。

④ 张志超：《财政风险及其定性、定量分析》，载于《经济学动态》2003 年第 4 期。

比例。进而，采用加权平均法，获得财政风险综合指数，并运用广义回归条件异方差模型（GARCH 模型）确定预警界限值。作者发现，我国的财政风险大部分处于黄灯区，总体的趋势是在波动中上升，渐趋平稳。在未来几年内财政风险不会有太大波动。如果防范得当，不会影响我国财政的可持续发展。

许涤龙和何达之（2007）将财政风险分为直接显性风险、或有显性风险、直接隐性风险、或有隐性风险 4 种类型，选取 4 个子系统共 20 个风险评价指标，构建财政风险预警指标体系。进而，采用以警戒线为基础的评定法来划分各个指标的风险区间，采用层次分析法确定各个子系统的相对权重，最终通过指标加总获得总体财政风险值。

张明喜和丛树海（2009）选择 46 个财政风险预警指标，采用 BP 神经网络和因子分析法，构建了基于神经网络的财政风险预警系统。作者发现，影响我国财政风险最重要的因素首先是债务风险，其次是财政收支风险，最后是金融风险和宏观经济风险。2008 年我国总体财政风险为中警状态，其中，债务风险为重警状态，财政收支、金融风险、宏观经济为中警状态。

3. 简要评述

综上所述，中国学者在衡量和评估财政风险方面作了有益的尝试。在数据有限的情况下，他们尽可能选取有效的财政风险衡量指标，运用多种统计分析技术，构建了财政风险的预警系统，从而为进一步实证分析中国的财政风险问题奠定了基础。然而，研究可能存在以下不足：

首先，理论研究不够深入，基本上是按宏观经济理论和微观经济理论的知识背景来进行研究的。把经济学区分为宏观经济学和微观经济学是新古典综合派代表萨缪尔森在 20 世纪 40 年代末的创造。这种分法近几十年来一直受到学术界的质疑，但并没有从根本上动摇。我们认为应该深入研究宏观政策的微观基理，才能从根本上消解财政风险。

其次，研究风险的重点放在财政政策和市场经济的关系上，即财政赤字是否可承受、财政赤字和经济增长、通胀、就业水平之间的关系来认识财政风险。不重视，甚至完全忽视了财政政策"载体"和财政风险之间的关系。所谓载体，是指公共财政的微观制度安排。财政的宏观调控政策是通过微观制度安排去实施的。如果微观制度安排不稳定，那么会严重影响旨在稳定的宏观政策效应。

最后，财政风险指标或警戒线的预测功能不足。事实上，宏观经济和微观经济关系的复杂性在于：宏观经济的表征每一次都是不一样的，解决宏观经济问题的路径每次也都是不一样的。因此，用固定程式的评估指标和设定风险警戒线的做法很成问题。我们认为进行趋势性的判断和预测恐怕更切合实际。

七、公共财政风险防范研究

（一）国外公共财政风险防范研究

第一，对政府负债相关项目的绩效进行评估并透明地报告财政风险（Suresh Sundaresan，2002）。南非政府在这方面做过有益的工作，他们试图在布里克斯提供的财政风险矩阵框架下预估本国的财政风险状况，并对各种风险制定相关的政策，但是，南非政府发现对于很多事项无法评估其下游成本。这种方法的局限之处在于很多政府所提供的相关报告不能识别隐性的和小概率的财政风险，并且仅仅公布财政风险报告本身也不能改变政府处理财政风险的行为。

第二，建立考虑或有负债和意外开支的成本预算（cost-based budgeting），在预算中体现财政风险。如果需要政府充分考虑到或有负债或其他财政风险时，那么建立在权责发生制基础之上的预算是必不可少的（Hanna Polackova Brixi，1998；Suresh Sundaresan，2002）。但是，其局限性在于，成本方法还不成熟，成本估算不太可靠。而且，隐性风险也经常涵盖在预算之中。在很多国家，这种方法还只是一种技术上的试验，而没有起到真正意义上的资源配置作用。

第三，政府会制定一些专门的规则来防治财政风险。加拿大政府曾在20世纪80年代中期颁布了一系列的相关原则来规范财政风险的治理。比如，在任何贷款或担保批准之前，担保部门必须对项目进行分析，论证没有政府资助的情况下是否确实无法融资，现金流是否足够开支，收益率是否高于利率；为项目提供补充资金的担保部门必须和政府共担风险；一旦债务发生损失，银行必须承担最低15%的净损失，以激励银行对风险进行更严厉的评估等。这种方法的缺点在于规则可能会屈从于政治压力，不能对政府的负债行为产生硬预算。

第四，通过市场来控制和管理财政风险。政府在给予贷款时，通常带有强烈的补贴性质，这有浓厚的政治经济学基础，因此市场机制通常没有被引入进来管理财政风险。实质上，政府可以通过风险共享（risk-sharing）、引入和风险相适应的保险金（risk-based premium）以及向市场分保（reinsurance of government risk）等方式引入市场机制以评估和配置风险，使政府债务的相关主体有更多的激励来自发为政府规避风险（Suresh Sundaresan，2002；John Jacobi，2005；Mark Hall，2009）。

从上面可以看出，国外文献比较注重从债务管理的角度来治理财政风险。

（二） 国内公共财政风险防范研究

我国在财政风险治理方面的研究中，虽然也有很多文献注重从债务管理角度来治理财政风险（安秀梅，2002；宋丽，2004；范柏乃等，2008；王克群，2010；郭玉清，2011），但有一个明显的差异是有较多文献在研究财政风险治理时体现出转型经济的特征，这体现出我国在转型过程中问题更加复杂，更深层次的各种制度因素对我国的财政风险有着重要的影响。总体来看，主要包括以下两个方面的建议：

第一，推进公共财政建设。在政府职能定位方面，虽然取得了一些进展，但仍有待进一步完善，避免为不规范行政提供空间，影响财政运营，加大财政风险（财政部科研所《财政风险问题》研究课题组，2001；王玉华等，2005）；在财政收支方面，既要优化税制，加强税收征管，也要提高财政支出效率，防范不规范的财政收支行为导致财政风险（王玉华，2005；邵学峰，2007）；在财政体制方面，处理好中央和地方的财政关系，既要为地方财政开拓税源，也要形成有效率的激励机制，完善转移支付制度，做到事权和财权的统一，避免地方政府因为资金不足使地方政府债务失控（田淑英，2002；杨志宏等，2007，胡锋，2012），同时也要规范地方的融资平台（肖耿等，2009；贾康，2010；时红秀，2010；魏加宁，2010）；在预算制度方面，除了提高透明度（胡锋，2012），还应该引入权责发生制（王金秀等，2011）。

第二，推进市场经济建设。国企、银行和政府"三位一体"的制度特征决定了政府是风险的最后承担者，因此，深化对国企和银行的改革，让市场机制发挥更大的作用，责成国企和银行自我消化风险是治理财政风险的必要手段（田淑英，2002；王玉华等，2005；杨志宏等，2007）。除此之外，有必要建立财政风险和金融风险的隔离制度，形成有效的隔离墙，能降低救助成本（胡锋，2012）。

八、 简要评述

通过上面的综述和比较，我们发现国内外对财政风险的研究存在着一些区别：

第一，从研究对象来看，国外研究的对象主要是市场经济体制已经日趋成熟的国家，而国内研究的中国却是一个典型的转型国家。相对于西方国家而言，我国的情况更加复杂，在经济现象上表现出来的各种矛盾和摩擦也更多。因此，在结论上，我国对财政风险的研究具有明显的转型经济特征。

第二，从分析方法来看，虽然都普遍采用的是实证分析方法，但是在国外研究中，吸收了计量经济研究的新成果，运用了比较流行的计量方法；在国内，虽然近年来取得了一些进展，但大部分研究都是统计描述性的，缺乏对计量方法的运用。

在已有的研究成果中，我们认为还有一些问题值得斟酌。针对就财政论财政风险的观点，我们认为是一种部门风险的认识，有其局限性。现代社会是一种"混合经济"体制，尽管中西方在"混合经济"体制的内容上有差异，但是，包括税收制度、预算制度、分税制财政体制等在内的财政制度总是"混合经济"最核心的制度，财政制度是"混合经济"的结合部，因此，各种社会矛盾都会在财政制度上显现出来。并且，"混合经济"的内在机制并不是清晰的，并不能指出风险的具体所在。因此，以部门的观点来看待财政风险，实际上是把财政风险和家庭风险、企业风险一样对待，犯了合成逻辑的错误。

针对就公共风险论财政风险的观点，突破了就财政论财政风险的部门观点，把财政风险的视野拓展到部门之外，但是这个观点仍然存在一些问题。在主流经济学中，公共（public）和社会（social）的区分是含糊的。公共被作为一种似乎"看得见"的实体在使用，这种用法是受到了穆勒（John Mill）的思想的影响，即公共被作为"契约"，是"个人"都同意的"规则"。但是，我们对这种传统保持质疑，我们认为公共并不是"看得见"的实体，更大程度上，公共应该是准则，属于理性范畴，理性范畴需要理性方法。但是在具体的研究过程中，使用的是经验方法，即把"公共"的范围和行政辖区相对应。

第三，结论。公共财政风险的理论问题并没有真正解决。公共财政风险实际上是指运用财政赤字解决经济波动过程中所产生的风险。这隐含了公共财政风险存在于"宏观经济"的大背景之中。正如斯蒂格利茨指出的那样，把经济学区分为"宏观"和"微观"是不适当的，经济理论只有一套。但是，"一套"的理论至今没有形成，实践中还是根据经济的具体情况分别选择"宏观"或"微观"的理论去应对经济波动和发展问题。

赤字财政与宏观经济有关，财政赤字的容量究竟有多大？这涉及赤字对"潜在生产能力"的发掘。然而，"潜在生产能力"并不是一个常量，科学技术的进步、制度安排的改进、资源配置结构的变化、分配格局的变动等都会改变"潜在生产能力"。这表明，要在数量指标上对财政风险预警是有困难的。

国内学者对公共财政风险评估及防范的问题进行了大量的研究，成果颇丰。但需要深入的地方很多。例如，财政赤字和"宏观"经济状况的关系、财政赤字和"微观"经济状况的关系研究不够深入。因此在评估财政风险和防范方面不是动态的，而是静态的。

此外，在研究中结合中国国情不够。例如，中国宏观经济波动出现"缩长"的状况，即通货紧缩和经济增长同时存在。这在西方市场经济体制国家是没有过的。1998 年实行积极的财政政策以来，人们担心的通胀现象并未出现；相反，经济保持持续稳定增长的势头。人们担心的或有债务非但没有爆发危机，相反，金融机构和国有企业在经济增长中发挥积极的作用。这反映了一个问题：在研究中拘泥于形式上和主流方法一致，但对中国经济的解释力不够。本书将在前人研究的基础上有所推进。

第三节　研究计划

一、主要研究内容

本书认为，从某种意义上说，宏观经济政策就是公共经济政策，因此公共政策是要通过公共经济的微观制度安排去实施的。以往研究却侧重宏观政策与市场经济的关系，不重视甚至完全忽视了公共经济微观制度这个"中间环节"的重要影响。市场经济资源配置无效率的原因是公共商品、经济外部性、垄断、自然垄断、信息不对称和未来的不确定性。公共经济微观制度构建税制非中性、"分税"和转移支付制度导致的预算非中性都是公共经济资源配置无效率的根本原因。表现形式不同，本质原因是一样的。前者是由于企业或个人获得了不当利益；后者是由于公共商品成本分担不公平引起的。

本书主要从宏观和微观两个维度研究我国公共财政风险的评估和防范问题。应该承认，在宏观方面研究公共财政风险问题是非常必要的，也是本书的题中应有之义。但公共财政的微观风险问题在以往的研究中不被重视，甚至被完全忽视了。我国从传统计划经济转向市场经济的道路和西方国家的市场经济之路是根本不同的。西方国家的市场经济体制是在市场经济的基础上建立起的公共经济制度和宏观调控体系。而我国的市场经济体制改革是双向的，即既要建构市场经济体制的微观基础，又要建构与此相适应的公共经济制度和宏观调控体系。因此对公共财政微观层面的风险问题是必须高度重视的。

公共财政制度是"混合经济"中的核心制度。根据新《预算法》，公共预算包括一般公共预算、政府性基金预算、国有资本经营预算和社会保险基金预算。其中，一般公共预算（以下简称公共预算）是基础，即和本书中的公共财政的含义相近。公共财政的微观制度安排不仅决定了公共财政的运行方式，同时也决定了市场经济在资源配置中的地位和宏观调控的效果。因此对公共财政微观风险的研究是非常必要的。

公共财政的微观制度，通常也称之为分税制财政体制。这一制度安排由税制、分税和转移支付制度构成。其中税制中性是基础，而分税和转移支付制度是预算中性的保障。所谓公共财政的微观风险，就是税制的非中性风险和公共预算的非中性风险。因此，公共财政风险的防范，不只是公共财政宏观政策问题，同样也是公共财政微观制度的安排问题。

当然，公共财政的风险和其他预算的关系有关。从现代财政的角度看，公开、透明和硬约束是公共预算的基本要求。这不仅要求公共预算和市场经济的边界是清晰的；而且要求公共预算和其他预算的边界也是清晰的。

二、重点、难点以及探索路径

（一）重点

公共财政制度是市场经济体制中的关键制度，因此经济中的各种风险都会在公共财政上反映出来。本书的重点实际上是对我国市场经济体制的风险评估和防范。这涉及宏观和微观两个方面。从宏观上说，调控的机制和方式必须和市场经济体制相适应；从微观上说，宏观调控不应该影响市场经济在资源配置中起决定性作用。从短期看，公共财政风险评估及其防范问题涉及债务、公共投资、地区间发展不均衡、收入分配不公等风险的评估和防范问题；从长期看，公共财政风险评估和防范问题在于根据中国国情建立起一套有中国特色的市场经济体制问题。

（二）难点

1. 宏观和微观缺乏统一的理论

经济波动是市场经济体制的内在矛盾，不论是西方的市场经济还是我国的市场经济都不可避免。西方现代主流经济学把经济学区分为两块，即宏观和微观。这种理论认为，当经济稳定的时候，宏观经济不起作用，即由市场经济在资源配置中起决定作用；当经济不稳定的时候，微观基础不起作用，让位于宏观调控。斯蒂格利茨认为，这种把经济学分为两套的做法是很成问题的。但在宏观和微观之间建立起桥梁形成一套统一的经济理论至今没有创立。

不仅如此，西方国家的市场经济体制和我国是根本不同的，我们以公有制为主体，西方国家以私有制为主体；在政治上我国坚持党的领导，而西方国家以三权分立为基础。这就是说，无论是市场经济的微观构造；还是宏观调控方式，都没有成例可援。

2. 公平和效率缺乏统一的理论

效率强调价值增长，公平强调价值判断。效率法则隐含的分配准则是要素分配；公平观念隐含的分配准则是社会总福利的增进。这就是说价值和福利不是同质的东西。现代主流经济学试图在两者之间建立联系，认为价值是福利的基础，用通俗的话说，"把蛋糕做大"是提高社会总福利的前提条件。事实上未必如此，价值的增长和社会福利的增长并不一定成正比。对于公共财政来说，必须正确处理效率和公平的关系。

3. 增长和发展缺乏统一的理论

经济增长通常被认为是社会发展的前提条件。自第一次工业革命以来，经济增长就进入了飞速发展的轨道。实际上，这种发展是建立在不可再生能源的大量消耗的基础之上的，也是建立在人和自然之间越来越不和谐关系的基础之上的。这充分说明经济增长和社会发展并不是相同的概念。党的十八届三中全会的决议充分认识到这一点，要转变传统的经济增长方式，要充分重视社会和自然之间的和谐。

上述的理论难点，实际上是世界性的难题，需要当代和后代的人去探索。公共财政风险评估和防范的研究必然涉及上述问题。

（三）探索路径

我们的基本理念是：中国特色的社会主义市场经济体制需要不断探索和不断完善。本书研究主要分为两大部分：一是对公共财政风险进行评估；二是对防范公共财政风险的制度安排进行研究。

在公共财政风险评估方面，我们对公共财政的宏观风险和微观风险两个方面都进行了评估。这有利于在经济体制改革时正确判断问题的症结所在。我们还对难以归入上述两个方面的地方财政风险问题和新农村建设中二元财政转向一元财政过程中的风险进行了评估。这类评估对于建立中国特色的市场经济体制是必不可少的。

在公共财政风险防范方面，重点探讨了公共财政的微观制度安排，即通常所说的分税制财政体制的制度安排。同时，根据新《预算法》探讨了预算体系之间的相互关系。

预期成果是建立符合中国国情的公共财政微观制度安排和宏观调控体系。

第四节　研究方法

一、实证分析和规范分析

实证分析和规范分析是学科研究中的两种常用方法，本书也将采用。

本书的实证分析工作量大，需要众多的样本和众多的数据。数据来源：一是利用数据库和已有的统计资料；二是自行设计反映宏观经济状况，以及财政公共风险评估指标进行调查研究、样本采集、整理和分析。

实证分析是对已经发生的"结果"进行分析。这只能反映过去的情况而不能反映未来的情况，有很大的局限性。而且已经产生的结果是在主观偏好行为下的产物，这已经包含了某种价值判断，具有规范分析的因素。

规范分析是揭示"应该怎样"的问题，即对"现象"做出"好不好"的判断。实际上，这涉及世界观、方法论的问题。本书则在科学发展观指导下从事规范研究。从方法论的角度看，价值判断需要"结果"来验证。

上述表明，实证分析和规范分析实际上是不可能被绝对分离的。本书将采取辩证的方法运用这两种方法。

二、学科综合研究方法

第一次工业革命完成以来，"科学研究"被"学科"化，分科越来越细。微观上似乎越来越清楚，但世界的整体联系反而被削弱了。例如，公共财政在现行的学科分类中被归于"经济类"；且是该类"应用经济学"一级学科下的二级学科。这样分类，显然把财政学和"政治""法律""道德"等学科的天然联系被割断了。因此，本书研究采取学科综合的方法进行研究。

三、协作研究方法

中国的学者非常敬业和勤奋，但重大成果不多。其中一个重要原因是作业方式的小生产，每个研究成员都是"小而全"，研究中的重复浪费多；每个研究课题组陶醉于自身的天地，形成研究的学科壁垒。这显然不利于科学进步。本书组采取开放式的协作研究。

武汉大学经济与管理学院有国际联网的数据库，其中包括政治、经济、文化等数据；有实验室，同时也有利用微机进行数据处理的各种软件。同时，存在已有成果的数量分析模型可供借鉴或直接运用。此外，文献资料丰富、课题组成员之间网络交流方便，能及时、迅速地了解有关本书研究情况的最新动态。

第五节　主要研究成果

本书的主要理论成果有两点，也可能属于创新性成果的范畴。

一是深入探讨公共经济微观制度安排，尤其是一般公共预算的微观制度安排和财政宏观调控政策之间的关系。以往在研究宏观经济和微观经济的关系时着重宏观政策和市场经济的关系，不重视甚至完全忽视了公共经济微观制度安排对宏观政策的重要影响。

宏观调控政策实际上是政府运用经济手段干预经济。但这种干预是通过公共经济微观制度安排起作用的。公共经济自身的资源配置失效加剧了对宏观调控的需求，宏观调控的强化又进一步恶化了资源配置效率。显然，这使宏观调控陷入不良循环。因此，完善公共经济微观制度安排是改善宏观调控的重要路径，也是防范公共财政风险的公共预算的微观基础。

二是提出了效率和公平兼顾的一般公共预算的微观制度安排。这一制度安排有利于在资源配置中由市场经济起决定性作用；在收入分配中有利于公共劳务均等化；在政府进行宏观调控时有利于公共预算微观制度的相对稳定，即有利于制度变迁的连续性和可预期性。

一般公共预算微观制度安排是由税制、"分税"和转移支付制度组成的。我们提出并论证了以转移支付制度基金制为核心的分税制财政体制的微观制度重构。这一制度安排的基本思想是：分税是公共预算微观制度安排的基础，合理的税制隐含了"分税"、转移支付制度要求的各项要素。根据再生产规律选择税种是正确处理税收和市场经济关系的唯一选择。一般税是税收中性的基础，特种税是使税收中性必不可少的补充。但特种税的种类不宜太多、数量不宜太大。我们提出并论证，一般税应该满足一般公共商品的支出需求；特种税应该满足特种公共商品支出需求的大数对称定律。首次提出并论证了税收收入来源和财政支出之间存在大数对应关系的观点。我们还提出应该取消"共享税"建立有利于预算中性的中央税和地方税体系。中央税是中央对整个经济效率和公平的调节，是基础；地方税是在中央税调节的基础上根据地方的具体情况进一步调节，使效率和公平状态优化。据此，我们提出并论证了转移支付的基金制构想，特别对一般转移支付制度实行基金制的可行性研究。应该说这——般公共预算微观制度重构的设想有重要的政策参考价值。

第二章

我国公共财政风险分析

第一节 公共财政风险界定

一、公共财政风险含义

1998 年我国实施积极的财政政策以来，公共财政风险问题引起理论界的高度关注。2008 年受美国金融危机的影响，我国采取更为积极的财政政策，公共财政风险评估和防范的问题被进一步关注。但理论界对公共财政风险的认识并不统一。

我们认为，公共财政风险实际上是社会风险的集中体现，因此，公共财政风险并不是财政部门的风险。社会风险包括政治的、经济的、道德的各种风险，但都会在公共财政上反映出来。这样的理解和流行的观点是有很大区别的。

中国进行市场经济体制改革，实际上是解决传统计划经济体制存在的风险。改革的核心是建设具有中国特色的"混合经济"体制。"混合经济"是市场经济和非市场经济的有机统一，是由"政府"和"市场"共同履行资源配置、收入分配和经济稳定职能的一种制度安排。这种改革是以政府的"放权让利"为切入点的，由此必然产生财政赤字。随着经济体制改革的深入，财政赤字在调节经济中的地位得到提升，赤字规模也显著增加。经济体制改革实际上是社会改革，改革不可能把原有的制度安排推倒重来，改革总是不平衡的。因此，风险虽然在公共财政上表现出来，但不能理解为财政部门的风险。

在研究公共财政风险的文献中，流行观点局限于以财政论财政，认为公共财政风险是指财政赤字存在难以偿还的可能性。例如，以《马斯特里赫特条约》设立的警戒线为公共财政风险的判断标准，认为3%的赤字率和60%的政府负债率是公共财政风险的临界点。对财政赤字的跨期研究，主要根据财政赤字率和债务率的变动趋势来判断公共财政风险。如果赤字率和债务率呈上升趋势，就认为存在公共财政风险。如果赤字率和债务率呈稳定状态或下降趋势，就认为不存在公共财政风险。这是以部门经济的观点来看待公共财政风险，实际上把公共财政风险和企业风险、家户风险一样看待。这犯了合成逻辑的错误，符合微观风险的定义照搬到财政领域并不恰当。

公共财政是公共经济，在经济调节中处于非常特殊的地位。这种特殊性在于：政府既是制度的安排者，又是在既定制度环境下的政策选择者。例如，我国的市场经济体制改革，没有政府的推动是不可能的。但体制目标一旦确定，可供政府选择的调节经济的手段也就蕴含其中了。然而，制度改进和政策选择之间是一种辩证关系。从这个意义上说，仅仅以财政论财政就没有公共财政风险可言，因为"公共"总是可以找到规避风险的出路的。对于"混合经济"来说，政府和市场的关系并非固定不变。西方主流理论认为可以根据公共商品和私人商品使用价值性质的不同来分清政府和市场的职责。这一观点对中国学者影响很大。实际上，这是一种机械唯物论，"物"的性质是不可能决定社会关系的。例如，20世纪80年代掀起过"私有化浪潮"，即把公共经济改造为私有经济。而当前为了应对美国的金融危机，似乎掀起了"公共化"浪潮，即把私人经济改造为公共经济。私人经济和公共经济的组合不同，对财政赤字率和负债率的影响也是不同的。这就是说，解决社会政治、经济、道德等方面的风险，可以采取制度变迁的方式。不同时期的制度安排对财政赤字的影响是不同的。

对于市场经济体制来说，财政政策、货币政策、进出口政策、收入分配政策等都是可供政府选择的政策。政策选择并不是根据"混合经济"就可以开出相同的处方。不同的政治、经济、文化、风俗习惯、道德等因素都会影响政策选择。而且各种政策之间相互影响，矛盾相互转化。但主流经济学家开出的处方，就像西医给病人开处方一样，"头痛医头，脚痛医脚"。例如，刺激经济增长就用赤字财政政策，抑制通货膨胀就用紧缩银根政策，疗效"立竿见影"。实际上，要解决经济中出现的问题，可供选择的方案是很多的，而且不是唯一的。西医治疗的方式，看似立竿见影，未必不产生更大的风险。综合治理，看似症状消除缓慢，未必不是解决风险的较好选择。

财政赤字率和政府负债率是社会风险的表达方式，而不是财政部门自身风险的标志。政府和市场制度的安排不同，政策选择或政策组合方式不同，公共财政风险的表达方式也不同。例如，对于美国来说，财政赤字往往伴随国际收支赤字，即同时出现"双赤字"。但我国，一方面财政赤字增加，另一方面却人民币升值，并存在大量的外汇储备。西方国家在实行财政赤字政策的时候，往往会配合减税政策，但我国实施积极的财政政策以来，基本上没有实行减税政策。这说明，解决社会经济中的风险和制度安排有关，同时也和制度变迁目标有关。

公共财政风险似乎属于社会风险的范畴，但实际上和自然风险之间也存在替代关系。社会经济风险转嫁给自然风险是现代主流理论引导的必然结果。主流理论认为，化解公共财政风险的有效手段是经济增长。凯恩斯的名气之所以那么大，是因为提供了一种解决经济萧条的政策工具。之后发展起来的制度学派、公共选择学派、新公共管理学等都是以经济增长为目标的。这使得本来代表公正、正义的政府制度安排也成了货币财富增长的手段。环境污染问题、能源问题、全球气温转暖问题等都是片面追求经济增长的必然结果。

上述说明，研究公共财政风险不能仅从某一项政策的分析就得出结论，也不能在和西方简单的类比中得出结论。公共财政风险实际上是社会风险，并且和自然风险之间也存在替代关系。本书试图从中国市场经济体制改革的角度来说明公共财政风险的复杂性，与自然风险之间的替代关系没有涉及。

二、公共财政风险特点

我国公共财政既存在宏观风险，又存在微观风险。这一特点是由我国市场经济体制改革的特点决定的。

从传统的计划经济体制转向市场经济体制需要"双向改革"，即一方面要求"政府"给市场"放权"，以便形成市场机制；另一方面要求"政府"改革管制经济的方式，以便和市场机制相适应。这种微观和宏观交互作用的改革就是"双向改革"，公共财政风险就隐含在这种改革之中。

"双向改革"之初，必然导致财政收入占 GDP 的比例下降，也必然导致中央财政收入占整个财政收入的比例下降①。两个比重的下降表明，改革的趋势是分权。这种改革是激励市场扩张的，因而也导致 GDP 的急剧增长，导致收入分配向居民倾斜。从财政部门的观点看，显然存在"收不抵支"的公共财政风险。事

---

① 习惯被称为"两个比重"的下降。

实上，改革是重塑微观基础的需要，财政赤字不代表存在社会风险的问题。

改革仅仅是组织制度的变迁，短期看，科学技术可以作为不变因素看待，何以能激发出如此巨大的经济增长动力？这归功于市场经济，准确地说，归功于市场扩张的制度安排。对于市场经济来说，经济增长过程就是市场扩张过程，两者呈正相关。资源配置主体的多元化，市场管理主体的多元化是市场扩张的重要条件。在市场急剧扩张的过程中，短期内似乎人人都受益，至少是绝大多数人受益，改革受到欢迎，但改革是有风险的。

（一）改革会产生道德风险

传统计划经济和市场经济的道德准则是不同的。前者的道德准则是"君子不言钱""利他主义"和"合作"。后者的道德准则却是"一切向钱看""利己主义"和"竞争"。其实，这两种道德准则并非是绝对对立的，而是一种辩证关系，关键是要把握好度。但是在体制改革的过程中容易从一个极端走向另一个极端。这种改变给人一种天翻地覆的感觉。传统体制的制度安排是维持传统道德准则的，在改革中却成为"挣钱"的工具。在市场经济中，诚信风险大大增加；在政府经济中，公正正义的风险大大增加。这给人一种启示：市场经济的风险根源并非就在市场经济领域；政府经济的风险根源并非就在政府领域。"混合经济"并非是政府经济和市场经济像掺沙子那样可以清楚地分离开来的，而是"你中有我，我中有你"的关系。

（二）改革会产生分配不公的风险

传统体制的资源配置格局和分配格局与市场经济体制是完全不同的，这就会导致利益关系在短期内的急剧调整。这种短期内的急剧调整，一方面加剧了道德风险，另一方面会产生分配不公的社会风险，或者说产生公正正义的社会风险。这是因为，传统体制的利益关系是由"政府"决定的，市场经济体制改革处处涉及政府规制的重新安排，因此"政府"是社会分配不公风险的主要承担者。

市场经济体制改革必然要求资源配置主体的多元化。多元主体的形成需要政府管理规制的改变。这种改革是不均衡的，有的部门、企业、个人掌握的资源多一些；有的自主权更大一些。这就是说，形成市场经济的初始条件是不公平的，由此形成的收入分配差异也被认为是不公平的。

一旦进入市场经济的运行轨道，收入分配总是向资本倾斜的，或者说资本化能力越强，收入越高。在以公有制为主体的市场经济中，这种收入差距的拉大被认为是不公平的。因为对生产起决定性因素的重要资本都是由政府垄断的，收入分配格局本质上也是由政府决定的。这对公有制企业来说，存在公共资本私人管理的风险。对于国内民营资本和外国资本来说，存在公共资本私有化的风险。对于资本和劳动来说，存在贫富差异拉大的风险。

（三）改革会产生经济波动的风险

我国的市场经济体制改革实际上是"供给决定需求"的模式。这种经济模式有两个特征：一是"三来一补①"的生产模式；二是模仿经济。前者是利用我国劳动、土地、资本的低廉价格，生产满足国外的需求。后者是引进国外的先进技术，生产已成型的消费品来满足国内需求。这种经济会导致市场的急剧扩张，但存在巨大的风险。

这种经济实际上是市场的横向扩张，原因是中国加入了国际市场。但这种市场扩张的容量是有限度的，因为没有真正的创新。模仿经济导致各地区之间恶性竞争，现有的财政体制为这种恶性竞争提供了条件。

在现有的财政体制下，地方财政收入增长主要靠增值税；地方居民收入增长主要靠资本扩张。这两者指向一个共同的目标：扩大投资。各地都要扩大投资，但资本是有限的，于是竞争就体现在各地招商引资的优惠政策上。结果导致各地激烈的税收竞争。这种竞争实际上是以牺牲国家利益为前提的，所以称为恶性竞争。

这种竞争会导致社会风险。各地招商引资的主要能力是"土地"。对于农村来说，把农用土地转为非农利用可以大大促进经济增长。对于城镇来说，把非商用土地转为商用可以大大促进经济增长。这样"失地农民"可能隐含了社会风险；"拆迁居民"也可能隐含了社会风险；地区经济的收益预期也存在风险。

而且，这种竞争会导致生态环境恶化的风险。模仿经济竞争的是不可再生的能源、不可再生的材料。生态环境的破坏导致经济增长不可持续的风险。

（四）包干式市场经济体制的风险

在公有制为基础的市场经济体制改革中，把公有制企业确立为市场经济主体具有"包干"的性质。在公共经济的制度安排中，具有行政辖区"包干"的性质。这种包干式的市场经济体制改革隐含了巨大的风险。

包干式的微观基础，存在效率损失的风险。在市场经济微观基础的建构中，需要大力发展非公有制的其他企业。改革中，产业之间、地区之间"双向改革"是不均衡的，甚至改革措施之间是不配套的。因此，市场经济形式上建立起来了，实际上并不能进行效率资源配置。公共经济的包干体制可能产生发展不平衡

---

① "三来一补"是指来料加工、来样加工、来件装配和补偿贸易。

的更大风险。如果包干契约太短，地方经济就缺乏稳定增长的动力。如果包干契约是长期的，那么会加剧地区发展的不平衡，同时又限制中央宏观调控的能力。因此，虽然1994年就确立了分税制的财政体制，但此后中央为了加强宏观调控能力，提高两个比重的措施不断使用。这使地方经济的稳定和发展取决于中央的转移支付。

包干式的体制使"条条和块块[①]"之间的不协调风险加大了。我国的公有制企业实际上是归属于不同层级的政府管理的；同时又归属于不同的政府公共部门管理。事实上存在的部门、地方利益使体制的协调更为困难。

在这种体制框架下，各类风险必然过度依赖于财政政策。财政收入提高两个比重、增加转移支付力度、强化赤字财政几乎成为最简捷的手段。显然，各种风险在公共财政上表现出来，但并不表明就是公共财政自身的风险。

三、双向公共财政风险的实证分析

社会政治、经济中的一切矛盾都会在财政上反映出来。这里所做的实证分析，是想说明中国"双向改革"中存在的公共财政风险。

（一）模型构建

$$Fr_{it} = \alpha_0 + \alpha_i + \beta_1 Md_{it} + \beta_2 Fd_{it} + \beta_3 Md_{it}Fd_{it} + \beta_4 FMFd_{it} + \varepsilon_{it} \qquad (2-1)[②]$$

在上述模型中，下标 i 和 t 分别表示第 i 个省份和第 t 年。α_0 是常数项，α_i 是地区固定效应，β_1、β_2、β_3、β_4 是各变量的系数或系数矩阵，ε_{it} 是随机扰动项。被解释变量 Fr_{it} 表示公共财政风险指数，Md_{it} 表示政府向市场的分权程度，Fd_{it} 表示政府间的分权程度，$Md_{it}Fd_{it}$ 表示政府与市场，以及政府之间分权的交叉项，$FMFd_{it}$ 表示非分权影响因素。这里数据采用1997～2007年[③]中国30个省、自治区、直辖市（不包括西藏和台湾地区[④]）的面板数据。

公共财政风险指数根据1998～2008年《中国财政年鉴》《中国金融年鉴》

---

① 条条管理是指政府职能部门的纵向管理；块块管理是指地方政府的管理。

② 这个模型受 Branson, Lovell（2001）、祝志勇、吴垠（2005）、刘军（2006）等的启发。

③ 选择该区间样本数据主要是受到市场分权指标数据和财政分权指标数据获取的限制，这两个指标数据的区间为1997～2007年，这并不影响本书的研究结论，因为财政风险也主要是在1992年以后逐渐显现，特别是1994年以后（根据文献研究判断）。

④ 本书所指全国或各省（自治区、直辖市）数据仅涉及中国大陆地区，不包含港澳台地区。全书同，以下不再说明，当个别省份（自治区、直辖市）数据有缺失时，书中会做相应说明，此处西藏自治区数据严重缺失，未包含在样本中。

相关数据计算而得。政府向市场分权程度指标数据来自樊纲、王小鲁和朱恒鹏（2009），政府间财政分权指标数据来自龚锋、雷欣（2010），非分权影响因素指标数据以前三项数据为基础运用线性规划的方法测算得出。在随后的估计中采用面板数据的方法，通过 Hausman 检验对固定效应和随机效应进行选取，随后只报告选取之后的结果。

（二） 指标说明

1. 公共财政风险指数（Fr）

该指标是指中央财政国债依存度（祝志勇、吴垠，2005），即公共财政风险指数 =（当年国债发行额 + 地方预算外收支余额）/地方本级财政收支缺口，这一指数反映了地方财政收支缺口对国债的依赖程度。但本书并不是从财政部门的角度理解公共财政风险。这一指标只是说明"双向改革"导致的制度摩擦。

2. 政府向市场分权指数（Md）

这实际上是市场化指数，是依靠政府放权形成的。本书将用樊纲、王小鲁（2009）提出的市场化指数作为检验依据。这一指数从政府与市场的关系、非国有经济的发展、产品市场的发育、要素市场的发育以及市场中介组织和法律制度环境等五个方面进行评估，然后合成一个市场化的总指数①。市场化指数本质上是应该能够反映市场容量的指标，这一指数并不能正确反映这一点，但目前没有更好的办法来测量市场化。这一测量方法在一定程度上反映市场的效率程度。

3. 政府间分权指数（Fd）

本书将用龚锋、雷欣（2010）测算出的多维分权总指数（多维分权总指数由收入分权、支出分权和管理分权三大方面六个指标综合而成，具体指标详见龚锋、雷欣，2010（10）：48 - 55）来考察它与公共财政风险的关系。

4. 政府与市场以及政府之间分权的交叉项（MdFd）

由于我国政府向市场分权与政府之间分权是立体交叉推进的，因此设计交叉项指数进行检验有利于校正误差。

5. 非分权影响因素（FMFD）

影响公共财政风险的因素很多，实证分析时又无法全部考虑到，但如果忽视这些因素可能会导致结果缺乏可信度。因此，本书采用了布兰森和洛弗尔（Branson，Lovell，2001）、刘军（2006）研究成果，通过建立一个线性规划模型来量化了非分权影响因素对公共财政风险的影响。

---

① 樊纲、王小鲁的市场化指数是按十分制给出的，为了与其他变量保持一致，对其做了处理改为了百分制。

实证分析的主要变量描述性统计结果如表 2 - 1 所示。

表 2 - 1 主要变量描述性统计

变量	观测个数	均值	中位数	最大值	最小值	标准差
Fr	330	0.9183	0.7928	1.9778	0.0000	0.4944
Md	330	0.5478	0.5090	1.1710	0.1290	0.2001
Fd	330	0.5837	0.5760	0.8630	0.3680	0.0843
Md × Fd	330	0.3262	0.2970	0.8712	0.0749	0.1493
FMFd	330	1.0962	0.9919	2.1168	0.0000	0.2856

资料来源：笔者计算得到，详细参见布兰森和洛弗尔（2001）、刘军（2006）的研究成果。

（三）实证检验结果

在实证分析中我们主要进行了两个方面的检验，一方面是全国整体情况下，检验各变量之间的关系，另一方面分东、中、西[①]三个地区来检验各变量之间的关系是否存在地区性差异。具体检验结果如表 2 - 2 所示。

表 2 - 2 市场分权、财政分权与公共财政风险关系的实证检验结果

被解释变量：财政风险指数

变量	全国		东部地区		中部地区		西部地区	
	（1）	（2）	（3）	（4）	（5）	（6）	（7）	（8）
Md	- 0.9197 ***	- 5.4479 ***	- 0.4856 ***	- 4.5313 ***	- 1.8653 ***	- 5.3928 ***	- 1.6942 ***	- 4.5810 ***
	(0.1130)	(0.7027)	(0.1635)	(1.5303)	(0.2322)	(1.9738)	(0.2360)	(1.6075)
Fd	3.0462 ***	- 1.3645 *	3.0097 ***	- 1.0626	2.6879 ***	- 0.1171	0.0371	- 1.7396
	(0.4574)	(0.8009)	(0.8413)	(1.7378)	(0.8256)	(1.7592)	(0.7366)	(1.2195)
Md × Fd	—	7.0880 ***		5.9334 ***		6.4242 *		5.5364 *
		(1.0874)		(2.2322)		(3.5704)		(3.0505)
FMFd	0.2729 ***	0.3321 ***	0.2020 *	0.2242 **	0.3687 ***	0.3779 ***	0.3890 ***	0.3933 ***
	(0.0547)	(0.0521)	(0.1055)	(0.1032)	(0.0805)	(0.0796)	(0.0790)	(0.0780)
常数项	- 0.6551 **	2.0233 ***	- 0.7360	1.9934 *	- 0.0671	1.4800	0.9375 **	1.8637 ***
	(0.2766)	(0.4858)	(0.5329)	(1.1509)	(0.4997)	(0.9914)	(0.4277)	(0.6623)

[①] 东部地区包括：北京、天津、河北、辽宁、上海、江苏、浙江、福建、山东、广东、广西、海南；中部地区包括：山西、内蒙古、吉林、黑龙江、安徽、江西、河南、湖南、湖北；西部地区包括：重庆、四川、贵州、云南、陕西、甘肃、青海、宁夏、新疆。

变量	被解释变量：财政风险指数							
	全国		东部地区		中部地区		西部地区	
	（1）	（2）	（3）	（4）	（5）	（6）	（7）	（8）
R^2	0.7235	0.7817	0.6953	0.7128	0.8188	0.8254	0.7653	0.7739
Hausman-t （p-value）	0.0000	0.0000	0.0014	0.0060	0.0000	0.0000	0.0000	0.0001
Obs	330	330	132	132	99	99	99	99

注：1. *、**、***分别表示在10%、5%、1%水平显著（本书后同），括号中报告的是标准误。

2. 方程（1）、（3）、（5）、（7）不包括交叉项，（2）、（4）、（6）、（8）包括交叉项。

从全国整体来看，政府向市场分权与政府之间财政分权都对公共财政风险产生显著影响，但二者符号不同。符号不同表明方向不同。市场化改革是为了减少风险；政府间分权的目标是为了和市场经济相适应，也是为了降低风险。但实际结果表明，存在体制改革摩擦，风险并未明显降低。

交叉项的检验结果表明，市场化改革和公共财政风险的相关性增强，政府间财政分权却使符号由正变为负，这表明现有的财政体制隐含很大的风险。这表明中国的市场经济体制中摩擦风险较大。既存在政府与市场之间的职责不清，又存在制度之间的摩擦，或者说改革没有达到预期的目标。

从地区看，东部地区对公共财政风险的影响程度最低，而中西部则远远高于东部，且中西部之间差距不大。这和选择的公共财政风险指数有关，但从本书的观点看，地区之间发展程度、收入增长程度差距的拉大，恰恰说明潜在的风险很大。这说明包干式的市场经济体制改革会导致新的风险。

对于非分权因素来说，无论从全国整体来看，还是从地区看，加入交叉项都比没有加入交叉项对公共财政风险的影响程度强，而且影响程度从东到西逐渐增强。这可能是由于政府与市场之间分权界线模糊，产生了分权以外的其他公共风险所致。

四、简短的结论

公共财政风险实际上是社会中各种风险的集中反映。因此，公共财政风险不能就财政论财政。财政赤字本身是为解决社会中某种风险的手段，同时又隐含了新的风险。这就是说，仅仅用财政赤字或者与财政赤字相关的指标来度量公共财政风险是不充分的。

政府与市场之间的关系不仅受经济的影响，同时也受道德、风俗、习惯的影响。每个国家都必须探索自己的道路，不存在可以模仿的既存模式。政府之间的关系，政府与市场之间的关系，表现形式上只有集权和分权之分，似乎只是权力、职责的划分问题。实际上，这个问题很复杂，微观主体的行为方式受多种因素的制约；政府的行为方式也受多种因素影响。政府和市场之间的体制协调则更为复杂。

公共财政风险问题必须展开经济、政治、道德等学科的综合研究。中国特色的市场经济体制，必然存在中国特色的政治体制，也必然存在中国特色的文化和道德。

第二节　公共财政的宏观风险

一、公共财政宏观风险的含义

公共财政宏观风险是指宏观财政政策产生的风险。

宏观财政政策是指调节总需求的政策。罗斯福新政开了运用财政政策刺激总需求的先河。1929～1933 年的世界性经济危机使生产力水平倒退了几十年，经济一片萧条，大有到了世界末日之感。按照当时的理论，政府应该削减开支，结果导致更为严重的萧条。这也是胡佛总统竞选失败的原因。罗斯福以革新的面目当选总统，采取和传统做法不同的新政。其中，运用财政政策扩大总需求的办法来治理经济萧条，颇有成效。

1936 年，凯恩斯发表《就业、利息与货币通论》，反响极大，被认为开创了宏观经济学。凯恩斯认为传统理论①把经济稳定作为市场经济"常态"的看法是犯了合成逻辑的错误，即微观规则不应该简单推广到宏观领域运用。例如，居民、家户储蓄可以随时满足不时之需；但如果所有居民、家户的储蓄都闲置不用，那么经济就要萧条。他认为市场经济的常态是经济不稳定，而稳定恰恰是特例。按照凯恩斯的理论，1929 年发生的大萧条是微观领域市场机制失灵的必然结果。为什么微观领域市场机制失灵呢？他解释了三条理由。一是投资预期不景

---

① 这里的传统理论是指凯恩斯以前的主流理论，即新古典理论。

气，于是导致投资需求不足；二是边际消费倾向有下降趋势，于是导致消费需求不足；三是由于货币的投机需求过大，于是导致市场利率失去调节需求的功能。这是总需求不足的微观解释。既然在经济萧条时期市场机制失灵了，就需要宏观政策来治理经济①。

上述说明，宏观财政政策是治理经济波动的手段。一般说来，经济波动本身就是风险的表现形式。但公共财政宏观风险并不是指经济不稳定本身的风险，而是指治理经济波动的财政政策本身可能产生的风险。这似乎是个复合函数，经济波动的风险需要运用财政政策去解决；而在运用财政政策的过程中自身可能产生风险。

二、公共财政宏观风险的原因

公共财政宏观风险的原因和公共财政宏观政策目标，以及作用机制有关。

宏观财政政策最明显的现象形态是公共财政收支不平衡，也即通常所说的公共预算不平衡。刺激总需求通常采用赤字财政政策。这就是说大量的公共预算支出是通过负债来完成的，隐含了风险的可能性。

为什么赤字财政可以刺激总需求？需要两个必要条件：一是社会产出远低于潜在生产能力；二是公共预算支出对于潜在生产能力的发挥是有效率的。

公共财政的负债支出资金来源于企业和家户，形式上政府多支出一些，企业和家户就要少支出一些，怎么会提高社会总需求呢？这是因为公共财政的预算乘数大于企业和家户的预算乘数。这样，社会总需求就被提高了。如果社会存在巨大的潜在生产能力未被发掘，而且赤字财政的支出是有效率的，那么就不会有通货膨胀的风险。这也隐含了如下风险：如果赤字规模过大，公共财政支出无效率，那么就会产生风险。

第二次世界大战以后，西方国家都信奉凯恩斯主义，也确实使各国获得了飞速的发展。因此，当1969年出现世界性"滞胀"危机后把原因归结为赤字财政政策就不足为奇了。这就是说赤字财政政策导致了新的宏观经济波动形式。新西兰经济学家菲利普斯提出著名的"菲利普斯曲线"，即失业和通货膨胀之间存在替代关系。

由于现代经济情况的复杂性，财政宏观调控通常采用结构性的调节方式。例

---

① 把凯恩斯理论和新古典理论结合起来，开创新古典综合理论。代表人物是萨缪尔森，把经济学区分为宏观和微观两个部分。虽然最近几十年对这种分法产生怀疑的呼声很高，但并没有突破性的理论进展。

如里根经济学在治理"滞胀"时，就采用结构性调节的方式。一方面降低边际税率，实际上是有利于富人的政策。他认为有利于激励投资，促进经济增长。另一方面削减社会福利，他认为有利于激励就业。这种结构性的调节政策在里根执政时期（20世纪80年代）很有成效。这说明，现代的宏观调控取决于政治家对经济形势和主要矛盾的判断，如果调控目标和调控手段不适当就会产生风险。

三、公共财政宏观风险的表现形式

（一）公共财政债务规模风险

财政赤字是宏观调控的手段，但自身可能产生债务风险。

《马斯特里赫特条约》要求欧盟成员国的国债余额和财政赤字分别不得超过当年 GDP 的 60% 和 3%，被认为是各成员国债务规模的警戒线。债务风险另一个指标是债务趋势，即国债余额和财政赤字有不断增长的趋势，则表明风险在加大。

（二）财政宏观政策的挤出效应风险

所谓财政挤出效应风险是指由于赤字数额巨大，政府公共财政投资挤出了市场经济部门的投资，从而使效率下降，弱化财政宏观效应。这就是说，债务支出规模过大，对于市场效率的影响是不利的。

（三）财政宏观政策的通货膨胀风险

公共财政债务支出推动经济增长的主要动力是需求。实际上，赤字财政政策会导致流通中的货币量增加。只有当经济实际增长吸纳增加的货币量时，宏观经济才处于稳定的状态。如果经济增长超过潜在生产能力，就会发生通货膨胀的风险。

（四）财政宏观政策的失业风险

如果赤字财政支出反而导致失业率上升，那么就是公共财政宏观风险的又一表现形式。政府大量的债务支出主要用于基础设施，只有基础设施带动实体经济的发展才能真正提高就业水平。因此，如果失业率出现上升趋势，意味着公共财政出现了宏观风险。

（五）财政宏观政策的收入分配不公风险

收入分配不公是个非常复杂的问题，既有市场经济的原因，也有公共经济的原因。对于市场经济来说，垄断是收入分配不公的重要原因。对于公共经济来说，税收的非中性和预算的非中性是收入分配不公的重要原因。如果财政宏观政策强化了收入分配不公的因素，那么就是公共财政宏观风险的表现形式。

（六） 财政宏观政策的效率损失风险

经济学要解决三大问题：效率、公平和稳定。但三者之间统一的理论并没有被建立起来。因此，财政政策在解决经济稳定问题时，就可能影响效率和公平；在效率和公平问题的处理上也有可能影响效率。这就是效率损失风险的实质。

宏观政策是相机抉择的政策，应该说是个短期政策，过度依赖宏观政策有可能损害市场经济的效率。

（七） 财政宏观政策的经济波动风险

财政宏观政策本身是为了解决经济波动问题的。但由于经济情况异常复杂，有可能导致新的不稳定。如果一个经济体过分依赖宏观调控，就会使微观经济失去稳定的基础，导致经济一直处于不稳定状态，一直需要宏观调控。实际上，这是宏观调控自身产生的风险。

第三节 公共财政的微观风险

一、 公共财政微观风险的含义

公共财政的微观构造通常是指公共预算的制度安排，习惯称为分税制财政体制。这一制度安排要实现两个目标：一是在公共资源配置和市场资源配置的关系中，保证市场在资源配置中起决定作用；二是保证公共劳务均等化的效率提供。第一个目标要求税制中性、预算中性。对于第二个目标来说，分税和转移支付制度是公共劳务均等化的重要保证。

所谓公共财政的微观风险，是指税制的非中性风险、预算的非中性风险，从而使市场在资源配置中不能起决定性作用，公共劳务均等化的目标也难以实现。

二、微观风险的原因

1994 年建立的分税制财政体制，相当于新预算法中一般公共预算的体制。这一体制不能保证市场经济在资源配置中起决定作用和实现公共劳务均等化的效率供给。

(一) 经济运行过度依赖宏观调控，导致现行的分税制财政体制缺乏透明度

1994 年我们采取紧缩的财政政策和相对宽松的货币政策，以便使当时过热的经济"软着陆"。1996 年宣布"软着陆"成功，但通货紧缩的势头一直没有真正被遏制。1998 年就实行积极的财政政策，实施多年以后准备转入稳健的财政政策。但 2008 年实行更为积极的财政政策。首先，经济运行过度依赖宏观调控就会导致微观机制难以稳定；或者说微观机制不稳定就依赖宏观调控。两者相互作用，微观机制就更不稳定。微观机制不稳定必定导致透明度不高。其次，分税制财政体制的变动无序。现行体制实行 20 年以来，税收收入在中央和地方之间的划分变动频繁。最后，一般公共劳务均等化的问题主要靠专项转移支付来解决。这是由于一般转移支付解决不了问题，只能依靠相机抉择的专项补助。理论上说，一般转移支付是主体；专项转移支付是补充。但由于制度不透明，本来属于辅助的方法反而为主了。

(二) 现行税制缺乏中性

一般税和特种税是基于税收中性原则的分类方法。从再生产循环的角度看，收入流量可以分为两类：一类是商品劳务收入流；另一类是生产要素收入流。支撑再生产循环的不仅有收入流量，还有存量，例如存在生活存量和资本存量。在这一分类基础上，税种选择有两种情况：一种是对税基普遍征收的税，称为一般税；另一种是在一般税基础上再选择某些税基设立的税种，称为特种税。一般税是税收中性的基础，特种税是税收中性的补充。

流量税有两种一般税：商品劳务一般税和生产要素一般税。前者是以商品劳务交易额（或增值额）为税基的税收，即对所有商品劳务交易行为征税；后者是以生产要素收入为税基的税收，即对所有生产要素收益征税。

中性原则来看，一般税应该只设一个税种。比如欧盟国家，商品劳务一般税只设增值税一个税种。而生产要素收入的一般税，发达国家通常只设个人所得税

一个税种。

在我国，商品劳务一般税由增值税和营业税两个税种组成。目前正在进行"营改增"试点。"营改增"的初衷似乎是为了促进服务业的发展，实际上更重要的意义是商品劳务一般税由两个税种变为一个税种，更有利于中性。由于我国的市场经济体制以公有制为基础，把一切生产要素收入明晰到个人是不可能的。因此，我国的生产要素一般税也由两个税种组成，即企业所得税和个人所得税①。这种税制安排，不利于税收中性。

在特种税的选择上，功能并没有划分清楚，重复征税严重。例如，在消费税中列有汽油、轮胎等税目，但另外还有车船税、车辆购置附加等税收。实际上，汽油税和轮胎税不应列入消费税，这些税和车船税的性质是一样的，是使用者费的转化形式。因为多用路必定多耗油、多耗轮胎。在消费税中列有烟、酒等税目，但另外还有烟叶税，应该说也是一种重复征税。在生产要素税中，个人所得按收入的次数征税，并区分收入的不同性质，显然是不利于公正公平的分配。在生产要素特种税中，涉及土地及其收益的税收特别多，这可能与我国的公有制有关。但如何简化税制的问题不容忽视。

（三）现行分税方式不利于公共预算中性

我国一般税由两个税种组成，表明两个税种的性质是一样的。但现行分税制却把商品劳务一般税中的增值税作为中央和地方的"共享税"，而把营业税作为地方税；把生产要素一般税中的企业所得税作为中央和地方的"共享税"，而把个人所得税作为地方税。这种分税方法严重影响预算中性。把本质上属于中央税的税种作为"共享税"处理，实际上有转移支付的性质。一般税作为中央税的理由在上文已有说明，这里不再赘述。事实上，"共享税"成为地方税收收入增长的重要源泉，也成为地方之间恶性竞争的一个重要因素。地方增加共享税数量的最好方法是招商引资，而地方的资源是"土地"，这就是所谓土地财政。土地财政的称谓不准确，实际上是通过让渡土地级差收益的方法招商引资。地方经济好像发展快了，但从全国来看，资源配置效率反而降低了。

现行地方税的构建也很成问题。理论上说，在一般税的基础上再设地方税是可以的，商品劳务地方税通常采取附加的形式；生产要素税通常另设地方税种，而房地产税通常是地方税的首选。但我国现行的房产税不利于预算中性。现行房产税对居民和事业单位都是免税的，对企业来说是按房产原值征税的。因此现行房产税税基不能成为测量地方公共劳务的受益情况，也就谈不上符合预算中性原

---

① 国外没有我国那种"企业所得税"，而设"公司所得税"，但公司所得税属于特种税。

则。这是目前改革现行房产税呼声很高的原因。

商品劳务一般税附加作为地方税是可以的。这种地方税收入属于地方一般税，用于一般公共商品的支出需求。但我国现行的地方税中设立的城市维护建设税和教育费附加是不合适的。从这两个税种的名称看，似乎有专门的用途，应该建立基金。但城市维护建设和教育应该属于一般公共商品支出的范畴，不必也不能建立此类基金。

（四）现行的转移支付制度是非中性的

由于缺乏公共预算硬约束的制度安排，因此没有一般税用于一般公共商品支出、特种税用于特种公共商品支出的制度安排，导致公共预算内部各种收支之间的软约束，严重影响预算的透明度。我国的转移支付制度至少存在以下四种形式："共享税"式的转移支付、体制分成、一般转移支付和专项转移支付。由于转移支付制度不规范，既不利于制度透明，又不利于国民经济的协调发展。

三、公共财政微观风险的表现形式

（一）税制的非中性风险

税制中性是市场经济体制的基本要求。税制中性是指税收制度对市场经济资源配置不产生影响。这是市场在资源配置中起决定性作用的必要条件。如果税制是非中性的，相当于政府的税收是形成垄断的原因。这必然导致资源配置效率下降。

税制非中性的原因很多，可能是税种设置不合理、也可能是主税种设置不合理、还可能是税负结构不合理、还有可能是各种因素的综合等。税收的非中性必然导致效率下降。

（二）税收调节风险

税收是调节收入分配的重要杠杆。税收调节有两个重要原则：一是能力原则，即能力强的多纳税，能力弱的少纳税。二是公平原则，即相同的税基缴纳相同的税收。如果税收调节达不到目标，甚至违背上述目标，那么就是税收的逆向调节，也就是税收调节的风险所在。

（三）分税非中性风险

分税是指对税制中的税种收入权进行中央和地方之间的划分。收入权属于中央的税种为中央税收入权，属于地方的税种为地方税。这就是说分税有两个条件，一是税种；二是税种的收入权。理论界有一种观点，认为税种的条件不必要，只要收入归地方的就是地方税。我们认为脱离税种谈中央税和地方税的划分是没有意义的。这也混淆了税种划分和转移支付的区别。

分税是应该按税种的特点来划分的，目的是保证预算中性。预算中性是公共经济效率的基本要求。从整个预算看，公共预算对市场经济的影响是中性的；从结构看，各级政府的预算对市场经济的影响也是中性的。

分税风险就是分税的非中性，导致地方之间税收分配的不公。这使公共经济的微观制度安排难以保证公共劳务均等化。

（四）转移支付非中性风险

转移支付是实现公共劳务均等化的重要手段。这里首先要明确税收收入权和税收所有权的关系。税收收入权不等于税收所有权。税收的所有权属于全国人民。之所以要区分为中央税和地方税是为了预算中性和预算效率。对于中央税来说，不仅要满足中央政府本级财政的支出需求，还要满足全国范围内的公共劳务支出需求。这就是说，中央税有一部分应该用于转移支付，保证公共劳务均等化。省级政府同样如此，直到最基层的地方税收入才是该辖区居民所有。

从预算中性的角度看，一般转移支付的税收来源和专项转移支付的税收来源应该是不同的。因此应该建立基金制，确保转移支付中性和预算中性。在市场经济体制中，一般转移支付制度是制度稳定的基础；专项转移支付制度是解决特殊问题的，应该是一般转移支付的补充。

如果转移支付制度扭曲，那么必然扭曲预算中性。制度也就难以保证公共劳务均等化，就要依赖相机抉择的专项转移支付来解决。这必然导致制度更不稳定，产生风险。

（五）区域间税收竞争风险

我国现行的分税制财政体制，带有"包干"的特征。这种制度安排必然导致地区间的恶性竞争。竞争和合作是效率的两个方面。现行的分税制财政体制只强调竞争出效率，不重视甚至完全忽视了合作出效率的问题。地区之间的恶性竞争既使资源配置效率损失，又加重了中央宏观调控的压力。

（六）公共财政缺乏透明度风险

市场经济属于个人选择的范畴；公共财政属于公共选择的范畴。这是两种根本不同的决策方式。对于个人选择来说，决策是"黑箱"，即个人在选择私人商品时，不需要了解他（她）的思想活动过程，因为货币交换清楚地表达了他（她）的偏好。市场经济的效率就是以个人选择为基础的。公共选择是公共需求，因此如果每个人不预先表达他（她）的需求，就无法知道公共需求。因此公共需求的决策方式必须"白箱"。这是公共财政需要透明的重要特征。不仅如此，公共需求还是市场选择的重要信号。

如果公共财政缺乏透明度，那么对于法治化的要求来说就是风险。

第四节　公共财政的或有风险

一、公共财政或有风险含义

公共财政或有风险是指虽不直接表现为公共财政风险，但其他领域的风险隐含了公共财政风险，或者说最终以公共财政风险的形式表现出来。

从整个预算体系来看，不仅公共预算存在风险，而且政府性基金预算、国有资本经营预算和社会保险基金预算也可能都存在风险。后者的风险虽然没有直接在财政上反映出来，但最终要承担风险责任。

预算法规定地方政府不得负债，新预算法虽然允许地方政府发债，但需经国务院批准。但地方政府可以由其他方式负债，近年来受到各界特别关注的"土地财政"就是明显的例子。"土地财政"的说法其实并不准确。地方政府利用"土地"发展本地经济，实际上是利用土地不同使用方向之间的差价。土地的农业利用转为工商利用，以及城市的居民用房占地转为工商用地，其中都有极大的级差收入。这个级差收入就是地方政府招商引资可以让渡的利润。利用这种方式发展经济是有风险的，当经济增长吸纳不了招商引资所需的资金时就可能爆发风险。

二、公共财政或有风险的原因

（一）公共财政的软预算约束

硬预算约束是效率的基本要求。这就是说，公共财政和市场经济的边界是清晰的、公共预算内部不同性质的支出之间的边界也是清晰的、公共预算和其他预算之间的边界也是清晰的。如果约束软化，就会产生风险，并且最终由财政承担。

（二）二元经济向一元经济的过渡

随着市场经济的深化改革和经济发展，二元经济向一元经济的过渡是必然的趋势。在这发展过程中，会产生新的风险。首先，农村城镇化的发展会产生大量公共劳务的需求。但在传统体制中，这种新需求的资金来源是没有的。这就可能产生农村公共需求严重短缺的风险。其次，在农村经济的发展过程中，大量劳动力转移。这导致公共服务的需求和这种流动性严重不相适应的状况。再次，农业的集约化经营的公共服务需求严重滞后。

（三）区域经济发展不平衡

区域发展不平衡的原因是多方面的。首先，我们是从传统计划经济向市场经济过渡，传统的资源配置对各地发展的影响是不同的。这种情况对市场经济体制的影响依然存在。例如国有中央企业的资源配置对地方经济的影响是巨大的；中央国有事业单位的资源配置对地方经济的影响也极其巨大。其次，分税制财政体制的不合理导致地区间发展不平衡。最后，公共劳务均等化问题、地区间收入分配过分悬殊的问题，最终都会以公共财政风险的形式表现出来。

三、公共财政或有风险的表现形式

（一）地方债务风险

地方债务通常采取隐形的形式，即这种政府负债形式并不直接表现在公共财政之中，而是其他形式的债务。例如，地方之间土地财政的竞争。土地财政竞争要靠招商引资解决地区经济的发展问题。这本身隐含风险。另一种地方隐形风险是地方挤压一般公共劳务支出，这导致地方公共劳务供给不足。

（二）地方之间收入分配不公风险

地方之间收入分配不公，发展不平衡，这必然加大中央宏观调控的力度。这就是说地方的问题，最终表明为公共财政风险。

（三）新农村建设的风险

这主要表现为农村劳动力转移的风险、土地集约化经营的风险和城镇化的风险。随着市场经济的发展，一元化的管理是必然的趋势。这样农村公共劳务均等化的矛盾非常突出。在新农村的建设中，生产集约化经营要求的公共设施需求非常大。在新农村的建设中，"国民待遇"问题的矛盾越来越突出。例如，农村的社会保险如何和整个社会保险挂钩的问题被提上议事日程上来。再有，市场经济表现出流动性的特点，那么公共劳务的供给如何与流动性统一起来。所有这些可能产生的风险最终都会在财政上表现出来。

第三章

公共财政宏观风险评估

第一节 积极财政政策风险的机理分析

一、积极财政政策风险的界定

（一）风险概念的认识

要对积极财政政策风险进行界定，就需要首先了解风险的概念。众所周知，我们的社会是一个充满风险的社会，风险时时刻刻伴随着我们。人们虽然知道风险，但对于风险的认识和理解也并未形成统一的结论。美国经济家奈特在1921年的著作《风险、不确定性与利润》一书中提出风险源于不确定性，认为风险是可测定的不确定性。小阿瑟·威廉姆斯在1964年的著作《风险管理与保险》一书中把风险与损失相联系，认为风险是特定时期、特定情况下发生损失变动的可能性。前者对于风险的理解范围更广一些，因为这种不确定性既可以是好的后果，也可以是不好的后果。而后者则把风险确定为不好后果即损失发生的可能性。后来学者的研究基本上都倾向于后者，把风险界定为未来损失发生的不确定性，它包括损失发生的不确定性和损失发生时损失程度的不确定性。还有一种也

53

被普遍认可和接受的风险界定，即相对于期望结果而言，出现偏差的可能性。当没有偏差出现时，就不存在风险，但结果出现偏差时就会存在风险，偏差种类越多风险也就越大。这种风险的大小主要通过损失的均值和方差来确定。

（二）财政政策风险的界定

市场经济体制下，市场对资源配置起基础性作用，但市场失灵的存在使得政府进行宏观调控成为必要。财政政策作为政府重要的宏观调控工具，受到各国普遍青睐。财政政策的主体是政府，实施财政政策就意味着政府对经济的干预，这种干预有可能弥补市场机制的不足，促进经济发展。但也有可能会对经济社会发展产生负面影响，并且这种负面影响的因素有可能是贯穿于政府制定和执行政策的全过程。一是积极财政政策目标的选择偏差；二是在积极财政政策决策和执行过程中对经济形势判断的偏差；三是积极财政政策工具选择上的不当以及与其他政策工具的非协调配合；四是积极财政政策未能及时随经济情况而作出调整的偏差；五是过分强调积极财政政策的作用，造成政府干预过度而造成的偏差；六是积极财政政策对国有经济倾斜造成非公平性偏差。这些不利因素的存在会使积极财政政策实施无法达到预期效果，导致积极财政政策风险。因此，积极财政政策风险可以概括为：

所谓积极财政政策风险是指政府在应对新情况、新问题及外部突发因素影响而制定和实施财政政策过程中，由于多种因素影响造成积极财政政策实际效果与预期目标出现一定程度的偏差，继而导致国家社会、经济发展等方面损失的可能性。积极财政政策的风险体现在它不仅会对财政自身运行造成损失的可能性，它还会对整个国家社会、经济发展带来损失的可能性。因此，积极财政政策风险是公共风险、社会风险，政府作为公共主体，最终都会为这些公共风险承担兜底责任。

二、积极财政政策的功能

积极财政政策又被称为赤字财政政策。在1998年之前，我国财政虽然也有赤字，但是这种赤字并非是政府主动选择的结果，而是我国经济体制改革过程中，财政承担改革成本而被动选择的结果。1998年之后，我国不但有财政赤字，而且财政赤字的规模在不断扩大，此时的赤字更多的是我国政府主动选择的结果。从政策类型上判断属于赤字财政政策。从大的方面来说，积极财政政策的功能主要体现在两个方面：一是宏观调控功能；二是社会再分配功能。

（一） 宏观调控功能

按照西方宏观经济学的解释，宏观经济调控目标一般是四个方面：实现充分就业、稳定价格水平、保持经济持续均衡增长、维持国际收支平衡。而实现这些宏观调控目标就需要通过重要的宏观调控工具之一——财政政策来实现。根据奥肯定律可知，增加经济总量可以有效降低失业率，尤其是在国家经济面临通货紧缩时期，国家可以运用积极财政政策手段，通过增加政府支出、扩大债务规模、减税等措施，来提高投资需求和消费需求，继而扩大总需求，促使企业扩大生产规模，增加供给，提高就业水平，提升经济总量，抑制通货紧缩，保持物价稳定，最终实现国家宏观经济调控目标。

在我国，积极财政政策除了具有一般意义上的宏观调控功能之外，还具有特殊的调控功能。我们知道，由于我国实行的是渐进式改革之路，在改革初期，改革确实是推动了国家经济及社会各项事业的快速发展。但是新旧制度的并存，转轨时期经济发展的结构性矛盾也随着改革开放的广度和深度不断加强，市场化程度不断提升而逐渐显现，结构性矛盾使得我国经济保持持续均衡稳定增长的势头受到阻碍，尤其是在经济受到外部冲击出现衰退的情况下，这种结构性矛盾会造成经济复苏缓慢，所以我国积极财政政策在经济面临衰退时，除了通过增加政府投资来扩大经济总量，刺激经济复苏之外，另外的重要功能就是推动经济结构调整，以经济结构调整促经济发展。

积极财政政策推动经济结构调整主要是通过具体的财政工具来实现的。首先在税收政策中，通过征税范围调整、税率调整、税收优惠调整来调整不同产业部门、不同所有制经济、不同经济发展水平地区的税收负担，导致各种生产要素资源在其间合理流动，最终实现经济结构的调整和优化。其次，在财政支出政策中，政府通过调整财政支出的结构、方向和规模及力度，实现对生产结构、投资结构、技术结构的影响，同时引导民间各生产要素向着有利于经济结构调整和优化的方向流动。最后，在国债政策中，一方面政府通过国债资金的投向和规模来影响供给与需求结构、地区产业结构，地区发展结构；另一方面，不同的国债利率结构、期限结构、品种结构也会一定程度上对金融结构产生影响，继而最终实现经济结构的调整和优化。

（二） 社会再分配功能

市场经济是效率经济，因此，在效率优先的前提下，各市场经济主体、各地区在资源禀赋、经济发展能力等方面存在差异的情况下，发展差距将会逐渐扩大，居民的收入差距也将被不断拉大，这是市场机制无法自身调节的。除了市场

55

经济自身的因素外，我国还有其特殊的因素。在我国，为了顺利推进各项制度改革，建立和完善社会主义市场经济体制，国家提出了优先发展城市，农村支援城市发展，优先发展工业，农业支援工业发展，优先发展东部地区，政策向东部地区倾斜等战略。加之，改革开放之后我国提出的以经济建设为中心，效率优先兼顾公平原则，而实际上各级政府在发展地方经济的过程中，基本上都是注重效率而忽视社会公平，这在我国 1994 年财政分权体制改革之后，更加显著。因为政治上集权、财政上分权的机制激励地方政府只注重本地区经济总量的增加，最大程度上增加本地区的财政收入和自身政治晋升的资本，从而就会忽视对本地区公共产品和公共服务的供给。市场经济因素加上我国体制改革因素造成我国社会城镇居民之间、农村居民之间、城乡居民之间收入差距不断扩大，经济发达地区和经济欠发达地区之间、东部地区和中西部地区之间、内陆地区和沿海地区之间经济发展水平差距不断提高，就业难度提高、失业率增加，社会保障能力低，城市、农村贫困等问题逐渐显现，财政作为社会再分配的重要手段，可以在促进社会公平、保证社会稳定方面发挥重要调整功能。

积极财政政策的社会再分配功能可以通过如下方式来实现。首先，在财政收入方面，通过提高高收入群体、高收入行业、经济发达地区的税率来增加他们的税收负担，同时降低低收入群体的征税率或者提高低收入群体的免征额，增加低收入行业、经济欠发达地区的税收优惠，还有就是通过非均衡的非税收入的调节，继而实现不同收入群体之间、不同收入行业之间、不同经济发展水平地区之间社会收入再分配。其次，在财政支出方面，从支出总量上来说，政府通过增加低收入行业或产业、经济欠发达地区的投资规模，扩大对它们的财政补贴力度，继而提高它们的生产技术水平和生产效率，使收入快速增加；同时适当限制或者降低高收入行业或产业及经济发达地区的投资规模，从而实现地区间、城乡间、行业间的公平。从支出结构上来说，实现由向经济建设支出倾斜转向基本公共服务支出倾斜，加大对文化、教育、科学、医疗卫生等方面的支出规模。最后，在社会保障方面，加大对低收入群体、经济欠发达地区的转移支付力度，提高低收入群体的社会保障水平，扩大社会保障覆盖面，让更多的群体受益。

三、积极财政政策的选择

积极财政政策的理论基础虽然是凯恩斯的宏观经济学，但关于财政政策选择的研究却经历了从古典学派到传统凯恩斯主义学派，从传统凯恩斯主义学派到货币学派和新古典学派，最后到新凯恩斯主义学派的发展过程。

以萨伊为代表的古典学派主张政府不干预经济，因此也就无须进行财政政策的选择。他们的理由是供给能够自动创造需求。在完全自由竞争的市场经济体制下，商品的需求者和供给者之间在市场机制的作用下能够实现商品交换，供给者卖出商品，同时又会根据需要买回其他商品，需求者买到商品同时也会卖出手中的商品，这样一来，商品就不会过剩，也不会出现失业，社会资源会自动达到充分就业状态，所以就不需要政府通过财政政策选择来干预经济。但是面对20世纪30年代的资本主义经济危机，古典学派的经济理论束手无策。以凯恩斯为代表的凯恩斯学派兴起，他们主张政府干预经济。因为市场不是万能的，市场存在失灵，所以，政府需要通过财政政策的选择来实现对经济的干预，继而弥补市场机制的不足。凯恩斯以大萧条为背景分析得出造成大萧条的原因是社会有效需求不足所致。这里的有效需求包括消费需求和投资需求。由于边际消费倾向递减，使得增加的可支配收入用于消费的越来越少，储蓄却越来越高，继而造成社会总需求小于总供给，产能过剩，生产出来的产品不能被消费掉，厂商为了实现其利润最大化必然降低供给，因此就会有劳动者退出工作岗位，成为失业人员。另一方面，资本边际报酬也存在递减效应，加之消费需求不足，会使得厂商投资意愿降低，继而使得民间储蓄无法正常转化为投资需求，造成供需结构进一步失衡，导致经济萎缩，失业率进一步增加。这种有效需求不足的现象是市场机制无法调节的，因此，需要政府进行干预，通过政府的力量来增加社会总需求，使之达到供求均衡的状态。凯恩斯提出通过增加投资需求和消费需求来增加社会总需求，但居民的消费倾向是相对比较稳定的，短期内很难使消费需求有大的变动，所以增加总需求的重点在于增加投资需求。在经济衰退时，政府主要通过扩大公共投资规模来增加投资需求，同时通过减税措施来刺激消费需求的增加。

以需求管理政策为代表的政府干预手段在20世纪60~70年代西方国家出现的"滞涨"现象面前也变得无能为力，为此以弗里德曼为代表的货币学派和以卢卡斯、萨金特等为代表的新古典学派兴起，并为解决"滞涨"提出了自己的政策主张。他们认为凯恩斯的赤字财政政策非但不能使经济稳定，反而会加剧经济波动，所以反对政府干预经济。货币学派认为相机抉择的财政政策其决策过程及政策实施产生效应都存在时滞，继而会造成赤字财政政策出现偏差，加剧经济波动；另一方面，政府的赤字财政政策短期内虽会对产量和就业会产生影响，但长期会形成对民间投资和消费的挤出，继而抵消总需求增加的部分，使赤字财政政策效果不大。他们提出实行稳定价格预期的货币政策，通过控制货币供应量增长率来稳定宏观经济，在财政政策选择上采取财政预算平衡的财政政策，但该政策主张由于容易造成经济泡沫而在20世纪80年代后逐渐退出。新古典学派以理性预期假说和持续市场出清假设为理论基础，认为每个经济主体都能够利用其所能获取所有信息对未来形成理性预期，因此会主动先行调整其行为，从而就会对政策效果形成冲销，使得政策无效果，所以他们反对相机抉择的财政政策。另外他们主张使用规则的财政政策来防止或减少通货膨胀的发生。

20世纪80年代之后，以曼昆、斯蒂格利茨、萨默斯等为代表的新凯恩斯主义学派形成。他们在继承传统凯恩斯理论的基础上丰富和发展了凯恩斯学说，比如新凯恩斯学派吸收了新古典学派的理性预期假说，还修正了传统凯恩斯学派和新古典学派工资、价格刚性和弹性的假设，都以粘性代替，再有就是以非市场出清假设代替新古典学派的持续市场出清假设，形成了具有微观基础的新凯恩斯宏观经济理论。该理论注重政府通过收入再分配、税收政策及政府投资等财政政策手段来实现对宏观经济的调控，但摒弃了频繁干预经济的思想，转为政府"适度"干预，强调对经济进行"粗调"，更加注重宏观经济调控的质量。凯恩斯学派虽然以需求管理为主，但在政策实际实施过程中，财政政策既会产生需求效应，也会产生供给效应，二者并非截然分开。这也说明政府在运用财政政策干预经济的过程中需要需求管理政策和供给管理政策，根据宏观经济形势判断，从短期和长期，从总量和结构协调配合对宏观经济实施调控，最终实现宏观经济持续稳定增长的目标。

我国两次积极财政政策的实施都是以凯恩斯宏观经济理论为理论依据，但在财政政策的选择上略有区别。

1996年我国经济成功实现"软着陆"，1997年下半年开始，我国有效需求不足的问题开始显现，东南亚金融危机冲击使得国内经济急转直下，内需、外需、投资三个方面同时出现了需求不足的问题，特别是外需对经济的拉动作用几乎接近于零，使有效需求不足问题在我国变得更加突出，同时前期发展所造成的经济结构问题也开始凸显。国内有效需求不足、通货紧缩趋势加剧成为这个时期我国经济的主要特征。面对突如其来的经济形势变化，我国实施了积极的财政政策。在具体政策工具选择上，我国选择了国债政策为主，减税政策为辅的政策组合。通过增发国债用于公共基础设施投资，带动投资需求增加。通过结构性减税措施一方面进一步刺激民间投资需求，拉动外需，另一方面，通过调整税收优惠政策来促进经济结构优化。除此之外，国家通过多次提高中低阶层居民收入水平和社会保障水平，以此来拉动国内居民消费。总的来说，此次积极财政政策主要是以扩大内需为目的的总量扩张政策为主，经济结构调整和优化为辅，最终使我国经济走出衰退。

2008年在美国金融危机的冲击影响下，世界经济陷入衰退危机，各国经济增速迅速减缓，对我国出口造成严重影响。加之国内经济结构调整仍处在调整期，经济结构的不合理造成短期困难和长期矛盾交织在一起，大量工厂倒闭、工人失业，内需萎靡，经济出现衰退趋势。面对严峻的经济形势，中央政府果断第二次启动积极财政政策。在政策工具的选择上，我国采取了多种工具综合使用。在投资、国债的使用上注重总量扩张的同时，更加注重结构的优化，不断扩大民生投资范围，提高民生方面的投资规模。在税收政策方面，积极推动税制改革，以税制改革为契机，实行真正意义上的减税措施，比如增值税转型改革、提高个人所得税起征点、降低印花税率、提高出口退税率、改革资源税、增代营改增等，通过减税来降低企业和居民的税收负担，刺激投资和消费。通过加大对城市、农村低收入群体或欠发达地区的财政转移支付力度和财政补助规模，以此来增强居民的整体消费能力。在财政支出安排方面，注重"三农"和其他民生领域的投入，保障和改善民生，优化财政支出结构。以科技创新为基点，加快经济结构调整，转变经济发展方式。第二轮积极财政政策相比第一轮，政策工具多，实施力度大，同时更加强调结构调整在经济中的作用，政策的着力点更注重民生和国家的长远利益。

四、积极财政政策风险的产生机制分析

在对积极财政政策风险内涵进行界定时，我们把积极财政政策风险界定为社会公共风险，在对其风险形成的机理进行分析时，我们将会摒弃以财政论财政的风险分析方法，从社会公共风险的角度出发，分析积极财政政策风险形成的制度性原因，也就是从制度层面来分析积极财政政策风险形成的机理。我国从计划经济体制向市场经济体制转轨的改革采取的是渐进式的改革道路，这意味着我国市场化改革的过程可以表示为计划经济轨迹逐步缩小至消失、市场经济轨迹逐步扩大增强的过程。在新旧体制转轨的过程中，新体制和旧体制之间必然存在不兼容的方面，即存在新旧体制之间的摩擦。这些新旧体制之间摩擦的存在，必然对积极财政政策的实施产生负面影响，造成财政政策实施出现偏离预期目标的可能。我国市场经济体制建立之后，为了与市场经济体制相适应，国家先后改革了价格机制、金融体制、财政体制、税收制度等。这些新制度的建立可以极大地推动市场经济体制的完善，但由于这些制度改革与市场经济体制之间是立体交叉式推进的，同样存在制度间的摩擦和不相适应问题，进而也会造成政策实施偏离预期的可能性，产生积极财政政策风险。除此之外，有些制度改革本身如果不到位，进而影响到积极财政政策的实施，同样也会造成政策实施偏离预期的可能性。下面我们将从财政体制改革入手，分析其产生积极财政政策风险的机理。

为了提高财政收入的"两个比重"[①] 以及适应社会主义市场经济体制的要

---

① 两个比重是指财政收入占 GDP 比重以及中央财政收入占全国财政收入的比重。

求，我国 1994 年实施了分税制财政体制改革，这次改革也被称为财政分权改革。中央与地方进行了财政收入分权和财政支出分权。在此次财政分权改革中，财政收入的权力向中央集中，因为中央政府把较大税种的税收收入划归中央收入或者中央和地方共享收入，但分成中央占大头，较小税种的税收收入划归地方收入。财政支出的权力却向地方下放，使地方政府担当了更多公共产品和公共服务的供给职能。这次财政分权体制改革极大地提高了地方政府的财政支配权，增强了地方政府的经济独立性。地方政府除去按规定比例向中央上缴财政收入之外，余下的都归地方政府支配。同时，基数法的税收返还制度也是跟本地经济发展水平相联系，经济发展水平越高，中央对其返还税收收入就越多，所有这些在一定程度上激发了地方政府为了获取更多的财政收入而努力发展本地经济的动力。再加上我国在政治上的集权体制，地方政府官员的升迁是与其政绩挂钩的，而考核地方政府官员的重要指标就是 GDP，因此，财政分权和政治集权双重激励下，地方政府发展本地经济的动力就会更加强劲，甚至是冲动。然而发展经济是需要地方政府财力支援的，可是，地方财政的收入权更多地向中央集中，地方政府财政资源有限，基层政府的财政会更困难。为了平衡这种矛盾，中央政府建立了相应财政转移支付制度，可是转移支付制度也主要以专项转移支付为主，一般转移支付规模不大，所以，也不能从根本上缓解地方财力不足的问题。中央实施积极财政政策为地方发展经济带来了重要机遇，因为在积极财政政策实施期间，中央对地方政府一般都会从财力上及政策扶持力度上进行加强。可是，在现有财政分权体制和政治晋升机制下，就形成地方政府对于 GDP 的过分偏爱，甚至一切都以提高本地区经济总量为中心。在这种指导思想下，地方政府在执行积极财政政策的过程中，仅仅从本地区利益出发，就会出现对政策的理解与中央意图产生偏离，造成积极财政政策预期目标偏离或者无法实现，诱发社会公共风险，继而对国家经济、社会发展造成损失。

五、积极财政政策风险的表现形式

积极财政政策风险是一种社会公共风险，它与私人风险不同的是，该风险的影响具有群体化、大众化，因此任何一个个体是无法单独来承担这个风险责任的，最后只能由政府来承担风险兜底责任。根据积极财政政策风险对我国经济社会发展所造成的影响范围及危害程度，我们认为积极财政政策风险主要包括以下六种形式。一是债务风险。积极财政政策的预算手段就是通过扩大财政赤字来增加社会总需求，弥补财政赤字的来源主要是发行国债渠道，而这些主要是显性债务。地方政府发展经济的投资冲动使得积极财政政策工具被过度使用，由此造成地方政府隐性、或有债务规模迅速攀升，对国家整体经济社会发展产生不利影响。二是挤出效应风险。积极财政政策主要是通过扩张政府投资和消费来带动民间投资和消费需求，实现经济复苏的目的，但是由于体制和制度性的原因，可能出现政府的投资和消费对民间投资和消费的挤出，使得积极财政政策效果不显著。三是通货膨胀风险。我国积极财政政策实施的理论基础是凯恩斯宏观经济学，侧重点就是通过积极财政政策来增加社会总需求，但短期内社会生产能力并不会显著提高，因此总供给提高不显著的情况下，需求增加就会导致物价水平上升，尤其是在地方政府投资冲动的推动下，投资需求的急速增加短期内会带动原材料价格上涨，继而带动所有相关消费品价格的持续走高。四是失业风险。宏观经济调控的目标之一就是实现充分就业。但是积极财政政策在财政分权和政治晋升机制的激励下，地方政府更多考虑经济的增长，使政策实施主要围绕经济总量的增长而展开，进而可能会忽视就业问题，造成经济增长率虽然提高了，但就业率却没有显著增加，甚至出现就业率下降的非奥肯定理现象。除此之外，由于积极财政政策的实施可能挤出民间投资和消费，而民营经济又是吸纳就业的重要领域，消费的萎靡会影响经济的发展，自然会影响到就业水平。另外通货膨胀也不利于就业水平的提高。五是收入分配风险。积极财政政策在刺激经济复苏期间强调效率优先，兼顾公平，可是在实际政策实施的过程中，现有体制和制度使得地方政府只关注效率而忽视公平，使得税收政策、投资政策、赤字政策的实施虽然使经济得到复苏，但却拉大了居民之间的收入差距，造成收入分配风险增加。另外，积极财政政策造成的挤出效应、通货膨胀以及失业也会通过多种渠道影响居民收入分配的关系，加大居民收入分配风险。六是效率损失风险。财政分权和政治晋升激励地方政府之间投资竞争，继而可能诱发竞争效率损失。另外，它会使地方政府在实施积极财政政策的过程中，仅从提升本地区经济总量的角度出发，通过政策干预去影响资源配置，造成资源配置不合理，效率低下。还有就是，积极财政政策导致债务风险、挤出效应、通货膨胀效应、失业风险、收入分配风险，这本身就是一种效率损失。

制度既是消除公共风险的有效手段，同时也可能成为公共风险产生的来源。财政分权制度改革规范和约束了中央与地方财权和事权的关系，但由于财政分权制度本身的不合理和不完善导致地方政府在实施财政政策过程中出现偏差。财政分权制度作为我国市场机制形成的重要方面，需要不断优化，优化的核心是遵循公平、正义原则，一方面优化了的财政分权制度要实现中央与地方财权与事权相匹配；另一方面，优化财政分权制度需要完善其他相关制度，继而形成对地方政府权力、行为的良好制约，降低甚至避免地方政府在实施财政政策过程中出现偏差，产生公共风险，对国家经济、社会造成损失的可能性。

六、小结

本节首先对积极财政政策风险进行了界定，积极财政政策风险是社会公共风险，它不是财政本身的风险。其次分析了积极财政政策的功能，主要包括两个方面：宏观调控功能和再分配功能。然后对财政政策的选择一般理论进行了分析和回顾，接着就中国两次积极财政政策的具体选择进行了分析。再者从制度层面分析了积极财政政策风险产生的机理。最后阐述了积极财政政策风险的六种表现形式：债务风险、挤出效应风险、通货膨胀风险、失业风险、收入分配风险和效率损失风险，以及最优或次优的制度改革路径。在接下来的 2 ~ 8 节，将具体分析每种风险的形成机制，并以历史数据为基础，利用经济计量模型和经济计量方法对每种风险进行评估分析。

第二节　积极财政政策债务风险评估

一、引言

1998 ~ 2004 年和 2008 年至今，我国两次实施了积极财政政策来扩大内需，刺激经济复苏。这两次积极财政政策都是政府主动采取了增加财政支出的措施，以至于致使财政支出规模迅速攀升，财政赤字和债务规模持续扩大①。为此，学术界就积极财政政策是否导致我国政府债务风险以及债务风险扩大化进行了丰富的研究。

吴俊培（2004）认为分析我国债务风险时不能完全以《马斯特里赫特条约》提出的警戒线作为参考。按照《马斯特里赫特条约》提出的赤字率不高于 3%，债务率不超过 60% 的警戒线来判定，中国这两项指标都在安全警戒线以内，所以没风险。但是国内学者在测算赤字率和债务率的时候，所用的口径并不符合

---

① 1997 年以前，我国的财政赤字主要是由于经济体制改革过程中减税促使财政收入减少造成的，因此也被称为"收入性赤字"，它是政府被动选择的结果；1998 年之后，财政赤字主要是国家为了应对危机而主动扩大财政支出，造成财政赤字规模的持续扩大，因此被称为"支出性赤字"，它是政府主动选择的结果（刘尚希，2004）。

《马斯特里赫特条约》的规定。按照《马斯特里赫特条约》规定，赤字额要加上当年的还本付息部分，算上这部分，那我国的赤字率就已经超过了《马斯特里赫特条约》的安全警戒线；债务负担中根据中国实际，除了政府的预算支出债务外，还要加上许多隐性债务，此时债务负担率会被提高很多，债务风险发生的概率就会增大。所以，结合中国国情，仅仅用赤字率和国债负担率及国债依存度等指标是无法准确判定我国债务风险及其变动趋势的。刘尚希（2004）认为在分析政府债务风险时，不能只关注债务本身的规模，要把它与政府所用的公共资源联系起来进行分析。他提出了分析债务风险的四个步骤：第一步，对政府债务与政府公共资源的存量进行对比分析，判定债务风险的收敛性。如果债务不是收敛的，就进行第二步，从流量的角度对政府债务与政府公共资源进行分析，来检验债务风险的扩散程度。如果扩散程度大得超出了财政能力，就进行第三步分析，通过对比政府债务与经济总量规模来确定债务风险的可控性。如果动用现有公共资源无法使债务风险得到控制，就进行第四步分析，用政府债务对比政府无形资产，来判定政府债务风险向政治危机和社会危机转化的可能性。刘尚希研究员从存量和流量的角度考察了我国2000年政府债务的情况，认为未来我国的债务风险有增大趋势。

王宁（2005）从欧盟设定《马斯特里赫特条约》安全警戒线的基础理论出发，并依据中国"十五"计划纲要经济发展目标，结合中国国情，推算出我国财政能承受的最大赤字率为4.04%～4.67%，最大的安全债务率为50.51%～58.36%，最大赤字率略高与欧盟赤字率3%的警戒线，而最大安全债务率却低于欧盟债务负担率60%的安全警戒线。他强调指出我国债务风险是客观存在的，警戒线的设定仅仅是债务风险转化为债务危机的临界点，临界点内债务风险转化为债务危机的概率相对低些，随着债务规模的增加，越靠近临界点，债务风险向债务危机转化的概率就越高，因此，对国家债务实时监控是必要的。宋涛、唐德善（2006）运用灰色数列预测方法和主成分分析方法评价国债风险，结果显示，1998～2003年实施积极财政政策期间，我国国债风险在持续增大，在2002年达到最大，之后有所下降。武彦民（2007）通过筛选出8个反映财政运行状态的直接指标和8个反映与财政分配相联系的外围因素存在状况的间接指标，运用公共财政风险测评模型分析了1997～2003年我国实施积极财政政策期间公共财政风险的变化情况。结果显示，反映财政运行情况的财政赤字率指标、国债负担率指标、国债依存度指标和隐性负债率指标、失业率指标和收入分配结构指标所体现的风险程度在上升，其余指标所体现的风险程度都在下降或者保持不变。总的来说，积极财政政策的实施减轻了公共财政风险的累积程度，但对直接反映积极财政政策内容的指标，如国债负担率等指标所反映的风险在上升，需要给予关注。

李伟（2009）运用"赤字—债务"均衡模型和公共部门偿债能力模型分析了我国政府国债的风险状况，结果显示，在我国现有的赤字率水平下，国债负担率确实有点偏高，国债累积风险不容忽视。

刘志强（2012）认为我国实施的积极财政政策在稳定经济增长，促进就业的同时也产生了负面效应，即扩大了政府的债务风险。白景明（2012）认为2008年实施积极财政政策以来，债务规模虽然不断扩大，但由此而产生的政府债务风险仍然是可控的，不过未来我国政府债务风险却存在突然放大的潜能，需要警惕。国家发改委经济研究所课题组（2012）认为2008年以来实施的积极财政政策在带动经济复苏方面的效果是显著的，但同时也催生了政府债务规模的膨胀，债务风险增加，财政的可持续性受到威胁。

龙学成（2008）构建国债负担率演变的理论模型，分析得出国债负担率存在稳定均衡点，并根据我国经济发展实际估算出了我国可能存在的国债负担率稳定均衡值，最后利用均衡值以2007年的国债负担率为起点，基本赤字率设定为2%，对我国国债负担率演进的路径进行动态模拟，结果是只要我国经济平均增速不低于7%，实际利率不超过2.5%，到2037年后，我国的国债负担率就不会超过38.2%，债务风险相对比较低，因此，积极财政政策不会给财政稳定带来现实的威胁。李心源（2009）认为2008年以来国家实施的结构性减税举措，名为减税其实是有增有减，目的是优化税制结构，因此而带来税收收入从总体上不但没有减少，反而增加了，所以不会造成财政债务风险。

综上所述，既有文献研究就研究内容来说基本可以分为三个方面：一是积极财政政策实施无债务风险的研究，如李心源（2009）等；二是积极财政政策实施会产生债务风险的研究，如王宁（2005）等；三是积极财政政策的实施提高了政府债务风险的研究，如刘志强（2012）等。就研究方法而言，有规范定性分析的，如国家发改委经济研究所课题组（2012）等，还有采取理论模型分析和实证检验相结合的，如龙学成（2008）等。虽然现有文献针对我国积极财政政策的债务风险研究已经很丰富了，但还存在不足，那就是现有文献除了龙学成（2008）研究模拟了我国自2007年之后近30年债务负担率的变动趋势外，其他文献几乎都注重短期债务风险的研究，这也与积极财政政策是短期政策工具相符的。很多学者通过历史资料或数据，运用相关的统计分析方法或者计量模型来评估过去或者当前正在实施积极财政政策期间政府的债务风险状况，这种研究固然重要，因为它能够让政策的制定者和实施者及时了解和掌握政策实施所产生的债务风险状况，以便于他们及时调整政策，降低债务风险。但是这种研究无法为执政者制定国家长远规划作参考。财政赤字在我国已经常态化，这意味着弥补财政赤字的国债绝对规模持续扩大是必然的，但赤字财政也带动了经济增长率的提高，增长率的提高也会一定程度上降低债务风险，有增有降，长期内债务负担率是否会最终收敛于某个均衡点呢？这是值得研究的。本书将运用跨期理论和实证模型来分析和检验我国政府债务负担率的收敛性。

二、积极财政政策下政府债务的变动状况

在 1994 年之前我国允许财政向人民银行借款或透支来弥补财政赤字，实施财政宏观调控，但 1994 年之后，国家关闭了财政向人民银行借款和透支的融资渠道，规定财政赤字只能通过发行国债来弥补。所以，1998 年和 2008 年两次实施积极财政政策所产生的赤字主要是通过发行债券来弥补的。

债券包括国债和准国债，后者主要是指政策性金融债券和企业债券。政策性金融债券的发行主体是国家政策性银行，而企业债券的发行主体主要是中央部门所属机构、国有独资企业和国有控股企业。从发行主体来说，它们虽然不是政府，但是这些债券的信用等级却是以政府为依托的，一旦这些发行主体出现债务危机，政府就必然出面承担兜底责任化解危机，因此，本书把它们称为准国债。从图 3 - 1 可以看出，国债发行额和国债余额都在不断扩大。1996 年国债发行额仅仅为 1 847.77 亿元，到 2010 年发行规模达到 19 778.3 亿元，2013 年达到 20 230 亿元，年均名义增速为 15.1%。两轮积极财政政策期间，1998 ~ 2004 年年均名义增速为 10.47%，与同期间名义经济增速 11.2% 接近；2009 ~ 2013 年年均名义增速为 18.8%，快于同期间名义经济增速 14.6%。国债余额从 1996 年的 4 361.43 亿元增加到 2013 年的 95 471 亿元，增长了 20.9 倍。从图 3 - 2 可以看出，准国债发行规模和余额规模也在逐年扩大。从准国债发行额来说，在 1996 年政策性金融债券和企业债券发行规模分别仅为 1 055.6 亿元和 268.92 亿元，到

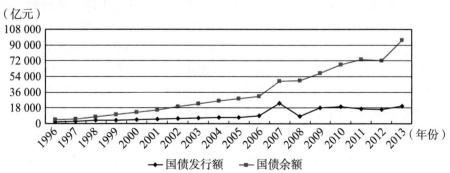

图 3 - 1　国债发行额与余额（1996 ~ 2013 年）

资料来源：高校财经数据库、中国证券期货统计年鉴 2014。

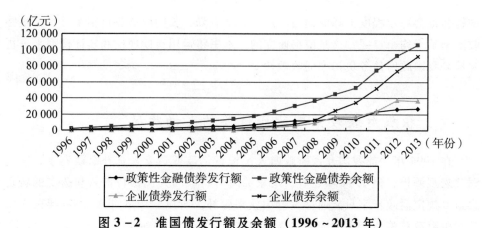

图 3 - 2　准国债发行额及余额（1996～2013 年）

资料来源：高校财经数据库、中国证券期货统计年鉴 2014。

2013 年分别扩大到 26 890.03 亿元和 36 720.91 亿元，年均名义增速分别为 20.9% 和 33.5%，两轮积极财政政策期间名义增速分别为 13.4%、17.3% 和 14.1%、31.2%，名义增速也都接近甚至远超过名义经济增长速度。从准国债余额来说，政策性金融债券和企业债券从 1996 年的 2 399.7 亿元、597.73 亿元上涨到 2013 年的 106 182.21 亿元、92 073.64 亿元，分别上涨了 43 倍和 154 倍。

　　我国国债的绝对规模在不断增大的同时，国债的相对规模也呈现出一定的特点。在这里，国债依存度等于当年国债发行额占当年国家财政支出的比率，准国债依存度等于当年准国债发行额占当年国家财政支出的比率，总国债依存度等于当年国债发行额与当年准国债发行额之和占当年国家财政支出的比率。图 3 - 3 显示了我国政府债务依存度的变动趋势。国债债务依存度除了 1998 年、1999 年和 2007 年超过 30% 以外，其余大部分年份基本保持在 15%～30%，但大部分年份仍然超过国际警戒线 20%，不过 2012 年起国债债务依存度一直低于 15%。在实施积极财政政策期间，1998～2004 年国债依存度呈现出不断下降趋势，2008 年至今国债依存度呈现出倒 U 形变动趋势，并且国债依存度缓慢回归国际警戒线 20% 之内，所以，总体来说国债债务依存度有逐年下降趋势。准国债债务依存度在 2005 年之前都比国债债务依存度低，而且都在国际警戒线之内；2005 年之后除 2007 年之外，准国债依存度都高于国债依存度，而且超过了国际警戒线。在实施积极财政政策期间，1998～2004 年准国债依存度呈现出先下降后上升的 U 形趋势，2008 年至今准国债依存度呈现出缓慢扩大趋势。总的来说，准国债依存度呈逐年上升趋势。国债依存度和准国债依存度的变动决定了总国债依存度的变动趋势。总国债依存度基本维持在 40%～60%，超过国际警戒线 2～3 倍。上述分析表明国家财政虽然对国债的依赖呈现出下降趋势，但依赖程度仍然还是比较高；另外，准国债将成为国家财政支出的另一重要依靠。总的来说，我国财政支出对发债还是存在过度依赖风险。

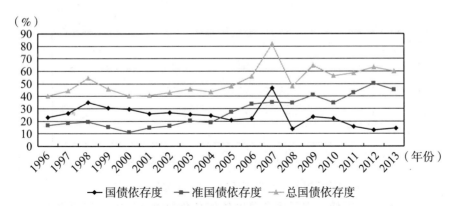

图 3 - 3 国债、准国债和总国债债务依存度（1996～2013 年）

资料来源：根据高校财经数据库相关数据指标计算整理而得。

图 3 - 4 显示了我国债务负担率的变动趋势。在这里，国债负担率等于国债余额与当年 GDP 之比，准国债负担率等于准国债余额与当年 GDP 之比，总国债负担率等于国债余额与准国债余额之和与当年 GDP 之比。从图 3 - 4 中可以看出，国债债务负担率在 2009 年之前都高于准国债债务负担率，而且呈现出先上升后下降的变化趋势。其中，在 1998～2004 年积极财政政策实施期间，国债负担率是逐年上升的，而在 2008 年到至今第二次积极财政政策实施期间，国债负担率却呈现出逐年下降趋势，不过 2013 年又开始上升。准国债债务负担率在 2009 年之后高于国债债务负担率，并且呈快速上升趋势。其中，在 1998 年首次实施积极财政政策期间，准国债债务负担率是逐年缓慢增加的，但到了 2008 年第二次实施积极财政政策期间，准国债债务负担率的增速远快于 1998 年的增速。国债债务负担率虽然经历了先缓慢增长、后缓慢下降的过程，但由于准国债债务负担率一直呈上升趋势，而且上升速度不断提高，最终导致总国债债务负担率呈现出逐年上升的趋势，渐进国际警戒线临界点，却一直都未超过国际警戒线 60% 的临界点。虽然如此，不过我们也不能忽视我国债务负担率的变动趋势，因为离警戒线越近，意味着债务风险爆发的概率越大，所以，在关注国债债务负担率变化的同时，也要关注准国债债务负担率的变动，防止因为忽视准国债债务负担率而出现认为我国总国债负担率逐年下降，债务风险是在不断降低的假象。然而，如果我们把国有商业银行的呆坏账、国有企业亏损、地方政府或有隐性负债等算上的话，那样总体负担率可能会更接近甚至超过 60% 的国际警戒线，这表明我国存在债务规模偏大的风险。另外不容忽视的是，西方发达国家用了上百年的时间所积累起来的债务规模，而我国仅仅用了十几年就快达到了，这也表明我

国债务规模存在增长过快的风险。

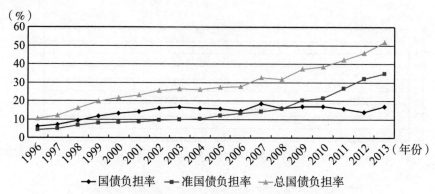

图 3 - 4　国债、准国债和总国债债务负担率（1996 ~ 2013 年）

资料来源：根据高校财经数据库相关数据指标计算整理而得。

从上述国债规模的变动分析来说，国债的绝对规模是持续上涨的，然而国债规模的相对指标变动却不是如此，这意味着我国政府债务负担率有可能并不会无限制的扩大，或许存在一定的收敛性。下面我们将会通过理论分析和实证分析来验证这个猜测。

三、理论分析和评估

（一）理论分析

根据已有文献研究和通过对我国国债规模变动的分析，笔者提出了政府债务负担率存在收敛的可能性假设，如果存在收敛性，那么必须满足什么条件呢？为此，本书需要从财政赤字着手。

积极财政政策又称为赤字财政政策，积极财政政策下，政府主动增加财政预算支出，导致支出大于收入，出现财政赤字，一般被称为基本预算赤字。于是就有：

$$BD_p = G_p - T_p \qquad\qquad (3 - 1)$$

其中，BD_p 为第 p 时期的基本预算赤字，G_p 为第 p 时期的财政支出（不含债务付息支出），T_p 为第 p 时期的财政收入。

当出现财政赤字时，政府可以通过两个渠道进行融资：一是货币融资，即通过发行货币方式来为财政赤字融资，不过这种融资方式已被《中华人民共和国预算法》禁止。二是债务融资，即通过向公众发行政府债券为财政赤字筹集资金，这种融资方式目前成为我国弥补财政赤字的主要方式，不过这种方式需要政府向债权人支付利息。因此上期国债余额所产生的利息支出和当期的基本赤字就构成了当期总预算赤字，这与国际口径一致，记为：

$$TBD_p = BD_p + i_p GBB_{p-1} \qquad (3-2)$$

其中，TBD_p 为第 p 时期的总预算赤字，GBB_{p-1} 为 $p-1$ 期末的国债余额，也是第 p 期期初的国债余额，i_p 为第 p 时期的名义利率。

在政府预算约束下，当期形成的总预算赤字和到期的国债本金只能通过发新债来弥补，于是就有：

$$ND_p = TBD_p + NDR_p \qquad (3-3)$$

ND_p 表示第 p 时期的新发行的国债数额，NDR_p 表示第 p 时期的国债还本额。把式（3-2）代入式（3-3）得到

$$ND_p = BD_p + i_p GBB_{p-1} + NDR_p \qquad (3-4)$$

另外，国家每年都会发行期限利率不同的国债，因此每年都有一部分到期的国债需要偿还，余下未偿还的国债和当期新发行的国债就构成了当期期末的国债余额，于是就有：

$$GBB_p = GBB_{p-1} - NDR_p + ND_p \qquad (3-5)$$

其中，GBB_p 为第 p 时期末的国债余额，把式（3-4）代入式（3-5）得到：

$$GBB_p = BD_p + GBB_{p-1}(1+i) \qquad (3-6)$$

现在设通货膨胀率为 π，名义国内生产总值 G，名义国内生长总值增长率为 ξ，赤字率为 z，假定名义经济增长率、赤字率和国债名义平均利率稳定不变。假设第 0 期只有财政赤字，由此开始发行国债。根据式（3-6）可得到各期国债余额。

$$GBB_0 = zG_0$$
$$GBB_1 = zG_1 + GBB_0(1+i)$$
$$= zG_0 \left[(1+\xi) + (1+i) \right]$$
$$GBB_2 = zG_2 + GBB_1(1+i)$$
$$= zG_0 \left[(1+\xi)^2 + (1+\xi)(1+i) + (1+i)^2 \right]$$

以此类推得到第 n 期的国债余额为：

（1）当 $\xi = i$ 时：

$$GBB_n = zG_0(n+1)(1+\xi)^n \qquad (3-7)$$

（2）当 $\xi \neq i$ 时：

$$GBB_n = zG_0 \left[(1+i)^{n+1} - (1-\xi)^{n+1}/(1-\xi) \right] \qquad (3-8)$$

讨论：当 $\xi = i$ 时，n 趋向无穷大时，根据式（3-7）可知，GBB_n 也趋向正无穷大；当 $\xi \neq i$ 时，n 趋向无穷大时，根据式（3-8）可知，GBB_n 也趋向正无穷大，这意味着赤字水平保持稳定时，国债的绝对规模是无限扩大的，表明国债

绝对规模的变动是非收敛的。这与上述我国国债绝对规模变动趋势分析一致。

接下来，我们分析国债相对规模变动，其核心指标就是国债债务负担率。为了得到国债负担率，我们分别对式（3-7）和式（3-8）两边同时除以 n 期的名义国内生产总值 G_n，得到：

（1）当 $\xi = i$ 时：

$$GBB_n / G_n = zG_0(n+1)(1+\xi)^n / G_n \tag{3-9}$$

令 $GBB_n / G_n = GDR_n$，表示国债债务负担率，由于前提假设名义国内生产总值增长率保持不变，因此有 $G_n = G_0(1+\xi)^n$，把它代入式（3-9）得出：

$$GDR_n = z(n+1) \tag{3-10}$$

（2）当 $\xi \neq i$ 时：

$$GDR_n = z\{(1+i)[(1+i)/(1+\xi)]^n - (1+\xi)/(i-\xi)\} \tag{3-11}$$

讨论：当 $\xi = i$ 时，n 趋向无穷大时，根据式（3-10）可知，GDR_n 也趋向于无穷大；当 $\xi \neq i$ 时，n 趋向无穷大时，根据式（3-11）可知，GDR_n 变动趋势有四种可能：一是假如 $z > 0$，$i > \xi$，则 GDR_n 趋向于正无穷大；二是假如 $z < 0$，$i > \xi$，则 GDR_n 趋向于负无穷大；三是假如 $z > 0$，$i < \xi$，则 GDR_n 最终趋向于正的 $z(1+\xi)/(\xi-i)$；四是假如 $z < 0$，$i < \xi$，则 GDR_n 最终趋向于负的 $z(1+\xi)/(\xi-i)$。

由此可以得出如下结论：第一，在国债名义利率高于或等于名义国内生产总值增长率的情况下，无论是财政赤字或者是财政盈余，从长期来说，国债负担率都会趋向无穷大，是非收敛的。第二，在国债名义利率小于名义国内生产总值增长率的情况下，无论是财政赤字或者是财政盈余，从长期来说都会趋向稳定于某个特定的值 $z(1+\xi)/(\xi-i)$，是收敛的。第三，当国债名义利率小于经济增长率时，二者之间的差值越大，国债负担率就会收敛得越快；反之，二者差值越小，即国债名义利率越接近名义国内生产总值增长率，国债负担率就会收敛得越慢。第四，关于极限值，当在国债名义利率小于名义国内生产总值增长率的情况下，且国债名义利率与名义国内生产总值增长率保持不变时，如果赤字率不断提高，那么，国债负担率收敛的极限值就会越大，反之，就会越小；当在国债名义利率小于名义国内生产总值增长率的情况下，且财政赤字保持不变时，如果国债名义利率与名义国内生产总值增长率的差值越大，那么，国债负担率收敛的极限值就会越小，反之，就会越大。

在考虑通货膨胀的情况下，只需要国债名义利率减去通货膨胀率，得到实际利率，名义国内生产总值增长率减去通货膨胀率，得到实际国内生产总值增长率，但不改变公式的本质，只是对比由原来的名义国内生产总值增长率和国债名义利率的对比讨论，转向了实际国内生产总值增长率与实际利率的讨论，在不考虑通货膨胀之外其他因素影响的前提下，解释结论与非通货膨胀情况下的结论一致，在此不再累述。

（二）评估

为了验证我国国债负担率是否是收敛的，本书将通过向量自回归协整检验模型和向量误差修正模型来检验。

1. 向量自回归协整检验模型

选择向量自回归协整检验模型的理由是，从理论分析可知，只有在长期条件下，国债负担率才会收敛于极限稳态值，也就是说，只要国债负担率、赤字率、名义国内生产总值增长率和国债名义利率长期保持协整关系，就会使国债负担率处于平稳变动过程，而最终趋向极限稳态值。

向量自回归协整检验模型是由约翰森（Johansen）在 1988 年及在 1990 年与尤塞（Juselius）共同提出的不同于单方程的协整检验方法（以下简称 JJ 检验）。单方程的协整检验是对回归的残差序列进行检验，主要用于两变量方程。而向量自回归的协整检验是对向量自回归模型的系数进行检验，主要用于多变量方程。向量自回归协整检验是以向量自回归模型（以下简称 VAR）为基础的检验方法，因此，协整检验模型需要从 VAR 模型中得出。

向量自回归模型的一般形式：

$$x_t = \sum_{i=1}^{p} M_i x_{t-i} + N z_t + \mu_t \tag{3-12}$$

其中，x_t 是一组非平稳的 I(1) 变量的 k 维向量，z_t 代表确定的 d 维外生变量向量，这里 k、d 分别为内生变量个数和外生变量个数，t 为样本个数，μ_t 是 k 维扰动项，对式（3-12）进行差分处理，得到：

$$\Delta x_t = A x_{t-1} + \sum_{i=1}^{p-1} B_i \Delta x_{t-1} + C z_t + \mu_t \tag{3-13}$$

其中，

$$A = \sum_{i=0}^{p} M_i - \mathbf{I}, \ B_i = -\sum_{j=i+1}^{p} M_j \tag{3-14}$$

经过差分处理后式（3-13）中，$\sum_{i=1}^{p-1} B_i \Delta x_{t-i}$ 是 I(0) 向量，而要保证 Δx_t 是一个平稳过程，那就需要 $A x_{t-1}$ 也是 I(0) 向量，也就是要求一组 x_t 变量之间具有协整关系。而这种协整关系的存在主要依赖于矩阵 A 的秩，设矩阵 A 的秩为 r，当 $r < k$ 时，矩阵 A 可以分解成两个 $k \times r$ 阶的矩阵，分别记作 Φ、φ，矩阵的秩都是 r，使得 $A = \Phi \varphi'$，并且 $\varphi' x_t$ 是稳定的，此时，φ 被称为协整向量矩阵，r 为协整向量个数。JJ 检验法可以在无约束的 VAR 模型形式下估计出矩阵 A，并求出 φ，得出协整方程。

协整检验方法包括特征根迹检验和最大特征值检验，相应检验方法的公式分别为：

$$\eta_r = -T \sum_{i=r+1}^{k} \ln(1-\lambda_i) \text{ 和 } \xi_r = -T\ln(1-\lambda_{r+1}), \ r = 0, \ 1, \ \cdots, \ k-1, \text{ 其中}$$

η_r 是特征根迹统计量，ξ_r 是最大特征根统计量。

2. 向量误差修正模型

选择向量误差修正模型的目的是要检验在短期内产生的波动使它们偏离长期均衡状态时，反应变量间长期均衡关系的误差修正项能否将其调整到均衡状态，以及调整的速度，同时还可以检验变量间的短期变动关系。

向量误差修正模型（以下简称 VEC）是含有协整约束的 VAR 模型，只要具有协整关系的非平稳时间序列变量都可以构建向量误差修正模型，其一般表现形式：

$$x_t = aecm_{t-1} + \sum_{i=1}^{p-1} B_i \Delta x_{t-i} + \mu_t \qquad (3-15)$$

上式由式（3-13）转化而来，式（3-15）中忽略了外生变量，$aecm_{t-1} = \varphi' x_{t-1}$ 是一组误差修正项。

四、实证检验

（一）指标的选取和数据的处理

本书的目的是检验我国国债负担率与赤字率、名义国内生产总值增长率及国债名义利率之间是否存在长期均衡关系，以及短期内的巨大波动所造成的均衡状态的偏离能否被误差修正项调整，使其恢复到长期均衡的状态上。另外，我国除了发行国债外，还发行政策性金融债券和企业债券等准国债，本书将对包括准国债在内的总国债债务负担率的收敛性作上述检验。因此，债务率指标分别选取国债负担率及总国债负担率，分别记为 GDR、TGDR。其中，TGDR 等于国债余额加上准国债余额之和与当年国内生产总值的比值。赤字率选取基本预算赤字率、总赤字率，分别记为 BD、TD。我国正处在经济体制的转轨时期，各项制度改革在逐步推进，养老保险制度改革过程中的养老金隐性债务赤字、国有企业改革过程中的国有经济债务赤字以及分税制改革过程地方政府债务赤字（胡锋，2010；胡锋、贺晋兵，2010），这些都形成了政府应支而未支，应付而未付的财政支出，构成政府的隐性赤字，由于这些赤字支出体现出我国经济体制转轨的特点，因此也被称为转轨赤字。总赤字率等于基本预算赤字率与隐性赤字率之和，该指标反映混合经济制度下制度变迁的成分。名义国内生产总值增长率为 ng，设国债名义利率记为 i，通货膨胀率为 π。

以上所有变量指标都是通过现有统计数据测算而得，这里进一步对各变量的数据来源情况说明如下。国债余额：1981～1985 年数据来自《中国金融统计（1952－1996）》，1986～2013 年数据来自《中国证券期货统计年鉴 2014》。准国债余额：由于 1985 年之前未发行准国债，所以数据只能从 1985 年开始。1985～2013 年数据来自《中国证券期货统计年鉴 2014》，1986～1994 年我国未发行政策性金融债券，因此，以其他金融债券余额代替。国内生产总值和生产总值指数及居民消费价格指数：数据来源于《中国统计年鉴 2014》。预算赤字额：数据来源于中国社科院金融统计数据库。隐性赤字额：1980～2008 年数据来自胡锋（2010），2009～2013 年数据根据胡适的测算方法，计算而得，其所用的原始数据来自于高校财经数据库、国研网数据库。国债利率：由于我国国债品种多，因此只能得出国债的平均利率。一般情况下，我国发行国债时都会参考同期银行存款利率，国债利率都会略高于同期银行的存款利率，为了数据的可获得性，本书选取同期银行的平均存款利率作为名义国债利率的代理变量（龙学成，2008）。另外我国国债大都是三年期和五年期的，所以国债名义利率最终分别用三年期和五年期银行平均存款利率来代表，其原始数据来自于中国人民银行网站。

（二）数据的平稳性检验

数据的平稳性检验方法通常使用 ADF 单位根检验和 PP 单位根检验，检验时时间序列的最佳滞后阶数按照 SIC（Schwarz Information Criterion）准则确定。检验结果如表 3-1 所示。

表 3-1 变量的单位根检验结果

变量	检验形式 （C，T，L）	ADF 检验值	P 值	检验形式 （C，T，L）	PP 检验值	P 值	结论
GDR_t	（C，0，0）	-0.7666	0.7354	（C，0，2）	-0.7519	0.8190	不平稳
$TGDR_t$	（C，T，0）	-1.2004	0.8935	（C，T，2）	-1.0592	0.9205	不平稳
BD_t	（C，T，3）	-2.7382	0.2298	（C，T，0）	-2.8693	0.1851	不平稳
TD_t	（C，T，1）	-3.5082	0.0572	（C，T，5）	-3.1358	0.1155	不平稳
ng_t	（C，T，3）	-3.2334	0.1089	（C，T，1）	-2.9352	0.1655	不平稳
i_t	（C，T，0）	-1.9227	0.6195	（C，T，3）	-2.0573	0.5489	不平稳
ΔGDR_t	（C，0，0）	-5.8755 ***	0.0000	（C，0，2）	-5.8875 ***	0.0000	平稳
$\Delta TGDR_t$	（C，T，0）	-6.6013 ***	0.0000	（C，T，2）	-6.5894 ***	0.0000	平稳

续表

变量	检验形式 (C, T, L)	ADF 检验值	P 值	检验形式 (C, T, L)	PP 检验值	P 值	结论
ΔBD_t	(C, T, 1)	-4.9753^{***}	0.0020	(C, T, 3)	-5.5451^{***}	0.0004	平稳
ΔTD_t	(C, T, 1)	-3.7234^{**}	0.0361	(C, T, 5)	-3.8549^{**}	0.0267	平稳
Δng_t	(C, T, 3)	-3.8530^{**}	0.0283	(C, T, 3)	-4.7423^{***}	0.0033	平稳
Δi_t	(C, T, 0)	-4.0616^{**}	0.0168	(C, T, 3)	-3.8657^{**}	0.0261	平稳

注：1. ** 、*** 代表在 5%、1% 显著水平下显著；2. "Δ" 代表对数据序列取一阶差分；3.(C, T, L) 中 C 代表常数项，T 代表趋势项，L 为序列滞后阶数，C，T 为 0 表示无常数项或趋势项。

在 5% 显著水平下，ADF 检验和 PP 检验结果显示：GDR、$QGDR$、$TGDR$、BD、ng、i 的原数据序列是非平稳的，而一阶差分序列却是平稳的。这意味着，这些变量之间可能存协整关系，下面通过协整检验来进一步证实。

（三）协整检验与协整方程的估计与解释

1. 协整检验分析

本书将构建 4 个 VAR 模型，分别检验 GDR、BD、ng、i，$TGDR$、BD、ng、i，GDR、TD、ng、i，$TGDR$、TD、ng、i 是否存在长期均衡关系，即协整关系。在进行协整检验时，首先要构建 VAR 模型，然后根据通常使用的 AIC 和 SC 信息准则确定 VAR 模型的最优滞后阶数，之后运用特征根迹检验和最大特征值检验来确定变量间是否存在协整关系以及协整向量的个数，最终给出协整方程的形式。

在此本书就不给出 4 个 VAR 模型最优滞后阶数的检验过程，仅在协整方程中列出最优滞后阶数。下面就进入到协整检验阶段，四个 VAR 模型协整检验过程如表 3 − 2 所示。

表 3 − 2   基于 VAR 模型的协整检验结果

组变量	原假设	迹统计量	5% 临界值	P 值	最大特征值 统计量	5% 临界值	P 值
GDR，BD ng，i	$r = 0$	169.9842	55.2458	0.0000^{***}	100.2367	30.8151	0.0000^{***}
	$0 < r \leqslant 1$	69.7476	35.0109	0.0000^{***}	38.1044	24.2520	0.0004^{***}
	$1 < r \leqslant 2$	31.6432	18.3977	0.0004^{***}	17.9607	17.1477	0.0381^{**}
	$2 < r \leqslant 3$	13.6826	3.8415	0.0002^{***}	13.6826	3.8415	0.0002^{***}

组变量	原假设	迹统计量	5% 临界值	P 值	最大特征值统计量	5% 临界值	P 值
$TGDR$，BD，ng，i	$r = 0$	131.3095	55.2458	0.0000 ***	72.6535	30.8151	0.0000 ***
	$0 < r \leqslant 1$	58.6560	35.0109	0.0000 ***	31.0032	24.2520	0.0055 ***
	$1 < r \leqslant 2$	27.6528	18.3977	0.0019 ***	17.4860	17.1477	0.0447 **
	$2 < r \leqslant 3$	10.1668	3.8415	0.0014 ***	10.1668	3.8415	0.0014 ***
GDR，TD，ng，i	$r = 0$	118.5689	55.2458	0.0000 ***	77.9572	30.8151	0.0000 ***
	$0 < r \leqslant 1$	40.6118	35.0109	0.0114 **	23.0724	24.2520	0.0710
	$1 < r \leqslant 2$	17.5393	18.3977	0.0656	13.5593	17.1477	0.1546
	$2 < r \leqslant 3$	3.9800	3.8415	0.0460 *	3.9800	3.8415	0.0460 **
$TGDR$，TD，ng，i	$r = 0$	137.7107	55.2458	0.0000 ***	84.6232	30.8151	0.0000 ***
	$0 < r \leqslant 1$	53.0875	35.0109	0.0002 ***	30.2267	24.2520	0.0072
	$1 < r \leqslant 2$	22.8608	18.3977	0.0111 **	16.7273	17.1477	0.0575 *
	$2 < r \leqslant 3$	6.1335	3.8415	0.0133 **	6.1335	3.8415	0.0133 **

注：① *** 、** 分别代表在1%、5%显著水平上拒绝原假设；②$r = 0$ 表示无协整向量，$0 < r \leqslant 1$ 表示至多一个协整向量，$1 < r \leqslant 2$ 表示至多两个协整向量，$2 < r \leqslant 3$ 表示至多三个协整向量；③主要检验了协整方程可能是序列有均值、线性和二次项，协积有截距项和线性趋势项的情况。

由表3-2可以看出，在5%显著水平下，4组变量的协整检验结果表明，GDR、BD、ng、i，$TGDR$、BD、ng、i，GDR、TD、ng、i，$TGDR$、TD、ng、i是存在协整关系的，也就是说，国债负担率、总国债负担率与基本预算赤字、宽口径赤字、名义国内生产总值、国债名义利率之间存在长期均衡关系，这意味着从长期来说，无论是国债负担率，还是总国债负担率都会趋向于收敛。

2. 协整方程估计与解释

根据协整检验结果，基于VAR模型的协整检验就会自动输出协整方程的估计系数。

由表3-3可以看出，协整方程的系数基本上都通过了显著性检验，另外，对所有协整方程的残差项进行检验，结果显示，所有残差项在1%和5%显著水平上拒绝单位根过程，协整方程是可信的。从方程1可知，预算赤字率与经济增长率反方向变动，二者未形成对国债负担率的良性控制，这也表明我国财政基本赤字支出并未能够有效提高我国经济的增速。另外，提高国债发行利率也能够降低国债负担率，这说明我国近些年增加中长期国债的发行规模，一方面为国家公共投资提供了资金支持，增加了国家经济总量，另一方面也有力地稀释了国家还债的集中期，进而从总体上就会降低国债负担率水平。从方程 2 可知，增加财政基本赤字虽然对总国债负担率的降低有作用，但作用却并不十分显著，这可能是准国债发行主体使用国债资金效率低下造成的。准国债的发行主体主要是国家的金融机构和国有企业，而我国的行政体制改革和国有企业改革虽然进行了很多年，但是才国伟、钱金宝、鲁晓东（2012）认为我国行政机构的效率仍然比较低，处于低效均衡的状态。刘瑞明、石磊（2010），刘瑞明（2011）认为国有企业不但本身存在效率损失，而且还会拖累民营经济的发展即"增长拖累"效应损失，甚至会对整个国民经济产生拖累效应；马蓉（2011）认为国有企业存在技术效率和规模效率低下的情况。准国债发行主体的低效率意味着其国债资金的使用必然是低效率的，进而抑制经济增长，从而抵消了财政赤字带来的经济正效应，因此也使经济增长率对国债负担率的影响由正效应转向负效应。增加中长期国债发行规模依然能够有效控制总国债负担率的提高。

表 3 - 3 协整方程估计结果

变量	GDR—方程 1	TGDR—方程 2	GDR—方程 3	TGDR—方程 4
BD_t	- 2.0414 *** (0.2563)	- 6.3396 * (3.1821)		
TD_t			0.2406 *** (0.0842)	- 1.6588 *** (0.3799)
ng_t	0.3699 *** (0.0442)	4.9387 *** (0.7192)	0.2396 *** (0.0382)	1.9161 *** (0.1462)
i_t	- 0.9496 *** (0.0738)	- 4.9876 *** (1.2952)	- 0.9954 *** (0.0604)	- 2.0980 *** (0.2582)
@TREND(81)	0.0050	- 0.0141	0.0036	0.0178
C	0.0366	0.4837	0.0385	0.1933
VAR 模型 滞后区间	(1 4)	(1 4)	(1 4)	(1 4)
协整检验 滞后区间	(1 4)	(1 4)	(1 4)	(1 4)

注：***、**、*分别表示在 1%、5%、10% 的水平上显著；括号内为标准误差值。

从方程 3 可知，考虑了隐性赤字率后，使得总赤字率增加，致使国债负担率显著上升，这意味着我国存在财政应支而未支、应付而未付的隐性支出，长期来说会导致国债负担率水平的上升，而隐性支出很大程度上是我国由计划经济体制向市场经济体制转轨过程中，制度变迁所形成的成本积淀。因此，加快各项制度改革，以高效率的制度来加速经济发展，进而逐步降低隐性赤字规模，实现国债负担率的下降。然而，经济增长率的增加仍然能够使国债负担率降低，这表明我国社会保障制度改革、国有经济体制改革以及财政体制改革等的推进，一定程度上推动了经济的发展，使其部分冲抵了改革沉淀成本，带来了国债负担率的降低，但与方程1相比，经济增长率的影响作用还是被降低了，这也说明我国在经济体制转轨的过程中，制度改革还存在阻碍经济发展的不协调因素。增发中长期国债仍然是降低国债负担率的有效措施。从方程4可知，总赤字率的提高能够显著降低总的国债负担率，这说明在市场经济体制构建的过程中，各项制度改革推进所形成的隐性赤字，仅从投入上来说，赤字扩大会增加未来政府的债务负担（因为赤字只能用国债弥补），但是隐性赤字是制度变迁的产物，而制度变迁所产生的效应，在公共经济得到充分的资金支持之后，被迅速放大，不但促进了经济的快速发展，而且也大大提高了政府冲销债务的能力，使得整体债务负担率趋降；由方程3和方程4经济增长率指标的估计系数可知，持续的制度变迁使经济抗债务风险能力得到极大提高。长期国债的抗债务风险能力依然显著，但略有降低。

五、向量误差修正模型的估计及其诊断检验与解释

根据协整检验可知，4组变量之间存在协整关系，即存在长期均衡关系，因此，它们必然存在4组向量误差修正模型，表3-4是向量误差修正模型的估计值和残差检验结果。由于本部分目的是要检验国债负担率，赤字率、经济增长率及国债利率的短期波动，对国债负担率的影响，以及长期均衡对债务负担率短期波动的修正能力。因此，在4组向量误差修正模型中，对每组向量误差修正模型仅给出了国债负担率的误差修正模型。

表3-4　　　　　向量误差修正模型的估计值及其诊断检验结果

变量	ΔGDR_t	$\Delta TGDR_t$	ΔGDR_t	$\Delta TGDR_t$
$aecm_t$	-0.3638 (0.3314)	-0.0624[*] (0.0350)	-0.6727[***] (0.2117)	-0.2773[*] (0.0611)
ΔGDR_{t-1}	-0.1192 (0.4347)		-0.0019 (0.1772)	

续表

变量	ΔGDR_t	$\Delta TGDR_t$	ΔGDR_t	$\Delta TGDR_t$
ΔGDR_{t-2}	0.2413 (0.4504)		0.3303 ** (0.1575)	
ΔGDR_{t-3}	0.4168 (0.5977)		0.3576 * (0.2055)	
ΔGDR_{t-4}	0.5442 (0.4947)		0.4040 ** (0.1611)	
$\Delta TGDR_{t-1}$		-0.4460 (0.3466)		-0.6943 *** (0.1692)
$\Delta TGDR_{t-2}$		0.2212 (0.4554)		0.1013 (0.1856)
$\Delta TGDR_{t-3}$		0.5526 (0.5358)		0.5067 ** (0.2285)
$\Delta TGDR_{t-4}$		0.5073 (0.4033)		0.3361 * (0.1871)
ΔBD_{t-1}	0.1657 (0.7706)	-0.0249 (0.7771)		
ΔBD_{t-2}	-0.2291 (0.7036)	-0.6870 (0.8708)		
ΔBD_{t-3}	-0.3660 (0.7186)	-0.4615 (0.8289)		
ΔBD_{t-4}	0.0033 (0.7793)	-0.1978 (0.8811)		
ΔTD_{t-1}			-0.1349 (0.1385)	-0.3067 (0.2179)
ΔTD_{t-2}			-0.4432 ** (0.1602)	-0.6409 ** (0.2402)
ΔTD_{t-3}			-0.9582 *** (0.1648)	-1.2227 *** (0.2428)
ΔTD_{t-4}			-0.3492 * (0.1978)	0.4421 * (0.2287)

变量	ΔGDR_t	$\Delta TGDR_t$	ΔGDR_t	$\Delta TGDR_t$
Δng_{t-1}	−0.1254 (0.0826)	−0.2828*** (0.1038)	−0.0992*** (0.0347)	−0.3874*** (0.0745)
Δng_{t-2}	−0.1499 (0.1216)	−0.2092 (0.1473)	−0.1233*** (0.0145)	−0.2829*** (0.0835)
Δng_{t-3}	−0.0347 (0.0879)	−0.1204 (0.0894)	0.0436 (0.0329)	−0.0665 (0.0530)
Δng_{t-4}	−0.1003 (0.1192)	−0.1702 (0.1274)	−0.1386*** (0.0436)	−0.3170*** (0.0821)
Δi_{t-1}	0.1972 (0.4142)	−0.1382 (0.3175)	0.4181** (0.1969)	−0.2966* (0.1423)
Δi_{t-2}	0.0100 (0.3885)	0.1019 (0.3196)	0.3123 (0.2071)	0.2559 (0.1632)
Δi_{t-3}	0.1551 (0.4169)	0.4116 (0.3906)	0.1463 (0.1832)	0.2985 (0.1810)
Δi_{t-4}	−0.3082 (0.2659)	−0.2068 (0.2621)	−0.2739** (0.1035)	−0.4217*** (0.1285)
C	0.0077 (0.0116)	0.0114 (0.0086)	0.0113*** (0.0040)	0.0237*** (0.0060)
@$TREND(81)$	−0.0004 (0.0004)	−0.0003 (0.0010)	−0.0005*** (0.0001)	−0.0004 (0.0004)
R^2	0.5800	0.7125	0.9407	0.9275
LM(1)−P值 （自相关检验）	0.9684	0.2534	0.1991	0.0635
LM(2) （自相关检验）	0.0887	0.1498	0.4990	0.4523
LM(3) （自相关检验）	0.0446	0.2643	0.0745	0.4883
LM(4) （自相关检验）	0.4313	0.4082	0.4641	0.3971

续表

变量	ΔGDR_t	$\Delta TGDR_t$	ΔGDR_t	$\Delta TGDR_t$
χ^2 （异方差检验）	0.5961	0.5954	0.4068	0.6127
$J-B$ （联合正态检验）	0.4124	0.4837	0.4409	0.4521

注：***、**、*分别表示在1%、5%、10%的水平上显著，括号内为标准误差。

根据表3-4可知，各组误差修正模型中的误差修正项符号均为负，存在反向调节机制，这意味着无论是国债负担率还是总国债负担率只要出现偏离长期均衡关系时，短期调整参数误差修正项都能够进行反向调节，使其恢复到长期均衡的水平上。

在向量误差修正模型1中（左第1列）可知，就国债负担率本身而言，滞后一期的国债负担率系数为负，而二至四期的系数却均为正，这意味着总体来说短期内国家持续的发债可能会提高国债负担率的水平，但由于存在反向修整机制，未来国债负担率的变化会有所下降，不过这种调节速度可能比较漫长；对于预算赤字来说，滞后期的系数正、负交替出现，但所有滞后期的系数在统计上都不显著，也就是说，短期内增加预算赤字并不会对国债负担率的变动产生显著影响。经济增长率滞后四期的系数均为负，但系数都不显著，表明经济增长率的提高短期内虽然会使国债负担率降低，但效应并没有显著体现出来。国债利率滞后三期的系数都为正，滞后四期系数开始为负，但都不显著，表明短期内提高国债利率有可能会使国债负担率水平上升。在向量误差修正模型2中（左第2列）可知，就总国债负担率而言，滞后一期的总国债负担率系数为负，滞后三期的系数为正，但都不显著，这意味着短期内增加准国债的发行不但不会增加当期的总国债的负担率，反而有利于当期国债负担率的降低。此时，增加基本赤字不但不会导致当期总国债负担率增加，在一定程度上可能会有利于总体国债负担率的降低，但短期内提高经济增长率却能够显著降低总国债负担率。不过，短期内国债利率变动对总国债负担率并无显著影响。

在向量误差修正模型3中（左第4列）可知，就国债负担率本身而言，滞后期的国债负担率对当期值的影响与误差修正模型1结论基本相同，不过影响的显著性却得到了较大提高。就总赤字率来说，其滞后四期的值显著的为负，这表明短期内持续的制度变迁改革，虽然会使隐性赤字率快速提升，但改革所带来的效率提升能够在短时间内消化掉赤字欠账，而且随着时间的推移，这种改革效应不断扩大，使得国债负担率水平不断下降。经济增长率的系数短期内显著的为负，即短期内经济增长率的提高会大大降低国债负担率水平，而且这种作用程度是在不断提高的。由误差修正模型4（左第5列）可知，滞后期的总国债负担率的变动对当期值在短期内有显著的负向作用，即短期内为国有经济发债融资可以降低总国债负担率，不过这种作用在滞后一期之后就消失了，之后形成对总国债负担率增大效应，且效应在显著增强。总赤字率、经济增长率和国债利率在短期内变动都会对总国债负担率产生负向影响，使得总国债负担率降低，但这种影响并不稳定，时有时无，这可能是市场经济体制构建过程中，混合经济体制下各项制度变迁改革陆续铺开，新旧制度之间，新制度之间改革进程的差异，导致各种制度体间存在相互摩擦的风险（吴俊培、张斌，2012），这种摩擦风险的存在使赤字政策、利率政策与经济增长无法形成良性循环，因此造成对总国债负担率的变动影响不稳定。

模型估计的结果是否可靠，需要对模型的稳定性和可靠性进行诊断检验。首先，检验了四组向量误差修正模型所有单位根模的倒数是否在单位圆内，结论是都在单位圆内，因此所建的向量误差修正模型是稳定的，检验过程由于篇幅过多而不作陈列。另外，还对4组向量误差修正模型进行了自相关诊断检验、异方差诊断检验和联合正态性诊断检验，检验结果见表3－4。结果显示，4组向量误差修正模型都不存在自相关和异方差，并且都符合正态分布，所以所建模型是可靠的。

六、国债负担率当期值与极限稳态值的对比分析

当前财政赤字已成为世界各国普遍的现象，我国也没有例外。除此之外，一般情况下，我国的名义经济增长率都大于国债名义利率，因此，我国国债负担率的情况更符合 $z > 0$，$i < \xi$ 的情况，即国债负担率最终会收敛于 $z(1+\xi)/(\xi-i)$。但是当期国债负担率是上升还是下降，需要和极限稳态值进行对比分析。如果当期国债负担率的值大于极限稳态值，那么随着时间的推移，国债负担率会向稳态极限值趋近，因此，国债负担率会逐渐下降，最终收敛于极限稳态值，从长期来说，债务风险是相对较小的；如果当期国债负担率的值小于极限稳态值，那么随着时间的推移，国债负担率会向稳态极限值趋近，所以，国债负担率会逐渐上升，但从长期来说，债务风险是比较大的，因为如果极限稳态的值特别大，随着国债负担率的不断上升，可能会出现国债负担率还未到达极限稳态值时，债务风险已经转化为财政危机。

那么，积极财政政策是提高了国债负担率还是降低了国债负担率，就需要结合中国实际，推算出稳态极限值的动态变化趋势，然后与当期国债负担率进行对

比，判断积极财政政策下国债负担率的变动趋势。由于在进行理论分析时，我们都是假定赤字率、经济增长率及国债负担率是稳定不变的，最终可以得出一个确定不变的稳态极限值。然而实际经济生活中，赤字率、经济增长率及国债利率是在不断变动中的，所以通过 $z(1+\xi)/(\xi-i)$ 得出的稳态极限值是动态变化的。国债稳态极限值的变动与国债负担率当期值（国债余额与当年国内生产总值之比）的变动见图 3-5 和图 3-6。由图 3-5 所示，1998~2004 年我国首次实施积极财政政策期间，就国债负担率而言，国债负担率的稳态极限值都高于国债负担率的当期值，国债负担率的当期值向稳态极限值逼近，因此，国债负担率上升，不过 2004 年国债负担率开始下降。就总国债负担率而言，1998~2004 年，总国债负担率当期值也都低于国债负担率稳态极限值，总国债负担率当期值向稳态极限值逼近，所以，总国债负担率也是上升的。在此期间债务风险是较大的。积极财政政策转向之后，国债负担率稳态极限值都低于当期值，此时国债负担率当期值和总国债负担率当期值都向稳态极限值逼近，国家债务负担率下降，债务风险在逐步减弱。2008 年底至今国家第二次实施积极财政政策，在此期间，就国债负担率而言，国债负担率稳态极限值在 2009 年高于国债负担率当期值，致使当年国债负担率上升，债务风险增大，但比 1999 年的债务风险低。然而 2010 年之后，国债负担率稳态极限值开始低于国债负担率当期值，这意味着 2010 年起我国国债负担率开始逐渐下降，但 2012 年开始，国债负担率稳态极限值开始快速上升，且远高于国债负担率当期值，这意味着未来债务风险呈现扩大趋势。就总国债负担率而言，其变化趋势与国债负担率相同，总国债将呈现扩大趋势。

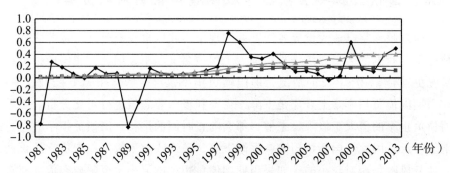

图 3-5　国债负担率稳态极限值和当期值（1981~2013 年）

注：国债负担率稳态极限值 1 由预算赤字率、名义经济增长率和国债名义利率计算而得。

考虑到我国正处在由计划经济体制向市场经济体制转轨时期，各项制度改革不断推进和完善，改革过程中所积淀下的制度变迁成本是完全由财政来承担的（刘尚希，2010），这些成本大部分都构成了我国的隐性赤字，这是制度变迁过程中无法避免的成本，这些隐性赤字的存在会增加国债负担率和总国债负担率吗？从图3-6可以看出，在我国改革开放的进程中，制度变迁所形成的财政隐性赤字加上预算赤字使国债负担率和总国债负担率的稳态极限值长期高于其当期值，长期债务负担率的收敛性使得国债负担率和总国债负担率向稳态极限值逼近，因此，国债负担率和总国债负担率在两次积极财政政策期间都是上升的，所带来的债务风险第二次积极财政政策比第一次要低。这说明，随着我国市场经济体制改革不断向纵深发展，与之相应的各项制度的建立和完善使得我国在实施积极财政政策方面，手段、方式、方法日渐成熟，产生的正向效应越来越大，负向效应逐渐缩小，两次积极财政政策债务风险的变动就很好地证明了这点，但要警惕当前债务风险快速扩大的趋势。

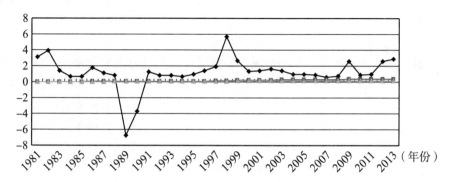

▶国债负担率稳态极限值2　■总国债负担率当期值　★国债负担率当期值

图 3 - 6　国债负担率稳态极限值和当期值（1981～2013 年）

注：国债负担率稳态极限值 2 由总预算赤字率、名义经济增长率和国债名义利率计算而得。

七、小结

本节主要目的是评估积极财政政策下债务风险问题。从赤字的概念出发，运用理论模型分析得出债务率负担率在名义国内生产总值增长率大于国债名义利率的前提下，会收敛于一个特定的值 $z(1+\xi)/(\xi-i)$，然后使用经验数据来验证我国债务负担率的收敛性，结论如下：

第一，协整检验分析表明，我国国债负担率、总国债负担率分别与预算赤字率、总赤字率、名义国内生产总值增长率、国债名义利率等变量之间存在协整关系，即长期均衡关系，这就为国债负担率或总国债负担率稳定的变动提供了前提条件，而最终收敛于某个特定的值。

第二，协整方程系数反映变量间的长期均衡关系。从长期来说，基本预算赤字提高能够显著降低国债负担率，但对总国债负担率的降低效应并不显著；而含有隐性赤字的总赤字的增加在显著增大国债负担率的同时，却能够显著降低总的国债负担率。名义国内生产总值增长率和国债名义利率的提高都能够显著降低国债负担率和总国债负担率。

第三，误差修正模型系数反映了变量间短期变动和长期均衡变动的关系以及变量间短期变动的关系。4 组误差修正模型的误差修正项系数符号均显著为负，这说明短期内，当国债负担率和总国债负担率因较大波动而偏离长期均衡状态时，误差修正项能够迅速对其进行反向调节，进而收敛于它们的协整关系。总的来说，短期内，滞后期的国债负担率能够显著提高当期国债负担率，而滞后期的总国债负担率也能够显著降低当期总国债负担率的水平。滞后期的预算赤字率能够显著降低国债负担率，但对总国债负担率的变动影响不显著。同样，滞后期的总赤字能显著降低国债负担率，对总国债负担率的变动影响却不显著。短期内提高经济增长率和国债利率都会增加国债负担率和总国债负担率水平。

第四，在不考虑隐性赤字的情况下，我国首次积极财政政策期间，国债负担率及总国债负担率都是在不断上升的，债务风险相对比较大；2008 年至今所实施的第二轮积极财政政策，国债负担率及总国债负担率仅在政策实施第一年上涨，之后的时期都在下降，总体债务风险相对较小。考虑了我国市场经济体制改革过程中积淀下隐性赤字的话，两次积极财政政策实施期间，国债负担率及总国债负担率都在上升，相比第一次，债务风险有所降低，但仍然不能忽视。

第三节　积极财政政策挤出效应风险评估

一、引言

积极财政政策的挤出效应主要体现在对民间投资和消费的挤出上，过多地挤出民间投资和消费，就会抵消积极财政政策拉动内需的效应，进而会降低积极财政政策的积极效应，甚至使政策无效，这就是积极财政政策的挤出效应风险。我国自 1998 年以来连续两次实施积极财政政策，特别是当前第二次积极财政政策仍在持续中，这种挤出效应风险是否存在，如果存在，挤出效应风险程度如何。

我国有些学者从总量角度分析了积极财政政策的挤出效应。刘溶沧、马栓友（2001）分析认为，我国的财政赤字并未引起利率上升，私人投资也没有因财政支出和国债投资的增加而被挤出，并且积极财政政策的支出主要用于公共项目，所以净效应是促进我国经济增长的。王宇（2003）分析认为1998年积极财政政策期间，我国存在特殊的挤出效应方式，即通货紧缩导致实际利率上升，加上商业银行改革致使银行对私人投资产生借贷，进而挤出了私人投资。曹润林、宋尚恒（2009）认为当前的积极财政政策存在挤出效应的倾向，原因是利率市场化改革快速推进，税收超常增长的存在以及政府支出的低效率，都有可能会导致投资和消费的降低。胡蓉、劳川奇、徐荣华（2011）利用协整模型和误差修正模型实证分析得出，短期内政府支出对居民消费具有挤入效应，长期具有挤出效应。

还有些学者从支出结构的角度考察了积极财政政策的挤出效应。杨俊、王燕（2007）使用面板数据分别从总量和结构实证检验得出，总量结果显示，积极财政政策不但没有挤出东、中、西部地区的私人投资，反而拉动了私人投资的增长；但结构结果显示，不同的支出项目对不同地区的私人投资产生不同的影响效应。张治觉、吴定玉（2007）通过可变参数模型分析了政府支出对居民消费影响，总量分析得出政府支出在1998～2004年对居民消费存在挤入效应，但这种挤入效应是呈逐年下降趋势，这与田青、高铁梅（2008）和官永彬、张应良（2008）的结论一致；结构分析得出，这一时期，政府投资性支出对居民消费具有挤出效应，而政府消费性支出和转移性支出对居民消费都有挤入效应，这与官永彬、张应良（2008）结论部分一致。张治觉、张亮亮（2012）运用协整理论和误差修正模型从财政支出结构角度出发进行实证检验得出，政府基本建设支出对居民消费有显著的挤出效应，这与田青、高铁梅（2008）和李春琦、唐哲一（2010）结论正好相反，而民生支出对居民消费支出在长期内具有挤入效应，这与李建强（2010）、陈冲（2011）结论一致，但短期内挤入效应不显著。刘一欧、黄静（2012）利用面板数据分析了东、中、西部政府投资对私人投资的影响，结果显示，政府投资对三个地区的私人投资都具有挤入效应，只是挤入效应程度不同而已。郑群峰、王迪、阚大学（2011）使用空间计量模型从总量上实证检验得出，2000～2008年，仅2003年存在政府投资挤出私人投资，其他年份都是拉动私人投资的挤入效应。

从国内既有研究可以看出，总量分析得出的结论趋向一致，即政府支出对私人投资、居民消费具有挤入效应（互补关系），这与国外的卡拉斯（Karras，1994）、德弗罗（Devereux，1996）等研究结论一致。但从结构分析上来说，政府支出对居民消费支出的影响在部分支出项目上存在挤入效应，部分支出项目上存在挤出效应，研究并没有得出一致的结论，这可能与具体的财政支出分类方法不同有关。我国积极财政政策实施期间也正是各项制度市场化改革不断推进的时期，制度改革的深化必然会通过积极财政政策对民间投资和消费产生一定的影响，而这在已有文献研究中很少涉及，本书将会从财政分权制度角度研究积极财政政策的挤出效应风险。

二、中国式的财政分权与地方政府对民间投资和消费的影响机制分析

为了与市场经济体制相适应，1994 年我国进行了分税制改革，确立了财政分权体制，从此地方政府真正成为拥有相对独立经济利益的地方政治组织。但是，我国的分权体制是一种政治集权下财政分权，政治集权主要体现在中央对地方政府官员具有绝对的任免权。而财政分权主要体现在中央政府赋予了地方政府支配地方财政收入的权力、资源配置的权力如本地经济发展战略制定权、投资项目审批权等，同时还适当放松了对地方政府预算外、体制外收支权的管制，这种自主权的下放强化了地方政府"经济人"地位，激发了地方政府为实现地方政府利益最大化目标而努力推动经济发展的动力。而以基数为基础税收返还制度，财力性转移支付制度，加上上级政府对下级政府官员的政治晋升主要参考的政绩指标是国内生产总值、就业率、税收收入等经济指标，这些则是更进一步激励了地方政府发展本地经济的冲动。

（一）财政分权对民间投资的影响机制分析

财政分权对民间投资会产生两种影响效应：挤出效应和挤入效应，产生挤出效应说明财政分权会减少民间投资，产生挤入效应说明财政分权能够提高民间投资。

为了发展本地经济，地方政府有强烈的投资冲动（申亮，2011）。根据凯恩斯宏观经济理论可知，投资增加可以提高产出水平，而产出水平的上升会增加货币需求，在名义货币供给量不变的情况下，人们只能通过出售手中的债券来满足货币需求，债券价格下跌，利率上升，民间融资成本提高，民间投资意愿下降，投资减少，这是传统的利率途径的挤出效应。在财政分权体制下，地方政府在强烈的投资欲望驱动下，利率途径的挤出效应会被不断强化。因为为了提升本地区经济的发展水平和增加自身的政治晋升资本，地方政府会充分甚至过度使用中央赋予地方政府的各种权利。首先，在地方财政资源有限的情况下，存在地方政府以减少非生产性投资支出来增加生产性投资支出，进而扭曲本地区的财政支出结构的代价，来满足其强烈投资欲望的可能性。其次，现有财税体制下，地方政府没有税收立法权，无法通过增加税收来满足其投资需要。所以在预算内资金无法满足其投资需要的情况下，地方政府就会通过增加预算外非税收入来为政府投资支出融资。一方面增加非税收入会增加企业的负担，降低企业的利润率水平，继而会降低企业的投资意愿；另一方面，非税收入扩大投资会进一步提高利率水平，从而会挤出更多的民间投资。

财政分权迫使地方政府投资规模扩大，除了通过利率途径会强化其挤出效应之外，还有非传统的挤出效应途径。首先，地方政府拥有项目投资审批的权力，

因此存在地方政府直接增加地方政府公共投资项目及国有企业的投资项目而缩减挤压民间投资项目的倾向和意愿。在积极财政政策期间，这种情况会更加明显，因为面对急速下滑的经济形势，中央一般会果断决策，短时间内推出大规模的投资计划，而地方政府来说所准备的投资项目有限，可是为了争取更多的中央转移支付资金，地方政府势必会与本地民间资本争夺投资项目，甚至可能会把本来属于民间投资的项目变为政府投资项目，挤出民间投资。其次，与民间资本争夺资金来源。地方政府投资支出除了依靠中央转移支付及预算外、制度外收入等途径外，最重要的就是通过金融机构进行融资。由于地方金融机构与地方政府的特殊关系，在金融资金有限的情况下，地方金融机构必然会通过压缩民间投资需求来为政府公共投资支出提供支持。最后，在竞争领域里与私人资本争夺市场空间。财政分权体制下，地方政府都是短视的，他们偏爱短期项目的投资，而短期项目的投资一般都是竞争性项目，这样必然会造成国有经济因资金雄厚而挤出民间资本投资。

民间投资注重成本的节约，财政分权使地方政府投资规模膨胀，引起利率上升，继而提高了民间的融资成本，使民间投资意愿降低。然而由于财政分权使地方政府之间为争夺流动要素（外部资金）而展开了激烈的竞争。为了能够最大限度地吸引外来资金到本地区投资，地方政府支出主要偏向于投资公共基础设施（傅勇、张晏，2007；张军、高远等，2007），而公共基础设施的改善又具有正的外部性，它一定程度降低了民间的投资成本，提高了民间投资的边际产出，进而能够激励民间投资的增加。

（二）财政分权对消费的影响机制分析

财政分权对居民消费同样也会产生两种影响效应：挤出效应和引致效应。产生挤出效应表明财政分权会减少居民消费需求，产生引致效应表明财政分权会增加居民消费需求。

从上述分析可知，财政分权会对投资产生直接和间接的挤出效应。我们知道，投资最终会一部分转化为资本，一部分转化为个人消费和社会消费，投资被挤出意味着将有一部分个人消费和社会消费同样也会被挤出。除了以上因为投资被挤出而导致消费支出减少外，财政分权也会通过特殊的机制影响居民消费。首先，财政分权制度下，地方政府间的激烈竞争使地方政府偏向于公共基础设施的投资支出，而对于本地区基本公共服务的供给意愿不高，如科技、文化教育、医疗卫生、社会保障等方面的供给不足，导致本地区居民的基本公共服务需求无法得到满足，为此，居民只能通过增加预防性储蓄来满足上述需求，预防性储蓄需求的增加致使居民储蓄意愿增强，居民消费需求就会降低。其次，财政分权会提高物价水平进而导致通货膨胀（王寅寅，2011；李江，2012）。通货膨胀水平提高使居民收入效应小于替代效应，因而会一定程度上降低居民的消费水平，导致居民消费需求减少。最后，财政分权在短期内会导致城乡居民收入差距扩大化（范晓莉，2012；赖小琼、黄智淋，2011），而一般情况下城镇居民消费倾向低于农村居民的消费倾向，城乡居民收入差距扩大一定程度上会降低整体居民的边际消费倾向，因此，使居民消费需求减少。

居民消费是国民收入的单调增函数，国民收入增加能够提高居民的消费需求。凯恩斯理论中有财政分权与消费需求之间是同方向变动的思想体现，这可能是财政分权提高了经济效率，促进了经济的增长，带来了国民收入水平的提高。同时凯恩斯消费函数理论认为居民的消费由现期可支配收入决定，它是非李嘉图的，所以财政分权导致经济产出增加，进而使国民收入增加，最终使居民消费水平提高。

三、模型、计量方法与指标数据

（一）模型的选取

在我国经济实践中，民间投资和消费是被挤出还是被挤入呢？并且在中国式财政分权体制下，这种挤出（挤入）效应是被减弱了，还是被加强了？另外，分税制财政体制下，地方政府行为对民间投资和消费的挤出（挤入）效应机制具有共性特征，但这并不意味着地方政府行为是同质的。因为我国分权改革是在地区资源禀赋、地区经济发展水平、地区产业结构、所有制结构差距比较大的情况下实施的，因此使得中央对各地区财政分权并非一刀切，而是有差别的财政分权形式。所以对地方政府所产生的激励和约束是有差别的。不同的地方政府投资主体及民间投资主体之间，必然存在地理空间上的某种空间异质性和空间依赖性，也就是说，某个地区民间投资和消费不仅受到当地政府投资和消费的影响，而且还可能会受到相邻地区民间投资和消费的影响。基于上述问题，本书将利用经验数据，通过经济计量模型来对其进行解答。

考虑到民间投资和消费之间可能存空间效应，为了提高估计结果的准确性，本书将选择空间计量模型来进行积极财政政策挤出效应的分析，同时在模型中加入财政分权变量，考察财政分权因素对民间投资和消费的挤出（挤入）效应。空间经济计量模型主要解决回归模型中复杂的空间相互作用与空间依存性结构问题（Anselin，1988）。目前空间计量模型主要是两种：一种是空间滞后模型（简称SLM），该模型主要是用于研究相邻地区间的地区行为，对整个系统内其他地区行为存在影响的情况。空间滞后模型适合于估计地区间行为是否存在空间上的相互作用及其相互作用的强度，进而反映地区间行为可能存在的空间影响效应。另一种是空间误差模型（简称SEM），该模型主要通过随机误差项来分析地区间行为的相互关系，适用于估计相邻地区因变量的随机误差冲击对本地区因变量观测值的影响程度。

空间滞后模型的一般数学表达式为：

$$\Gamma = \phi + \xi W\Gamma + \prod \varphi + \varepsilon \qquad (3-16)$$

其中，Γ 为因变量即被解释变量矩阵，$W\Gamma$ 为因变量与空间权值矩阵的乘积，也被称为空间滞后因变量，W 是空间权值矩阵，一般用邻接矩阵，它反映了空间距离对区域行为的作用。ξ 是被解释变量的空间滞后系数，反映因变量在不同地区之间的相互依赖作用。$\prod$ 是解释变量矩阵，φ 是解释变量参数矩阵，反映其对被解释变量的影响程度，ε 是随机误差向量，满足条件 $E(\varepsilon)=0$，$Cov(\varepsilon)=\sigma^2 I$。

空间误差模型的一般数学表达式为：

$$\Gamma = \phi + \prod \varphi + \varepsilon, \ \varepsilon = \zeta W\varepsilon + \mu \qquad (3-17)$$

与空间滞后模型不同的是，反应地区间空间依赖作用的是随机误差项与空间权值矩阵的乘积，即 $W\varepsilon$，ζ 是因变量向量的空间误差系数。ε 是随机误差向量，μ 是正态分布的随机误差向量，满足条件 $E(\mu)=0$，$Cov(\mu)=\sigma^2 I$。

（二）模型计量方法的选取

对空间计量模型估计方法当前主要有三种：一是极大似然估计方法。毕萨阁（Besag，1974）、奥德（Ord，1975）主要采用极大似然估计方法对空间计量模型进行了估计。二是两阶段最小二乘法。科勒基恩和普鲁查（Kelejian，Prucha，1998，2002）把两阶段最小二乘法运用到空间计量模型估计中，并提出了空间计量模型的矩估计方法。三是广义矩估计方法（GMM）。该方法是在两阶段最小二乘法的基础上，创新了工具变量选取的方法和矩阵的构造方法，它有李龙飞（Lee，2007）提出并运用空间计量模型的估计。三种估计方法都各有优缺点，但当前主流的估计方法是极大似然估计方法，因此，本书也采用该方法来对空间计量模型进行回归估计。

（三）指标选取与数据处理

本书主要目的是检验财政分权制度下，积极财政政策对民间投资和消费的挤出效应，对模型的核心变量和控制变量选取如下：

1. 核心变量的选取

（1）民间投资（MJTZ）。

投资主体包括政府、企业和个人。企业、个人投资属于非政府投资即民间投资，它包括各种性质的公司、企业及个体。港澳台及外商投资企业虽属民间投资，但却是地方政府竞争的对象，享受着与其他企业不同的超国民待遇。所以，本书选取的民间投资为各地区全社会固定资产投资扣减国有经济投资、港澳台及外商投资后的余额。该指标以 1998 年为基期通过固定资产投资价格定基指数进行平减，并取了自然对数。

（2）政府投资（ZFTZ）。

政府投资是与民间投资相对应的，所以本书的政府投资指标为各地区国有经济投资额。现有文献中很多学者使用预算内投资资金来代表政府投资，该指标可能缩小政府投资规模，因为政府投资不光有预算内投资，还有预算外投资、各类国有企业投资等。该指标处理与民间投资相同。

（3）民间消费（MJXF）。

民间消费主要是指居民消费，所以本书选取各地区居民消费额作为民间消费的代理指标。为了控制人口规模的因素，对其进行了人均化处理。该指标以 1998 年为基期通过居民消费价格指数进行平减，并取了自然对数。

（4）政府支出（ZFZC）。

政府支出以各地区财政支出来表示，为了控制人口规模的因素，对其进行了人均化处理。该指标以 1998 年为基期通过居民消费价格指数进行平减，并取了自然对数。

（5）财政分权（CZFQ）。

关于财政分权指标的建立现有研究常用是三种情况：一是以各地区财政支出与中央支出比值来表示中央与地方的分权程度，但该指标由于分母都相同所以存在共线性的问题。二是以各地区自有收入的边际增量或平均增量反映分权程度。三是以各地区人均财政支出与各地区人均财政支出和中央人均财政支出之和的比值来表示分权程度，这种方法是目前使用频率最高的，本书也以这种方法来确定财政分权程度。

2. 控制变量的选取

（1）城镇化水平（CSH）。

本书选取各地区城镇人口总数占本地区总人口数的比重，来反映各地区的城镇化水平，该值越大表示城镇化水平越高。

（2）基础设施水平（JCSS）。

本书以各地区单位面积的公路和铁路里程数来反映各地区基础设施水平，该值越大表示基础设施水平程度越高。

（3）开放水平（KFSP）。

本书选取各地区进出口总额占本地区国内生产总值比重，来反映各地区的经济开放程度，该值越大表示经济开放程度越高，其中各地区进出口总额以年平均汇率折算成人民币额度。

（4）市场化水平（SCH）。

本书以各地区国有经济产值占本地区工业生产总值比重，来反映市场化水平程度，该值越大表示市场化水平越低。

（5）外商投资（WSTZ）。

李艳丽（2010）、彭红枫、鲁维杰（2011）等研究认为外商投资会挤出私人投资。所以本书选取港澳台及外商投资额作为外商投资的代理变量，该指标以1998 年为基期通过固定产投资价格定基指数进行平减，并取了自然对数。

（6）可支配收入（KZPI）。

本书选取各地区人均可支配收入额来反映其对居民消费的影响。

（7）国内生产总值增长率（GDPR）。

根据生命周期理论可知，经济增长会提高居民储蓄率，进而会降低居民消费水平。因此，本书选取各地区国内生产总值增长率来反映其对居民消费的影响。

（8）人口结构（RKJG）。

儿童和老年人属于非劳动能力人员，他们要依靠有劳动能力的人来抚养，非劳动能力人员过多就会增加家庭负担，导致整体消费水平降低。本书选取（各地区 0～14 岁人口数 +65 岁及以上人口数）/各地区 14～65 岁人口数，来代表地区人口结构特征。

（9）城乡收入差距（URID）。

本书以城镇居民人均可支配收入与农村居民人均纯收入的比值来表示城乡收入差距，该值越大表示城乡收入差距越高。

（10）通货膨胀（CPI）。

用各地区居民消费价格指数来表示通货膨胀率，以 1998 年为基期转化为居民消费价格定基指数，以小数形式出现。

（11）财政支出结构（FES）。

该指标作为中间变量，财政分权通过影响财政支出结构来影响民间投资和消费。本书以各地区基本建设支出与地区总支出比值来反应地区财政支出结构。

上述基础数据样本期间为 1998～2013 年，数据来源于中经网统计数据库、高校财经数据库、国泰安研究服务中心数据库、中国统计年鉴（1999～2014 年），各省 2014 年统计年鉴。

由理论分析可知，财政分权除了会对民间投资和消费产生直接影响外，还会产生间接影响，笔者将通过财政分权与相关指标的交互项来捕捉财政分权对民间投资和消费的间接影响。

本书将选取民间投资、政府投资、财政分权、城镇化水平、基础设施水平、开放水平、市场化水平、外商投资以及财政分权与政府投资、财政支出结构交互项等变量来分析积极财政政策对民间投资的挤出效应；选取民间消费、政府支出、财政分权、可支配收入、国内生产总值增长率、人口结构、城乡收入差距、通货膨胀以及财政分权与政府支出、财政支出结构、城乡收入差距、通货膨胀、经济增长率的交互项等变量来分析积极财政政策对居民消费的挤出效应。

四、评估及分析

(一) 空间自相关检验分析

在对所建模型进行分析之前，需要判断因变量间是否存在空间自相关性，即空间效应是否在发挥作用。本书将通过 $Moran's\ I$ 空间自相关指数来进行判定。

$$Moran's\ I = \frac{\sum_{i=1}^{n}\sum_{j=1}^{n}W_{ij}(\Gamma_i - \overline{\Gamma})(\Gamma_j - \overline{\Gamma})}{S^2\sum_{i=1}^{n}\sum_{j=1}^{n}W_{ij}} \qquad (3-18)$$

其中，$S^2 = \frac{1}{n}\sum_{i=1}^{n}(\Gamma_i - \overline{\Gamma})^2$、$\overline{\Gamma} = \frac{1}{n}\sum_{i=1}^{n}\Gamma_i$ 分别为地区属性方差和均值。n 为研究地区总数，本书为 30，因西藏数据不全故舍去。W_{ij} 是邻接空间权重[①]，区域 i 和区域 j 相邻，则 $W_{ij}=1$，否则 $W_{ij}=0$。

$Moran'\ I$ 可以看作是本地区观测值与相邻地区观测值的乘积，取值范围为 $-1 \sim 1$。该指数大于 0 表示正向相关，而且越大表明相似属性集越聚集。小于 0 表示负相关，而且越大表明相异属性集越聚集。如果该指数接近于 0，意味着属性分布是随机的，不存在空间自相关性。表 3-5 和表 3-6 显示了 1998~2013 年各省民间投资和消费的空间自相关结果。

表 3-5　　1998~2013 年我国民间投资的空间自相关检验分析

1998 年	1999 年	2000 年	2001 年	2002 年	2003 年	2004 年	2005 年
0.7124	0.7458	0.7635	0.7578	0.7473	0.7439	0.7537	0.7453
2006 年	2007 年	2008 年	2009 年	2010 年	2011 年	2012 年	2013 年
0.7521	0.7235	0.7435	0.7232	0.7455	0.7345	0.7126	0.7218

表 3-6　　1998~2013 年我国民间消费的空间自相关检验分析

1998 年	1999 年	2000 年	2001 年	2002 年	2003 年	2004 年	2005 年
0.3859	0.4103	0.4089	0.4644	0.5058	0.5128	0.4985	0.5048
2006 年	2007 年	2008 年	2009 年	2010 年	2011 年	2012 年	2013 年
0.5143	0.5677	0.6050	0.6787	0.6969	0.7056	0.6946	0.7058

---

① 空间权重的设定既可以采用邻接标准，也可以采用距离标准，本书采用邻接标准来设定空间权重矩阵。

由表 3 - 5 和表 3 - 6 可知，1998 年以来 *Moran' I* 都大于 0，而且相关系数值都比较高，这意味着我国民间投资和消费的变动并不是随机的，而是存在邻近地区强烈的相互依赖特性，因此，模型分析需要考虑空间因素。

（二）空间计量实证检验及分析

当存在空间影响时，如果对空间模型进行 OLS 回归，会导致 OLS 估计有偏或者不一致。因此需要用极大似然法对模型进行估计。究竟选择空间滞后模型还是空间误差模型进行回归，这需要通过相关准则去判断。Anselin（2005）提出了模型选择的判定标准：在 *Moran' I* 指数检验显著的情况下，通过运行 OLS 估计同时还给出了空间依赖性的检验，包括四个指标 LM - Lag 和 Robust LM - Lag 以及 LM - Error 和 Robust LM - Error，前两个适合于空间滞后模型的判定，后两个适合于空间误差模型的判定。当 LM - Lag 显著性水平高于 LM - Error，并且稳健性估计 Robust LM - Lag 显著而 Robust LM - Error 不显著时，选择空间滞后模型进行估计，反之则选择空间误差模型。

1. 积极财政政策对民间投资挤出效应的空间计量结果与分析

我们首先对模型运行 OLS 估计，估计结果如表 3 - 7 所示。

表 3 - 7   积极财政政策对民间投资挤出效应的空间计量回归结果（OLS）

变量	1998 年	1999 年	2000 年	2001 年	2002 年	2003 年	2004 年	2005 年
ZFTZ	0.122 **	0.234 *	0.245 *	0.102 *	- 0.009 *	- 0.033 *	0.007 *	- 0.251 **
CZFQ	0.005 **	0.003 **	0.003 **	0.002 **	0.001 **	0.001 **	0.001 **	0.002 **
CZFQ × ZFTZ	- 0.111	- 0.104 *	- 0.114 **	- 0.123 *	- 0.106 *	- 0.115 *	- 0.124	- 0.008 *
CZFQ × FES	- 0.006 *	- 0.004 **	- 0.003 *	- 0.002 *	- 0.001 **	0.002	0.002	0.003
CSH	0.265 **	0.443 **	0.349 *	0.486	0.567 **	0.528 **	0.519 **	0.678 **
JCSS	1.452 **	2.436 **	4.895 **	5.347 **	3.255 *	4.235 *	3.733 **	4.344 **
KFSP	- 0.239 *	- 0.534 **	- 0.563 **	- 0.235	- 0.572 *	- 0.673 *	- 0.865 **	- 1.112 *
SCH	- 1.363 ***	- 1.386 **	- 1.328 **	- 1.210 *	- 1.224 *	- 1.429 *	- 1.530 *	- 1.598 *
WSTZ	- 0.132 *	- 0.231 *	- 0.342 *	- 0.346 *	- 0.213 *	- 0.203 *	- 0.354 *	- 0.312 *
常数项	2.992 **	2.983 *	3.224	3.104 **	4.436 *	1.864 ***	3.353 **	4.017 *
R^2	0.985	0.987	0.995	0.997	0.996	0.995	0.997	0.993
F	785.24	2 436.57	1 967.56	2 678.78	4 537.78	3 456.46	2 637.21	1 023.34
LOGL	2 988.45	3 456.78	3 675.43	3 845.56	3 254.79	3 765.89	4 156.67	2 764.37

续表

变量	1998 年	1999 年	2000 年	2001 年	2002 年	2003 年	2004 年	2005 年
Moran' I（误差）	20. 23	22. 34	22. 31	24. 56	25. 89	23. 65	25. 12	23. 24
LM（lag）	157. 34**	34. 56*	21. 43*	57. 66*	67. 85*	38. 90*	45. 67*	43. 64**
Robust LM（lag）	59. 78**	64. 44*	58. 46*	64. 56*	45. 90*	43. 44**	65. 45*	55. 78**
LM（error）	129. 87*	39. 68*	43. 57*	48. 97*	37. 68*	43. 45*	52. 65*	57. 87**
Robust LM（error）	156. 48	132. 22	231. 43	24. 56	65. 66*	34. 67	78. 99	58. 48
变量	2006 年	2007 年	2008 年	2009 年	2010 年	2011 年	2012 年	2013 年
ZFTZ	− 0. 008*	− 0. 005*	− 0. 021*	0. 025*	0. 034**	0. 241*	0. 205**	0. 222*
CZFQ	0. 004**	0. 002**	0. 001**	0. 002**	0. 002**	0. 002**	0. 003*	0. 003*
CZFQ × ZFTZ	− 0. 004*	− 0. 006*	− 0. 006*	− 0. 005*	− 0. 003*	− 0. 004*	− 0. 004**	− 0. 006*
CZFQ × FES	0. 003	0. 005**	0. 004*	0. 004*	0. 004*	0. 004*	0. 005**	0. 004*
CSH	0. 786*	1. 465**	1. 596**	1. 442**	1. 341**	1. 123*	1. 112	1. 024*
JCSS	3. 434**	3. 587**	4. 565***	2. 474**	4. 489*	4. 673**	4. 512*	4. 482*
KFSP	− 0. 987**	− 1. 455*	− 1. 348*	− 1. 453*	− 1. 545**	− 1. 654*	− 1. 665**	− 1. 684*
SCH	− 1. 646*	− 2. 323***	− 2. 455*	− 2. 341*	− 2. 476**	− 2. 468*	− 2. 549	− 2. 554*
WSTZ	− 0. 241*	− 0. 352**	− 0. 136*	− 0. 123*	− 0. 143*	− 0. 164*	− 0. 115*	− 0. 108
常数项	3. 324*	2. 825*	3. 593	2. 575**	3. 237*	3. 652**	. 4. 513*	4. 554**
R^2	0. 997	0. 998	0. 998	0. 996	0. 995	0. 994	0. 981	0. 976
F	1 986. 57	2 059. 47	2 043. 89	2 567. 48	2 988. 64	3 221. 44	2 896. 56	2 886. 74
LOGL	3 243. 89	2 983. 44	3 477. 54	3 954. 19	3 640. 38	3 299. 67	3 215. 74	3 314. 01
Moran' I（误差）	25. 32	31. 04	29. 45	28. 43	26. 58	28. 95	31. 08	32. 11
LM（lag）	38. 54*	25. 44*	59. 27*	71. 45*	40. 91*	44. 57*	41. 59	42. 58*
Robust LM（lag）	69. 04*	64. 42*	62. 53*	48. 93*	45. 49**	63. 15*	63. 45*	55. 49**

续表

变量	2006 年	2007 年	2008 年	2009 年	2010 年	2011 年	2012 年	2013 年
LM (*error*)	41. 25 **	42. 55 *	53. 99 **	47. 60 **	47. 43 *	56. 67 **	50. 74 *	51. 23 *
Robust LM (*error*)	121. 72	167. 49	56. 52 *	67. 96 *	24. 89	87. 93	51. 42 *	47. 13

注：* 、** 、*** 分别表示在 10% 、5% 、1% 水平下显著。

由表 3 – 7 可知，LM – Lag 和 Robust LM – Lag 检验值比较显著，而 LM – Error 和 Robust LM – Error 检验值中，稳健性估计检验大部分都不显著，所以本书将选择空间滞后模型进行估计，估计结果见表 3 – 8。

表 3 – 8　　积极财政政策对民间投资挤出效应的空间计量回归结果（SLM）

变量	1998 年	1999 年	2000 年	2001 年	2002 年	2003 年	2004 年	2005 年
ZFTZ	0. 132 ***	0. 213 *	0. 257 **	0. 113 *	0. 005 ***	– 0. 041 **	0. 010 *	0. 111 **
CZFQ	0. 003 **	0. 002 **	0. 002 **	0. 001 *	0. 001 *	0. 001 *	0. 001 *	0. 002 **
CZFQ × ZFTZ	– 0. 104 *	– 0. 107 *	– 0. 125 **	– 0. 121	– 0. 176	– 0. 008 *	– 0. 007 **	– 0. 006 **
CZFQ × FES	– 0. 003 *	– 0. 002 **	– 0. 002 **	– 0. 005	– 0. 004	0. 015	0. 020	0. 003 *
CSH	0. 189 **	0. 340 **	0. 345	0. 453	0. 554 **	0. 529 **	0. 536 *	0. 765 **
JCSS	1. 238 **	2. 125 **	3. 975 **	5. 326	3. 549 *	4. 241 *	4. 657 **	3. 995 **
KFSP	– 0. 419 *	– 0. 436 **	– 0. 248 **	– 0. 257 *	– 0. 539 *	– 0. 484	– 0. 885 **	– 0. 993 *
SCH	– 1. 238 ***	– 1. 358 **	– 1. 390 **	– 1. 439 *	– 1. 444 *	– 1. 562 *	– 1. 613 *	– 1. 902
WSTZ	– 0. 116 *	– 0. 187 *	– 0. 320 **	– 0. 335 *	– 0. 221 *	– 0. 198 *	– 0. 319 *	– 0. 104 *
LAMBDA （ζ）	– 0. 234 **	– 0. 348 *	– 0. 257 *	– 0. 573 *	– 0. 375 *	– 0. 476 **	– 0. 356 *	– 0. 222 *
常数项	3. 828	2. 611 **	3. 3158	3. 812 *	2. 295 *	1. 868 **	2. 646 **	3. 553 **
R^2	0. 988	0. 994	0. 992	0. 993	0. 997	0. 994	0. 999	0. 990
LOGL	– 1 638. 4	– 2 011. 2	– 1 983. 4	– 1 859. 5	– 2 014. 5	– 2 019. 8	– 1 968. 6	– 1 548. 2
变量	2006 年	2007 年	2008 年	2009 年	2010 年	2011 年	2012 年	2013 年
ZFTZ	0. 108 *	– 0. 004 **	– 0. 023 **	0. 323 *	0. 335 **	0. 241 *	0. 220 *	0. 209 *
CZFQ	0. 003 **	0. 002 **	0. 001 **	0. 001 *	0. 001 *	0. 001 *	0. 000 *	0. 000
CZFQ × ZFTZ	– 0. 005 *	– 0. 006 *	– 0. 005 *	– 0. 004 *	– 0. 013	– 0. 024	– 0. 056 *	– 0. 050 **
CZFQ × FES	0. 004 **	0. 005 **	0. 006 *	0. 005 *	0. 004 **	0. 005 *	0. 003 *	0. 004 *
CSH	0. 772 *	1. 329	1. 465 **	1. 318 **	1. 300 **	1. 225 *	1. 220 **	1. 155

变量	2006 年	2007 年	2008 年	2009 年	2010 年	2011 年	2012 年	2013 年
JCSS	3.475**	3.482**	4.538***	4.205**	4.489**	4.673**	4.668*	4.741
KFSP	-0.999**	-1.350	-1.525	-1.375*	-1.369**	-1.247*	-1.158	-1.009*
SCH	-1.420*	-1.014**	-2.230**	-2.058	-2.319**	-2.300*	-2.124**	-2.089
WSTZ	-0.238*	-0.359**	-0.249*	-0.125*	-0.148*	-0.169*	-0.155*	-0.134**
LAMBDA (ζ)	-0.351*	-0.238*	-0.561**	-0.363*	-0.482**	-0.396*	-0.354*	-0.344*
常数项	4.137*	2.079*	5.435	3.185**	2.252**	3.662*	2.598	3.065*
R^2	0.991	0.992	0.995	0.994	0.994	0.998	0.988	0.985
LOGL	-2013.4	-1904.6	-1898.5	-2011.2	-2030.8	-1998.5	-1921.9	-2001.8

注：*、**、***分别表示在10%、5%、1%水平下显著。

由表3-8可知，积极财政政策的实施并未对民间投资产生挤出效应，而更多的是拉动了民间投资需求的上升。从政府投资的系数可以看出，除了2003年、2007年、2008年之外，政府投资增加都显著提高了民间投资水平。2003年、2007年、2008年上半年都是我国经济快速发展时期，这意味着，在经济繁荣时期，增加政府投资易引起民间投资的下降，这可能是经济繁荣时期，资源被充分利用，政府与民间就存在争夺有限资源的可能性导致。另外，可以看出政府投资一般在积极财政政策初中期拉动民间投资的效率比较高，之后拉动效果就会降低，因此，积极财政政策不易长期使用。财政分权因素虽然能够提高民间资本的投资需求，但是作用能力不强，然而财政分权通过影响政府投资以及财政支出结构对民间投资却产生了不同的影响。财政分权与政府投资的交互项系数符号表明，财政分权弱化了政府投资对民间投资的挤入效应。而财政分权与财政支出结构的交互项系数符号显示，在第一次积极财政政策期间，财政分权下地方政府对基础设施投资的偏好挤出了民间投资，而在第二次积极财政政策期间不但没有挤出反而拉动了民间投资。这可能是我国基础设施规模在首次积极财政政策期间相对不大，不但不能带动民间投资，还可能会因财政资金紧张而挤占民间资金。但是我国持续的基本建设投资使我国公共基础设施有了很大改善，财政支出中基本建设支出逐渐降低，财政支出结构不断优化，国民经济总量得到了很大提高，资金比较丰裕，所以，第二次积极财政政策期间，基本建设支出起到了四两拨千斤的作用，快速拉动了民间投资。

其他控制变量对民间投资也产生了不同的影响。从城镇化的回归系数可以看出，我国城镇化的推进有力地推动了地方民间投资的增长，但随着城镇化水平的不断提高，带动民间投资的能力却呈现出了先上升后下降的变动趋势。从基础设施水平的回归系数可以看出,基础设施水平的改善有力地吸引了民间投资需求,这也表明我国大规模的公路铁路建设确实一定程度上提高了民间资本的收益率,刺激了民间投资需求的增加,而且基础设施的外溢效应是在不断扩大的,带动民间投资的能力也在不断提升。对外开放水平的提高,活跃了市场经济,但却对民间投资产生了不利影响。从对外开放水平的系数可以看出,在1998年东南亚金融危机和2008年美国金融危机期间,外部的这种冲击对国内民间资本投资产生了较大的负面影响,使民间投资需求在两次金融危机期间快速减少。随着开放程度的提高,国外先进技术进入我国,而国内企业技术相对落后,加上资金不足,融资困难,民间企业用于技术方面的投资也比较少,所以,国外拥有先进技术的外资企业必然会对国内企业形成挤兑,使国内民间投资降低。市场化水平系数符号显示,市场化改革推动了民间投资需求增加,随着市场化改革的深入,民间投资交易成本的不断降低,刺激民间投资需求不断增加。外商投资系数的符号为负,表明地方政府热衷的外商投资一定程度上会挤出国内民间投资。

2. 积极财政政策对民间消费挤出效应的空间计量结果与分析

我们首先对模型运行 OLS 估计,估计结果如表 3-9 所示。

表 3-9   积极财政政策对居民消费挤出效应的空间计量回归结果（OLS）

变量	1998 年	1999 年	2000 年	2001 年	2002 年	2003 年	2004 年	2005 年
$ZFZC$	-0.328^{*}	-0.349^{*}	0.532^{**}	0.510^{**}	0.505^{*}	0.501^{*}	0.499^{*}	0.382^{*}
$CZFQ$	0.013^{*}	0.104	0.011^{**}	0.015	0.106^{**}	0.103^{*}	0.101^{*}	0.002^{**}
$CZFQ \times ZFZC$	-0.415^{**}	-0.112^{*}	-0.111	-0.231	0.121	0.119^{*}	0.124^{*}	0.210^{**}
$CZFQ \times FES$	-0.473^{*}	-0.465^{*}	-0.471^{*}	-0.382^{*}	-0.335^{*}	-0.328^{*}	-0.231^{*}	-0.133^{**}
$CZFQ \times URID$	-0.683	-0.777	-0.689^{*}	-0.583^{**}	-0.584^{**}	-0.593^{*}	-0.579^{*}	-0.679^{*}
$CZFQ \times CPI$	-1.231	-1.332^{*}	-1.189^{*}	-1.347^{*}	-1.458^{*}	-1.518^{*}	-1.523^{**}	-1.429^{*}
$CZFQ \times GDPR$	0.002^{*}	0.004^{*}	0.003^{*}	0.001^{*}	0.003^{*}	0.002^{*}	0.003^{*}	0.003^{*}
$KZPI$	0.254^{**}	0.324^{*}	0.521^{***}	0.613^{*}	0.693^{*}	0.746^{*}	0.529^{*}	0.538^{**}
$GDPR$	-0.113^{*}	-0.247	-0.254	-0.273	-0.310^{*}	-0.162^{*}	-0.272	-0.374
$RKJG$	-0.034^{*}	-0.045^{*}	-0.058	-0.028	-0.064^{*}	-0.052	-0.047	-0.053
$URID$	-0.357^{*}	-0.382^{**}	-0.472^{*}	-0.538	-0.478^{*}	-0.397^{*}	-0.364^{**}	-0.365^{*}
CPI	-0.882	-1.098	-1.004	-1.345	-1.429^{*}	-1.502^{**}	-1.521^{**}	-1.425
常数项	2.248^{**}	3.437^{*}	1.254^{*}	2.505^{*}	3.287^{**}	4.335^{*}	2.404^{*}	3.127^{*}
R^2	0.973	0.984	0.988	0.958	0.976	0.975	0.984	0.963
F	$1\,438.21$	$1\,876.89$	$1\,189.39$	$2\,285.34$	$2\,347.42$	$1\,788.98$	$2\,285.43$	$1\,538.22$

续表

变量	1998 年	1999 年	2000 年	2001 年	2002 年	2003 年	2004 年	2005 年
LOGL	2 134. 33	2 849. 30	2 840. 43	3 247. 55	3 840. 21	3 512. 36	3 342. 68	2 489. 31
Moran' I（误差）	25. 38	24. 29	32. 36	31. 44	29. 87	28. 79	31. 93	23. 37
LM（lag）	42. 56 **	41. 38 *	29. 47 **	55. 22 **	73. 26 *	44. 92 *	46. 50 **	41. 53 **
Robust LM（lag）	56. 73 **	63. 16 *	65. 49 **	66. 55 **	49. 83 *	46. 21 **	62. 68 *	52. 72 **
LM（error）	55. 82 **	43. 65 **	45. 58 **	54. 92 **	48. 63 **	49. 52 **	59. 65 **	56. 46 **
Robust LM（error）	54. 42	115. 78	108. 40	59. 58 *	65. 99 *	32. 85	88. 92	55. 47 *
变量	2006 年	2007 年	2008 年	2009 年	2010 年	2011 年	2012 年	2013 年
ZFZC	0. 301 *	− 0. 276 **	− 0. 359 *	0. 352 *	0. 439 **	0. 433 *	0. 424 *	0. 422 **
CZFQ	0. 024 **	0. 002 **	0. 031 **	0. 011 **	0. 022 **	0. 014 *	0. 009	0. 010 *
CZFQ × ZFZC	0. 203 *	0. 285	0. 335	0. 348 **	0. 235 *	0. 323 *	0. 315 **	0. 300 *
CZFQ × FES	− 0. 121 *	− 0. 108 **	− 0. 105 *	− 0. 237 *	− 0. 228 *	− 0. 215 *	− 0. 221 **	− 0. 226 *
CZFQ × URID	− 0. 704 *	− 0. 694 *	− 0. 710 **	− 0. 721 **	− 0. 738 *	− 0. 751 *	− 0. 784	− 0. 788 **
CZFQ × CPI	− 1. 350 *	− 1. 544 *	− 1. 439 **	− 1. 386 *	− 1. 658 *	− 1. 566 *	− 1. 354 **	− 1. 334 *
CZFQ × GDPR	0. 004 *	0. 004 *	0. 002 *	0. 003 **	0. 004 **	0. 004 **	0. 003 *	0. 004 **
KZPI	0. 483 **	0. 489 **	0. 659 **	0. 662 **	0. 778 **	0. 794 **	0. 804 *	0. 811 **
GDPR	− 0. 429 *	− 0. 316 *	− 0. 236	− 0. 132 *	− 0. 036	− 0. 045	− 0. 142	− 0. 126
RKJG	− 0. 049	− 0. 038	− 0. 037 *	− 0. 048	− 0. 052 *	− 0. 046	− 0. 055 *	− 0. 054
URID	− 0. 387 **	− 0. 456 *	− 0. 538 **	− 0. 508 *	− 0. 543 **	− 0. 558 **	− 0. 668 *	− 0. 658 *
CPI	− 1. 346	− 1. 534 *	− 0. 983 *	− 0. 965	− 1. 534 *	− 1. 468 *	− 1. 024	− 0. 895 *
常数项	2. 376 **	1. 357	1. 861 **	2. 658 *	3. 159	3. 233 *	4. 154 **	4. 024 *
R^2	0. 943	0. 940	0. 957	0. 993	0. 985	0. 974	0. 968	0. 955
F	1 853. 49	2 017. 41	2 345. 59	2 307. 44	2 687. 92	3 098. 38	3 584. 1	2 936. 8
LOGL	2 684. 39	2 645. 43	3 128. 55	3 547. 21	3 534. 56	3 247. 05	2 964. 21	3 241. 12
Moran' I（误差）	26. 21	30. 34	32. 40	30. 89	29. 83	30. 32	25. 09	31. 48

我国公共财政风险评估及其防范对策研究

续表

变量	2006 年	2007 年	2008 年	2009 年	2010 年	2011 年	2012 年	2013 年
LM（*lag*）	43.36*	57.87**	45.62**	63.86*	48.99*	47.53**	52.89*	49.48**
Robust LM（*lag*）	45.11*	66.43**	48.28**	51.03*	48.29**	53.01*	61.25*	50.14***
LM（*error*）	45.32**	45.28**	58.48**	50.66**	50.59**	60.64**	51.59**	59.63*
Robust LM（*error*）	104.21	101.47	55.53*	69.49*	33.86	86.99	35.89	48.15*

注：*、**、***分别表示在10%、5%、1%水平下显著。

由表3－9可知，LM－Lag 和 Robust LM－Lag 检验值表较显著，而 LM－Error 和 Robust LM－Error 检验值中，稳健性估计检验大部分都不显著，所以本书将选择空间滞后模型进行估计，估计结果见表3－10。

表3－10　积极财政政策对居民消费挤出效应的空间计量回归结果（SLM）

变量	1998 年	1999 年	2000 年	2001 年	2002 年	2003 年	2004 年	2005 年
ZFZC	0.218**	0.473*	0.486**	0.475**	0.472**	0.464**	0.452**	0.315*
CZFQ	0.015*	0.116**	0.019**	0.013*	0.105**	0.101*	0.107*	0.102**
CZFQ × ZFZC	−0.310**	−0.109*	−0.100*	−0.203*	0.126	0.148	0.143*	0.211**
CZFQ × FES	−0.452*	−0.438*	−0.475*	−0.373*	−0.345*	−0.330*	−0.285*	−0.143**
CZFQ × URID	−0.538*	−0.544*	−0.554*	−0.565**	−0.580**	−0.591*	−0.596*	−0.688*
CZFQ × CPI	−1.035*	−1.231*	−1.109*	−1.373*	−1.448*	−1.503*	−1.515**	−1.321*
CZFQ × GDPR	0.006*	0.004*	0.003*	0.004*	0.004*	0.005*	0.006*	0.005*
KZPI	0.305**	0.338*	0.443***	0.513*	0.559*	0.656**	0.679**	0.635**
GDPR	−0.103*	−0.238*	−0.383	−0.286	−0.318**	−0.152**	−0.272	−0.435
RKJG	−0.021*	−0.026*	−0.043	−0.030	−0.054*	−0.056	−0.044	−0.042
URID	−0.368*	−0.374**	−0.412*	−0.502	−0.428*	−0.394*	−0.365**	−0.373*
CPI	−0.785	−1.193	−1.214	−1.256	−1.430*	−1.531**	−1.545**	−1.548
LAMBDA（ζ）	0.146**	0.283**	0.210**	0.463**	0.208**	0.390**	0.405**	0.249**
常数项	3.103**	2.059*	1.792**	2.388*	2.718*	2.761*	3.036*	2.180*
R^2	0.993	0.985	0.982	0.978	0.979	0.967	0.989	0.987
LOGL	−1561.7	−1678.1	−1983.0	−1980.3	−2010.4	−1967.4	−1898.3	−1889.4

续表

变量	2006 年	2007 年	2008 年	2009 年	2010 年	2011 年	2012 年	2013 年
ZFZC	0.309*	-0.274**	0.338**	0.340*	0.444**	0.424*	0.412**	0.416*
CZFQ	0.104**	0.009**	0.008**	0.006**	0.005**	0.002*	0.007	0.011*
CZFQ × ZFZC	0.226*	0.255**	0.311*	0.323*	0.328*	0.338**	0.315*	0.311*
CZFQ × FES	-0.125*	-0.100**	-0.103*	-0.233*	-0.224*	-0.218*	-0.220	-0.222*
CZFQ × URID	-0.743*	-0.686*	-0.721**	-0.725**	-0.740*	-0.752*	-0.801*	-0.822*
CZFQ × CPI	-1.358*	-1.503*	-1.519*	-1.396*	-1.674*	-1.676*	-1.221*	-1.085*
CZFQ × GDPR	0.007*	0.006*	0.004*	0.003*	0.005**	0.006*	0.004*	0.003**
KZPI	0.589**	0.579**	0.669**	0.766**	0.789**	0.799**	0.841*	0.855*
GDPR	-0.430*	-0.328*	-0.239	-0.138*	-0.045	-0.056	-0.014	-0.011
RKJG	-0.045	-0.048	-0.021	-0.023	-0.045	-0.042	-0.044	-0.054*
URID	-0.376**	-0.389*	-0.458**	-0.531*	-0.553**	-0.567**	-.654*	-0.661**
CPI	-1.284	-1.539*	-1.048	-1.102*	-1.534*	-1.468*	-1.114**	-1.001
LAMBDA (ζ)	0.338*	0.207*	0.581**	0.352*	0.472**	0.416*	0.422**	0.411*
常数项	3.263*	3.505*	1.478*	1.561	2.524*	3.545**	3.584***	3.048*
R^2	0.981	0.968	0.999	0.989	0.983	0.985	0.989	0.991
LOGL	-1 743.5	-1 984.6	-1 509.4	-1 657.3	-1 789.4	-1 830.4	-1 901.4	-1 899.5

注：*、**、***分别表示在 10%、5%、1% 水平下显著。

从表 3 - 10 可以看出，积极财政政策对居民消费具有引致效应。政府财政支出回归系数显示，在两次积极财政政策期间，政府扩大财政支出规模显著提高了人均居民消费水平。回归结果还显示，提高人均财政支出水平在积极财政政策的中期带动居民消费需求增加的效果最显著。财政分权能够直接提高居民消费需求，但影响能力有限，表明财政分权对居民消费需求的直接影响效应不高。财政分权除了能够直接影响消费需求外，更能通过其他间接途径影响居民消费。

从财政分权与政府支出的交互项来看，在首次积极财政政策的前四年，财政分权显著削弱了政府支出对居民消费的引致效应，但之后随着财政分权程度的提高，地方财政支出权力扩大，不但没有减弱政府支出对居民消费的引致效应，而且还强化了这种引致效应。财政分权和财政支出结构的交互项显示，财政分权强化了地方政府对基础设施投资的偏好，进而忽略了居民的文化、教育、医疗卫生、社会保障等方面的支出，迫使居民通过降低消费水平来满足其公共需求。城乡居民收入差距的回归系数显示，在两次积极财政政策期间，城乡收入差距的扩大都显著挤出了部分居民的消费需求，而且后次的挤出强度高于前次，这意味着城乡收入差距的扩大总体上降低了居民的消费水平，挤出了居民消费。而财政分权与城乡居民收入差距的交互项显示，财政分权强化了这种挤出效应。通货膨胀系数回归结果显示，在首次积极财政政策期间，其对居民消费的挤出效应并不显著，但第二次积极财政政策期间，通货膨胀的提高显著地挤出了居民的消费，而且财政分权与通货膨胀交互项表明，财政分权强化了通货膨胀对居民消费的挤出效应。国内生产总值增长率结果显示，经济增长对居民消费具有挤出效应，但这种挤出效应要么不稳定，要么不显著，而财政分权与国内生产总值增长率的交互项显示，财政分权削弱了国内生产总值增长率对居民消费的挤出效应。其他控制变量中，可支配收入增加能够显著增加居民消费需求，人口结构回归结果显示，承担赡养未成年人和老年人的责任并未显著挤出居民消费。

五、小结

本节分析了中国式财政分权体制下，积极财政政策的实施对民间投资和消费可能会产生的挤出效应，并通过空间计量模型对积极财政政策的挤出效应进行实证检验，结论如下：

第一，就民间投资来说，在大部分年份中政府投资对民间投资产生了显著的挤入效应，财政分权本身也能够提高民间资本的投资需求，但是作用能力不高；财政分权间接影响表现为一定程度上弱化了政府投资对民间投资的挤入效应；另外财政分权作用于财政支出结构，对民间投资在第一次积极财政政策期间产生了微弱的挤出效应，之后转变为微弱的挤入效应。

第二，就民间消费来说，除2007年外，政府支出对民间消费都产生了显著的挤入效应，而且这种挤入效应在一般在积极财政政策实施的中期效果最显著；财政分权本身也能够提高居民消费需求，同样也是积极作用有限；财政分权间接影响表现在财政分权在首轮积极财政政策期间弱化了政府支出对民间消费的挤入效应，之后都是加强了对民间消费的挤入效应；财政分权作用于财政支出结构对民间消费产生挤出效应；财政分权强化了城乡收入差距、通货膨胀对民间消费的挤出效应，弱化了国内生产总值增长率对民间消费的挤出效应。

第三，总体上来说，由于我国坚持了改革，并不断完善了各项制度，使得我国积极财政政策实施不但没有产生对民间投资和消费的挤出效应，反而拉动了民间投资和消费的增加，因此，积极财政政策的挤出效应风险是非常低的。

第四节　积极财政政策通货膨胀风险评估

一、引言

通货膨胀表现为货物和服务货币价格的增加（David Romer，1996），从定义中我们可以看出，通货膨胀是和货币相联系的，因此，美国经济学家弗里德曼就把通货膨胀现象看作是一种货币现象。葛柔德（Growder，1998）、伯南克（Bernanke，1998）、胡坚、王智强（2010）、魏蓉蓉、崔超（2011）、黄向梅、夏海勇（2011）、刘克庆（2012）、殷波（2012）、孔丹凤（2012）等国内外学者通过理论模型分析和实证研究都认为货币因素和通货膨胀之间存在长期稳定的关系，货币量增加是导致通货膨胀的主要因素。但也有些学者通过研究认为货币供应量与通货膨胀稳定联系在逐渐变弱，刘业政、刘军（2011）、杨溢（2011）、马芳芳、田野（2011）等通过理论分析和实证研究认为货币因素已经不是通货膨胀的主要影响因素，费里德曼（Friedman，1992）、伍德福德（Woodford，2007）、宾纳（Binner，2010）等研究认为货币供应量与通过膨胀之间的因果关系已经消失，即它们之间不存在相关性。货币与通货膨胀关系的这些变动体现着世界经济和各国经济发展在不断趋向复杂，经济的复杂性决定了通货膨胀不可能只由一个因素来决定，于是，许多学者开始研究可能影响通货膨胀的其他因素。萨金特和华莱士（Sargent，Wallace，1981）把财政赤字和通货膨胀联系起来，他认为一个国家在财政当局占优，货币当局非完全独立的情况下，财政当局在出现过渡赤字时，就会利用其优势地位迫使货币当局发行货币来弥补其赤字，一旦出现国债利率超过经济增长率，长期的财政赤字就会引发债务的无限扩大，最终使财政不可持续，此时政府唯一的选择就是赤字货币化，即大量发行货币，进而导致通货膨胀。利珀（Leeper，1991）研究认为货币政策要通过财政政策配合，在双松的货币政策和财政政策下，才会导致物价水平急速上升；在紧缩性货币政策和积极财政政策下，财政政策对物价水平的变动起主导作用。伍德福德（Woodford，1995）分析认为财政政策在非李嘉图等价的条件下能够独立影响物价水平。伯金（Bergin，2000）研究欧盟整体物价水平时，得出成员国国债规模增加会引发欧盟成员国整体通货膨胀。尼基亚里科（Annicchiarico，2007）运用世代交叠模型分析推导出赤字财政条件下，国债规模的大小显著影响一国的通货膨胀水平，提高国债规模会增加物价波动幅度。

在国内，龚六堂、邹恒甫（2002）比较早地提出了财政政策与价格水平变动理论模型，得出物价水平由实际国债值与财政盈余共同决定。徐雄奇、张宗益（2004）构建 4 变量 VAR 模型分析检验得出，在我国短期内财政赤字增加能够显著提高物价水平。孙文基（2001）研究认为开放经济下，浮动汇率制度的实施，使财政在面临不可持续的情况时，赤字货币化成为政府最后唯一的选择，因此，财政赤字会导致通货膨胀。洪源、罗宏斌（2007）通过理论分析和实证检验认为，我国财政赤字在不同的融资方式下都会导致货币供应量的增加，但其增加的幅度小于公众对货币需求的增加量，因此并没有导致通货膨胀的发生。涂立桥（2008）以货币供应量为中间变量，运用计量模型检验了我国财政赤字与通货膨胀的关系，结论是通货膨胀受赤字财政的影响比较弱。胡坚、王智强（2010）、胡爱华（2011）、王飞（2012）也都通过经济计量模型检验得出：我国赤字财政不是通货膨胀形成的主要因素。

关于财政赤字是否能够引起通货膨胀，国内外研究表明财政赤字也是影响通货膨胀的因素之一，或者通过货币供应量，或者通过信贷规模，或者通过国债规模等中间变量来影响物价水平。因此，可以说通货膨胀既是一种货币现象，也是一种财政现象。现有文献就财政政策与通货膨胀关系的研究已经比较丰富，但很少有学者把制度性因素考虑进来。我们知道我国自改革开放以来就伴随着财政赤字，财政赤字一直伴随着国家的经济体制改革的全过程，计划经济体制向市场经济体制转轨，财政赤字也有被动收入性赤字转向了主动支出性赤字。1992 年我国市场经济体制建立，为了适应市场经济体制的需要，我国相继进行了财税、金融等一系列体制和机制的改革。这一系列的改革难道就不会通过赤字财政政策对通货膨胀产生影响吗？这需要我们去研究。1998 年以来我国实施了两次积极财政政策，在此期间，赤字额增加的幅度一般是高于其他时期的，而在这两次政策实施期间也出现了物价水平持续走高的情况，那么，这两次的物价上涨积极财政政策是主要推动因素吗？这也需要我们运用经济计量方法，使用经验数据来验证。

二、财政赤字与通货膨胀的联系机制分析

当财政赤字成为一国经常现象时，政府对于财政赤字弥补方式进行选择时就会与通货膨胀发生联系，这相当于收入的角度；当财政赤字作为一种调控经济的工具和手段时，其所带来的结果有可能会与通货膨胀发生联系，这相当于支出的角度。

（一）赤字融资方式的选择与通货膨胀的联系机制分析

在现代市场经济条件下，当财政赤字成为一国政府财政预算常态时，政府一般可以选择三种方式为其赤字融资：一是向央行借款或透支；二是政府发行债券；三是出售外汇储备资产（洪源、罗宏斌，1997）。

1. 赤字货币化或可引发通货膨胀的机制分析

政府向中央银行借款或者透支来弥补财政赤字时，被称为赤字货币化，赤字货币化的过程是货币供应量增加的过程。因为当政府向中央银行进行借款或透支时，中央银行对政府的净债权增加，其财政账户的余额就会立即增加，而这一过程会造成基础货币供应量的增加或者高能货币增发（平新乔，1997）。货币供应量增加是导致通货膨胀的必要条件，最终能否引起物价水平升高，产生通货膨胀要取决于市场对货币的容纳能力。所谓市场货币容纳能力是指在现有市场经济规模下货币需求量增加幅度与经济总量增长幅度的比值，该比值越大表示经济增长越快，所能带动的货币需求量增加幅度越大，意味着市场对货币的容纳能力越强，新增加的货币供应量很快就能被货币需求量的快速增加部分抵消甚至全部抵消，因此引起物价上升的幅度就会越小，引发通货膨胀的概率就会越小。反之，则引发通货膨胀的概率就会越高。一般情况下，人均收入水平低的国家，居民消费能力低，市场容量就会相对较小，经济增长所能启动的货币需求增加也就非常有限，财政赤字货币化极易引起物价上涨，引发通货膨胀。

2. 财政赤字债务化或可引发通货膨胀的机制分析

（1）国债发行阶段。

政府发行债券的过程是财政赤字债务化的过程，这个过程也可能会间接增加货币供应量，那么最终是否会引发通货膨胀取决于债券的应债主体。一般情况下，应债主体可以分为三类：居民个人、企业（非金融机构）及存款类金融机构。政府通过把债券出售给这三类应债主体，进而使政府获得债务收入，并由政府支配该笔资金用于政府支出。但对应债主体的选择不同，就会对物价水平产生不同影响。当居民个人和非金融机构企业购买国债时，其购买国债的资金来源于居民个人和非金融机构在银行的储蓄存款，或者部分手持的现金，通过国债使原本由居民个人和非金融机构支配的货币转移到了政府手中，在这个过程中，仅仅实现了货币支配权的转移，经济社会中货币供应量并没有增加。因此面向居民个人和非金融机构发行国债并不会引发通货膨胀风险。当国债的应债主体为金融机构时，是否引发通货膨胀风险取决于存款类金融机构购买国债的资金来源。如果存款类金融机构动用其非准备金如回收的贷款及投资获得的收益等购买国债，其实质就是存款类金融机构贷款对象由私人转向了政府，民间贷款资金减少，政府贷款资金增加，社会中货币总量并没有增加，因此，不会引发通货膨胀风险。如果存款类金融机构动用超额准备金购买国债，在政府支用该笔资金前并不会导致货币供应量的增加，因为在此之前，超额准备金仅仅是在央行的存款类金融机构账户上转移到了财政账户上，并未形成事实上的支出使货币总量增加。但是一旦政府动用这笔资金，形成了现实的支出，这笔资金就会由央行的财政账户转向存款类金融机构账户上，使这笔原来作为存款类金融机构不能动用的资金变为可以动用的资金，相当于降低了存款准备金率，增加了存款类金融机构货币供应水平，提高了其货币创造能力。此时，货币供应量的增加是否会引发通货膨胀风险其原理与财政赤字货币化的一样，最终取决于市场对货币的容纳能力。

（2）国债支出阶段。

国债的发行使利率上升，利率上升导致民间资本融资成本提高，进而导致民间投资下降，赤字财政政策效果被抵消，最终导致赤字对经济增长影响效果不显著。当这种挤出效应比较大时，政府基于利率稳定的需要，央行就会通过公开市场操作来回购国债，向经济系统中增加货币供应量，以此来缓解市场中货币需求紧张的状况，进而保持利率水平的稳定。当财政赤字已成为国家执行财政预算的常态时，意味着国债规模会不断地扩大，利率上升的压力就会长期存在，央行就必须长期从事回购国债的操作，这样一来就会持续不断地增加市场中的货币供应量，短期内，在市场对货币容纳能力比较强的时候，这种货币供应量的增加引发通货膨胀的可能性比较小，长期来说，市场的发展会逐渐趋于饱和或者稳定，市场容纳能力存在边际递减趋势，长期回购国债导致货币供应量的持续增加最终超过市场对货币容纳水平的时候，就会出现多余货币，最终引发通货膨胀。

（二）赤字拉动需求与通货膨胀的联系机制分析

由凯恩斯经济理论可知，增加赤字支出可以提高总需求，在总供给不变的情况下，就会引起价格水平的持续上涨，导致通货膨胀，即西方经济学中所说的需求拉上型通货膨胀。分两种情况：第一，在非充分就业状态下，增加财政赤字首先引起总需求增加，为应对需求增加而扩大生产规模购置原材料、机器设备以及建造厂房直至生产出产品等在短时间内是无法实现的，此时需求增加必会引起价格水平上涨。产出增加之后，物价水平会降低些。但持续的增加财政赤字支出，总需求的不断增加，随后总供给也不断扩大，物价水平始终在缓慢上升，此时的物价是伴随着产出增加而上涨的。第二，充分就业状态下，由于此时，所有可能利用的资源都被利用了，即已经达到最大产出水平或者潜在产出水平，总供给不会再增加，增加财政赤字支出，总需求增加导致通货膨胀缺口出现，从而引起价格水平上涨。

（三）出售外汇资产与通货膨胀的联系机制分析

外汇储备是一个国家重要的资产，当政府财政出现赤字时，政府也可以通过减少外汇储备的持有来为财政赤字融资。在固定汇率下，为了维持币值稳定，防止货币贬值，央行通过抛售外汇储备来减少本币的供应量。如果财政赤字长期存在，政府就需要长期通过抛售外汇储备来维持币值稳定，同时为财政赤字融资。一旦政府的外汇储备被消耗殆尽，政府就只能让本币贬值，而本币贬值必然引起通货膨胀。在浮动汇率下，持续的财政赤字同样也会消耗完外汇储备，最终政府只有通过增发货币来弥补财政赤字，此时也必然引发通货膨胀。

三、我国通货膨胀产生的一般性和特殊性分析

（一）我国通货膨胀产生的一般性分析

根据上述理论分析，财政赤字与通货膨胀的联系机制主要包括：一是财政赤字—央行借款或赤字—货币供应量—通货膨胀；二是财政赤字—发行国债—应债主体—货币供应量—通货膨胀；三是财政赤字—发行国债—国债利率上升—挤出效应—公开市场操作—货币供应量—通货膨胀；四是财政赤字—总需求增加—通货膨胀；五是财政赤字—减持外汇储备—通货膨胀。1994 年《中华人民共和国预算法》规定财政禁止向中央银行借款和透支，而我国对资本项目实行严格管制，因此，对我国来说，政府财政赤字主要是通过发行国债来弥补。1994 年之前我国国债应债主体是以居民个人和非金融机构为主（闫坤，2002），1994 年之后我国国债应债主体是以存款类金融机构为主（洪源、罗宏斌，2007）。1998 年央行开始执行公开市场操作回购国债业务。也就是说，我国以发行国债来弥补财政赤字引发通货膨胀风险可能来自存款类金融机构使用准备金购买国债以及国债的挤出效应。另外，我国赤字财政政策使得财政赤字增加，导致总需求增加，进而引发通货膨胀风险。

（二）我国通货膨胀产生的特殊性分析

20 世纪 90 年代初我国确立了社会主义市场经济体制，市场化改革就此展开。为了与市场经济体制相适应，我国相继进行了一系列的制度改革，其中 1994 年的分税制财政体制改革是我国推进市场化改革过程中的重要组成部分。分税制财

政体制改革核心内容是划分中央政府和地方政府的财权和事权，因此，改革也被称为分权财政体制改革。此次改革的结果是财政收入权力向中央集中，而财政支出权力却在向地方下放。中国式的财政分权使得我国通货膨胀的产生具有了特殊性，即财政分权在强化财政赤字引发通货膨胀风险的同时，还通过其他机制影响我国的通货膨胀率。

机制一：财政分权—预算软约束—隐性赤字或国债—通货膨胀。我国正处在经济的转轨时期，存在大量的预算软约束（葛新权、杨颖梅，2012），主要表现为国有企业预算软约束和地方政府预算软约束。一方面，1994 年的中国式财政分权改革引发了地方政府之间的激烈竞争，包括经济增长竞争、争夺有限经济资源（外来投资）的竞争等。张维迎、栗树和（1998）认为地区间经济增长的竞争弱化了地方政府对低效率国有企业财政援助支出，甚至放弃国有企业产权，从而使国有企业预算约束硬化。钱颖一、罗兰（Qian，Roland，1998）认为地区间为了争取外来投资，会主动减少对国有企业的各种补贴，而把更多的资金用于改善本地区公共基础设施和投资环境上，从而使国有企业预算约束硬化。这意味着财政分权的实施硬化了国有企业的预算约束。但是实际上，国有企业的预算软约束依然存在，因为我国的社会主义公有制性质决定了国有企业仍然是公有制经济的重要组成部分，而国有企业产权问题使得其效率无法最大程度地提高，亏损是必然的，所以为了维持国有企业的经营，对国有企业的软预算约束也是必然的，只是这种软预算方式由财政直接补助变成了银行信贷的间接补助方式。财政分权虽然降低了对国有企业的直接补助，但却大大提高了地方政府干预金融机构为国有企业提供贷款的量（Brandt，Zhu，2001；Bennett，Dixon，2001），或者扩大国有企业债的发行规模，这些都形成了政府的隐性赤字，隐性赤字的增加提高了货币创造能力，导致通货膨胀发生。另一方面，现行财政分权制度下，财权集中、事权分散使地方政府财政预算收支失衡，这是制度安排的结果，因此，中央政府通过转移支付和放松对地方政府预算外收入的管制，来缓解地方政府财政预算收支平衡的压力。但也因此导致了地方政府财政收支越来越依赖中央的转移支付和预算外的收入，进而形成地方政府预算的软约束。地方政府为了能够获得更多的中央转移支付收入，不顾地方预算收支的失衡，不断扩大地方政府支出规模，导致地方政府财政赤字不断膨胀，进而增加了中央财政赤字的压力，促使中央财政增发国债，财富效应增加最终导致价格水平上涨，诱发通货膨胀（赵文哲、董丽霞，2011）。除此之外，地方政府极力扩大预算外支出规模，带动总体需求增加更快，进而导致物价水平更快上涨，加速通货膨胀的发生。

机制二：财政分权—公共支出结构偏好—居民储蓄提高—银行信贷规模扩张—通货膨胀。财政分权导致了地区之间的税收竞争和标尺竞争。税收竞争主要是为了增加地方财政收入，属于经济层面上的竞争。标尺①竞争主要是为了政绩和晋升而展开的竞争，含有更多的政治目的（张晏、龚六堂，2005）。这两种竞争方式都是为了提高本地区的GDP，因此为了能够增加GDP，地方政府充分利用税收优惠和政府支出手段吸引外来投资，加强招商引资力度。随着税收制度的完善以及投资者对投资地区整体环境的关注，使得税收优惠吸引外来投资的力度逐渐减弱，政府支出手段逐渐成为招商引资的重要手段。地方政府为了迎合投资者对本地区整体投资环境的偏好，政府支出主要偏向公共基础设施投资（傅勇、张晏，2007；张军、高远等，2007）。在地方财政资金紧张的情况下，政府这种偏向基础设施建设的做法，造成地方政府在科技、教育、文化、医疗卫生、社会保障等方面的公共支出相对偏少（沈坤荣、付文林，2006；方红生、张军，2009）。由于地方政府对于基本公共服务支出的忽略，加上当前我国福利制度和社会保障制度方面的不完善，增强了居民为保障未来生活需求而主动增加储蓄的倾向，储蓄倾向的提高使得银行存款规模扩大，在国家双松政策的驱动下，银行贷款欲望强烈，这样一来过高的储蓄规模为银行信贷规模的膨胀提供了条件，货币创造能力提高，通货膨胀发生的可能性增加。

机制三：财政分权—增加流动性—干预信贷规模（银行隐性、或有负债）—货币创造提高和需求增加（基础货币增加）—通货膨胀。中国式财政分权体制下，地方政府偏向于对GDP的追逐，为了提高GDP增速，地方政府会通过增加流动性的办法来使经济快速增长。这种增加流动性的办法在国家刺激经济复苏、扩大内需的调控政策时期尤为显著。在国家实施积极财政政策期间，地方政府迎来了快速发展的机遇，因为在此期间中央会加大对地方政府的支持力度，同时其他各项政策也相对比较宽松。为了抓住快速发展的机遇，地方政府就会充分利用其地方公共资源支配的权力来为本地区增加流动性。主要表现在：一是大量成立地方融资平台公司，通过地方融资平台公司向银行贷款；二是为企业提供融资担保责任，迫使银行为企业贷款；三是利用其与地方金融机构的特殊关系，直接干预信贷资金的分配；四是利用行政命令迫使银行降低企业融资门槛。这些方式一方面加速银行信贷规模的膨胀，致使货币创造能力提高，同时投资需求的膨胀导致总需求增加，两者共同作用，物价水平上涨。另一方面，由于政府的干预，这些贷款中有相当部分贷给了效益差的项目，或者效益差的企业（秦强，2011），因此增加了银行的不良贷款率，这些贷款形成了银行的隐性负债和或有负债，不良贷款率增加影响到银行的正常运转，为了降低银行运营的风险，提高银行的流动性，央行可能会增拨商业银行的准备金，进而会增加基础货币，引发通货膨胀。

---

① 这里的标尺主要是指上级政府对下级政府政绩评判的标准。

我国两次积极财政政策期间，财政赤字是引发通货膨胀的主导因素吗？另外财政分权制度在此期间对引发通货膨胀产生了怎样的影响呢？下面我们将通过动态计量模型来进行检验。

四、评估方法

通货膨胀是各国经济生活中的普遍现象，它受多种因素影响，其变动是一个动态连续的过程，影响通货膨胀的因素既有短期因素比如积极财政政策，也有长期因素比如制度性因素，短期因素的变动会对通货膨胀变动产生冲击，长期因素的逐步调整变迁过程同样会对通货膨胀产生冲击，这些冲击使通货膨胀产生了怎样的变化呢？并且每种因素对通货膨胀的冲击的贡献度又如何呢？为此，我们将选取基于 VAR 模型的脉冲响应分析方法和方差分解方法，来检验影响因素冲击对通货膨胀的动态冲击效应，以及每种因素对通货膨胀冲击的贡献度，进而来判断我国积极财政政策引发通货膨胀风险的可能性程度。

VAR 模型的一般矩阵表达形式为：

$$
\begin{bmatrix} y_{1t} \\ y_{2t} \\ \vdots \\ y_{mt} \end{bmatrix} = \begin{bmatrix} \phi_1 \\ \phi_2 \\ \vdots \\ \phi_m \end{bmatrix} + \begin{bmatrix} \varphi_{111} & \varphi_{112} & \cdots & \varphi_{11m} \\ \varphi_{121} & \varphi_{122} & \cdots & \varphi_{12m} \\ \vdots & \vdots & \cdots & \vdots \\ \varphi_{1m1} & \varphi_{1m2} & \cdots & \varphi_{1mm} \end{bmatrix} \begin{bmatrix} y_{1t-1} \\ y_{2t-1} \\ \vdots \\ y_{kt-1} \end{bmatrix} + \cdots
$$

$$
+ \begin{bmatrix} \varphi_{n11} & \varphi_{n12} & \cdots & \varphi_{n1k} \\ \varphi_{n21} & \varphi_{n22} & \cdots & \varphi_{n2k} \\ \vdots & \vdots & \cdots & \vdots \\ \varphi_{nm1} & \varphi_{nm2} & \cdots & \varphi_{nmm} \end{bmatrix} \begin{bmatrix} y_{1t-n} \\ y_{2t-n} \\ \vdots \\ y_{mt-n} \end{bmatrix} + \begin{bmatrix} \mu_{1t} \\ \mu_{2t} \\ \vdots \\ \mu_{mt} \end{bmatrix}
$$

其中，$\begin{bmatrix} y_{1t} \\ y_{2t} \\ \vdots \\ y_{mt} \end{bmatrix}$ 为 m 维内生变量向量，$\begin{bmatrix} \phi_1 \\ \phi_2 \\ \vdots \\ \phi_m \end{bmatrix}$ 为 m 维常数向量，

$\begin{bmatrix} \varphi_{111} & \varphi_{112} & \cdots & \varphi_{11m} \\ \varphi_{121} & \varphi_{122} & \cdots & \varphi_{12m} \\ \vdots & \vdots & \cdots & \vdots \\ \varphi_{1m1} & \varphi_{1m2} & \cdots & \varphi_{1mm} \end{bmatrix} + \cdots + \begin{bmatrix} \varphi_{n11} & \varphi_{n12} & \cdots & \varphi_{n1k} \\ \varphi_{n21} & \varphi_{n22} & \cdots & \varphi_{n2k} \\ \vdots & \vdots & \cdots & \vdots \\ \varphi_{nm1} & \varphi_{nm2} & \cdots & \varphi_{nmm} \end{bmatrix}$ 为 $m \times m$ 维需估计的系数

矩阵，$\begin{bmatrix} \mu_{1t} \\ \mu_{2t} \\ \vdots \\ \mu_{mt} \end{bmatrix}$ 为 m 维随机误差冲击向量，又称为白噪声向量，是简化形式的冲击

向量。n 为模型滞后阶数，t 为样本个数。脉冲响应分析和方差分解分析是 VAR 模型分析的具体运用。

（一）脉冲响应分析基本思想

在分析 VAR 模型时，脉冲响应分析摒弃了通过自变量因素变动进而引起因变量如何变动的分析思路，而是分析因变量的随机误差项发生变动，进而通过 VAR 模型系统使所有变量发生变动，由于随机误差项在 VAR 模型中被称为随机误差冲击向量，所以这个冲击响应过程也被称为脉冲响应过程，它主要是通过脉冲响应函数来完成的。

假设无常数向量，方程右边除随机误差项均移到方程左边，则 VAR 模型矩阵一般形式可表示为：

$$\begin{bmatrix} y_{1t} \\ y_{2t} \\ \vdots \\ y_{mt} \end{bmatrix} - \begin{bmatrix} \varphi_{111} & \varphi_{112} & \cdots & \varphi_{11m} \\ \varphi_{121} & \varphi_{122} & \cdots & \varphi_{12m} \\ \vdots & \vdots & \cdots & \vdots \\ \varphi_{1m1} & \varphi_{1m2} & \cdots & \varphi_{1mm} \end{bmatrix} \begin{bmatrix} y_{1t-1} \\ y_{2t-1} \\ \vdots \\ y_{kt-1} \end{bmatrix} - \cdots - \begin{bmatrix} \varphi_{n11} & \varphi_{n12} & \cdots & \varphi_{n1k} \\ \varphi_{n21} & \varphi_{n22} & \cdots & \varphi_{n2k} \\ \vdots & \vdots & \cdots & \vdots \\ \varphi_{nm1} & \varphi_{nm2} & \cdots & \varphi_{nmm} \end{bmatrix} \begin{bmatrix} y_{1t-n} \\ y_{2t-n} \\ \vdots \\ y_{mt-n} \end{bmatrix} = \begin{bmatrix} \mu_{1t} \\ \mu_{2t} \\ \vdots \\ \mu_{mt} \end{bmatrix}$$

令 $Y_t = \begin{bmatrix} y_{1t} \\ y_{2t} \\ \vdots \\ y_{mt} \end{bmatrix}$，$\mu_t = \begin{bmatrix} \mu_{1t} \\ \mu_{2t} \\ \vdots \\ \mu_{mt} \end{bmatrix}$，则 VAR 模型可以表示为 $\Phi(L)Y_t = \mu_t$，其中 $\Phi(L)$ 为滞

后算子 L 的 $m \times m$ 维参数矩阵。如果该等式满足平稳性条件，则 VAR 模型可以表示为无穷阶的向量移动平均即 VAM(∞) 形式，$Y_t = \prod(L)\mu_t$，其中 $\prod(L) = \Phi(L)^{-1} = \prod_0 + \prod_1 L + \prod_2 L^2 + \cdots$，于是得到误差项的变动通过对 $\prod(L)$ 进而对 VAR 模型变量形成冲击。脉冲响应函数的矩阵表达式：$\prod_q = \dfrac{\partial Y_{t+q}}{\partial \mu_t'}$，其

中 q 为冲击时期。该式表示 $\prod_q$ 对应的行和列所确定的元素等于时期 t 相应列变量的扰动项增加一个单位，其他扰动不变，且其他时期的扰动均为常数，对时期 $T+q$ 的相应行变量值的影响。

（二）方差分解分析基本思想

方差分解主要分析每一个结构冲击对内生变量变化的贡献度，以此来判定不同因素冲击的重要性信息。

由 $Y_t = \prod(L)\mu_t = (\prod_0 + \prod_1 L + \prod_2 L^2 + \cdots)\mu_t$，其中，$Y_t$ 的第 g 个变量 Y_{gt} 可以写成：

$Y_{gt} = \sum_{h=1}^{m}(\prod_{gh}^{(0)}\mu_{ht} + \prod_{gh}^{(1)}\mu_{ht-1} + \prod_{gh}^{(2)}\mu_{ht-2} + \cdots)$，该变量的方差为 $E(Y_{gt}) = \sum_{q=0}^{\infty}(\prod_{gh}^{(q)})^2\gamma_{ht}$，假定扰动向量的协方差矩阵是对角矩阵，于是上述方差之和就可以得出 $E(Y_t) = \sum_{h=1}^{m}[\sum_{q=0}^{\infty}(\prod_{gh}^{(q)})^2\gamma_{ht}]$，然后根据 $E(Y_{gt})/E(Y_t)$ 比值得出贡献度信息。比值越大表明该变量对因变量的影响程度越大，反之则越小。

五、实证检验

（一）变量的选取及数据处理

本书实证检验有两个目的，一是检验财政分权体制改革对通货膨胀的影响；二是检验 1998 ~ 2004 年和 2008 年至今两次积极财政政策对通货膨胀的影响程度。

首先在分析财政分权体制改革对通货膨胀的影响时，主要选取财政分权指标、隐性赤字指标、国债指标、银行信贷指标。原因是由理论分析可知，财政分权最终作用于通货膨胀主要是通过隐性赤字、国债、银行信贷最终导致货币供应量，进而引发通货膨胀的。

财政分权指标：财政分权主要是测度地方政府和中央政府财力分配关系的。关于财政分权指标的测度，研究者所使用的方法并没有统一。有使用各省区市预算内本级财政支出（收入）与中央预算内本级财政支出（收入）的比重（王翔、李凌，2012；刘宗明，2012），也有取人均值的（周克青、刘海二、吴碧英，2011），还有使用各省区市预算内人均财政支出（收入）与全国预算内人均财政支出（收入）的比重（庞凤喜、潘孝珍，2012）。上述研究都是基于面板数据而测算的财政分权。本书主要从宏观层面来测度财政分权程度，基于省际间财政分权测算的思路，本书把财政分权设定为地方财政支出（收入）与中央财政支出（收入）的比重反应地方政府和中央政府的分权程度，记作 FD_E、FD_I，该比值越大代表分权程度越高。中间变量指标：根据上述理论分析，财政分权主要通过隐性赤字来作用于通货膨胀，因此，财政赤字选择隐性赤字率指标来代表，它等于地方政府隐性赤字和国有经济隐性赤字之和与 GDP 之比，记作 DEF；国债指标以当年国债发行额与 GDP 比值来表示，记为 DEB；银行信贷指标以银行信贷增长率来表示，记作 BC。由于财政分权与通货膨胀之间并没有直接联系，根据上述分析可知，财政分权主要通过隐性赤字、国债和银行信贷进而影响通货膨胀，因此不能直接用财政分权和通货膨胀进行分析。本书借鉴张璟、沈坤荣（2008）、王寅寅（2011）的方法，通过使用财政分权分别与隐性赤字、国债和银行信贷的交互项，来反映财政分权通过隐性赤字、国债和银行信贷作用于通货膨胀，分别记为 FD_E_DEF、FD_E_DEB、FD_E_BC，FD_I_DEF、FD_I_DEB、FD_I_BC。

其次，检验 1998～2004 年和 2008 年至今两次积极财政政策对通货膨胀的影响程度，分别选取投资增长率、社会消费品零售总额增长率、国内生产总值增长率、能源价格增长率、人民币汇率。其中投资增长率、社会消费品零售总额增长率作为积极财政政策的代理变量，国内生产总值增长率、能源价格增长率、人民币汇率作为控制变量。

我国两次积极财政政策都是以拉动内需、刺激经济复苏为主要目的，所采取的措施都是围绕增加消费需求，扩大固定资产投资需求而展开的，所以，本书选取固定资产投资增长率（徐仲昆，2011）和社会消费品零售总额增长率分别代表投资需求和消费需求，分别记为 FAIG 和 SRSG。另外，作为控制变量，1998 年和 2008 年两次积极财政政策期间，经济环境发生变化，对通货膨胀的非需求因素会有所不同。本书选择国内生产总值增长率作为两次积极财政政策的公共控制变量，记为 GDP，由于没有国内生产总值月度数据，因此用月度工业增加值作为代理变量（金山、汪前元，2011）。1998～2004 年，除了需求因素外，原材料能源价格上涨也是推动通货膨胀的重要力量（国家统计局课题组，2005；李力、杨柳，2006），因此，选择能源价格增速作为控制变量，记为 EPG。另外，随着我国 2005 年汇率改革，人民币汇率的变动成为影响通货膨胀的重要因素（邹昌波、林霞，2011；朱健平、刘璐，2012），所以本书在分析第二次积极财政政策对通货膨胀的效应时，把人民币名义有效汇率作为另一个控制变量，记作 NEER，人民币名义有效汇率以美元直接标价的月度平均数为准。

分析财政分权与通货膨胀关系时采用年度数据，样本为 1994～2013 年，其中隐性赤字额：1994～2008 年数据来自胡锋（2010），2009～2013 年数据根据胡适的测算方法计算而得，其所用的原始数据来自于高校财经数据库、国研网数据库。其他所有变量数据及计算而得的数据其原始数据均来自中经网统计数据库。分析两次积极财政政策对通货膨胀的影响效应时，样本分别为 1999 年 2 月～

2004 年 12 月①和 2008 年 2 月～2014 年 12 月。CPI、固定资产投资增长率数据、社会消费品零售总额增长率数据，GDP 增长率数据、能源价格增长率数据均来自中经网统计数据库，人民币名义有效汇率数据来自中国人民银行网站。月度数据均通过 X12 季节调整方法，剔除季节因素。

（二）变量单位根检验与因果关系检验

1. 变量的单位根检验

我们采用 ADF 单位根检验方法检验变量序列的平稳性。检验结果见表 3 – 11。

表 3 – 11　　　　　　　　　变量单位根检验结果

变量	检验形式 （C, T, L）	ADF 检验值	P 值	结论
财政分权变量与通货膨胀的单位根检验 （1994～2003 年）				
CPI_t	（C, T, 4）	– 3.6534*	0.0595	不平稳
ΔCPI_t	（C, 0, 1）	– 3.4752**	0.0224	平稳
$FD\_E\_DEF_t$	（C, T, 0）	– 2.3352	0.3975	不平稳
$\Delta FD\_E\_DEF_t$	（C, T, 0）	– 3.8444**	0.0380	平稳
$FD\_E\_DEB_t$	（C, T, 0）	– 5.6559***	0.0012	平稳
$FD\_E\_BC_t$	（C, T, 0）	– 2.2622	0.4323	不平稳
$\Delta FD\_E\_BC_t$	（C, T, 0）	– 4.2182**	0.0192	平稳
$FD\_I\_DEF_t$	（C, 0, 2）	– 3.2526**	0.0343	平稳
$FD\_I\_DEB_t$	（C, 0, 0）	– 4.1904***	0.0047	平稳
$FD\_I\_BC_t$	（C, 0, 0）	– 2.2387	0.2002	不平稳
$\Delta FD\_I\_BC_t$	（C, 0, 0）	– 3.9031***	0.0091	平稳
积极财政政策与通货膨胀的单位根检验 （1998～2004 年）				
CPI_SA_t	（C, 0, 0）	– 1.2683	0.6393	不平稳
ΔCPI_SA_t	（C, 0, 0）	– 6.9969***	0.0000	平稳
$FAIG\_SA_t$	（C, T, 0）	– 4.2230**	0.0109	平稳
$SRSG\_SA_t$	（C, T, 0）	– 1.3805	0.8576	不平稳
$\Delta SRSG\_SA_t$	（C, T, 0）	– 7.9224***	0.0000	平稳
GDP_SA_t	（C, 0, 1）	– 1.6221	0.4656	不平稳
ΔGDP_SA_t	（C, 0, 0）	– 11.3449***	0.0000	平稳
EPG_t	（C, 0, 1）	– 1.1724	0.6813	不平稳
ΔEPG_t	（C, 0, 0）	– 6.0872***	0.0000	平稳

---

①　由于部分指标 1998 年的月度数据无法获取，所以样本区间从 1999 年开始；另外，统计数据不报告部分指标的一月份数据，所以为了统一，所有指标均不取一月份数据。

续表

变量	检验形式（C，T，L）	ADF 检验值	P 值	结论
积极财政政策与通货膨胀的单位根检验（2008 年至今）				
CPI_SA_t	（C，0，1）	-2.5521	0.1144	不平稳
ΔCPI_SA_t	（C，0，0）	-5.3040^{***}	0.0000	平稳
$FAIG\_SA_t$	（C，T，0）	-6.6499^{***}	0.0000	平稳
$SRSG\_SA_t$	（C，T，1）	-3.0066	0.1374	不平稳
$\Delta SRSG\_SA_t$	（C，T，0）	-11.8487^{***}	0.0001	平稳
GDP_SA_t	（C，0，0）	-1.8045	0.3757	不平稳
ΔGDP_SA_t	（C，0，0）	-8.3667^{***}	0.0000	平稳
$NEER\_SA_t$	（C，T，3）	-3.2092^{*}	0.0907	不平稳
$\Delta NEER\_SA_t$	（C，0，2）	-2.9829^{**}	0.0412	平稳

注：1. "**"、"***"代表在 5%、1%显著水平下显著；2. "Δ"代表对数据序列取一阶差分；3. （C，T，L）中 C 代表常数项，T 代表趋势项，L 为序列滞后阶数，C，T 为 0 表示无常数项或趋势项；4. "_SA"表示季节调整。

从表 3-11 财政分权变量与通货膨胀变量的单位根检验可以看出，在 5%显著水平下，FD_E_DEB、FD_I_DEF、FD_I_DEB 序列都拒绝单位根假设，所以原数据序列就是平稳数据序列，而 CPI、FD_E_DEF、FD_E_BC 和 FD_I_BC 接受单位根假设，原数据序列是非平稳数据序列，但其一阶差分序列都是平稳序列。在分析财政分权变量与通货膨胀关系时，使用 FD_E_DEB、FD_I_DEF、FD_I_DEB 和 ΔCPI、ΔFD_E_DEF、ΔFD_E_BC、ΔFD_I_BC 作为模型的数据序列。两次积极财政政策期间，各变量与通货膨胀的单位根检验可以看出，在 5%显著水平下，$FAIG\_SA$ 序列拒绝单位根假设，原数据序列为平稳序列。CPI_SA、$SRSG\_SA$、GDP_SA、EPG_SA、$NEER\_SA$ 序列接受单位根假设，原数据序列为非平稳序列，但这些序列的一阶差分序列均为平稳序列。模型分析时将使用 ΔCPI_SA、$FAIG\_SA$、$\Delta SRSG\_SA$、ΔGDP_SA、ΔEPG_SA、$\Delta NEER\_SA$ 作为模型数据序列。

2. 变量间的格兰杰因果关系检验

格兰杰因果关系检验可以初步判定各变量之间是否存在格兰杰因果关系，以便为下一步构建 VAR 模型提供经济理论依据。格兰杰因果检验其滞后期根据 SIC 准则确定，格兰杰因果关系检验结果见表 3-12。

表 3 - 12   **变量间格兰杰因果关系检验**

原假设	滞后期	F 值	结论
财政分权变量与通货膨胀的因果关系检验（1994 ~ 2013 年）			
DFD_E_DEF does not Granger Cause DCPI	3	2.7804	接受
DCPI does not Granger Cause DFD_E_DEF		4.5379 **	拒绝
FD_E_DEB does not Granger Cause DCPI	3	4.2328 **	拒绝
DCPI does not Granger Cause FD_E_DEB		1.5335	接受
DFD_E_BC does not Granger Cause DCPI	2	5.4087 **	拒绝
DCPI does not Granger Cause DFD_E_BC		4.7388 **	拒绝
FD_I_DEF does not Granger Cause DCPI	2	5.7577 **	拒绝
DCPI does not Granger Cause FD_I_DEF		0.0788	接受
FD_I_DEB does not Granger Cause DCPI	3	4.3729 **	拒绝
DCPI does not Granger Cause FD_I_DEB		0.8704	接受
DFD_I_BC does not Granger CauseDCPI	2	4.7725 **	拒绝
DCPI does not Granger Cause DFD_I_BC		3.3202 *	接受
积极财政政策与通货膨胀的因果关系检验（1998 ~ 2004 年）			
FAIG_SA does not Granger Cause DCPI_SA	2	0.3437	接受
DCPI_SA does not Granger Cause FAIG_SA		2.9350 *	接受
DSRSG_SA does not Granger Cause DCPI_SA	2	3.5222 **	拒绝
DCPI_SA does not Granger Cause DSRSG_SA		0.9131	接受
DGDP_SA does not Granger Cause DCPI_SA	11	1.9460 *	接受
DCPI_SA does not Granger Cause DGDP_SA		2.0524 *	接受
DEPG_SA does not Granger Cause DCPI_SA	6	3.7260 ***	拒绝
DCPI_SA does not Granger Cause DEPG_SA		3.8608 ***	拒绝
积极财政政策与通货膨胀的因果关系检验（2008 年至今）			
FAIG_SA does not Granger Cause DCPI_SA	3	0.0922	接受
DCPI_SA does not Granger Cause FAIG_SA		2.4331 *	接受
DSRSG_SA does not Granger Cause DCPI_SA	1	2.0117	接受
DCPI_SA does not Granger Cause DSRSG_SA		6.0698 **	拒绝
DGDP_SA does not Granger Cause DCPI_SA	5	4.7215 ***	拒绝
DCPI_SA does not Granger Cause DGDP_SA		2.4139 **	拒绝

续表

原假设	滞后期	F 值	结论
积极财政政策与通货膨胀的因果关系检验（2008 年至今）			
DNEER_SA does not Granger Cause DCPI_SA	2	3.7401**	拒绝
DCPI_SA does not Granger Cause DNEER_SA		1.0802	接受

注：*、**、***在 10%、5%、1%显著水平下显著。

从表 3-12 财政分权变量与通货膨胀的格兰杰因果关系检验可以看出，财政分权通过隐性赤字、国债和银行信贷规模作用于通货膨胀，在 5%显著水平下，收入分权、支出分权与通货膨胀都存在较强的单向格兰杰因果关系。这表明财政分权能够显著引发通货膨胀的发生。从积极财政政策变量与通货膨胀的格兰杰因果关系检验可以看出，在 5%显著水平下，两次积极财政政策期间，投资需求都不是引起通货膨胀变动的格兰杰原因，而通货膨胀却是引起投资需求变动的格兰杰原因。消费需求在第一次积极财政政策期间是引起通货膨胀变动的格兰杰原因，但是在第二次积极财政政策期间却不是引起通货膨胀变动的格兰杰原因。经济增长都是通货膨胀变动的格兰杰原因，反过来也成立，只是这种双向因果关系在第一次积极财政政策期间比较弱，第二次期间则变为较强的因果关系。能源价格是通货膨胀变动的格兰杰原因，反过来也显著成立。人民币汇率是通货膨胀率变动的格兰杰原因，反过来则不成立。由积极财政政策变量与通货膨胀的格兰杰因果关系检验表明，两次积极财政政策期间，投资需求对通货膨胀的影响并不十分显著，而消费需求对其影响则相对比较显著，但影响效应在第二轮积极财政政策期间已消失。经济增长与通货膨胀的双向因果关系由弱变强，表明我国经济结构调整的深化会显著影响通货膨胀。另外能源价格变动和人民币汇率变动分别是两次积极财政政策期间影响通货膨胀的重要因素。

（三）检验与结论解读

1. 财政分权与通货膨胀联系机制的动态效应分析和方差分解分析

（1）财政分权与通货膨胀联系机制的动态效应分析。

由格兰杰因果关系检验可知，财政收入分权与支出分权都会通过财政赤字、国债和银行信贷规模作用于通货膨胀，那么其影响的动态机制如何呢，本书将建立 2 个 VAR 模型，分别研究财政支出分权和财政收入分权通过财政赤字、国债和银行信贷影响通货膨胀的动态机制。我们根据似然比分别确定模型的最佳滞后期，然后运用广义脉冲响应函数分析和方差分解方法分析财政分权作用于通货膨胀的动态机制。

从图 3-7 第一行（2 列、3 列、4 列）*DCPI* 与财政支出分权的脉冲响应曲线图可以看出：第一，给 *DFD_E_DEF* 一个单位正向标准差的冲击，这个冲击将会对 *DCPI* 产生负向效应，使 *CPI* 在当年迅速上升，而且之后这个负向效应逐渐增强，在第二年达到最大值，使通货膨胀率水平达到最高，随后负向效应开始减弱，大约在第三年，财政分权通过隐性赤字作用于通货膨胀的效应消失，并且产生了微弱的正效应。这表明政府在实施积极财政政策的当年，赤字率会引起通货膨胀率的上升。这可能是因为在积极财政政策启动的时刻，各地方政府为了能够抓住发展本地区经济的机遇，都会积极主动利用地方政府与本地金融机构的特殊关系，即控制与被控制的关系（刘树成、韩朝华，2004），迫使其为国有企业提供融资支持，使本来由财政来承担的国有经济隐性赤字转为由金融机构来承担，但同时也增加了地方政府的隐性赤字，进而增加了市场中的货币量，导致通货膨胀上升。随着赤字财政政策的积极效应开始显现，经济进入快速增长时期，国有经济隐性赤字水平下降，对通货膨胀的影响就逐渐减弱至消失。第二，给 *FD_E_DEB* 一个单位正向标准差的冲击，这个冲击将会对 *DCPI* 产生正向效应，通货膨胀率在当年下降，但随着国债政策的持续，国债发行规模的不断扩大，使得通货膨胀率继续上升，在第二年达到最高，之后负向效应降低，并在第四年基本消失。这意味着现行财政分权体制下，地方政府预算软约束的存在，倒逼中央政府不断发行国债，财富效应不断增加，消费需求增加导致总需求增加，继而使通货膨胀水平不断提高。第三，给 *DFD_E_BC* 一个单位正向标准差的冲击，这个冲击将会对 *DCPI* 产生短暂的正向效应，使通货膨胀率在当年略微地下降，不过这种正向效应在第二年就消失，继而负向效应出现，导致通货膨胀率不断上升，同时在第二年达到最大值，随后负向效应在第三年消失。从图中变动趋势表明，财政分权下对于信贷资金的干预当期会使通货膨胀水平略微下降，这可能是信贷资金主要贷给了政府公共项目或者国有企业项目，于是导致民间可贷资金减少，需求降低，而公共项目以中长期项目为主，短时间内无法大幅度增加需求，经济可能存在短时期先下降的趋势，此时通货膨胀水平自然会降低。随着赤字财政政策的深入，政府干预的银行信贷资金开始大量进入市场流通环节，增加了市场的流动性，带动经济增长的同时带来通货膨胀水平的上升。

从图3-8第一行（2列、3列、4列）*DCPI* 与财政收入分权的脉冲响应曲线图可以看出：第一，给 *FD_I_DEF* 一个单位正向标准差的冲击，这个冲击将会对 *DCPI* 产生正向效应，使通货膨胀率当年出现下降，而且之后这种正向效应逐加强并在第三年正向效应达到最大，通货膨胀率降到最小值，随后正向效应减弱并在第六年末消失。这表明提高收入分权程度后，能够使地方财政收入水平提高，而且能够基本满足积极财政政策下地方政府的支出需求，不过为了能够提升本地区对流动要素的竞争优势，使 GDP 最大程度地提高，地方政府会把财政收

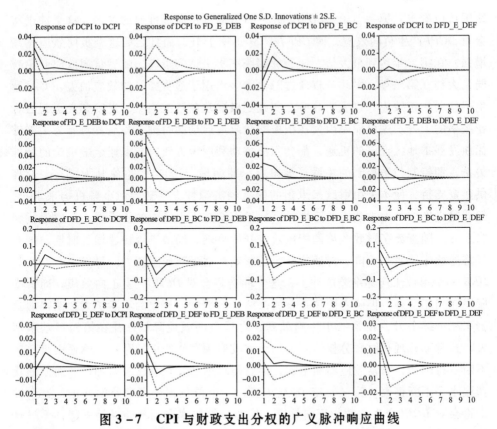

图 3-7　CPI 与财政支出分权的广义脉冲响应曲线

注：①图 3-7 由 *DCPI* 和 *DFD_E_DEF*、*FD_E_DEB*、*DFD_E_BC* 构成的 VAR 模型脉冲响应分析所得，模型滞后期为 1，模型单位根模的倒数都在单位圆内，模型均通过自相关检验、异方差检验和联合正态分布检验，模型是稳定可靠的。②图 3-7 的四行分别表示 *DCPI*、*DFD_E_DEF*、*FD_E_DEB* 和 *DFD_E_BC* 四个变量依次对 *DCPI*、*DFD_E_DEF*、*FD_E_DEB* 和 *DFD_E_BC* 一个单位标准差冲击的响应情况。虚线表示正负两个标准误差的偏离带。

入用于效率更高的非国有经济的发展（Qian，Roland，1998）。但即使这样，也不会增加地方国有经济的隐性赤字，也就意味着地方政府不需要通过迫使银行增加信贷来为国有经济融资，地方政府隐性赤字相对是减少的，进而使得通货膨胀水平不升反降。第二，给 *FD_I_DEB* 一个单位正向标准差的冲击，这个冲击将会对 *DCPI* 产生负向效应，使 *DCPI* 在当年就上涨，并且持续上涨，在第二年通货膨胀率上涨到最大值，随后负向效应逐渐减弱并在第三年减弱为零且产生最大正向效应，接着正效应减弱，在第四年出现了微弱的负效应，而且这种负效应维持时间比较长，在第六年才逐渐消失。这说明提高收入分权后，国债渠道的存在仍然会导致通货膨胀率上升，原因是提高收入分权比例就会降低中央财力，使中央财力吃紧，中央被迫发行国债以弥补其不足，因此，通货膨胀水平会提高。之后，随着国债公共投资效应以及所产生的外溢效应开始显现，国家整体生产能力提高，供给增加抵消了国债财富效应所带来的需求增加，致使通货膨胀水平下降。第三，给 DFD_I_BC 一个单位正向标准差的冲击，这个冲击将会对 $DCPI$ 产生微弱的正向效应，使通货膨胀水平略微的下降，但随后正向效应减弱并消失，负向效应出现并逐渐增大，在第二年使通货膨胀率达到最大，之后负向效应在第三年消失，同时产生了微弱的正效应，而且正效应在第四年达到最大值，之后在第五年正效应减弱并逐渐消失。这表明提高财政收入分权程度，仍然会通过银行信贷规模导致通货膨胀。原因可能是现行的财政分权体制下和官员晋升制度下，地方政府仍然会为 GDP 而展开竞争，收入分权程度的提高不会降低地方政府对银行信贷的干预，所以必然会导致通货膨胀率上升。

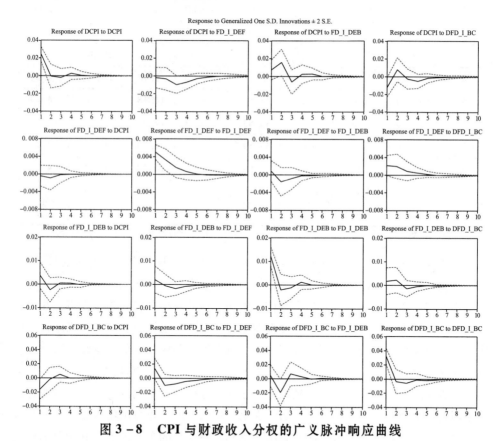

图 3 - 8　CPI 与财政收入分权的广义脉冲响应曲线

注：①图 3 - 8 由 $DCPI$ 和 FD_I_DEF、FD_I_DEB、DFD_I_BC 构成的 VAR 模型脉冲响应分析所得，模型滞后期为 1，模型单位根模的倒数都在单位圆内，模型均通过自相关检验、异方差检验和联合正态分布检验，模型是稳定可靠的。②图 3 - 8 的四行分别表示 $DCPI$、FD_I_DEF、FD_I_DEB 和 DFD_I_BC 四个变量依次对 $DCPI$、FD_I_DEF、FD_I_DEB 和 DFD_I_BC 一个单位标准差冲击的响应情况。虚线表示正负两个标准误差的偏离带。

（2）财政分权与通货膨胀联系机制的方差分解分析。

脉冲响应分析使我们知道了财政分权通过财政赤字、国债及银行信贷作用于通货膨胀的动态机制过程，而方差分解可以告诉我们财政分权影响通货膨胀的不同机制对通货膨胀变化的贡献度，以此使我们能够了解财政分权主要通过哪种机制来影响通货膨胀变动的。方差分解结果如表 3 – 13 所示。

表 3 – 13　　　财政支出分权、财政收入分权的方差分解结果

预测期	DCPI 方差分解（支出分权模型）				DCPI 方差分解（收入分权模型）			
	DCPI	DFD_E_DEF	FD_E_DEB	DFD_E_BC	DCPI	FD_I_DEF	FD_I_DEB	DFD_I_BC
1	100.00	0.00	0.00	0.00	100.00	0.00	0.00	0.00
2	58.50	1.80	11.72	27.99	61.63	1.25	32.61	4.52
3	55.04	1.72	10.74	32.50	54.95	10.41	30.38	4.26
4	54.41	1.79	10.52	33.28	52.20	13.72	29.46	4.63
5	54.24	1.80	10.45	33.51	51.24	14.18	29.88	4.70
6	54.19	1.80	10.43	33.57	51.14	14.29	29.84	4.73
7	54.18	1.80	10.43	33.59	51.13	14.29	29.83	4.75
8	54.17	1.80	10.43	33.60	51.12	14.29	29.83	4.75
9	54.17	1.80	10.43	33.60	51.12	14.30	29.83	4.75
10	54.17	1.80	10.43	33.60	51.12	14.30	29.83	4.75

从表 3–13 可以看出，在财政支出分权模型中，财政支出分权通过隐性赤字、国债及银行信贷途径作用于通货膨胀，其对通货膨胀的影响强度由强到弱依次为财政支出分权—银行信贷、财政支出分权—国债、财政支出分权—隐性赤字；在财政收入分权模型中，财政收入分权通过隐性赤字、国债及银行信贷途径作用于通货膨胀，其对通货膨胀的影响强度由强到弱依次财政收入分权—国债、财政收入分权—隐性赤字、财政收入分权—银行信贷。在现行分权体制下，财权上移，事权下移，对于地方政府来说，收入分权是被动的，而支出分权却是主动的，因此，对通货膨胀来说财政支出分权的影响是主要的。支出分权模型的方差分解结果表明，财政分权通过银行信贷作用于通货膨胀是我国通货膨胀率变动的主要因素，其次是国债因素导致的财富效应增加，进而推动通货膨胀上升，最后是隐形赤字因素，它对通货膨胀的影响程度不高，可能使我国经济下行压力增大，地方政府投资减速。

2. 积极财政政策对通货膨胀影响的动态效应分析和方差分解分析

（1）积极财政政策对通货膨胀影响的动态效应分析（1999～2004 年）。

从图 3 - 9 可知，各因素变动都对通货膨胀产生了冲击。第一，给 *GAIG_SA* 一个单位正向标准差冲击，这个冲击在当月将对通货膨胀产生正向效应，使通货膨胀水平下降，这种正向效应一直持续到第三个月消失。负向效应开始产生，并逐步扩大，导致通货膨胀率不断提高，大约在 7 个月后这种负向效应保持基本稳定。固定资产投资的脉冲响应分析表明，固定资产投资冲击在初期可能会产生挤出效应，进而使通货膨胀水平降低，大概 3 个月后其挤入效应增强，需求增加，通货膨胀上升。第二，给 *DSRSG_SA* 一个单位正向标准差冲击，这个冲击在当月将对通货膨胀产生负向效应，导致通货膨胀率小幅上升，在第四个月负向效应达到最大，使通货膨胀率达到最大值，之后负向效应稍有减弱并长期维持在稳定的水平。这意味着在首轮积极财政政策期间，消费需求增加会引起通货膨胀水平上升。第三，分别给 *DGDP_SA* 和 *DEPG_SA* 一个单位正向标准差冲击，这个冲击对通货膨胀都产生了显著的负向效应，导致通货膨胀率上升，而且这种负向效应都有扩大趋势，并长期稳定在一定水平上。这说明，首次积极财政政策期间，经济结构调整和能源价格变动是影响通货膨胀变动的重要因素。

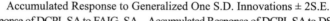

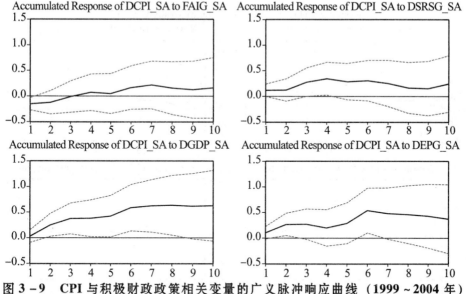

图 3 - 9 CPI 与积极财政政策相关变量的广义脉冲响应曲线 (1999 ~ 2004 年)

注：①图 3 - 9 由 *DCPI* 和 *FAIG_SA*、*DSRSG_SA*、*DGDP_SA*、*DEPG_SA* 构成的 VAR 模型脉冲响应分析所得，模型滞后期为 5，模型单位根模的倒数都在单位圆内，模型均通过自相关检验、异方差检验和联合正态分布检验，模型是稳定可靠的。②图 3 - 9 表示 *DCPI_SA* 对 *FAIG_SA*、*DSRSG_SA*、*DGDP_SA*、*DEPG_SA* 一个单位标准差冲击的响应情况。虚线表示正负两个标准误差的偏离带。

（2）积极财政政策对通货膨胀影响的动态效应分析（2008 年至今）。

从图 3 – 10 可以看出，各因素变动都对通货膨胀产生了冲击。第一，给 *FAIG_SA* 一个单位的正向标准差冲击，这个冲击在当月对 *CPI* 产生了正向效应，使 *CPI* 略微下降，可能是公共投资挤出效应的缘故。不过正向效应在第二个月就开始逐渐减弱，在第四个月时正效应消失，负效应产生，并且从第五个月开始，负向效应长期存在。投资需求的脉冲响应表明，投资需求大约在半年后就会稳定影响通货膨胀并使其上升。第二，给 *DSRSG_SA* 一个单位的正向标准差冲击，这个冲击当月对 *CPI* 产生了负向效应，使通货膨胀率上升，之后负向效应减弱，正向效应产生并在第二个月使通货膨胀率下降幅度最大，随后正向效应虽然减弱，但也维持了近三个月，从第四个月开始，消费需求对通货膨胀的影响弱化。这意味着消费需求的变动仅在短期内会导致通货膨胀率上升，长期内会导致通货膨胀率下降。这可能是居民预期到通货膨胀的上升，主动降低消费需求所致。第三，分别给 *DGDP_SA* 和 *DNEER_SA* 一个正向的标准差冲击，在当月经济因素对通货膨胀产生了较大负向冲击，汇率因素则对其产生了短期的正向效应。随后，经济增长冲击使通货膨胀上升，并在高位维持了两个月，之后冲击虽然减弱，但将持

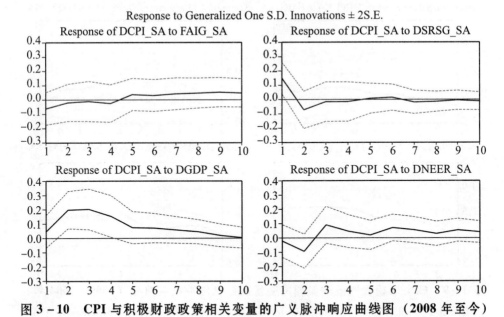

图 3 – 10　CPI 与积极财政政策相关变量的广义脉冲响应曲线图（2008 年至今）

注：①图 3 – 10 由 *DCPI* 和 *FAIG_SA*、*DSRSG_SA*、*DGDP_SA*、*DNEER_SA* 构成的 VAR 模型脉冲响应分析所得，模型滞后期为 3，模型单位根模的倒数都在单位圆内，模型均通过了自相关检验、异方差检验和联合正态分布检验，模型是稳定可靠的。②图 3 – 10 表示 *DCPI_SA* 对 *FAIG_SA*、*DSRSG_SA*、*DGDP_SA*、*DWEER_SA* 一个单位标准差冲击的响应情况。虚线表示正负两个标准误差的偏离带。

续使通货膨胀呈现上升趋势；汇率冲击虽然在当期使通货膨胀率下降，但之后持续负向效应使通货膨胀率在上升。这意味着，2008 年以来经济结构调整和国际因素的变动一直推动着通货膨胀的上升。

（3）积极财政政策对通货膨胀影响的方差分解分析（1999～2004 年）。

从表 3 - 14 方差分解结果可以看出，1998 年实施的积极财政政策因素是影响通货膨胀变动的主要因素之一，它对通货膨胀变动的平均贡献度为投资需求为 6.56%，消费需求为 8.14%，两者合计也仅为 14.7%。而经济增长对通货膨胀变动的贡献度达到 14.26%，能源价格变动对通货膨胀变动的贡献度达到 19.62%。这意味着，1998～2004 年，积极财政政策的实施，投资需求和消费需求都一定程度引起了通货膨胀率上升，但经济结构调整和能源价格上升对通货膨胀上升的影响更加显著。

表 3 - 14　　积极财政政策对通货膨胀影响的方差分解结果（1999～2004 年）

预测期	DCPI_SA	FAIG_SA	DSRSG_SA	DGDP_SA	DEPG_SA
1	100.00	0.00	0.00	0.00	0.00
2	81.82	1.53	0.78	15.16	0.69
3	70.24	3.88	7.46	14.54	3.86
4	66.36	4.95	8.07	13.81	6.78
5	62.94	5.03	8.05	14.33	9.62
6	52.91	7.56	6.88	15.65	16.97
7	50.50	8.71	9.48	13.77	17.52
8	49.41	9.07	10.49	13.87	17.13
9	49.27	9.25	10.49	13.84	17.16
10	47.46	9.12	11.57	13.37	18.45

（4）积极财政政策对通货膨胀影响的方差分解分析（2008 年至今）。

从表 3 - 15 方差分解结果可以看出，积极财政政策因素对通货膨胀变动的贡献度平均为消费需求为 3.63%，投资需求为 1.07%，积极财政政策合计对通货膨胀变动的贡献度仅仅为 4.7%，而经济增长因素对通货膨胀变动的平均贡献度为 18.4%，国际因素引发汇率变动进而影响通货膨胀变动的平均贡献度为 5.72%。这意味着积极财政政策也是引起通货膨胀变动的主要因素之一，但是从脉冲响应分析可知，消费需求更多的是降低了通货膨胀水平，投资需求虽是提升了通货膨胀水平，但贡献度低。所以总的来说，2008 年以来积极财政政策的实施虽然引发了通货膨胀的上升，但不是主要影响因素，通货膨胀的上升更多的是由经济结构调整和国际经济环境造成的。

表 3-15   积极财政政策对通货膨胀影响的方差分解结果（2008 年至今）

预测期	DCPI_SA	FAIG_SA	DSRSG_SA	DGDP_SA	DNEER_SA
1	100.00	0.00	0.00	0.00	0.00
2	84.63	0.03	3.98	9.43	1.93
3	73.78	0.04	4.23	16.95	5.01
4	69.09	0.13	4.24	21.25	5.30
5	67.87	0.65	4.11	22.03	5.34
6	65.74	0.92	4.01	22.82	6.51
7	64.12	1.42	4.01	22.88	7.57
8	63.15	1.95	3.96	23.10	7.84
9	62.07	2.54	3.91	22.90	8.58
10	61.37	3.01	3.87	22.66	9.09

六、小结

本节就财政赤字与通货膨胀的作用机制进行了理论分析，并结合我国实际，分析了财政分权体制下，财政分权通过隐性赤字、国债和银行信贷作用于通货膨胀的机制，并运用动态效应模型检验了财政分权在不同作用机制下对通货膨胀的影响效应，评估了两次积极财政政策期间，积极财政政策对通货膨胀的影响效应。结论如下：

第一，格兰杰因果关系检验表明，两次积极财政政策期间，投资需求对通货膨胀的影响并不十分显著，而消费需求对其影响则相对比较显著，但效应已减弱。经济增长与通货膨胀的双向因果关系由弱变强，表明我国经济结构调整的深化会显著影响通货膨胀。另外能源价格变动和人民币汇率变动分别是两次积极财政政策期间影响通货膨胀的重要因素。

第二，脉冲响应分析和方差分解分析表明，财政分权通过银行信贷作用于通货膨胀是我国通货膨胀率变动的主要因素，其次是国债因素导致的财富效应增加，进而推动通货膨胀上升，最后是隐形赤字因素。1998～2004 年，积极财政政策是推动通货膨胀上升的主要因素之一，但在 2008 年至今，积极财政政策则不是推动通货膨胀上升的主要因素。积极财政政策的通货膨胀风险在 1998～2004年相对比较大，而在 2008 年至今比较低。

第三，脉冲响应分析和方差分解分析也表明，通货膨胀不但受短期因素影响，还受长期因素影响。从短期来说，能源价格变动是 1998 ~ 2004 年推动通货膨胀上涨的重要影响因素，人民汇率变动是 2008 年至今推动通货膨胀上涨的重要因素。从长期来说，经济结构调整的不断升华，使经济因素成为影响并推动通货膨胀上升的重要因素。

第五节 积极财政政策的失业风险评估

一、引言

美国著名经济学家阿瑟·奥肯提出了经济增长与失业关系的奥肯定律，该定律指出，经济增长能够带动就业同步增长、降低失业率。而这一定律在世界国各国经济发展实践中也得到了验证，从长期生产函数角度考虑，经济增长与失业率变动一般情况下呈现出负相关关系。但我国自市场经济体制建立以来，特别是 20 世纪 90 年代中后期以来，经济快速的增长并未带来失业率的下降，即出现了非奥肯定律现象。从图 3 - 11 可以看出，我国 GDP 增长率从 1998 ~ 2008 年持续增长，但我国的 GDP 就业弹性①却在呈阶梯形逐年下降。而 2008 年之后经济增速虽然放缓，但也并未导致 GDP 就业弹性更快下降，反而是平稳中略有提高。这表明我国经济增长和就业关系出现了非一致性。

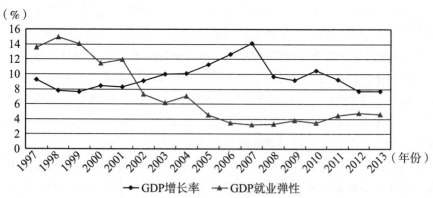

图 3 - 11 我国 GDP 与 GDP 就业弹性的变动情况（1997 ~ 2013 年）

资料来源：通过 2014 年中国统计年鉴相关指标计算而得。

---

① GDP 就业弹性系数用就业增长率与产出增长率之比来表示。

为什么会出现这种非一致性的情况呢？国内学者也对此进行了分析。龚玉泉、袁志刚（2002）分析认为导致经济增长与就业增长非一致性的原因在于我国存在有效劳动需求量和名义就业量的差别。有效劳动需求量体现的是就业的质量标准，遵循按照劳动力价值等于劳动力价格（工资）标准的劳动力使用量，而名义就业量则体现为就业的数量标准，按照在岗人数统计的劳动力数量。当经济增长速度在不断提高时，就业增速的质量效应高于就业的数量效应，因此导致经济虽然在增长，但名义就业人数却没有增加，继而出现经济增长与就业增长的非一致性。蔡昉、都阳、高文书（2004）、刘桂华（2009）、徐海霞（2011）认为我国政府投资主要集中于就业吸纳能力比较低的行业，致使经济虽然增长了，但就业并未显著增加。丁从明、陈仲常（2010）分析认为持久性的供给冲击能够带动就业大幅度持久变动，而需求冲击只能带动就业短暂、小幅的变动。而我国自1998年以来都是通过增加需求来拉动经济增长的，所以，经济增长并没有显著带动就业量的增加。

我国1998年至今，除了2005年、2006年、2007年实施稳健财政政策之外，其他年份都是积极财政政策。积极财政政策主要以拉动内需、刺激经济增长为主要目标，我国经济增长速度在积极财政政策的推动下不断提高，这也被很多学者研究所证实。财政政策促进经济增长的同时，对就业的影响是如何呢？国外就财政政策与就业增长之间的关系进行了大量的研究。卢卡斯（Lucas，1972）、布兰查德和奎阿（Blanchard，Quah，1989）等通过计量方法分解出宏观经济政策的不同冲击，然后就不同类型的冲击对就业的影响进行研究。达韦里和塔贝里尼（Daveri，Tabellini，1997）、尼克尔和莱亚德（Nickell，Layard，1999）等从税收的角度分析了对就业的影响。白兰姆（Bairam，1991）、希恩（Phipps Sheen，1995）等从政府支出的角度分析了其对就业增长的影响。艾布拉姆斯（Abrams，1999）、赫里斯托普洛斯和茨奥纳斯（Christopoulos，Tsionas，2002）研究了财政赤字与失业率之间的关系。国内学者关于财政政策与就业关系的研究也不少，徐旭川、杨丽琳（2006），王威、潘若龙（2009），苑德宇（2010），刘砚华、赵琳（2012），朱翠萍、蒋智华（2010），课题组（2010），徐海霞（2011）从理论分析和实证分析两个方面对我国财政政策的就业效应进行了研究。

本书将在现有研究的基础上拓展研究方向，从制度层面出发来分析积极财政政策与失业率变动的关系。这也是我国市场化改革过程中，经济转轨时期不可避免的，因为所有宏观经济调控政策的制定都是在制度的逐步推进过程中来实施的，因此这些调控政策的实施必然受到制度的影响。所以，在制度背景下来分析积极财政政策与失业变动的关系是更有意义的。

二、积极财政政策产生失业风险的机制分析

积极财政政策的实施主要通过税收政策、政府投资、财政赤字等工具实现，而通货膨胀是积极财政政策实施可能的后果，这些都会对失业变动产生影响。下面我们将具体分析每一个政策工具可能影响失业率变动的机制。

（一）税收政策与失业率变动的联系机制分析

1998 年以来，我国实施积极财政政策的措施之一就是调整税收政策，采取结构性减税为主，降低个人和企业的总体税收负担。由宏观经济理论可知，税收的变动对劳动力供给和需求都会产生影响。当提高劳动者征税水平时，劳动者会认为提供劳动所获得的收益是不断降低的，福利水平是下降的，因此会主动放弃劳动而来避免福利的损失，对劳动供给产生抑制效应，尤其是当本国居民的社会保障水平在不断提高的情况下，因税收变动而导致劳动供给变动变得更加敏感。另外，当提高劳动者的征税水平时，就会提高企业的劳动力成本，导致企业收益率下降，企业为了实现利润最大化的目标，一方面会通过增加价格相对低廉的资本以取代昂贵的劳动，因为对劳动征税会提高劳动力的成本，进而使劳动力价格相对资本就会变得昂贵。另一方面，过高的税收负担会降低企业对劳动力的需求。在我国现有财政分权体制下，财权上收中央，事权下放地方，而每年下达给各地方的税收任务却是逐年上升的，这会迫使地方政府在提高税收征管效率的前提下不得不想办法通过增加本地区税源数量来实现税收的持续增长。增加税源数量就意味着要在本地区建立更多的企业，企业多了自然吸收的劳动力就增加了。地方政府为了扩大本地区税源，就会通过减税优惠、为企业提供廉价土地优惠以及其他相关优惠政策，来争取更多的企业进驻本地区，进而使本地区企业不断增加，税源就会充裕，税收不但不会减少反而会增长。从图 3 - 12 可以看出，除了 2009 年因美国金融危机影响，当年税收收入增长率比较低外，其余年份都比较高，而且税收收入的增长速度都远超经济增长速度，这也意味着，财政分权体制下，税收政策的调整在一定程度上也能起到促进就业增加的作用，但 2012 年起，税收增速急速下降，这与经济增速放缓有关系。

（二）政府投资与失业率变动的联系机制分析

我国积极财政政策主要是通过拉动投资需求来带动经济增长的，因此，也被称为投资推动型经济增长模式。财政分权体制下，各地方政府官员为了获取更多

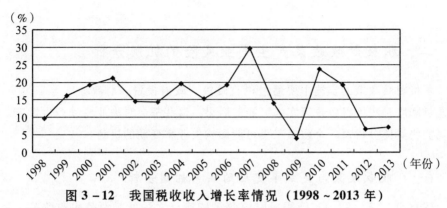

图 3-12 我国税收收入增长率情况（1998~2013 年）

资料来源：通过 2014 年中国统计年鉴相关指标计算而得。

的政治晋升资本，始终偏爱 GDP 指标的上升，所以有强烈投资冲动。从投资总量来说，政府投资规模越大，对相关投资品的需求就会越高，进而带动相关投资品行业的生产规模的扩张，从而增加该行业对劳动力的需求，因此也就会带动总就业率的提高。从投资的结构上来说，由第四节分析可知，地方政府主导和引导的投资偏向于公共基础设施方面，这一方面可以改善本地区的公共投资环境，提升本地区与其他地区争夺流动资源（各类外商投资）的竞争力；另一方面，中央政府也偏爱公共基础设施项目投资，因为公共基础设施项目投资的正外溢效应比较大，产生经济效益和社会效益的能力高于其他非公共基础设施投资项目，能够很快提高国家整体的 GDP 总量，刺激国家整体经济复苏。1998 年以来国家主导的政府投资主要投向了铁路、公路和机场等交通基础设施，农田水利等农村基础设施、城乡电网改造、城市公用事业、粮食仓库更新和建造、社会保障型住房等公共基础设施，以及重大制造业项目。根据蔡昉、都阳、高文书（2004）和徐海霞（2011）估算的各行业就业密度指数可以看出，公共交通运输、公共事业、制造业、建筑业及商贸餐饮行业就业吸纳能力依次增强，而政府对其投资额却是依次降低，导致政府财政投资逆就业倾向。因此，政府投资虽然能够带动经济增长，但对就业增长的贡献度不高，甚至可能是排挤就业，吴俊培教授（2004）把它称为政府推动型经济增长的"挤出效应"。这从三次产业就业弹性系数的变动也可以得到证实。

从图 3-13 可以看出，自 1998 年以来，三次产业就业弹性系数产生了显著的变化。就第一产业来说，总体上就业弹性系数是不断下降的。2002 年之前，第一产业就业弹性虽然在下降，但是就业人数还是在增加，2002 年之后，就业弹性系数变为负数，而且负向系数在不断扩大。这意味着，第一产业不但不能增加就业率，反而是不断排挤劳动力，使第一产业从业人员不断减少。就第二产业来说，在首次积极财政政策期间，就业弹性系数呈现出前五年下降、后两年上升的变动趋势，而且弹性系数出现负增长，这意味着在这期间第二产业非但没有吸纳就业人群，反而是排挤就业人群，这可能是我国在此期间大规模政府投资所致；第二次积极财政政策期间，第二产业就业弹性呈现出缓慢上升，这表明在该时期，政府在第二产业的投资逐步带动了就业人数的增加，但并不显著；就第三产业来说，两次积极财政政策期间，就业弹性系数虽然波动不定，但总体趋势是上升的，但就吸纳就业能力而言，却是降低的。在第一次积极财政政策期间，第三产业的就业弹性系数远远高于第二产业，在第二次积极财政政策期间，第二、第三产业就业弹性系数虽然有高有低，但差距并不明显，不过 2013 年起，第三产业就业吸纳能力快速增强，这表明，第三产业在第二次积极财政政策后期吸纳就业的能力开始显著增强。

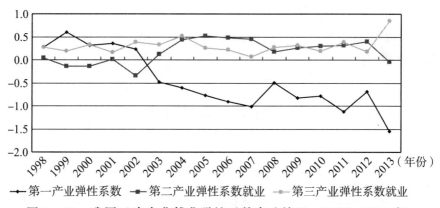

图 3-13　我国三次产业就业弹性系数变动情况（1998～2013 年）

资料来源：图表数据通过 2014 年《中国统计年鉴》相关指标计算而得。

（三）财政赤字与失业率变动的联系机制分析

凯恩斯赤字财政政策理论认为，财政赤字增加会扩大政府财政支出规模，经由政府支出乘数效应导致总需求增加，进而促进就业增加。然而我国却存在财政赤字与失业率变动的特殊联系机制。在财政分权体制下，地方政府投资的冲动使赤字规模不断扩大。一方面为了短期内快速提高本地区经济总量，各级政府把大量的赤字主要用于了生产性投资领域，这必然在短期内能够快速启动经济，但是根据上述分析可知，这些领域主要是公共基础设施领域，它们带动经济的能力高但就业吸纳能力却不高。在投资总规模不变的前提下，对公共基础设施投资的增加必然要减少对其他领域的投资规模，因此，可能出现排挤就业的现象。然而，另一方面，按照科学发展观的要求，地方政府又不得不保留一定规模财政赤字用于教育、医疗卫生、社会保障和就业等基本公共服务方面的支出。袁德宇（2010）运用面板数据分析得出，公共服务支出能够有效促进就业水平的提高。

教育支出增加可以提高就业者的就业技能，有助于就业率的提高；医疗卫生支出增加能够有效提高劳动者的素质，提高劳动供给质量，增加劳动供给；社会保障和就业支出增加能够提高低收入者的收入水平，而低收入群体一般都是边际消费倾向比较高的居民消费者。提高社会保障和就业补贴支出会通过收入效应和消费效应，进而间接扩大就业量。另外，由第五章可知，财政赤字会提高通货膨胀水平，而由新古典综合派所提出的理论可知，高通货膨胀率能够显著降低失业率。那么财政赤字究竟是提高就业率还是降低就业率，要综合财政赤字正负就业效应后才能确定。

财政分权除了通过积极财政政策工具影响失业率变动之外，财政分权自身也能够影响失业率的变动。财政分权改革带来了经济效率的提高，效率的提高一方面使总产量不断增加，另一方面带来收入增加，总需求增加，进而使就业水平不断提高。

下面我们将运用经验数据，通过经济计量模型来评估积极财政政策的失业风险。

三、变量选取、模型构建及数据稳定性检验

（一）变量的选取和数据的处理

本书的研究目的是要分析积极财政政策与失业率变动的关系，进而评价积极财政政策可能产生的失业风险。变量选取如下：

1. 失业率变量

根据现有官方统计的资料仅显示城镇登记失业率的情况，而实际上还有很多未在官方登记的失业人口，因此，如果直接使用城镇失业率作为衡量失业率的指标，存在低估失业率的可能性。所以，我们准备从就业的角度来选取指标，因为就业人数是实实在在的，一般不会存在遗漏统计的可能性，而就业人数增加，自然失业人数就会减少，失业风险降低，所以同样可以达到分析的目的。程俊峰（2010），曹伟、周俊仰、罗浩（2011），李丽莎（2011），徐海霞（2011）等使用了就业人数指标来研究相关变量与就业的关系，但是该指标仍然存在一定缺陷。由分析可知我国总的就业人数是增加的，但是总的就业人数增加并不能说明没有失业风险。本书将选取 GDP 就业弹性系数作为失业风险指标，当 GDP 就业弹性系数不断降低时，意味着经济增长吸收劳动力的能力在降低，失业风险在增加。反之，失业风险在降低。同时为了考察积极财政政策对总量 GDP 就业弹性系数和城镇 GDP 就业弹性系数的影响，所以我们选取了总量 GDP 就业弹性系数和城镇 GDP 就业弹性系数，作为总体失业风险和城镇失业风险的代理变量，分

别记为 TEE 和 UEE。其中城镇 GDP 根据蔡昉（2004）的方法估算得到。

2. 积极财政政策变量

根据分析，我国积极财政政策的主要工具是财政赤字、税收政策以及政府投资。所以分别选取财政赤字率、宏观税负率、政府投资率作为积极财政政策的代理变量，分别记为 CZCZ、HGSF、ZFTZ。

$$财政赤字率 = (财政支出 - 财政收入)/国内生产总值$$
$$宏观税负率 = (国内增值税 + 国内消费税 + 营业税 + 企业所得税 +$$
$$个人所得税 + 关税)/国内生产总值$$
$$政府投资率 = 国有经济投资额/全社会固定资产投资总额$$

3. 财政分权变量

根据分析，财政分权会通过作用于积极财政政策来影响就业水平，因此本书将通过财政分权与积极财政政策的各代理变量的交叉项来反映这种影响机制。财政分权包括收入分权和财政分权，收入分权 = 地方财政收入/中央财政收入，财政支出分权 = 地方财政支出/中央财政支出，但财政支出分权更能体现地方政府所拥有的实际支配的权力，因此，大多数学者都使用财政支出分权来作为财政分权的代理变量。我们将选取财政支出分权作为财政分权的代理变量，记作 CZFQ。

控制变量。刘家悦、王晗（2010）、高远东、陈迅（2010）分析认为外商投资对就业产生显著影响，鄂永剑、丁剑平（2006）、沙文兵（2010）分析认为汇率变动对就业也有显著影响。因此本书将选取外商投资和汇率作为控制变量，分别记为 WSTZ、RMER。外商投资以实际利用外资代表，通过 1994 年为基期的固定资产投资价格指数消除价格波动因素。汇率指标选取人民币兑美元的年均值。

样本区间为 1994～2013 年，上述所有变量的基础数据来自中经网数据库以及 1995～2014 年《中国统计年鉴》。

（二）模型的选取及模型估计方法

本书将选取基于可变参数的状态空间模型来评估积极财政政策对失业率变动的动态效应。选择可变参数的状态空间模型理由是：第一，随着我国加入 WTO 以及经济体制改革不断深化，各项制度改革逐步推进，各种外部冲击对我国经济整体不断产生着影响，加上我国财政政策不断调整，即使都是积极财政政策但在不同的时期侧重点也会有所区别，对各变量的影响也是不同的，所以用固定参数模型可能无法体现出这些动态变化。第二，状态空间模型能够将不可观测的状态变量并入到可观测模型中，并能够对其进行估计，而且空间状态模型是利用卡尔曼滤波迭代算法来进行模型估计的，因此对样本容量要求低。可变参数状态空间模型的一般形式：

量测方程：$\quad Y_t = \alpha + X_t\beta_t + \varphi Z_t + \varepsilon_t, \quad t = 1, 2, 3, \cdots, T \qquad (3-19)$

状态方程：$\qquad\qquad\qquad \beta_t = \phi\beta_{t-1} + \mu_t \qquad\qquad\qquad\qquad (3-20)$

其中，状态方程中的 β_t 就是不可观测的变量，我们将通过量测方程中能够观测的变量对其进行估计，X_t 是量测方程中具有可变参数的解释变量的集合，Z_t 是量测方程中固定参数的解释变量集合，φ 是固定参数。ε_t、μ_t 分别是量测方程和状态方程随机扰动项。

可变参数状态空间模型采用极大似然估计方法对模型进行估计。

本书将建立如下四组可变参数状态空间模型，其形式定义如下：

第一组方程主要检验积极财政政策及财政分权对总体失业风险变动的动态效应。

量测方程：$TEE_t = c(1) + sv1 \times CZCZ_t + sv2 \times HGSF_t + sv3 \times ZFTZ_t + sv4 \times CZFQ_t + sv5 \times WSTZ_t + sv6 \times RMER_t + [var = exp(c(2))]$

状态方程：
$$sv1 = sv1(-1) + [var = exp(c(3))];$$
$$sv2 = sv2(-1) + [var = exp(c(4))];$$
$$sv3 = sv3(-1) + [var = exp(c(5))];$$
$$sv4 = sv4(-1) + [var = exp(c(6))];$$
$$sv5 = sv5(-1) + [var = exp(c(7))];$$
$$sv6 = sv6(-1) + [var = exp(c(8))].$$

第二组方程主要检验财政分权制度通过作用于积极财政政策变量进而对总体失业风险变动的动态效应。

量测方程：$TEE_t = c(1) + sv1 \times (CZFQ \times CZCZ)_t + sv2 \times (CZFQ \times HGSF)_t + sv3 \times (CZFQ \times ZFTZ)_t + sv4 \times CZFQ_t + sv5 \times WSTZ_t + sv6 \times RMER_t + [var = exp(c(2))]$

状态方程：
$$sv1 = sv1(-1) + [var = exp(c(3))];$$
$$sv2 = sv2(-1) + [var = exp(c(4))];$$
$$sv3 = sv3(-1) + [var = exp(c(5))];$$
$$sv4 = sv4(-1) + [var = exp(c(6))];$$
$$sv5 = sv5(-1) + [var = exp(c(7))];$$
$$sv6 = sv6(-1) + [var = exp(c(8))].$$

第三组方程主要检验积极财政政策及财政分权对城镇失业风险变动的动态效应。

量测方程：$UEE_t = c(1) + sv1 \times CZCZ_t + sv2 \times HGSF_t + sv3 \times ZFTZ_t + sv4 \times CZFQ_t + sv5 \times WSTZ_t + sv6 \times RMER_t + [var = exp(c(2))]$

状态方程：
$$sv1 = sv1(-1) + [var = exp(c(3))];$$
$$sv2 = sv2(-1) + [var = exp(c(4))];$$
$$sv3 = sv3(-1) + [var = exp(c(5))];$$
$$sv4 = sv4(-1) + [var = exp(c(6))];$$
$$sv5 = sv5(-1) + [var = exp(c(7))];$$

$$sv6 = sv6(-1) + [var = exp(c(8))]。$$

第四组方程主要检验财政分权制度通过作用于积极财政政策变量进而对城镇失业风险变动的动态效应。

量测方程：$UEE_t = c(1) + sv1 \times (CZFQ \times CZCZ)_t + sv2 \times (CZFQ \times HGSF)_t +$
$$sv3 \times (CZFQ \times ZFTZ)_t + sv4 \times CZFQ_t + sv5 \times WSTZ_t + sv6 \times$$
$$RMER_t + [var = exp(c(2))]$$

状态方程：$sv1 = sv1(-1) + [var = exp(c(3))];$
$$sv2 = sv2(-1) + [var = exp(c(4))];$$
$$sv3 = sv3(-1) + [var = exp(c(5))];$$
$$sv4 = sv4(-1) + [var = exp(c(6))];$$
$$sv5 = sv5(-1) + [var = exp(c(7))];$$
$$sv6 = sv6(-1) + [var = exp(c(8))]。$$

（三）变量数据的平稳性检验

为了避免出现伪回归，我们首先要通过 ADF 单位根方法检验模型数据的平稳性，检验结果表 3 - 16 所示。

表 3 - 16　　　　　　　　　　数据序列的平稳性检验

变量	检验形式（C, T, L）	ADF 检验值	P 值	结论
TEE	（C, 0, 3）	- 3.0065*	0.0556	不平稳
ΔTEE	（C, 0, 0）	- 3.4575**	0.0223	平稳
UEE	（C, 0, 0）	- 1.8570	0.3438	不平稳
ΔUEE	（C, 0, 0）	- 3.6871**	0.0141	平稳
$CZCZ$	（C, 0, 3）	- 3.3780**	0.0281	平稳
$HGSF$	（C, T, 0）	- 3.1266	0.1285	不平稳
$\Delta HGSF$	（C, 0, 0）	- 3.7126**	0.0134	平稳
$ZFTZ$	（C, T, 0）	- 1.4460	0.8120	不平稳
$\Delta ZFTZ$	（C, 0, 0）	- 3.0675**	0.0475	平稳
$CZFQ$	（C, T, 0）	- 0.6263	0.9645	不平稳
$\Delta CZFQ$	（C, T, 0）	- 3.9789**	0.0313	平稳
$WSTZ$	（C, T, 1）	- 3.2682	0.1031	不平稳
$\Delta WSTZ$	（C, 0, 0）	- 3.7083**	0.0142	平稳
$RMER$	（C, T, 0）	- 14.6380***	0.0001	平稳
$CZFQ \times HGSF$	（C, T, 0）	1.3413	0.9999	不平稳
$\Delta CZFQ \times HGSF$	（C, 0, 0）	- 4.7846***	0.0074	平稳

续表

变量	检验形式（C，T，L）	ADF 检验值	P 值	结论
$CZFQ \times CZCZ$	（C，0，3）	− 2. 2299	0. 2041	不平稳
$\Delta CZFQ \times CZCZ$	（C，0，1）	− 8. 1360 ***	0. 0000	平稳
$CZFQ \times ZFTZ$	（C，0，1）	− 1. 4871	0. 5169	不平稳
$\Delta CZFQ \times ZFTZ$	（C，0，0）	− 3. 1855 **	0. 0417	平稳

注：*、**、*** 分别表示在 10%、5%、1% 水平上显著；Δ 表示差分。

由表 3 – 16 可知，在 5% 显著水平下，TEE、UEE、$HGSF$、$ZFTZ$、$CZFQ$、$WSTZ$、$CZFQ \times HGSF$、$CZFQ \times CZCZ$、$CZFQ \times ZFTZ$ 这些序列的原序列都没有拒绝单位根过程，因此这些序列是非平稳序列，但它们的一阶差分序列都是平稳的。$CZCZ$、$RMER$ 这些序列拒绝单位根过程，表明这些序列的原序列是平稳数据序列。按照状态空间模型的要求，方程中出现变量必须是平稳的，否则，模型结果可能不可靠（田青、高铁梅，2008）。因此，接下来的状态空间模型分析将使用 TEE、UEE、$HGSF$、$ZFTZ$、$CZFQ$、$WSTZ$、$CZFQ \times HGSF$、$CZFQ \times CZCZ$、$CZFQ \times ZFTZ$ 的一阶差分序列和 $CZCZ$、$RMER$ 的原数据序列进行失业风险评估分析。

四、积极财政政策的失业风险评估

（一）积极财政政策对总体失业风险的动态评估

我们用极大似然估计方法对第一组和第二组方程进行了估计。其中解释变量的上标"*、**、***"分别表示在 10%、5%、1% 显著水平下显著。由于汇率变量不显著，因此剔除汇率因素。

积极财政政策对总体失业率变动影响的估计结果如下：

量测方程：$DTEE_t = 0.0204 + sv1 \times CZCZ_t^{**} + sv2 \times DHGSF_t^{*} + sv3 \times DZFTZ_t^{*} + sv4 \times DCZFQ_t^{*} + sv5 \times DWSTZ_t^{*} + [var = exp(-1.1224)]$

状态方程：
$sv1 = sv1(-1) + [var = exp(-1.9123)^{**}]$；
$sv2 = sv2(-1) + [var = exp(-1.1242)^{*}]$；
$sv3 = sv3(-1) + [var = exp(-2.2508)^{**}]$；
$sv4 = sv4(-1) + [var = exp(0.1784)^{**}]$；
$sv5 = sv5(-1) + [var = exp(-1.1844)^{**}]$。

量测方程中 $sv1$、$sv2$、$sv3$、$sv4$、$sv5$ 分别表示财政赤字、宏观税负、政府投资、财政分权及外商投资对失业率变动的动态影响，这些变量对失业率变动影响的估计结果见表 3 - 17 所示。

表 3 - 17　　积极财政政策、财政分权及外商投资对失业率变动的动态影响

年份	财政赤字	宏观税负	政府投资	财政分权	外商投资
1998	- 0.2287	1.0145	0.9415	0.2404	- 0.0022
1999	0.8841	0.5876	2.3426	0.2453	- 0.0011
2000	4.1549	1.2013	1.9856	0.2642	- 0.0057
2001	4.2224	0.9456	1.8013	0.2604	- 0.0050
2002	- 0.8761	- 1.2136	0.5890	0.0911	0.0014
2003	- 0.6379	- 1.1163	0.6792	0.0837	- 0.0039
2004	- 1.6410	- 1.2079	0.4697	0.0826	0.0024
2005	- 1.2016	- 1.4103	0.4315	0.0773	0.0015
2006	- 1.5413	- 1.3085	0.0876	0.0735	- 0.0051
2007	- 2.2909	- 1.0047	- 0.2349	0.0691	- 0.0044
2008	- 1.5439	- 1.2735	- 0.0893	0.0736	- 0.0057
2009	- 1.4547	- 1.4747	- 0.06543	0.0745	- 0.0059
2010	- 0.8706	- 1.2431	0.1789	0.0758	- 0.0058
2011	- 0.6829	- 1.5072	0.2456	0.0714	- 0.0062
2012	- 1.0489	- 1.4982	0.2940	0.0725	- 0.0065
2013	- 1.0558	- 1.5243	0.2864	0.0731	- 0.0074

从表 3 - 17 可以看出，财政赤字因素在第一次积极财政政策期间，在政策实施初期导致失业率风险增加，政策实施中期，失业率风险下降，但政策实施后期，失业率风险再次上升。由于 1998 年我国受东南金融危机影响，经济出现衰退，失业率有所上升，加上 1998 年我国多个地区出现洪灾，赤字规模更多地用在了灾后重建，灾后重建也主要以公共基础设施的固定资产投资为主，其他吸纳就业高的领域可能会因缺乏资金支持而发展缓慢，因此短时期内必然会出现就业挤出。1999 年我国经济逐渐摆脱衰退影响，赤字增加能够显著带动总需求增加，总需求增加导致就业增加，另外我国增加一部分财政赤字规模用于民生方面的支出，居民收入提高，消费需求增加，进而导致就业量增加。政策中后期，失业率风险上升，可能是 2002 年以后全社会掀起了投资热，固定资产投资增速都超过了 25%，赤字规模过多被用于固定资产投资而挤出了就业。第二次积极财政政策期间，赤字增加都会引起失业率风险上升，不过这种负面影响程度在逐渐降

低。这与我国逐年增加民生支出的赤字规模有关，但相比起公共基础设施投资，还是很低，所以仍然存在排挤就业的现象。宏观税负因素在第一次积极财政政策期间，前四年都能够有效降低失业率，后三年导致失业率上升。这表明积极财政政策的中前期减税政策作用促进了就业量的增加，特别是对外贸进出口方面的减免税，这类企业快速恢复生产，而它们又主要是劳动密集型为主，因此能够吸纳大量劳动力。但是到了政策中后期，税收的超经济增长带动总体税收负担的逐渐提高，再加上税收对固定资产投资优惠带动固定资产投资热，综合因素导致了就业的挤出。第二次积极财政政策期间，税收政策依然排挤了就业，这表明，我国的总体税负水平还是比较高的。

在第一次积极财政政策期间，政府投资因素能够显著降低失业率风险，但提高就业的能力却在不断降低。在第二次积极财政政策期间，政策初期并没有降低失业率风险，但之后，失业率风险开始降低，并且降低失业的能力在缓慢增强。这意味着在首次积极财政政策期间，政府投资带动总需求增加产生的就业挤进效应大于投资结构的就业挤出效应，由第四章分析可知，这可能是政府投资带动民间投资，继而导致总需求扩张带来就业效应所致。而在第二次积极财政政策期间，由于美国金融危机的强烈冲击，政府投资拉动就业增加的挤进效应在政策实施的第二年才有所体现，并且不断增强。财政分权因素在两次积极财政政策期间都能显著降低失业率风险，但这种能力在逐渐降低并趋于稳定。这表明随着财政分权的推进，财政分权积极效应存在边际递减趋势。外商投资增加一定程度上会增加失业率风险，这可能是外商投资挤出了民间投资，进而挤出了部分就业。

对上述模型的残差进行平稳性检验，状态空间模型的残差拒绝单位根过程，结果表明状态空间模型的估计是有效的，其他状态方程检验也是有效的，因此不再累述。

财政分权通过作用于积极财政政策变量对总体失业率变动影响的估计结果如下：

量测方程：$DTEE_t = -0.1451 + sv1 \times D(CZFQ \times CZCZ)_t^{**} + sv2 \times D(CZFQ \times HGSF)_t^{*} + sv3 \times D(CZFQ \times ZFTZ)_t^{**} + sv4 \times DCZFQ_t^{*} + sv5 \times DWSTZ_t^{*} + [var = exp(-2.4531)]$

状态方程：$sv1 = sv1(-1) + [var = exp(-3.4112)^{**}]$；
$sv2 = sv2(-1) + [var = exp(-2.0001)^{*}]$；
$sv3 = sv3(-1) + [var = exp(-1.2590)^{*}]$；
$sv4 = sv4(-1) + [var = exp(0.8451)^{*}]$；
$sv5 = sv5(-1) + [var = exp(-1.2540)^{**}]$。

从表 3 - 18 可以看出，财政分权通过财政赤字作用于失业率变动，与不考虑财政分权因素相比，整体上降低了对失业率变动的影响程度。具体来说，在首次积极财政政策初期降低了财政赤字的负面就业效应，同时在中期也降低了财政赤字的正面就业效应，后期整体上降低了财政赤字的负面就业效应，使失业率风险不至于快速增加。在第二次积极财政政策期间，财政赤字的负面就业效应被大幅度降低，继而使失业率风险上升得更加缓慢。财政分权通过税收政策作用于失业率变动，与不考虑财政分权因素相比，整体上降低了对失业率变动的影响程度。具体来说，政策初期降低了税收政策的正面就业效应，后期也降低了税收政策的负面就业效应。第二次积极财政政期间，税收政策的负面就业效应被显著降低。财政分权通过政府投资作用于失业率变动，两次积极财政政策都显著降低了失业率风险，但也一定程度上降低了政府投资就业挤进效应。财政分权依然能够显著降低失业率风险。外商投资却由挤出就业效应转变成了挤入就业效应，可能是地方政府对外资的激烈竞争，导致总资本供给迅速增加，继而推动就业人数的增加所致。

表 3 – 18 　　　　　财政分权通过作用于积极财政政策变量
进而对总体失业风险动态影响

年份	财政赤字	宏观税负	政府投资	财政分权	外商投资
1998	− 0.0664	0.3846	0.3429	− 0.0246	0.0224
1999	0.1451	0.1549	0.9994	− 0.2548	0.0259
2000	2.5421	0.5592	0.7154	− 0.1741	0.0198
2001	2.3413	0.3249	0.5544	− 0.0981	0.0198
2002	− 0.0014	− 0.6455	0.2220	0.0462	0.0255
2003	− 0.4523	− 0.3799	0.1784	0.0302	0.0248
2004	− 0.9854	− 0.4248	0.1145	0.0741	0.0284
2005	− 0.5843	− 0.4840	0.1555	0.0656	0.0277
2006	− 0.8254	− 0.4759	0.0712	0.1210	0.0222
2007	− 0.9716	− 0.4327	0.0143	0.1304	0.0219
2008	− 0.5046	− 0.5594	0.0199	0.1416	0.0208
2009	− 0.4621	− 0.5577	0.0946	0.1249	0.0211
2010	− 0.2016	− 0.4246	0.1245	0.0849	0.0227
2011	− 0.2285	− 0.4888	0.1564	0.0764	0.0218
2012	− 0.2548	− 0.4587	0.1664	0.0766	0.2001
2013	− 0.2489	− 0.4413	0.1789	0.0721	0.1842

（二）积极财政政策对城镇失业风险的动态评估

我们对第三组和第四组方程进行了估计，其中解释变量的上标"＊、＊＊、＊＊＊"分别表示在 10%、5%、1% 显著水平下显著。由于汇率变量不显著，因此剔除汇率因素。

积极财政政策对城镇失业率变动影响的估计结果如下：

量测方程：$DUEE_t = 3.4581 + sv1 \times CZCZ_t^{**} + sv2 \times DHGSF_t^{***} + sv3 \times DZFTZ_t^{**}$
$\qquad\qquad + sv4 \times DCZFQ_t^{*} + sv5 \times DWSTZ_t^{*} + [var = exp(-0.6231)]$

状态方程：$\qquad sv1 = sv1(-1) + [var = exp(-1.3201)^{*}]$；
$\qquad\qquad\qquad sv2 = sv2(-1) + [var = exp(0.6574)^{**}]$；
$\qquad\qquad\qquad sv3 = sv3(-1) + [var = exp(-1.4888)^{**}]$；
$\qquad\qquad\qquad sv4 = sv4(-1) + [var = exp(0.8759)^{*}]$；
$\qquad\qquad\qquad sv5 = sv5(-1) + [var = exp(-0.1445)^{*}]$。

从表 3 – 19 可以看出，财政赤字在第一次积极财政政策期间有效地拉动了城镇就业的增长，到了第二次积极财政政策期间，财政赤字对城镇就业产生了挤出效应，不过这种挤出程度在不断下降。1998 年之后我国城镇化建设快速发展，必然带动城镇就业水平的提高。第二次积极财政政策，国家增大赤字规模来推动经济复苏，经济虽然实现增长，但相当赤字规模用于公共基础设施建设，因此会排挤城镇就业。不过我国同时也在逐年增加对民生的赤字力度，所以，一定程度上降低了对就业的挤出。总体来说财政赤字对城镇就业的影响程度要高于总体就业，这可能是赤字被更多地用于城镇所致。宏观税负因素总体上对城镇就业产生了挤出效应，只不过在第一次积极财政政策期间对就业的挤出效应大些，第二次稍微低些。城镇是我国税收的主要来源，因此税收因素对城镇就业的影响相对高些，继而造成税收因素对城镇就业的挤出效应高于总就业的挤出效应。政府投资在第一次积极财政政策期间显著拉动了城镇就业的增加，在第二次积极财政政策期间，政府投资一定程度上挤出了城镇就业，不过这种挤出程度是在逐渐降低的。在首次积极财政政策期间政府投资带动经济增长，总需求扩张总量效应比较大，因此能够带动城镇就业增加。但是到了第二次积极财政政策期间，政府投资的总量效应递减，而投资结构的就业挤出效应增强，因此使得政府投资虽然拉动了经济增长，但却挤出了城镇就业。财政分权因素能够提高城镇的就业水平，外商投资因素却对城镇就业产生了挤出效应。

表 3 – 19 　　　　　积极财政政策、财政分权及外商投资对城镇
失业率变动的动态影响

年份	财政赤字	宏观税负	政府投资	财政分权	外商投资
1998	1.6558	– 2.5451	– 1.8889	0.1514	– 0.4260
1999	4.8482	– 2.8554	1.4257	0.5550	– 0.4148
2000	5.6679	– 1.5544	1.3428	0.5984	– 0.4262
2001	5.8115	– 1.1725	1.8514	0.3654	– 0.4145
2002	3.3684	– 1.4998	1.9980	0.1254	– 0.4065
2003	2.8280	– 1.5774	2.2277	0.1289	– 0.4143
2004	0.3574	– 1.2289	0.8741	0.1058	– 0.3794
2005	– 4.8441	– 1.8312	– 0.7444	0.0894	– 0.3398
2006	– 5.4341	– 1.0100	– 3.2271	0.0452	– 0.3779
2007	– 5.4447	– 1.0058	– 3.2738	0.0431	– 0.3778
2008	– 4.4225	– 1.4712	– 3.1944	0.0488	– 0.3811
2009	– 2.1441	– 1.7458	– 2.6664	0.0645	– 0.3742
2010	– 1.7248	– 1.4246	– 0.5588	0.0999	– 0.3628
2011	– 1.6309	– 1.1100	– 0.3941	0.0879	– 0.3670
2012	– 1.6418	– 1.0540	– 0.3988	0.0989	– 0.3897
2013	– 1.6348	– 1.0555	– 0.3899	0.1004	– 0.3999

　　财政分权通过作用于积极财政政策变量对城镇失业率变动影响的估计结果
如下：

　　量测方程：$DUEE_t = 4.4519 + sv1 \times D(CZFQ \times CZCZ)_t^{**} + sv2 \times D(CZFQ \times HGSF)_t^{*} + sv3 \times D(CZFQ \times ZFTZ)_t^{*} + sv4 \times DCZFQ_t^{**} + sv5 \times DWSTZ_t^{*} + [var = exp(0.5564)]$

　　状态方程：　$sv1 = sv1(-1) + [var = exp(-1.0841)^{**}]$；
　　　　　　　　$sv2 = sv2(-1) + [var = exp(-2.7487)^{*}]$；
　　　　　　　　$sv3 = sv3(-1) + [var = exp(-1.0488)^{*}]$；
　　　　　　　　$sv4 = sv4(-1) + [var = exp(0.8947)^{**}]$；
　　　　　　　　$sv5 = sv5(-1) + [var = exp(-1.0189)^{**}]$。

　　从表 3 – 20 可以看出，财政分权总体上降低了积极财政政策对城镇失业率
变动的影响程度。具体来说，在第一次积极财政政策期间，财政分权降低了财

政赤字对城镇失业率的影响程度，但仍然能够提高城镇就业水平，第二次积极财政政策期间，赤字初期并未增加城镇就业量，第二年起，才显著带动就业量增加。税收因素虽然对城镇就业有显著的挤出效应，但是财政分权使得这种挤出效应显著降低。财政分权也使得政府投资对城镇就业的挤出效应显著降低。财政分权自身对城镇就业水平的提高程度显著高于总体就业水平。这意味着财政分权改革在城镇的效率上是更高的。最后，财政分权使得外商投资的就业挤出效应有所降低。

表 3 – 20　　　　　财政分权通过作用于积极财政政策变量
进而对城镇失业风险动态影响

年份	财政赤字	宏观税负	政府投资	财政分权	外商投资
1998	0.8589	− 2.3849	− 3.3125	2.1411	− 0.2189
1999	2.6554	− 2.3498	1.4815	0.0519	− 0.2049
2000	3.3572	− 1.1702	1.4916	0.2201	− 0.2184
2001	3.0484	− 1.0551	0.1589	0.8611	− 0.1944
2002	2.0654	− 0.9215	0.8884	0.5741	− 0.2054
2003	2.4774	− 0.9816	0.7664	0.5332	− 0.2128
2004	1.0459	− 0.2584	0.0548	0.9352	− 0.1654
2005	− 3.6254	− 0.5441	− 0.8254	1.1589	− 0.1347
2006	− 4.4849	− 0.3759	− 1.7189	1.5887	− 0.1778
2007	− 3.9874	− 0.5115	− 1.5489	1.5455	− 0.1822
2008	− 3.1749	− 0.7355	− 1.5541	1.5684	− 0.1888
2009	− 2.5016	− 0.3157	− 1.2335	1.4849	− 0.1732
2010	0.3259	− 0.7665	− 0.1241	0.9284	− 0.1564
2011	0.4668	− 0.4089	− 0.3221	0.9458	− 0.1588
2012	0.4589	− 0.4011	− 0.3159	0.9455	− 0.1648
2013	0.4689	− 0.4024	− 0.3115	0.9500	− 0.1688

五、小结

本节主要分析了积极财政政策对我国失业率变动的影响机制，并通过可变参数的状态空间模型对积极财政政策的失业风险进行评估，结论是：首次积极财政政策期间总体失业风险是先降低后上升，总体来说失业风险不大。第二次积极财政政策期间总体失业率风险在不断上升，但上升幅度在不断降低，总的来说失业风险高于初次积极财政政策产生的失业风险。就城镇失业率风险而言，首次积极财政政策显著降低了城镇失业率风险，使城镇失业率风险略低于总体失业率风险。第二次积极财政政策显著提高了城镇失业率风险，而且使城镇失业率风险显著高于总体失业率风险。

第六节　积极财政政策的收入分配不公风险评估

一、引言

　　市场经济体制为我国经济注入了活力，国家经济增速进入了发展的快车道，这对每一个国民来说是可喜的，但是伴随经济增长而至的收入分配不公程度的扩大却让每个公民担忧。基尼系数常被用来衡量收入分配的公平程度。按照国际组织规定，基尼系数的合理区间是 0.3 ~ 0.4，低于 0.3 表示收入过于平均，也是分配不公平的表现，它会抑制劳动者的生产积极性，不利于经济增长；高于 0.4 表示收入差距过大，财富分配的不公程度在扩大，它不利于社会的稳定。从图 3 - 14 可以看出，2000 年之前，我国总体居民收入的基尼系数在 0.35 ~ 0.4，一直处于收入分配的合理区间，而 2000 年之后，我国总体居民收入的基尼系数跨入了 0.4 时代，并且还在缓慢上升，2010 年接近 0.45。彭定赟（2012）估算 2010 年我国基尼系数达到 0.489，2012 年 12 月初，西南财经大学中国家庭金融调查报告数据显示，我国 2010 年基尼系数已经达到 0.61，虽然不同学者估算得出的基尼系数高低有所不同，但有一点可以肯定，那就是我国居民收入分配的不公平程度在增强，贫富差距在迅速扩大。从城镇和农村居民收入的基尼系数可以看出，农村居民收入的基尼系数变动相对比较平缓，而城镇居民的基尼系数波动比较大，而且在 2000 年之后农村居民收入的基尼系数变动更加平滑，城镇居民收入的基尼系数则呈现出与总体居民收入基尼系数同步变化的趋势。总体居民收入的基尼系数高于城镇居民收入和农村居民收入的基尼系数，这表明城乡居民收入差距的扩大是造成全国居民收入差距扩大的重要来源。

　　在经济发展过程中，世界各国都存在收入分配不公风险扩大的情况，对于造成这种现象的原因国内外学者都进行了深入的研究。

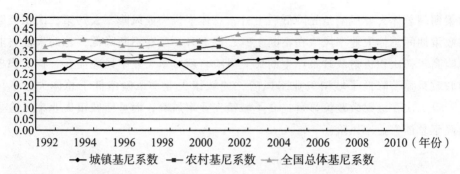

图 3 - 14　我国市场经济体制建立以来基尼系数的变动情况（1992~2010 年）

资料来源：田卫民（2012）估算所得。

　　在国外，学者们从多个角度、运用多种分析方法分析引起收入差距变动的原因。尚卡尔和西希（Shankar, Shsh, 2003）、巴德汉（Bardhan, 2002）、雅佳和坂田（Akai, Sakata, 2002）从财政分权角度分析了与收入分配差距的关系；伊古恩（Iyigu, 2004）从金融发展的角度，分析了金融发展与居民收入分配差距的关系；卡恩和里斯金（Kahn, Riskin, 1992）、陈（Chen, 2002）从城市化进程的角度，分析了城市化与居民总体收入差距的关系；塔西（Tasi, 1995）、菲戈里奥和布罗尼根（Figlio, Blonigen, 2000）、巴苏和瓜里利亚（Basu, Guariglia, 2007）从外商投资的角度，分析了 FDI 与居民收入分配差距的关系。

　　在国内，我国学者结合中国实际，以市场化经济体制改革完善为背景，从收入分配、城镇化改革、金融发展、对外开放，国有经济等多个角度，分析了引起我国收入差距扩大的原因。魏杰、谭伟（2006）从收入差距、自然人权利、收入分配体制三个角度，分析了收入分配不公形成的原因；周云波（2009）、傅振邦、陈先勇（2012）分析了城市化与城乡居民收入差距的关系；付荣（2012）、冉光和、汤芳桦（2012）从金融发展的角度分析了城乡收入差距扩大的原因；陈怡、周曙东、王洪亮（2009）、王家庭、李海燕（2012）分析了 FDI 对我国城乡居民收入差距的影响；文娟、孙楚仁（2008）、魏浩、赵春明（2012）分析了对外贸易对我国城乡居民收入差距的影响；同时我国是公有制为主体的经济，国有经济也必然会对居民收入差距产生影响，邓伟、向东进（2011）分析了转型期国有经济与城乡居民收入差距的关系。还有学者从政府财政的角度出发，分析了财政因素可能引发居民收入差距扩大的机制。贾俊雪、宁静（2011）分析了地方政府支出规模与结构与居民收入分配的关系；陈工、洪礼阳（2012）、余长林（2011）、范晓莉（2012）实证分析了财政分权与城乡居民收入差距的关系；李金亮（2010）提出财产性收入向垄断集团倾斜、一般性收入向着官商勾结和以权谋私者渗漏，收入分配方面向着政府倾斜成为我国收入分配不公的主要原因；李增刚、韩相仪（2009）、赵和楠（2012）、李普亮（2012）分别从具体的财政支出即教育支出、农业支出的角度分析了财政的不同支出项目对城乡居民收入差距的影响。

从现有研究来看，关于引起居民收入差距扩大的因素是多方面的，政府财政因素导致收入差距扩大的研究也有一些，但存在以下不足：一是没有全面考察财政因素对居民收入差距的影响，比如税收因素；二是现有文献侧重于对城乡居民收入差距的研究，虽然城乡居民收入差距是总体居民收入差距扩大的重要渠道，但不是唯一渠道，因此，对于城镇、农村居民内部收入差距也有必要进行研究。另外，财政分权体制改革对收入差距的变动产生了怎样的影响呢？这在我国市场经济体制不断深化的大背景下，避开制度因素来研究收入差距肯定是有问题的。所以，本书将在现有文献研究的基础上，弥补上述不足，对其进行研究。

二、积极财政政策引发分配不公的机制分析

分配不公一般表现为起点的不公、过程的不公和结果的不公，这三者之间存在必然的联系，分配起点的不公和分配过程的不公都会加剧分配结果的不公，而分配结果的不公会进一步影响起点的不公。财政支出规模引发收入分配不公更多地体现为分配过程的不公。财政分权使地方政府具有了更大的财政支出权，增强了地方政府经济的相对独立性，激发了地方政府发展本地区经济的积极性，政治上的集权则更进一步地强化了地方政府对 GDP 的崇拜和追捧。因此为了最大程度地增加本地区的财政收入以及能够因此而顺利升迁到更高的政治职位，地方政府更多强调的是效率，公平问题进而就会被忽视。地方政府的这种行为一方面会加剧地区分配不公程度的增加。因为对于经济相对发达区域来说，能够利用的财政资源相对比较丰裕，财政支出规模就会比较大，能够更大程度地提高本地区生产效率，进而能够更加有效地推动本地区经济增长，快速提高本地区居民收入水平。但是对于经济相对贫困的地区来说，财政资源短缺，财政支出规模相对有限，对本地区经济增长的作用有限，居民收入增长缓慢，因此就会拉大经济发达地区和经济欠发达地区居民收入分配不公的程度。另一方面，会扩大居民收入分配不公的程度。一般情况下，高收入阶层对社会经济发展的贡献率高于低收入阶层，因此对经济和政治的影响力就会高于低收入阶层。正因为高收入阶层对效率的提高和经济增长的贡献率大，所以，在政府追求政绩的强烈欲望下，财政支出政策的运用上就会更多地去满足高收入阶层的利益诉求，进而就会一定程度损害低收入阶层的利益，继而加剧居民收入分配的不公程度。

（一）财政支出结构引发收入分配不公的机制分析

财政支出规模的地区性差别可能会影响到居民收入分配的公平度，同样财政

支出结构的扭曲也会影响到居民收入分配的公平度。财政支出结构从大的方面来说，可以分为经济性支出和非经济支出。前者主要指经济建设支出，后者主要是指基本公共服务支出，包括教育、科技文化、医疗卫生及社会保障和就业等支出。经济建设支出主要用于公共基础设施建设，属于投资性支出，投资增加可以提高资本积累率。根据经济增长理论可知，资本是影响经济增长的重要因素，随着技术的进步，资本的产出贡献度在不断提高，而劳动的贡献度虽然也在提高。但与资本对经济的贡献度相比差距在不断拉大，国民收入分配在逐渐向资本倾斜，资本性收入水平在不断提高，而相对于资本而言，劳动收入水平在下降。这也意味着资本的拥有者和劳动者的收入差距在不断扩大。基本公共服务支出主要用于劳动者能力和效力水平的提升，它更多会对收入分配的起点公平产生影响。教育科技文化支出可以提高劳动的生产能力和配置能力，继而可以提高劳动者的效率，效率提高收入水平就会上升。生产能力是劳动者基本的生存能力，教育类支出能够提高劳动的技能水平，对于低收入者来说，所带来的收入效应可能会更大。劳动者配置能力，更多体现在劳动者发现和利用机会，进而达到既定资源利用最大化的能力。教育类投资可以丰富劳动者知识，开阔劳动者的视野，使劳动者能够更好地发现和利用身边资源的能力，从而增加自身收入额。医疗卫生支出主要用于劳动者身体素质的提高，健康的身体能够使劳动者通过延长工作时间，提高劳动强度等方式获取额外收入。社会保障和就业类补助支出主要对分配结果的公平性产生影响。社会保障和就业补助支出可以保障低收入者、失业者和丧失劳动能力者的收入水平，从而改善社会收入分配状况。

财政分权体制下，由于资本因素拉动经济增长的能力强于劳动因素，地方政府为了实现本地区 GDP 快速增长，一般都会偏向基本建设投资支出，而忽视基本公共服务支出，这在许多文献研究中已得到证实，这样会造成资本拥有者和劳动收入者之间的收入差距扩大。从增长潜力来说，城市的经济增长潜力高于农村的经济增长潜力，因此，地方政府基本建设支出更多偏向于城市部门，造成城乡收入差距的扩大。

（二）税收政策引发收入分配不公的机制分析

税收政策是积极财政政策的重要工具，它更多地会对收入分配的结果产生影响。在经济出现衰退时，国家就会通过降低税负来刺激经济复苏。降低税负并不是说要降低所有税种的税负，国家根据本国实际情况，会有选择地调整税种的税负。而在经济过热时，国家会通过提高税负来抑制经济过热，同样提高税负也不是要提高所有税种的税负。税收政策的调整会对资本收益和劳动收益产生影响。当税收政策偏向投资需求时，比如扩大固定资产投资方面的税收优惠，降低固定资产投资税负，与固定资产相关的资本收益率就会因税负降低而提高。对于资本持有者来说，他们会因持有更多资本而获取更多的收入，而对于少资本或无资本的人来说，他们就会无法享受到降税带来的收益，相对于资本持有者来说收入水平是下降的。结果就是，资本持有者越来越富有，劳动者收入水平越来越低，收入分配不公程度就会提高。当税收政策偏向于刺激消费需求时，所得类税种的税负就会被调整，比如提高个人所得税的起征点或者免征额，这种税收政策的调整虽然能够提高居民的收入水平，但是也可能拉大居民之间的收入差距。因为对于收入水平本身就低于起征点的居民来说，他并没有从中受益，相反对于收入水平本身就高的居民来说，他却享受了税收调整所带来的收益，进而一定程度上拉大了不同社会阶层的收入差距。当税收政策偏向于某个行业或地区时，就会带动该行业或地区劳动者的收入水平的上升，而未享受到税收优惠政策的行业或地区，劳动者收入水平却未提高。当然，如果税收优惠政策用于低收入行业或者贫困地区，一定程度上可以缩小行业或地区的居民收入差距，反之就会加剧居民之间的收入分配不公程度。在财政分权体制下，地方政府一般都会偏向投资性需求方面的税收政策调整，或者行业税收优惠和地区税收优惠，税收政策的结构性调整，会对不同阶层的居民收入水平产生不同程度的影响，影响程度的差异性就会在收入分配差距中得以体现。

（三）转移支付政策引发收入分配不公的机制分析

转移支付政策是实现财政收入再分配功能的重要方式，它也主要是对收入分配的结果产生影响。分税制改革后，由于我国地区财力不均衡，国家建立起协调各地区财力分配的转移支付制度。该制度除了保留原有中央对地方的转移支付形式外，还建立了以基数法为基础的税收返还制度，专项转移支付制度，一般转移支付制度。税收返还实行以 1993 年为基期，然后逐年提高返还比例的基数方法。1994 年首先实行增值税和消费税的税收返还，2001 年又增加了所得税基数返还。由于基数法的税收返还是与各地区经济发展水平挂钩的，经济发达地区，税收收入高，中央对其返还的数额也高；而经济欠发达地区，税收收入本身就不高，所以所能得到的税收返还额也就比较低。这就会导致欠发达地区因缺少财政收入使公共基础设施发展滞后，继而经济发展迟缓，导致该地区居民收入水平增长缓慢。而经济发达地区则会因为税收返还额度高，财政收入丰裕而发展更快，居民收入水平提高更快。这自然就会引发居民收入差距的扩大。专项转移是中央财政按特定用途，以特定项目的形式拨付给地方的专项资金。地方政府为了追逐 GDP 指标的提升，也会为争夺中央专项转移支付资金而展开激烈的竞争。由于专项资金额度有限，因此会导致有些地区获得的专项转移支付资金多，有些地区获得的专项转移支付资金少，甚至没有获得该笔专项资金。获得专项资金多的地区经济发展就会快于获得专项资金少的地区和没有获得该笔专项资金的地区。经济发展水平决定居民收入水平，因此，经济发展差距扩大必然带来居民收入差距的扩大。一般转移支付是中央为推进基本公共服务均等化、平抑地区间因经济发展差异导致的财力性差异而实施的财力性转移支付。该转移支付资金具有缩小地区间居民收入差距的效果，但是，由于财力性转移支付资金规模偏低，所以，对缩小居民收入差距的效果并不显著（官永彬，2011）。

接下来我们将通过实证检验来评估积极财政政策的分配不公风险。

三、基尼系数的估算

为了评估积极财政政策的分配不公风险，我们首先需要估算出反映居民收入分配不公程度的基尼系数。本书将估算省际间城镇居民收入基尼系数、农村居民收入基尼系数和省际间总体居民收入的基尼系数。

基尼系数主要反映由于不同收入水平阶层所形成的人口分布继而导致的收入差距相对于总体收入期望的偏离程度，该指标是国际通用的衡量贫富差距的重要指标。一般基尼系数的算法是要把总人口分成比重相等的若干组，然后根据等分组收入的均值来计算偏离总体收入期望的程度。而现实情况是由于种种原因，数据并没有按照等分组进行统计，所以一般基尼系数算法公式无法直接使用。本书借鉴田卫民（2012）的非等分组的基尼系数计算方法来测算上述三类基尼系数。

$$GINI_{(c,r)} = 1 - \frac{1}{NY} \sum_{i=1}^{n} (Y_{i-1} + Y_i) N_i \qquad (3-21)$$

其中，N 表示总人口，N_i 表示组 i 的人口占总人口比重，Y 表示收入，Y_i 表示累积到第 i 组的收入。式（3-21）主要用来估算省际间城镇居民收入基尼系数、农村居民收入基尼系数。计算省际间总体居民收入的基尼系数用下列公式：

$$GINI_t = N_c^2 \frac{y_c}{y} G_c + N_r^2 \frac{y_r}{y} G_r + N_c N_r \frac{y_c - y_r}{y} \qquad (3-22)$$

式（3-22）是由 Sundrum（1990）提出的分组加权法，主要用来计算总体基尼系数。其中，N_c、N_r 分别代表各省区市城镇人口、农村人口占省级总人口比重，y、y_c、y_r 分别代表各省人均收入额、各省区市城镇居民人均收入额、各省区市农村居民人均收入额。

计算基尼系数的基础数据来自 1999~2014 年各省统计年鉴、高校财经数据库、中经网数据库。基尼系数估算结果如表 3-21~表 3-23 所示。

146

各省区市城镇居民收入基尼系数

表 3 - 21

省份	1998年	1999年	2000年	2001年	2002年	2003年	2004年	2005年	2006年	2007年	2008年	2009年	2010年	2011年	2012年	2013年
北京	0.201	0.198	0.212	0.226	0.250	0.228	0.258	0.252	0.244	0.251	0.271	0.267	0.251	0.262	0.271	0.277
天津	0.252	0.255	0.262	0.287	0.294	0.298	0.305	0.315	0.305	0.296	0.289	0.281	0.275	0.281	0.288	0.291
河北	0.226	0.220	0.230	0.233	0.234	0.247	0.254	0.261	0.262	0.255	0.275	0.274	0.271	0.279	0.289	0.304
山西	0.252	0.272	0.273	0.276	0.276	0.278	0.280	0.281	0.279	0.283	0.288	0.290	0.283	0.287	0.294	0.311
内蒙	0.283	0.284	0.302	0.245	0.255	0.318	0.293	0.285	0.281	0.261	0.306	0.294	0.293	0.302	0.309	0.311
辽宁	0.235	0.238	0.244	0.252	0.313	0.284	0.289	0.333	0.330	0.332	0.329	0.312	0.311	0.319	0.316	0.320
吉林	0.239	0.235	0.240	0.250	0.310	0.287	0.291	0.335	0.336	0.339	0.326	0.310	0.312	0.324	0.330	0.329
黑龙江	0.239	0.243	0.268	0.304	0.325	0.321	0.315	0.338	0.332	0.329	0.343	0.331	0.314	0.321	0.324	0.327
上海	0.222	0.224	0.206	0.235	0.221	0.286	0.295	0.295	0.296	0.287	0.287	0.279	0.265	0.298	0.301	0.300
江苏	0.229	0.250	0.265	0.278	0.355	0.337	0.351	0.345	0.343	0.346	0.327	0.333	0.330	0.332	0.329	0.301
浙江	0.255	0.265	0.285	0.258	0.271	0.285	0.311	0.311	0.315	0.316	0.321	0.322	0.315	0.321	0.325	0.326
安徽	0.230	0.265	0.252	0.247	0.267	0.275	0.270	0.259	0.245	0.252	0.284	0.280	0.284	0.291	0.298	0.301
福建	0.263	0.259	0.278	0.295	0.325	0.327	0.326	0.325	0.328	0.331	0.345	0.343	0.303	0.311	0.315	0.319
江西	0.208	0.225	0.241	0.242	0.261	0.270	0.269	0.266	0.262	0.258	0.254	0.265	0.255	0.267	0.291	0.305
山东	0.223	0.228	0.245	0.240	0.269	0.277	0.276	0.265	0.264	0.583	0.259	0.268	0.259	0.268	0.281	0.299
河南	0.219	0.229	0.261	0.261	0.267	0.272	0.276	0.281	0.269	0.268	0.278	0.281	0.274	0.281	0.284	0.285
湖北	0.245	0.264	0.244	0.251	0.252	0.255	0.255	0.262	0.276	0.274	0.295	0.306	0.316	0.315	0.312	0.318
湖南	0.233	0.242	0.282	0.326	0.332	0.272	0.282	0.345	0.345	0.345	0.345	0.345	0.345	0.345	0.345	0.345
广东	0.245	0.242	0.253	0.260	0.313	0.365	0.358	0.352	0.349	0.345	0.350	0.343	0.337	0.339	0.341	0.342

续表

省份	1998年	1999年	2000年	2001年	2002年	2003年	2004年	2005年	2006年	2007年	2008年	2009年	2010年	2011年	2012年	2013年
广西	0.243	0.248	0.282	0.280	0.270	0.269	0.285	0.271	0.305	0.311	0.290	0.285	0.274	0.279	0.285	0.294
海南	0.233	0.245	0.287	0.284	0.275	0.265	0.288	0.279	0.311	0.315	0.299	0.286	0.279	0.283	0.288	0.299
重庆	0.203	0.223	0.250	0.292	0.353	0.271	0.298	0.301	0.289	0.291	0.284	0.276	0.273	0.281	0.298	0.301
四川	0.233	0.242	0.277	0.285	0.342	0.310	0.320	0.301	0.307	0.300	0.295	0.294	0.271	0.285	0.287	0.298
贵州	0.240	0.238	0.233	0.254	0.338	0.330	0.289	0.309	0.297	0.308	0.309	0.309	0.304	0.303	0.310	0.311
云南	0.240	0.252	0.249	0.243	0.279	0.255	0.279	0.321	0.319	0.318	0.318	0.316	0.296	0.319	0.321	0.325
陕西	0.331	0.325	0.373	0.356	0.343	0.320	0.295	0.272	0.274	0.280	0.290	0.284	0.322	0.328	0.325	0.329
甘肃	0.165	0.173	0.236	0.245	0.246	0.258	0.260	0.267	0.275	0.298	0.304	0.307	0.295	0.310	0.315	0.316
青海	0.238	0.242	0.235	0.258	0.289	0.322	0.273	0.287	0.317	0.324	0.378	0.368	0.379	0.383	0.381	0.384
宁夏	0.255	0.265	0.278	0.279	0.299	0.292	0.294	0.314	0.319	0.324	0.321	0.316	0.320	0.329	0.331	0.333
新疆	0.283	0.254	0.278	0.260	0.301	0.281	0.288	0.299	0.272	0.269	0.303	0.294	0.298	0.302	0.304	0.307

我国公共财政风险评估及其防范对策研究

各省区市农村居民收入基尼系数

表 3 - 22

省份	1998 年	1999 年	2000 年	2001 年	2002 年	2003 年	2004 年	2005 年	2006 年	2007 年	2008 年	2009 年	2010 年	2011 年	2012 年	2013 年
北京	0.304	0.291	0.280	0.315	0.281	0.328	0.318	0.269	0.270	0.258	0.242	0.226	0.288	0.289	0.299	0.304
天津	0.280	0.314	0.345	0.349	0.349	0.349	0.349	0.349	0.349	0.349	0.349	0.349	0.349	0.349	0.349	0.349
河北	0.286	0.317	0.320	0.314	0.295	0.276	0.260	0.245	0.223	0.223	0.257	0.260	0.259	0.261	0.269	0.270
山西	0.317	0.318	0.319	0.338	0.334	0.338	0.349	0.321	0.329	0.337	0.314	0.355	0.334	0.337	0.340	0.342
内蒙古	0.274	0.313	0.352	0.385	0.372	0.363	0.355	0.348	0.288	0.255	0.222	0.379	0.361	0.363	0.364	0.366
辽宁	0.320	0.336	0.411	0.379	0.377	0.377	0.345	0.344	0.333	0.309	0.269	0.255	0.214	0.223	0.234	0.251
吉林	0.320	0.336	0.411	0.379	0.377	0.377	0.345	0.344	0.333	0.309	0.269	0.255	0.214	0.223	0.234	0.251
黑龙江	0.291	0.299	0.406	0.396	0.386	0.405	0.351	0.360	0.350	0.370	0.347	0.355	0.340	0.249	0.259	0.289
上海	0.278	0.296	0.267	0.270	0.282	0.274	0.263	0.271	0.267	0.259	0.262	0.258	0.251	0.253	0.264	0.288
江苏	0.327	0.322	0.321	0.322	0.319	0.328	0.279	0.312	0.277	0.319	0.332	0.331	0.332	0.333	0.332	0.333
浙江	0.328	0.327	0.312	0.315	0.316	0.320	0.339	0.322	0.329	0.330	0.331	0.338	0.340	0.349	0.348	0.349
安徽	0.237	0.230	0.252	0.248	0.274	0.297	0.290	0.325	0.320	0.315	0.325	0.290	0.238	0.239	0.245	0.268
福建	0.301	0.342	0.293	0.300	0.314	0.333	0.323	0.301	0.324	0.319	0.308	0.313	0.314	0.316	0.322	0.323
江西	0.240	0.269	0.285	0.277	0.269	0.266	0.284	0.285	0.286	0.287	0.317	0.312	0.305	0.308	0.312	0.320
山东	0.280	0.272	0.289	0.279	0.276	0.269	0.288	0.286	0.288	0.293	0.315	0.317	0.310	0.315	0.321	0.324
河南	0.276	0.283	0.316	0.321	0.328	0.295	0.283	0.284	0.282	0.294	0.335	0.309	0.311	0.310	0.312	0.315
湖北	0.293	0.293	0.298	0.304	0.301	0.315	0.311	0.324	0.322	0.307	0.288	0.279	0.229	0.232	0.274	0.291
湖南	0.266	0.268	0.293	0.299	0.307	0.372	0.308	0.309	0.309	0.309	0.309	0.309	0.309	0.309	0.309	0.309
广东	0.273	0.281	0.289	0.304	0.303	0.305	0.311	0.310	0.308	0.309	0.302	0.304	0.302	0.304	0.308	0.311

续表

省份	1998年	1999年	2000年	2001年	2002年	2003年	2004年	2005年	2006年	2007年	2008年	2009年	2010年	2011年	2012年	2013年
广西	0.280	0.268	0.266	0.259	0.269	0.274	0.275	0.249	0.271	0.280	0.293	0.311	0.285	0.293	0.302	0.306
海南	0.289	0.264	0.269	0.257	0.273	0.275	0.279	0.251	0.273	0.281	0.298	0.321	0.298	0.299	0.308	0.314
重庆	0.281	0.289	0.297	0.298	0.290	0.294	0.256	0.261	0.263	0.271	0.291	0.298	0.277	0.279	0.290	0.299
四川	0.265	0.264	0.265	0.265	0.264	0.263	0.265	0.264	0.263	0.247	0.238	0.264	0.289	0.291	0.299	0.303
贵州	0.236	0.250	0.252	0.264	0.271	0.278	0.285	0.291	0.298	0.305	0.311	0.318	0.325	0.328	0.329	0.332
云南	0.388	0.380	0.382	0.392	0.381	0.354	0.339	0.325	0.295	0.295	0.295	0.295	0.295	0.295	0.295	0.295
陕西	0.278	0.291	0.314	0.318	0.320	0.324	0.327	0.330	0.301	0.301	0.314	0.300	0.296	0.302	0.314	0.315
甘肃	0.310	0.284	0.318	0.366	0.381	0.395	0.397	0.348	0.350	0.344	0.342	0.350	0.320	0.322	0.325	0.328
青海	0.341	0.352	0.416	0.417	0.387	0.364	0.365	0.377	0.369	0.361	0.359	0.342	0.345	0.347	0.349	0.352
宁夏	0.334	0.336	0.366	0.356	0.335	0.367	0.355	0.335	0.376	0.372	0.383	0.349	0.378	0.375	0.376	0.379
新疆	0.382	0.386	0.389	0.372	0.379	0.404	0.380	0.359	0.395	0.385	0.367	0.374	0.375	0.377	0.378	0.375

我国公共财政风险评估及其防范对策研究

表 3-23　　各省区市（不包括台湾、香港、澳门、西藏）总体居民收入基尼系数

省份	1998年	1999年	2000年	2001年	2002年	2003年	2004年	2005年	2006年	2007年	2008年	2009年	2010年	2011年	2012年	2013年
北京	0.252	0.249	0.263	0.271	0.282	0.269	0.291	0.282	0.277	0.282	0.297	0.291	0.275	0.282	0.296	0.304
天津	0.277	0.289	0.301	0.318	0.306	0.319	0.302	0.315	0.314	0.314	0.319	0.316	0.311	0.301	0.309	0.312
河北	0.312	0.335	0.345	0.343	0.349	0.354	0.349	0.356	0.360	0.351	0.379	0.382	0.370	0.382	0.385	0.384
山西	0.337	0.364	0.367	0.395	0.403	0.413	0.417	0.412	0.415	0.418	0.417	0.418	0.427	0.431	0.430	0.431
内蒙	0.336	0.368	0.399	0.410	0.412	0.439	0.430	0.420	0.409	0.399	0.408	0.425	0.418	0.421	0.422	0.420
辽宁	0.279	0.303	0.351	0.335	0.368	0.365	0.359	0.380	0.383	0.384	0.379	0.375	0.360	0.362	0.367	0.372
吉林	0.276	0.304	0.355	0.337	0.373	0.369	0.363	0.388	0.389	0.386	0.380	0.377	0.368	0.369	0.372	0.380
黑龙江	0.282	0.308	0.349	0.369	0.388	0.397	0.375	0.391	0.388	0.382	0.376	0.374	0.351	0.355	0.358	0.356
上海	0.231	0.264	0.258	0.281	0.268	0.314	0.320	0.313	0.308	0.308	0.299	0.285	0.298	0.302	0.309	0.311
江苏	0.292	0.301	0.303	0.312	0.312	0.343	0.355	0.359	0.364	0.376	0.379	0.384	0.375	0.379	0.381	0.376
浙江	0.331	0.338	0.337	0.344	0.354	0.362	0.363	0.376	0.375	0.377	0.376	0.376	0.375	0.381	0.383	0.382
安徽	0.329	0.346	0.362	0.366	0.382	0.416	0.399	0.420	0.418	0.415	0.414	0.408	0.340	0.352	0.358	0.360
福建	0.329	0.352	0.343	0.363	0.386	0.395	0.397	0.401	0.403	0.404	0.413	0.412	0.391	0.395	0.402	0.408
江西	0.285	0.307	0.351	0.366	0.371	0.362	0.371	0.385	0.395	0.404	0.392	0.372	0.379	0.378	0.385	0.386
山东	0.301	0.307	0.310	0.319	0.321	0.310	0.340	0.342	0.354	0.359	0.352	0.338	0.332	0.329	0.334	0.332
河南	0.320	0.330	0.355	0.366	0.392	0.426	0.403	0.402	0.403	0.395	0.400	0.411	0.396	0.406	0.410	0.413
湖北	0.330	0.345	0.348	0.357	0.378	0.386	0.320	0.388	0.393	0.391	0.390	0.393	0.381	0.386	0.391	0.398
湖南	0.353	0.361	0.388	0.407	0.409	0.425	0.409	0.425	0.430	0.427	0.436	0.424	0.419	0.423	0.425	0.431
广东	0.349	0.352	0.370	0.383	0.401	0.430	0.432	0.430	0.429	0.427	0.425	0.423	0.415	0.412	0.419	0.422

续表

省份	1998 年	1999 年	2000 年	2001 年	2002 年	2003 年	2004 年	2005 年	2006 年	2007 年	2008 年	2009 年	2010 年	2011 年	2012 年	2013 年
广西	0.366	0.401	0.417	0.431	0.438	0.433	0.427	0.439	0.455	0.453	0.457	0.443	0.440	0.437	0.439	0.441
海南	0.369	0.406	0.421	0.432	0.439	0.433	0.426	0.440	0.445	0.442	0.448	0.441	0.442	0.443	0.447	0.446
重庆	0.385	0.401	0.414	0.428	0.450	0.437	0.436	0.436	0.449	0.444	0.436	0.433	0.404	0.407	0.412	0.416
四川	0.355	0.364	0.377	0.386	0.388	0.391	0.383	0.385	0.387	0.389	0.381	0.395	0.395	0.398	0.402	0.410
贵州	0.348	0.357	0.421	0.434	0.455	0.468	0.469	0.479	0.493	0.493	0.481	0.485	0.477	0.479	0.478	0.480
云南	0.286	0.316	0.389	0.402	0.432	0.430	0.419	0.431	0.443	0.431	0.421	0.422	0.435	0.440	0.446	0.451
陕西	0.388	0.388	0.457	0.463	0.480	0.480	0.471	0.467	0.463	0.462	0.466	0.460	0.414	0.421	0.429	0.432
甘肃	0.379	0.389	0.427	0.453	0.473	0.485	0.486	0.477	0.483	0.492	0.480	0.481	0.463	0.468	0.470	0.472
青海	0.403	0.423	0.450	0.468	0.465	0.475	0.457	0.461	0.474	0.475	0.487	0.483	0.471	0.476	0.479	0.482
宁夏	0.357	0.373	0.411	0.421	0.428	0.434	0.425	0.431	0.445	0.450	0.454	0.445	0.438	0.440	0.448	0.451
新疆	0.412	0.421	0.456	0.456	0.460	0.450	0.447	0.436	0.437	0.433	0.439	0.431	0.418	0.413	0.423	0.430

从图 3 - 15、图 3 - 16、图 3 - 17 可以看出，东、中、西部的城镇居民收入的基尼系数，自 1998 年以来都呈现出缓慢上升趋势，并逐步趋于稳定。除了 2002 年和 2007 年外，东、中、西部地区城镇居民收入的基尼系数并没有呈现出显著的差异，这意味着，各省区市间城镇居民收入差距并不大。东、中、西部的农村居民收入的基尼系数，1998～2003 年呈现出缓慢上升趋势，2003 年之后，农村居民收入的基尼系数又呈现出缓慢下降趋势，但西部地区农村居民收入的基尼系数下降不明显，而且出现西部与东、中部居民收入基尼系数显著差异的现象。西部地区农村居民的收入与东、中部农村居民收入差距存在扩大倾向。总的来说，1998～2013 年，城镇居民收入的基尼系数变动幅度高于农村居民收入基尼系

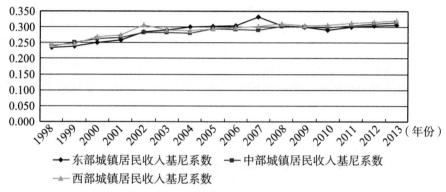

图 3 - 15　东、中、西部城镇居民收入基尼系数（1998～2013 年）

资料来源：图表根据表 3 - 21 各年度取平均值而得；由于 2006 年湖南不再公布城镇分组收入数据，因此，假定之后年份的基尼系数与 2006 年相同。

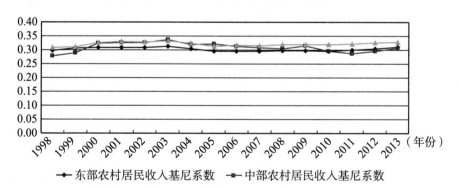

图 3 - 16　中、西部农村居民收入基尼系数（1998～2013 年）

资料来源：图表根据表 3 - 22 各年度取平均值而得；天津 2002 年之后，湖南 2006 年之后，云南 2007 年之后不再公布农村分组收入数据，因此假定它们之后的基尼系数与停止报告前一年的基尼系数相同。

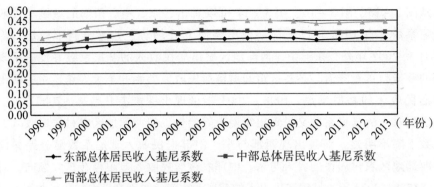

图 3 – 17　东、中、西部总体居民收入基尼系数（1998 ~ 2013 年）

资料来源：图表根据表 3 – 23 各年度取平均值而得。

数的变动幅度。从各省区域总体居民收入的基尼系数可以看出，东、中、西部总体居民收入的基尼系数都呈上升趋势，上升幅度从高到低依次是西部、中部、东部，这表明，西部地区居民收入分配的不公平程度最高，中部地区居中，东部地区最低。

四、模型设定、变量选取和数据处理

本书的主要目的是评估积极财政政策的实施是否扩大了居民收入的差距，因此我们考虑如下形式的静态面板数据模型：

$$GINI_{it} = \alpha + \beta X_{it} + \gamma Z_{it} + \lambda_t + \eta_i + \varepsilon_{it} \tag{3 – 23}$$

其中，$GINI_{it}$ 是一组因变量，X_{it} 是一组解释变量，Z_{it} 是一组控制变量，η_i、λ_t 分别是个体效应和时间效应，ε_{it} 是随机误差项。

考虑到上期基尼系数可能会对当期基尼系数产生重要影响，我们在式（3 – 23）左边加入基尼系数的滞后一期值作为解释变量，形成如下的动态面板数据模型。

$$GINI_{it} = \alpha + \phi GINI_{it-1} + \beta X_{it} + \gamma Z_{it} + \lambda_t + \eta_i + \mu_{it} \tag{3 – 24}$$

下面我们将分别对因变量、解释变量和控制变量进行选取。

首先，因变量我们选取各省区市城镇居民收入基尼系数、农村居民收入基尼系数和各省总体居民收入基尼系数，分别用来考察积极财政政策对这三类基尼系数的影响程度，分别记为 CGINI、RGINI、TGINI。

其次，解释变量我们选取地方财政支出规模、地方财政支出结构、地方税负、中央对地方的转移支付支出，作为积极财政政策的代理变量，同时选取财政分权作为制度变量。地方财政支出规模用地方财政支出占地方 GDP 比重来衡量，记为 CZZC。地方财政支出结构用基本建设支出占地方财政总支出比重和基本公共服务支出占地方财政总支出比重来代表财政支出结构，分别记为 JBJS、GGFW。其中基本建设支出用预算内投资代替，基本公共服务支出主要包括科学技术支出、教育支出、医疗卫生支出、社会保障和就业补助支出。地方税负用地方税收收入总额占地方 GDP 比重来衡量，记为 HGSF。转移支付支出用各地方政府财政赤字来代替，记为 ZYZF。因为当前地方政府的财政赤字主要是由中央财政的转移支付来弥补，因此，用地方政府财政赤字额与 GDP 比重作为转移支付的代理变量。财政分权用人均地方财政支出与人均地方财政支出和人均中央财政支出之和的比值来表示，记为 CZFQ。

最后，控制变量。根据理论文献，结合我国实际，本书将选取如下控制变量。（1）经济发展水平。以各省区市实际人均 GDP 来表示地方经济发展水平（以 1998 年为基期）。（2）对外开放水平。以各地区进出口总额占各地区 GDP 比重来衡量地区开放水平，记为 KFSP。（3）城镇化水平。以各地区城镇人口占地区总人口比重来衡量城镇化水平，记为 CSH。（4）用各地区居民消费价格指数来表示通货膨胀率，以 1998 年为基期转化为居民消费价格定基指数，记为 CPI。

本书将通过财政分权与财政支出规模、财政支出结构、宏观税负、转移支付的交叉项，来捕捉财政分权通过影响地方政府行为进而对居民收入分配效应的制约影响。

为了消除面板数据可能存在非平稳关系以及估计过程中可能出现的异方差性，我们同时对所有变量取自然对数形式。上述所有指标基础数据来自中经网统计数据库，高校财经数据库、中国统计年鉴 1999～2014 年以及各省区市 2014 年统计年鉴。样本区间为 1998～2014 年 30 个省、自治区、直辖市数据，西藏数据不全，故舍去。

五、评估与分析

在静态面板数据模型中，我们使用 HAC－GMM 估计方法，通过引入工具变量来解决潜在内生性产生的偏差问题。在 HAC－GMM 估计中，设所有变量为内生变量，以这些变量的滞后 1～2 期为工具变量。由 Hansen 过度识别检验结果可知，模型所选的工具变量总体上有效。在动态面板数据模型中，我们使用 SYS－GMM 估计方法来消除由于因变量滞后项的引入而产生的新的内生性问题。在 SYS－GMM 估计中，设所有变量为内生变量，分别以差分变量滞后项和水平变量滞后项作为工具变量，Hansen 过度识别检验显示，工具变量整体有效。由 Arellano – Bond 的自相关检验可知，模型残差仅存在一阶自相关，不存在显著的二阶自相关。

从表 3 – 24 和表 3 – 25 可以看出，两次积极财政政策都对城镇居民收入分配的变动产生了影响。在 1998～2004 年，财政支出规模和税收政策因素调整都有利于城镇居民收入差距的降低，而且从统计上看，对城镇居民收入分配的影响还比较显著。而财政支出结构因素和转移支付政策的调整却不利于城镇居民收入差距的缩小，其中经济性支出和基本公共服务支出都会一定程度提高居民收入分配差距，不过这种效果统计上并不显著；转移支付显著加剧城镇居民收入的差距。2008 年至今，财政支出规模、税收政策以及转移支付显著缩小了城镇居民收入的差距，财政支出结构因素显著提高了城镇居民收入差距。在两次积极财政政策期间，财政支出规模始终对城镇居民收入分配产生积极效应，财政支出结构则对城镇居民收入分配产生消极影响，而且有增强趋势。

表 3 – 24　　　　　积极财政政策对城镇居民基尼系数
影响的估计（1998～2004 年）

变量	HAC – GMM 估计				SYS – GMM 估计			
CGINI (– 1)					0.14 * (1.79)	0.16 *** (4.18)	0.23 ** (2.36)	0.23 *** (2.69)
CZZC	– 0.13 * (– 2.21)				– 0.15 *** (– 3.25)			
JBJS		0.01 (0.74)				0.03 (1.09)		
GGFW		0.13 (1.42)				0.08 (1.15)		
HGSF			– 0.12 * (– 1.87)				– 0.13 *** (– 2.98)	
ZYZF				0.04 * (1.75)				0.11 ** (2.29)
CZFQ	– 1.08 ** (– 2.02)	– 0.26 (– 0.86)	– 0.33 (– 0.61)	– 0.05 (– 0.16)	– 3.04 *** (– 3.41)	– 1.27 *** (– 2.95)	– 1.91 *** (– 3.50)	– 0.87 *** (– 3.21)

续表

变量	HAC – GMM 估计				SYS – GMM 估计			
CZFQ × CZZC	−0.41* (−1.89)				−0.96** (−2.40)			
CZFQ × JBJS		−0.03 (−0.64)				−0.14 (−1.00)		
CZFQ × GGFW		0.25** (2.41)				0.21* (1.93)		
CZFQ × HGSF			−0.08 (−0.49)				−0.39** (−2.16)	
CZFQ × ZYZF				0.02 (0.28)				0.00 (0.00)
RGDP	0.18*** (3.19)	0.29*** (5.72)	0.24*** (4.78)	0.21*** (3.78)	0.48*** (3.11)	0.73*** (5.04)	0.69*** (3.66)	0.48*** (3.42)
KFSP	0.09** (2.35)	0.05* (1.72)	0.10** (2.47)	0.10** (2.44)	0.29** (2.17)	0.26** (2.37)	0.31* (1.84)	0.32** (2.36)
CSH	0.28*** (2.97)	0.23*** (5.58)	0.28*** (2.96)	0.28*** (2.99)	0.24* (1.71)	0.33*** (3.21)	0.09 (0.53)	0.08 (0.54)
CPI	−0.71* (−1.72)	−1.12*** (−4.92)	−1.14*** (−2.94)	−0.98** (−2.48)	−0.08 (−0.12)	−1.08* (−1.91)	−0.69 (−1.14)	−0.41 (−0.48)
常数项					−2.59*** (−4.23)	−3.58*** (−6.30)	−3.11*** (−5.18)	−2.59*** (−4.07)
Hansen	13.24	14.37	14.68	12.84	15.10	12.04	11.60	10.26
AR（1）					0.00	0.00	0.00	0.00
AR（2）					0.8236	0.7689	0.7342	0.7549
R^2	0.7276	0.8437	0.7180	0.7227				

注：*、**、*** 分别表示在 10%、5%、1% 的水平上显著；括号内为 T 统计量。

表 3 – 25　积极财政政策对城镇居民基尼系数影响的估计 （2008 ～ 2013 年）

变量	HAC – GMM 估计				SYS – GMM 估计			
CGINI (–1)					0.23* (1.99)	0.23** (2.24)	0.25** (2.20)	0.27* (2.34)
CZZC	–0.10* (–1.88)				–0.15* (–1.98)			
JBJS		0.08** (2.24)				0.06* (1.98)		
GGFW		0.34** (2.47)				0.25 (1.20)		
HGSF			–0.08* (–1.94)				–0.09* (–1.87)	
ZYZF			–0.02* (–1.85)					–0.01* (1.89)
CZFQ	0.60** (2.09)	1.60*** (2.87)	0.58 (0.96)	0.44 (1.15)	2.20 (1.38)	1.07 (0.87)	2.16* (1.87)	2.66* (1.92)
CZFQ × CZZC	0.10 (0.99)				0.78 (1.14)			
CZFQ × JBJS		0.28*** (3.54)				0.64*** (3.60)		
CZFQ × GGFW		1.27* (1.95)				1.09 (1.29)		
CZFQ × HGSF			–0.22 (–1.21)				–0.50 (–1.47)	
CZFQ × ZYZF			0.42 (0.99)					–0.70 (–1.36)
RGDP	–0.11*** (–3.58)	–0.09* (–1.99)	–0.15*** (–3.56)	–0.17* (–1.89)	–0.23 (–1.06)	–0.08 (–0.78)	–0.11 (–1.31)	–0.13 (–1.37)
KFSP	0.02 (0.76)	0.00 (0.29)	0.01 (0.34)	0.00 (0.79)	0.01 (1.23)	0.00* (1.85)	0.00* (1.89)	0.00 (0.55)
CSH	0.14 (1.32)	0.13** (2.15)	0.08 (1.16)	0.11 (1.51)	0.22 (1.36)	0.07 (0.68)	0.31*** (3.03)	0.25*** (3.45)

续表

变量	HAC – GMM 估计				SYS – GMM 估计			
CPI	0.45 ***	0.28 **	0.51 ***	0.37 **	0.71 *	0.64 **	0.58 *	0.56 **
	(4.31)	(2.11)	(5.20)	(2.48)	(2.26)	(2.86)	(1.92)	(2.19)
常数项					0.63	0.15	0.14	0.15
					(0.68)	(0.47)	(0.68)	(0.83)
Hansen	12.89	13.57	12.47	13.41	14.22	12.74	12.61	11.26
AR（1）					0.00	0.00	0.00	0.00
AR（2）					0.5438	0.5294	0.5488	0.5409
R^2	0.8427	0.8940	0.8018	0.8489				

注：*、**、*** 分别表示在10%、5%、1%的水平上显著；括号内为 T 统计量。

从制度性角度来看，财政分权通过影响地方政府行为，继而会对城镇居民收入分配产生影响。首次积极财政政策期间，财政分权自身显著降低了城镇居民收入分配差距，通过政府行为的间接影响表现为财政分权强化了财政支出规模、税收因素对城镇居民收入分配的积极效应，但同时也强化了财政支出结构中基本公共服务支出的消极影响。在第二次积极财政政策期间，财政分权的作用发生了转变，显著加剧了城镇居民收入的差距；间接影响表现为财政分权强化了财政支出结构中的经济性支出和基本公共服务支出对居民收入分配的消极影响，财政分权通过财政支出规模、税收因素和转移支付都不同程度地强化或者弱化其对城镇居民收入分配的影响，但在统计上都不显著。

控制变量的回归估计显示，经济发展水平的提高在首次积极财政政策期间显著拉大了城镇居民收入分配差距，但在二次积极财政政策期间，经济发展水平的提高却能显著缩小居民收入差距，这种作用的转变可能与我国转变经济发展方式，让改革成果惠及民生的政策转变有关。经济开放度因素、城镇化因素在首次积极财政政策期间都显著扩大了城镇居民收入差距，在第二次积极财政政策期间，消极作用弱化。通货膨胀因素在首次积极财政政策期间显著缩小了城镇居民收入分配差距，在二次积极财政政策期间，通货膨胀显著拉大了城镇居民收入差距。从城镇基尼系数的滞后项可以看出，城镇基尼系数存在自我积累效应。

从表3-26和表3-27可以看出，积极财政政策对农村居民收入分配的变动也产生了影响。具体来说，财政支出规模因素、税收因素在首次积极财政政策期间一定程度上改善了农村居民收入分配的关系，但在统计上都不显著；在第二次积极财政政策期间却恶化了农村居民收入分配关系，而且税收因素还显著扩大了农村居民收入分配差距。财政支出结构因素、转移支付因素在首次积极财政政策期间都一定程度扩大了农村居民收入的差距，特别是财政支出结构中基本公共服务支出因素，显著扩大了农村居民收入分配差距，其他因素在统计上并不显著；而在第二次积极财政政策期间，这些因素的消极作用就变得比较微弱不显著了。

表 3 - 26　　　积极财政政策对农村居民基尼系数影响的估计（1998 ~ 2004 年）

变量	HAC - GMM 估计				SYS - GMM 估计			
RGINI (- 1)					0.41 * (1.75)	0.43 ** (2.31)	0.47 * (1.84)	0.42 * (1.94)
CZZC	- 0.02 (- 0.55)				- 0.04 (- 1.39)			
JBJS		0.02 (1.15)				0.03 (0.63)		
GGFW		0.24 * (1.97)				0.32 * (1.79)		
HGSF			- 0.04 (- 1.16)				- 0.09 *** (- 3.02)	
ZYZF				0.02 (1.46)				0.05 *** (3.61)
CZFQ	- 0.22 (- 0.77)	- 0.20 (- 0.68)	- 0.42 (- 1.41)	- 0.04 (- 0.27)	- 1.18 (- 1.63)	- 1.48 (- 1.55)	- 0.18 (- 0.64)	- 0.52 (- 1.43)
CZFQ × CZZC	- 0.02 (- 0.23)				0.25 (1.03)			
CZFQ × JBJS		- 0.00 (- 0.07)				- 0.18 (- 1.12)		
CZFQ × GGFW		0.37 (1.56)				0.53 (1.02)		
CZFQ × HGSF			- 0.08 (- 0.88)				- 0.14 ** (- 2.60)	
CZFQ × ZYZF				0.04 (0.87)				0.03 (0.78)
RGDP	0.18 *** (5.66)	0.15 *** (5.12)	0.17 *** (5.78)	0.16 *** (4.94)	0.13 ** (2.45)	0.38 * (1.88)	0.15 * (1.92)	0.15 ** (2.39)

续表

变量	HAC – GMM 估计				SYS – GMM 估计			
KFSP	0.01	0.01	0.02	0.01	0.09***	0.06	0.23***	0.20***
	(0.73)	(0.63)	(0.91)	(0.66)	(4.14)	(0.72)	(4.48)	(3.87)
CSH	-0.10*	-0.12**	-0.09*	-0.11*	-0.04*	-0.02	-0.06	-0.09
	(-1.82)	(-2.16)	(-1.73)	(-1.97)	(-1.89)	(-0.89)	(-0.43)	(-0.62)
CPI	-0.70***	-0.62***	-0.70***	-0.63**	-1.81***	-3.14***	-1.63***	-1.73***
	(-2.92)	(-2.71)	(-3.00)	(-2.57)	(-4.62)	(-2.83)	(-4.75)	(-5.93)
常数项					-3.06***	-2.47***	-3.03***	-2.81***
					(-7.95)	(-6.06)	(-8.09)	(-6.95)
Hansen	14.59	14.52	13.86	13.66	13.53	14.81	14.95	14.30
AR (1)					0.00	0.00	0.00	0.00
AR (2)					0.4325	0.4439	0.4638	0.4588
R^2	0.8903	0.8905	0.8914	0.8788				

注：*、**、*** 分别表示在 10%、5%、1% 的水平上显著；括号内为 T 统计量。

表 3–27 积极财政政策对农村居民基尼系数影响的估计（2008～2013 年）

变量	HAC – GMM 估计				SYS – GMM 估计			
RGINI (-1)					0.08	0.10*	0.06	0.19
					(1.45)	(1.96)	(1.14)	(1.16)
CZZC	0.10				0.12			
	(1.38)				(0.92)			
JBJS		-0.08				0.05		
		(-0.99)				(0.79)		
GGFW		0.36				0.11		
		(1.25)				(1.04)		
HGSF			0.15*				0.32**	
			(1.93)				(2.22)	
ZYZF				0.07				0.24
				(0.87)				(1.28)
CZFQ	1.45	3.07	3.11*	1.87*	0.25	0.24	3.08	3.14
	(1.32)	(1.33)	(1.88)	(1.99)	(0.84)	(0.42)	(1.43)	(1.18)

续表

变量	HAC – GMM 估计				SYS – GMM 估计			
CZFQ × CZZC	−0.33 (−1.44)				0.25 (0.96)			
CZFQ × JBJS		−0.18 (−1.23)				0.21 (0.94)		
CZFQ × GGFW		−2.71*** (−2.85)				−0.75 (−0.69)		
CZFQ × HGSF			1.17** (2.21)				1.23* (1.92)	
CZFQ × ZYZF				1.06** (2.17)				2.25 (1.25)
RGDP	0.09 (1.35)	0.08 (1.31)	0.04 (0.75)	0.05 (0.89)	0.14 (1.31)	0.33 (1.28)	0.30* (1.99)	0.22 (0.86)
KFSP	−0.01 (−0.46)	−0.01 (−0.91)	−0.02 (−1.06)	−0.01 (−0.74)	−0.01 (−0.88)	−0.00 (−1.27)	−0.01 (−0.88)	−0.00 (−0.46)
CSH	−0.10 (−1.18)	0.08 (0.67)	−0.11 (−1.46)	−0.07 (−1.17)	−0.24 (−0.75)	−0.13 (−0.97)	−0.14 (−0.60)	−0.44 (−1.09)
CPI	0.18* (1.99)	0.11* (1.87)	0.11* (1.97)	0.14* (1.91)	0.16** (2.22)	0.54** (2.34)	0.12* (1.99)	0.25* (1.97)
常数项					−2.31*** (−3.21)	−3.47*** (−3.38)	−1.81*** (−3.48)	−1.80*** (−3.77)
Hansen	12.23	12.87	12.15	11.49	13.56	13.87	14.72	12.99
AR (1)					0.00	0.00	0.00	0.00
AR (2)					0.5016	0.5423	0.5231	0.5001
R^2	0.8876	0.8451	0.8556	0.8589				

注：*、**、***分别表示在10%、5%、1%的水平上显著；括号内为T统计量。

从制度角度分析，财政分权自身对农村居民收入分配的影响，在首次积极财政政策期间表现为微弱地改善了农村居民的收入分配关系；而在第二次积极财政政期间却略微显著地拉大了农村居民收入差距。对其间接影响表现为财政分权影响地方政府税收强化了其对农村居民收入分配关系的改善，但在第二次积极财政政策期间，却显著地恶化了农村居民收入分配关系。而财政分权影响财政支出规模、财政支出结构和转移支付在首次积极财政政策期间都不同程度地强化或者弱化其对农村居民收入分配关系影响，但在统计上都不显著。在第二次积极财政政策期间，财政分权影响财政支出结构中的基本公共服务支出显著改善了农村居民收入分配关系，财政分权影响转移支付显著增加了其对农村居民收入差距扩大的影响。

控制变量估计结果显示，经济发展水平、对外开放度在首次积极财政政策期间显著扩大了农村居民收入的差距，城镇化缩小了农村居民收入差距，通货膨胀显著降低了农村居民收入差距。在第二次积极财政政策期间，经济增长水平的消极影响变得不显著，而对外开放则一定程度改善了农村居民收入分配的关系，但效果在统计上并不显著。城镇化在缩小农村居民收入差距方面有积极效果，但在统计上也不显著。通货膨胀由显著改善农村居民收入分配的关系因素，变成了显著恶化农村居民收入分配的关系因素。农村居民基尼系数的滞后项在首次积极财政政策期间自我积累机制比较显著，但在第二次积极财政政策期间，这种自我积累机制就不显著了，这意味着农村居民收入差距的变动更多受到外界影响。

从表 3－28 和表 3－29 可以看出，积极财政政策对省份总体居民基尼系数的变动也产生了影响。具体来说，财政支出规模因素在首次积极财政政策期间显著缩小了省份总体居民的收入差距，但这种显著作用在第二次积极财政政策期间就逐渐弱化了。财政支出结构因素、税收政策因素以及转移支付因素在首次积极财政政策期间一定程度恶化了省份总体居民收入分配关系，特别是转移支付因素消极作用比较显著。到了第二次积极财政政策期间，财政支出结构因素中的经济性支出开始有利于缩小居民收入差距，只是这种积极效应在统计上并不显著；税收政策因素和转移支付因素也开始有助于改善省份总体居民收入分配关系，而且转移支付因素的积极效应特别显著。

表3－28　　积极财政政策对总体居民基尼系数影响的估计（1998～2004 年）

变量	HAC － GMM 估计			SYS － GMM 估计			
TGINI (－1)				0.02 *** (2.91)	0.05 *** (3.04)	0.04 *** (3.26)	0.02 ** (2.23)
CZZC	－ 0.04 * (－1.93)			－ 0.12 *** (－3.72)			
JBJS		0.03 (1.40)			0.00 (0.25)		
GGFW		0.09 (1.04)			0.23 (1.29)		

续表

变量	HAC - GMM 估计				SYS - GMM 估计			
HGSF			0.04 (1.33)				0.01 (0.45)	
ZYZF				0.06*** (3.21)				0.06** (2.34)
CZFQ	-0.77*** (-3.55)	-0.18* (-1.89)	-0.17* (-1.91)	-0.47** (-2.52)	-0.32*** (-4.32)	-0.16** (-2.23)	-0.60* (-1.97)	-0.34** (-2.42)
CZFQ × CZZC	-0.17* (-1.90)				-0.59*** (-4.89)			
CZFQ × JBJS		0.02 (0.41)				0.11** (2.02)		
CZFQ × GGFW		0.09 (0.53)				0.51 (1.55)		
CZFQ × HGSF			0.04 (0.61)				0.07 (0.82)	
CZFQ × ZYZF				-0.02 (-0.53)				0.01 (0.35)
RGDP	0.33*** (13.4)	0.37*** (14.9)	0.39*** (16.8)	0.31*** (12.9)	0.30*** (5.33)	0.32*** (3.82)	0.26*** (5.84)	0.27*** (7.59)
KFSP	0.00 (0.37)	0.02 (1.17)	0.01 (0.74)	0.01 (0.73)	0.01 (0.46)	0.01 (0.57)	0.00 (0.11)	0.01 (0.54)
CSH	-0.03 (-0.98)	-0.05* (-1.69)	-0.05 (-1.63)	-0.04 (-1.18)	-0.03* (-1.68)	-0.03 (-0.24)	-0.04 (-0.40)	-0.07 (0.82)
CPI	-0.87*** (-4.87)	-1.15*** (-6.93)	-1.17*** (-7.04)	-0.87*** (-5.28)	-0.71*** (-2.84)	-1.44*** (-6.74)	-1.43*** (-8.04)	-1.33*** (-7.40)
常数项					-4.10*** (-14.9)	-4.34*** (-13.3)	-4.56*** (-16.6)	-3.79*** (-13.4)
Hansen	18.24	18.59	19.02	18.94	15.08	18.99	22.45	21.21
AR (1)					0.00	0.00	0.00	0.00
AR (2)					0.7230	0.7450	0.7442	0.7329
R^2	0.9484	0.9432	0.9427	0.9498				

注：*、**、*** 分别表示在 10%、5%、1% 的水平上显著；括号内为 T 统计量。

表 3 – 29　积极财政政策对总体居民基尼系数影响的估计（2008～2013 年）

变量	HAC – GMM 估计				SYS – GMM 估计			
TGINI (–1)					0.18** (2.64)	0.17** (2.24)	0.13*** (3.58)	0.19** (2.23)
CZZC	–0.08 (–1.12)				–0.11 (–1.32)			
JBJS		–0.08 (–1.11)				–0.02 (–0.85)		
GGFW		0.10 (0.87)				0.09 (0.91)		
HGSF			–0.04 (–0.91)				–0.06 (–0.88)	
ZYZF				–0.04* (–1.86)				–0.03** (–2.22)
CZFQ	0.21* (1.95)	0.25** (1.94)	0.26* (1.93)	0.33** (2.58)	0.25* (1.99)	0.28** (2.23)	0.21** (2.27)	0.19** (2.52)
CZFQ × CZZC	0.12 (0.89)				0.24 (0.88)			
CZFQ × JBJS		–0.21*** (–2.84)				–0.14* (–1.99)		
CZFQ × GGFW		–0.17 (–0.83)				–0.27 (–0.99)		
CZFQ × HGSF			–0.36* (–1.87)				–0.32** (–2.69)	
CZFQ × ZYZF				–0.09 (–0.97)				–0.8 (–0.82)
RGDP	–0.17*** (–3.21)	–0.14*** (–3.05)	–0.15*** (–2.63)	–0.13*** (–3.34)	–0.21** (–2.29)	–0.15* (–1.98)	–0.10*** (–2.91)	–0.13*** (–3.53)
KFSP	0.00 (0.89)	0.00 (1.15)	0.01 (0.79)	0.00 (0.45)	0.01 (1.27)	0.00 (0.96)	0.01 (0.83)	0.00 (0.67)
CSH	–0.11** (–2.28)	–0.14** (–2.42)	–0.13*** (–2.78)	–0.12** (–2.19)	–0.04* (–1.88)	–0.03** (–2.14)	–0.08* (–1.94)	–0.07* (1.92)

续表

变量	HAC – GMM 估计				SYS – GMM 估计			
CPI	0.21***	0.24***	0.23**	0.22***	0.37***	0.30**	0.32***	0.25***
	(3.41)	(3.78)	(2.54)	(3.54)	(3.16)	(2.21)	(3.15)	(3.41)
常数项					0.37	0.31	0.46	0.26
					(0.93)	(0.84)	(0.98)	(0.86)
Hansen	12.14	12.85	12.62	11.88	11.61	11.46	11.28	12.49
AR (1)					0.00	0.00	0.00	0.00
AR (2)					0.6413	0.6573	0.6549	0.6654
R^2	0.9877	0.9907	0.9859	0.9691				

注：*、**、***分别表示在10%、5%、1%的水平上显著；括号内为T统计量。

从制度方面分析可以看出，财政分权因素在首次积极财政政策期间显著改善了省份总体居民间的收入分配关系，但却在第二次积极财政政策期间，显著加剧了省份总体居民的收入分配关系。财政分权对省份总体居民收入分配的间接影响表现为在第一次积极财政政策期间，财政分权影响政府支出规模进一步强化了其对省份总体居民收入分配的积极影响，而在第二次积极财政政策期间却弱化了其对省份总体居民收入分配的积极影响。财政分权影响财政支出结构、税收政策和转移支付强化了其对省份总体居民收入分配的消极影响，不过这种消极影响在统计上不显著。而在第二次积极财政政策期间，财政分权影响财政支出结构显著强化了经济性支出对省份总体居民收入分配的积极效应，同时也弱化了基本公共服务支出对省份总体居民收入分配的消极效应；财政分权影响税收政策也显著强化了其对省份总体居民收入分配的积极效应；财政分权影响转移支付虽然强化了其对省份总体居民收入分配的积极效应，但在统计上并不显著。

控制变量回归结果显示，经济发展水平和经济开放度在首次积极财政政策期间都拉大了省份总体居民收入的差距，经济发展水平的消极作用尤其显著。而城镇化和通货膨胀因素则缩小了省份总体居民收入的差距，通货膨胀因素的积极作用尤其显著。到了第二次积极财政政策期间，经济发展水平显著缩小了省份总体居民收入的差距，经济开放度对其影响则不显著。城镇化对省份总体居民收入分配的积极效应开始显著，而通货膨胀因素却显著恶化了省份总体居民收入分配关系。另外，省份总体居民基尼系数的滞后期值在两次积极财政政策期间都表现较显著，表明省份总体居民基尼系数的自我增强特征比较显著。

综上分析可初步判断，在首次积极财政政策期间，省份总体居民收入分配风险略高于城镇居民和农村居民收入分配风险；在第二次积极财政政策期间，省份总体居民收入分配风险略低于城镇居民和农村居民收入分配风险。

六、小结

本节主要分析了积极财政政策实施可能产生的收入分配风险，并通过经济计量模型对积极财政政策的收入分配风险进行了检验评估，结果表明，积极财政政策对城镇居民收入分配、农村居民收入分配以及总体居民收入分配都产生了显著影响，最后初步判断，在首次积极财政政策期间，省份总体居民收入分配风险略高于城镇居民和农村居民收入分配风险；在第二次积极财政政策期间，省份总体居民收入分配风险略低于城镇居民和农村居民收入分配风险。

第七节　积极财政政策的效率损失风险评估

一、引言

根据前面积极财政政策的风险分析可知，积极财政政策的实施可能会引发各种公共风险。这意味着积极财政政策的实施，虽然一定程度上实现了国家宏观调控的目标，但是也会产生一定的效率损失。这种效率损失的存在会使积极财政政策的效果弱化，因此，对于积极财政政策的效率损失进行研究是非常有必要的。根据效率的定义，单位投入所得到的产出越大，效率就越高，如果单位投入增加，并未达到应该达到的产出效果，这样一来，就存在效率的漏出，也就是效率损失了。积极财政政策的实施主要是通过加大政府投入来实现经济复苏的。1998～2004 年第一次积极财政政策期间，全社会固定资产投资额从 28 406.2 亿元增加到 70 477.7 亿元，增加了 42 071.5 亿元，其中具有政府性质的国债投资额从 3 808.77 亿元增加到 6 923.9 亿元，增加了 3 115.13 亿元。2008 年至今，第二次积极财政政策期间，全社会固定资产投资额从 2008 年的 172 828.4 亿元增加到 2011 年的 311 485.1 亿元，截至 2012 年 11 月全社会固定资产投资额达到 326 236.17 亿元，增加了 138 656.7 亿元和 153 407.77 亿元，其中具有政府性质的国债投资额从 2008 年的 8 558.2 亿元增加到 2011 年的 17 100 亿元和 2012 年的 16 062.26 亿元，分别增加了 8 541.8 亿元和 7 504.1 亿元。政府的投入规模在两次积极财政政策期间都大幅度增加，那么大规模的投入，所带来效率如何呢？

学者从不同角度研究了政府投入的效率问题。秦朵、宋海岩（2003）运用标准生产函数的投资模型分析了我国政府投资的效率，分析表明，我国存在投资配置效率低下的问题。陈迅、余杰（2005）运用随机前沿函数分析方法，分析了我国公共支出对技术效率的影响，结果表明，公共支出能够导致技术效率显著降低，但公共支出的结构，即不同组成部分却能够显著提高技术效率。金荣学、宋弦（2011）运用数据包络分析方法，评价了我国政府的支出效率，结果表明，我国政府支出的纯技术效率水平比较高，政府支出规模效率略低于纯技术效率，总体技术效率的均值为 0.879。杨传喜、李平、张俊飚（2011）运用非参数生产前沿面理论，分析了我国科技投入的资源配置效率，结果显示，湖北省不同地区的研发机构存在程度不同的效率损失，很多地区存在规模经济型的效率损失。顾元媛（2011）分析了我国的科技补贴支出存在效率损失，原因是科技补贴对象选择过程中的寻租行为导致的。另外税收政策也是积极财政政策的重要工具之一，常世旺、韩仁月（2011）综合运用参数和非参数分析方法，估算得出我国各地区现行税负不但引起了一定程度的效率损失，还加大了地区差距。

从现有研究与政府相关的效率文献可以看出，政府行为导向的相关投入，都会带来一定的效率损失。本书是在前人研究的基础上，以财政分权制度为背景，着重分析积极财政政策在实施过程中可能带来的效率损失。

二、积极财政政策或可引发的效率损失及机制分析

在我国现行财政分权体制下，地方政府的经济独立性不断被强化，地方政府为税收收入的扩大以及自身政治晋升资本的增加而会同其他地区展开激烈竞争，这种竞争首先会导致区域之间的竞争效率损失。积极财政政策实施的过程中，各种要素资源也会加速在不同地区间流动，同样，财政分权带来的激励扭曲也可能会导致要素在各区域之间配置的效率损失。

（一）积极财政政策引发竞争效率损失的机制分析

竞争在为各竞争主体之间带来压力的同时，也会产生动力。我国现行财政分权体制就为地方政府竞争提供了激励机制，财政分权扩大了地方政府的经济自主权，地方政府为了实现本地区经济利益最大化，同时为了政治晋升的利益，地方政府就会对各种可能提升本地区经济总量的资源进行争夺。在现有机制、体制还不完善的情况下，地方政府之间的这种竞争虽然能够带来经济的增长，但是同时也可能带来效率的损失，这种由于地方政府竞争而带来的效率损失主要表现在以下两个方面：

第一，地方政府竞相扩大投资规模可能带来一定的效率损失。相比较消费而言，投资在短期内提升地区经济总量的效果更加明显，所以，开展投资竞争成为地方政府的首选，特别是政府在实施积极财政政策期间这种竞争会更加激烈。因为，在这期间各项政策相对宽松，这也是快速提升本地经济总量的最佳时机，地方政府都会努力去抓住这次机会，所以竞争也会更加激烈。地方政府间的这种投资竞争会带来两种后果，一是地方政府的这种为增长而展开的投资竞争，会使地方政府忽略所带来部分行业产能过剩的问题（张日旭，2012）。产生过剩一方面会造成资源浪费；另一方面会因在某些行业过度集中投资而造成其他行业资源投资不足，致使产业结构失调，最终导致效率损失。二是投资产业的趋同性。各级地方政府都清楚投资哪些方面能够快速带动本地区经济总量，因此，各地区投资的重点差异性比较小，造成重复建设、各地区产业结构趋同，进而使得各地区之间只为争夺有限的市场而展开恶性竞争，结果必然造成效率损失。

第二，地方政府投资竞争努力程度的差异性会带来一定的效率损失。我国各地区经济发展水平差异性比较大，资源禀赋不同，继而竞争的起点是不同的。东部地区经济发展水平高，中部地区经济发展水平低于东部地区，西部地区经济发展水平最低，这种历史形成的经济发展差异使得地方政府在投资竞争努力程度方面并非一致。对于东、中、西部来说三个地区所受到的竞争压力是不同的，东部地区的竞争压力主要来自中部地区对其的追赶，西部地区的竞争压力主要来自追赶中部地区经济发展水平，中部地区则受到双重竞争压力，它既要赶超东部地区，又要防止被西部地区赶超。不同的压力来源会使地方政府的努力水平强弱不同，中部地区受到追赶与被追赶的双重压力，压力大，自然动力就会增强，而东部地区和西部地区分别受到被追赶和追赶的压力，相对来说，动力就会弱于中部地区。积极财政政策在全国实施，并不必然会产生同等效力，相比较而言，积极财政政策的实施在中部地区提升经济总量的效果最显著，竞争效率损失最小，因为中部地区受到双重竞争压力，因此，激励强度最大，所以损失也就最小。而对于东部地区和西部地区而言，增加经济总量的效果会弱些，竞争效率损失会较高。东部地区和西部地区投资竞争的努力程度取决于相对收益的差距。对于东部地区来说，东、中部地区相对收益差距扩大，就会刺激东部地区提高努力程度，因为只要东部地区提高了努力程度，就能够保持这种领先优势，继而获得更大的收益，竞争效率损失相对会小些。但是对于西部来说，中、西部地区相对收益差距的扩大意味着中、西部地区发展的差距更大，更大的差距就会使西部地区追赶中部地区所付出的成本更大，而所得收益却很少，降低努力程度或许能够增加收益，所以财政收入和政治晋升的激励强度就会极大减弱。因此，西部地区可能就会弱化这种竞争，放慢甚至放弃对中部地区的追赶，由此会造成更大的竞争效率损失。

（二）积极财政政策引发资源配置效率损失的机制分析

资源配置效率损失主要是指社会各生产要素资源在各产业生产部门之间不合理的配置，导致实际生产对前沿生产产生偏离。这种偏离造成实际生产未达到前沿生产的要求，从效率的角度来说，实际产出出现了效率损失，这种由于资源配置不合理而造成的效率损失被称为资源配置效率损失。

积极财政政策主要通过公共投资支出和税负调整来影响资源配置。在当前财政分权体制下，地方政府的公共投资都会偏向短期能够快速带动本地区经济增长的项目，这些项目有可能属于竞争领域。地方政府的这种投资偏好，一方面会使地方政府通过行政权力使用于其他项目的各种要素资源被用作地方政府偏爱的投资项目，各种要素过于向某一部门集中，进而就会造成各要素资源在各部门的分配出现不协调；另一方面政府的投资取向会对其他经济投资主体起到示范效应，引导其他经济投资主体向其看齐，把本应该用于其他领域的各要素资源部分或者全部用于与政府投资相同或者相似领域及项目，这样更会加剧各要素资源在各部门之间分配的不合理性，使其实际产出对潜在产出产生偏离，最终造成资源配置的效率损失。除此之外，由于各生产要素对于产出的贡献率是不同的，地方政府对于 GDP 总量的偏爱以及自身政治晋升的激励，会使政府加大对产出贡献率高的要素投入。现有文献研究普遍认为资本的贡献率高于其他要素，因此，地方政府就会倾向于加大有利于资本增加的固定资产的投资，这样同样也会造成要素配置在各部门、各产业之间的失调。地方政府投资支出除了会直接造成资源配置效率的损失外，还会间接造成资源配置效率的损失。在财政分权和政治晋升的双重激励下，地方政府的强烈投资冲动会引发物价水平的大幅度波动，这在第五章通货膨胀风险分析中已经进行了分析。物价水平的波动也会引发资源配置效率的损失。丁从明、陈仲常（2010）运用理论模型分析得出，价格波动会导致企业资源配置效率损失的增加，但这种增加幅度是逐渐递减的，也就是说，价格波动对资源配置效率影响是非线性的。然后他们以前沿随机生产函数为基础，运用极大似然估计方法检验了价格波动对资源配置效率的影响效应，结果表明，价格波动对资源配置效率损失产生非线性影响。

税收政策是积极财政政策的另一重要调控工具。税收政策同样也可以对各要素配置产生影响。税收政策主要通过对不同的生产要素设置不同的税收优惠，进而改变不同生产要素之间税收负担，导致税负轻的生产要素代替税负重的生产要素，从而改变各部门或产业不同要素之间的分配关系。积极财政政策下，除了增加政府财政支出外，那就是减税。减税主要是一种结构性减税，而不是全面的减税。在积极财政政策期间，我国实行的是增税与减税并举的税收政策。增税和减税一方面是国家宏观经济调控的需要；另一方面有增、有减的税收调整是我国税收体制改革不断推进和完善的需要。总体上看，依据相关研究文献可知，我国税收负担是在不断提高的，税收政策调整增税力度大于减税力度，所以，不但可能造成资源配置效率的损失，还有可能造成实际税负过重而引致的效率损失。常世旺、韩仁月（2011）测算了我国1996年以来的最优税收负担，结果显示，各地区的实际税负都高于最优税负，存在产出的效率损失。从结构的角度来说，在现有财政分权体制下，财政分权和政治升迁激励下，地方政府会偏向于对经济贡献率高的要素作为减税对象，对其他要素不作调整或者少作调整，以此来提高本地区的经济总量。这样一来会出现因政府干预而使税负轻的生产要素不断代替税负重的生产要素，扭曲各要素之间的配置关系，进而导致资源配置效率损失，尤其是在经济发展水平落后的地区这一现象可能会更严重一些。

积极财政政策作为重要的宏观调控政策，一方面刺激了经济的复苏，提高了经济总量，另一方面在分权激励和政治升迁激励下，地方政府在落实积极财政政策的过程中，出于地方利益的考虑而使政策执行出现偏差，导致效率损失。上述分析了积极财政政策的实施可能带来的竞争效率损失和资源配置效率损失。下面我们将通过实证模型，运用省级面板数据来检验积极财政政策是否会产生竞争效率损失和资源配置效率损失，并评估两次积极财政政策期间导致竞争效率损失和资源配置效率损失的程度。

三、模型的构建、变量选取及数据处理

本书将分开检验评估竞争效率损失和资源配置效率损失。

（一）积极财政政策竞争效率损失的检验评估模型

由理论分析可知，地方政府投资竞争依地区经济发展水平差异而导致竞争效率损失的差异。经济发展水平高的地区和低的地区竞争效率损失相对较高，经济发展水平居中的地区，由于受到追赶与被追赶的双重竞争压力，竞争效率损失相对低一些。换言之，经济发展水平居中的地区政府投资拉动经济增长的能力要高于经济发达地区和经济落后地区，呈现出倒U形的轨迹。我们将通过构建模型来检验不同经济发展水平地区政府投资对经济的拉动作用是否是呈现出倒U形的变化轨迹，进而得出地方政府投资竞争效率损失呈现U形的假设。因此，检验模型如下：

$$GDP_{it} = \alpha + \beta_1 ZFTZ_{it} + \beta_2 CZFQ_{it} + \beta_3 ZFTZ_{it} \times CZFQ_{it}$$
$$+ \sum_j \phi_j X_{it} + \gamma_i + \lambda_t + \varepsilon_{it} \qquad (3-25)$$

其中，i、j、t 分别代表省份、控制变量个数和年份。$ZFTZ_{it}$、$CZFQ_{it}$ 分别代表政府投资变量、财政分权变量，$ZFTZ_{it} \times CZFQ_{it}$ 表示政府投资与财政分权变量的交互项，主要用来考察财政分权通过影响政府投资行为可能导致的竞争效率损失。X_{it} 表示其他影响 GDP 变动的控制变量。γ_i、λ_t 分别表示省份个体效应和时期效应，ε_{it} 为随机误差项。

由于影响经济的因素是比较复杂的，各地区除了有共同的影响因素外，还有其具体的个体影响因素，这些地区所特有的不随时间而变化的未观测到的影响经济的因素，我们设定的模型不可能把各地区所有未观测到的影响因素都考虑进来，被忽略的个体间的个体效应因素就会进入随机误差项里，因此，会造成解释变量与误差项之间存在相关性的可能。为此，我们将使用组内固定效应估计法对方程（3-25）进行估计。同时，除了不可观测影响因素外，解释变量之间可能存在的内生性问题和共线性问题也是需要考虑的，比如交叉项的存在可能会造成方程共线性问题，我们将在固定效应估计方法的基础上，同时运用一阶差分估计方法来消除方程中内生性问题和共线性问题（吴延斌，2008）。对式（3-25）两边取差分得到差分方程。

$$\Delta GDP_{it} = \alpha + \beta_1 \Delta ZFTZ_{it} + \beta_2 \Delta CZFQ_{it} + \beta_3 \Delta ZFTZ_{it}$$
$$\times \Delta CZFQ_{it} + \sum_j \phi_j \Delta X_{it} + \Delta \varepsilon_{it} \qquad (3-26)$$

下面我们将对模型的被解释变量、解释变量和控制变量进行选取，并对变量数据进行相应处理。

被解释变量：国内生产总值，记作 GDP。为了避免人口规模因素的影响，我们取人均 GDP 作为被解释变量，该指标以 1998 年为基期通过居民消费价格定基指数进行平减，剔除价格因素。

解释变量：政府投资、财政分权，以及政府投资与财政分权的交互项，分别记为 ZFTZ、CZFQ、ZFTZ × CZFQ。政府投资以地区国有经济固定资产投资额来表示，该指标以 1998 年为基期通过固定产投资价格定基指数进行平减，剔除价格因素；财政分权以各地区人均财政支出与各地区人均财政支出和中央人均财政支出之和的比值来表示。

控制变量：（1）市场化水平，记作 SCH。

以各地区国有经济工业总产值占本地区工业生产总值比重，来反映市场化水平程度，该值越大表示市场化水平越低。

（2）城镇化水平，记作 CSH。

以各地区城镇人口总数占本地区总人口数的比重，来反映各地区的城镇化水平，该值越大表示城镇化水平越高。

（3）外商投资，记作 WSTZ。

以地区港澳台及外商投资额作为外商投资的代理变量，该指标以 1998 年为基期通过固定资产投资价格定基指数进行平减，剔除价格因素。

为了消除面板数据可能存在非平稳关系以及估计过程中可能出现的异方差性，我们同时对所有变量取自然对数形式。由于两次积极财政政策实施时间并非连续，因此我们将分两个阶段对模型进行估计，样本区间为 30 个省份，因西藏数据不全故舍去；时间跨度为 1998～2004 年和 2008～2013 年，所有指标基础数据来自中经网统计数据库，高校财经数据库，《中国统计年鉴》（1999～2014年），各省份 2014 年统计年鉴。

（二）积极财政政策配置效率损失的检验评估模型

现有文献关于资源配置效率评价的方法主要有比较定量分析方法、数理分析方法、参数分析方法以及非参数分析方法。其中非参数分析方法运用于效率分析的比较普遍，主要包括主成分分析方法、泰尔指数分析方法、数据包络分析方法（DEA），而现在常用的数据包络分析方法忽略了误差项对产出的影响，继而会造成低估效率损失的可能性（刘玲利、李建华，2007）。因此我们将使用基于随机前沿模型的分析方法，来对积极财政政策的资源配置效率损失进行检验和评估。而超越对数生产函数的随机前沿模型常被用来分析资源的配置效率（丁从明，2011；席建国，洪琦，2011），所以，本书也将利用超越对数生产函数的随机前沿模型来分析积极财政政策的资源配置效率损失。超越对数生产函数的随机前沿模型如下：

$$\ln Y_{it} = [\alpha + \gamma_1 \ln K_{it} + \gamma_2 \ln L_{it} + \gamma_3 \ln K_{it} \times \ln L_{it} + \gamma_4 \ln K_{it}^2 + \gamma_5 \ln L_{it}^2 +$$
$$\gamma_6 \ln K_{it} \times t + \gamma_7 \ln L_{it} \times t + \gamma_8 \times t + \gamma_9 \times t^2 + V_{it}] - U_{it} \qquad (3-27)$$

其中 Y_{it}、K_{it}、L_{it} 分别表示不同省份在不同时期的国内生产总值、资本存量和劳动从业人数。其中括号内代表潜在产出水平，该产出水平受到资本、劳动等一系列投入要素和不可测因素 V_{it} 的影响。U_{it} 表示由于资源配置不合理而造成的实际产出与潜在产出偏离程度，即资源配置效率损失。资源配置效率损失方程为

$$U_{it} = \phi + \phi_1 ZFTZ_{it} + \phi_2 HGSF_{it} + \phi_3 CZFQ_{it} + \phi_4 CZFQ_{it} \times ZFTZ_{it} + \phi_5 CZFQ_{it} \times$$
$$HGSF_{it} + \phi_6 KFSP_{it} + \phi_7 GYH_{it} + \phi_8 CPI_{it} \qquad (3-28)$$

其中 $ZFTZ_{it}$、$HGSF_{it}$、$CZFQ_{it}$、$CZFQ_{it} \times HGSF_{it}$、$CZFQ_{it} \times ZFTZ_{it}$ 是解释变量，$KFSP_{it}$、GYH_{it}、CPI_{it} 为控制变量，控制变量的选取根据王志刚、龚六堂（2006）、丁从明、陈仲常（2010）、刘瑞明、石磊（2010）等文献研究而选取。

假设随机误差项 V_{it}、资源配置效率损失项 U_{it} 相互独立且与解释变量不相关。根据该假定，早期研究主要采用两步回归的方法，先根据式（3-27）估计得出资源配置效率损失项 U_{it}，然后对影响资源配置效率的相关因素与 U_{it} 进行回归得到估计结果。但这种估计方法会造成 U_{it} 估计有偏（王志刚、龚六堂，2006）。所以本书将借鉴巴特特希和科埃利（Battese，Coelli，1995）的技术效率模型估计方法，把影响资源配置效率的外生性因素以资源配置效率损失项 U_{it} 截尾正态分布模的形式即式（3-28）出现，并将其移入随机前沿生产函数模型即式（3-27）中，采用极大似然估计的一步估计方法，联合得出相关系数值，此方法可以避免传统两步估计法所出现的有偏和不一致问题。不过在对方程进行极大似然估计时，我们需要构建方差参数，也被称为复合残差项方差 $\varphi = \sigma_u^2 / \sigma_u^2 + \sigma_v^2$，取值范围 0~1，当 φ 趋近于 0 时，意味着实际产出对潜在产出的偏离是由随机误差项 V_{it} 引起，反之，趋近于 1 则意味着这种对潜在产出的偏离是由资源配置效率低下所致。

下面我们将对模型的变量进行选取并对其变量数据进行处理。

国内生产总值：以各省（区、市）现价国内产总值为基础，通过国内生产总值指数得出实际国内生产总值，记为 GDP。资本存量：资本存量数据使用张军、吴桂英、张吉鹏（2004）估算数据，并根据其估算方法估算出其他年份的值，记为 K。劳动者：以各省（区、市）年底从业人员数来表示，记为 L。时间变量以自然数来代表响应的年份，记为 t。

政府投资变量和财政分权变量仍选取竞争效率损失检验时使用的变量，数据处理的方法也相同，在此不再赘述。宏观税负变量：以各地区税收收入总额/地区生产总值比值来代表宏观税负，记为 HGSF。开放水平：以地区进出口总额占本地区国内生产总值比重，来反映各地区的经济开放程度，该值越大表示经济开放程度越高，其中各地区进出口总额以年平均汇率折算成人民币额度。国有化程度：以各地区国有经济总产值占本地区工业生产总值比重，来反映地区国有化程度，该值越高意味着国有化程度越高，记为 GYH。通货膨胀水平：以地区居民消费价格指数来表示通货膨胀率，以 1998 年为基期转化为居民消费价格定基指数，以小数形式出现，记为 CPI。

对资源配置效率损失将分两个阶段对模型进行估计，样本区间为 30 个省份，因西藏数据不全故舍去；时间跨度为 1998~2004 年和 2008~2013 年，所有指标基础数据来自中经网统计数据库，国泰安研究服务中心数据库、《中国统计年鉴》（1999~2014 年）。

四、评估与结果分析

(一) 积极财政政策引发竞争效率损失的评估与分析

我们运用固定效应方法对方程 (3-24) 进行回归估计,运用一阶差分方法对方程 (3-25) 进行回归估计,结果如表 3-30、表 3-31 所示。

表 3-30　　积极财政政策的竞争效率损失的估计结果 (1998~2004 年)

解释变量	固定效应估计法			一阶差分估计法		
	东部地区	中部地区	西部地区	东部地区	中部地区	西部地区
ZFTZ	0.6803 *** (5.3599)	0.7271 *** (3.0859)	0.0926 * (1.8306)	0.2748 *** (2.7274)	0.3001 * (1.9868)	0.0853 ** (2.2577)
CZFQ	1.7427 * (1.6875)	3.5632 * (1.8879)	0.5205 * (1.9978)	1.7847 * (1.9583)	3.008 * (1.8950)	0.6287 * (1.9864)
ZFTZ × CZFQ	-0.3797 ** (-2.3801)	-0.6063 * (-1.7621)	-0.1266 (-1.5802)	-0.1491 (-1.1622)	0.5444 * (1.7322)	-0.1390 (-0.7242)
SCH	0.3125 *** (3.9245)	1.3027 *** (5.0707)	0.0958 * (1.7216)	0.1351 ** (2.2626)	0.4753 *** (11.970)	0.3396 *** (4.9425)
CSH	2.6051 *** (20.3512)	10.259 *** (5.6505)	0.1086 (0.2878)	0.2022 * (1.8505)	1.0610 * (1.9318)	0.7232 (1.1585)
WSTZ	0.1588 *** (10.733)	0.0028 (0.0795)	0.0002 (0.0297)	0.0237 ** (2.0756)	0.0084 (0.4226)	0.0141 (1.5920)
常数项	3.6891 *** (4.623)	0.8255 (0.6328)	7.1319 *** (15.380)	0.0938 *** (23.227)	0.0869 *** (17.674)	0.0804 *** (13.066)
R^2	0.9584	0.9485	0.9983	0.4686	0.4401	0.5557
F 值	89.447 ***	63.263 ***	143.902 ***	2.8014 ***	2.1901 **	3.3058 ***

注: *、**、*** 分别表示在 10%、5%、1% 的水平上显著;括号内为 T 统计量。

表 3-31　　积极财政政策的竞争效率损失的估计结果 (2008~2013 年)

解释变量	固定效应估计法			一阶差分估计法		
	东部地区	中部地区	西部地区	东部地区	中部地区	西部地区
ZFTZ	0.6491 * (1.9701)	0.6120 ** (2.4232)	0.6413 *** (3.3474)	0.5818 * (1.9967)	0.7048 ** (2.2808)	0.5732 (1.5195)

解释变量	固定效应估计法			一阶差分估计法		
	东部地区	中部地区	西部地区	东部地区	中部地区	西部地区
CZFQ	5.5452 (1.5910)	5.8144 *** (2.7916)	1.2134 * (1.9728)	4.7603 * (1.9893)	5.1063 ** (2.4081)	1.7469 * (1.9921)
ZFTZ × CZFQ	0.6984 * (1.9781)	0.8321 ** (2.2799)	0.8513 *** (3.6071)	0.6102 * (1.9942)	0.8538 *** (2.9741)	0.6731 (0.9018)
SCH	0.1336 (0.7174)	0.0171 (0.6421)	0.0131 * (1.9551)	0.1243 (0.6590)	0.0143 (0.7788)	0.0124 (0.7538)
CSH	-0.7938 (-0.837)	-0.5509 (-0.566)	-0.3684 (-0.478)	-0.6660 (-0.745)	0.0643 (0.178)	0.5415 (1.359)
WSTZ	-0.1324 ** (-2.358)	-0.0872 * (-2.099)	0.0409 (1.455)	-0.1253 * (-2.057)	-0.0514 * (-1.921)	-0.0558 (-1.501)
常数项	15.765 *** (4.2767)	9.749 *** (5.1083)	9.061 *** (5.6731)	0.0894 *** (3.6918)	0.0665 (1.4152)	0.1206 *** (3.6571)
R^2	0.9971	0.9952	0.9561	0.8424	0.8799	0.7948
F 值	283.871 ***	545.917 ***	156.596 ***	5.6312 ***	5.8134 ***	3.4331 **

注：*、**、*** 分别表示在 10%、5%、1% 的水平上显著；括号内为 T 统计量。

从表 3-30 可以看出，固定效应分析方法和一阶差分方法估计结果都表明，政府投资在 1998～2004 年积极财政政策期间都显著促进了经济的增长，但这种增长效应却呈现出了显著的地区性差异。两种估计方法都得出了中部地区政府投资的效应高，东部地区和西部地区政府投资效应低的现象，政府投资效应呈现出典型的倒 U 形。政府投资对中部地区经济的拉动效果最显著，这表明中部地区受到被西部地区经济追赶的压力和追赶东部地区经济发展的双重竞争压力，使得中部地区地方政府有动力合理布局投资规模，付出最大努力程度去推动中部地区的经济增长。而对于西部地区只受到追赶中、东部地区经济增长的竞争压力，这种竞争压力带来两种后果，一是提高西部地区政府的努力程度，前提是追赶的成本要大幅度低于收益；二是认为追上并超过中、东部地区经济发展水平是不太可能，或为此获得的收益比较少，并且还要付出巨大努力，不如降低自身的努力水平，通过其他途径来拉动经济增长。估计结果显示，1998 年的积极财政政策对西部地区促进作用最低，这意味着西部地区在此次积极财政政策期间选择降低政府努力程度。与西部地区竞争压力不同，东部地区本身属于经济发展领先地区，也只有来自中西部地区追赶的压力，这种压力一方面会推动东部地区更快发展；另一方面即使被追赶上，最多失去领先优势。所以，东部地区可以选择只要不被追赶上就好，自然努力程度会略低于中部地区。估计结果也证实了这一点，东部地区在首次积极财政政策期间对经济的促进作用略低于中部地区。从整体来看，中部地区拉动经济的作用效果最高，政府努力程度最高，投资竞争效率损失最低，东部地区次之，西部地区投资竞争效率损失最大。政府投资拉动经济增长呈现出倒 U 形，意味着其所产生的竞争效率损失呈现出近似 U 形。

另外，从估计结果可以看出，财政分权因素对经济增长的影响也呈现出倒 U 形，其产生的竞争效率损失也呈现出近似 U 形。财政分权因素通过影响政府投资行为进而对经济的影响结果显示（一阶差分估计法），首次积极财政政策期间，中部地区财政分权因素通过影响政府投资的行为强化了对经济的促进作用，而中西部地区财政分权因素通过影响政府投资的行为则一定程度上削弱了对经济的促进作用。这意味着在财政分权体制下，中部地区的竞争效率损失会进一步降低，而东、西部地区的竞争效率损失会进一步提高。

从表 3-31 估计结果可以看出，2008 年至今的积极财政政策期间政府投资对经济的促进作用虽然还是倒 U 形，但相比首次积极财政政策，拉动经济的效应已有所显著增强，竞争效率损失依然是中部地区最低，东、西部地区竞争效率损失比较大。财政分权对经济的促进作用比首次积极财政政策期间有所增强，但所产生的竞争效率损失依然是近似 U 形。不过在此次积极财政政策期间，财政分权通过影响地方政府投资行为，都加强了对东、中、西部地区经济的促进作用，进而一定程度上降低了投资竞争所产生的效率损失。从两次积极财政政策期间的竞争效率损失 U 形的扁平程度上可初步判断，1998~2004 年的积极财政政策的竞争效率损失风险略高于 2008 年以来积极财政政策的竞争效率损失风险。

从控制变量的估计结果可以看出，市场化因素在首次积极财政政策期间，显著推动了经济的增长，而在第二次积极财政政策期间，市场化因素对经济的促进作用效果就不显著了。由于本书的市场化指标是用国有经济工业总产值占地区工业总产值比重而得，这意味着 1998 年国有企业改革显著促进了经济的增长，这与洪功祥（2011）的结论基本一致，但在第二次积极财政政策期间，这种促进效应变得不显著。城镇化因素在首次积极财政政策期间也显著拉动了经济增长，可是在第二次积极财政政策期间，这种促进作用变得不显著，甚至出现负向效应，这说明我国当前的城镇化推进不能再走数量化的道路，而应该向提高城镇化的质量转变。外商投资在首次积极财政政策期间都能够推动经济增长，尤其是在东部地区外商投资的经济增长效应特别显著，然而到了第二次积极财政政策期间，外商投资不但不会促进经济增长，反而会拖累经济增长。这意味着我们各地方政府对外商投资的引进需要改进思路，不能只关注引资的数量，还必须要关注引资的质量。

（二）积极财政政策引发资源配置效率损失的实证检验与分析

我们运用极大似然函数估计方法对式（3-26）和式（3-27）进行联合估计，结果见表3-32。

表3-32 积极财政政策的配置效率损失的估计

变量	1998~2004 年			2008~2013 年		
前沿随机生产函数估计						
K	0.5539*** (5.4921)	0.5849*** (3.4953)	0.5238** (2.1898)	0.5641*** (3.2194)	0.5739** (2.2172)	0.5932* (1.9345)
L	0.4839*** (4.3628)	0.4739** (2.1718)	0.4032*** (2.8948)	0.2560** (2.2459)	0.2389* (1.9081)	0.3011 (0.9899)
K×L	-0.1239*** (-7.452)	-0.1446** (-2.194)	-0.1129* (-1.895)	-0.1202 (-0.485)	-0.1035 (-0.619)	-0.0986* (-1.934)
K²	0.3975*** (7.4532)	0.4284*** (5.3754)	0.3845 (1.0512)	0.2540 (1.1839)	0.2251* (1.9349)	0.2884 (1.3689)
L²	-0.1258** (-2.164)	-0.1483** (-2.211)	-0.0925* (-1.885)	-0.0613 (-0.541)	-0.0654 (-0.849)	-0.0506 (-1.152)
K×t	-0.0362** (-2.296)	-0.0046* (-1.803)	-0.0035 (-0.852)	-0.0144* (-1.994)	-0.0112*** (-3.291)	-0.0105* (-1.931)
L×t	0.0065** (2.1973)	0.0058*** (2.8965)	0.0055* (1.8858)	0.0084 (0.7819)	0.0061* (1.8795)	0.0054** (2.2193)
t	0.1044*** (3.1829)	0.3672** (2.1895)	0.2948** (2.1989)	0.2824* (1.8992)	0.2832** (2.2111)	0.2714* (1.9353)
t²	0.0050*** (3.8459)	0.0042** (2.1829)	0.0036** (2.1938)	0.0034 (0.5840)	0.0032* (1.8998)	0.0034** (2.2837)
常数项	-1.4015*** (-2.893)	-1.5829*** (-3.047)	-1.5268*** (-5.7392)	-1.1537** (-2.3919)	-1.3341** (-2.2519)	-1.2785** (-2.2023)
资源配置效率损失方程估计						
ZFTZ	0.5375*** (5.8329)		0.4889** (2.1893)	0.3429* (1.9058)		0.3425* (1.8984)

变量	1998 ~ 2004 年			2008 ~ 2013 年		
资源配置效率损失方程估计						
HGSF	0.2481 ** (2.1458)		0.2839 *** (5.2847)	0.1455 (0.9492)		0.1028 (0.6394)
CZFQ	−0.3721 ** (−2.196)		−0.4279 ** (−2.099)	−0.2514 * (−1.996)		−0.1297 (−0.538)
CZFQ × ZFTZ		0.2339 *** (4.5219)	0.2845 ** (2.1898)		0.3207 *** (2.9147)	0.3301 * (1.9184)
CZFQ × HGSF		0.1036 * (1.8630)	0.1159 * (1.8732)		0.1503 (0.9934)	0.2275 (0.6681)
KFSP	−4.8231 *** (−7.489)	−4.3829 ** (−2.184)	−4.0162 ** (−2.189)	−3.1914 * (−1.925)	−3.4134 (−1.201)	−3.2024 ** (−2.298)
GYH	1.0688 *** (4.9883)	1.1274 ** (2.0997)	0.9899 *** (3.7947)	0.5721 ** (2.2516)	0.6381 ** (2.3449)	0.7329 (0.9342)
CPI	1.6729 ** (2.2451)	1.5483 ** (2.1849)	1.4487 *** (4.0934)	1.6718 * (1.9255)	1.6821 ** (2.3743)	1.7002 * (1.9130)
常数项	1.3029 *** (3.6020)	1.5820 *** (4.1023)	2.0014 ** (2.1010)	1.7342 *** (3.4159)	1.2401 ** (2.2484)	1.1359 ** (2.3937)
φ （方差参数）	0.9993	0.9998	0.9996	0.9899	0.9788	0.9899
似然函数值	95.6534 ***	105.3476 ***	102.3476 **	94.4856 **	99.2447 *	100.3421 *
LR 检验	180.4472	238.8432	210.3749	204.2558	200.4122	195.4134

资料来源：*、**、*** 分别表示在 10%、5%、1% 的水平上显著；括号内为 T 统计量。

从表 3 - 32 可以看出，在 10% 显著水平上超越对数生产函数的各项系数在 1998 ~ 2004 年积极财政政策期间大部分都比较显著，而在 2008 年之后的积极财政政策期间各项系数显著性略低些，这可能与数据年限较短有关。从资源配置效率损失方程估计结果可以看出，政府投资增加在首次积极财政政策期间显著导致资源配置效率损失增加，在第二次积极财政政策期间虽然也致使资源配置效率损失增加了，但影响程度相比第一次已有所降低，这也意味着我国政府投资正在趋向合理化。宏观税负的提高在首次积极财政政策期间造成资源配置效率损失增加，而在第二次积极财政政策期间却并没有引起资源配置效率显著增加，这可能是因为我国推行了农业税废除改革，增值税生产型向消费型转型改革、内外资企业所得税合并改革等税制的改革，从一定程度上降低了各要素的税负水平，使得税收对要素分配的扭曲能力有效降低所致。财政分权作为制度性因素，在首次积极财政政策期间，由于财政分权改革初期，分权空间大，产生的边际效应就会比较大，提高效率的能力也比较强，所以，财政分权程度的提高能够显著降低资源配置效率损失。但是，随着财政分权程度的扩大，分权空间在不断缩小，边际效应在逐步递减，所以，2008年以来的积极财政政策期间，财政分权提升资源配置效率的能力在降低。财政分权自身虽能提高资源配置效率，但在我国，政治集权下的财政分权改革，使得地方政府只注重对上级负责。以支出衡量的财政分权程度越高，意味着地方政府支配公共资源的权力就越大，为了对上级负责，达到上级的要求或者标准，地方政府就会通过影响政府投资行为来实现其目标。这种影响使得地方政府投资增大继而导致资源配置效率损失增加，进一步强化了政府投资对资源配置的扭曲。而财政分权在首次积极财政政策期间显著加剧了税收政策对资源配置的扭曲，第二次积极财政政策期间却变得不显著。从影响强度上来说，第二次积极财政政策期间，财政分权通过影响政府投资行为对资源配置效率损失的影响大于首次积极财政政策。总体来说，积极财政政策的实施在现行财政分权体制下会造成一定程度的资源配置效率损失，从实证检验可以初步判断，第一次积极财政政策的资源配置效率损失要略高于第二次积极财政政策，所造成的资源配置效率损失风险前次略高于后次。

由其他影响资源配置效率因素的估计结果可知，提高对外开放程度能够显著提高资源配置效率，但这种能力有逐渐减低的趋势，因此，我国应该从注重提高对外开放的广度向深度转化，提高对外开放的质量。国有化因素估计系数表明，国有化水平的提高会增加资源配置的效率损失，而且这种影响在首次积极财政政策期间尤为显著，这表明，我国还需要进一步深化国有企业改革，提高国有企业效率。通货膨胀因素估计系数表明，两次积极财政政策期间伴随的价格水平波动显著地增加了资源配置的效率损失，这与丁从明、陈仲常（2010）的结论基本一致。

五、小结

本节主要分析了积极财政政策实施过程中可能引发的竞争效率损失和资源配置效率损失。在现有财政分权体制和机制下，地方政府间投资竞争易引发产能过剩和产业结构趋同问题，造成效率损失；同时，更主要的是，由于地方政府受到不同的投资竞争压力造成经济发达地区、发展地区和落后地区的竞争努力程度是不同的，最终导致竞争效率损失。另外积极财政政策的手段：政府投资和税收政策通过影响各资源要素的配置，继而可能会引发资源配置效率损失。我们分别运用不同模型和估计方法对积极财政政策可能造成竞争效率损失和资源配置效率损失进行检验和评估。结果表明，在 1998～2004 年，积极财政政策实施显著提高了竞争效率损失和资源配置效率损失，2008 年以来积极财政政策虽然显著增加了竞争效率损失和资源配置效率损失，但是相较而言，前次所造成效率损失要略高于后次。总体来说，积极财政政策实施会导致效率损失风险增加，前次效率损失风险略大于后次。

第八节　财政宏观稳定功能的风险评估

一、引言

1997～2013 年，财政宏观政策是影响中国经济态势最重要的因素。1996 年中国宣布"软着陆"成功。为了应对亚洲金融危机，1997 年底就起用积极的财政政策，2005 年开始实行稳健的财政政策，意味着应当退出第一轮积极的财政政策。2007 年由于受美国次贷危机的影响，中国实施更为积极的财政政策，时至今日这一轮财政政策仍在进行之中，并在增强宏观调控的针对性、灵活性、有效性方面发挥重要作用。

宏观政策以微观的制度安排为基础。1994 年中国实行分税制财政体制改革，被认为基本构成了社会主义市场经济体制的财政制度框架。但在这 20 年间，财政宏观政策一直是调节经济的主要手段。因此，对财政宏观政策的稳定效应进行实证分析是非常必要的。

国外大量学者对财政宏观政策的效应进行了研究，但是结论不尽相同。琼斯（Jones，2002）的研究表明财政政策的内生反应有助于宏观经济稳定，而外生冲击则加剧宏观经济波动。法塔斯和米霍夫（Fatas，Mihov，2001）以 OECD 国家为研究对象，分析发现财政支出规模可以很好地发挥宏观经济稳定器的功能。而智美（Tomomi，2009）利用脉冲函数检验了日本中央政府支出和地方政府支出对真实经济周期的影响，研究发现政府支出并没有积极作用，因此并不提倡公共部门过多支出以作为稳定经济的政策工具。

近年来，国内学者也日益关注中国财政政策对宏观经济稳定的政策效应，但是研究也尚未达成共识。李永友（2006a、2006b）指出财政政策波动对经济波动作用效果具有不对称性特征；同时中国财政政策对于经济波动的整体平滑能力较低。郭庆旺等（2007）分析发现中国财政支出政策有助于实体经济稳定但加剧了通货膨胀波动；而税收政策一定程度上加剧了实体经济波动但却有助于物价稳定。刘士宁（2007）也认为财政支出对宏观经济波动只有短期稳定作用，而长期会加剧经济增长波动。另一些研究指出，政府支出的时滞效应、对私人有效投资的挤出、政绩考核目标下的重复浪费性投资倾向、官僚体制造成的资金侵蚀都有可能加剧经济周期波动而违背政府初衷（傅勇、张宴，2007）。张馨和康锋莉（2007）的研究也大致支持这一观点，他们研究发现中国财政政策中导致经济波动的主要因素在于政府支出，而政府支出中的相机抉择部分是导致经济波动的关键原因。王彬（2010）的研究结果也表明财政政策能够解释部分就业、消费和资本存量的波动。

本书以 1997～2013 年间中国 30 个省（区、市）（不包括台湾、澳门、香港、西藏）面板数据为基础，利用 HP 滤波分解技术和面板数据计量模型，实证分析中国财政政策对宏观经济稳定（包括经济产出、全社会就业和物价稳定）的影响。文章后续部分安排如下：第二部分实证技术与指标选取；第三部分对实证分析结果分析，即通过构建连续和离散型模型对财政政策经济稳定功能发挥作用进行检验；第四部分是结论与政策性建议。

二、评估指标选取

（一）技术分析

为了有效地识别宏观经济波动，并检验中国财政政策在经济稳定中的真实效应，本书将结合使用 HP 滤波分解技术以及计量分析方法。具体而言，首先通过滤波分解技术来识别和刻画宏观经济周期性波动状况及特征；在此基础上，构建计量方程，定量测度和评估中国财政政策对宏观经济波动的影响。

1. 宏观经济波动识别：HP 滤波分解技术

自 1980 年被首次提出以来，Hodrick - Prescott 滤波分解技术已经被广泛地运用于序列组成成分的分解问题，本书也主要借助这一分解方法来识别中国宏观经济波动的真实特征。假定 $\{Y_t\}$ 是包含趋势成分和波动成分的经济时间序列，$\{Y_t^T\}$ 是其中含有的趋势成分，而 $\{Y_t^c\}$ 是其中含有的波动成分。则：

$$Y_t = Y_t^T + Y_t^c \quad t = 1, 2, \cdots, T \quad\quad (3-29)$$

本书借助于该技术从 $\{Y_t\}$ 中分解和得到周期性波动部分 $\{Y_t^c\}$。

一般地，时间序列 $\{Y_t\}$ 中的不可观测部分趋势 $\{Y_t^T\}$ 常被定义为下面最小化问题的解：

$$\min \sum_{t=1}^{T} \{ (Y_t - Y_t^T)^2 + \lambda [c(L) Y_t^T]^2 \} \qquad (3-30)$$

其中：$c(L)$ 是延迟算子多项式

$$c(L) = (L^{-1} - 1) - (1 - L) \qquad (3-31)$$

将式（3-31）代入式（3-30），则 HP 滤波的问题就是使下面损失函数最小，即：

$$\min \{ \sum_{t=1}^{T} (Y_t - Y_t^T)^2 + \lambda \sum_{t=1}^{T} [(Y_{t+1}^T - Y_t^T) - (Y_t^T - Y_{t-1}^T)]^2 \} \qquad (3-32)$$

通过对这一最优化问题的求解，可以分解得到周期性波动趋势序列，这也构成后续进一步计量分析的基础。本书分别根据经济产出、就业和物价等三大宏观目标，来识别中国宏观经济波动趋势特征。

2. 财政宏观政策经济稳定效应检验：计量分析方法

基于 HP 滤波技术识别得到的经济波动特征序列，我们构建以下计量经济方程来实现财政宏观政策的经济稳定效应检验：

$$Fluctuation_{it} = \alpha_0 + \alpha_1 Fiscal_{it} + \gamma'_m X' + \phi_i + \varphi_t + \varepsilon_{it} \qquad (3-33)$$

其中，下标 i 和 t 表示第 i 个省份和第 t 时期，α_0 是常数项，ϕ 和 φ 分别为省份和年份固定效应。$Fluctuation$ 为宏观经济波动特征变量，$Fiscal$ 是财政宏观财政因素；同时 X' 代表进一步控制的一系列可能影响到经济波动的变量向量组。为了保证估计结果稳健性，经济波动指标采用连续型和离散型两种刻画方式，具体指标含义及设定方式下面将详细介绍。

（二）指标选取与数据来源

为了对上述计量方程（3-33）中的参数进行估计，我们对各指标的选取与刻画方式进一步作以下说明：

（1）宏观经济波动。

本书将分别基于经济产出、社会就业以及物价状况等三类宏观指标来刻画和识别经济波动特征，通过 HP 滤波分解技术得到波动趋势序列。基于分解得到的波动趋势序列，本书通过连续和离散两种方式刻画经济波动特征：其一，分解得到的生产总值、三次产业就业以及 CPI 价格指数等连续型波动序列刻画，数值为正则意味着经济上行期间同时数值越大代表宏观经济状况更好，而数值为负则表明经济下行阶段且数值越大则更加萧条；其二，通过离散型指标处理方法进行描述，将经济上行和经济下行分别赋值为 1 和 0。由于刻画方式下变量的分布特征不同，相应地分别采用面板数据固定效应以及面板 Logit 模型进行参数估计。

（2）财政宏观政策。

财政宏观政策主要从收入和支出两个方面进行指标刻画。具体而言，收入方面分别包括一般性财政预算收入占地区经济规模比重以及税收收入占 GDP 比重两个指标；支出方面分别从相对指标一般性财政预算支出占比和地区财政绝对支出指标来进行衡量。

（3）其他控制变量。

本书也同时控制了其他一些可能会影响到宏观经济波动状况的因素，这主要包括地区经济发展水平、经济外向型程度、社会固定资产投资状况、产业结构、社会消费积累比重、人口结构、受教育程度以及创新性水平等。

此外，通过省份效应和年度效应的方式，我们进一步控制了其他不可观测的时变及非时变因素的影响。由于自 1997 年之后重庆市作为直辖市开始独立核算，此后在省级层面上的行政区划保持一致，因此本书的研究区间为 1997 ~ 2013 年间；同时考虑到西藏自治区的特殊性，它也未被纳入分析样本中。本书的原始数据主要来源于各年份《中国统计年鉴》，个别年份中的少数未统计指标通过其他相关统计年鉴进行补充；同时将所有的金额指标及环比物价指数均调整到以 1997 年为基期的可比价格；以美元统计的进出口总额指标采用中国国家外汇管理局发布的当年平均汇率进行了单位换算（见表 3 - 33）。

表 3 - 33　　　　　　　　　　变量统计性描述

变量	变量定义	平均值	标准差	观测值
GDP_cycle	地区生产总值周期波动	1. 60e - 07	145. 142	510
Employment_cycle	地区三次产业从业人口周期波动	- 4. 75e - 08	24. 140	510
CPI_cycle	地区居民消费价格指数周期波动	2. 83e - 09	1. 2809	510
GDP_cycle2	生产波动：向上波动赋值 1；否则赋值 0	0. 5020	0. 5005	510
Employment_cycle2	就业波动：向上波动赋值 1；否则赋值 0	0. 5118	0. 5004	510
CPI_cycle2	消费价格波动：向上波动赋值 1；否则赋值 0	0. 5078	0. 5004	510
govinc_r	地区一般性财政预算收入占 GDP 比重（%）	8. 1402	2. 8228	510
taxgdp	地区税收收入占 GDP 比重（%）	6. 5225	2. 6823	510
govexpend_r	地区一般性财政预算支出占 GDP 比重（%）	16. 9897	8. 1367	510

续表

变量	变量定义	平均值	标准差	观测值
govexpend	地区一般性财政预算支出（千亿元）	1.0473	1.0178	510
pgdp	地区当年人均国内生产总值（万元）	1.6430	1.2713	510
tradegdp	地区当年货物进出口总额占 GDP 比重（%）	0.3050	0.3601	510
Investgdp	地区当年固定资产投资占 GDP 比重（%）	0.4994	0.1861	510
Thirdgdp	地区当年第三产业产值所占比重（%）	38.8975	7.2849	510
capitalgdp	地区当年资本形成总额占 GDP 比重（%）	52.3927	13.0491	510
Burden	地区当年人口年龄结构分总抚养比（%）	39.2861	7.8348	510
Education	大专以上人口在 6 岁以上人口中占比（%）	7.2099	5.5131	510
patent	地区当年专利申请授权数（千件）	7.4133	18.3143	510

注：表 3 - 33 中汇报了变量的主要统计性描述特征。从波动指标上不难发现，中国宏观经济大致呈现出一种对称性的波动特征，不论是在经济上行和下行的概率还是在程度上都大致相当；其他变量特征方面不再一一赘述。需要特别说明的是，本书未采用部分研究中的通过生产总值、就业以及物价波动等构建综合性宏观指标的做法，原因在于：由于缺乏一种科学合理的权重设定方法，简单的通过主观赋予权重或者主成分分析方法等技术手段进行社会指标加总将带来指标的信息损失和综合指标含义的失真。

三、评估与分析

本部分将在宏观经济波动测度基础上，进一步对中国政府财政宏观政策的经济稳定效应进行实证检验。具体而言，通过分解技术识别和测度中国宏观经济波动特征；进而分别在连续型和离散型指标设定形式下对财政政策的宏观经济稳定效应进行分析。

（一）中国宏观经济波动识别

识别和测度宏观经济波动状况是进一步实证分析的基础，图 3 - 18 ~ 图 3 - 20 中分别汇报了自 1997 年以来，中国国内生产总值（GDP）、三次产业就业（Employment）以及物价（以 CPI 为例）波动趋势及其分解结果。

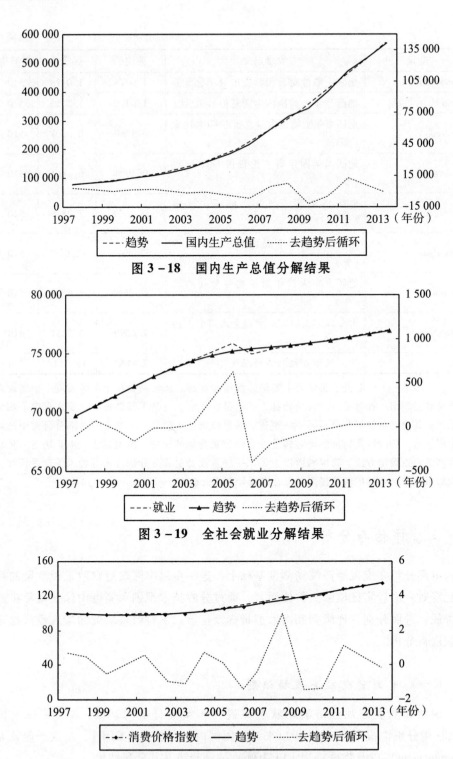

图 3 - 18　国内生产总值分解结果

图 3 - 19　全社会就业分解结果

图 3 - 20　居民消费价格指数分解结果

图 3 - 18 显示，国内生产总值在年度之间趋势项大致同原始生产总值增长路径相一致，而在剥离了趋势项之后，即周期波动部分，呈现出明显的周期性特征。具体而言，在 2006 年前后以及 2009 年前后时期，经济生产呈现明显地谷点和回暖特征，特别是在 2010 年周期性波动最为剧烈，并于之后经历了一个短期的周期性复苏。从图 3 - 19 就业状况上来看，年度趋势项同样同就业增长状况大致重合，而从周期性波动上来看，2001 年前后、2003 年前后以及 2006 年前后这三个时期就业呈现明显的波动态势。尤其值得注意的是，在 2005 年和 2006 年，就业状况从峰值发生了突然性变动，从周期高涨的峰值短时间内落入就业萎缩的低谷，这也使得全社会实际综合就业状况的迅速下降。图 3 - 20 表明，相对于产出和就业而言，在 1997 年之后的 10 余年间，物价的周期性波动状况更加频繁，具体而言：1999 年、2003 年、2006 年以及 2010 年前后均发生了物价状况的转折，而 2001 年、2005 年、2008 年以及 2012 年前后均经历了物价的高速飞涨时期，可见物价波动的周期性特征更加明显。

（二）财政政策与宏观经济波动

由于实践中政府往往面临多重宏观经济目标，本部分也分别实证检验了中国财政宏观政策在经济产出稳定、全社会三次产业就业稳定以及物价稳定等目标下的政策效应。

1. 财政宏观政策与产出稳定

表 3 - 34 中汇报了基于面板数据固定效应模型估计的财政宏观政策产出稳定效应的实证分析结果。模型（1）~模型（4）分别考察政府财政收入、支出政策的当期效应；同时考虑到财政政策的宏观效应也可能会存在滞后性，模型（5）~模型（8）进一步分析了政策工具在下一年度所发挥的产出稳定效应。

表 3 - 34　　　　　　　　财政宏观政策与产出稳定

变量	政策当期效应				政策下一期效应			
	模型（1）	模型（2）	模型（3）	模型（4）	模型（5）	模型（6）	模型（7）	模型（8）
Govinc_r	-12.63* (-1.79)				-9.696 (-1.14)			
taxgdp		-14.237 (-1.42)				-13.239 (-1.26)		
Govexpend_r			1.5750 (0.60)				3.0406 (1.06)	

续表

变量	政策当期效应				政策下一期效应			
	模型（1）	模型（2）	模型（3）	模型（4）	模型（5）	模型（6）	模型（7）	模型（8）
govexpend				38.825**				30.889
				(2.00)				(1.35)
Pgdp	79.61***	77.623***	86.71***	60.589**	96.15***	94.70***	108.8***	82.45***
	(3.66)	(3.56)	(3.48)	(2.56)	(4.12)	(4.06)	(4.08)	(3.27)
Tradegdp	103.446	114.747	61.1834	55.439	129.12	143.19*	92.302	92.640
	(1.38)	(1.46)	(0.84)	(0.77)	(1.60)	(1.71)	(1.17)	(1.18)
Investgdp	15.526	0.7781	-10.4137	-26.4104	-1.3786	-13.064	-19.357	-25.907
	(0.14)	(0.01)	(-0.10)	(-0.24)	(-0.01)	(-0.11)	(-0.17)	(-0.22)
Thirdgdp	1.4829	1.4309	0.9024	0.4136	1.0029	1.1118	0.768	0.4362
	(0.57)	(0.55)	(0.35)	(0.16)	(0.36)	(0.40)	(0.28)	(0.16)
Capitalgdp	-0.2345	-0.2102	-0.0896	0.4746	-0.4407	-0.3695	-0.424	0.114
	(-0.19)	(-0.17)	(-0.07)	(0.38)	(-0.34)	(-0.28)	(-0.32)	(0.09)
Burden	-1.1399	-1.5017	-0.9823	-1.5522	-1.4425	-1.8441	-1.316	-1.865
	(-0.42)	(-0.55)	(-0.37)	(-0.58)	(-0.50)	(-0.63)	(-0.45)	(-0.64)
Education	-7.6109	-8.5056*	-10.61**	-7.2862	-10.343*	-10.787*	-13.16**	-10.35*
	(-1.43)	(-1.68)	(-2.05)	(-1.38)	(-1.82)	(-1.93)	(-2.37)	(-1.84)
patent	-2.12***	-2.123***	-2.11***	-2.33***	-2.04***	-2.04***	-2.06***	-2.19***
	(-4.13)	(-4.13)	(-4.09)	(4.46)	(-3.84)	(-3.83)	(-3.87)	(-4.07)
_cons	91.580	118.696	31.7977	72.086	91.073	120.879	19.941	69.320
	(0.57)	(0.72)	(0.20)	(0.46)	(0.51)	(0.66)	(0.11)	(0.39)
年度效应	Yes	Yes	Yes	Yes	Yes	Yes	Yes	Yes
省份效应	Yes	Yes	Yes	Yes	Yes	Yes	Yes	Yes
Within_R^2	0.1578	0.1568	0.1537	0.1605	0.1537	0.1543	0.1534	0.1547
F值	3.41***	3.39***	3.31***	3.48***	3.22***	3.24***	3.22***	3.25***
观测值	510	510	510	510	480	480	480	480

注：* 表示在10%程度上显著；** 表示在5%程度上显著；*** 表示在1%程度上显著。

从两种财政收入相对比重指标上来看，政府财政在社会总产值中掌控的相对资源越多则更加容易导致社会总产出陷入萧条状况，同时随着时间的推移这一效应具有放大趋势，这表现在政策在下一年度的效应要更加强烈和显著。在财政支出手段方面不难发现，不论是在当期还是在后续时期，财政支出相对规模变量在宏观产出稳定中的作用都不显著；而财政绝对支出政策对经济产出具有显著地拉动和激励作用，避免陷入萧条。

在其他控制变量方面，实证结果表明，一地区人均经济发展水平对经济产出具有强劲的推动作用，经济发展更好则经济产出将有更大可能避免经济萧条和经济下行；与此同时，经济外向型程度以及第三产业占比状况都能够在一定程度上推动经济产出向上增长和减弱落入经济萧条的概率。此外，一个社会政府投资状况、固定资产投资比例以及人口年龄结构等变量在实证分析结果中的影响均不显著。

2. 财政宏观政策与就业稳定

表 3-35 中进一步汇报了财政政策在地区三次产业就业总人口政策目标下的回归结果。实证结果表明，政府财政宏观政策不论是在当期还是在后续时期，不论是税收等相对收入政策还是财政支出政策，在履行宏观就业稳定政策目标中的作用都十分有限。具体而言，财政相对收入比重对于就业稳定和增长具有微弱的抑制作用；而绝对性财政支出对刺激就业增长具有微弱的促进作用。与此同时，其他各控制变量的影响效应也不够显著。

表 3-35　　　　　　　　　　财政宏观政策与就业稳定

变量	政策当期效应				政策下一期效应			
	模型（1）	模型（2）	模型（3）	模型（4）	模型（5）	模型（6）	模型（7）	模型（8）
Govinc_r	-0.872 (-0.65)				-1.272 (-0.91)			
taxgdp		-0.8771 (-0.52)				-1.295 (-0.75)		
Govexpend_r			-0.0684 (-0.15)				-0.3036 (-0.65)	
govexpend				1.3296 (0.40)				3.0279 (0.81)
Pgdp	-0.963 (-0.26)	-1.087 (-0.29)	-1.2866 (-0.31)	-1.6194 (-0.40)	1.6142 (0.42)	1.4420 (0.38)	0.1418 (0.03)	0.2417 (0.06)
Tradegdp	-2.979 (-0.24)	-2.539 (-0.19)	-5.0410 (-0.41)	-5.828 (-0.48)	2.842 (0.22)	3.409 (0.25)	0.9228 (0.07)	-1.5381 (-0.12)

续表

变量	政策当期效应				政策下一期效应			
	模型（1）	模型（2）	模型（3）	模型（4）	模型（5）	模型（6）	模型（7）	模型（8）
Investgdp	4.4715	3.3702	2.6663	2.1291	7.859	6.2534	6.4529	4.9949
	(0.24)	(0.18)	(0.14)	(0.12)	(0.42)	(0.33)	(0.34)	(0.27)
Thirdgdp	−0.0904	−0.0981	−0.1339	−0.1483	−0.138	−0.1365	−0.1799	−0.2026
	(−0.21)	(−0.22)	(−0.31)	(−0.34)	(−0.31)	(−0.30)	(−0.40)	(−0.45)
Capitalgdp	0.0626	0.0658	0.0824	0.0949	−0.019	−0.0048	0.0289	0.0426
	(0.30)	(0.31)	(0.39)	(0.45)	(−0.09)	(−0.02)	(0.13)	(0.20)
Burden	−0.4206	−0.4416	−0.4084	−0.4288	−0.364	−0.4022	−0.3715	−0.4043
	(−0.93)	(−0.96)	(−0.90)	(−0.94)	(−0.77)	(−0.85)	(−0.79)	(−0.85)
Education	1.0514	0.9779	0.9022	0.9762	1.267	1.164	1.1369	1.2074
	(1.17)	(1.11)	(1.03)	(1.09)	(1.36)	(1.28)	(1.25)	(1.31)
patent	0.0503	0.0503	0.0488	0.0430	0.078	0.0772	0.0724	0.0623
	(0.58)	(0.58)	(0.56)	(0.49)	(0.89)	(0.89)	(0.83)	(0.71)
_cons	48.462*	49.795*	45.925*	46.208*	9.147	10.715	6.938	5.6773
	(1.79)	(1.78)	(1.70)	(1.73)	(0.31)	(0.36)	(0.24)	(0.20)
年度效应	Yes	Yes	Yes	Yes	Yes	Yes	Yes	Yes
固定效应	Yes	Yes	Yes	Yes	Yes	Yes	Yes	Yes
$Within\_R^2$	0.1285	0.1282	0.1278	0.1280	0.0642	0.0636	0.0633	0.0638
F 值	2.68***	2.68***	2.67***	2.67***	2.15**	2.14**	2.11**	2.15**
观测值	510	510	510	510	480	480	480	480

注：* 表示在 10% 程度上显著；** 表示在 5% 程度上显著；*** 表示在 1% 程度上显著。

3. 财政宏观政策与物价稳定

物价稳定是除经济产出和就业稳定以外的另一大政策目标。在表 3−36 中呈现了基于中国省级面板数据固定效应估计得到的实证结果。从模型（1）、模型（2）以及模型（5）、模型（6）上来看，财政收入在社会生产总值中占比越高一定程度上有利于物价的稳定，这一状况在税收收入占比的分析中也同样存在；但是对比政策当期和下一期的结果来看，这种相对收入政策效应具有短期性：在当期能够很好地增进物价稳定，但是在下一期中影响效应微弱。而从模型（3）、模型（4）和模型（7）、模型（8）的支出上来看，政府支出政策效应不明显。

表 3-36 财政宏观政策与物价稳定

变量	政策当期效应				政策下一期效应			
	模型（1）	模型（2）	模型（3）	模型（4）	模型（5）	模型（6）	模型（7）	模型（8）
Govinc_r	-0.044 (-1.38)				0.0252 (0.76)			
taxgdp		-0.091** (-2.30)				-0.0053 (-0.13)		
Govexpend_r			0.00 (0.59)				0.0152 (1.36)	
govexpend				-0.018 (-0.24)				0.0183 (0.20)
Pgdp	0.049 (0.56)	0.036 (0.42)	0.077 (0.77)	0.057 (0.60)	0.0595 (0.65)	0.0616 (0.68)	0.1296 (1.25)	0.0542 (0.55)
Tradegdp	0.477 (1.60)	0.652** (2.09)	0.327 (1.12)	0.363 (1.26)	0.2745 (0.87)	0.3526 (1.08)	0.2744 (0.90)	0.3301 (1.08)
Investgdp	0.264 (0.60)	0.246 (0.57)	0.174 (0.40)	0.181 (0.42)	0.1054 (0.23)	0.1422 (0.32)	0.1208 (0.27)	0.1351 (0.30)
Thirdgdp	0.019* (1.86)	0.021** (2.01)	0.017* (1.68)	0.017* (1.69)	0.0132 (1.23)	0.0141 (1.31)	0.0142 (1.33)	0.0137 (1.28)
Capitalgdp	0.001 (0.24)	0.0007 (0.14)	0.0017 (0.34)	0.002 (0.36)	0.004 (0.78)	0.0033 (0.67)	0.0025 (0.48)	0.0036 (0.71)
Burden	-0.021** (-1.96)	-0.024** (-2.20)	-0.0204* (-1.90)	-0.020* (-1.86)	-0.028** (-2.49)	-0.028** (-2.49)	-0.028** (-2.45)	-0.028** (-2.50)
Education	-0.012 (-0.58)	-0.011 (-0.52)	-0.023 (-1.12)	-0.022 (-1.06)	-0.0379* (-1.71)	-0.0327 (-1.50)	-0.038* (-1.78)	-0.0322 (-1.46)
patent	-0.003 (-1.38)	-0.003 (-1.38)	-0.0028 (-1.35)	-0.003 (-1.33)	-0.0029 (-1.38)	-0.0028 (-1.34)	-0.0027 (-1.32)	-0.0029 (-1.36)
_cons	0.943 (1.47)	1.251* (1.90)	0.729 (1.14)	0.772 (1.22)	0.9600 (1.38)	1.0925 (1.53)	0.9107 (1.32)	1.0757 (1.57)
年度效应	Yes	Yes	Yes	Yes	Yes	Yes	Yes	Yes
固定效应	Yes	Yes	Yes	Yes	Yes	Yes	Yes	Yes
Within_R^2	0.8081	0.8095	0.8074	0.8073	0.8153	0.8150	0.8158	0.8150
F 值	76.62***	77.32***	76.29***	76.23***	78.33***	78.21***	78.62***	78.21***
观测值	510	510	510	510	480	480	480	480

注：*表示在10%程度上显著；**表示在5%程度上显著；***表示在1%程度上显著。

在其他控制变量方面，外贸相对规模、第三产业比重等因素在结果中符号大致为正；而人口负担率以及居民受教育程度指标呈现负向效应。这表明，如果经济体更加依赖于出口或者第三产业的发展，那么物价水平相对更加高涨；另外，如果人口结构中社会人口中青年及老年人口占比更高，以及居民受教育水平更高，那么在一定程度上将有助于实现物价的稳定。

（三）稳健性分析和进一步讨论

为了进一步对上述结论进行稳健性分析，本部分试图通过在离散型设定方式下对宏观经济产出、就业以及物价状况的波动趋势进行刻画；进而分别对财政政策的宏观经济稳定效应进行实证检验。

表3-37、表3-38及表3-39中分别呈现的是在经济波动离散型设定方式下，财政政策在宏观产出稳定、就业稳定以及物价稳定中的影响效应。分析结果与前面几乎完全一致，这意味着本书分析结论是稳健的。从财政政策经济产出稳定目标上来看，政府在社会总产值中掌控相对更多的资源并未更加有效的帮助生产远离萧条，这在表3-37估计结果中得到充分体现；在财政支出政策方面，相对规模或者绝对规模下的财政支出在发挥激励产出方面的作用都有限。与表3-34连续型分析中稍显不同的是，财政支出绝对规模在离散型分析中不再能够有效地实现经济产出上行。出现这一状况的可能原因在于，财政支出政策对宏观经济产出变动产生相对较小的影响幅度，而这种影响效应在本书的赋值方式下被弱化。

表3-37　　　　　　　　离散设定下的财政政策与产出稳定

变量	(1)	(2)	(3)	(4)
Govinc_r	0.0924 (0.62)			
taxgdp		0.1226 (0.62)		
Govexpend_r			0.0531 (0.99)	
govexpend				0.4101 (1.06)
Tradegdp	0.3046 (0.20)	0.1565 (0.10)	0.2555 (0.17)	0.4307 (0.30)

续表

变量	（1）	（2）	（3）	（4）
Investgdp	-2.5153 (-1.21)	-2.3948 (-1.17)	-2.3586 (-1.15)	-2.4091 (-1.17)
Thirdgdp	0.0200 (0.42)	0.0197 (0.41)	0.0243 (0.51)	0.0220 (0.46)
Capitalgdp	0.0252 (1.07)	0.0252 (1.07)	0.0213 (0.91)	0.0262 (1.13)
Burden	-0.0124 (-0.23)	-0.0108 (-0.20)	0.0114 (-0.21)	-0.0243 (-0.45)
Patent	0.0107 (1.10)	0.0108 (1.10)	0.0116 (1.16)	0.0080 (0.78)
其他控制变量	Yes	Yes	Yes	Yes
年度、地区效应	Yes	Yes	Yes	Yes
Pseudo R^2	0.2568	0.2568	0.2578	0.2580
LR chi2 ( )	160.2***	160.2***	160.8***	161.0***
观测值	510	510	510	510

注：①*表示在10%程度上显著；**表示在5%程度上显著；***表示在1%程度上显著；②限于篇幅，表格中未汇报部分不显著控制变量及截距项参数估计结果。

表3-38　　　　离散设定下的财政政策与就业稳定

变量	（1）	（2）	（3）	（4）
Govinc_r	0.0154 (0.12)			
taxgdp		0.1226 (0.80)		
Govexpend_r			-0.0141 (-0.34)	
govexpend				0.022 (0.07)
Tradegdp	0.3265 (0.27)	-0.0377 (-0.03)	0.4444 (0.38)	0.3628 (0.31)

续表

变量	(1)	(2)	(3)	(4)
Investgdp	0.0904 (0.05)	0.0354 (0.02)	0.1214 (0.07)	0.1130 (0.07)
Thirdgdp	−0.0389 (−0.95)	−0.0435 (−1.05)	−0.0383 (−0.94)	−0.0384 (−0.94)
Capitalgdp	0.0208 (1.04)	0.0221 (1.11)	0.0213 (1.07)	0.0208 (1.03)
Burden	0.0839* (1.95)	0.089** (2.03)	0.0836* (1.94)	0.0832* (1.92)
Patent	0.0016 (0.20)	0.0017 (0.20)	0.0014 (0.17)	0.0015 (0.18)
其他控制变量	Yes	Yes	Yes	Yes
年度、地区效应	Yes	Yes	Yes	Yes
Pseudo R^2	0.1476	0.1485	0.1477	0.1476
LR chi2 ( )	104.3***	104.9***	104.4***	104.3***
观测值	510	510	510	510

注：① * 表示在10%程度上显著；** 表示在5%程度上显著；*** 表示在1%程度上显著；②限于篇幅，表格中未汇报部分不显著控制变量及截距项参数估计结果。

表3-39　　　　离散设定下的财政政策与物价稳定

变量	(1)	(2)	(3)	(4)
Govinc_r	−0.308** (−2.15)			
taxgdp		−0.514*** (−2.75)		
Govexpend_r			−0.0325 (−0.78)	
govexpend				−0.6843* (−1.84)
Tradegdp	2.698** (2.17)	3.1622** (2.48)	2.156* (1.78)	2.221* (1.85)
Investgdp	4.337** (2.48)	4.202** (2.45)	3.782** (2.13)	4.507** (2.46)

续表

变量	(1)	(2)	(3)	(4)
Thirdgdp	0.140 ***	0.137 ***	0.129 ***	0.139 ***
	(3.15)	(3.11)	(2.93)	(3.12)
Capitalgdp	-0.017	-0.021	-0.010	-0.021
	(-0.73)	(-0.88)	(-0.43)	(-0.85)
Burden	-0.0445	-0.052	-0.0445	-0.0419
	(-1.08)	(-1.25)	(-1.04)	(-1.01)
Patent	0.0027	0.0044	0.0017	0.0074
	(0.29)	(0.47)	(0.18)	(0.74)
其他控制变量	Yes	Yes	Yes	Yes
年度、地区效应	Yes	Yes	Yes	Yes
Pseudo R^2	0.3361	0.3413	0.3299	0.3341
LR chi2 ( )	237.6 ***	241.3 ***	233.2 ***	236.2 ***
观测值	510	510	510	510

注：① * 表示在10%程度上显著；** 表示在5%程度上显著；*** 表示在1%程度上显著；②限于篇幅，表格中未汇报部分不显著控制变量及截距项参数估计结果。

从表3-38呈现的结果中可以发现，不论是财政收入政策还是支出手段在宏观就业稳定中的作用都十分有限；这也与表3-35中连续型经济波动刻画方式和面板数据固定效应估计下的结果完全一致。在财政政策的物价稳定功能方面，表3-39估计结果表明，政府财政相对收入规模在一定程度上有利于物价稳定，与此同时财政支出政策在物价稳定方面的功能与前面的分析结果也大致相似。

在其他控制变量方面，经济外贸依存度越高而不利于物价稳定；同样如果经济发展更多地依赖于国内固定资产投资、第三产业，那么也将容易导致通货膨胀，但是对于就业稳定和物价稳定的影响不显著；青壮年人口负担率更高，在一定程度上有利于增加就业，但是在经济增长和物价稳定方面作用不显著；此外，全社会投资消费结构以及地区的技术创新能力在宏观经济波动中影响不显著。

四、结论与政策性建议

（一）主要结论

本书基于1997~2013年中国30个省（区、市）（不包括台湾、澳门、香港、

195

西藏）的面板数据，采用 HP 滤波分解技术实证测度了中国宏观经济波动特征，并进一步使用面板数据固定效应模型及 Logit 模型，实证检验了政府财政政策在经济产出、全社会就业以及物价等宏观目标稳定中的作用效应。研究发现，中国现行财政宏观政策并未有效发挥经济稳定作用，具体而言：财政收入政策只在一定程度上发挥了物价稳定和防止通胀的功能，而支出政策在经济稳定上的功能也只体现在经济产出增长方面。

（二）政策建议

研究结论表明，现行中国财政收支体制下的财政收入和支出政策手段都未能完全有效地发挥宏观经济稳定功能。为了更好、更有效地发挥政府财政政策在宏观经济稳定中的作用，我们从以下几个方面给出政策性建议：

1. 符合市场经济体制的微观构造是基础和前提

事实上任何政府干预政策都只能在一定程度上予以干预和再调节，而微观市场经济基础是前提和根本。因此，推进市场化导向改革，逐渐改变传统计划经济下政府干预过多、过重的问题，让市场体制在经济活动中更好地发挥决定性作用将有益于规避政府干预市场本身可能导致的风险和宏观经济不稳定。因此，微观市场基础稳定性对宏观经济稳定具有根本性和基础性作用，而不能过度依赖于政府的二次调节。

2. 关注财政宏观调控的政策效率和政策前瞻性

针对市场本身缺陷而导致的宏观经济波动，才是政府财政政策需要予以着重关注的重点。然而，现实中由于宏观经济形式瞬息万变，政府政策的实施实际上很难完全有效地发挥到预期的效果，这也对政府政策的有效性和前瞻性提出了更高的要求。政府相机抉择的财政政策，不应当仅仅被作为一项事后被动的弥补政策，更应该成为一项主动的、带有科学前瞻性的预防和高效率宏观调控的政策工具。

3. 有利于财政宏观调控发挥作用的配套改革

尚处于经济转型时期的中国，各项政策发挥作用绝对离不开其他配套改革和政策的支持。不论是中国的财政体制上，还是相应的经济体制方面的进一步深化改革，都是政府财政政策有效发挥宏观调控作用的保障性条件。

第四章

公共财政微观风险评估

分税制财政体制是公共经济微观制度安排中的核心制度，它决定公共经济的行为方式和市场经济在资源配置中的地位。这一制度安排由税制、分税和转移支付制度构成。其中，税制是基础，分税和转移支付制度是确保预算中性的制度安排。

公共财政微观风险是指分税制财政体制偏离市场经济体制要求的状况。对微观风险进行评估，有利于制度安排的改进。

第一节　我国增值税的非中性风险评估

一、增值税非中性风险评估的必要性

增值税在我国税制安排中占有极其重要的地位，是税制中性以及预算中性的基础性制度。因此，对增值税的非中性风险评估是非常必要的。

我国增值税制度的建设分为三个阶段：第一阶段是 1979～1993 年，为了实现工业的专业协作化，开始在有限的几个城市的几个行业推行增值税试点，随后逐步扩围；第二阶段是 1994～2003 年，开始全面推行增值税，使其成为商品劳务税中最主要的税种；第三阶段是 2004 年至今，通过转型和扩围，使其成为更

符合现代增值税特征的税种①。到 2012 年，我国国内增值税占税收收入的比重已经高达 26.2%。随着增值税改革的逐步推进，增值税对商品劳务的生产、流通和消费将产生更大的影响。但由于我国增值税制度尚不完善，因此资源配置效率效应和经济稳定效应都不理想。

避免重复征税是增值税的主要优点。增值税只对最终消费品征税，因此只要制度安排恰当，就是特别有效率的税种（Robin and Nicholas，1993）。所以增值税经常被用来替代营业税和单一销售税，以避免重复征税导致的生产效率的损失②。同时，增值税还是促进自由贸易的政策工具，通过对关税造成的收入损失进行补贴，增值税可以使生产者价格和世界价格保持一致，从而提高国内企业的生产效率。但是增值税也存在一些潜在的缺点。比如交易链条的断裂、退税体制不完善等都不利于增值税效率优势的发挥③。除此之外，增值税对非正式经济部门也可能产生不利的影响④⑤⑥。这说明，增值税的功能很大程度上取决于增值税制度的安排。

虽然我国增值税制度经过几轮改革取得了很大的进步，但和国际上完善、严密、简化的现代增值税制度相比还存在一定距离⑦。首先，我国商品劳务一般税是由增值税和营业税两个税种组成的。这就导致商品劳务一般税中仍然存在重复征税的问题，既不利于公平税负，又不利于我国商品和劳务出口实行零税率⑧⑨。有测算表明，服务业企业目前缴纳的营业税如折算成增值税，其税率高于 18.2%，超过了增值税的标准税率 17%⑩。增值税扩围试点以来，一系列相关的计算已经表明，"营改增"确实促进了企业税负的降低⑪⑫。其次，直到增值税转

---

①⑦　韩绍初：《现代型增值税的特点及对我国增值税制改革的建议》，载于《涉外税务》2010 年第 9 期。

②　Ring R. J. Consumers'Share and Producers'Share of the General Sales Tax ［J］. National Tax Journal, 1999, 52（1）: 79 – 89.

③　Desai M. A., Foley C F, Jr J R. The demand for tax haven operations ［J］. Journal of Public Economics, 2006, 90（3）: 513 – 531.

④　Piggott J., Whalley J. VAT Base Broadening, Self Supply, and the Informal Sector ［J］. American Economic Review, 2001, 91（4）: 1084 – 1094.

⑤　Emran M. S., Stiglitz J. E. On Selective Tax Reform in Developing Countries ［J］. 2005, 89（4）: 599 – 623.

⑥　Keen M. VAT, tariffs, and withholding: Border taxes and informality in developing countries ［J］. 2008, 92（10 – 11）: 1892 – 1906.

⑧　平新乔、张海洋、梁爽等：《增值税与营业税的税负》，载于《经济社会体制比较》2010 年第 3 期。

⑨　龚辉文：《关于增值税、营业税合并问题的思考》，载于《税务研究》2010 年第 5 期。

⑩　平新乔、梁爽、郝朝艳等：《增值税与营业税的福利效应研究》，载于《经济研究》2009 年第 9 期。

⑪　唐登山、周全林：《营业税税负的增值税当量研究》，载于《河南社会科学》2012 年第 6 期。

⑫　潘文轩：《增值税扩围改革有助于减轻服务业税负吗？——基于投入产出表的分析》，载于《经济与管理》2012 年第 4 期。

型的正式实行，我国长期实行生产型增值税，并且对内外资抵扣资本存在不同的规定，不但造成了生产要素不合理的配置，也造成了内外资企业的税负不公[1]。增值税转型以来，很多测算都已证明，总体上转型后的增值税更有利于生产效率的提高和公平税负[2][3][4]，增值税转型显著地促进了企业对固定资产的投资，提高了企业的资本劳动比和生产率[5]。最后，在现有的分税制财政体制下，增值税对地方政府的行为也产生了影响。尽管有学者指出，增值税虽为共享税，但由国税系统征收，地方政府将增值税作为税收竞争的空间很小[6]，但一些实证结论显示，增值税存在显著的辖区竞争。这说明，在信息不对称的情况下，地方政府总是可以通过执行以及其他办法来实现实际的增值税税收竞争[7]，增值税的辖区竞争减轻了企业的负担，增强了本地区经济的竞争力[8]。

在研究的文献中，大多以增值税论增值税，缺乏系统的观点考察增值税效应。本书则以分税制财政体制为视角，评估1994年以来我国增值税制度可能存在的风险。

二、我国增值税制度非中性风险的定性评估

(一) 增值税制度安排的非中性

增值税是商品劳务税中的一般税。由于在我国的税收研究中没有采用一般税和精选税的概念，因此我国增值税制度安排的非中性长期不被重视。一般税和精选税是在税基分类基础上形成的概念。怎样的税基分类才能有利于中性税制的安排？显然应该根据再生产资金循环的特点进行分类。从资金循环的特点看，一类表现为商品劳务的价值；另一类表现为生产要素的价值。因此从资金循环的角度

① 杨斌、龙新民、李成等：《东北地区部分行业增值税转型的效应分析》，载于《国际税收》2005年第6期。

② 娄洪、柳建光：《增值税转型对我国经济增长及产业结构的影响问题研究》，载于《财政研究》2009年第3期。

③ 王素荣、蒋高乐、WangSurong等：《增值税转型对上市公司财务影响程度研究》，载于《会计研究》2010年第2期。

④ 樊勇：《增值税抵扣制度对行业增值税税负影响的实证研究》，载于《财贸经济》2012年第1期。

⑤ 聂辉华、方明月、李涛：《增值税转型对企业行为和绩效的影响——以东北地区为例》，载于《管理世界》2009年第5期。

⑥ 谢欣、李建军：《地方税收竞争与经济增长关系实证研究》，载于《财政研究》2011年第1期。

⑦ 郭杰、李涛：《中国地方政府间税收竞争研究——基于中国省级面板数据的经验证据》，载于《管理世界》2009年第11期。

⑧ 李涛、黄纯纯、周业安：《税收、税收竞争与中国经济增长》，载于《世界经济》2011年第4期。

看，税收可以分为两大类：商品劳务税和生产要素税。商品劳务税就是对商品劳务的价值征税；生产要素税就是对生产要素的价值征税①。为了保证税收中性，就要对所有商品劳务价值和生产要素价值征税。这种对某类税基普遍课征的税称为一般税②。

商品劳务税的一般税在 1994 年以前由"产品税"和"营业税"两个税种组成。对实物形态的商品开征产品税；对没有实物形态的劳务开征营业税。两种税的税基分别是商品、劳务的价值，即商品、劳务交易的价格。因为商品劳务价值中包含固定资产折旧，因此不利于专业化分工，因为商品劳务的分工环节越多，税负就越重。

1994 年我国对商品劳务税进行改革，把"产品税"改为"增值税"，"营业税"保留，但税率按增值税税率调整。这说明，我国商品劳务一般税是由两个税种组成的。虽然改革后的营业税税率按增值税税率调整，但要使两种税负公平是不可能的③。

实际上，我国的增值税严格来说不是一个税种。因为我国的增值税纳税人分为一般纳税人和小规模纳税人两种。前者的税基是商品价值的增值额；后者的税基仍然是商品价值全额。虽然后者的税率按增值税税率调整，但难以做到税负公平。

（二）商品劳务一般税的改革试点的非中性原则

根据我国的具体情况，降低商品劳务一般税税负是必要的。我国正在进行的"消费型"增值税试点和"营改增"试点就是降低商品劳务一般税税负的举措。

1994 年实行的增值税是"生产型"的，即在商品价值增值额中包含固定资产折旧。固定资产折旧虽然也是当年新增加的价值，但最终用途是用于固定资产更新的，本质上不能用于最终消费。这种增值税制度对于资本有机构成高的产业是不利的。把生产型增值税改为消费型增值税，就是在增值税税基中扣除固定资产折旧。应该说这一改革更有利于增值税中性，又有利于降低税负。

"营改增"是把商品劳务一般税由两个税种变为一个税种。这既降低了营业税的税负，又有利于贯彻税收中性原则。

---

① 我国习惯把商品劳务税称为流转税，把生产要素税称为所得税。实际上，无论是"流转税"还是"所得税"，从再生产的角度看都是"循环"的，也就是说都是"流转"的。

② 在一般税的基础上再选择某些商品劳务作为税基，那就是精选税。本书重点讲座增值税，故精选税的问题不予展开。

③ 我国正在进行"营改增"的试点。改革的初衷似乎是营业税税负重于增值税，因此不利于劳务业的发展。实际上，"营改增"更重要的意义是把商品劳务税一般税由两个税种变为一个税种，更有利于税收中性。

但商品劳务一般税的改革采取地区试点和行业试点的做法是不符合税收中性原则的。普遍征税是一般税贯彻中性原则的必要条件。一般税"试点"的做法实际上是对非试点地区的税收歧视。因为非试点地区或行业的税负就要明显高于试点地区或试点行业。这种制度安排违背市场在资源配置中起决定作用的原则。换句话说，必然导致资源配置的无效率。

（三）商品劳务一般税的"分税"方法扭曲中性

一个好的税收制度是税收发挥良好作用的必要条件，但不是充分条件。一个好的"分税制"是税收发挥良好作用的充分条件之一。

"分税制"是指税收收入在各级政府之间分配的制度安排。这一制度是根据受益原则安排的，即哪个地区的居民缴纳了一般税就安排给该地区的政府。根据商品劳务一般税的特点来看，该类税收收入应该属于全国人民共同所有，并在全国范围内合理分配。也就是说，一般税应属于中央税，而且在全国范围内统一分配。

商品劳务一般税的负税人是商品劳务的消费者。这可以由以下方法来论证：假定税收是中性的，那么商品劳务一般税并没有影响效率价格。商品劳务税作为商品价格的组成部分，就相当于对商品劳务中一部分新创价值的扣除。显然，商品劳务一般税的纳税人并不是负税人，税负的真正负担者是商品劳务的消费者。在市场经济体制中，商品劳务是流通的，消费者遍布全国，因此应由全国人民"共享"。

但目前我国对商品劳务一般税的分税方法却是扭曲中性的。我国目前把增值税称为"共享税"，即其中25%归地方，75%归中央。这种"共享"方式是名不副实的。因为这一分税方法隐含了以下假设：纳税人所在地的居民消费了该商品的25%，其他地方的居民消费了该商品的75%。这个隐含的假设是毫无根据的。而且，增值税的纳税人是根据确实、便利、节约、有效的原则安排的。因此，对于工业产品的增值税纳税人规定在产品的"卖方"，而对于农产品的增值税纳税人则规定在产品的"买方"。如果不怕麻烦，把农产品的增值税纳税人也规定在"买方"，那么农村地区也可以获得25%的增值税。这说明税收原则和分税原则是不一样的，把增值税的固定比例分给地方是不适当的。

目前，我国把商品劳务一般税中的营业税作为地方税处理也是不适当的。前面已经指出，增值税和营业税共同组成一般税，两者的性质是一样的，即营业税的消费者同样遍布全国，例如交通、通信等。但在我国的分税制安排中，却把营业税作为地方税处理。这同样是缺乏根据的。

由于我国的商品劳务一般税是主税种，因此对于地方来说扩大增值税和营业税的税基是增加地方财政收入的主要手段。增加商品劳务一般税税基最有效的方法就是增加投资，提高产量。显然这不利于地区之间的均衡发展。

地区之间的税收竞争又进一步扭曲了资源配置和加剧了地区发展的不平衡。在目前的体制下，地区之间的税收竞争主要表现为招商引资的竞争。主要采用两种办法：一是税收优惠；二是地租优惠，或称租税效应（黄少安等，2012）。地方政府利用增值税的税收优惠来吸引招商引资。税收优惠虽然会减少一些地方财政收入，但相对于增加投资、增加产量所产生的收入效应来说是微不足道的。"土地"是地方政府吸引投资的重要资源。根据目前的制度安排，工商土地的所有者是国家，实际上被分割为各地方政府所有。对于工商用地来说，资本投资密集度越高，地租就越高。这样，农用土地转为工商用地、居民住房用地转为工商用地都会产生巨大的级差地租。这个巨大的级差地租可以形成地方收入，也是地方之间招商引资可以让渡的利润。应该说，这种竞争是扭曲中性的，而且加剧了地区之间的发展不平衡。

上述分析表明，我国的增值税制度是非中性的，分税方法进一步扭曲了中性，而且导致经济发展的不稳定。

三、增值税非中性定量评估的模型和数据

（一）超越对数生产函数

本书采用超越对数生产函数的形式。考虑到资本和劳动作为生产的主要投入要素以及技术进步，我们把超越对数生产函数的具体形式设为：

$$\ln Y_{it} = \beta_0 + \beta_1 \ln K_{it} + \beta_2 \ln L_{it} + \beta_3 t + \beta_4 \frac{\ln^2 K_{it}}{2} + \beta_5 \frac{\ln^2 L_{it}}{2} + \beta_6 \frac{t^2}{2}$$
$$+ \beta_7 \ln K_{it} \ln L_{it} + \beta_8 t \ln K_{it} + \beta_9 t \ln L_{it} + \varepsilon_{it} \tag{4-1}$$

其中，Y_{it}、K_{it} 和 L_{it} 分别表示第 i 个省第 t 期的实际产出、实际资本存量和劳动力。t 是时间趋势，用来表示技术进步。

根据式（4-1）超越对数生产函数的具体形式，可以定义第 i 个省第 t 期的资本产出弹性、劳动产出弹性和技术产出弹性[1]：

$$E_{K_{it}} = \frac{\partial \ln Y_{it}}{\partial \ln K_{it}} = \beta_1 + \beta_4 \ln K_{it} + \beta_7 \ln L_{it} + \beta_8 t \tag{4-2}$$

$$E_{L_{it}} = \frac{\partial \ln Y_{it}}{\partial \ln L_{it}} = \beta_2 + \beta_5 \ln L_{it} + \beta_7 \ln K_{it} + \beta_9 t \tag{4-3}$$

---

[1] Kumbhakar S. C., Lovell C. K. Stochastic Frontier Analysis [M]. Cambrige University Press, 2000.

$$TP_{it} = \frac{\partial \ln Y_{it}}{\partial \ln t} = \beta_3 + \beta_6 \ln t + \beta_8 \ln K_{it} + \beta_9 \ln L_{it} \qquad (4-4)$$

以上表达式中，EK_{it}、EL_{it} 和 TP_{it} 分别表示第 i 个省第 t 期的资本产出弹性、劳动产出弹性和技术产出弹性。

（二）随机边界模型及其估计方法

本书沿用巴特特西和科埃利（Battese，Coelli，1995）所发展的随机边界模型（SFA）[①]。SFA 的基本思想是，假设投入要素 X_{it}，在最有效的情况下可以生产 Y_{it}，则投入和产出之间的关系 $Y_{it} = f(X_{it}, \beta)$ 可以表示为生产可能性边界，如图 4-1 所示。在图 4-1 中，各点表示样本点，最外沿的线即随机边界。样本点与随机边界之间的距离即效率损失。效率损失作为随机误差项的一部分考虑到模型中。

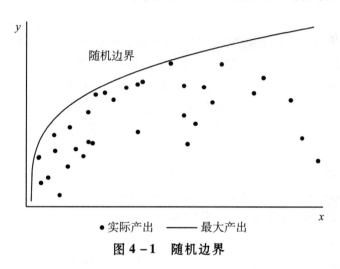

图 4-1　随机边界

正式地，SFA 可以表达如下：

$$Y_{it} = X_{it}\beta + \omega_{it} - v_{it} \quad i = 1, 2, \cdots, N; \quad t = 1, 2, \cdots, T \qquad (4-5)$$

其中，β 为待估参数；Y_{it} 是实际产出，在本书中对应第 i 个省第 t 期的实际产出的对数；X_{it} 是投入要素，在本书中对应第 i 个省第 t 期的实际资本存量、劳动力、时间趋势及其二次项和交乘项的对数。ω_{it} 为第 i 个省第 t 期的随机误差项，服从标准正态分布，且独立于 v_{it}；v_{it} 为第 i 个省第 t 期的无效率项，v_{it} 的分布可以分为四种情形：半正态分布、截断型正态分布、指数分布和伽马分布。在本书中，假设 v_{it} 服从截断型半正态分布，是一个非负的随机变量。根据巴特特西和科

---

① Battese G. E. , Coelli T. J. A model for technical inefficiency effects in a stochastic frontier production function for panel data [J]. Empirical Economics, 1995, 20（2）: 325-32.

埃利（Battese，Coelli，1995），v_{it}可以进一步表达为：

$$v_{it} = Z_{it}\gamma + \varepsilon_{it} \qquad\qquad (4-6)$$

其中，γ 为待估参数；Z_{it} 是影响无效率项的因素，外生于生产过程，在本书中，我们主要引入我国增值税制度中影响增值税发挥作用的因素作为无效率项的解释变量。随机误差项 ε_{it} 服从正态分布 $N(0，\sigma_{\varepsilon}^{2})$。技术效率项可以定义为：

$$TE_{it} = \exp\{-v_{it}\} = \exp\{-Z_{it}\gamma - \varepsilon_{it}\} \qquad (4-7)$$

本书沿用王志刚等（2006）[1] 的做法，将技术效率项定义为生产效率，作为个体投入产出效率的指标。

在估计方法上，由于 SFA 包含复合残差，最小二乘法不再适用。巴特特西和科埃利（Battese，Coelli，1992a，1995b)[2][3] 建议使用最大似然法进行估计。

（三）数据选择及说明

我们所采用的数据主要来自中国统计年鉴、各省（区、市）统计年鉴、《新中国六十年统计资料汇编》、中经网数据库和刘明兴所提供的中国经济增长数据。我们采用各省（区、市）面板数据。截面是不包括西藏和海南并且将重庆和四川合并处理的 28 个省、直辖市和自治区（不包括台湾、香港、澳门）。时间起始于分税制改革的 1994 年，结束于 2011 年，共 18 年的数据。

我们的变量主要包括以下内容：

1. 实际国内生产总值

根据 1978 年为基期的国内生产总值指数和 1978 年的名义国内生产总值计算，获得了以 1978 年为基期的历年国内生产总值。

2. 实际资本存量

根据永续盘存法计算实际资本存量。永续盘存法所需要的关键变量包括：初始期的资本存量、资本形成总额、固定资产投资价格指数和折旧率[4]。根据刘明兴所提供的中国经济增长数据，我们可以获得 1994～1999 年的实际资本存量数据。在此基础上计算之后年份的数据。折旧率取 10%。实际资本存量数据以 1978 年为基期。

---

① 王志刚、龚六堂、陈玉宇：《地区间生产效率与全要素生产率增长率分解（1978～2003年)》，载于《中国社会科学》2006 年第 2 期，第 55～66 页。

② Battese G. E.，Coelli T. J. Frontier production functions，technical efficiency and panel data：With application to paddy farmers in India [J]. Journal of Productivity Analysis，1992，3（1）：153－169.

③ Battese G. E.，Coelli T. J. A model for technical inefficiency effects in a stochastic frontier production function for panel data [J]. Empirical Economics，1995，20（2）：325－32.

④ 张军、吴桂英、张吉鹏：《中国省际物质资本存量估算：1952～2000 年》，载于《经济研究》，2004 年第 10 期，第 35～44 页。

3. 劳动

由于劳动的统计口径较多。我们按三次产业分从业人员数来统计劳动数据。

4. 增值税占商品劳务一般税的比重（vat_{it}）

通过各省（区、市）国内增值税与该省（区、市）国内增值税和营业税之和的比值来衡量该指标。其中，根据分税制的规则，我们用各省（区、市）一般预算所公布的国内增值税收入的4倍来估算该省（区、市）增值税纳税人所缴纳的国内增值税。

5. 增值税转型（$trvat_{it}$）

根据增值税转型的相关改革，我国相继进行了三次某些区域的试点后，再向全国推行。我们用虚拟变量来衡量这个指标，若某省（区、市）在某年推行了增值税转型，则在增值税转型指标在该年份取1，否则取0。

6. 增值税实际税负（$bvat_{it}$）

我们用各省（区、市）国内增值税占工业增加值的比值来衡量该指标。其中国内增值税的数据同样是通过分税制的相关规则估算得到。

7. 营业税实际税负（bbt_{it}）

我们用各省（区、市）营业税占服务业增加值的比值来衡量该指标。

8. 商品房价格（$rent_{it}$）

我们用各省（区、市）商品房销售价格来衡量该指标。《中国统计年鉴》在1999年以后公布了该项数据。1999年以前的数据我们根据商品房销售总额和商品房销售面积换算得到。

根据我们在定性分析中所提出的命题，本书关注的核心变量有四个，即增值税课征范围指标、增值税转型指标、增值税税收优惠和增值税税收竞争指标和增值税的"租税替代"效应指标。我们用增值税占商品劳务一般税的比重（以下简称增值税比重）以及营业税税负和增值税比重的交乘项来衡量增值税课征范围指标。增值税比重越大，营业税税负越轻意味着增值税课征范围狭窄导致的重复征税越少，越有利于增值税发挥作用。因此，我们预期增值税比重和生产无效率项的计量关系为负，营业税税负指标和生产无效率项在计量经济学上的关系为正；我们用增值税转型的虚拟变量以及该虚拟变量与增值税比重的交乘项来衡量增值税转型指标。增值税转型克服了对固定资产重复征税的问题，因此该指标为1时，有利于增值税发挥作用。因此，我们预期增值税转型指标和生产无效率项在计量经济学上的关系为负；我们用增值税实际税负和增值税比重的交乘项来衡量增值税税收优惠以及增值税税收竞争指标。该指标越小，意味着税收竞争以及由此导致的增值税税收优惠空间越大，这一方面阻碍了增值税发挥作用；另一方面减轻了经济主体的税负。因此，我们无法预期增值税税收优惠和税收竞争指标与生产无效率项在计量经济学上的关系；我们用商品房价格和增值税比重的交乘项来衡量增值税的"租税替代"效应。该指标越小，意味着"租税替代"效应越小，导致的替代效应越小，因此，我们预期增值税"租税替代"效应和生产无效率项在计量经济学上的关系为正。

主要变量的统计特征如表4－1所示。

表4－1　　　　　　　　各变量及其统计特征

变量	观测值	均值	标准差	最大值	最小值
实际国内生产总值（亿元）	504	691.2	575.7	3 385	35.83
实际资本存量（亿元）	504	3 862	4 625	35 000	120.1
劳动力（万人）	504	2 474	1 664	6 486	232.7
增值税占商品劳务一般税比重	504	0.727	0.072	0.885	0.453
增值税实际税负	504	0.13	0.042	0.312	0.05
营业税实际税负	504	0.041	0.015	0.101	0.02
商品房价格（元/平方米）	504	2 595	2 159	18 000	396

四、增值税风险评估的验证

表4－2给出了随机边界模型的估计结果。整个列表分为三个部分：对超越对数生产函数的估计、增值税制度对生产无效率项所产生边际影响的估计以及增值税制度对生产过程不确定性所产生边际影响的估计。每个部分又分为三个模型。模型1呈现的是没有任何约束的估计结果；模型2呈现的是约束无效率项方差为常数条件下得出的估计结果；模型3呈现的是约束无效率项均值为常数的估计结果。模型2和模型3可以为模型1估计结果的稳健性提高参考。在表4－2最后，我们给出了最大似然值的大小，通过比较可以发现模型1优于模型2和模型3。我们所使用的估计软件是Stata11.0。

表4－2　　　　　　　　随机边界模型的估计结果

	模型 1	模型 2	模型 3
超越对数生产函数			
lnK	2.688*** (10.73)	2.650*** (10.32)	2.323*** (9.44)

续表

	模型 1	模型 2	模型 3
超越对数生产函数			
lnL	−1.275*** (−5.86)	−1.147*** (−3.45)	−0.975*** (−4.54)
t	−0.340*** (−9.01)	−0.295*** (−7.59)	−0.327*** (−8.80)
lnK2	−0.135** (−2.47)	−0.188*** (−3.93)	−0.118** (−2.35)
lnL2	0.411*** (9.96)	0.340*** (5.82)	0.333*** (9.03)
t2	0.001 (0.56)	−0.004* (−1.92)	0.005*** (2.86)
lnKlnL	−0.202*** (−6.04)	−0.147*** (−4.77)	−0.160*** (−5.83)
tlnK	0.019** (2.55)	0.023*** (3.39)	0.019*** (2.59)
tlnL	0.028*** (5.40)	0.023*** (4.34)	0.022*** (4.59)
生产无效率			
lnvat	−2.201*** (−3.35)	−2.736*** (−3.36)	
lnbbt × lnvat	0.802*** (4.08)	1.561*** (7.56)	
trvat	−0.485*** (−3.51)	−0.632*** (−5.17)	
trvat × lnvat	−0.868*** (−2.85)	−1.090*** (−3.46)	
lnbvat × lnvat	−0.540*** (−3.91)	−0.920*** (−5.21)	
lnrent × lnbvat	0.306*** (5.52)	0.516*** (6.97)	
cons	0.729*** (6.40)	0.848 (0.99)	1.181*** (10.29)

	模型 1	模型 2	模型 3
生产过程不确定性			
lnvat	−41.680 *** (−2.61)		−40.205 ** (−2.28)
lnbbt × lnvat	−18.403 *** (−4.90)		−21.728 *** (−6.01)
trvat	1.962 * (1.80)		3.186 *** (2.94)
trvat × lnvat	1.862 (0.60)		4.018 (1.27)
lnbvat × lnvat	4.678 *** (2.69)		5.352 *** (2.77)
lnrent × lnbvat	1.402 (1.11)		0.750 (0.51)
cons	2.055 ** (2.24)	−3.310 *** (−26.58)	3.500 *** (3.56)
N	504	504	504
ll	0.05	−52.71	−25.59

注：*、**、*** 分别表示在 10%、5%、1% 的置信水平上显著。

（一）超越对数生产函数的估计结果分析

在超越对数生产函数的估计部分，我们通过比较模型 1、模型 2 和模型 3，可以发现所有变量的估计参数都相当稳健，并且除了 $t2$ 以外，所有变量都至少在 5% 的置信水平上显著。根据昆伯卡和洛弗尔（Kumbhakar, Lovell, 2000）[1] 给出的公式，我们计算了模型 1 下的资本平均产出弹性、劳动平均产出弹性和技术平均产出弹性分别为 0.308491、0.53493 和 0.11206。我们认为这样的估计结果和我们预期的现实情形比较一致。也就是说，中国的经济增长中劳动力所作出的边际贡献最大，资本次之，技术的边际贡献最小。

（二）增值税制度的资源配置非中性和经济稳定风险分析

表 4 - 2 的第二部分和第三部分，即增值税制度对生产效率以及对生产过程

[1] Kumbhakar S. C., Lovell C. K. Stochastic Frontier Analysis [M]. Cambridge University Press, 2000.

不确定的影响是本书研究的核心结论，分别反映我国增值税制度的资源配置非中性及效经济稳定风险的状况。

增值税占商品劳务一般税比重（以下简称增值税比重）和营业税实际税负与增值税比重的交乘项这两个变量可以联合解释"营改增"在改善增值税制度安排非中性方面的影响。第二部分的模型1和模型2的结果显示，增值税比重越大，营业税实际税负越低，越有利于生产效率的改善，这一结论在1%的置信水平上显著。第三部分的模型1和模型3的结果显示，增值税比重越大，营业税实际税负越低，越有利于缓解生产过程的不确定性，这一结论至少在5%的水平上显著。也就是说，在我国的商品劳务一般税中，增值税相对于营业税对生产的影响更加中性，也更加有利于经济系统的稳定。这主要是由增值税和营业税的机制差异决定的。增值税的重要机制是内控机制，可以通过进项税抵扣，较好地解决重复征税的问题。而营业税并不存在相应地扣税机制，因此会导致重复征税的问题。所以，在增值税和营业税共同构成的商品劳务一般税制度下，增值税的比重越高，就越有利于保证一般税的中性；反之，营业税的实际税负越高，由于无法在增值税中被抵扣，那么业已存在的重复征税的程度越高，也就越不利于一般税的中性作用。由此可知，从税收中性的角度来看，"营改增"把商品劳务一般税由两个税种调整为增值税一个税种，其意义是重大的。具体而言，这一改革可以从以下两个方面使我国的商品劳务一般税更中性：其一是"营改增"扩大了内控机制在行业间的作用范围，有利于减少生产要素配置在不同行业间的替代效应；其二是"营改增"缓解了多环节的重复征税问题，降低了生产者采取"庞大"组织形式所能获得的收益，从而减少了生产者在组织形式间的替代效应，有利于促进专业化分工。同时，我们注意到"营改增"并没有对经济稳定效应造成平均意义上的负面影响。这可能是因为，"营改增"从试点到成为正式制度仅仅只有一年多的时间，所以并没有对资源配置效率的稳定性带来过大的冲击。

增值税转型的虚拟变量以及该虚拟变量与增值税比重的交乘项可以用来解释增值税转型的中性效应。第二部分的模型1和模型2的结果显示，增值税转型有利于生产效率的改善，这一结论在1%的置信水平上显著。1994年实行的"生产型"增值税实际上导致了生产者在生产要素上的替代效应。这一政策鼓了生产者使用劳动力而节制资本。但其后果是资源配置违背要素的边际收入等于其边际产出的原则，从而使资本劳动比维持在不合理的水平，形成了对资本有机构成高的行业的税收歧视。增值税的转型改善了这一政策的替代效应，使资本劳动比回复了更加合理的"自然水平"，因此更有利于增值税中性。但第三部分的模型1和模型3的结果显示，增值税转型并不利于缓解生产过程的不确定性，但这一结论并不显著。我们认为，这在一定程度上与增值税转型采取试点做法有关。增值税

209

转型试点的方法形成了试点行业和试点地区的级差收入，加剧了生产要素在不同行业和地区间的流动，因此不利于生产过程的稳定。

增值税实际税负和增值税比重的交乘项可以用来解释缺乏立法保障的情况下，增值税竞争以及由此导致的税收优惠政策的中性效应。第二部分的模型 1 和模型 2 的结果显示，增值税实际税负越低，越有利于生产效率的改善，这一结论在 1% 的置信水平上显著。第三部分的模型 1 和模型 3 的结果显示，增值税实际税负越低，加剧了生产过程的不确定性，这一结论在 1% 的置信水平上显著。也就是说，增值税税收竞争和税收优惠政策有利于生产效率的改善，但不利于缓解生产过程的确定性。我们的解释是，尽管增值税的税收优惠政策在一定程度上违背了增值税的中性原则，但是某些企业由于税负减轻，从而有利于它们生产效率的提升。综合两者效应，增值税的优惠政策实际上还对生产效率产生了积极的影响。但同时，我们也应该注意到，这一正向的影响是以丧失增值税的稳定效应为代价的，这实际上意味着增值税优惠政策的频繁变动，导致了税基变窄，税率结构也变得更加复杂，使增值税退化为商品劳务精选税。在我国市场经济体制和行政体制尚不健全的条件下，退化的增值税会致使生产者预期的频繁变化，成为破坏经济系统稳定的外生冲击，违背了增值税的中性原则。

商品房价格变化和增值税比重的交乘项可以用来解释增值税"租税替代"的中性效应。第二部分的模型 1 和模型 2 的结果显示，增值税的"租税替代"效应不利于生产效率的改善，这一结论在 1% 的置信水平上显著。第三部分的模型 1 和模型 3 的结果显示，增值税的"租税替代"效应加剧了生产过程的不确定性，但是这一结论并不显著。我们对这一结论的解释是，地方政府为了吸引资本流入本省，会通过税收优惠政策降低增值税实际税率，但在支出刚性的前提下，地方政府会转而通过土地财政来融资。这一政策逻辑的后果推动了土地价格的上升，实际上破坏了土地要素和其他生产要素的"自然的"相对价格，导致了土地要素和其他要素之间的替代效应，因而增值税制度在生产要素配置上的中性作用再次被破坏。

五、增值税非中性评估的结论及政策建议

（一）结论

对增值税非中性因素进行了定性分析，并利用 SFA 模型检验了我国增值税制度的资源配置效应和经济稳定效应，得到以下结论。

第一，我国的增值税对资源配置产生了非中性影响。一方面，我国的增值税

扭曲了资源配置的效率价格，对提高经济效率产生了不利的影响。增值税转型以前，我国实行生产型增值税，鼓励生产者"节约"资本，影响技术进步。增值税转型有利于改善生产效率，但试点的方式不利于经济的平稳发展。增值税的"租税替代"效应改变了土地要素价格和其他要素价格的关系，而这一效应实际上是由于增值税制度在立法上缺乏作为一般税的法律保障所导致的。增值税的"租税替代"效应同样扭曲了市场效率价格。另一方面，我国的增值税对生产者组织形式的选择上产生了替代效应。增值税和营业税并存的局面影响了增值税的效率效应，也不促进专业化分工。

第二，我国的增值税不利于经济稳定。由于法制不够健全，增值税成为地方政府招商引资的政策工具。而且，增值税的"共享"方式又进一步激励地方以让渡地租的方式吸引投资。这既影响效率，又影响稳定。

（二）政策建议

第一，把商品劳务一般税由增值税和营业税两个税种改为增值税一个税种是改革的方向。改革后的增值税应该是消费型增值税。这种改革应该制定方案在全国范围内统一推行。一般税在地区、行业试点的做法不利于税收中性，也不利于经济的稳定增长。

第二，增值税应是全国人民共享的税收[①]。一个好的税种需要系统环境才能发挥好的作用，即一个好的税种需要有合理的税制结构、分税制安排、转移支付制度、地方债务制度的配合才能发挥出良好的作用。换句话说，税制改革应放到分税制财政体制的环境中去考虑。目前，增值税在中央和地方之间采用固定分成的做法是不适当的。理论上说，增值税作为商品劳务一般税应该是满足一般预算支出需求的重要来源，也是中央预算中形成一般预算基金的重要来源。

第二节　税收调节收入分配风险评估

根据公平原则和能力原则，应该是相同的税基缴纳相同的税收和纳税能力强的多纳税、纳税能力弱的少纳税，没有能力的不纳税。这也表明税收调节收入分配的方向。如果税收的实际执行结果违背上述原则，那就产生税收调节收入分配

---

①　一般税都具有这样的性质，因此生产要素一般税也应该是全国人民共享的税收。由于本书主要讨论增值税的经济效应问题，对一般税的转移支付功能未能全面展开，需另外专门讨论。

的风险，即产生了违背调节目标的逆向调节。

一、税收的调节功能

（一）税收在初次分配中的调节功能

经典的三次分配理论大致是再生产中的初次分配、再次分配和第三次分配。初次分配是市场经济领域的分配，收入分配隐含在资源配置之中。再次分配是在初次分配的基础上，政府再次进行收入分配，目的是弥补市场经济在收入分配中存在的问题。第三次分配是指在前两次分配的基础之上，由第三部门进行的收入分配。所谓第三部门，是指既不属于市场经济部门，也不属于公共经济部门，例如慈善组织的分配行为。在我国现行制度体系下，税收重点参与的是前两次分配，对第三部门分配的调节功能有限。

税收在初次分配中主要对市场上形成的收入分配结果进行间接干预，干预的税种形式是间接税，包括增值税、消费税、营业税、关税、资源税、城市维护建设税、教育费附加等税种，其中调节收入分配效果较为明显的税种为消费税、资源税。如表 4-3 所示，初次分配初期，1994~2010 年我国政府、企业、居民三大部门对 GDP 的年平均贡献率分别为 15.38%、16.91% 和 17.31%，其中居民的GDP 贡献率最高，政府的 GDP 贡献率最低。经过初次分配后，1994~2010 年政府、企业、居民三大部门的年平均收入增长率分别为 18.11%、18.35%、15.8%，企业的收入增长率最高，居民的收入增长率最低，对比三大部门的年平均贡献率，可以看出在初次分配中企业受到的影响较小，居民受到的影响最大。而这个影响既包括市场经济本身的影响，也包括各项政治、经济、文化等制度和政策体系的影响，如果将市场经济本身的影响看作内部影响，制度和政策体系的影响看作外部影响，税收作为衡量外部影响中的重要指标的表现就尤为重要。1994~2010 年政府、企业、居民三大部门在初次分配中受到税收影响的程度平均分别为 16.2%、-14.57% 和 -1.56%，这说明在初次分配中，间接税的征收对政府收入是正影响，且影响的幅度较高；而对企业和居民收入的作用是负影响，且对企业的影响幅度较高，对居民的影响幅度相对较低，这是因为间接税针对企业的征收较多，其税负归宿较难直接落在个体纳税人身上。再看初次分配中税收影响因素的具体情况，税收对政府的影响由 1994 年的 13.27% 上升到 2010 年的18.46%，说明影响越来越大，作用越来越强，且这个影响是正相关的；同样地，税收对企业的影响由 1994 年的 -11.86% 拉大到 2010 年的 -14.63%，影响也是越来越大，作用也是越来越强，不过这个影响是负相关的。在经济发展的初期中，政府的作用增强一定程度是有益的，但是，随着税收对政府收入的影响不断提高，公共经济的比重越来越重，就压缩了私人经济的作用空间，不利于效率的提高，而且也不利于收入差距不断拉大不利状况的改善。政府部门挤压企业部门的收入空间，甚至政府部门收入超过企业部门，其实都不是正常的收入状况。

表 4 - 3　　　　　　　　税收在初次分配中的调节作用　　　　　单位：%

年份	部门 GDP 贡献率			初次分配后部门收入增长率			初次分配中的税收		
	政府	企业	居民	政府	企业	居民	政府	企业	居民
1994	40	30.9	43.43	30.5	28.72	38.34	13.27	-11.86	-1.42
1995	14.57	28.54	20.85	14.72	26.14	24.44	13.02	-11.77	-1.25
1996	8.34	13.82	23.99	19.25	-0.37	20.75	14.78	-13.33	-1.45
1997	18.93	8.27	10.19	13.95	15	6.93	15.03	-13.71	-1.32
1998	16.64	2.24	8.13	9.75	1.8	5.06	16.17	-14.86	-1.31
1999	8.28	3.25	6.63	5.18	7.97	3.69	16.81	-15.3	-1.51
2000	3.9	7.94	12.85	7.93	14.84	8.53	16.24	-14.7	-1.54
2001	14.05	10.76	3.41	19.24	3.68	7.02	17.69	-16.16	-1.54
2002	19.27	8.93	2.57	3.38	3.37	11.56	16.81	-15.51	-1.3
2003	5.49	13.1	10.86	22.57	15.55	8.75	17.54	-16.32	-1.22
2004	32.59	37.06	35.65	35.6	77.86	24.76	14.79	-13.16	-1.62
2005	-4.45	17.59	14.96	13.02	8.04	19.18	16.12	-14.34	-1.78
2006	16.17	15.95	14.88	23.14	13.03	14.67	16.62	-14.79	-1.83
2007	16.46	22.59	20.27	27.72	22.61	19.36	17.52	-15.6	-1.92
2008	16.58	20.35	21.35	21.45	18.65	18.47	16.98	-16.3	-1.98
2009	17.26	24.56	23.45	26.85	24.16	13.61	17.53	-15.35	-1.86
2010	17.45	21.54	20.75	20.71	23.83	23.49	18.46	-14.63	-1.63
年平均	15.38	16.91	17.31	18.11	18.35	15.8	16.2	-14.57	-1.56

资料来源：根据 1999 ~ 2011 年《中国统计年鉴》资金流量相关数据整理而成。

（二）税收的再分配功能

税收在再次分配中主要对市场上形成的收入分配结果进行直接干预，干预的税种形式是直接税，包括企业所得税、个人所得税、房产税、城市房地产税、车船使用税等税种，其中调节收入分配效果较为明显的税种为个人所得税。

如表 4 - 4 所示，再次分配初期，1994 ~ 2010 年我国政府、企业、居民三大

213

部门对 GDP 的年平均贡献率分别为 15.48%、16.65% 和 17.11%，其中居民的 GDP 贡献率最高，政府的 GDP 贡献率最低。经过再次分配后，1994~2010 年政府、企业、居民三大部门的年平均收入增长率分别为 19.56%、18.84%、16.18%，政府的收入增长率最高，居民的收入增长率最低，对比三大部门的年平均贡献率，可以看出在再次分配中居民受到的影响较小，政府受到的影响最大。而这个影响主要为各项政治、经济、文化等制度和政策体系的影响，其中税收作为重要指标其表现尤为重要。1994~2010 年政府、企业、居民三大部门在再次分配中受到税收影响的程度平均分别为 3.12%、-2.27% 和 -0.84%，这说明在再次分配中，直接税的征收对政府收入是正影响，且影响的幅度较高；而对企业和居民收入的作用是负影响，且对企业的影响幅度较高，对居民的影响幅度相对较低，这是因为直接税针对企业的征收数额较大，对个人征收的数额较小。再看再次分配中税收影响因素的具体情况，税收对政府的影响由 1994 年的 1.8% 上升到 2010 年的 4.67%，说明影响越来越大，作用越来越强，且这个影响是正相关的；同样地，税收对企业的影响由 1994 年的 -1.64% 拉大到 2010 年的 -2.43%，对个人的影响由 1994 年的 -0.16% 拉大到 2010 年的 -0.92%，影响也是越来越大，作用也是越来越强，不过这个影响是负相关的。对比再分配后期和再分配初始阶段，政府的收入状况越来越好，企业和个人的收入状况相对下降，可以说，再分配一定程度上拉大了政府部门和私人部门的收入差距，这对实现缩小收入差距，促进长期稳定增长的经济目标是不利的。

表 4-4　　　　　　　税收在再次分配中的调节作用　　　　　单位：%

年份	部门 GDP 贡献率			再次分配后部门收入增长率			再次分配中的税收		
	政府	企业	居民	政府	企业	居民	政府	企业	居民
1994	40	30.9	43.43	26.54	34	37.94	1.8	-1.64	-0.16
1995	14.57	28.54	20.85	12.78	28.33	24.72	1.49	-1.26	-0.22
1996	8.34	13.82	23.99	20.92	-5.47	20.66	1.78	-1.49	-0.28
1997	18.93	8.27	10.19	12.05	16.23	7.92	1.74	-1.39	-0.35
1998	16.64	2.24	8.13	5.26	4.81	5.12	1.76	-1.33	-0.43
1999	8.28	3.25	6.63	11	4.61	3.16	2.39	-1.87	-0.52
2000	3.9	7.94	12.85	15.33	19.92	5.9	3.01	-2.26	-0.75
2001	14.05	10.76	3.41	17.17	5.06	6.84	3.21	-2.18	-1.02
2002	19.27	8.93	2.57	5.85	3.04	11.3	3.61	-2.46	-1.15
2003	5.49	13.1	10.86	19.99	21.59	8.24	3.8	-2.6	-1.21

年份	部门 GDP 贡献率			再次分配后部门收入增长率			再次分配中的税收		
	政府	企业	居民	政府	企业	居民	政府	企业	居民
2004	32.59	37.06	35.65	27.46	92.35	26.05	3.05	-1.97	-1.09
2005	-4.45	17.59	14.96	16.21	6.05	18.44	3.52	-2.38	-1.14
2006	16.17	15.95	14.88	28.16	6.97	14.39	4.48	-3.32	-1.16
2007	16.46	22.59	20.27	28.69	21.02	19.2	4.65	-3.41	-1.24
2008	16.53	20.46	21.48	29.19	20.46	20.19	3.52	-3.96	-1.39
2009	18.45	21.86	19.83	28.43	18.46	21.15	4.51	-2.68	-1.26
2010	17.93	19.86	20.89	27.46	22.92	23.86	4.67	-2.43	-0.92
年平均	15.48	16.65	17.11	19.56	18.84	16.18	3.12	-2.27	-0.84

资料来源：根据 1999～2011 年《中国统计年鉴》资金流量相关数据整理而成。

（三）税收调节功能的测量

税收调节功能可以通过税前和税后的比较来看税收的调节作用。这些指标包括基尼系数、收入均等指数、库兹涅茨比率、阿鲁瓦利亚指数等。这些指标的变化从不同的方面揭示了税收对收入差距的影响。可以运用标准的"万分法"来测算税收征收前后的基尼系数，其公式为：

$$G = 10\ 000 - S/10\ 000 \qquad (4-8)$$

其中，$S = \sum P_i \times V_i (i = 1, 2, \cdots, n)$，$V_i = U_i - 1 + U_i$，$U_i = \sum y_i$，$p_1 + p_2 + \cdots + p_n = 100$，$p_i = p_i / \sum P_i$，$y_1 + y_2 + \cdots + y_n = 100$，$y_i = Y_i / \sum Y_i$，$G$ 代表基尼系数，y_i 为第 i 组的收入比重，p_i 为第 i 组的人口比重，Y_i 与 P_i 分别代表第 i 组的收入和人口。

以《中国统计年鉴》（1995～2010 年）中数据为基础，税前收入用全部个人收入指代，税后收入用个人可支配收入指代，计算出的结果为：1994 年城镇居民税前基尼系数为 0.2106，税后基尼系数为 0.2149；1996 年税前基尼系数为 0.2039，税后基尼系数为 0.2083；1998 年税前基尼系数为 0.2255，税后基尼系数为 0.2261；2000 年税前基尼系数为 0.2448，税后基尼系数为 0.2451；2002 年税前基尼系数为 0.309，税后基尼系数为 0.3068；2004 年税前基尼系数为 0.3261，税后基尼系数为 0.3233；2006 年税前基尼系数为 0.3225，税后基尼系数为 0.3232；2008 年税前基尼系数为 0.4023，税后基尼系数为 0.4012；2010 年税前基尼系数为 0.3865，税后基尼系数为 0.3812。通过总体比较可以看出，税前税后的基尼系数变化不是很大，部分年度还出现了税后基尼系数大于税前的逆向条件结果，这也印证了我国的税收调节反而扩大居民收入差距的论断。

还可以运用收入均等指数来评价城镇居民的收入差距情况，简单地说，这一指标就是衡量不同收入组的收入与全体居民的收入差额的平方数的总和。通过计算我国城镇居民的税前、税后收入均等指数可以看出：1994 年我国城镇居民的税前收入均等指数为 0.187，税后收入均等指数为 0.191；1996 年我国城镇居民的税前收入均等指数为 0.181，税后收入均等指数为 0.184；1998 年我国城镇居民的税前收入均等指数为 0.199，税后收入均等指数为 0.2；2000 年我国城镇居民的税前收入均等指数为 0.217，税后收入均等指数为 0.217；2002 年我国城镇居民的税前收入均等指数为 0.276，税后收入均等指数为 0.274；2004 年我国城镇居民的税前收入均等指数为 0.293，税后收入均等指数为 0.292；2006 年我国城镇居民的税前收入均等指数为 0.285，税后收入均等指数为 0.282；2007 年我国城镇居民的税前收入均等指数为 0.28，税后收入均等指数为 0.279；2008 年我国城镇居民的税前收入均等指数为 0.287，税后收入均等指数为 0.284；2010 年我国城镇居民的税前收入均等指数为 0.297，税后收入均等指数为 0.296。通过收入均等指数的税前税后对比，可以看出税前税后的收入差距情况并不是很大，一部分年度的税收存在顺向调节，另一部分年度的税收存在逆向调节，分析得出的结论不太显著。

还可以运用阿鲁瓦利亚指数对收入差距的变化情况进行考察。阿鲁瓦利亚指数通过显示 40% 最低收入组人口收入占总收入的比重来揭示收入差距的变化，其中数值越大，说明低收入群体的收入水平越高，整体的收入状况就改善越大。根据城镇居民收入相关统计数据，计算我国城镇居民收入的税前、税后的阿鲁瓦利亚指数变化情况，可以得出：1994 年我国城镇居民收入的税前阿鲁瓦利亚指数为 0.2869，税后阿鲁瓦利亚指数为 0.2839；1996 年我国城镇居民收入的税前阿鲁瓦利亚指数为 0.2888，税后阿鲁瓦利亚指数为 0.2855；1998 年我国城镇居民收入的税前阿鲁瓦利亚指数为 0.2752，税后阿鲁瓦利亚指数为 0.2747；2000 年我国城镇居民收入的税前阿鲁瓦利亚指数为 0.2661，税后阿鲁瓦利亚指数为 0.2658；2002 年我国城镇居民收入的税前阿鲁瓦利亚指数为 0.2267，税后阿鲁瓦利亚指数为 0.2284；2004 年我国城镇居民收入的税前阿鲁瓦利亚指数为 0.2177，税后阿鲁瓦利亚指数为 0.2194；2006 年我国城镇居民收入的税前阿鲁瓦利亚指数为 0.2186，税后阿鲁瓦利亚指数为 0.22；2008 年我国城镇居民收入的税前阿鲁瓦利亚指数为 0.2156，税后阿鲁瓦利亚指数为 0.2173；2010 年我国城镇居民收入的税前阿鲁瓦利亚指数为 0.2654，税后阿鲁瓦利亚指数为 0.2686。通过税前税后的阿鲁瓦利亚指数变化比较可以看出，整体变化不是特别明显，而且从大部分年度的情况来看，税收收入公平状况还有了一定程度的改善，这说明我国近年来税收对低收入群体的收入状况改善还是起到了一定的作用。

考察完低收入阶层的收入状况后，还可以同样考察高收入阶层的收入状况，运用税前税后10%最高收入阶层的收入份额占总收入的比值来具体测算。根据城镇居民的收入数据进行分析，得出的结论如下：1994年城镇居民10%高收入阶层的收入比值的税前指数为0.1672，税后指数为0.1688；1996年城镇居民10%高收入阶层的收入比值的税前指数为0.1677，税后指数为0.1692；1998年城镇居民10%高收入阶层的收入比值的税前指数为0.1757，税后指数为0.1759；2000年城镇居民10%高收入阶层的收入比值的税前指数为0.1802，税后指数为0.1801；2002年城镇居民10%高收入阶层的收入比值的税前指数为0.2176，税后指数为0.2174；2004年城镇居民10%高收入阶层的收入比值的税前指数为0.2415，税后指数为0.2395；2006年城镇居民10%高收入阶层的收入比值的税前指数为0.2432，税后指数为0.2414；2008年城镇居民10%高收入阶层的收入比值的税前指数为0.2458，税后指数为0.2436；2010年城镇居民10%高收入阶层的收入比值的税前指数为0.2687，税后指数为0.2598。可以看出，2000年以前我国税收对高收入群体的收入差距的影响是逆向的，2000年以后我国税收对高收入群体的收入差距的影响是顺向的，但是数额差距不大，说明税收对高收入群体的收入差距影响较小。

运用收入不良指数对我国城镇居民收入差距进行分析。收入不良指数是指高收入阶层20%的收入份额和低收入阶层20%的收入份额之比。这一指标主要考量最高收入和最低收入的收入差距情况，是两个极端的考察，其数额越高，说明收入差距越大，收入状况越不"良好"。通过计算城镇居民的相关收入数据，可以分析我国城镇居民的税前税后收入不良指数变化：1994年我国城镇居民的税前收入不良指数为3.94，税后收入不良指数为4.11；1996年我国城镇居民的税前收入不良指数为3.77，税后收入不良指数为3.91；1998年我国城镇居民的税前收入不良指数为4.4，税后收入不良指数为4.43；2000年我国城镇居民的税前收入不良指数为5，税后收入不良指数为5.02；2002年我国城镇居民的税前收入不良指数为7.99，税后收入不良指数为7.89；2004年我国城镇居民的税前收入不良指数为8.91，税后收入不良指数为8.87；2006年我国城镇居民的税前收入不良指数为9，税后收入不良指数为8.96；2008年我国城镇居民的税前收入不良指数为9.12，税后收入不良指数为9.05；2010年我国城镇居民的税前收入不良指数为9.65，税后收入不良指数为9.59。数据说明，虽然我国城镇居民低收入阶层的收入状况在不断改善，但是高收入阶层的收入增长情况更好，造成了收入差距的逐年拉大。但是，每年的税后收入不良指数比税前收入不良指数的数据要小一些，说明税收在缩小最高收入阶层和最低收入阶层之间的收入差距上具有一定的作用，但是数据差额较小，说明作用不是特别大。

二、税负风险评估

税负是指纳税人承担的税收状况，讲的是税负水平在纳税人和国家之间的分配关系。税负水平是指税收负担的数量，确切地说是税收收入占经济产出的比重，衡量的是税收对纳税人的影响程度，水平越高税负越重，纳税人的收入水平受到的影响越大，反之亦然。税负水平对不同纳税主体收入有重大的影响，造成不同主体间的收入差距扩大或者缩小，这一点可以用实证分析的方式来检验。

（一）宏观税负评估

对国民收入进行分析时，一般分为政府部门、企业部门和居民部门三大部门。在总量一定的前提下，某一个或两个部门的比重增大，必然造成另外部门的比重减少。在分析收入分配结果时，我们可以将企业部门和居民部门的比重合并变为非政府部门，用宏观税负来衡量政府部门的比重，进而得出政府和非政府部门间税收的影响情况，分析出税收对公共部门和市场部门间的收入影响。宏观税负是一国一地区一年内税收收入总额和国内生产总值之间的比值，比值越高，说明国民收入中政府所占的比重越大，相对的企业和居民所占的比重就越小。

表 4-5 中的内容反映的是 1994～2011 年我国政府部门的宏观税负情况。其中制度内收入涵盖的内容更加广泛，包括税收收入在内的各种政府在现有制度框架范围内允许存在的所有收入，是全面衡量政府占据社会资源的一项指标。而税收收入作为政府制度内收入的重要组成部分，对于体现政府参与社会宏观收入分配的比重衡量也有十分重要的意义。从表 4-5 中的内容可以看出，1994～2011 年我国政府制度内收入占国内生产总值的年均宏观税负比重为 19%，税收收入占国内生产总值的年均宏观税负比重为 14.3%，前者比后者高出 4.7%，这就显示出政府的非税收入占其制度内收入的比重不小，政府部门对国民经济收入的参与程度比我们从税收角度看到的要深。在考察分年度的情况，1994 年政府制度内收入占国内生产总值的比重为 16.2%，2011 年这一比重变化为 22%，较之 1994 年上升了 5.8%；1994 年政府税收收入占国内生产总值的比重为 10.6%，2011 年这一比重变化为 19%，较之 1994 年上升了 8.4%，两个宏观税负衡量指标都有了一定幅度的增长，说明我国宏观税负的比重在上升，也就是政府参与国民收入分配的比重在上升，相对的企业和居民的收入比重就一定在下降，造成政府部门和非政府部门之间的收入分配不均衡。

表4－5　　　　1994～2011年我国宏观经济及税负情况　　单位：亿元

年份	政府制度内收入	税收收入	现价GDP	宏观税负1（％）	宏观税负2（％）
1994	7 815	5 128.8	48 197.9	16.2	10.6
1995	9 261.7	5 995.5	60 793.7	15.2	9.9
1996	11 960.7	6 894.4	71 176.6	16.8	9.7
1997	12 367.5	8 387.5	78 973	15.7	10.6
1998	13 731	9 368.6	84 402.3	16.3	11.1
1999	15 400.8	10 674.1	89 677.1	17.2	11.9
2000	18 029.2	12 831.5	99 214.6	18.2	12.9
2001	21 392.4	15 407.7	109 655.2	19.6	14.1
2002	23 534	17 268.6	120 332.7	19.6	14.4
2003	26 990	20 272.5	135 822.8	19.9	14.9
2004	31 544.9	24 179	159 278.3	19.7	15.2
2005	37 620.7	28 819.2	184 937.4	20.3	15.6
2006	45 662.8	34 944	216 314.4	21.1	16.2
2007	57 623	47 000.1	265 810.3	21.7	17.7
2008	66 986.9	55 388	314 045.4	21.3	17.6
2009	69 465.8	60 469.1	340 506.9	20.4	17.8
2010	83 101.5	73 210.8	401 202.0	20.7	18.2
2011	103 874.4	89 738.4	472 881.6	22.0	19.0
年平均	36 464.6	29 221.0	180 734.6	19.0	14.3

注：宏观税负1为政府制度内收入与现价GDP的比值，宏观税负2是税收收入与现价GDP的比值；政府制度内收入包括各项税收收入、企业亏损补贴、能源交通重点建设基金收入、预算调节基金收入、教育费附加收入、行政事业性收费、政府基金性收入、乡自筹统筹基金、地方财政收入、企业收入、国有企业和主管部门收入、专向收入、罚没收入和其他收入。

资料来源：《中国统计年鉴》（2012年）、《中国税务年鉴》（2012年）、《中国财政年鉴》（2012年）。

（二）中观税负评估

分析我国的中观税负状况，可以从三大产业间的税收负担比重，各大行业间的税收负担差异，以及不同地区间的税收负担平衡度入手，来考察税收对不同产业、行业以及地区的收入调节作用。

表4－6是我国三大产业税收负担表，内容是我国三大产业各自从1996～2011年的税收收入额、年产出增加值和税收负担率。从表4－6中的内容可以看出，第二产业在统计期间的税收负担率最高，年平均税率为18.32％；第三产业在

219

表 4 - 6　　　　　　　　中国三次产业税负

单位：亿元

年份	第一产业			第二产业			第三产业		
	税收收入	增加值	税负率（%）	税收收入	增加值	税负率（%）	税收收入	增加值	税负率（%）
1996	823.31	14 015.4	5.87	3 882.06	33 835	11.47	2 714.70	23 326.2	11.64
1997	721.61	14 441.9	5.00	4 449.41	37 543	11.85	3 451.98	26 988.1	12.79
1998	535.45	14 817.6	3.61	5 490.74	34 004.2	14.08	3 465.60	30 580.5	11.33
1999	350.40	14 770	2.37	6 112.29	41 033.6	14.90	4 275.78	33 873.4	12.62
2000	848.51	14 944.7	5.68	7 100.71	45 555.9	15.59	5 181.89	38 714	13.39
2001	300.45	15 781.3	1.9	8 489.32	49 512.3	17.15	6 602.61	44 361.6	14.88
2002	427.73	16 537	2.59	9 858.54	53 896.8	18.29	7 064.61	49 898.9	14.16
2003	428.63	17 381.7	2.47	11 844.18	62 436.3	18.97	8 590.76	56 004.7	15.34
2004	246.72	21 412.7	1.15	15 002.52	73 904.3	20.30	10 841.74	64 561.3	16.79
2005	65.78	23 070.4	0.29	17 965.86	87 364.6	20.56	13 213.53	73 432.9	17.99
2006	59.47	24 737	0.24	21 293.15	103 162	20.64	16 681.01	82 972	20.10
2007	52.53	28 627	0.18	25 684.76	125 831.4	20.41	26 430.45	111 351.9	23.74
2008	48.59	33 702	0.14	30 348.27	149 003.4	20.37	33 365.58	131 340	25.4
2009	45.35	35 226	0.13	34 286.36	157 638.8	21.75	38 974.28	148 038	26.33
2010	43.58	40 533.6	0.11	40 369.43	187 383.2	21.54	48 295.2	173 596	27.82
2011	42.49	47 486.2	0.09	52 386.46	220 412.8	23.77	58 250.16	204 982.5	28.42
年平均	315.04	23 592.8	1.99	18 254.52	91 407.4	18.32	18 087.49	80 876.4	18.30

注：税收收入含农业各税，不含关税和车辆购置税。

资料来源：《中国统计年鉴》（2012 年）、《中国税务年鉴》（2012 年）、《中国财政年鉴》（2012 年）。

统计期间的税收负担率次之，年平均税负率为18%；第一产业在统计期间的税收负担率最低，年平均税负率为1.99%。根据西方国家经济发展实际经验，经济发展的早期第二产业快速增长，税负率增长较快；随着经济进一步发展，第三产业规模逐渐超过第二产业，税负率增长最快。我国经济目前的实际情况是处于第三产业发展规模小于第二产业，但正在加速超越的阶段，这一税负水平符合我国目前实际，未来第三产业的税负率应该超过第二产业，使得税负水平在三大产业间的分配更加公平合理。第二产业税负率从1996~2011年税负提高了12.3%，第三产业税负率同期提高16.78%，第一产业税负率同期下降5.78%，说明第二、第三产业都处于快速增长期，这使得未来我们对其税负水平的进一步提高充满了期待，第二产业提高幅度高于第三产业提高幅度，说明我国第三产业增长幅度不够快，第三产业的税收分配比重需要进一步提高，实现三大产业间的税负公平分配。

表4-7是我国不同行业在2008~2011年的税负水平表，按照《中国统计年鉴》的分类这些行业分别为农业，工业，建筑业，交通运输、仓储及邮政业，信息传输、计算机服务和软件业，批发和零售业，金融业，房地产业，租赁和商务服务业以及其他行业。从表4-7中可以看出：第一，行业间税负税率差距较大，税负在不同行业间的负担不够公平合理。其中行业税负率最高的是租赁和商务服务业，年平均税负率为43.33%，行业税负率最低的是农业，年平均税负率为0.11%，两者相差394倍。第二，各行业税负率提升幅度不尽相同。提升速度最快的行业是租赁和商务服务业，在统计期间提升幅度为9.09%，提升速度最慢的行业是农业，不仅没有提升，反而下降了0.05%。根据《中国统计年鉴》（2012年）的相关数据，2011年城镇职工年平均工资分别为农业19 469元，工业36 665元，建筑业32 103元，交通运输、仓储及邮政业47 078元，信息传输、计算机服务和软件业70 918元，批发和零售业40 654元，金融业81 109元，房地产业42 837元，租赁和商务服务业46 976元，行业间最高工资是最低工资的4.17倍。可以看出，各个行业的税负率和工资水平并不一定呈现正相关水平，如金融行业税负水平排名第4位，工资水平排名却是第1位；又如租赁和商务服务行业税负水平排名第1位，工资水平排名却是第4位；再如信息传输、计算机服务和软件业税负水平排名第6位，工资水平排名却是第2位。这说明税收并没有促进各行业工资水平差距缩小，反而对各行业的收入差距存在一定程度的逆向调节。

表4-7　　　　　　　　　　　分行业税负　　　　　　　　　　　单位：%

项目	2008年税负率	2009年税负率	2010年税负率	2011年税负率	年平均税负率	2011年税负率较2008年提升
农业	0.13	0.12	0.10	0.08	0.11	-0.05
工业	21.65	21.86	22.08	22.42	22.00	0.77
建筑业	13.87	14.68	14.71	15.13	14.60	1.26
交通运输、仓储及邮政业	7.83	8.14	8.64	8.97	8.40	1.14
信息传输、计算机服务和软件业	12.43	13.85	15.73	18.46	15.12	6.03
批发和零售业	34.08	37.64	38.16	38.72	37.15	4.64
金融业	28.43	31.43	34.83	35.49	32.55	7.06
房地产业	38.16	41.83	42.48	47.18	42.41	9.02
租赁和商务服务业	38.73	41.86	44.91	47.82	43.33	9.09
其他行业	11.73	13.59	15.73	18.92	15.00	7.19
各行业平均	20.70	22.5	23.74	25.32	23.07	4.62

注：税收收入含农业各税，不含关税和车辆购置税。

资料来源：据《中国统计年鉴》（2009~2012年）、《中国税务年鉴》（2009~2012年）、《中国财政年鉴》（2009~2012年）计算得出。

表4-8是中国不同东部、中部、西部地区在2008~2011年的税负率水平。从表4-8中可以看出，中部地区的税负水平最低，西部地区的税负水平次之，东部地区的税负水平最高，年平均税负率分别为13.9%、15.32%、20.9%，最高税负率是最低税负率的1.5倍。税负增长速度方面，统计期间内东部地区的税负水平提升了3%，中部地区的税负水平提升了3.2%，西部地区的税负水平提升了2.1%，最高提升速度是最低提升速度的1.5倍。总体上看，中部地区和西部地区的税负水平一直在16.71%的年平均总体税负水平之下，东部地区税负水平则高于年平均总体税负水平4.19%。结合《中国统计年鉴》（2012年）的相关数据，2011年东、中、西部三大地区职工年平均工资之比为1：0.58：0.62，同期税负率之比为1：0.69：0.73，说明税收对不同地区收入差距存在一定程度的逆向调节。

表4-8　　　　　　　　　　分地区税负　　　　　　　　单位：%

项目	2008年税负率	2009年税负率	2010年税负率	2011年税负率	年平均税负率	2011年税负率较2008年提升
东部	19.46	20.19	21.49	22.46	20.9	3
中部	12.29	13.53	14.28	15.49	13.9	3.2
西部	14.28	14.97	15.63	16.38	15.32	2.1
合计	46.03	48.69	51.4	54.33	50.12	8.3

注：税收收入含农业各税，不含关税和车辆购置税。

资料来源：据《中国统计年鉴》（2009~2012年）、《中国税务年鉴》（2009~2012年）、《中国财政年鉴》（2008~2011年）计算得出。

（三）微观税负评估

微观税负水平是指作为纳税单位的企业或者个人的税收负担水平，具体的负担情况可以通过考察不同经济类型企业税负水平，不同制造工业企业税负水平，不同收入水平居民税负水平，发达地区和不发达地区居民不同税负水平来进行衡量。可以通过看税负水平在企业或者个人间的分配情况，是否促进了收入差距状况的改善。

表4-9是2010年国有企业、集体企业、股份合作企业、联营企业、股份公司、私营企业和其他企业等不同经济类型内资工业企业的企业所得税税负水平。从表4-9中可以看出，股份公司和国有企业的税负水平最高，分别为61.09%、20.76%，分别高出总体税负水平43.47%和3.14%，而私营企业、联营企业的税负水平偏低，分别为5.79%、9.38%，分别低于总体税负水平11.83%和8.24%。国有企业税负水平相对偏重，私营企业税负水平相对偏轻，说明税负水平在不同经济类型企业间的分摊不平衡，进一步拉大了私营企业职工工资水平和国有企业职工工资水平间的差距，造成了事实上的逆向调节。

表4-9　　　　2010年内资工业企业分经济类型所得税税负　　　　单位：亿元

项目	企业所得税总额	利润总额	税负率（%）
国有企业	—	—	20.76
集体企业	123.39	1 073.48	11.49
股份合作企业	40.27	279.35	14.42
联营企业	13.49	143.85	9.38
股份公司	3 279.43	5 368.19	61.09

223

项目	企业所得税总额	利润总额	税负率（%）
私营企业	361.58	6 248.73	5.79
其他企业	42.83	10 798.32	0.40
合计	3 860.99	23 911.92	17.62

注：利润总额为全部国有及规模以上非国有工业企业利润总额。

资料来源：《中国统计年鉴》（2012 年）、《中国税务年鉴》（2012 年）。

　　表 4 - 10 是 2010 年烟草制品业，饮料制品业，纺织业，石油加工、炼焦及核燃料业，化学原料及化学制品业，非金属矿物制造业，黑色和有色金属冶炼及压延加工业，设备制造业，电子通信设备制造业和其他行业等不同行业的企业所得税税负水平。从表 4 - 10 中可以看出，烟草制品业的税负水平最高，税负率达到 33.84%；黑色和有色金属冶炼及压延加工业的税负水平次之，税负率达到 10.97%；石油加工、炼焦及核燃料业的税负水平最低，税负率只有 - 13.15%。说明企业所得税在同一制造类工业企业中的负担情况都大不相同，没有实现同行业内的税负公平。统计期内利润额排名第 1 位的设备制造业，税负水平排名为第 4 位；统计期内利润额排名第 7 位的烟草制品业，税负水平排名为第 1 位；存在税收逆向调节收入差距的情况。

表 4 - 10　　2010 年按子行业划分的制造工业企业所得税税负　单位：亿元

项目	企业所得税收入	利润总额	税负率（%）
烟草制品业	310.46	917.38	33.84
饮料制品业	29	573.49	5.06
纺织业	65.19	1 143.16	5.70
石油加工、炼焦及核燃料业	67.18	- 510.83	- 13.15
化学原料及化学制品业	210.73	2 483.16	8.47
非金属矿物制造业	62	1 273.46	4.87
黑色和有色金属冶炼及压延加工业	518.73	4 728.16	10.97
设备制造业	273.16	4 783.17	5.71
电子通信设备制造业	62.16	2 375.14	2.62
其他行业	608.16	8 497.26	7.16
合计	2 206.77	26 263.55	7.13

注：利润总额为全部国有及规模以上非国有工业企业利润总额。

资料来源：《中国统计年鉴》（2011 年）、《中国税务年鉴》（2011 年）。

表4-11是2007～2010年我国个人所得税中工资、薪金所得，个体工商户的生产、经营所得，企事业单位承包、承租经营所得，劳务报酬所得，稿酬所得，特许权使用费所得，利息、股息、红利所得，财产租赁所得，财产转让所得，偶然所得和其他所得等不同类型所得纳税额分别占个税总收入中的比重表。从表4-11中可以看出，工薪所得占个税收入中的比重最高，统计期内所占年平均比重为59.46%，而且其所占比重还在逐年上升中；利息、股息和红利占个税收入中的比重次高，统计期间内所占年平均比重为18.28%，但是其所占比重逐年下降；占比较低的所得类型为稿酬所得、特许权使用费所得、财产租赁所得、财产转让所得、其他所得等，年平均占比分别为0.09%、0.02%、0.3%、2.7%、0.45%。一般而言，工资薪金所得是低收入阶层的唯一或者主要所得来源，其占比过高且逐年递增说明对个税对低收入阶层存在逆向调节且调节力度在逐年加大；高收入阶层的主要收入来源为生产、经营所得和利息、股息、红利所得，这部分所得占比相对工薪所得较低且逐年降低，说明对高收入阶层存在逆向调节且调节力度在逐年加大。税收对高收入阶层收入调节力度小，对低收入阶层调节力度大，说明税收对不同收入水平的个体存在逆向调节。

表4-11　　　　2007～2010年我国个人所得税收入分项目构成　　单位：%

项目	占当年个人所得税总收入的比重				年平均比重
	2007年	2008年	2009年	2010年	
工资、薪金所得	54.19	56.53	61.83	65.29	59.46
个体工商户的生产、经营所得	14.38	14.73	13.46	12.56	13.78
企事业单位承包、承租经营所得	1.26	1.51	1.38	1.27	1.36
劳务报酬所得	2.81	2.16	2.42	2.25	2.41
稿酬所得	0.10	0.11	0.08	0.06	0.09
特许权使用费所得	0.02	0.02	0.02	0.02	0.02
利息、股息、红利所得	24.43	22.19	15.37	11.14	18.28
财产租赁所得	0.30	0.31	0.30	0.29	0.3
财产转让所得	1.06	0.88	3.56	5.29	2.70
偶然所得	1.08	1.26	1.14	1.15	1.16
其他所得	0.37	0.3	0.44	0.68	0.45
合计	100	100	100	100	100

资料来源：根据《中国税务年鉴》（2008～2011年）有关数据计算得出。

表4-12描述了2010年我国西部、中部和东部地区利息所得税收入占个人

225

所得税收入的比重。从表 4 - 12 中可以看出，统计期间内东部地区平均利息税收入占比最高，为 11.02%；西部地区占比最低，为 10.15%，两者之间相差 0.87%。统计期间内年利息税占比最低的是天津，占比为 5.61%；占比最高的是西藏自治区，占比为 26.16%；两者相差 20.55%。天津是发达城市，西藏是不发达的地区，但是天津税负水平比西藏低 20.55%，这说明发达地区利息税缴纳比重较低，不发达地区利息税缴纳比重反而较高，这说明税收对地区间的收入差距存在逆向调节。

表 4 - 12　　　　　　　　2010 年我国各地区利息所得税比重
（不包括台湾、澳门、香港）　　　　　单位：万元

项目		个人所得税	利息所得税	比重（%）	项目		个人所得税	利息所得税	比重（%）
全国总计		48 372 678	5 390 700	11.14	中部地区	安徽	799 355	92 537	11.58
东部地区	合计	29 887 596	3 293 745	11.02		江西	506 708	35 842	7.07
	北京	5 398 480	307 247	5.69		河南	1 007 352	132 455	13.15
	天津	1 074 053	60 232	5.61		湖北	860 205	72 698	8.45
	河北	1 176 248	149 446	12.71		湖南	940 414	57 880	6.15
	辽宁	1 074 037	85 664	7.98	西部地区	合计	6 363 894	646 031	10.15
	上海	6 530 070	518 172	7.94		广西	646 051	64 496	9.98
	江苏	4 523 570	832 954	18.41		重庆	656 033	72 092	10.99
	浙江	2 916 990	515 171	17.66		四川	1 444 059	187 588	12.99
	福建	1 045 730	208 877	19.97		贵州	685 512	47 625	6.95
	山东	1 558 065	305 190	19.59		云南	805 750	104 158	12.93
	广东	4 389 335	296 014	6.74		陕西	888 525	53 743	6.05
	海南	201 018	14 778	7.35		甘肃	278 123	15 689	5.64
中部地区	合计	7 108 050	766 722	10.79		青海	86 420	11 624	13.45
	山西	798 803	137 204	17.18		宁夏	139 335	12 246	8.79
	内蒙古	983 520	122 954	12.5		新疆	684 585	63 823	9.32
	吉林	584 872	60 383	10.32		西藏	49 501	12 947	26.16
	黑龙江	626 821	54 769	8.74					

注：各地利息所得税以各地国家税务局征收入库的个人所得税指标代替。
资料来源：《中国税务年鉴》（2011 年）。

三、税种调节风险评估

要考察税种设计是否对收入存在逆向调节，可以考察不同税种的税负在不同居民收入户中的最终归宿情况。高收入户的税负情况，低收入户的税负情况，然后两者进行比较得出直观上的税负差距，程度税负多的调节力度就大。最后通过税前、税后基尼系数的变化得出某一税种体系的税收累进程度。税种分类方面，可以采用最传统的流转税系、所得税系、财产税系方式进行分类。

（一）流转税调节风险评估

我国的各项税种收入中，流转税种占到了非常大的比重。流转税对收入是否存在逆向调节，对整个税制是否存在逆向调节有着十分重要的正相关影响。对流转税系的收入调节情况可以采用以下方式进行实证分析：先获得流转税系下的各个税种的税基情况，然后根据不同税基区分出适用该税基的不同税率，之后税基乘以税率，可以得出不同收入户的纳税额，不同收入户的纳税额与其家庭收入的比重，就是其实际税率。比较各个纳税户的实际税率，就能看出其承担的税负水平，进而得出是否存在逆向调节的结论。

各个税种的税基情况可以按照全国城镇居民家庭各收入户年人均消费支出作为税基，数据来源于统计年鉴。将八大类消费支出进一步细化为小类，在按照现有税收政策确定每一小类的具体适用的增值税、消费税和营业税税率。

根据税基和税率，就可以计算出实际税率。表4-13描述的就是2006~2010年全国城镇各收入户流转税实际税率变化。从表4-13中可以看出，低收入户的年平均流转税税负为9.5%，中低收入户的年平均流转税税负为8.1%，中等收入户的年平均流转税税负为7.62%，中高收入户的年平均流转税税负为7.03%，高收入户的年平均流转税税负为5.96%。其中中等收入以下水平的收入户的税负都高过了年平均税负水平，分别高出0.23%、0.71%、2.11%；中高收入户和高收入户的税负反而低于年平均水平，分别低出0.36%、1.43%，这说明流转税整体事实上造成了对收入差距的逆向调节。

表4-13　2006~2010年全国城镇各收入户流转税实际税率变化　　单位：%

年份	2006	2007	2008	2009	2010	年平均
全国平均	8.59	8.3	7.03	6.79	6.25	7.39
低收入户	10.65	10.63	9.25	8.72	8.24	9.50

227

续表

年份	2006	2007	2008	2009	2010	年平均
中低收入户	9.54	9.36	7.94	7.21	6.45	8.10
中等收入户	9.07	8.82	7.38	6.67	6.14	7.62
中高收入户	8.41	8.08	6.65	6.16	5.83	7.03
高收入户	7.35	7.06	5.64	5.18	4.58	5.96

资料来源：根据《中国城市（镇）生活与价格年鉴》（2007~2011年）有关数据整理而成。

表4-14描述的是2006~2010年全国城镇居民各收入户增值税实际税率的变化，其计算方式与流转税整体的实际税率计算方式相同。从表4-14中可以看出，不同收入户的税负情况与其收入水平成反比，即收入水平越高，承担的增值税税负越轻；收入水平越低，承担的增值税税负越重。而且，不论是增值税实际税负的总体状况，还是适用优惠税率的增值税税负，或者是适用普通税率的增值税税负，都与收入户的收入水平成反比，这就说明了我国增值税对收入差距存在逆向调节。

表4-15至表4-16描述的是2006~2010年全国城镇居民各收入户消费税实际税率的变化，其计算方式也与流转税整体的实际税率计算方式相同。从表4-15和表4-16中可以看出，总体上看，消费税的实际税率与不同收入户的收入水平成反比，即我国消费税对收入差距存在逆向调节。但是具体来看，适用5%税率、20%税率的消费税税负与收入户收入水平成正比，这部分消费税对收入存在正向调节，但是年平均实际税率分别为0.08%、0.08%，税率水平过低，不能从整体上对消费税对收入差距的调节方向产生重要影响；适用10%税率、35%税率的消费税税负与收入户收入水平成反比，这部分消费税对收入存在逆向调节，且税率水平较高，年平均实际税率分别为0.06%、0.38%，能够较大程度决定消费税对收入差距的调节方向，故而整体上消费税依然呈现累退性。具体来看，适用10%税率和35%税率的消费支出分别是烟草类和酒类，由于这部分商品穷人的消费量一般高于富人，故而这部分消费支出存在较强的累退性；而且这部分商品的消费支出刚性较强，消费支出量常年稳定并且日益增大，故而缴纳税款较多，对消费税逆向调节方向产生了决定性的影响。

228

表 4－14　2006～2010 年全国城镇居民各收入户增值税实际税率变化

单位：%

项目	增值税实际税率						适用优惠税率（13%）的增值税实际税率						适用普通税率（17%）的增值税实际税率					
	2006年	2007年	2008年	2009年	2010年	平均	2006年	2007年	2008年	2009年	2010年	平均	2006年	2007年	2008年	2009年	2010年	平均
全国平均	6.83	6.57	5.35	5.26	4.71	5.74	1.03	0.99	0.72	0.76	0.66	0.83	5.8	5.58	4.64	4.6	4.2	4.96
低收入户	9	8.97	7.68	6.83	5.97	7.69	2.05	2.13	1.46	1.21	1.08	1.59	6.95	6.84	6.22	5.97	5.53	6.30
中低收入户	7.88	7.72	6.39	5.82	5.41	6.64	1.47	1.41	1.02	0.94	0.83	1.13	6.4	6.31	5.37	5.29	4.76	5.63
中等收入户	7.34	7.16	5.77	5.42	4.93	6.12	1.19	1.14	0.83	0.71	0.62	0.90	6.15	6.02	4.95	4.63	4.19	5.19
中高收入户	6.67	6.38	5.0	4.72	4.38	5.43	0.95	0.94	0.65	0.58	0.48	0.72	5.72	5.44	4.35	3.92	3.68	4.62
高收入户	5.4	5.17	3.78	3.51	2.86	4.14	0.62	0.6	0.41	0.35	0.31	0.46	4.78	4.58	3.37	3.19	2.83	3.75

资料来源：根据《中国城市（镇）生活与价格年鉴》（2007～2011 年）有关数据整理而成。

表 4－15　2006～2010 年全国城镇居民各收入户消费税实际税率

单位：%

项目	消费税实际税率						适用 5% 的消费税实际税率						适用 10% 的消费税实际税率					
	2006年	2007年	2008年	2009年	2010年	平均	2006年	2007年	2008年	2009年	2010年	平均	2006年	2007年	2008年	2009年	2010年	平均
全国平均	0.61	0.62	0.57	0.55	0.51	0.57	0.09	0.1	0.07	0.06	0.07	0.08	0.06	0.06	0.06	0.06	0.06	0.06
低收入户	0.68	0.76	0.69	0.65	0.59	0.67	0.02	0.04	0.02	0.02	0.01	0.02	0.08	0.08	0.08	0.08	0.09	0.08
中低收入户	0.64	0.67	0.62	0.57	0.55	0.61	0.03	0.03	0.02	0.03	0.04	0.03	0.07	0.06	0.07	0.07	0.08	0.07
中等收入户	0.66	0.63	0.59	0.54	0.51	0.59	0.04	0.04	0.04	0.04	0.05	0.04	0.07	0.06	0.06	0.06	0.05	0.06
中高收入户	0.58	0.59	0.55	0.52	0.49	0.55	0.06	0.06	0.06	0.06	0.07	0.06	0.06	0.06	0.05	0.05	0.04	0.05
高收入户	0.58	0.59	0.52	0.46	0.43	0.52	0.16	0.19	0.13	0.15	0.19	0.16	0.04	0.04	0.04	0.04	0.03	0.04

资料来源：根据《中国城市（镇）生活与价格年鉴》（2007～2011 年）有关数据整理而成。

表4-16　2006~2010年全国城镇居民各收入户消费税实际税率　　单位：%

项目	适用20%的消费税实际税率						适用35%的消费税实际税率					
	2006年	2007年	2008年	2009年	2010年	平均	2006年	2007年	2008年	2009年	2010年	平均
全国平均	0.08	0.08	0.08	0.08	0.08	0.08	0.39	0.39	0.36	0.39	0.36	0.38
低收入户	0.07	0.07	0.06	0.07	0.06	0.07	0.52	0.56	0.52	0.51	0.49	0.52
中低收入户	0.07	0.07	0.07	0.07	0.07	0.07	0.49	0.48	0.45	0.44	0.41	0.45
中等收入户	0.08	0.08	0.08	0.08	0.09	0.08	0.48	0.44	0.41	0.40	0.38	0.42
中高收入户	0.08	0.08	0.08	0.08	0.08	0.08	0.39	0.39	0.36	0.34	0.33	0.36
高收入户	0.09	0.08	0.09	0.09	0.10	0.09	0.29	0.28	0.26	0.24	0.21	0.26

资料来源：根据《中国城市（镇）生活与价格年鉴》（2007~2011年）有关数据整理而成。

表4-17和表4-18描述的是2006~2010年全国城镇居民各收入户营业税实际税率的变化，其计算方式也与流转税整体的实际税率计算方式相同。从表4-17和表4-18中可以看出，总体上看，营业税的实际税率与不同收入户的收入水平成正比，即营业税整体对收入差距存在正向调节。但是，具体来看，适用3%税率、5%税率的营业税税率从低收入户到中高收入户的税负水平逐渐降低，存在逆向调节，但是从中高收入户到高收入户的税负水平逐渐上升，存在正向调节；适用20%税率的营业税税率从低收入户到高收入户的税负水平逐步上升，存在正向调节。具体来看，适用20%的消费税率的消费支出主要是文化娱乐服务支出，这部分支出富人的消费数量和质量一般都要高于穷人，故而负担的营业税负比重也要高于穷人，且这部分商品的消费金额较大，缴纳的营业税金额较多，对营业税的正向调节方向产生了决定性的影响。

表4-17　2006~2010年全国城镇居民各收入户营业税实际税率变化　　单位：%

项目	营业税实际税率						适用3%的营业税实际税率					
	2006年	2007年	2008年	2009年	2010年	平均	2006年	2007年	2008年	2009年	2010年	平均
全国平均	1.15	1.11	1.1	1.01	0.99	1.07	0.37	0.32	0.32	0.32	0.29	0.32
低收入户	0.96	0.9	0.88	0.82	0.81	0.87	0.43	0.38	0.36	0.33	0.31	0.36
中低收入户	1.02	0.98	0.93	0.91	0.88	0.94	0.4	0.34	0.35	0.32	0.30	0.34
中等收入户	1.07	1.04	1.01	1.00	0.97	1.02	0.38	0.33	0.33	0.31	0.28	0.33
中高收入户	1.16	1.11	1.09	1.03	1.01	1.08	0.37	0.31	0.31	0.29	0.27	0.31
高收入户	1.37	1.31	1.34	1.31	1.28	1.32	0.42	0.37	0.37	0.33	0.31	0.36

资料来源：根据《中国城市（镇）生活与价格年鉴》（2007~2011年）有关数据整理而成。

表 4－18　　　　　　　2006～2010 年全国城镇居民各收入
户营业税实际税率变化　　　　单位：%

项目	适用 5% 的营业税实际税率						适用 20% 的营业税实际税率					
	2006年	2007年	2008年	2009年	2010年	平均	2006年	2007年	2008年	2009年	2010年	平均
全国平均	0.37	0.32	0.34	0.31	0.29	0.33	0.44	0.47	0.45	0.40	0.40	0.43
低收入户	0.43	0.38	0.29	0.27	0.25	0.32	0.23	0.24	0.23	0.24	0.23	0.24
中低收入户	0.4	0.34	0.3	0.29	0.26	0.32	0.31	0.34	0.28	0.31	0.32	0.31
中等收入户	0.38	0.33	0.32	0.31	0.29	0.33	0.37	0.39	0.36	0.35	0.34	0.36
中高收入户	0.37	0.31	0.34	0.32	0.30	0.33	0.45	0.48	0.45	0.46	0.46	0.46
高收入户	0.42	0.37	0.37	0.36	0.34	0.37	0.57	0.59	0.60	0.62	0.64	0.60

资料来源：根据《中国城市（镇）生活与价格年鉴》（2007～2011 年）有关数据整理而成。

最终流转税对收入差距的影响还可以通过税前、税后基尼系数的考察来实现。表 4－19 是流转税下的基尼系数测算表，其中包括将收入户按 10% 收入比重分组和按照 20% 收入比重分组的税前、税后基尼系数情况。从表 4－19 中可以看出，无论是按照 10% 的比重分组计算，还是按照 20% 的比重分组计算，税后最高收入组占总收入的比重都较税前有所提高，税后最低收入组占总收入的比重都较税前有所降低，同时税后基尼系数都大于税前基尼系数，这说明我国流转税对收入差距存在逆向调节。

表 4－19　　　　　　流转税影响下的 2010 年基尼系数测算

分组比重	最高收入组占总收入比重	最低收入组占总收入比重	简化计算的基尼系数
按 10% 分组税前 G	0.231	0.034	0.183
按 10% 分组税后 G	0.238	0.033	0.186
按 20% 分组税前 G	0.374	0.087	0.273
按 20% 分组税后 G	0.387	0.084	0.287

（二）所得税调节风险评估

根据《中国统计年鉴》（2012 年）公布的数据，以近年来全国农村居民年人均纯收入最高的年度 2011 年的 6 977.3 元计算，全国农村居民月平均收入为581.4 元，不用缴纳个人所得税。我们可以直接计算城镇居民的个人所得税税收负担情况，作为是否存在税收逆向调节收入差距的依据。我们可以用各收入户缴纳的个人所得税收入与其工薪收入、经营性收入、财产性收入之和的比值来描述其实际税率情况，具体数据来源于《中国统计年鉴》（1996～2011 年）。从表4－20 中可以看出，1995～2010 年间，不同收入户的实际税率都是逐年提高的，且不同收入户的提高幅度不同。其中低收入户的实际税率从 1995 年的 0.01% 提高到 2010 年的 0.04%，较低收入户的实际税率从 1995 年的 0 提高到 2010 年的0.12%，中等收入户的实际税率从 1995 年的 0.01% 提高到 2010 年的 0.22%，较高收入户的实际税率从 1995 年的 0.02% 提高到 2010 年的 0.49%，高收入户的实际税率从 1995 年的 0.06% 提高到 2010 年的 1.71%，收入户的税率提高幅度与其所处收入水平成正比，收入越高的收入户税率提高幅度越大，反之亦然，说明个税对收入差距的调节是正向的。但是，即使城镇居民各收入户的年平均实际税率在逐年提升，但是直到 2010 年这一比率也只有 0.81%，收入总量不足使得其对收入差距的调节作用大打折扣。

表4－20 　1995～2010 年全国城镇各收入户个人所得税实际税率　　单位：%

年份	全国平均	低收入户	较低收入户	中等收入户	较高收入户	高收入户
1995	0.02	0.01	0.00	0.01	0.02	0.06
1996	0.05	0.01	0.01	0.03	0.03	0.1
1997	0.06	0.01	0.02	0.03	0.05	0.14
1998	0.09	0.01	0.03	0.04	0.08	0.18
1999	0.12	0.02	0.03	0.06	0.12	0.24
2000	0.18	0.03	0.07	0.09	0.15	0.35
2001	0.24	0.03	0.07	0.13	0.2	0.47
2002	0.46	0.07	0.12	0.2	0.35	0.84
2003	0.63	0.07	0.15	0.24	0.45	1.19
2004	0.77	0.08	0.17	0.23	0.55	1.47
2005	0.86	0.10	0.22	0.4	0.69	1.58
2006	0.70	0.08	0.12	0.21	0.49	1.4
2007	0.79	0.06	0.12	0.27	0.54	1.55
2008	0.79	0.05	0.13	0.25	0.53	1.6
2009	0.77	0.05	0.14	0.24	0.52	1.62
2010	0.81	0.04	0.12	0.22	0.49	1.71
年平均	0.46	0.05	0.10	0.17	0.33	0.91

　　资料来源：根据《中国城市（镇）生活与价格年鉴》（1996～2011 年）有关数据整理而成。

要比较个人所得税的收入差距调节作用，还可以通过税前、税后基尼系数进行比较。表4-21中是1994~2010年全国城镇居民个人所得税税前和税后基尼系数情况，从表4-21中可以看出，各个年份的税前基尼系数都大于税后基尼系数，个税对收入差距存在正向调节，且税前、税后基尼系数的差值逐年上升，说明调节作用在逐年加大。但是从绝对值看，即使是差值最高的2010年绝对差值也只有0.0041，调节作用依然十分微弱。

表4-21 1994~2010年全国城镇居民个人
所得税税前和税后基尼系数

年份	税前基尼系数	税后基尼系数	税前基尼系数-税后基尼系数
1994	N	0.2149	N
1995	0.2079	0.2078	0.0001
1996	0.2085	0.2083	0.0002
1997	0.2188	0.2186	0.0002
1998	0.2264	0.2261	0.0003
1999	0.2333	0.2329	0.0004
2000	0.2456	0.2451	0.0005
2001	0.2563	0.2557	0.0006
2002	0.308	0.3068	0.0012
2003	0.3169	0.315	0.0019
2004	0.3257	0.3233	0.0024
2005	0.3317	0.3292	0.0025
2006	0.3284	0.326	0.0024
2007	0.3256	0.3229	0.0027
2008	0.3316	0.3289	0.0027
2009	0.3457	0.3416	0.0041
2010	0.3387	0.3346	0.0041

资料来源：税前和税后基尼系数根据《中国统计年鉴》（1995~2011年）有关数据整理。由于缺少1994年全国城镇各收入户缴纳的个人所得税统计数据，故1994年全国城镇税前基尼系数无法计算获取。

要从微观上具体考察个人所得税对收入差距的调节作用，可以从各项收入来源角度入手，考察其税负归宿情况。表4-22描述的是2010年城镇居民家庭现金收入和支出情况，其中从最低收入户到最高收入户，工薪收入占家庭总收入的比重分别为 64%、65.12%、65.87%、66.34%、67.23%、68.52%、69.29%，都超过了一半以上，居于主导地位。而表 4 - 23 中 2006～2010 年的居民收入组成变动表告诉我们，尽管随着时间的不断推移，工薪收入占家庭总收入的比重逐年下降，但是其比重的绝对值依然很高。从这两张表的情况可以判断，工薪收入目前是且在相对长的时间内仍然是城镇居民收入的主要来源，要衡量个税的税负归宿情况，最重要的是要计算出工薪收入在各个收入群体间的税负归宿状况。

表 4 - 22　　　　　　　2010 年城镇居民家庭现金收入和支出　　　单位：元

项目	最低收入户	低收入户	中等偏下户	中等收入户	中等偏上户	高收入户	最高收入户
家庭总收入	7 819.44	11 751.28	15 880.67	21 439.70	29 058.92	39 215.49	64 460.67
其中：可支配收入	6 876.09	10 672.02	14 498.26	19 544.94	26 419.99	35 579.24	58 841.87
工薪收入	5 004.44	7 652.43	10 460.60	14 223.10	19 536.31	26 870.45	44 664.80
经营净收入	965.7	1 371.38	1 853.27	2 502.01	3 391.18	4 576.45	7 522.56
财产性收入	76.63	152.77	206.45	278.72	377.77	509.80	837.99
转移性收入	1 772.67	2 574.7	3 360.35	4 435.87	5 753.67	7 258.79	11 435.32

资料来源：《中国统计年鉴》（2011 年）。

表 4 - 23　　　　　　　　居民收入组成变动　　　　　　单位：元

项目	2006 年	2007 年	2008 年	2009 年	2010 年
平均每人全部年收入	12 719.19	14 908.61	17 067.78	18 858.09	21 033.42
其中：工薪收入	6 657.22	8 078.98	9 648.42	11 659.96	13 732.72
经营净收入	1 425.82	1 671.26	1 913.30	2 113.99	2 357.85
财产性收入	165.35	193.81	221.88	245.16	273.43
转移性收入	4 470.80	4 964.56	5 284.18	4 838.98	4 669.42

资料来源：《中国统计年鉴》（2007～2011 年）。

我们可以使用城镇职工分行业平均工资表来衡量工薪收入在各个收入群体间的税负归宿状况。以 2010 年为例，从表 4 - 24 中的数据可以看出，统计期内各行业平均工资为 36 539 元，其中最高工资行业为金融业，平均工资水平为 70 146 元；最低工资行业为农、林、牧、渔业，平均工资水平为 16 717 元，最高行业工资与最低行业工资之比为 4.2。按照 2010 年的个税费用扣除标准 2 000 元来计算（最新的数据无法获得，故而使用 2010 年的数据以及旧的费用扣除标准分析），全年收入在 24 000 元以下免缴税款的人数占总职工人数的比重是 4.48%，适用 5% 税率的职工人数占总职工比重为 11.85%，适用 10% 税率的职工人数占总职工比重为 77.83%，适用 15% 税率的职工人数占总职工比重为 5.84%。由此可见，负担工薪个税的主要群体为适用 10% 税率的职工人群，这部分人群年工资水平在 30 000 ~ 54 000 元，与全国 36 539 元的年工资收入相比，基本为中高收入群体，故而个人所得在一定程度上还是促进了收入差距的缩小。

表 4 - 24　　　　　　　　2010 年城镇职工分行业平均工资

项目	平均工资（元）	职工人数（万人）	项目	平均工资（元）	职工人数（万人）
全国总计	36 539	13 051.5	金融业	70 146	470.1
农、林、牧、渔业	16 717	375.7	房地产业	35 870	211.6
采矿业	44 196	562.0	租赁和商务服务业	39 566	310.1
制造业	30 916	3 637.2	科学研究、技术服务和地质勘察业	56 376	292.3
电力、燃气及水的生产和供应业	47 309	310.5	水利、环境和公共设施管理业	25 544	218.9
建筑业	27 529	1 267.5	居民服务和其他服务业	28 206	60.2
交通运输、仓储和邮政业	40 466	631.1	教育	38 968	1 581.8
信息传输、计算机服务和软件业	40 466	185.8	卫生、社会保障和社会福利业	40 232	632.5
批发和零售业	33 635	535.1	文化、体育和娱乐业	41 428	131.4
住宿和餐饮业	23 382	209.2	公共管理和社会组织	38 242	1 428.5

资料来源：《中国统计年鉴》（2011 年）。

（三）财产税调节风险评估

关于财产税的总体状况，我们可以通过表 4 - 25 中描述的 1994 ~ 2010 年我国财产税体系及其收入构成情况加以了解。我国现有的几项主要财产税种分别为房产税、城镇土地使用税、土地增值税、车船使用税、契税等，统计期间内每项税种的税收都逐年上升，同时财产税总税款占税收总收入的比重也是逐年上升，从 1994 ~ 2010 年共上升了 5.6%，但是与流转税和所得税所占比重相比，财产税的比重明显偏小，且不论其是否对收入差距存在正向调节，即使存在正向调节，调节的力度也十分微弱。

表 4-25　　　　　　1994~2010 年我国财产税体系及收入构成　　　　单位：亿元

年份	房产税	城镇土地使用税	土地增值税	车船使用税	契税	财产税合计	税收总收入	占税收总收入（%）
1994	64.51	34.55	0.005	12.14	11.82	123.03	5 126.88	2.4
1995	87.65	35.85	0.3	14.5	18.26	156.56	6 038.04	2.6
1996	102.18	39.42	1.12	15.15	25.2	183.07	6 909.82	2.7
1997	123.93	43.99	2.53	17.21	32.34	220	8 234.04	2.7
1998	159.85	54.21	4.27	19.05	58.99	296.37	9 262.8	3.2
1999	183.53	59.07	6.18	20.86	95.96	269.64	10 682.58	2.5
2000	209.58	64.94	8.39	23.44	131.08	306.35	12 581.51	2.4
2001	228.59	66.18	10.33	24.61	157.08	329.71	15 301.38	2.2
2002	282.4	76.84	20.51	28.89	239.07	647.71	17 636.45	3.7
2003	323.9	91.6	91.6	32.2	358.05	897.35	20 466.1	4.4
2004	366.3	106.2	75.1	35.6	540.1	1 123.3	25 718.0	4.4
2005	435.9	137.3	140.0	38.9	735.14	1 487.24	30 865.3	4.8
2006	515.2	176.9	231.3	50.0	867.67	1 841.07	37 636.3	4.9
2007	575.1	385.5	403.1	68.2	1 206.3	2 638.2	49 449.3	5.3
2008	680.3	816.9	537.4	144.2	1 307.5	3 486.3	55 388.0	6.3
2009	803.6	921.0	719.6	186.5	1 735.1	4 365.8	60 469.1	7.2
2010	894.1	1 004.0	1 276.7	241.6	2 464.80	5 881.2	73 202.0	8.0

　　注：①表中财产税收入 = 房产税 + 城镇土地使用税 + 土地增值税 + 车船使用税 + 契税；
②表中房产税收入含城市房地产税，车船使用税收入中含车船使用牌照税。
资料来源：《中国税务年鉴》《中国财政年鉴》《中国统计年鉴》。

　　随着目前房产价值的不断提高，拥有存量房产的数量和质量已经成为衡量个人财富状况的重要指标，而且随着新一届中央政府确定的不断提高我国城镇化率的政策取向，未来的房产价值还将进一步提高，房产相关税种作为调节收入差距税种的地位将进一步提高。而且由于土地的不可转移和土地相关税负转嫁性较差的关系，对房产课税有着天然的直接调节的优势，在未来的收入差距调节中将扮演越来越重要的角色。所以，我们选择房产相关税种作为财产税系的分析重点，来考察财产税对收入差距的影响。
　　房产相关税种包括课征于存量环节的城镇经营性房产的城镇土地使用税和房

产税，课征于房屋转让增值收益的土地增值税，以及课征于房产转让环节的契税、印花税、营业税、个人所得税等税种。其中属于财产税的有城镇土地使用税、房产税、土地增值税、契税和印花税。由于现有统计数据中较为缺乏房产税收相关内容，故而我们自行设计了调查问卷，对房产相关税种在不同收入人群中的负担情况进行了调研。调研的主要内容包括被调查人在城市中拥有的房产数量；将城市分区后在每个区拥有的房产数量；迄今为止缴纳的房产相关财产系税收（包括城镇土地使用税、房产税、土地增值税、契税和印花税）总额；拥有的房产价值；拥有的存量财产价值。调查对象为在本人所在城市的 100 家单位，其中省直、市直行政单位 30 家，医院、学校等事业单位 30 家，银行、电力、移动、石油等大型国企 20 家，中型规模私营企业 20 家。调查方式为给每家单位发放 30 份问卷，分散填写好后集中将问卷投入问卷收集箱中，整个过程全部采取匿名方式，不透露任何个人信息。调查时间为半年时间。调查发放问卷 3 000份，收集问卷 2 817 份，有效问卷 1 592 份，符合最小样本数标准。调查结果为占有一套及以下房产的人数占总人数比重为 31.5%，本书将其定义为中低收入人群；占有 2 套或 3 套房产的人数占比为 60.8%，本书将其定义为中等收入人群；占有 3 套以上房产的人数为 7.7%，本书将其定义为高收入人群。三种收入人群迄今为止缴纳的房产相关财产税收金额占拥有房产价值的比重分别为 1.37%、1.04% 和 1.26%，迄今为止缴纳的房产相关财产税收金额占拥有存量财产价值的比重分别为 0.85%、0.63% 和 0.49%，其中从中低收入人群到中等收入人群的房产相关财产税收负担率是递减的，这是因为作为目前房产税缴纳依据的房产价值评估值一般都低于市场交易价值，房产价值越大、房产数量越大，这部分漏缴的税收就越多，故而存在逆向调节；从中等收入人群到高收入人群的房产相关财产税收负担率一个递增、一个递减，是因为高收入群体拥有的房产一部分为经营性房产，要缴纳房产税，故而在房产价值领域负担税率递增，存在一定的正向调节，但是高收入群体的拥有总财产价值一般远远多于中等收入人群，故而在存量财产机制领域负担税率递减，存在一定的逆向调节。总体来看，逆向调节的部分居多，而且高收入群体的存量财产较多，致使财产领域调节涉及的标的金额较大，占据房产税调节总金额的比重较高，直接导致了我国整个房产税对收入差距存在逆向调节。

四、税制结构调节风险评估

（一）流转税为主的税制结构的调节风险评估

表 4-26 是 1994~2010 年全国主要税种收入占税收收入总量比重变化表，

描述的是流转税中的增值税、消费税、营业税，所得税中的个人所得税和企业所得税占税收总收入的比重。从表 4-26 中可以看出，统计期间内流转税年平均占比为 68.23%，所得税年平均占比为 21.59%，两者相差 46.64%；流转税中增值税年平均占比为 45.52%，所得税中个人所得税年平均占比为 5.36%，两者相差 40.16%。说明流转税尤其是其中的增值税在我国目前的税制结构中占主导地位。而增值税的主要功能在于组织税收收入，它对收入差距的调节甚至是反方向的；所得税的主要功能在于调节收入差距，尤其是个人所得税的调节作用更强，但是表中的个税收入占比过小，根本无法发挥调节作用。尽管从表 4-26 中可以看出，统计期间内增值税占税收总收入比重呈下降趋势，个人所得税占税收总收入比重呈上升趋势，但是差距的绝对数过大，个人所得税成为主体税种之一、所得税系成为主体税系之一的目标短期内无法实现，税制结构依然对收入差距存在逆向调节作用。再从表 4-27 中可以看出，统计期内我国财产税收入占税收总收入比重为 6.54%，比重较之流转税小的太多，即使从 2006~2010 年的比重从 5.13% 提高到 8.07%，依然无法改变短期内无法影响税收调节收入差距方向的现实，进一步验证了我国目前的增值税占主导地位的税制结构对收入差距存在逆向调节作用。

表 4-26　　　　1994~2010 年全国主要税种收入占税收收入总量比重变化　单位：%

| 年份 | 流转税 | | | | 所得税 | | | 其他税 |
	增值税	消费税	营业税	合计	企业所得税	个人所得税	合计	
1994	48.04	11.16	14.77	73.97	14.93	1.58	16.51	9.52
1995	46.22	10.4	16.11	72.73	15.33	2.44	17.77	9.5
1996	43.26	10.32	17.26	70.84	14.84	3.13	17.97	11.2
1997	44.83	9.16	17.43	71.41	13.84	3.35	17.19	11.4
1998	44.7	9.64	18.58	72.91	12	3.91	15.91	11.18
1999	45.54	8.76	17.51	71.8	12.67	4.28	16.94	11.25
2000	45.1	7.34	15.91	68.34	14.94	5.57	20.51	11.15
2001	46.76	6.24	13.75	66.74	17.37	6.57	23.94	9.32
2002	47.9	6.31	14.52	68.73	15.23	7.13	22.36	8.92
2003	49.33	5.97	14.02	69.32	14.89	6.93	21.82	8.87
2004	48.96	6.03	13.93	68.92	15.84	6.75	22.59	8.49

年份	流转税				所得税			其他税
	增值税	消费税	营业税	合计	企业所得税	个人所得税	合计	
2005	48.16	5.46	13.71	67.34	17.86	6.78	24.64	8.02
2006	47.18	5.29	13.63	66.1	18.81	6.52	25.33	8.57
2007	43.67	4.81	13.31	61.79	19.56	6.44	26	12.21
2008	43.67	4.92	13.18	61.77	21.08	6.43	27.51	10.72
2009	39.42	8	15.2	62.62	19.38	6.64	26.02	11.36
2010	41.02	8.3	15.2	64.52	17.5	6.6	24.1	11.38
年平均	45.52	7.54	15.18	68.23	16.24	5.36	21.59	10.18

注：表中税收收入不含关税。

资料来源：根据《中国税务年鉴》（1995~2011 年）有关数据整理而成。

（二）流转税内部结构的调节风险评估

从表 4 - 26 中可以看出，同为流转税，消费税统计期内年平均占税收总收入的比重为 7.54%，比增值税所占比重小 37.98%。而消费税作为对某些消费品的选择性课税，一定程度上具有调节收入差距的功能。但是与增值税相比，其比重太小，难以发挥调节作用，该发挥调节作用的税制功能未发挥作用，就造成了税制结构对收入差距事实上的逆向调节。从表 4 - 26 中还可以看出，同为所得税，个人所得税统计期内年平均占税收总收入的比重为 5.36%，比企业所得税所占比重小 10.88%。相对于企业所得税，个人所得税是对个体的直接课税，转嫁难度较大，调节收入差距功能较强，但是其比重过小，使得其调节作用难以有效发挥作用，该发挥调节作用的税制功能未发挥作用，就也造成了税制结构对收入差距事实上的逆向调节。同样，所得税系内部，缺乏社会保障税，使得税收调节收入差距的武器库少了一件利器，不利于缩小收入差距。

（三）辅助税系的调节风险评估

从表 4 - 27 中可以看出，统计期内，房产税和城市房地产税、城镇土地使用税、耕地占用税、契税、资源税、车船税等具备一定调节收入差距能力的税种占税收总收入的比重过低，分别为 1.29%、1.09%、0.69%、2.67%、0.56%、0.23%，该发挥调节作用的税制功能未发挥作用，造成了税制结构对收入差距事实上的逆向调节。同时，存量环节的房地产税、遗产和赠与税、环境保护税等具

239

表 4－27　　　　2006～2010 年我国财产税收入结构

单位：亿元

项目	2006 年		2007 年		2008 年		2009 年		2010 年		平均比重（%）
	绝对额	比重（%）	绝对额	比重（%）	绝对额	比重（%）	绝对额	比重（%）	绝对额	比重（%）	
税收总收入	38 721.08	—	49 449.3	—	55 388.0	—	60 469.1	—	73 202.0	—	—
财产税合计	1 987.4	5.13	2 681.3	5.42	3 565.1	6.44	4 617.5	7.64	5 910.4	8.07	6.54
房产税和城市房地产税	514.81	25.9	575.1	21.45	680.3	19.08	803.6	17.40	894.06	15.13	19.79
城镇土地使用税	176.81	8.9	385.5	14.38	816.9	22.91	921.0	19.95	1 004.01	16.99	16.63
耕地占用税	171.12	8.61	185.0	6.90	314.4	8.82	633.1	13.71	888.34	15.03	10.61
契税	867.67	43.66	1 206.3	44.99	1 307.5	36.68	1 735.1	37.58	2 464.80	41.70	40.92
资源税	207.02	10.42	261.2	9.74	301.8	8.47	338.2	7.32	417.57	7.07	8.60
车船税	49.97	2.51	68.2	2.54	144.2	4.04	186.5	4.04	241.62	4.09	3.44

注：税收收入不含关税；财产税合计比重为财产税占税收总收入比重，各具体财产税税种比重为该税种占财产税合计的比重。

资料来源：《中国税务年鉴》（2007～2011 年）。

备较强调节收入差距功能的税种没有开征，使得本能够缩小收入差距的作用未能充分体现，该开征的税种没有开征，逆向调节的税种占比过大，也造成了税制结构对收入差距事实上的逆向调节。

第三节　财政转移支付风险评估

财政体制是公共经济中的核心制度安排。这一制度安排不仅涉及公共经济和市场经济的关系问题，而且涉及地区间均衡发展问题。税制、分税和转移支付是财政体制的重要构件。我国的税制安排和分税方法不利于地区间均衡发展，因此转移支付调节地区间均衡发展的压力很大。1994 年财政体制改革以来，中央对地方财政转移支付占地方财政支出总额的比重逐步上升，从 1995 年的 11.4% 上升到 2014 年的 39.25%[①]。尽管纵向转移支付数额巨大，转移支付对地方之间的财力均衡作用仍未达到令人满意的程度。因此我们既需要考虑到导致中央和地方纵向不均衡的制度因素，也要考虑到转移支付制度自身的不完善程度，然后从财政制度调整的层面给予理论解答。

一、中国地区间发展不均衡的现状

我国地方之间财力不均衡的情况差别很大，并且逐年差距有拉大的趋势。我们用地方人均支出衡量地方之间不平衡，图 4-2 显示了这种趋势。我们以 1994 年地方人均财政支出作为基年，选取两个时间节点来观察地方政府人均财政支出的变化情况。图 4-2 显示，1994 年分税制改革的时候，地区的人均财政支出水平差距不大。到了 2000 年，地区之间的支出水平发生了较大的变化，可以看到北京、上海、西藏、青海和广东的人均支出水平有较大增长。再对比 2012 年人均财政支出的曲线，发现区域间的人均支出的差距没有减少，反而拉大。

1994 年分税制财政体制改革对于遏制"两个比重[②]"下降有明显作用，但在制度安排中对于税制中性、分税中性、转移支付中性和预算中性的考虑不够，甚至被完全忽视。因此，这一体制实行以来，地区间发展不平衡的问题越来越突

---

① 该数据来自 2015 年 3 月 5 日在第十二届全国人民代表大会第三次会议上，财政部关于 2014 年中央和地方预算执行情况与 2015 年中央和地方预算草案的报告。

② "两个比重"是指财政收入占国内生产总值的比重和中央财政收入占整个财政收入的比重。

出。这导致转移支付承担地区间均衡发展的压力过大。这对于制度的不规范更加严重，违背市场经济体制有序化的原则。

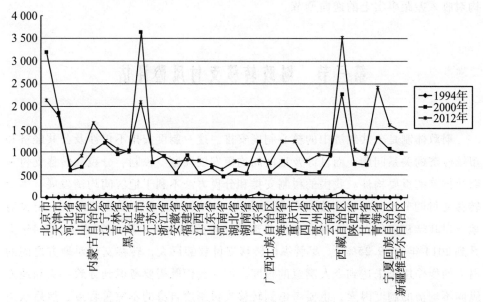

图 4-2 各省（区、市）1994 年、2000 年、2012 年人均财政支出对比
资料来源：国家统计局网站 http://data. stats. gov. cn/workspace/index? m=fsnd

二、财政体制对中国区域发展不均衡风险的评估

（一）影响地区间发展不平衡的因素

1. 财政分权

我们用支出分权度反映地方政府和中央政府间财政支出责任的划分，用各地方政府的支出衡量其在资源配置中的基本情况。一般情况下，地方支出占全国总支出的比重说明其资源配置的状态。在以资源投入拉动经济增长的模式下，资源配置差异越大，地区经济发展的不均衡度越大。两者应该是正向的关系。

2. 全国市场化率

一般来说，市场化率越高的地区，对外贸易越活跃，其经济发展的活力越大。该指标可测度对外贸易与地区发展不平衡之间的关系。

3. 对外开放度

该指标说明国有经济和非公有制经济之间的关系，这对地区经济的发展有重要影响。

4. 产业结构

地区产业结构指一个地区直接或间接生产物质资料的部门之间的关系。不同地区主要生产部门的类别差异很大，其产业结构差异比较大。东、中、西部地区的产业结构差异表现在，西部地区以制造业为主，东部地区以服务业为主，中部地区以农业为主。我国工业生产在地方经济发展中仍然占有很重要的地位，而且是地方税收收入的主要来源，因而对地区经济发展不均衡影响程度较高。

5. 人口密度

人口密度与地方经济发展理论上存在正向关系，因为人力资源丰富的地区创造财富的能力越大。

6. 城镇化率

城镇化是拉动经济增长的引擎，城镇化率的地区经济密度越高，强度越大，地区也更富裕，因而城镇化与地区发展不均衡理论上有密切关系。

地区间发展差异我们用人均公共支出的基尼系数或泰尔指数表示。

（二）地方发展不平衡评估模型

首先利用各省份的人均公共支出数据，运用基尼系数或泰尔指数算法计算全国经济发展的区域不均衡系数；然后，我们构建时间序列模型，检验财政分权对区域不均衡的影响。我们选择时间序列模型而没有采用面板模型，是因为 30 个省（区、市）的人均公共支出算出一个全国的基尼系数，衡量区域经济发展不平衡的程度。这导致因变量每年只有一个数据，所以不能用面板模型，只能用时间序列模型。我们采用的估计方法是广义矩估计（GMM）[①]。广义矩估计方法的基本思想是：在随机抽样中，样本统计量将依概率收敛于某个常数。该常数是分布中未知参数的一个函数。我们在不知道分布的情况下，利用样本矩构造方程（包含总体的未知参数），然后利用这些方程求得总体的未知参数。由于引入了滞后一期的基尼系数，产生了内生性，我们设置了两个工具变量，分别为解释变量的一期和二期滞后变量，以克服内生性的影响。

[①] GMM（Generalzed method of moments）估计是基于模型实际参数满足一定矩条件而形成的一种参数估计方法，是矩估计方法的一般化。只要模型设定正确，则总能找到该模型实际参数满足的若干矩条件而采用 GMM 估计。传统的计量经济学估计方法，例如普通最小二乘法、工具变量法和极大似然法等都存在自身的局限性。即其参数估计量必须在满足某些假设时，比如模型的随机误差项服从正态分布或某一已知分布时，才是可靠的估计量。而 GMM 不需要知道随机误差项的准确分布信息，允许随机误差项存在异方差和序列相关，因而所得到的参数估计量比其他参数估计方法更有效。因此，GMM 方法在模型参数估计中得到广泛应用。

（三）评估模型的变量与数据来源

1. 因变量

各省（区、市）人均公共支出每年的基尼系数。基尼系数（Gini coefficient）是根据劳伦茨曲线所定义衡量和判断收入分配公平程度的指标。数值介于 $0 \sim 1$，国际上用它综合考察居民内部收入分配差异状况。本书借用基尼系数的基本原理，衡量地方之间经济发展的状况差异。

2. 解释变量

①财政分权，用地方支出占全国支出的比重表示。②全国市场化率，我们用人民币计价进出口总值/当年 GDP 来计算。③对外开放度，我们用（1－国有职工人数/职工总数）计算。④产业结构我们采用第二产业增加值占 GDP 比重。⑤人口密度，我们用单位面积的人口数计算。⑥城镇化率我们用城镇人口占总人口比重来表示。

人口密度来源于 1994～2012 年的《中国城市统计年鉴》，其余所有数据均来自相应年份《中国统计年鉴》和《中国财政年鉴》。

（四）评估结果分析

模型的估计结果非常不错，调整后的 R^2 等于 0.679269，表明模型的拟合不错，解释变量解释了被解释变量 68% 的变异。下面我们对表 4－28 的系数含义进行解读。

表 4－28　　　　　　　　　　人均公共支出地区非均衡程度

解释变量	系数	t 统计量	P 值
财政分权	0.007514	6.893883[***]	0.0001
滞后一期的基尼系数	－0.586823	－5.647924[***]	0.0003
市场化率	－0.906716	－2.564304[***]	0.0305
人口密度	0.05706	4.34135[***]	0.0019
开放度	0.049913	6.933994[***]	0.0001
第二产业比重	－3.812817	－6.265866[***]	0.0001
城镇化率	－4.62596	－5.934325[***]	0.0002
常数项	－3.447313	－2.833239[**]	0.0196
调整后的 R^2	0.679269		
J 统计量	0.127564		

1. 财政制度影响

当年的财政分权程度与人均公共支出地区非均衡程度显著正相关，显著水平为 1% 。系数为 0.007514，含义是财政分权程度每上升一个单位，公共支出的非均衡程度降低 0.75% 。说明中央和地方的财力划分导致地方发展非均衡。由于省（区、市）以下的转移支付制度建设不完善，导致地区间的人均公共支出差距变大，不利于地区间的财力均衡。

2. 上一年的支出对下一年的不平衡影响不大

滞后一期的基尼系数（表示上一年的不均衡程度，反映的是不均衡的滞后效应）与人均公共支出地区非均衡程度显著负相关，系数为 -0.586823，显著水平在 1% 的水平上显著。其含义是上一年的人均公共支出不均衡程度不会加大下一年地区间人均支出不均衡程度。合理的解释是财政相机抉择的支出增加，即专项转移支付的增加弱化了差距拉大。

3. 市场化率的影响

市场化率与人均公共支出地区非均衡显著负相关，系数为 -0.906716，至少在 5% 的水平上显著。这表明市场化率每增加一个单位，人均公共支出地区非均衡程度下降 90.67% 。说明对外贸易的经济活动越活跃，区域经济发展不均衡程度越小，也就是说对外贸易有助于降低地区发展不平衡。

4. 人口密度与人均公共支出地区非均衡正相关

人口密度与人均公共支出地区非均衡正相关，系数为 0.05706，至少在 1% 的水平上显著。这表明人口密度每增加一个单位，地区人均公共支出不平等程度增加 5.7% 。说明人口密度越大的地方，用公式法计算的转移支付数额不能够动态反映区域间其人均公共支出的平等水平。财政转移支付制度在省（区、市）以下并没有的具体的实施细则，因而地区间人均财政支出的不均等问题无法从制度层面解决。农村劳动力转移进城和转移支付没有挂钩。原来公共财政基层政府仅仅负责本地居民的公共支出。现在外来务工人员在本辖区也要享用当地公共服务资源，现有的公共财政支出没有考虑到这部分流动人口，因此人口的流动对地区可用财力的均衡起负作用。

5. 开放度对人均公共支出非均衡程度正相关

开放度对人均公共支出非均衡程度正相关，系数为 0.049913，至少在 1% 的水平上显著。这表明地区非公有制经济每增加一个单位，地区间公共支出不均衡程度会增加 4.99% ，中国地方非公有制经济活跃程度不利于区域经济财力均衡。可能的解释是，地方政府现有的财政支出结构与公有制企业的税收相联系。非公有制企业不是地方财政的主要税收来源，因此非公有制经济的发展对地方财政的财力贡献有限。发展非公有制经济地方政府要负担更多的支出，不利于缩小区域发展的均衡。这也印证了地方政府更乐于发展本地区国有企业，不愿意将财政资源过多配置给非公有制企业的现象。

6. 第二产业工业占比与人均公共支出非均衡负相关

第二产业工业占比与人均公共支出非均衡负相关，系数为 - 3.812817，至少在 1% 的水平上显著。表明地方政府以工业为经济发展模式在现有的财政体制下对地区均衡发展有促进作用。可能的解释是，我国经济发展仍然在工业化阶段，支撑地方财力增长的主要产业是第二产业，因而第二产业能够快速提升经济质量和就业水平，可以带动税收快速增加。所以地区经济的均衡发展还是要以经济发展为第一要务。

7. 城镇化率与人均公共支出非均衡负相关

城镇化率与人均公共支出非均衡负相关，系数为 - 3.447313，至少在 1% 的水平上显著。表明城镇化率越高，区域间的经济发展不均衡程度越低，也就是说城镇化的推进有助于改进区域间发展不平衡的问题。

（五）评估结论

上述分析表明，地区经济发展不平衡的趋势很明显。实证分析的模型很综合，但公共经济的制度安排影响是最大的。公共经济制度包括一般公共预算（即上面提到的分税制财政体制）、政府性基金预算、国有资本经营预算和社会保险基金预算等制度安排。这些制度安排对地区经济发展不平衡都有重要影响。这一综合结果表明，财政体制不利于地区间均衡发展。但应该说转移支付制度总体上削弱了地区间的不平衡。因此，下面将更深入地研究现行转移支付制度对地区经济发展的影响。

三、现行转移支付制度安排的问题

2014 年我国东、中、西部地区的一般公共预算收入占比为 54：25：21，经中央转移支付后，占比缩小为 39：31：30[1]。这表明转移支付对地区均衡发展是有作用的，但制度安排的非规范问题也非常突出，需要完善。

（一）转移支付制度缺乏法律保障

我国财政转移支付的数量很大，但专项转移支付的比重太大，缺乏制度保

---

[1] 该数字来自中国政府网中央政府门户网站：www.gov.cn。

我国公共财政风险评估及其防范对策研究

障。中央财政的转移支付资金下拨到省级政府，省级政府再向下转移支付。但我国省级政府的转移支付制度的基本原则、资金分配方法和标准尚未统一，不同时期不同部门对转移支付制度的具体要求各不相同。许多财政资金截留在省级财政部门，未能及时转移到基层政府，因而直接影响转移支付的资金使用效率，降低了转移支付制度及时均衡地方财力的效果。现行转移支付制度仅仅粗略地规范了中央和省级地方政府的财力划分，而省级以下的县市级的财力均衡机制没有及时建立，导致不同行政级别的政府间财力差距无法通过转移支付得以弥补。

（二）税收返还冲击了均衡性转移支付的效果

税收返还是我国财政转移支付的主要形式之一，是地方财政收入的重要来源。中央财政对该政策的执行一直采取"存量不变，增量调整"的办法，将超额征收的税款余额按比例返还给各地。发达的东部地区得到较多税收返还，中西部不发达地区则返还较少。该制度旨在保护收入较强地区税收上缴的积极性，而不能缩小地区间可用财力的差距。税收返还在一定程度上抵消了通过均衡性转移支付来均衡地区间财力差异的政策效果，间接扩大区域间可支配财力的差异。如图4-3所示，发达地区（如上海、浙江）的税收返还与转移支付之比远远高于中西部地区。2009年青海省的税收返还仅为一般转移支付的7.69%，而最高的浙江省达到1 486.17%。

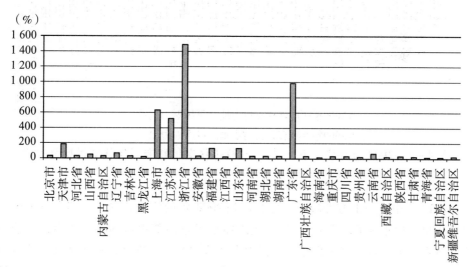

图4-3 2009年各省（区、市）税收返还与一般转移支付之比

资料来源：2009年《地方财政统计资料》。

（三）财政专项转移支付规模过大

一般转移支付是提高地方政府财力，实现公共服务均等化的重要手段。但转移支付的实际情况却是一般转移支付规模偏小，专项转移支付规模过大，导致转移支付制度极不规范。2009 年大部分省（区、市）的一般转移支付和专项转移支付占地方可用总财力的比重差别不大，如图 4 - 4 所示。辽宁省、吉林省和黑龙江省的一般转移支付和专项转移支付占地方可用财力比重基本接近。

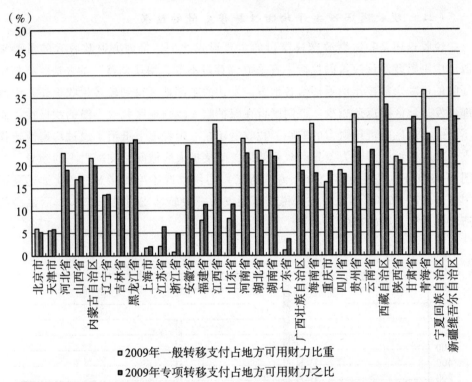

图 4 - 4 2009 年各省（区、市）一般转移支付和专项转移支付比重比较
资料来源：2009 年《地方财政统计资料》。

2012 年中央对地方的转移支付总量是 2008 年的两倍，中央转移支付占中央公共支出的比重为 62.77%。① 这较大地缩小了东西部地区的财力差距，帮助地方政府投入更多资金到民生建设。但中央对地方的转移支付还没有达到公共财政的均衡性目的。比如，中央转移支付占中央公共财政支出比例变大，专项用途转移支付与一般转移支付的比例也变大。我们累加 2012 年一般转移支付和具有限

---

① 资料来自 2013 年《中国财政年鉴》。

定用途的 5 项转移支付资金后，发现规定了实际用途的资金占中央转移支付资金总额的比重达到 64.42%。转移支付资金中一般转移支付规模偏小，说明现有的转移支付制度不利于公共劳务均等化。

专项转移支付资金的分配大多属于相机抉择的范畴，管理办法透明度不够、资金分配存在"讨价还价""人情款""撒胡椒面"等随意性和人为的问题。这使地区间均衡发展缺乏制度保证。1994 年的财政转移支付制度没有重视公共劳务均等化的目标，省（区、市）以下转移支付制度极不健全。这不利于促进区域间财力均衡，缓解县乡财政困难；更严重制约县域经济的均衡发展，削弱了县域公共品的有效供给。[1]

综上所述，对于财政体制来说，地区间均衡发展的要求给转移支付制度产生很大的压力。从总体上看，转移支付制度缓解了地区发展不均衡的状况。但我国现行转移支付制度的安排却大大削弱了地区均衡发展的功能，需要进一步完善。

四、转移支付制度风险评估

我们运用基尼系数等测量方式，评估一般转移支付、专项转移支付和税收返还等三项制度对地区非均衡发展的影响。

（一）中央财政转移支付的风险评估

我们测定中央在 1994 年之后的转移支付是否有利于区域间发展均衡，运用历年《中国统计年鉴》的数据，采用基尼系数、泰尔指数和变异系数三种方法来测定地区发展不平衡程度。基尼系数、泰尔指数和变异系数都是不平等的衡量指数，也是目前使用最广的三个指数，同时报告和比较三个指数的结果，可以更全面地反映财政收入地区间不平等的情况，确保结果的正确性。基尼系数取值范围在 0~1，其余两个指标没有取值范围的限制。但是，三个指标都是越大表明越不平等，越小表明越平等。

我们分别计算人均本级财政收入的基尼系数、泰尔指数和变异系数，以及各地区接受中央补助收入之后的三个系数，将两者变化之差再与原财政收入的基尼系数进行比较。具体计算公式如下：

补助后地方人均财力不平等程度的变化 =（人均地方本级财政收入差异指数 - 人均地方本级财政收入 + 人均中央补助收入）/人均地方本级财政收入 × 100%。计算结果如表 4-29、表 4-30、表 4-31 所示。

---

[1] 蒋震：《省级以下转移支付制度模式研究》，载于《公共经济评论》2009 年第 5 期。

表4-29 人均地方本级财政收入不平衡指数

人均地方本级财政收入			
年份	基尼系数	泰尔 T 指数	变异系数
1995	0.39015	0.29964	0.96916
1996	0.39814	0.31432	0.99609
1997	0.39913	0.32943	1.03986
1998	0.40184	0.33587	1.05015
1999	0.41477	0.3534	1.07509
2000	0.40965	0.33943	1.03988
2001	0.43923	0.38692	1.11759
2002	0.37557	0.29291	0.9873
2003	0.4395	0.3977	1.15248
2004	0.43875	0.40284	1.16954
2005	0.44141	0.39785	1.15035
2006	0.42713	0.35725	1.05945
2007	0.42073	0.35129	1.05476
2008	0.40166	0.31576	0.98542
2009	0.38655	0.28697	0.92291
2010	0.36268	0.24356	0.82803
2011	0.34322	0.21514	0.76774

注：表中1995年不包括重庆；1996年不包括重庆、四川和山东；2000年不包括吉林；

表4-30 转移支付后地区人均地方财政收入不平衡指数

年份	基尼系数	泰尔 T 指数	变异系数
1995	0.36839	0.2583	0.87303
1996	0.35972	0.25156	0.87125
1997	0.36437	0.26671	0.91099
1998	0.35582	0.25277	0.87895
1999	0.36027	0.24951	0.85603
2000	0.3334	0.20863	0.76434
2001	0.34477	0.21574	0.76583
2002	0.3118	0.17585	0.68808
2003	0.37007	0.25429	0.8342

年份	基尼系数	泰尔 T 指数	变异系数
2004	0.32261	0.19596	0.73849
2005	0.32308	0.19763	0.73928
2006	0.30762	0.17689	0.69002
2007	0.28903	0.15674	0.64582
2008	0.26859	0.13393	0.58948
2009	0.27533	0.13569	0.58692
2010	0.25503	0.11507	0.53558
2011	0.2522	0.11187	0.52835

注：表中 1995 年不包括重庆；1996 年不包括重庆、四川和山东；2000 年不包括吉林；均不含港澳台地区。

表 4 - 31　　　补助后地区人均财力不平等程度变化百分比　　　单位：%

年份	基尼系数	基尼系数	基尼系数
1995	- 5.577	- 5.577	- 5.577
1996	- 9.650	- 9.650	- 9.650
1997	- 8.709	- 8.709	- 8.709
1998	- 11.452	- 11.452	- 11.452
1999	- 13.140	- 13.140	- 13.140
2000	- 18.613	- 18.613	- 18.613
2001	- 21.506	- 21.506	- 21.506
2002	- 16.980	- 16.980	- 16.980
2003	- 15.797	- 15.797	- 15.797
2004	- 26.471	- 26.471	- 26.471
2005	- 26.807	- 26.807	- 26.807
2006	- 27.980	- 27.980	- 27.980
2007	- 31.303	- 31.303	- 31.303
2008	- 33.130	- 33.130	- 33.130
2009	- 28.772	- 28.772	- 28.772
2010	- 29.682	- 29.682	- 29.682
2011	- 26.519	- 26.519	- 26.519

注：表中 1995 年不包括重庆；1996 年不包括重庆、四川和山东；2000 年不包括吉林；均不含港澳台地区。

根据表中的结果，地方政府接受中央转移支付补助后，地方人均财力的不平等程度有所降低，表明中央补助收入起到了缩小地区间财力不均衡的作用，但是均衡的力度仍然有限。在这里我们只计算了中央转移支付总数对地方政府预算内收入均衡的影响，没有考虑到地方政府的支出因素。事实上，由于中央的均衡力度不够，导致财力薄弱的地区财政运行的硬缺口没有得到补偿，影响了这些地区政府职能的行使。另外，一些人均财力水平明显较高的地方可能将部分财政资金用于竞争性领域，这不仅扰乱了收入分配的秩序，不利于市场在资源配置中的主体作用，而且引发了地方政府的税收、支出和土地财政的竞争，不利于市场经济体制的完善。

（二）一般转移支付的风险评估

中央对地方的转移支付分为一般转移支付和专项转移支付两大类。财政体制设置一般转移支付，旨在转移部分财力弥补财政薄弱地区的财力缺口，缩小地区间财力差距，促进地方政府提供基本公共服务均等化，以及保障国家出台的重大政策措施的实施。从制度中性的角度出发，我们认为一般转移支付应该对区域间的财力均衡起到关键性作用。因为一般转移支付不规定资金的具体用途，地方政府可以统筹安排其财力，这更有利于地方政府财政的自主性。我们用2008年和2009年省级一般转移支付的数据测算其对区域均衡的作用，以便更细致评估转移支付制度的效率。

分析表4-32，我们发现，人均地方本级财政支付收入在转移支付之前的基尼、泰尔和变异系数都小于人均财力性转移支付以后的相应系数，如2008年没有转移支付前的地区财政收入泰尔系为0.31575，加入人均财力性转移支付后却增大到0.53781。2009年转移支付前区域人均基尼系数为0.38655，加入一般转移支付后，区域人均财力基尼系数增加至0.44947。这说明一般财力性转移支付的结果反而导致区域可用财力不均衡程度加大。地方一般财力性转移支付没有在制度上起到均衡地方财政财力的作用。

表4-32　　　　地方一般转移支付前后地方人均财力比较

年份	人均地方本级财政收入（不含转移支付）			人均地方本级财政收入 +人均财力性转移支付		
	基尼系数	泰尔 T 指数	变异系数	基尼系数	泰尔 T 指数	变异系数
2008	0.40158	0.31575	0.98559	0.5168	0.53781	1.3409
2009	0.38655	0.28697	0.92291	0.44947	0.40871	1.14355

（三）专项转移支付的风险评估

我们同样沿用上面的方法，将专项转移支付前后的地区人均财力进行比较，如表 4-33 所示。结果发现，专项转移支付前，2008 年的地方人均财力的基尼系数为 0.40158，专项转移支付以后，地方人均财力基尼系数变为 0.25042，基尼系数变小说明区域间不平衡有所改进。这说明地方专项转移支付在改进区域财力不均衡作用上，大于一般转移支付的作用。

表 4-33   地方专项性转移支付前后地方人均财力比较

年份	人均地方本级财政收入 （不含转移支付）			人均地方本级财政收入 + 人均专项转移		
	基尼系数	泰尔 T 指数	变异系数	基尼系数	泰尔 T 指数	变异系数
2008	0.40158	0.31575	0.98559	0.25042	0.13032	0.48
2009	0.38655	0.28697	0.92291	0.283	0.14752	0.624

（四）专项转移支付与税收返还的风险评估

税收返还是中央政府为了激励地方政府的税收积极性，对区域既有利益的一种优惠政策。我们知道专项转移支付对地方间财力均衡化作用显著，现在我们将税收返还与专项转移支付的数额相加，试图比较和说明税收返还在区域财力不均衡中的作用（见表 4-34）。

表 4-34   地方税收返还和专项转移支付对财力不均衡性的比较

衡量指标	人均地方本级财政收入（不含转移支付）		
	基尼系数	泰尔 T 指数	变异系数
2008 年	0.40158	0.31575	0.98559
2009 年	0.38655	0.28697	0.92291
衡量指标	人均地方本级财政收入 + 人均专项转移		
	基尼系数	泰尔 T 指数	变异系数
2008 年	0.25042	0.13032	0.4804
2009 年	0.283	0.14752	0.62399
衡量指标	人均地方本级财政收入 + 人均税收返还 + 人均专项转移支付		
	基尼系数	泰尔 T 指数	变异系数
2008 年	0.2521	0.12005	0.57341
2009 年	0.26596	0.1507	0.68173

我们将人均税收返还加入专项转移支付一并成为地方可用财力，结果显示税收返还反而削弱了专项转移支付对地方间均衡性的效用。2008 年地方本级财政变异系数为 0.98559，加入专项转移支付后变异系数降低到 0.4804，而加入转移支付和税收返还以后，变异系数上升到 0.57341。2009 年地方本级财政变异系数为 0.92291，加入专项转移支付后地区财力变异系数降低到 0.62399，而加入税收返还之后，地方可用财力变异系数上升到 0.68173。这充分说明税收返还制度对地方财力均衡起负作用。

五、完善转移支付制度的政策建议

（一）重视转移支付制度的顶层设计

公共经济制度由一般公共预算、政府性基金预算、国有资本经营预算和社会保险制度构成，其中一般公共预算制度是最核心的制度安排。这就要求公共经济制度是透明的，各种预算制度之间的约束是硬化的，各种预算制度内部的资金安排同样是透明和约束硬化的。在这样的前提下建构规范有序的转移支付制度。我们认为中央和地方的预算和税收应该贯穿中性原则，转移支付是保证预算中性的重要制度安排。财政体制是保证公共劳务均等化和地区均衡发展的重要制度保障。财政体制应该保证地方政府提供公共劳务的基本财力，避免地方政府运用其他预算资金加大地区间非均衡发展的可能性。对于一般预算来说，一般性税收收入应该满足一般性预算支出的需要，并且相应建立一般转移支付基金。转移支付的测定按照地方标准收入进行核定，地方性标准收入根据地方税收努力程度进行测定。地方标准收入与当年地方从一般性转移收入中得到的资金有缺口的，中央从一般转移支付资金中划拨资金给地方。同样专项转移支付基金有专门的收入来源，用于专门的支出项目。专项转移支付的范围不宜太大，数量不宜太多，是一般转移支付的补充。税收返还的转移支付方式应逐步退出。

（二）优化转移支付结构

扩大一般财力性转移支付规模，逐渐消除税收返还，降低专项转移支付资金的总额和在转移支付中的比重，提高财政转移支付资金的均等化功效。税收返还制度是分税制改革不完善的产物，我们前面已经测算出现行的税收返还对于区域经济财力均衡有负效用。税收返还的在客观上没有起到纵向财力均衡的作用，违背了转移支付制度纵向和横向均衡的目的，因而也不利于区域间的协调发展。按照公共财政理论的制度设计，一般性财力转移支付应该在转移支付总额中占绝对比重，其平抑区域不均衡的作用应该大于专项转移支付。但是我们实证分析正好说明中央对地方的转移支付资金总额在资金流向使用上，没有达到真正意义上的区域均衡发展。仅仅从转移支付资金总额对地方财力均衡影响上看，大量的转移支付资金虽然平抑了区域财力不均，但是专项转移支付均衡区域财力的效用过大，掩盖了地方间发展不平衡的现实。专项转移支付名目繁多，分配不透明，对于财政资金的使用效率没有绩效评估。地方政府的发展越来越依赖于专项转移支付，因而各种"跑部前进"的现象无法从根源上杜绝。因此我们要加大一般转移支付的数额和比重，减少专项转移支付资金在转移支付中的作用，增加地方政府的财政自主性。

（三）改革专项转移支付制度

专项转移支付资金在促进地方经济发展、实现社会和谐稳定、引导行业和产业发展方面发挥着举足轻重的作用，但是专项转移支付资金类别繁多、重复设立、多头管理、使用效率低下等问题十分突出。我们可以从以下几个方面改进转移支付制度。一是取消不合理的专项资金。我们逐步取消不合理的专项资金，减少不能充分发挥财政资金使用绩效的专项资金。二是整合重复设立的专项资金。我们对性质相近、内容相似、标准相同，以及人为划分为多个部门管理和多个环节分别补助的专项资金，进行清理整合，集中财力办大事。三是强化有必要的专项资金。对于救济类和应急类的专项资金，以及对保护人类赖以生存的环境和改善国计民生具有重大意义的专项资金，我们应当进行梳理和论证。完善现有的资金管理办法，做好绩效评价，确保资金真正发挥效益。四是建立财权与事权相匹配的资金分配制度。我们逐步建立财权与事权相匹配的资金分配制度，取消地方财政配套的要求，有效防止虚假承诺地方配套资金套取中央财政专项资金等问题的发生，减少财力紧张地区对专项资金的挪用。对于应当由地方承担的事务，我们建议将专项资金改为一般转移支付，结合对地方财力和应承担的支出责任的权衡，相应调整均衡性转移支付的比例。

第四节　地区间财政竞争风险评估

一、地区间财政竞争风险界定

由于我国现行的分税制财政体制具有包干的性质，因此地区间的财政竞争可能导致资源配置无效率的风险。我国现行的分税制财政体制只重视地方之间的竞争，不重视甚至忽视地方之间的合作。效率是经济学需要解决的重大问题。怎样才能有效率？一是竞争；二是合作。马歇尔早就说过，竞争未必有效率，合作未必没有效率。只有正确处理好竞争和合作的关系，才能达到效率的最佳状态。我国目前地方之间存在过度竞争的情况，可能导致资源配置无效率的风险。

在现行体制中，增值税和企业所得税是共享税，是地方财政收入增长的重要源泉。这种体制是激励地方政府加速投资的体制，只有投资增长速度超过其他地区，该地的经济增长速度和财政收入增长速度才可能超过其他地区。

对于投资来说，资本积聚远胜于资本积累。因此各地区的招商引资是增加地方投资的重要手段。对于地方来说，招商引资有两个办法：一是利用税收优惠吸引资金；二是利用"土地财政"吸引资金。前者可能导致税负不公平；后者可能导致土地利用的无效率。招商引资产生地方的规模经济，即不仅投资导致经济增长，而且使原有资本存量的产出率提高。因此，地区间招商引资的竞争取决于两个因素：投资的规模经济和投资者的收益。地方资本集中的规模效率越高，对投资者的优惠就可以越多，投资者的收益也就会越高，投资竞争就越可能获得成功。对投资者的税收优惠是地方投资竞争的主要手段。虽然对投资者有大量税收优惠，但表现出来的是地方税收收入增长之间的竞争。地方之间的财政竞争表现为地方之间的绝对税收竞争和相对税收竞争两种类型。

绝对税收竞争是指采取降低税负、增加税基的方式增加地方税收收入。这主要发生于地方税之间的竞争，例如资源税、个人所得税等。虽然地方税税负下降了，但税基的绝对量增加了，地方税收收入总量也就增加。相对税收竞争是指采取降低税负、增加规模效应的方式增加地方税收收入。这主要发生于共享税之间的竞争。共享税是地方财政收入的主要来源，也是企业的主要税收负担。对共享税收优惠是吸引投资的重要手段，因此，新增投资能否提高地方的规模经济是税收竞争的主要约束力。这种依靠提高地方规模效率的税收竞争称为相对竞争。

根据现行分税制财政体制的制度安排，实现本辖区内的经济增长，追求更多的税收剩余成为地方政府行政官员的一个重要施政目标[1]。短期内，实现经济增长最主要的途径是增加投资以形成实物资本，资本的重要特性就是追求税后净利润最大化，地方政府若要尽可能吸引更多的资本，现实可取的经济手段就是税收，从而，一场地区间经济增长的竞争就可能伴随着地方政府间过度的税收竞争。

---

[1] 有兴趣的读者可以翻看每年各级政府的《政府工作报告》，国内生产总值（GDP）和财政收入是报告中必不可少的重要内容，且往往出现在报告的最前面。

二、地区间财政竞争文献

国外学者关于税收竞争的研究可归纳于表 4 – 35。

表 4 – 35   国外研究地方政府税收竞争的文献

作者	研究对象	研究方法	竞争类型
莱德（Ladd，1992）	美国（县级总税负和财产税税负）	空间计量分析（ML，IV，GMM）	相对竞争
卡斯（Case etc.，1993）	美国（州级总税负）		
贝斯利和卡斯（Besley，Case，1995）	美国（州级的销售税、企业所得税和个人所得税税负）		
赫德尔斯和弗舍伦（Heyndels，Vuchelen，1998）	比利时（市级所得税财产税税率）		
布雷德和皮克斯（Brett，Pinkse，2000）	加拿大（地方财产税率）		
雷维里（Revelli，2001）	英国（市区级财产税率）		
比特纳（Buettner，2001）	德国（地方企业税率）		
林文夫和鲍德威（Hayashi，Boadway，2001）	加拿大（省级公司税负）		
爱德玛克和阿格伦（Edmark，K.，Agren，H.，2008）	瑞典（所得税）		
奥格斯特和帕尔谢（Eugster，B.，Parchet，R.，2011）	瑞士（所得税税负）		
李迪凯伦（Teemu Lyytikäinen，2011）	芬兰（财产税税率）		

注：ML，IV，GMM 指在空间计量估计中所采用三类方法：极大似然估计，工具变量法，广义矩估计。

综观国外的研究，地方税收竞争的类型主要为相对竞争。由于政府不从事生产性投资，因此竞争总体来说是有序的。

国内实证研究税收竞争的文献较少，代表性的研究有沈坤荣和付文林（2006）①，

① 沈坤荣、付文林：《税收竞争、地区博弈及其增长绩效》，载于《经济研究》2006 年第 6 期，第 16～26 页。

257

李永友和沈坤荣（2008）[①]，郭杰和李涛（2009）[②]，李涛等（2011）[③]。沈坤荣和付文林（2006）的研究指出财政分权改革激发了地方政府发展本地经济的积极性，同时不恰当的分权路径也加剧了地区间的税收竞争，为验证该理论，他们采用空间滞后模型对1992年和2003年两个时间节点的截面数据进行了实证研究，研究结果表明，省际间税收竞争反应函数斜率为负，省际间在税收竞争中采取的是差异化竞争策略，相当于我们前面提到的税收绝对竞争。李永友和沈坤荣（2008）实证研究了辖区间竞争、策略性财政政策等问题，样本数据是1995年和2005年两个时间节点，研究结果是：地方政府间税收竞争策略正在转变为相当于我们前面提到的税收相对竞争。他们的研究给人启迪，但论证不充分。郭杰和李涛（2009）针对前面研究的缺陷，在样本区间、估计方法以及实证模型的设定上进行了改进，他们以1999~2005年的数据为样本，构建了空间动态面板实证模型，并利用系统广义矩估计（System GMM）方法进行实证研究。结果表明地方政府间存在税收竞争，且增值税、企业所得税、财产税之间存在税收相对竞争的特点；而营业税、个人所得税的税收竞争存在税收绝对竞争的特点。李涛等（2011）进一步将税收竞争放在解释区域经济增长的框架下进行研究，样本数据区间为省级1998~2005年的面板数据，与前面的研究思路一致，即设定了动态空间面板模型，并采用系统广义矩估计方法进行实证研究。结果表明中国地方政府税收竞争主要是增值税和企业所得税的竞争，而且主要是税收相对竞争。

本书的研究方法与以往研究有三点不同：一是在更广阔的背景下定义财政竞争的类型，不局限于就税收论税收竞争；二是重视税收竞争对资本集中的影响；三是在实证研究中同时考虑空间滞后模型和空间误差模型[④]的影响。而以往的研究忽视了拒绝空间误差模型的统计检验。

三、地方政府财政竞争风险模型及参数估计方法

地方政府财政竞争本质上是投资竞争和规模经济竞争。税收竞争是资本集中的手段，是影响地方政府的重要因素。因此，地方政府受到其他地方政府税收政

① 李永友、沈坤荣：《辖区间竞争、策略性财政政策与 FDI 增长绩效的区域特征》，载于《经济研究》2008 年第 5 期，第 58~69 页。

② 郭杰、李涛：《中国地方政府间税收竞争研究——基于中国省级面板数据的经验证据》，载于《管理世界》2009 年第 11 期，第 54~64 页。

③ 李涛、黄纯纯、周业安：《税收、税收竞争与中国经济增长》，载于《世界经济》2011 年第 4 期，第 22~41 页。

④ Luc Anselin, Nancy LozanoGracia, Uwe Deichmann, et al. Valuing Access to Water—A Spatial Hedonic Approach, with an Application to Bangalore, India [J]. Spatial Economic Analysis, 2010, 5 (2): 161-179.

策的影响①。资本集中是地方税收竞争的主要内容。

地方政府 V_i 的目标函数可以写成：

$$V(T_i, K_i; X_i) \qquad (4-9)$$

其中，T 为税收，K 为资本，X 为本辖区的特征变量。因为 K 在辖区的分布受到 T 和 X 的影响，从而，地方政府可获得的资本量为：

$$K_i = H(T_i, T_{-i}; X_i) \qquad (4-10)$$

把式（4-10）代入式（4-9）我们可以得到目标函数的简化式：

$$V(T_i, H(T_i, T_{-i}; X_i); X_i) \equiv \tilde{V}(T_i, T_{-i}; X_i) \qquad (4-11)$$

地方政府 i 为最大化其目标 V，令 $\partial V / \partial T_i \equiv VT_i = 0$，因为 $\partial V / \partial T_i$ 的值取决于 T_{-i} 和 X_i，所以 T_i 的解取决于 T_{-i} 和 X_i，该解可以表示为：

$$T_i = R(T_{-i}; X_i) \qquad (4-12)$$

其中，R 为地方政府的税收选择反应函数，代表了地方政府针对其他地方政府选择行为的最优反应。这个反应函数的斜率取决于 H 和 $\tilde{V}$，所以使得斜率值的正负难以确定。但可以确定的是若斜率值显著大于零，则辖区间存在税收相对竞争；若显著小于零，则存在税收绝对竞争；若为零，则辖区间政府税收没有绝对竞争关系。

（一）公共财政风险竞争的评估模型

由上述可知，地方政府税收政策的反应函数是验证地方政府税收竞争类型的依据。依据方程（4-12），通常设定空间计量实证模型，或空间滞后模型，或空间误差模型。而埃洛斯特（Elhorst，2010b）② 建议，如果基于非空间模型的 LM 检验接受空间滞后模型、空间误差模型或同时接受这两种模型的话，那么应该估计空间杜宾（Durbin）模型，该模型是在空间滞后模型中添加了空间滞后自变量[18]。基于此，本书构建空间 Durbin 模型作为待估实证模型：

$$y_{it} = \alpha + \beta \sum_{j=1}^{N} w_{ij} y_{jt} + x_{it}\theta + \sum_{j=1}^{N} w_{ij} x_{ijt}\gamma + \mu_i + \lambda_t + \varepsilon_{it} \qquad (4-13)$$

其中，y_{it} 为 i 省（区、市）在 t 年的各种税收负担的水平，x 是影响 i 省（区、市）税负水平的控制变量，β 和 θ 为待估参数向量，α 为常数项，μ_i、λ_t 分别捕获个体和时期固定效应。ε 为残差项，通常情况下，学者们使用的权值矩阵是基于邻近性确定的，$w_{ij} = 1$ 表示辖区 i 和 j 有共同边界，$w_{ij} = 0$ 则表示没

---

① Brueckner J. K., Kim H. A. Urban Sprawl and the Property Tax [J]. International Tax and Public Finance, 2003, 10 (1): 5-23.

② Elhorst J. P. Dynamic panels with endogenous interaction effects when T, is small [J]. Regional Science & Urban Economics, 2010, 40 (5): 272-282.

有共同边界。一旦辖区间的互动关系确定，则权值矩阵的行之和将标准化为1。β 反映了辖区间互动关系的方向和强度，根据数据估计。辖区间的互动关系的方向是相同的，由 β 的符号决定，符号为正，则辖区互动关系类型为税收相对竞争，符号为负，则互动关系类型为税收绝对竞争，但是这种效应的程度，则由相关权值决定，即 $\partial t_i / \partial t_{-i} = \beta w_{ij}$（Lee，Yu，2010a）。如果 β 不显著，则表明地方政府间不存在税收竞争。

在式（4–13）中，θ 和 γ 均为 $K \times 1$ 参数向量，该模型需要用来检验两个假设：$H_0: \gamma = 0$ 和 $H_0: \gamma + \beta\theta = 0$，第一个假设检验该空间 Durbin 模型是否可简化为空间滞后模型，第二个假设检验是否可简化为空间误差模型（Burridge，1981）。两个检验服从 $\chi^2(K)$ 分布。如果 $H_0: \gamma = 0$ 和 $H_0: \gamma + \beta\theta = 0$ 两个假设同时被拒绝，则空间 Durbin 模型能够最恰当地描述数据集。相反，如果第一个假设无法被拒绝，且如果（稳健）拉格朗日乘子（LM）检验也支持空间滞后模型，则空间滞后模型能够最恰当地描述数据集；如果第二个假设无法被拒绝，且如果（稳健）拉格朗日乘子（LM）检验也支持空间误差模型，则空间误差模型能够最恰当地描述数据集。如果这些条件中任一条件未能得到满足，则需要采用空间 Durbin 模型来描述数据集，因为该模型综合了空间滞后模型和空间误差模型。

（二）解释变量的直接和间接效应（direct and indirect effect）

在以往的实证研究中，学者们利用空间回归模型的点估计结果来检验空间外溢效应是否存在的假设。但是，莱萨基和佩斯（LeSage，Pace，2009）指出该这种做法会造成错误的结论[①]，并指出采用不同模型偏微分解释对检验假设更有效，下面我们在空间 Durbin 面板模型下提出解释变量的"边际效应"概念。

空间 Durbin 模型可改写为：

$$Y = (I - \beta W)^{-1} \alpha t_N + (I - \beta W)^{-1} (X\theta + WX\gamma) + (1 - \beta W)^{-1} \varepsilon \quad (4-14)$$

那么，Y 关于第 k 个解释变量 X 的偏微分矩阵为：

$$\left[\frac{\partial Y}{\partial x_{1k}} \cdot \frac{\partial Y}{\partial x_{Nk}} \right] = \begin{bmatrix} \frac{\partial y_1}{\partial x_{1k}} \cdot \frac{\partial y_1}{\partial x_{Nk}} \\ \cdot \quad \cdot \quad \cdot \\ \frac{\partial y_N}{\partial x_{1k}} \cdot \frac{\partial y_N}{\partial x_{Nk}} \end{bmatrix} = (I - \beta W)^{-1} \begin{bmatrix} \theta_k & w_{12}\gamma_k & \cdot & w_{1N}\gamma_k \\ w_{21}\gamma_k & \theta_k & \cdot & w_{2N}\gamma_k \\ \cdot & \cdot & \cdot & \cdot \\ w_{N1}\gamma_k & w_{N2}\gamma_k & \cdot & \theta_k \end{bmatrix}$$

$$(4-15)$$

---

① Lesage J. P. , Pace R. K. Spatial Econometric Models ［M］//Handbook of Applied Spatial Analysis. 2009：355–376.

其中，w_{ij}是权值矩阵 W 的 (i, j) 元素，莱萨基和佩斯（LeSage，Pace）将式（4-15）右边矩阵中对角线上元素值的平均值定义为直接效应，将矩阵非对角线的行和或列和的平均值①定义为间接效应。在空间误差模型中，$\gamma = -\beta\theta$，式（4-15）右边矩阵简化为一个对角矩阵，对角线上的元素等于 θ_k，这表明空间误差变量中得第 k 个解释变量的直接效应为 θ_k 且间接效应为 0，这和非空间计量模型的解释是一致的。在空间滞后模型中，$\gamma = 0$，虽然非对角线上的元素都为 0，但是空间滞后模型中解释变量的直接效应和间接效应并不简化为如空间误差模型中得一个系数或 0。可以看出，直接效应是不同于解释变量的系数估计值的，这是因为解释变量的影响穿过相邻辖区然后回到本辖区的反馈效应（feedback effect）造成的，这种反馈效应部分由于空间滞后因变量 $W \times Y$ 的系数估计值，部分由于空间滞后解释变量 $W \times X$ 的系数估计值。间接效应从另一个角度说明了解释变量的空间外溢效应，即不仅对本地区的因变量影响，也从空间上影响其他地区的因变量。因此，利用上述矩阵来计算出来直接效应和间接效应是必要的②，并且也只能用解释变量的这两个效应来解释它们对因变量的影响。

（三）数据来源

根据现行财政体制，地方政府的税收收入包括国内增值税共享部分（以下简称地方增值税），营业税，企业所得税共享部分（以下简称地方企业所得税），个人所得税，资源税，城市维护建设税，房产税，印花税，城镇土地使用税，土地增值税，车船税，耕地占用税，契税，烟叶税，其他税收收入等 13 项，其中，地方增值税，营业税，地方企业所得税，个人所得税，城市维护建设税，房产税税收收入总和占地方总税收收入的近 80%，同时这 6 项地方税种影响着地方吸引生产要素流入，比如流转税和财产税直接决定着资本的流动，个人所得税直接影响人力资本流动，间接影响着资本的流动。因此，本书着重实证研究地方政府预算收入水平，以及这 6 项税种各自税负水平在地方间的竞争类型③。

图 4-5 显示了 2006~2010 年这 6 项地方税种收入占地方总收入的比例变动，可以看到，营业税、地方增值税和地方企业所得税构成了地方税收收入的主要部分，营业税和地方企业所得税的比例有波动，总体保持了其平稳收入占比的稳定性，但地方增值税的占比出现了逐年下降的趋势，这可以用税收相对竞争来解释。

---

① 因为这两种计算方法的值相同，因此无所谓行和或列和。
② 具体计算过程很烦琐，有兴趣的读者可参加莱萨基和佩斯（LeSage、Pace，2009）。
③ 税负水平的空间依赖与地方政府间的策略行为的关系见 Wilson（1999），这里不再赘述。

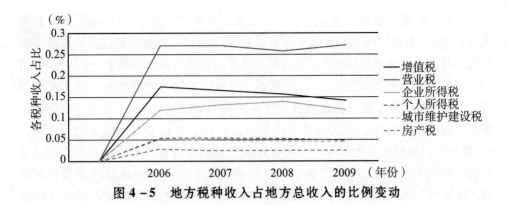

图 4 - 5　地方税种收入占地方总收入的比例变动

本书采用税收收入的相对数，即将地方财政收入以及各税种税收收入与该地国内生产总值之比作为考察地区间税收竞争的因变量。模型中涉及的各个回归变量数据均来自《中国统计年鉴》（2007～2011 年）。各变量的描述性统计见表 4 - 36。

表 4 - 36　　　　　　　　模型中主要变量的描述性统计

变量	变量含义	平均值	标准差	最小值	最大值
fiscalburden	省级财政收入负担	- 2.658	0.361	- 3.211	- 0.626
VATburden	增值税税负水平	- 4.022	0.756	- 4.999	- 1.776
busiburden	营业税税负水平	- 3.816	0.400	- 4.476	- 2.162
corpburden	企业所得税税负水平	- 4.740	0.544	- 5.718	- 2.861
indiburden	个人所得税税负水平	- 5.607	0.517	- 6.371	- 3.677
cityburden	城市维护建设税	- 5.443	0.323	- 5.931	- 3.547
propertyburden	房产税税负水平	- 6.267	0.422	- 6.994	- 4.488
gdpch[①]	实际人均 GDP	9.778	0.507	8.663	10.974
pop15	15 岁以下的人口比例	- 2.080	1.104	6.448	1.299
pop1565	15～65 岁的人口比例	- 0.595	1.124	- 5.007	- 0.190
pop65	65 岁以上的人口比例	- 2.684	1.144	7.314	1.937
Employmentrate	城乡就业率	- 2.342	0.377	- 2.894	- 1.042
industryratio	第一产业的产值比例	- 2.371	0.775	- 4.605	- 1.561
popgrowth	人口自然增长率	- 5.400	0.581	- 7.775	- 4.441
popdensity	人口密度（人/平方公里）	5.418	1.277	2.033	8.224

---

① 实际人均国内生产总值变量 gdpch 是根据各年度各地区 GDP 指数进行平减得到。

变量	变量含义	平均值	标准差	最小值	最大值
urbanization	城镇化水平 （城镇人口比例）	-0.750	0.272	-1.292	-0.118
investment ~ *e*	固定资产投资比例 （固定资产投资/GDP）	-0.563	0.267	-1.211	-0.068
*openness*①	对外开放性水平 （进出口总值/GDP）	-1.643	1.042	-3.299	0.551

注：表中所描述的各变量均已取自然对数，各变量的观测数均为 145。

四、评估结果

如前所述，在空间面板计量模型的估计过程中，用于标明观测变量空间互动关系的权重矩阵的设定是非常重要的，本书研究采用的权重矩阵 W 是基于具有共同边界而设定的，它是一个 $NT \times NT$ 的方阵，本书中 $N = 29$，$T = 5$，W 的形式如下：

$$W = \begin{bmatrix} w_{2006} & 0 & 0 \\ 0 & \cdot & 0 \\ 0 & 0 & w_{2010} \end{bmatrix}_{145 \times 145}$$

其中，w_{2006}，…，w_{2010} 分别表示 2006~2010 年 29 个省级地方政府间的空间权重矩阵。

前面我们提到，空间 Durbin 模型是空间滞后模型和空间误差模型形式的综合，因此可以首先利用空间 Durbin 来描述数据集，根据两个 Wald 检验空间 Durbin 模型是否更恰当。另外利用两个似然比（LR）检验来确定面板数据模型中的时期和（或）个体固定效应。估计过程借助了 MATLAB 统计工具，结果见表 4-37。

首先，LR 检验结果表明，模型（4-9）和模型（4-12）的个体固定效应和时期固定效应同时显著，因此应该采用双向固定效应模型；模型（4-10）、模型（4-11）、模型（4-13）、模型（4-14）和模型（4-15）的时期固定效应没有通过共同显著性检验，而个体固定效应在 0.01 的水平下通过显著性，因此应该采用个体固定效应面板模型来描述本数据集。

---

① openness 指标是根据《中国统计年鉴》的进出口总值的美元计价数按当年人民币与美元的平均汇率计算而得。

表 4－37　　　　　空间面板 Durbin 模型估计结果

| | 省级财政收入税负总水平 | 增值税税负水平 | 营业税税负水平 | 企业所得税税负水平 | 个人所得税税负水平 | 城市维护建设税负水平 | 房产税负水平 |
| | 双向固定效应 | 空间个体固定效应 | 空间个体固定效应 | 双向固定效应 | 空间个体固定效应 | 空间个体固定效应 | 空间个体固定效应 |
	(1)	(2)	(3)	(4)	(5)	(6)	(7)
gdpch	-0.86 (-1.45)	-0.51 (-0.55)	-0.24 (-0.42)	-0.41 (-0.62)	-0.18 (-0.31)	0.002 (0.00)	-0.79 (-1.34)
pop15	-1.65^{***} (-3.59)	-1.41^{**} (-2.02)	-0.99^{**} (-2.39)	-1.65^{***} (-3.20)	-1.46^{***} (-3.27)	-1.17^{***} (-2.70)	-1.27^{***} (-2.88)
pop1565	1.61^{***} (3.01)	1.62^{**} (1.87)	1.21^{**} (2.31)	1.61^{***} (2.68)	1.56^{***} (2.79)	1.36^{***} (2.49)	1.42^{***} (2.57)
pop65	0.01 (0.02)	-0.23 (-0.37)	-0.24 (-0.65)	0.01 (0.03)	-0.13 (-0.32)	-0.19 (-0.49)	-0.19 (-0.49)
employme ~ te	2.10^{***} (3.53)	1.12 (1.24)	1.38^{***} (2.55)	1.62^{**} (2.45)	1.37^{**} (2.36)	1.35^{**} (2.38)	1.60^{***} (2.81)
industryratio	-0.08 (-0.29)	-0.27 (-0.69)	0.16 (0.65)	-0.11 (-0.39)	0.23 (0.87)	0.16 (0.62)	0.22 (0.86)
popgrowth	0.22^{*} (1.84)	0.46^{***} (2.48)	0.15 (1.29)	0.13 (0.99)	0.15 (1.28)	0.17 (1.47)	0.19 (1.56)
density	0.34 (0.29)	0.93 (0.50)	0.18 (0.16)	1.16 (0.90)	0.31 (0.26)	0.90 (0.77)	0.55 (0.47)

续表

	省级财政收入税负总水平 双向固定效应 (1)	增值税税负水平 空间个体固定效应 (2)	营业税税负水平 空间个体固定效应 (3)	企业所得税税负水平 双向固定效应 (4)	个人所得税负水平 空间个体固定效应 (5)	城市维护建设税负水平 空间个体固定效应 (6)	房产税负水平 空间个体固定效应 (7)
urbanization	-3.21*** (-3.11)	-4.32*** (-2.63)	-2.58*** (-2.62)	-3.15*** (-2.73)	-2.96*** (-2.80)	-2.67*** (-2.60)	-2.84*** (-2.74)
investmentrate	0.31 (1.16)	-0.12 (-0.31)	0.52** (2.21)	0.25 (0.84)	-0.20 (-0.78)	0.25 (1.02)	0.31 (1.24)
openness	-0.34** (-2.07)	0.21 (1.04)	-0.18 (-1.55)	-0.42** (-2.32)	-0.18 (-1.45)	-0.06 (-0.48)	-0.23* (-1.89)
W × gdpch	-0.26 (-0.19)	3.50* (1.7)	0.11 (0.10)	0.54 (0.35)	1.26 (1.00)	0.01 (0.00)	0.17 (0.14)
W × pop15	-2.42** (-1.92)	-0.50 (-0.27)	-0.90 (-0.82)	-3.51*** (-2.49)	-0.72 (-0.61)	-1.20 (-1.05)	-0.14 (-0.12)
W × pop1565	1.30 (0.93)	-2.60 (-1.22)	1.53 (1.17)	2.16 (1.37)	0.82 (0.58)	1.62 (1.19)	0.84 (0.61)
W × pop65	1.18 (1.25)	3.20*** (3.08)	-0.64 (-1.06)	1.41 (1.34)	-0.08 (-0.13)	-0.42 (-0.67)	-0.64 (-1.00)
W × employm	3.86*** (3.16)	-1.06 (-0.69)	1.67* (1.78)	3.65*** (2.77)	2.29** (2.13)	2.01** (1.95)	2.09** (2.00)

265

续表

	省级财政收入税负总水平 双向固定效应	增值税税负水平 空间个体固定效应	营业税税负水平 空间个体固定效应	企业所得税税负水平 双向固定效应	个人所得税税负水平 空间个体固定效应	城市维护建设税负水平 空间个体固定效应	房产税负水平 空间个体固定效应
	(1)	(2)	(3)	(4)	(5)	(6)	(7)
W × industryr	1.47***	1.77**	1.67***	1.20**	1.68***	1.92***	2.15***
	(2.91)	(2.30)	(3.63)	(2.12)	(3.39)	(3.97)	(4.39)
W × popgrowt	-0.59**	-0.54	-0.87***	-0.87***	-0.81***	-0.76***	-0.77***
	(-1.96)	(-1.15)	(-3.13)	(-2.59)	(-2.70)	(-2.62)	(-2.62)
W × popdensit	-2.63	2.66	-4.20**	-2.67	-2.80	-4.92***	-5.25***
	(-1.09)	(0.82)	(-2.20)	(-0.99)	(-1.36)	(-2.46)	(-2.59)
W × urbanizat	-0.44	3.15	1.70	-0.88	0.01	0.49	0.44
	(-0.19)	(0.88)	(0.79)	(-0.34)	(0.01)	(0.22)	(0.195)
W × investmen	0.50	-0.02	-0.16	0.42	-0.35	-0.23	0.1386
	(0.87)	(-0.03)	(-0.36)	(0.65)	(-0.75)	(-0.51)	(0.302)
W × openness	-0.48	0.98***	-0.16	-0.78**	-0.02	0.08	-0.14
	(-1.43)	(3.25)	(-0.96)	(-2.06)	(-0.11)	(0.49)	(-0.81)
W × dep. var.	-0.37***	0.71***	-0.39***	0.39***	-0.39***	-0.33***	-0.33***
	(-3.14)	(13.08)	(-3.33)	(3.37)	(-3.29)	(-2.82)	(-2.87)
R – squared	0.84	0.9	0.87	0.914	0.913	0.79	0.87
sigma^2	0.03	0.07	0.03	0.033	0.029	0.03	0.03

266

续表

	省级财政收入税负总水平 双向固定效应 (1)	增值税税负水平 空间个体固定效应 (2)	营业税税负水平 空间个体固定效应 (3)	企业所得税税负水平 双向固定效应 (4)	个人所得税税负水平 空间个体固定效应 (5)	城市维护建设税负水平 空间个体固定效应 (6)	房产税负水平 空间个体固定效应 (7)
Wald spatial_lag	38.9***	32.8***	40.9***	49.65***	36.76***	43.3***	42.6***
Wald spatial_error	33.2***	28.5***	34.1***	42.9***	29.51***	37.5***	37.7***
LR – test joint significance spatial fixed effects, degrees of freedom and probability	101.0084, 29, 0.0000	96.5630, 29, 0.0000	124.2431, 29, 0.0000	115.8513, 29, 0.0000	159.9295, 29, 0.0000	120.1262, 29, 0.0000	94.7419, 29, 0.0000
LR – test joint significance time-period fixed effects, degrees of freedom and probability	28.6540, 5, 0.0000	3.9527, 5, 0.6890	2.2816, 5, 0.8090	10.2574, 5, 0.0683	3.3261, 5, 0.6498	6.0064, 5, 0.3056	9.1539, 5, 0.1031
Gdpch direct effect	-0.879 (-1.436)	0.390 (0.347)	-0.233 (-0.386)	-0.423 (-0.575)	-0.325 (-0.502)	0.004 (0.006)	-0.847 (-1.356)
Gdpch indirect effect	0.035 (0.031)	9.981 (1.580)	0.133 (0.135)	0.558 (0.426)	1.091 (1.025)	-0.020 (-0.018)	0.367 (0.331)
pop15 direct effect	-1.485 (-3.261)	-1.838 (-1.709)	-0.964 (-2.258)	-1.403 (-2.666)	-1.435 (-2.958)	-1.120 (-2.548)	-1.291 (-2.936)

267

续表

	省级财政收入税负总水平 双向固定效应	增值税税负水平 空间个体固定效应	营业税税负水平 空间个体固定效应	企业所得税税负水平 双向固定效应	个人所得税税负水平 空间个体固定效应	城市维护建设税负水平 空间个体固定效应	房产税负水平 空间个体固定效应
	(1)	(2)	(3)	(4)	(5)	(6)	(7)
pop15 indirect effect	-1.472 (-1.500)	-4.832 (-0.737)	0.376 (-0.432)	-2.273 (-2.128)	-0.134 (-0.142)	-0.664 (-0.689)	0.212 (0.233)
pop1565 direct effect	1.522 (2.771)	1.208 (0.998)	1.114 (1.986)	1.507 (2.327)	1.524 (2.474)	1.287 (2.271)	1.394 (2.436)
pop1565 indirect effect	0.626 (0.550)	-4.784 (0.638)	0.820 (0.768)	1.133 (0.932)	0.179 (0.151)	0.946 (0.807)	0.330 (0.300)
pop65 direct effect	-0.074 (-0.176)	0.638 (0.949)	-0.178 (-0.440)	-0.133 (-0.276)	-0.115 (-0.266)	-0.174 (-0.427)	-0.151 (-0.362)
pop65 indirect effect	0.905 (1.161)	9.918 (3.096)	0.442 (-0.824)	1.190 (1.387)	-0.027 (-0.044)	-0.277 (-0.504)	-0.485 (-0.853)
Employment direct effect	1.819 (2.967)	1.047 (0.868)	1.310 (2.297)	1.399 (2.072)	1.216 (2.074)	1.226 (2.126)	1.478 (2.595)
Employment indirect effect	2.523 (2.620)	-0.730 (0.121)	0.881 (1.137)	2.459 (2.325)	1.459 (1.822)	1.323 (1.484)	1.265 (1.513)
Industryratio direct effect	-0.191 (-0.697)	0.219 (0.427)	0.031 (0.119)	-0.231 (-0.758)	0.104 (0.394)	0.029 (0.112)	0.085 (0.324)

	省级财政收入税负总水平 双向固定效应	增值税税负水平 空间个体固定效应	营业税税负水平 空间个体固定效应	企业所得税税负水平 双向固定效应	个人所得税税负水平 空间个体固定效应	城市维护建设税负水平 空间个体固定效应	房产税负水平 空间个体固定效应
	(1)	(2)	(3)	(4)	(5)	(6)	(7)
Industryratio indirect effect	1.201 (2.879)	5.162 (1.894)	1.269 (3.308)	1.018 (2.139)	1.287 (2.957)	1.533 (3.820)	1.700 (4.000)
Popgrowth direct effect	0.270 (2.082)	0.398 (1.662)	0.219 (1.803)	0.217 (1.572)	0.221 (1.676)	0.232 (1.823)	0.245 (1.899)
Popgrowth indirect effect	0.552 (-2.153)	-0.768 (0.506)	0.750 (-3.240)	0.762 (-2.742)	0.700 (-2.791)	-0.679 (-2.671)	0.683 (-2.763)
Popdensity direct effect	0.584 (0.462)	1.956 (0.898)	0.616 (0.513)	1.487 (1.055)	0.543 (0.411)	1.257 (1.006)	0.928 (0.740)
Popdensity indirect effect	2.329 (-1.152)	10.453 (0.961)	3.484 (-2.079)	2.479 (-1.045)	2.315 (-1.322)	-4.294 (-2.439)	4.494 (-2.542)
Urbanization direct effect	-3.285 (-3.160)	-4.349 (-1.863)	-2.736 (-2.676)	-3.288 (-2.687)	-2.986 (-2.787)	-2.772 (-2.636)	-2.890 (-2.661)
Urbanization indirect effect	0.638 (0.346)	0.114 (0.009)	2.151 (1.264)	0.388 (0.189)	0.840 (0.474)	1.117 (0.586)	1.105 (0.590)
Investmentrate direct effect	0.275 (1.025)	-0.121 (-0.254)	0.550 (2.131)	0.235 (0.732)	-0.185 (-0.672)	0.275 (1.019)	0.307 (1.149)

续表

	省级财政收入税负总水平 双向固定效应	增值税税负水平 空间个体固定效应	营业税税负水平 空间个体固定效应	企业所得税税负水平 双向固定效应	个人所得税税负水平 空间个体固定效应	城市维护建设税负水平 空间个体固定效应	房产税负水平 空间个体固定效应
	(1)	(2)	(3)	(4)	(5)	(6)	(7)
Investment rate indirect effect	0.325 (0.678)	-0.221 (-0.093)	0.306 (-0.832)	0.257 (0.494)	-0.193 (-0.494)	-0.238 (-0.572)	0.037 (0.091)
Openness direct effect	-0.307 (-1.986)	0.535 (2.391)	-0.172 (-1.401)	-0.367 (-2.025)	-0.181 (-1.363)	-0.070 (-0.569)	-0.232 (-1.833)
Openness indirect effect	-0.290 (-1.166)	3.646 (3.998)	0.078 (-0.548)	-0.502 (-1.733)	0.044 (0.279)	0.098 (0.649)	-0.048 (-0.317)

注：括号内为 Asymptot t-stat，***、**、*分别表示系数估计值在1%、5%、10%的显著性水平下拒绝原假设。W×dep. var 是为了方便制表，dep. var 是对应模型的因变量。

其次，借助 Wald 检验结果来最终确定空间 Durbin 是否更合适。空间面板 Durbin 模型的估计结果见表 4-37。表 4-37 中的所有模型的 Wald spatial_lag 和 Wald_spatial_error 检验结果同时拒绝了 $H_0: \gamma = 0$ 和 $H_0: \gamma + \beta\theta = 0$ 两个原假设。从而说明空间面板 Durbin 模型是最恰当描述本数据集的模型。

表 4-37 的估计结果可以分为上下两个部分，上半部分为解释变量（包括 X 和 $W \times X$）的系数估计结果，下半部分为解释变量（X）的直接效应和间接效应估计结果。为什么要给出两部分的结果呢？这是因为之前我们指出不包含空间因素的面板模型估计的解释变量系数估计值和空间 Durbin 模型估计的解释变量系数估计值之间不能直接比较，后者的系数估计值不代表解释变量的边际效应，因此，必须利用计算出来的直接效应和间接效应来解释各个解释变量系数估计值。

表 4-37 给出回归结果中各个模型的 W × dep. var. 系数估计值是我们最为关注的，因为该值表明了省际地方税收间竞争的类型和强度。可以看到，W × dep. var. 的系数估计值在所有模型中都通过了 0.01 水平下的显著性检验。表明地方政府间存在税收绝对竞争和相对竞争的情况。实证结果表明，模型（4-9）的 W × dep. var. 的系数估计值为 -0.37，这表明，就预算收入总税负水平而言，地方政府间存在绝对竞争关系。如果相邻辖区的税负总水平上升 1%，在本辖区将选择税负总水平下降 0.37%。这种情况在国外是不存在的。

在模型（4-10）的回归结果中 W × dep. var. 的系数估计值为 0.71，且通过了显著性检验，表明省际地方增值税税负存在显著的相对竞争。如果相邻辖区通过降低增值税吸引外来企业投资，本辖区政府也将选择降低增值税的政策吸引资本，变动弹性系数为 0.71。我们知道增值税在我国税税制中属主税种，对企业的生产运营成本紧密相关。地方增值税占地方财政总收入的比重呈下降趋势，这与地方之间的税收相对竞争有关。

在模型（4-11）的回归结果中 W × dep. var. 的系数估计值为 -0.39，这表明，就营业税税负水平而言，省际存在税收绝对竞争关系，通过降低税负扩大税基的方式增加地方税收收入。这是因为营业税税基有流动性的特点，降低税负可以吸引其他地区的商业活动移至本地区。地区间绝对竞争的能力取决于市场化的发达程度。

在模型（4-12）的回归结果中 W × dep. var. 的系数估计值为 0.39，表明地方政府间存在地方企业所得税的税收相对竞争。如果相邻辖区通过降低企业所得税吸引投资，那么本辖区也将选择降低企业所得税的政策去吸引投资。地区间相对竞争的能力取决于规模经济的效率。

在模型（4-13）的回归结果中 W × dep. var. 的系数估计值为 -0.39，且通过了显著性检验，这表明，个人所得税之间存在绝对税收竞争关系。显然，所得税税基也是流动性的。

模型（4-14）和模型（4-15）的回归结果中 W × dep. var. 的系数估计值显著都为 -0.33，这表明，城市维护建设税和房产税同样存在地方之间的绝对竞争关系。

接下来，我们再来看控制变量对辖区的税负水平的影响，注意，在解释这些控制变量的效应时，不能用它们的系数估计值来解释，而只能用它们的直接效应和间接效应来解释。

根据一组 1 000 个模拟参数值计算的 t 统计值发现，实际人均 GDP 变量在所有模型中无论是直接效应还是间接效应都没有通过显著性检验。这说明经济发展水平对地方的税负水平没有显著性影响，也就是说，税收竞争不取决于 GDP 增长的绝对量，而与地方的规模经济有关。15 岁以下人口比例（pop15）的直接效应在所有模型都显著小于零，而间接效应值仅在模型（4-12）中显著。以模型（4-12）为例，pop15 的直接效应为 -1.403，而其系数估计值为 -1.65，所以该解释变量的反馈效应为 0.147，即为直接效应的 10.48%，换言之，这种反馈效应是比较小的。在非空间面板模型回归中，间接效应直接被设定为 0，而在空间 Durbin 模型中，该变量的间接效应是直接效应的 1.62 倍，且通过了显著性检验。如果相邻地区的 pop15 增加，不但当地的企业所得税税负水平会变动，也会影响到本辖区企业所得税负水平变动，两者变动的比例为 1:0.617 表明该变量有显著的收益外溢效应。

以上给出的 pop15 变量的结果解释有助于我们理解其他控制变量的效应。pop1565 变量在所有模型直接效应显著大于零，而间接效应均不显著。同时，直接效应值明显低于该变量的系数估计值，因此存在反馈效应，而反馈效应的原因是 W × dep. var. 显著的，但该变量没有收益外溢效应，即 pop1565 在相邻辖区的变动不会引起本辖区税负水平的变动。

pop65 的直接效应在所有模型中不显著，但在模型（4-10）中，该变量的间接效应显著，表明有较强的收益外溢正效应（9.918）。由于模型中没有规模效率的估计，因此我们无法确定增值税相对竞争的地区间比率。

就业率变量的直接效应除了在模型（4-10）中不显著外，在其他模型中该效应均在 1.047 ~ 1.819 间，低于其系数估计值，存在着反馈效应，即该变量通过 W × dep. var. 和 W × indep. var. 影响着对应的税负水平。该变量的间接效应仅在模型（4-9）、模型（4-12）、模型（4-13）中显著大于零，表明有收益正外溢正效应，存在税收竞争。

产业结构变量只有间接效应显著，直接效应不显著，表明产业结构对本辖区税负水平没有直接影响，而是通过其他相邻地区的产业结构情况影响本地税负水平的。

人口增长率变量的直接效应在模型（4-9）、模型（4-11）、模型（4-14）、模型（4-15）中显著为正，其间接效应在模型（4-9）、模型（4-11）、模型（4-12）、模型（4-13）、模型（4-14）、模型（4-15）中显著，表明该变量有收益外溢效应（除模型（4-10）外）。人口密度变量在所有模型中的直接效应均不显著，其间接效应在模型（4-11）、模型（4-14）、模型（4-15）中显著，但效应值符号不同。

城镇化比例变量在所有模型中的直接效应均显著，且低于其系数估计值，表明有反馈效应，但间接效应均不显著，表明该变量没有收益外溢效应。固定资产投资率的直接效应仅在模型（4-11）中体现出来，且没有间接效应。

对外开放程度变量的直接效应在模型（4-9）、模型（4-10）、模型（4-12）、模型（4-15）中显著，其间接效应仅在模型（4-10）和模型（4-12）中显著。

五、结论和建议

上述表明，我国地方政府之间存在税收竞争关系；并且税收竞争有绝对竞争和相对竞争两种类型。由于我国的制度安排与西方国家根本不同，因此税收竞争的方式是完全不同的过度竞争。

地方税收绝对竞争主要发生在营业税、个人所得税、城市维护建设税以及房产税上，竞争弹性为 0.33 或 0.39。降低这类税收的税负有利于扩大税基，总体上是有利于增加地方税收收入的。竞争能力和地方的市场化程度成正比。地方税收相对竞争主要发生在增值税和企业所得税领域，竞争弹性为 0.71 和 0.39。降低增值税和企业所得税税负是地方招商引资的主要手段。竞争能力和地方的规模经济效率成正比。

地方政府间的税收竞争的影响因素是很多的，本书对经济发展水平、人口、就业率、产业结构、城镇化率、固定资产投资率以及对外开放度等变量对税收竞争的影响进行了实证研究。结果发现，地方的市场化程度和地方的规模经济效率和地方之间的税收竞争呈正相关关系。

实证分析的结果表明，现有的税收竞争是现有体制的产物，这种路径依赖进一步强化了地方之间的税收竞争；进一步加剧了地区之间的不平衡；进一步加重了中央政府宏观调控的责任。这蕴含了分级管理体制受到了挑战。我们认为，要解决这种不良循环，就必须完善我国的财政体制，建立既有竞争，又有合作的分税制财政体制。

第五节 分税和转移支付制度的风险评估

一、分税和转移支付制度的风险界定

分税制财政体制是公共经济中的核心制度安排。这一制度安排不仅决定公共经济的行为方式，而且决定市场经济的效率状况。是因为经济中需要解决的效率、公平和稳定问题都在政府公共预算中得到集中反映。理论上说，分税制财政体制是界定政府功能边界的制度安排，通过"税制"、"分税"和"转移支付"制度来确保市场经济在资源配置中的决定性作用地位，同时也是经济稳定增长的重要保证。也就是说，这一制度安排要有内在稳定功能，以便微观制度的相对稳定。缺乏内在稳定功能就可能导致制度风险。

1994 年实行的分税制财政体制在形式上是按照市场经济体制的要求设计的。当时以提高财政收入占国民生产总值的比例和中央财政收入占全国财政收入比例为重点，没有充分考虑自动稳定经济的机制。

我国的税制结构是双主体的，增值税和企业所得税[①]是税收收入的主要来源。这两个税种的税基都属于经济流量。在发达国家通常作中央（联邦）税处理，但规定一定的比例作为转移支付的基金来源。这个一定的比例是可以通过经验数据确定的，假定增值税是 25%，所得税是 50% 的比例可以满足这个要求，那么25% 的增值税和 50% 的企业所得税则形成转移支付基金。这个基金就是中央向地方分配转移支付资金的来源。中央根据地区均衡发展的要求分配这笔基金。所谓按均衡发展的要求，是指按地方的自有收入及努力程度，同时考虑地方的支出需求来分配这笔转移支付基金的。也就是说，地方获得转移支付的量和地方的增值税、所得税的数量无关。因为转移支付主要解决公共劳务均等化的问题，因此地方通过努力自有收入越少的地方可以获得的转移支付越多，自有收入越多的地方，获得的转移支付越少。这就是转移支付的经济稳定机制。这类转移支付的数量大，有分配公式，是转移支付的主要形式，称为一般转移支付。这样安排转移

---

① 在国外，增值税是商品劳务一般税，而我国商品劳务一般税是由增值税和营业税两个税种组成的；而生产要素收入税，国外以个人所得税为一般税，而我国以企业所得税和个人所得税两个税种构成一般税。这种区别对本书讨论的问题影响不大。

支付是有理论根据的。

增值税和所得税的税基是流动性的，纳税人和地方公共劳务之间并没有对应关系。例如，最终消费者是增值税的实际负税人，消费者遍布各地，因此以一定比例用于转移支付是合理的。企业所得税是一个中间层次，对于发达国家来说，因为是私有制，可以把税收量化到个人。所有者未必是当地的居民是明显的事实，因此以一定比例用于转移支付也是合理的。更何况，我国是公有制国家，所得税以一定比例用于转移支付更是应该的。

但我国把增值税和企业所得税作为"共享税"处理，即地方可以从这两个税种的收入中获得固定的份额。这种"共享税"的分税方法极大地激励地方发展经济的积极性。这是因为地方经济增长越快，地方自有收入的增长也越快。但在市场化改革的进程中，地方政府直接投资营利性行业的机制已不存在。地方政府大力投资于基础设施，改善投资环境，招商引资。近年来的"土地财政"就是这样发展起来的。"土地财政"的说法并不贴切。实际上，地方政府是利用级差地租进行招商引资。这种级差地租来源于土地利用方式的改变。一是把农用土地改为工商用地；二是把城镇的居民住房消费用地改为工商用地；都会产生级差地租。这个级差地租就是地方招商引资可以让渡的利润。显然，越是发达地区，级差地租越高，招商引资的能力越强。这样地方自有财政收入的增长和经济增长是完全同步的。也就是说，分税制财政体制中缺乏经济内在稳定的机制。这里试图对这一制度安排的可能风险进行评估。

在我国的转移支付制度中，一般转移支付的数量并不大，但专项转移支付的名目不断增多，数量不断增大。我们在下面的实证分析中，并没有把一般转移支付和专项转移支付分开。因此，实证的结果表明，我国的转移支付是起稳定经济的作用的，但主要是专项转移支付在起作用。专项转移支付属于相机抉择的范畴，地方经济的发展过分依赖于中央的相机抉择是不利于制度稳定和经济稳定的。

二、风险评估模型与数据选取

评估模型的假设前提是：家户的资金流动性必须是部分或者完全受限的。如果消费者预期宏观冲击是短暂的，而其消费决策主要基于永久性收入，并且它可以没有交易成本地借入资金，那么消费者需求不会改变，税收的宏观稳定器效应等同于零。实际上，由于信贷市场的不完善，信息不对称以及交易成本等问题，消费者的信贷行为受到约束，完全的资金流动是不能实现的；这也成为本书实证的现实基础。

评估分为三个步骤：第一步是利用 1995～2010 年的省级面板数据，实证检验税收体系对宏观经济波动的自动稳定效应；实证检验模型如下：

$$\Delta\left\{(Y-Tax)_i/(Y-Tax)\right\}_t = \alpha + \beta\Delta(Y_i/Y)_t + \varepsilon_{it} \qquad (4-16)$$

其中，Y 表示省级人均 GDP，Tax 表示各省的人均税收收入，下标 i 为省份标志，没有下标则为全国平均水平。上述模型检验的是税收前后经济波动变化间的联系；其中，系数 β 测度了税收对熨平经济波动的稳定器效应，其经济含义是当税前经济波动变化一个单位时，经过税收稳定机制熨平作用后的经济波动变化幅度。因此，$1-\beta$ 可以直接衡量税收体系对宏观经济波动的吸收（稳定）效应。需要说明的是，由于本书采选的数据样本为 1995～2010 年的面板数据，时间跨度较长，并且面板数据的 ADF 单位根检验显示所有数据都为一阶差分平稳，选择差分模型估计更为准确。

第二步是在实证模型中加入中央政府对地方政府的转移支付，进一步综合评估财政政策的宏观稳定效应，实证检验模型如下：

$$\Delta\left\{(Y-Tax+Tran)_i/(Y-Tax+Tran)\right\}_t = \alpha + \beta\Delta(Y_i/Y)_t + \varepsilon_{it} \qquad (4-17)$$

其中，$Tran$ 为各省（区、市）获得的人均中央转移支付补助收入，$1-\beta$ 衡量税收和转移支付对熨平宏观经济波动的综合稳定效应。即当宏观经济产出变量变动一个单位时，经过税收机制和转移支付后，宏观经济产出量的变化幅度。

第三步，将通过分地区、政府规模以及经济周期等群组划分方式，对财政政策的宏观稳定器效应进行群组回归和稳健性检验。我们将依次考察税收与转移支付政策自动稳定效应在地区、政府规模以及经济周期上得差异。

评估选用的数据来源于 1995～2010 年《中国统计年鉴》以及 1995～2010 年《中国财政年鉴》，变量选取及数据统计如表 4－38 所示。

表 4－38   数据说明及统计性分析

变量	含义（单位：元）	最小值	最大值	均值	标准差	观测值
人均 GDP	GDP/年底总人口	1 579.20	78 326.13	13 353.31	11 950.87	478
人均税收	税收收入/年底总人口	68.33	12 329.26	997.64	1 579.40	478
人均转移支付	获得中央转移支付补助/年底总人口	117.41	5 362.49	860.22	729.10	409
人均 GDP － 人均税收	—	1 493.27	65 996.88	12 355.67	10 529.16	478
人均 GDP － 人均税收 ＋ 人均转移支付	—	2 037.27	62 975.61	12 537.36	9 801.18	409

三、评估结果解读

图 4 – 6 和图 4 – 7 显示了 1996 ~ 2009 年中国 GDP 变动，税后 GDP 变动以及税后和获得转移支付后的 GDP 变动示意图。从图 4 – 6 中可以看出，当经济总产量发生变动时，税收以大致相同的幅度波动，两者的波动趋势呈现出高度一致。图 4 – 7 显示相较税收而言，转移性支出的变动与经济产出波动并不一样，反周期性特征更为明显。换句话说，就全国平均水平而言，中央政府的转移性支出可能更多起到熨平经济波动的效应，而税收仅仅是"复制"了经济周期波动。

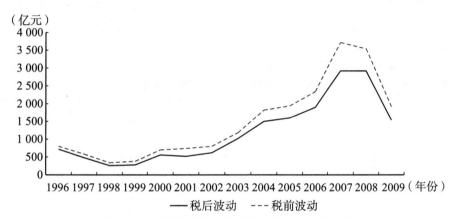

图 4 – 6　税前 GDP 与税收 GDP 波动示意

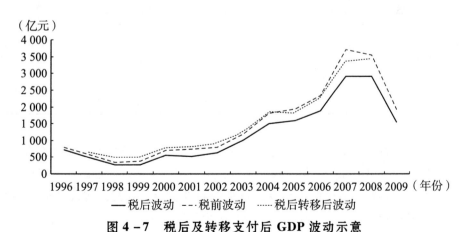

图 4 – 7　税后及转移支付后 GDP 波动示意

（一）基本模型

随机效应检验在 1% 的水平下显著拒绝了随机效应模型（检验值为 14.71），

因此本书选定固定效应模型进行检验。同时，由于税收和中央补助政策有可能存在造成经济波动的机制，使模型存在双向因果的设定偏误，因此我们同样采用了工具变量法稳健估计对模型进行测度，选取的工具变量是税前变化的滞后一期。

表4－39中的第2列和第3列分别报告了直接回归和工具变量回归下，税收体系的经济稳定效应评估。第4列和第5列报告了税收和转移支付体系的经济波动稳定效应。从估计的结果来看，就平均水平而言，中国的宏观税收体系不仅没有起到稳定宏观经济产出的作用，反而加剧了宏观经济的波动。在只涉及税收的第一个回归式中，β 值为1.0344，$1-\beta$ 为－0.0344，并且该估计系数在小于1%的置信水平下通过显著性检验。这表明当税前经济产出每变化一个单位时，税后GDP将以更大的幅度波动。税收不仅没有起到"反周期"的稳定熨平作用，反而扩大了经济产出的波动。工具变量模型估计也支持了上述结论，并且在工具变量估计的方法下，税收的"顺周期性"特征更为显著。

表4－39　　　　　　　　　税收与转移支付稳定效应估计

经济波动调整	gdp－tax	gdp－tax	gdp－tax＋trans	gdp－tax＋trans
Δgdp	1.0344 *** (227.36)	1.2749 * (1.84)	—	—
Δgdp	—	—	0.0130 *** (6.75)	0.0138 (1.48)
常数	0.0067 (0.88)	－0.0018 (－0.07)	0.0687 *** (3.54)	－0.2271 (－1.22)
R^2 值	0.9934	0.9183	0.2238	0.2221
时间效应	控制	控制	控制	控制
地区效应	控制	控制	控制	控制
观测值	449	409	390	360

从理论上看，当出现由供需失衡导致的经济波动时，政府的税收体系将自动扮演稳定经济产出的作用。但从现实来看，由于中国消费者约束以及税制调整的制度性障碍的存在，中国的税制设计很难起到真正稳定宏观经济波动的作用[①]。例如，在经济衰退时期，税收体系应通过减少税等方式来促进经济恢复，但是中国的整体税制并不具有严格的"边际累进"特征。由于商品税在我国的主体税种

---

① 吕冰洋：《财政扩张与供需失衡：孰为因？孰为果？》，载于《经济研究》2011年第3期，第18～31页。

地位，及其保障财政收入的基本功能，政府非但不会降低商品税税率，相反，为了保证在经济衰退期间能够加大政府投资力度，政府往往会通过加强税收征管等方式实行税收增收。近几年持续出现的"税收大幅超 GDP 增长"就是很好的例证。在现行的税制安排下，税收不仅不会熨平经济波动，反而存在加剧经济波动的风险。

相较而言，中央政府对地方政府的转移性支出能够显著起到熨平经济波动的作用。从模型估计结果来看，当 GDP 变动 1 个单位时，在经过税收和转移性支出的综合作用后，经济波动下降到 1.3% 个单位，经济波动程度减小了 98.7%。由于税收对经济波动的放大效应，换句话说，中国政府调节经济波动的政策工具主要依靠的是包括转移支付支出在内的财政支出调控。当经济出现下滑趋势，中央政府通过加大对地方政府的财政支出力度，激励地方政府的投资积极性等方式促进经济增长。

现行中国财税体制安排下，税收机制没有有效起到宏观经济稳定作用，相反加剧了经济波动的风险；包括中央对地方政府的转移性支出在内的财政支出，才是中国稳定宏观经济重要的政策工具。需要特别说明的是，限于数据限制，我们只能检验转移支付的整体经济稳定效应，而无法进一步细致检验一般转移支付和专项转移支付的经济稳定效应。在转移支付制度中，一般转移支付是为弥补各制度地区提供公共服务的财力缺口，一般不具备反周期功能；具备经济稳定效应的主要是明目繁、数量庞大的专项资助，以及有转移支付功能的基本建设支出的安排。因此，中央政府在加大一般转移力度的同时，也应该规范专项转移支付的分配和调控，以充分发挥转移支付的宏观调节功能。

（二）群组检验

接下来，将分群组对税收及转移性支出的宏观稳定效应进行检验。首先考虑地区因素对税收以及支出体系稳定效益差异的影响。我们认为，由于经济实力、地理位置、市场环境、制度完善程度以及财税政策执行力度等方面的客观差异存在，东、中、西部地区的税收以及中央政府的转移性支出的宏观经济稳定效应必然存在相当的差异。在第一步的群组检验中，我们将分东部、中部和西部三大经济地带进行群组回归检验[①]。回归模型与结果如式（4-18）所示。

$$\Delta\left\{(Y - Tax + Tran)_i / (Y - Tax + Tran)\right\}_t$$
$$= \alpha + \beta\Delta(Y_i/Y)_t + \varepsilon_{it}(i = east,\ middle,\ west) \qquad (4-18)$$

---

① 其中，东部包括北京、天津、辽宁、上海、江苏、浙江、福建、山东、广东、海南 10 个省及直辖市；中部包括河北、山西、内蒙古、吉林、黑龙江、安徽、江西、河南、湖北、湖南 10 个省（区），其余的归于西部地区。

从表 4-40 回归结果来看，一方面，无论是在东部、中部还是在西部，税收都起到了放大经济波动的效应，所有的 β 值都显著大于1，税收呈现出"顺周期"的经济特征。另一方面，中央对地方政府的转移性支出具有良好的"反周期"特征，所有的 β 值都显著小于10%，也就是说，中央政府的转移性支出吸收了90%多的周期性波动。回归结果进一步证明了基础回归模型得出的结论。

表 4-40　　　　　　　分地区税收及转移支付稳定效应估计

经济波动调整	东部	中部	西部	东部	中部	西部
gdp - tax	1.1777*** (27.10)	1.1518*** (18.83)	1.0302*** (462.48)	—	—	—
gdp - tax + trans	—	—	—	0.0142*** (4.71)	0.0204*** (4.13)	0.0678*** (9.80)
常数	0.0055 (0.37)	-0.0001 (-0.02)	0.0023 (0.54)	-0.0898** (-2.56)	-0.0018 (-01.5)	-0.0374*** (-2.04)
R^2	0.9534	0.9337	0.9995	0.4126	0.3181	0.5290
时间效应	控制	控制	控制	控制	控制	控制
地区效应	控制	控制	控制	控制	控制	控制
obs	148	150	139	138	140	130

其次，税收和转移支付的宏观稳定效应的地区差异是显著存在的。从税收的稳定效应上看，税收的"顺周期"性特征从东部至西部依次递减。能够预期，由于市场环境较好，税务人员素质较高，税源较为充裕，经济危机发生时为支持政府提高财政支出，东部地区政府的税收征管提升空间更大，进而将加剧税收的"顺周期性"特征。

最后，从中央政府转移性支出的宏观稳定效应来看，转移性支出的"逆周期"性特征也存在从东部到西部依次递减的趋势。换句话说，中央财政对东部地区地方政府的转移性支出能更大程度地熨平经济波动。这种现象可以从财政资源分配和支出执行两个方面来理解。从财政资源分配的角度，由于1994年的分税制改革并不彻底，加之财政资源分配的制度性干扰（如"筛选效应"等），地方政府上缴的税收大多通过税收返还和专项转移等方式流回经济富裕的省市。加之，富裕省份向上"议价"和提供配套资金的能力更强，能够在中央政府增加的既定转移支付中获取更高的份额。当发生经济衰退时，东部地区具有更加宽松的资源进行财政支出，恢复经济增长。从执行角度方面来说，由于可能存在更好的预算支出执行力度和预算透明度，东部地区在利用中央转移性财政补助时，更能发挥熨平经济波动的作用。

接下来，我们将检验在不对称的路径上，税收体和转移性支出的宏观经济平稳效应。我们将经济波动区分为经济的正向冲击和经济的负向冲击，设置计量回归模型如下：

$$\Delta\{(Y-Tax+Tran)_i/(Y-Tax+Tran)\}_t$$
$$=\alpha+\beta^+D_t^i\Delta(Y_i/Y)_t+\beta^-(1-D_t^i)\Delta(Y_i/Y)_t+\varepsilon_{it} \qquad (4-19)$$

其中，我们将样本年份的平均增长率视为 GDP 的潜在增长率，如果第 i 个省的 t 年 GDP 增长率高于潜在 GDP 增长率，则 $\beta=1$，反之 $\beta=0$。得到回归模型结果见表 4-41。

表 4-41　　　　　分经济周期税收及转移支付稳定效应估计

经济波动调整	正向波动	负向波动	正向波动	负向波动
gdp – tax	0.5250 (1.33)	0.9923 *** (60.57)	—	—
gdp – tax + trans	—	—	0.0421 *** (1.94)	0.0456 *** (2.12)
常数	0.0050 (0.08)	0.0594 *** (3.05)	– 0.0085 (– 0.55)	– 0.0074 (– 0.49)
R^2	0.0833	0.9183	0.1645	0.1471
时间效应	控制	控制	控制	控制
地区效应	控制	控制	控制	控制
obs	419	419	360	330

从模型结果来看，就税收的稳定效应而言，在经济存在正向冲击时，税收并不能有效起到抑制经济正向波动的效应，或者说税收体系不存在显著的周期性特征。当经济存在负向冲击时，税收能够起到微弱的稳定效应。

在进一步考虑到转移性支付的稳定效应时，我们可以看到，转移性支付在不同波动路径上对经济波动的熨平作用是不一样的。转移性支出对熨平经济波动负向冲击的效应大于经济波动的正向冲击。

我们将检验不同政府规模的税收以及转移性支出的稳定效应。巴拉索内等（Balassone et al.，2007）指出，具有更大政府规模的国家将更多地从财税工具的稳定效应中受益。在模型设置中，我们求取样本年份中不同地区财政相对规模的平均值，如果第 i 个省的 t 年财政相对规模高于其均值，则 $\beta=1$，反之 $\beta=0$。回归模型见（4-20）和计量结果见表 4-42。

$$\Delta\{(Y-Tax+Tran)_i/(Y-Tax+Tran)\}_t =$$
$$\alpha+\beta_L D_t^i \Delta(Y_i/Y)+\beta_S(1-D_t^i)\Delta(Y_i/Y)+\varepsilon_{it} \qquad (4-20)$$

表 4 – 42　　　　　分政府规模税收及转移支付稳定效应估计

经济波动调整	大规模	小规模	大规模	小规模
gdp – tax	0.9924 *** (92.41)	1.2193 *** (3.54)	—	—
gdp – tax + trans	—	—	0.0042 *** (2.52)	0.0062 *** (3.95)
常数	0.0146 (1.11)	0.0067 (0.11)	– 0.0051 (– 0.33)	– 0.0104 (– 0.68)
R^2	0.9613	0.1108	0.1446	0.1529
时间效应	控制	控制	控制	控制
地区效应	控制	控制	控制	控制
obs	419	419	360	360

回归结果佐证了上述结论，无论是对于税收还是对于中央政府的转移支付，规模较大的政府相比规模较小的政府都具有更强的稳定效应。由于规模效应的存在，规模较大的政府拥有更强的税收和支出能力熨平经济波动的影响，因此其税收和转移支付体系也呈现出更大的稳定效应。

四、结论及建议

（一）结论

1. 分税制财政体制缺乏内在稳定功能

现行的财政体制不具备自动稳定宏观经济波动的效应，相反在一定程度上加剧了宏观经济波动的风险，呈现出"顺周期性"特征。

2. 经济稳定过度依赖相机抉择

财政转移性支出具有较强稳定经济波动的效应，并且该效应是显著、稳健的。中央政府转移支付中大量的专项转移支付和具转移支付功能的基本建设支出，有效地推动了地区经济均衡增长。但这类支出主要依靠相机抉择，对微观制度冲击很大。

3. 经济稳定增长过度依赖东部地区

税收和转移性支出的宏观稳定效应存在群组差异，总体来说，东部地区的税收"顺周期性"特征要强于中部地区和西部地区，但是东部地区所获得的转移性支出也具有更强的宏观稳定效应。

（二）建议

我们认为，从效率、公平和经济稳定三个维度考虑完善分税制财政体制的问题应该被提上议事日程。首先要完善我国的税制；其次要完善分税；最后要完善转移支付制度，理顺一般转移支付和专项转移支付的关系、理顺微观基础和宏观调控的关系。

第五章

二元财政一元化过程中的公共财政风险评估

第一节 二元经济一元化过程中的公共财政风险

一、城镇化过程中的公共财政风险

社会风险。由于地方财政收入增长主要依靠增值税，而居民收入主要靠资本扩大。因此在现有的财政体制下，各地为了增加财政收入和提高居民收入水平，通过招商引资的优惠政策扩大投资，从而导致地方之间的税收恶性竞争。由于地方政府招商引资的主要资源是"土地"，[①] 因此在城镇较为易行的办法就是，把非商用土地转为商用。而在农村较为易行的办法就是，把农用土地转为非农利用。但是在城市，"拆迁居民"也可能隐含了社会风险。而在农村，"失地农民"则可能隐含了社会风险；同样，地区经济的收益预期也存在风险。同时，由于模仿经济竞争的是不可再生资源，随着不可再生资源的消耗，生态环境遭到破坏，导致经济增长不可持续的风险[②]。在城镇化征用农地过程中，由于仍然沿用计划

---

① 朱新方：《土地流转的利弊及风险防范》，载于《农村经济》2009年第6期，第17~19页。朱新方认为，如果缺乏资本支撑，土地就流转不起来，因此土地流转表面上是土地承包经营权的流转，实质上是资本流转。
② 吴俊培、王宝顺：《我国省际间税收竞争的实证研究》，载于《当代财经》2012年第4期，第30~40页。

经济手段,没用发挥现代市场经济手段的优势①,因此不仅没有给农民带来相关利益②,反而造成农民失地和失业的风险。不仅城乡差距没有得到缩小,反而社会不公的风险得到扩大。城镇化的过程中,一方面由于乱征、滥占耕地,大搞各种开发区、工业园区;另一方面由于一些地方政府片面理解农业产业结构调整,把农业产业结构调整与粮食生产对立起来,将农业产业结构调整等同于"压粮(粮食作物)扩经(经济作物)",从而产生粮食安全风险③。农民的权利都直接或间接地与土地相关,土地是农民赖以生存的最根本的物质保障,一旦失去了土地也就失去了与土地相联系的相关权利,也就失去了获得这种支持的机会④。例如,当前政府对农民农业生产资料等方面的支持都是以土地为基础。

公共债务风险。在事权下移的背景下,一旦地方财力难以使地方政府履行职能得到维系,则会使当地民众产生不满的社会风险。如果地方政府勉强为之,则离不开地方政府的债务融资。因为,地方政府仅仅依靠税收形成的财力是无法满足巨大资金需求,从而极易产生债务融资的风险。同时,由于在现行的财政体制下,还没有形成一个全盘考虑的收益与风险成本分担的机制,容易导致城镇化进程中的公共风险不断累积的风险⑤。

经济风险。由于一些地方政府片面地认为城镇化就是农村劳动力的市民化以及城镇规模的扩张。致使城镇化缺乏产业依托,致使城镇对农村发展的带动力较弱,并无法吸纳大量的农村劳动力就业,产生城镇产业空洞化的风险。同时,城镇化推动着农村劳动力、资金等资源向城镇聚集。但是,如果片面地促使农村资源向城镇转移,将产生农业衰退的风险,同时会陷入恶性循环⑥。

二、劳动力转移过程中的公共财政风险

英国著名经济学家 W. 阿瑟·刘易斯(1954)最早创立的"两部门剩余劳动理

---

① 童星、李显波:《农民失地社会风险——以江苏省为例》,载于《公共管理高层论坛》2006年第2期,第79~91页。

② 根据黄贤金(1999)的测算,江苏省1997年、1998年、1999年单位耕地面积征地的平均价格分别仅为所有权交易价格的11.35%、12.09%、21.66%(见黄贤金.江苏省耕地资源价值核算研究[R].江苏省哲学社会科学"95"规划项目研究报告,1999);另外,根据国家统计局农村经济调查总队发布的《2005年农村经济绿皮书》显示,被征土地收益中,地方政府占20%~30%,开发商企业占40%~50%,两者相加,平均70%或以上被地方政府和开发商拿走了。

③ 张永恩、褚庆全、王宏广:《城镇化进程中的中国粮食安全形势和对策》,载于《农业现代化研究》2009年第3期,第270~274页。

④ 万朝林:《失地农民权益流失与保障》,载于《理论与改革》2004年第1期,第65~68页。

⑤ 刘尚希:《控制公共风险是化解政府性债务风险的源头》,载于《经济经纬》2012年第1期,第2~3页。

⑥ 肖万春:《论中国城镇化水平度量标准的合理化》,载于《社会科学辑刊》2006年第1期,第112~117页。

论模型"，被公认为解释第三世界国家劳动力剩余转移过程的一般理论。后来很多经济学家，从各角度进行了拓展研究，包括劳动力转移过程中产生的各种风险。

1. 公共债务风险

由于我国现行的财政体制的设计，包括财权、事权的划分以及转移支付制度，都是假定辖区人口不流动为前提的。因此，人口的流动改变了财政体制存在的这个假设前提，需要调整纵向和横向的财政关系，特别是流动人口的公共服务供给。如果按照基本公共服务均等化的要求，流动人口都有权享受均等化的基本公共服务，当地将会产生较大的财政风险。同时，在劳动力规模巨大情况下，使公共服务的提供适应这种人口大流动的新情况，对各级政府的公共服务供应是一个很大的挑战。

2. 抑制城市进程的风险

由于城市自身也存在失业，因此农村转移的劳动力并不一定都能在城市中就业，同样也面临着无法就业的风险。这种风险的大小与城乡收入差距的大小高度相关。城市与农村的收入差距越小，则农村流入城市后不能就业的风险越大，并由此而产生抑制城市化进程的风险①。

3. 区域差距扩大的风险

在一个存在大规模劳动力转移的经济社会中，地区生产率存在着差异，一旦受到各种生产要素边际收益不再递减的影响或者缺乏有效的收敛机制，要素报酬不会产生趋同化的趋势，呈现加速扩散的风险②。在现行制度安排下，我国劳动力转移没有呈现要素报酬趋同化的趋势，反而是扩大了地区经济差异③。由于有利于农村劳动力转移的初始条件在东西部地区间存在较大差别，导致劳动力就地转移数量在地区间呈现出 21.66% 非均衡分布特征，进一步导致和强化了农村经济在东西部地区的增长差距及在此基础上的地区差距④。由于劳动力自由流动的制度性障碍，导致经济欠发达地区的高技术人才流向经济发达地区，区域间人力资本积累水平差距进一步扩大，并造成区域经济差距扩大的风险⑤。

---

① Todaro M. P. Economic Development in the Third World [M]. Longman, 1989.

② 沈坤荣、唐文健：《大规模劳动力转移条件下的经济收敛性分析》，载于《中国社会科学》2006年第5期。

③ 雷佑新、曹愉：《关于劳动力转移与地区经济差异的分析》，载于《经济问题》2006年第9期，第5~6页。

④ 张庆：《农村劳动力跨省转移对地区经济差距的影响分析》，载于《经济研究导刊》2008年第9期，第100~101页。

⑤ 付文林：《人口流动的结构性障碍：基于公共支出竞争的经验分析》，载于《世界经济》2007年第12期，第32~40页。

4. 城乡差距扩大的风险

许多文献①②③就农村劳动力流动对农业劳动力老龄化形成的影响进行了实证分析,认为中国农村劳动力流动无疑加剧了农业劳动力的老龄化趋势,不利于农业生产的发展。同时,农业劳动力老龄化加速农村传统养老保障功能弱化的风险④。

5. 农民收入差距扩大的风险

非农收入是拉开省际间农民收入差距最重要的原因⑤。农村劳动力转移对于农户教育支出存在显著的抑制作用,从而不利于农村居民长期收入增长和缩小居民收入差距,并认为在教育财政政策设计上,现阶段农村公共教育重"基础教育"轻"职业教育"和"成人教育"的财政支出结构是造成劳动力转移抑制农户教育投资的根本诱因之一⑥。

6. 通货膨胀的风险

资金短缺的低收入发展中国家,长期靠扩大信贷实现农村剩余劳动力转移,这种过高的速率是导致通货膨胀的重要原因之一⑦。

7. 农业生产风险

农户调查的一手资料显示,有10%的农户因无人耕种而抛荒⑧。劳动力本地非农转移能促进粮食生产,而向外非农转移会降低粮食产量⑨。西部地区农户调查一手资料显示外出务工户选择耕种优质土地的比例达到22.4%,撂荒比例达6.4%⑩。

---

① Skeldon R. Migration in Asia after the economic crisis: patterns and issues. [J]. Asia – Pacific Population Journal, 1999, 14.

② 李旻、赵连阁:《农业劳动力"女性化"现象及其对农业生产的影响——基于辽宁省的实证分析》,载于《中国农村经济》2009年第5期,第61~69页。

③ 宋斌文:《农村劳动力转移对农村老龄化的影响及其对策建议》,载于《公共管理学报》2004年第2期。

④ 刘昌平:《中国新型农村社会养老保险制度研究》,载于《保险研究》2008年第10期。

⑤ 张曙光、张平、盛洪、王诚、仲继银、杨帆、刘霞辉、韩孟、魏众、桁林、左大培、王利民:《改革的累积效应和一致性稳定政策选择——当前中国宏观经济分析》,载于《经济研究》1997年第9期,第3~12页。

⑥ 王小龙、兰永生:《农村劳动力转移对农户教育支出的冲击及财政政策含义》,载于《财贸经济》2010年第12期。

⑦ 吴仁洪、邹正青:《农村剩余劳动力转移与通货膨胀》,载于《经济研究》1989年第10期,第60~65页。

⑧ 彭大雷、黄利民、刘成武、余鹏:《农业劳动力规模和结构变化及其对粮食生产的影响——基于随州市银山坡村农户调查》,载于《安徽农业科学》2010年第33期。

⑨ 黄柯淇、苏春江:《农村劳动力转移对粮食产量影响的实证研究——基于1978—2007年数据》,载于《陕西师范大学学报(哲学社会科学版)》2009年第S1期,第28~32页。

⑩ 蒲艳萍、黄晓春:《农村劳动力流动对农业生产的影响——基于对西部289个自然村的调查问卷分析》,载于《南京师大学报(社会科学版)》2011年第3期,第55~60页。

河北调查数据显示劳动投入对粮食产生的贡献为负值①。江西调查数据发现目前劳动力转移规模和速度短期不会对粮食生产带来不利影响②。尽管农村劳动力数量巨大，但人力资本水平普遍较低。同时，估算了不同部门劳动力边际生产率，认为随着农村剩余劳动力转移规模的持续扩大，农村平均人力资本水平会进一步降低，从而对农业发展产生消极影响③。由于劳动力的转移，农业内部劳动力质量大大降低，因此农村劳动力的转移在给农民增收的同时，也强化了农业生产风险④。

8. 社会方面的风险

农村剩余劳动力向城市转移，取决于在转移农民在城市获得高收入的概率和对失业风险的权衡⑤。Todaro 建立城市失业风险的动态均衡模型，发现发展中国家二元经济结构决定了城乡收入差距较大，导致了农村剩余劳动力不断地流入城市，造成城市劳动力市场供需结构严重失衡，失业风险越来越大。在当前城镇就业矛盾突出的背景下，农村剩余劳动力大规模的转移，农村隐性失业问题转变成城市显性失业问题，将会产生城市就业矛盾更加突出的风险。同时，农村人口的转移，不仅使农村社会治安防范力量减弱，同时导致城市治安隐患增加的风险。

三、土地集约化经营过程中的公共财政风险

提高土地利用率，实现土地规模化、集约化经营的重要方式就是土地流转。但是在传统的体制下容易产生如下风险：

1. 资源配置效率损耗风险

由于通过土地流转实现规模经营进而提高土地效率存在着一定的外在约束性条件，因此在不同时期，土地效率与规模经营之间的相关性有着方向上的变异性⑥。虽然，当前我国农村土地流转在促进农业产业结构调整、增加农民收入等

---

① 韩建飞、刘宇鹏、赵慧峰、刘艳靖：《河北省粮食丰产工程区粮食产量增长因素贡献率测算及分析》，载于《北方经济》2010 年第 9 期，第 92～93 页。

② 蔡波、陈昭玖、翁贞林：《粮食主产区农村劳动力转移对农业及粮食生产影响的调研分析——以江西为例》，载于《江西农业大学学报（社会科学版）》2008 年第 4 期，第 50～53 页。

③ 刘秀梅、田维明：《我国农村劳动力转移对经济增长的贡献分析》，载于《管理世界》2005 年第 1 期，第 91～95 页。

④ 陈君武：《农村劳动力转移就业社会风险及防范》，载于《湖南社会科学》2009 年第 5 期，第 72～74 页。

⑤ Todaro M. P. Regional and Sectoral Development in Mexico as Alternatives to Migration. by Sergio Diaz – Briquets；Sidney Weintraub ［M］//Regional and sectoral development in Mexico as alternatives to migration. Westview Press，1991；202.

⑥ 方文：《农村集体土地流转及规模经营的绩效评价》，载于《财贸经济》2011 年第 1 期，第 130～135 页。

方面取得显著成效，同时也存在着有效供给不足使资源市场配置效率损耗的风险。在完全竞争性市场环境下，土地流转自由能自动实现资源优化配置①。在承包制下，由于农户使用权的不可剥夺性，采用任何方式都不会影响农户的使用权份额，由此，市场供需失衡将导致资源配置效率损耗的风险。另外，作为对土地市场流转机制的替代，土地的行政性强制调整导致土地交易价格偏低。当行政性强制调整替代市场流转机制并变成正式制度安排时，产生市场流转机制根本不能发挥作用的风险②。

2. 经济风险

土体对农民的社会保障功能③，主要有基本生活保障、就业机会、增值等作用。由于中国农村人口众多，土地资源禀赋极其稀缺。对于仍处于温饱线上的大部分农民而言，土地均分就成为农民克服生存压力的一个现实选择，均等占有并尽可能多地拥有土地资源是一种最有效的社会保障④。通过对云南省 18 个县市区和 1 个镇的调查发现，土地多为被动流转，经营效果不佳，流转收益少。另外转出方农户农地增收不明显，每亩地年收益仅增加 300 ~ 600 元⑤。

3. 社会风险

由于农业生产过程中面临的自然风险、市场风险、技术风险、政策风险等，决定了农业产业发展风险大，土地流转主体双方利益难以保障，将造成新的社会风险。通过对云南省 18 个县市区和 1 个镇的调查发现，公司承租土地后改变土地用途，大规模种植能快速创收的经济作物，加速了毁林种胶和耕地种胶，引发生态恶化和土地退化的风险。

第二节　农村剩余劳动力流动对财政风险的影响研究

农村剩余劳动力转移是现代化进程中必然的社会现象。自 1978 年十一届三中全会起开始实行的对内改革、对外开放的政策以来，中国选择了工业带动农业的发展战略模式，工业优先决定了必须城市优先的发展道路，在较短时期内迅速

---

① 中国农村土地制度研究课题组、张光宏：《农地使用权流转的公平与效率问题》，载于《农业经济问题》2006 年第 9 期。

② 钱忠好：《农地承包经营权市场流转：理论与实证分析——基于农户层面的经济分析》，载于《经济研究》2003 年第 2 期。

③ 社会保障功能的缺失使我国农村的人地关系符合 Scott 意义上的小农经济。见 Scott, J. The Moral Economy of the Peasant [M]. Yale University press, 1977（9）.

④ Kung J. K. S. The Chinese Rural Economy in 1993 [J]. China Review, 1994.

⑤ 李红波、刘亚丽、刘晓霞：《云南省土地流转问题及对策建议》，载于《昆明理工大学学报（社会科学版）》2011 年第 4 期。

实现了向工业化中期阶段的迈进，同时大量农村劳动力向城市转移。在高成本城镇化以及包括土地低成本、劳动力低成本、基础设施和公用事业欠账条件下的低成本工业化的双重制约下，农村剩余劳动力明显呈现"候鸟"型转移模式。这种工业化快速取得的原因在于，把工业化的成本向农业、农村、农民转移。在取得巨大成绩的同时，也产生了很大的消极影响，也就是今天的二元经济差距不断扩大。

虽然党的十六届四中全会明确提出和确立了我国现阶段"工业反哺农业"的重要政策取向。但是，受传统体制惯性的作用，我国二元经济差距仍持续扩大。这种不公平和资源使用效率不断扩大的二元结构，已经严重影响到了我国经济的可持续发展。特别是在"外需拉动"型发展模式亟待向"内需拉动"型发展模式转变的背景下，二元经济向一元化过程的演变，显得尤为重要。

一、农村剩余劳动力流动的现状

我国人多地少，由于农业劳动生产率的提高、单位面积土地需要的劳动力不断减少以及人口流动方面政策安排的影响，农村积压了大量的剩余劳动力，无法就地消化。这些剩余劳动力大量流向城市，不是偶然的社会现象，是内因和外因综合作用的结果。内因表现为：随着农业劳动生产率的不断提高，单位面积土地所需劳动力的减少，农业剩余劳动力数量不断增加；农村产业结构不尽合理，剩余劳动力就地转移缺乏吸引力；相对于非农产业而言，农业比较利益下降，农民在第一产业从事生产的积极性受到抑制。外因表现为：地区间、城乡间的经济发展水平和居民收入水平的巨大差异，相对于农村而言，城市有着更高的收入，以及非农产业快速发展对劳动力的需求不断增加，对农村剩余劳动力产生强大的吸引力。另外，改革开放创造的宽松政策环境以及农民观念的转变，促使大量农村剩余劳动力流入城市。

根据 2010 年第六次与 2000 年第五次全国人口普查及主要数据公报结果比较分析显示，在 2000~2010 年的这 10 年内，我国劳动力的流动性明显增强。并且这种流动性呈现出如下特征：

（一）地域流向特征

1. 自西向东迁移

根据 2010 年开展的第六次人口普查数据显示，我国东部地区人口占总常住人口 37.98%，中部地区占 26.76%，西部地区占 27.04%，东北地区占 8.22%。与 2000 年普查数据相比，除了东部地区比重上升了 2.41% 以外，其他三个区域人口比重都在下降。其中，中部地区下降 1.08%，西部地区下降 1.11%，东北地区下降 0.22%。说明我国人口流动依然保持由西向东流的态势。

2. 由农村向城市迁移

根据第六次全国人口普查数据显示，居住在乡村的人口为 6.741 亿人，占 50.32%；居住在城镇的人口为 6.656 亿人，占 49.68%。与 2000 年第五次全国人口普查数据相比，乡村人口减少 1.332 亿人，城镇人口增加 2.071 亿人。以上数据说明，随着城镇化的不断进行，农村剩余劳动力大量向城市流动。

（二）职业分层特征

城镇本地劳动者和外地流动劳动者同样还存在着职业分层的特征。由于各类劳动者自身的人力资本状况和保留工资不同等，职业选择自然也不同。一般而言，城镇本地劳动者由于更接近劳动力市场，具有信息优势等，因此与外来流动劳动者相比，本地劳动者相对集中在政府机关、教育、卫生、体育、金融、房地产等进入门槛较高、收入水平相对较高、劳动条件相对较好的政府垄断性部门，诸如政府机关、事业单位、国有企业等。由于缺乏这种地域优势、信息优势等，城镇外来劳动者大多集中在制造业、建筑业、餐饮、服务业、批发零售和社会服务业等行业中进入门槛较低、收入水平较低、劳动条件相对较差的岗位。

（三）经济收入特征

在失业率上，城镇本地劳动者与外来劳动者存在非常显著的差别。其中，农村流动劳动者的失业率最低，外来劳动者的失业率次之。相反，城镇本地劳动者的失业率高于农村流动劳动者。产生这种现象的原因在于保留工资。所谓保留工资，就是市场工资尚未达到处于劳动力水平之外的人对其边际闲暇单位时间价值的判断，那么部分人宁愿不就业，也不愿意接受这种市场工资水平去工作，即"保留"自己的劳动力。而农村流动劳动者的保留工资要低于城镇本地劳动者。外来劳动者，特别是农村流动劳动者倾向于稳定，除非被动离职，否则会选择就业。而城镇本地劳动者虽然具有接近劳动力市场所需的客观条件，但由于其保留工资相对较高，主动离职率也相对较高，因为他们期望在流动中选择更高薪水的工作。如果工资没有达到其预期，他们宁愿选择失业。

二、劳动力流动产生的风险

现阶段，农村剩余劳动力大量流向城市现代部门，实现劳动力在城乡之间的优化配置，提高农村剩余劳动力的边际报酬，是中国经济增长的一个重要引擎。对于劳动生产率较高的部门来说，劳动力的转移为其提供了低成本的人力资源。

同时，劳动力的流出过程也就意味着其内部资源特别是劳动力资源的重新配置过程。对于留在农村的劳动力来说，一部分劳动力流出后，非转移劳动力尤其是从事农业的劳动力的边际劳动生产率会相应地提高。① 因此，可以说劳动力转移产生的劳动结构效应，即劳动力在不同劳动生产率部门之间的重新配置，是经济全要素生产率增长的一个重要源泉。② 但是，劳动力转移就像一把"双刃剑"，给各利益主体带来巨大经济效益的同时，也面临着风险。

（一） 区域差距扩大风险

劳动力大规模流动产生区域差距扩大的风险。对输出地而言，劳动力流动成功地把劳动力流出地的农村剩余劳动力输向了发达地区。这些人在外学习了技术，积累了资本，实现了生产要素的重新组合，推动了流出地经济的发展，促进了流出地传统农村经济社会向以城市化和工业化为主导的现代社会的转变③。从资源配置的角度来看，对于输入地而言，尽管影响程度非常小，但外来劳动力对城市本地劳动力的就业率和工资均具有统计上的显著负向作用④。对输出地而言，中部地区劳动力向制造业的集中推动了东部沿海地区制造业的发展和集聚，这又增强了该地区对中部地区劳动力的拉力，在这种动态的累积循环中，加剧了中西部地区经济差距扩大⑤。另外，在劳动力大规模转移的经济社会中，一旦不同地区生产率存在差异，劳动力就会不断地流向边际收益较高的地区，并且不会因此出现新古典意义上的要素报酬均等化趋势。特别是在地区生产率差异无法得到缩小的情况下，生产要素的自由流动会产生发散的风险。在财政体制还处在逐步完善的过程中，区域间经济差距的扩大将影响地区间财政收支状况的巨大差距，导致地区间公共服务供给水平上的严重不平等⑥。根据 Tiebout 理论，在一定条件下，劳动力特别是高技术劳动力⑦会向公共产品供给水平较高的地区流动，因此进一步扩大地区间经济差距，从而形成一种恶性循环。

---

① 李实：《中国农村劳动力流动与收入增长和分配》，载于《中国社会科学》1999 年第 2 期。

② 刘源：《二元经济体中的劳动力转移问题——基于中国经济增长的理论与实证分析》，载于《南京财经大学学报》2009 年第 3 期。

③ 曹利平：《农村劳动力流动、土地流转与农业规模化经营研究——以河南省固始县为例》，载于《经济经纬》2009 年第 4 期，第 84～87 页。

④ 刘学军、赵耀辉：《劳动力流动对城市劳动力市场的影响》，载于《经济学季刊》2009 年第 1 期。

⑤ 敖荣军. 劳动力区际流动与地区经济增长差距研究综述［A］. 湖北省地理学会、武汉地理学会. 湖北省地理学会 2005 年学术年会文集［C］. 湖北省地理学会、武汉地理学会，2005：8.

⑥ 马少晔、应瑞瑶：《基于两种传递机制的贸易开放收入分配效应研究——以城乡劳动收入差距为例》，载于《农业技术经济》2011 年第 7 期，第 119～126 页。

⑦ 地方政府只需配合户口准入配额制度中，将本地户口与学历、城市购房等挂钩，就实现对流入人口的歧视，从而实现高水平的公共服务与低税率的财政竞争组合，使本地区的收益最大化。

（二） 公共债务风险

劳动力大规模流动会产生政府债务风险。由于我国现行的财政体制，事权、财权的划分以及转移支付都是以辖区人口不流动为假设。因此，劳动力大规模流动，给传统的财政体制带来挑战。随着市场经济体制改革的逐步深入，人口流动管理越来越宽松，人口流动将更加自由。因此，需要调整纵向和横向上的财政关系。如果按照"公共财政"的要求，保障流动人口与城市人口一样享受到均等的基本公共服务，将会给当地财政负担产生较大的债务风险。

（三） 通货膨胀风险

劳动力大规模流动可能会产生通货膨胀的风险。一方面，在中国这样一个资金短缺的低收入发展中国家，靠不断扩大信贷实现农村剩余劳动力转移，维持较高的转移速率，将会导致通货膨胀的发生。[①] 另一方面，由于农业劳动力持续流入非农业部门，会导致农业生产不断萎缩和农业产品供给相对不足，并引发农业产品价格上涨。农业产品价格的上涨，促使农业经营比较收益的提高，虽然导致农业劳动力转移规模减小，但也加剧城市劳动力短缺，并推动非农产业工资成本上升，非农产品面临价格上涨的压力。甚至，当农业剩余劳动力耗尽后，劳动力转移规模、农业产品价格和非农产品三者之间相互影响，形成恶性循环，构成通胀陷阱的风险。

（四） 政府间恶性竞争

劳动力大规模的流动，会产生政府间恶性竞争的风险。在财政分权的背景下，劳动力流动过程中，为增强本级政府实力、提高辖区福利，易产生以税收和财政补贴为重要手段进行各种争夺经济资源和税收资源的政府间税收竞争。资源作为一种地方政府的利益驱动，税收竞争有其一定的合理性，但竞争是有一定限度的，超过这个限度就会形成恶性竞争。恶性竞争，首先，会导致竞争主体双方福利的净损失；其次，税收竞争影响了相对价格，改变纳税人的经济决策，从而产生税收的替代效应，增加了税收的超额负担，违背了税收的中性和公平原则。这种税收竞争过度，最终产生的结果可能是竞争双方都付出了财政补贴和税收优惠，但却没得到所期望的回报，从而导致国家整个财政收入情况的不断恶化，降低了公共产品提供的水平；再次，由于税制运作缺乏透明度，侵蚀税基，导致国家税收优惠政策的宏观调控功能越来越差、国家财政收入大量流失，地方财政收入不足，从而形成

---

① 吴仁洪、邹正青：《农村剩余劳动力转移与通货膨胀》，载于《经济研究》1989 年第 10 期，第 60 ~ 65 页。

了潜在的财政风险；最后，这种恶性竞争在微观方面，同样能产生负面影响。由于劳动力流动速率过高，对微观经营主体产生负面影响。很多企业失去了对人力资源开发的责任心和积极性，从而造成对人力资源的"重使用、轻培养"的现象。

（五）其他风险

劳动力大规模地流动，将会给流入方和流出方产生其他各类风险。一方面，由于符合就业条件的劳动力大规模地由农村流向城乡，农业劳动力的平均人力资本水平会进一步降低，强化了农业生产风险。另一方面，随着大量青壮年劳动力向城市的转移，无疑加剧了农业劳动力老龄化的趋势，将产生农村传统养老保障功能弱化的风险。同时，在当前城镇就业矛盾突出的背景下，农村剩余劳动力向城市大规模的转移，农村隐性失业问题转变成城市显性失业问题，将会产生城市就业矛盾更加突出的风险，同时还导致城市治安隐患增加的风险。

三、劳动力流动对财政风险产生的影响

农村剩余劳动力流入城市，这一现象所反映的是合乎经济社会规律的社会关系调整。首先，如果把农村劳动力视为一种生产要素，那么农村劳动力流动就体现了劳动力资源在农业和城市产业之间的帕累托改善。其次，如果把农村劳动力视为一般居民，那么农村劳动力流动就反映出了农村生活和城市生活之间关系的自然变化。最后，农村劳动力流动导致资源配置效率和收入分配状况的改善，缓解了封闭经济下潜在的社会风险。财政风险是社会风险的表现形式。面对各种社会风险，政府不得不通过财税政策来履行其相应职责。因此，农村劳动力转移过程对财政风险也会带来相应的影响。

（一）劳动力流动对流入地产生的影响

无论是从事权和财权的划分来看，还是从转移支付制度的设计来看，我国现行的财政体制，都是基于假定辖区人口的不流动，以辖区的户籍人口为基础。在这现行的财政体制框架下，各地政府在为本辖区居民提供公共服务过程中，只会按户籍人口来提供公共服务。而对于流入到本地辖区内的农村剩余劳动力，由于流出地和流入地都不负责其公共服务的供给，从而陷入"两不管"的尴尬境地。而农村剩余劳动力的转移改变了现行财政体制这一基础。因此，农村剩余劳动力流动，要求财政关系从纵向和横向上进行调整。对于流入地而言，由于享受到了农村剩余劳动力流动所带来的"人口红利"，致使其获得了经济高速发展的实惠，但如果对这类流动人口提供同样水

294

平的公共服务，当地财政负担将随之扩大，对财政风险将产生巨大冲击。

（二） 劳动力流动对流出地产生的影响

对于流出地而言，当地用于流出劳动力方面的财政支出没有得到相应的回报。例如，对农民的教育投入成为当地财政的大项，但是输入地政府却坐收渔利；再如，劳动力户籍仍在原地，输出地政府仍对其负有相应的社会管理的职责，甚至如为农民承担提供信息、培训权益保障、出具证明、计划生育等等更多的行政事务和社会管理工作。这也是一笔庞大开支，但对当地经济却没有直接的贡献。[①] 因此，随着城镇化的逐步推进，以及公共财政的"公共"要求，中央及地方政府原有事权划分必须得到合理调整。特别是农村剩余劳动力的流动，要求政府之间在公共服务供给责任方面的变化。在城镇化过程中，也出现了公共服务在农村和城镇的双重需求，即"劳动力进城、抚养人口留乡村"。在当前条件下，流动劳动力进入城市工作生活，但他在户籍所在地的所有权益不能剥夺，因为转入城市的流动劳动力，大部分并没有完全脱离农业，每年除在外务工外，都要回家从事农业生产，做季节性转移。因此，对于流动劳动力的基本公共服务，户籍所在地政府要考虑，城市政府也要考虑。这种流动给政府之间横向地责任划分带来了挑战。

因此，劳动力流动加深了我国现行财政体制的矛盾，主要表现为事权、财权、财力不匹配的。这种不匹配需要重新组合财政体制要素中的事权、财权、财力，但也增加了组合的不确定性。同时，农村剩余劳动力在动态的流动过程中，如果人口流动过大，农村地区人口大幅度减少，将造成原有的公共设施就会出现闲置、浪费的现象。流入地如果没有充分考虑流入农民的需求，仅仅局限于城镇户籍人口的话，城镇将极易陷入拥挤、脏、乱、无序的状态。因此，农村剩余劳动力流动将对公共财政风险产生不确定性风险。

四、农村劳动力流动对财政风险影响的评估

（一） 指标选择和数据描述

我们引入如下指标：（1）农村剩余劳动力。（2）区域差距扩大风险：用东中西部区域人均 GDP 的离差来衡量。（3）公共债务风险：用国债发行量来衡量国家的公共债务。（4）通货膨胀风险。（5）政府间恶性竞争：全国宏观税负/某地区宏观税负，税负＝税收收入/GDP。本书通过定义地方政府税收竞争强度来反

[①] 孙自铎：《跨省劳动力流动扩大了地区差距——与缩小论者商榷》，载于《调研世界》2004 年第 12 期。

映某个地方政府在税收竞争方面所施加的政策力度。对于一个地区而言，地方政府税收竞争强度指标在相邻年度间增长，说明该地区相对税收竞争强度在提高；反而言之，指标在下降，则说明该地区的相对税收竞争强度在下降。在一定意义上，经济开发区和部分沿海城市因中央的税收政策倾斜，享受到了更低的税负，虽然从字面上不属于税收竞争的范畴，但是换个角度思考，不少倾斜政策是地方政府积极争取的结果，或者理解为"中央支持下"的地方政府税收竞争行为。根据税收竞争指标的理解，这类情况可以视为税收竞争。（6）社会保障。（7）城市失业率：城镇登记失业率。上述7个指标能很好地刻画在劳动力流动的过程中我国社会形态的变化，用其来研究劳动力流动过程中产生的财政风险具有很强代表性。

我们使用各省区当年的预算内外收入和预算内外支出的比值来衡量财政风险。在此，我们要强调的是，我们对财政风险指数的理解的落脚点并不是地方政府的财务状况，而是从财政体制方面来看待这一指数，即地方政府维护"公正正义"的能力，这一能力受到财政体制下相关制度的约束。我们未把转移支付引入到财政风险指数的原因在于转移支付制度隐藏了财政体制本身的一部分风险，如果把转移支付引入则会低估地方政府的财政风险。我们把预算外收支引入财政风险指数，是因为预算外收支同样属于制度内的财政收支，不引入则可能高估或低估财政风险。据此，也可以把财政风险指数视为地方政府为了维护公正正义向中央政府和制度外融资的动机。由于我们把收入方面用作分子，支出方面用作分母，同时，在我国现有财政体制下，财政风险指数总小于1。所以财政风险指数越高，财政风险越低。

关于解释变量，我们使用城镇单位使用农村劳动力人数来衡量农村劳动力向城市转移这一现象；使用人均地方财政收入和人均中央财政收入的比值表示收入分权度；使用人均地方财政支出和人均中央财政支出的比值表示支出分权度；

农业剩余劳动力转移数一直以来是我国众多专家和学者所关注的重点。农业剩余劳动力的数量是分析农业剩余劳动力转移的基础。由于受到多重因素的制约，正确计算或者统计一个地区农村剩余劳动力的数量相当困难。目前采用的方法主要有生产函数法、直接估算法、耕地劳动比例法等。考虑到计算的简便，本书采用了中国社会科学院和中国农业科学院提出的估算方法，即农业剩余劳动力 = 农业从业人员数 – 农业增加值/（国内生产总值/社会劳动者人数）。该计算方法认为，农业劳动生产率应该大体与社会平均劳动生产率水平一致。如果农业劳动生产率低于社会平均劳动生产率时，则存在农业剩余劳动力。

所有数据均来自《中国财政年鉴》《中国工业经济年鉴》《中国农业发展报告》《中国统计年鉴》以及各省区的《统计年鉴》等数据库。我们选所有省区2000～2012年的数据作为样本。对所有变量都取对数作无量纲处理。上述变量的统计特征如表5–1所示。

表 5 - 1　　2000～2012 年我国农业劳动力剩余状况

指标	2000 年	2001 年	2002 年	2003 年	2004 年	2005 年	2006 年	2007 年	2008 年	2009 年	2010 年	2011 年	2012 年
农业从业人数（万人）	32 797.50	36 513	36 870	36 546	35 269	33 970	32 561	31 444	30 654	29 708	27 930	27 355	27 032
农业增加值占 GDP 比重（%）	0.1525	0.144	0.137	0.128	0.134	0.121	0.111	0.108	0.107	0.106	0.103	0.103	0.101
社会劳动者人数（万人）	72 085	73 025	73 740	74 432	75 200	74 647	74 978	75 321	75 564	75 828	76 105	76 420	76 704
农业剩余劳动力（万人）	21 804.5	25 997.4	26 767.6	27 018.7	25 192.2	24 937.7	24 238.0	23 309.3	22 568.6	21 670.2	20 091.7	19 484.2	19 285.1

297

首先，我们使用 1978 年的实际 GDP 为基期，对国债发行量和社会保障数据作平减处理。这样我们得到的指标就变得比较平滑。其次，对各指标进行无量纲化处理，具体公式如下，各变量统计特征见表 5-2。

$$z_i = \frac{x_i - \min(x_i)}{\max(x_i) - \min(x_i)} \tag{5-1}$$

$$z_i = 1 - \frac{x_i - \min(x_i)}{\max(x_i) - \min(x_i)} = \frac{\max(x_i) - x_i}{\max(x_i) - \min(x_i)} \tag{5-2}$$

表 5-2 各变量统计特征

解释变量	均值	标准差	最小值	最大值
财政风险	0.4794	0.3326	0	1
农村剩余劳动力	0.5138	0.3475	0	1
区域差异扩大	0.6391	0.3712	0	1
通货膨胀系数	0.4638	0.3319	0	1
政府间恶性竞争	0.5578	0.2510	0	1
失业率	0.7692	0.2746	0	1
公共债务	1.3656	0.9847	0.3511	3.162
社会保障	1.3685	1.0298	0.0394	3.2956

(二) 评估模型

我们在上面对财政风险和社会风险进行了论述，即财政风险主要是由两部分因素决定的，即潜在的可能由财政兜底的社会风险和财政体制化解社会风险的能力。潜在的可能由财政兜底的社会风险越大，财政风险发生的可能性越大；财政体制化解社会风险的能力越强，财政风险越大。据此，我们可以构建以下关于财政风险的模型：

$$FR = \frac{\alpha \cdot SR}{FS} \tag{5-3}$$

公式 (5-3) 中，FR 为财政风险，SR 为社会风险，α 衡量私人部门化解社会风险的能力，其具体是由社会制度的特征决定的。$\alpha \cdot SR$ 代表无法自我化解的社会风险部分，即会转嫁到财政部门的风险。FS 为财政体制化解社会风险的能力，具体是由财政体制的特征决定的。该模型的基本含义是，财政风险取决于私人部门无法化解的社会风险大小和财政体制化解社会风险能力的比较。对以上模型取对数，可以得到以下计量经济模型：

$$\ln FR = \alpha_0 + b_1 \ln SR + b_2 \ln\alpha + b_3 \ln FS + \varepsilon \tag{5-4}$$

在本书中，我们主要研究农村劳动力流动与社会风险和财政风险的关系，因此社会风险 SR 主要是和农村劳动力流动相关的社会风险。私人部门化解农村劳动力流动引致的社会风险的能力与社会制度相关，我们用一系列市场化特征来进行衡量。财政体制化解社会风险的能力我们用财政体制的特征变量进行衡量。基于此，我们可以得到以下实证模型：

$$\ln FR_{it} = \alpha_0 + b_1 \ln FL_{it} + b_2 \ln FD_{it} + b_3 \ln TB_{it} + b_4 \ln IND_{it} + b_5 \ln STA_{it}$$
$$+ b_6 URB_{it} + b_7 \ln OPE_{it} + b_8 \ln Y_{it} + b_9 \ln I_{it} + \alpha_i + \alpha_\tau + \varepsilon_{it} \qquad (5-5)$$

在上述模型中，下标 i 和 t 分别表示第 i 个省区第 t 年的观测值，α_0 是常数项，b 是各解释变量的系数，ε_{it} 是随机扰动项。被解释变量 $\ln FR$ 表示财政风险指数，解释变量 $\ln FL$ 表示农村劳动力流动，FD 代表公共债务风险，TB 代表通货膨胀率，IND 代表政府间恶性竞争，STA 代表社会保障，URB 代表失业率，OPE 表示区域经济扩大情况，Y 和 I 分别表示人均收入和固定资本形成，是模型的控制变量，α_i 和 α_t 分别表示各省区的个体效应和时间效应，用来控制各地区不随时间变化和随时间变化的特征，控制变量、个体效应和时间效应可以缓解遗漏变量带来的内生性问题。

（三）平稳性检验和协整检验

1. 平稳性检验

为避免虚假回归的问题，需要对变量进行单位根检验。单位根检验常用的方法有增广的迪基－富勒卡方检验（ADF－Fisher Chi－Square）、利威特利夫斯基——菲利普斯－施密特 t 检验（KPSS—Kwiatkowski, Phillips, Schmidt t）、埃姆－皮萨然－信的瓦尔德统计量检验（IPS, Im、Pesaran and Shin W－stat, 2003）、PP－富勒卡方检验（PP－Fisher Chi－Square）等。其中，ADF－Fisher、KPSS 检验作为最常用的两种检验方法，因其含有的观测值通常都是最大的。ADF 检验的原假设则是被检验的时间序列是单位根过程。由于各检验方法都有其优缺点、为了避免单一方法可能存在的缺陷，书中在对数据进行平稳性检验的过程中，同时采用了 KPSS, Im、Pesaran and Shin W－stat, ADF－Fisher Chi－Square, PP－Fisher Chi－Square 检验方法（只要一种检验方法达到平稳性检验，我们则认为时间序列是平稳的。以下雷同，不再阐述），对农村和城市的产业产出量、资本投入量、劳动力投入量和土地投入量做平稳性检验。

从表 5－3 中我们可以看出，KPSS、ADF 和 PP－Fisher 检验方法的 P 值小于 0.05。因此，可以说明风险系数是序列平稳的。

表5－3　　　　　　　　　　风险系数稳定性检验结果

检验方法	统计量	P 值	h
Kwiatkowski, Phillips, Schmidt t	0.1543	0.0430	1
Im, Pesaran and Shin W – stat	− 0.7244	0.1	0
ADF – Fisher Chi – Square	− 2.3591	0.0227	1
PP – Fisher Chi – Square	− 2.3591	0.0227	1

从表5－4中我们可以看出，KPSS 检验方法的 P 值小于 0.05。因此，可以说明农村剩余劳动力是序列平稳的。

表5－4　　　　　　　农村剩余劳动力的稳定性检验结果

检验方法	统计量	P 值	h
Kwiatkowski, Phillips, Schmidt t	0.1911	0.0193	1
Im, Pesaran and Shin W – stat	− 1.1831	0.1	0
ADF – Fisher Chi – Square	− 0.6360	0.3979	0
PP – Fisher Chi – Square	− 0.6360	0.3979	0

从表5－5中我们可以看出，KPSS 检验方法的 P 值小于 0.05。因此，可以说明区域差距扩大是序列平稳的。

表5－5　　　　　　　区域差距扩大的稳定性检验结果

检验方法	统计量	P 值	h
Kwiatkowski, Phillips, Schmidt t	0.3183	0.0100	1
Im, Pesaran and Shin W – stat	− 3.2072	0.1	0
ADF – Fisher Chi – Square	1.8737	0.9773	0
PP – Fisher Chi – Square	1.8737	0.9773	0

从表5－6中我们可以看出，四种检验方法的 P 值均大于 0.05。因此，可以说明通货膨胀率是非序列平稳的。

表5－6　　　　　　　　通货膨胀率稳定性检验结果

检验方法	统计量	P 值	h
Kwiatkowski, Phillips, Schmidt t	0.0555	0.1000	0
Im, Pesaran and Shin W – stat	0.0450	0.1000	0

检验方法	统计量	P 值	h
ADF – Fisher Chi – Square	– 1. 4903	0. 1197	0
PP – Fisher Chi – Square	– 1. 4903	0. 1197	0

从表 5 – 7 中我们可以看出，KPSS 检验方法的 P 值小于 0. 05。因此，可以说明政府间恶性竞争是序列平稳的。

表 5 – 7　　　　　　　政府间恶性竞争的稳定性检验结果

检验方法	统计量	P 值	h
Kwiatkowski，Phillips，Schmidt t	0. 503	0. 01000	1
Im，Pesaran and Shin W – stat	0. 0360	0. 1	0
ADF – Fisher Chi – Square	– 0. 5478	0. 4299	0
PP – Fisher Chi – Square	– 0. 5478	0. 4299	0

从表 5 – 8 中我们可以看出，KPSS 检验方法的 P 值小于 0. 05。因此，可以说明失业率是序列平稳的。

表 5 – 8　　　　　　　失业率的稳定性检验结果

检验方法	统计量	P 值	h
Kwiatkowski，Phillips，Schmidt t	0. 2049	0. 0142	1
Im，Pesaran and Shin W – stat	– 0. 7473	0. 1	0
ADF – Fisher Chi – Square	– 1. 0140	0. 2609	0
PP – Fisher Chi – Square	– 1. 0140	0. 2609	0

从表 5 – 9 中我们可以看出，KPSS 和 ADF 检验方法的 P 值小于 0. 05。因此，可以说明国债发行额是非序列平稳的。

表 5 – 9　　　　　　　国债发行额稳定性检验结果

检验方法	统计量	P 值	h
Kwiatkowski，Phillips，Schmidt t	0. 0488	0. 001	0
Im，Pesaran and Shin W – stat	0. 2840	0. 100	0
ADF – Fisher Chi – Square	– 0. 6737	0. 003	0
PP – Fisher Chi – Square	– 0. 6737	0. 3843	0

从表 5 - 10 中我们可以看出，KPSS、ADF 和 PP - Fisher 检验方法的 P 值小于 0.05。因此，可以说明风险系数是序列平稳的。

表 5 - 10　　　　　　社会保障稳定性检验结果

检验方法	统计量	P 值	h
Kwiatkowski，Phillips，Schmidt t	0.3095	0.0100	1
Im，Pesaran and Shin W - stat	- 1.4778	0.100	0
ADF - Fisher Chi - Square	- 19.7643	0.001	1
PP - Fisher Chi - Square	- 19.7643	0.001	1

2. 协整检验

从 Pedroni 协整检验结果（见表 5 - 11），可以看出所有变量之间存在协整关系。说明变量之间存在长期均衡关系。

表 5 - 11　　　　　　　协整检验结果

变量	财政风险	农村剩余劳动力	区域差异扩大	通货膨胀	政府间恶性竞争	失业率	公共债务	社会保障
统计量	2 086.5665	1 694.0291	1 278.140	858.8003	444.3254	34.2632	15.0866	5.6457
P 值	0.001	0.001	0.001	0.001	0.001	0.0144	0.0576	0.0177

（四）评估结果分析

我们建立如上所属的模型，结果为表 5 - 12。

表 5 - 12　　　分地区农村劳动力流动对财政风险影响的估计结果

解释变量	(1)	(2)	(3)
财政风险	0.9600 *** (0.0032)	0.9765 *** (0.0053)	0.9628 *** (0.0129)
农村剩余劳动力	- 0.4385	- 0.2233	- 0.3904
区域差异扩大	0.7518	1.0117	0.9224
通货膨胀系数	- 0.1319	- 0.0787	- 0.1333
政府间恶性竞争	0.3414	0.247	0.2698
失业率	- 0.7118	- 0.4351	- 0.6989
公共债务	0.0226	- 0.0232	0.0201

解释变量	（1）	（2）	（3）
社会保障	− 0.8716	− 0.7224	− 0.7545
常数	1.8044	− 1.6882 （0.030）	− 0.3006 （0.030）
时间效应		0.017 （0.015）	0.018 （0.012）
地区效应	− 1.22*** （0.045）	− 3.158*** （0.21）	− 5.125*** （0.364）
模型	控制	控制	控制
Hausman 检验	控制	控制	控制
样本容量	RE	FE	RE

注：*、**、*** 分别表示在 10%、5%、1% 置信水平上显著。

表 5 - 12 给出了把全国作为整体的实证检验结果。模型（5 - 3）没有控制任何变量，模型（5 - 4）和模型（5 - 5）中，我们分别用财政收入分权度和财政支出分权度来衡量财政体制的特征。无论哪个模型，都证明了以下结论：从全国整体来看，随着农村劳动力向城镇转移，财政风险会随之降低，这一结果在 1% 的水平上显著。

五、结论

基于对财政风险的重新界定，分析了农村劳动力转移这一自然过程对财政风险的影响，得出以下结论：

（1）农村劳动力向城镇转移无论从生产还是生活角度来说都是一个符合客观规律的过程。在这一过程中，各种社会关系得到理顺，有效缓解了社会存在的潜在矛盾，降低了社会风险。由于这一自然趋势不能实现的话，政府将花费更多的资源来维护社会，特别是农村地区的生产生活的稳定。因此，农村劳动力向城市的自然转移意味着财政风险的降低。

（2）在农村劳动力向城市转移的过程中，户籍、公共服务等相关的制度建设可能会落后于农村劳动力转移这一自然趋势，从而形成制度摩擦，阻碍农村劳动力向城市寻求新的工作和生活机会。制度摩擦导致社会风险，这一社会风险实际上是农村劳动力转移无法充分实现的表现。这些社会风险需要财税政策工具进行调节，因此最终会反映到财政体制上，形成财政风险。

（3）从我国实际情况来看，随着农村劳动力向城镇转移，财政风险随之降低。尽管我国户籍、公共服务等相关制度上还不完善，但制度摩擦所引致的社会风险并不足以扭转农村劳动力自然流动所带来的社会状况的改善，这种改善可能来自顺应农村劳动力自然流动情况下社会关系的理顺和帕累托改善。并且，由于农村劳动力基数更小、吸收劳动力数量更大等原因，农村劳动力转移对财政风险的缓解效应在我国中、西部地区要强于东部地区。

第三节　城镇化过程中的财政风险

城镇化是从传统社会向现代文明社会的全面转型和变迁，这一转型和变迁是一个以人为中心的、受众多因素影响的、极其复杂多变的系统转化过程。它包括地域、人口、经济活动以及生活方式四个方面。它的核心和根本目的在于城乡协调发展。我国过去几十年的城镇化进程中，由于城乡分割的二元政策体系以及过于追求城市规模，盲目扩张，导致土地城镇化快于人口城镇化、城镇化滞后于工业化、城镇社会安全网的缺位以及由此导致的高耗能、高污染等一系列问题的涌现。当前新型城镇化的目的，就是要改变这一格局，使我国的城镇化成为以城乡统筹、和谐发展为基本特征的城镇化。

新型城镇化建设，必然涉及产业发展、结构调整和优化、大量基础设施建设，因此新型城镇化建设，离不开资本的介入。资本市场作为一种优化资源配置的方式，具有无可替代的功能。在政府资本有限的情况下，自然就涉及多元化融资模式问题。目前，我国城镇化建设过程中，理论上的几种主要融资方式正面临着融资"瓶颈"。因此，需要创新多元化融资模式。新型城镇化的推进，伴随着大规模的产业结构调整和优化。而产业结构的调整和优化，实际上是部门间各类生产要素的流动和重新和优化配置。恰好资本市场能够在制度上和技术上有效解决生产要素流动和重新优化配置过程中的技术困难。

一、中国城镇化现状及城镇化发展的一般规律

（一）中国城镇化现状

按照新中国成立以来中国城镇化的发展轨迹，城镇化历程先后经历了 1949 ~

1957 年的稳定阶段、1957～1978 年的不稳定阶段、1978～1995 年的快速发展阶段以及 1996 年至今的全面快速发展四个阶段。

1. 1949～1957 年

在这个阶段，城镇化处于稳定发展阶段。党在七届二中全会明确提出工作重心由乡村转移到城市。同时，提出使中国由农业国转变为工业国的发展方向，并指出城市工作以生产建设为中心。根据这一指导思想，国家采取工农业价格"剪刀差"和农产品统购统销模式，将农业剩余人为转移到工业部门，实行农业哺育工业，促使城镇化进入了一个黄金发展时期，主要表现在经济发展与城镇化同步进行和城镇发展得到了初步规范。

2. 1957～1978 年

在这个阶段，城镇化处于不稳定发展阶段。在这一时期，国家对经济发展形势估计过于乐观，出现了极"左"的思想。导致各地在经济建设中，盲目追求高速度、急于求成的倾向。国家战略层面出现了方向性错误，使得国家经济萎缩，工农业生产停滞不前，城镇化进程处于停滞状态。

3. 1978～1995 年

在这个阶段，城镇化处于快速发展阶段。以党的十一届三中全会为转折点，中国城镇化由曲折发展转为快速全面发展阶段。在这一阶段，市场经济体制得到初步建立和完善，城镇化全面展开。进入 21 世纪后，伴随着工业化水平的显著提高，中国城镇化更是进入了发展的快车道。

4. 1996 年至今

在这个阶段，城镇化处于全面快速发展阶段。1996 年我国城市人口为 37 304 万人，占总人口的比重为 30.48%。但在这个阶段，城市人口比重每年以至少 1 个百分点的增长速度呈加快发展态势。到 2011 年，我国城市人口首次超过农村人口，城市人口占总人口的比重达到 51.27%。截至 2013 年底，我国城市人口占总人口的比重已达 53.73%。

（二）城镇化的一般规律

城镇化是社会生产力发展到一定程度的经济社会现象，是一个自然的历史过程。它的出现，不以人的意志为转移，这是城镇化发展的基本规律。

1. 以生产要素和产业聚集为支撑

城镇化战略目标是通过加大城市基础设施建设，完善城镇功能，增强城镇的经济活力，吸收和消化农村剩余劳动力，提高农村劳动力边际产量，改善农村经济结构，推动农村经济社会现代化。要达到这一目标，必须依赖于产业发展。产业发展是以生产要素聚集为前提，通过生产要素的聚集带动城镇化发展。当生产要素在聚集过程中，产业在发展。通过产业的发展壮大，加快农村经济结构现代化转型。由此可见，一个缺乏生产要素和产业聚集的城镇，必然是一个功能不健全，没有经济发展原动力，经济基础十分脆弱的城镇。可见产业发展对经济支撑的作用。因此，当前的城镇化必须立足于产业发展，通过增强城镇经济社会实力，使城镇具备功能完善，能够自我积累和可持续发展的道路。最终，通过不断扩大城镇化的发展，形成对农村的辐射。

2. 市场化是城镇化的制度前提

在当前金融市场不完善的背景下，金融体系明显存在"二元"状态。即一方面是存在于农村并基本上服务于农村经济主体的，由规模较小的农村商业银行和农村信用合作社构成的金融市场；另一方面是存在于城市的现代发达银行并基本上主要服务于城市经济体，由规模较大的国有商业银行、外资银行以及其他商业银行、保险以及证券网络系统组成的金融市场。从城市和农村的金融发展角度进行审视，二者之间无论从金融制度，还是金融结构以及金融总量都存在巨大的差距。[①] 因此，只有建立一个资本要素能够只有流动的市场机制，才能促进城乡经济融合发展。没有一个全国统一、开放、竞争、有序的大市场，城镇化只能是纸上谈兵。

因此，城镇化要求各区域必须打破条块垄断和市场分割的局面，消除各种限制资本要素自由流动的制度性约束，实现国内外开放，建立公平、完全、竞争的统一市场。只有充分发挥市场机制这只"无形的手"，才能加快城镇化发展。

3. 大城市的发展以城镇化为依托

城镇化在于，通过城镇化，促进各种生产资源的优化配置，带动城乡融合，提高城乡经济运行效率。由于大城市的工业化程度较高，市场容量大，能形成聚集经济。因此，城镇化需要依托大城市、依靠中小城市，并在一定区域形成大城市为主体的聚集区。而大城市对区域经济发展辐射力是依托中小城市和一般小城镇发展而形成的城镇群关联范围的大小和关联强度。反观我国二元经济结构，单靠大城市是不够的，必须将大城市、小城镇建设通盘考虑，建立起若干不同层次的网络体系。

4. 政府的有效调控是城镇化的有力保障

国外城镇化发展的经验表明，由于市场机制在一些领域存在着"市场失灵"，决定了在城镇化过程中出现的一些问题，市场机制是无法完全有效解决，需要政

---

① 韩正清等（2010）实证分析了中国金融二元结构与城乡二元结构之间存在互为 Granger 因果的关系，城乡金融二元结构对城乡二元经济结构的解释力随着时间的推移逐渐加强，城乡二元经济结构对城乡金融二元结构有固化的影响。详见：韩正清，王燕，王千六. 城乡金融二元结构理论关系与实证分析 [J]. 财经问题研究，2010（2）.

府发挥着难以替代的作用。主要包括，城镇化过程中的统筹、规划、指导等。特别是在提升产业发展层次，优化产业结构布局，提升产业发展综合竞争力等方面，具有市场机制不具备的功能；解决粮食安全、耕地保护与农民富裕；建立城乡一体化的公共服务体系，促进城乡协调发展。

5. 消费是城镇化的动力

根据马克思主义的基本理论，社会生产总过程包含生产、分配、交换、消费四个环节。这四个环节的辩证关系，社会生产的最终目的就是为了消费，消费对生产具有反作用。消费为生产的发展创造出动力。只有消费，才能使生产出来的产品最终得到实现。反之，则阻碍生产力的发展。因此，没有市场的消费，就没有产业发展，也就没有城镇化的顺利推进。

二、城镇化过程中的风险类型

城镇化是一种自然的发展过程，但自然并不意味着是一种自发的过程。要使这一自然的发展过程，需要在一定的制度环境下才能得到顺利进行。所谓制度就是一种规则，这些规则涉及政治、经济和社会行为。[1] 这种制度包括政治、经济、社会、文化等各种行为规则。在不同的制度安排下，城镇化带来的风险是不同的，主要表现在以下几个方面：

（一）经济风险

在我国现有的经济体制背景下，城镇化过程中产生的经济风险有以下三个方面：

1. 公共债务风险

城镇化建设，自然涉及大量基础设施建设，这样巨额的资金如何筹集？这就意味着"钱"从哪来的问题，它主要容易产生三个风险：一是由于基础建设资金数额庞大，自然产生财政支出风险。特别是在权责时空分离背景下，容易导致地方政府"摊大饼"式的盲目建设，财政支出风险尤为突出。二是在税收收入增收有限及《预算法》堵塞了地方政府发行地方公债的情况下，一些地方过度依赖土地出让收入和土地抵押融资推进城镇建设，也加大了地方政府性债务等财政风险。三是在财权上移、事权下移的背景下，地方财政收入增长主要靠增值税[2]，

---

① T. W. 舒尔茨：《制度与人的经济价值的不断提高》，见《财产权利与制度变迁：产权学派译文集》，上海三联书店1991年版，第251页。
② 吴俊培、张斌：《中国市场经济体制构建中的财政风险》，载于《财贸经济》2012年第1期。

而增值税的增长则需要扩大投资，但资本是有限的。各地都要扩大投资，于是各地在竞争中较为简单易行的办法就是招商引资的优惠政策。地方政府招商引资的主要能力是税收优惠。在当前未将税收支出纳入预算的背景下，不少地方政府通过税收优惠的方式，将长远的财政收入作为代价，吸引投资，容易产生地方政府预期收入不确定的风险。

2. 通货膨胀风险

从供给来看，城镇化建设过程中，一是由于工业和城镇化发展，需求旺盛，拉动原油、原材料等初级产品价格的上涨。这些生产资料价格的上涨，向下传导到农业生产资料，进而引起粮食生产的物质生产资料价格的显著上涨。包括农用工具、农用机油、农药、化学肥料、饲料以及相关服务。二是第一产业比较效益下降，农村剩余劳动力流入非农产业就业。留在农村的劳动力减少，家庭用工折价和农业雇工费用上升，农业人工成本大幅上升。三是迅速增长的用地需求及耕地面积的急剧减少，工业用地价格大幅攀升，带动农村土地价格迅速地上涨。[①]从需求来看，城市化是一个要素重新配置，从低效率的部门向高效率部门转移的过程，也是一个收入提高的过程。当政府、企业主以及消费者的总支出超过总供给时，出现需求拉动型通货膨胀风险。

21世纪以来中国人口与土地的矛盾进入拐点，单产增长率呈停滞状态。城镇化挤占耕地仍在持续，收入的增长也不断提高食品消费水平，导致食品供求缺口被持续拉大。食品需求带动的物价压力在长期内不是趋于缓和，而是趋于严重，通胀也就会长期化。[②]

3. 城镇产业失衡风险

正如官本惠史所言，最恰当的产业结构，都是以自由竞争决定价格为核心的市场机制形成的。当市场机制对资源流动的调节存在一定程度上的局限性时，将制约城镇化的顺利推进。当前我国城镇化过程中，一些地方政府采取盲目的城镇化，或者强制地、粗暴地将农村户籍转变为城镇户籍，一味地加大基础设施建设，忽视城乡三次产业的协调发展。另外，有部分地区依靠当地特色资源而建立的资源型城市，这类资源型城市具有典型的产业结构单一、企业所有制结构单一和城市功能不完善的特点。这类城市产业结构层次较低，创造就业岗位有限，城市之间距离远，难以形成合理的城镇体系。一旦资源枯竭，这类城市缺乏新的经济增长引擎，经济将很快陷入萧条，人口大量外流。

---

① 陈功、李辉、张巍柏（2008）通过建立耕地面积缩减率与CPI关系的统计模型，实证得出耕地面积每减少1个百分点，将使通货膨胀率上升1.37个百分点，得出耕地面积的减少与CPI的高幅度蹿升有显著相关性的结论。

② 王健：《通胀是长期的：反通胀要触及深层次矛盾》，载于《中国经济信息》2008年第9期。

（二）社会风险

1. 城市贫民窟风险

许多地方在城镇化过程中，在城镇空间的快速扩张过程中，利用开发成本相对较低的农地、空地进行城市新区开发，避开或绕过近郊农村居民点，具有农村和城市双重特征的二元空间结构和城市景观："城中村"。"城中村"因户籍、土地、人口等方面的城乡二元管理体制，是城乡二元经济结构的一个缩影和典型。由于城中村没有纳入城市的统一规划、建设和管理，城中村在生产方式、生活方式、景观建设等方面仍保留了农村的特征，但地域上又属于城市。

2. 群发性事件风险

新型城镇化，必然会带动城镇基础设施和公共服务投资的扩大。按照城镇化布局，就需要在空间上改变原有布局，从而带来拆迁。因此，必要合理的拆迁是城镇化的一个重要内容。但是，当前许多地方在拆迁过程中，由于没有按照市场经济规律的公平原则，缺乏有效的或者尚未建立正常合理的利益表达渠道，农民、市民处于不对称的谈判地位，既不能与买方平等协商价格，也不能决定卖与不卖，只能被迫接受价格。政府只是运用垄断性的行政权力和强迫命令的方式，甚至采取暴力手段进行拆迁。在这种买卖双方不对等的机制下，就必然会造成老百姓因不满而发生诸多群发性事件，增加交易成本，影响土地和房屋的补偿价格。同时，由于社会改革滞后，公平、正义的机制尚未完善，城镇化过程中产生社会分化不断加剧，从而产生贫富差距继续扩大的风险。另外，对政府有关部门公信力的质疑和社会心理失衡，如果没有得到妥善解决，容易导致社会底层和利益获得者的对立，大大增加偶发事件并诱发大规模冲突的可能性，增加了社会风险的突发性和随机性。

3. 生态环境恶化风险

城镇化作为城乡统筹、城乡一体和谐发展的过程，城镇化的发展与实现农业现代化是一个相辅相成、相互促进的关系。城镇化在发展和建设的过程中，必然带来城乡空间的变化，又带来原有的自然景观的变化。换而言之，城镇化的不断推进，意味着城镇空间大量的公用设施和建筑物的崛起，而城乡空间变化，自然带来各种矿藏资源的重新组合。这些资源的开采，没有采取合理有序的方式进行，必然会造成植被破坏、废弃物、水土流失、土地生产力衰退丧失。同时，这些资源在进行加工成成品的过程中，会产生大量废弃、废水等，造成各种污染。处理或者加工回用的过程中，由于成本高、利润低，企业自然不愿从事相应经济活动。因此，治理这些污染自然需要大量资金，如果这些治理污染资金没有得到保障，将会使生态环境恶性循环。各类基础设施的建设，会造成大量的植被破坏、土方搬迁、水土流失、生态环境的破坏。另外，在推动城镇产业发展过程中，由于制度设计上缺乏环境绩效考评，部分地方政府存在着短视行为，盲目追求经济发展，忽视对环境的保护，使得人们的生活环境日益恶化。

4. 伦理道德风险

城镇化发展不仅会产生经济风险、社会风险、生态环境恶化风险，同样也会产生伦理道德风险。随着媒介技术的不断成熟发展，在城镇化的过程中，城镇文化传入农村，强烈冲击着农村文化。由于教育的速度跟不上经济社会变革的速度，农耕文明在慢慢地发生裂变，传统农村习俗规范和道德伦理出现失范状态，导致人们的人生观、价值观、社会观发生变化，利益至上的观念不断冲击着人们的理想信念。社会对人生价值的评价体系也在发生变化，进而引发伦理道德危机。道德信念的动摇，使传统的道德约束在人们行为中和社会秩序构建中失去应有的约束，取而代之的是对道德的冷漠，则易产生更大的伦理道德风险。伦理道德的滑坡，将使得矛盾更加复杂化，治安管理压力尤为明显。

三、城镇化过程中的财政职能定位

（一）财政职能

公共财政具有资源配置、收入再分配和经济稳定三大职能。资源配置主要是解决效率问题。市场机制是实现资源配置效率的制度安排，但它只能解决私人商品的资源配置效率问题，面对公共商品的资源配置是没有效率的，因此需要政府代表社会进行有效的资源配置。收入再分配是解决公平问题。市场经济形成的收入分配状态是否公平取决于初始产权是否公平。[①] 面对初始产权配置的不公平以及制度的不公平等问题，市场是无效的。因此，政府的收入再分配职能应该是尽可能改善产权的初始状况和尽可能改善收入分配差异程度。经济稳定是解决稳定问题。对于市场机制的制度安排而言，经济稳定发展是建立在一系列苛刻的假设前提下的。显然，这样的条件不可能被充分满足，因此必要要求政府执行经济稳定的职能。而稳定经济包括：经济增长率（渐进式增长）、总失业率、物价总水平等的控制。

城镇产业失衡属于资源配置职能范畴，需要政府遵循城镇发展客观规律，结合当地资源相对优势，找准本地特色及优势产业，积极引导本辖区产业布局，依托大城市、依靠中小城市，促进大中小城市的协调发展。通过产业和区域之间的

---

① 吴俊培：《公共经济学》，武汉大学出版社 2009 年版。

协调配合，引导不同地域之间城镇的产业合理分工。

通货膨胀风险属于政府经济稳定的职能范畴。虽然货币主义者认为，在任何时候通货膨胀都属于货币现象，因此应主要通过货币政策发挥作用，治理通货膨胀。但是从目前通货膨胀的类型来分析，面对成本推动和输入性通货膨胀，基于需求调节的货币政策显然无能为力。抑制通货膨胀，在货币政策进退两难的时候，尤其是调节市场供给方面，财政政策具有货币政策不具比拟的优势，需要财政政策和货币政策以及产业政策的搭配使用，可以有效治理通货膨胀。

城市贫民窟属于收入再分配职能范畴，需要建立尊重财产权、保护居民权益、合理补偿的拆迁制度，保护弱势群体的利益；改革征地制度，建立土地自由流转的统一市场，探索集体土地直接进入一级市场，促进农村土地的流转，提高土地边际生产率，允许农村"小产权房"合法化；加强政府调控，对于进城农民工及城市贫困人口等弱势群体，为其提供更多的社会权利享有权，建立公共服务普惠制度，尤其是以廉租房建设为重点合理布局建设好低收入者社区，鼓励农村人口向中小城市和小城镇转移。

对于城镇化过程中的生态环境恶化，市场在资源配置过程中是无能为力的。它必须有一套科学合理的制度安排，包括财政收入和财政支出的制度安排。通过财政收入和财政支出的制度安排，合理配置资源，减少资源的浪费和污染。

在城镇化过程中的群发性事件中，拆迁问题引起的群发性事件，大多是因为拆迁补偿的标准不合理，而这又属于制度安排的不公平所引致，自然属于政府收入再分配问题。

城镇化过程中引发的伦理道德风险，将误导人们在市场竞争过程中通过不当手段获取经济利益，从而扭曲市场的资源配置和收入分配，自然属于政府的资源配置和收入再分配职能。政府在防范这些风险的过程中，自然需要通过财政收入和财政支出履行。

因此，城镇化过程中产生的各类风险以及这些风险转化为财政风险的逻辑关系，主要是因为财政职能的实现而疏通。因此，各类风险的财政"兜底"问题，自然是明确的。

（二）地方债务融资

城镇化建设，自然涉及大量基础设施建设。这就涉及"钱"从哪来的问题？如果仅依靠财政资金是无法满足城镇化建设中的巨大资金需求。但是现实中，财政资金一直是城镇化过程中基础设施建设的重要资金来源。但是对于地方政府，特别是对于基层政府而言，其财力薄弱，制约了城镇化建设。虽然自 20 世纪 90 年代以来，地方政府考虑到这种实际，不断改革投融资机制，创新投融资方式，拓宽投融资渠道，大力引导社会资金进入城镇化基础设施建设，但与迅速扩大的城镇规模和资金需求相比，城镇化基础设施建设和城镇承载能力明显滞后。以至于很多地方出现污染加剧、交通拥堵等一系列城市病的现象。

根据经验数据显示，城镇每建设 1 平方公里，需要至少 2.5 亿元的基础设施和公共服务设施的投入；城镇化率每提高 1 个百分点，需要增加 4.1 个百分点的资金投入；每增加 1 个城镇人口，需要增加 6 万元基础设施的投入。[①] 因此各地在满足城镇化建设资金需求的时候，大多通过融资这第三个"口袋"，即政府债务融资。由于制度的不完善，特别是在事权不断下移、财权不断上移的情况下，很多地方政府通过融资平台所筹集的资金，一方面确实投入到城市基础设施建设，但另一方面也成了部分地方挪用的来源。因此，如何控制和防范债务融资风险，对财政体制提出的重要挑战。随着城镇化的推进，我国地方政府债务风险持续在扩大，一个很重要的原因在于，更多的是从微观的角度来考虑债务融资风险的控制。就全国整体而言，宏观上还缺乏完善的地方政府债务管理方式并形成一个清晰的思路。因此，城镇化过程中，不仅需要微观的经济判断，更需要宏观的通判考察。如果忽视宏观方面的债务融资管理顶层设计，并将对国民经济可持续发展产生严重的消极影响。

地方债务融资风险的产生，与中央和地方政府间事权、财权的划分以及财力保障密切相关。因此，地方债务融资风险的控制还需从这方面着手。如果财权的划分以事权的划分为基础，并充分考虑地方政府在提供公共服务过程中的外溢性问题，建立一种谁负责、谁受益的长效机制，地方的债务融资风险将能够在很大程度上得到避免。但是目前尚未真正建立一种符合市场需要的财政体制，财权上移、事权下移的局面并未改变的情况下，地方政府尤其是基层政府债务融资的压力显得尤为突出，风险控制难的局面将无法扭转。因此，债务融资风险的控制是一个从全局的、系统的设计问题，不能孤立地就债务论债务，不能仅从账面表现出来的现存债务去考虑，而要充分认识风险控制背后的责任分担问题，并对财政体制做相应的调整。

（三）成本、收益与风险分享共担

城镇化，自然涉及成本、收益、风险，以及成本、收益与风险共担的问题。在成本和收益方面，城镇化促进经济增长并带动财政收入增加、土地增值。

在收益上，城镇化带动经济增长，进而带动财政收入增加，而且这种收益将

---

① 叶裕民、黄壬侠：《中国新型工业化与城市化互动机制研究》，载于《西南民族大学学报（人文社科版）》2004 年第 6 期。

是十分巨大的。在成本方面，为获取这些巨大的经济收益，必须有大量的成本投入。在成本、收益与风险共担方面，除了中央与地方政府之间的纵向分享与共担外，还包括政府、居民、企业、社会等多方利益主体在横向上的分享共担。另外，对于风险分担问题，前面已经分析了城镇化过程中将产生各类风险。这些风险的防范，政府需要履行其应承担的职责。一旦财力不够难以执行到位，致使效果大打折扣，利益主体的利益受到损害，将会产生利益主体不满的风险。如果勉强为之，在目前的财政制度安排下，地方政府只能通过举债融资，则会带来财政风险。在现行的财政体制下，显然缺乏这种制度安排，财政风险发生的概率明显很高。例如，城镇化过程中，地方政府在基础设施方面投入了大量的财力，导致房地产等明显增值，而由于我国暂未开征房地产税，导致地方政府对于这种收益的贡献缺乏一种良性机制，进而增加了公共财政风险。

四、城镇化对财政风险影响的评估

（一）指标选取及数据说明

城镇化指标。测算城镇化水平的方法有很多，总结起来不外乎人口指标、工业化指标，非农化指标、复合指标。在指标的选取过程中需要考察哪个指标更科学、更合理。由于制度等方面的原因，城镇化分别与工业化、非农化之间并没有呈现出高度正相关性，因此采用工业化和非农化指标并不准确。而复合指标虽然充分考虑了城镇化方面的诸多特征，相对能够较为全面准确衡量农村城镇化水平，但是由于指标数据难以获得，因此本书主要还是采用理论界和实践中较为常用的城市化率指标：城市人口占总人口的比重。因为，城镇化主要是农村人口向城镇转移的过程。

通货膨胀风险指标。由于通货膨胀率越高，通货膨胀风险就越大，因此本书采用通货膨胀率表示通货膨胀风险。

环境恶化风险指标。本书中的环境恶化，主要是指自然环境恶化。自然环境涉及大气、水、植物、动物、土壤、微生物、矿岩物质等为内容的各种自然物质，因此选取任何一个方面的指标都不科学，而如果选取所有因素的指标，则不现实。为此，本书使用环境治理投入来表示环境恶化风险，因为，环境恶化越严重，政府在环境治理方面的投入就越多。虽然该方法不一定非常科学，但至少能大体反映其逻辑关系。

风险指标。使用固定资产投入预算总量来衡量城镇建设过程中资产投入增大的风险。

313

区域差距扩大风险。使用城乡人均纯收入的差距来衡量城乡收入差距的风险。

以上指标的所有数据均来自《中国统计年鉴》、中国经济研究数据库、国家统计局等数据库，数据选取 2000～2012 年各指标的数据来研究。

（二）数据处理

首先，我们使用 1978 年为基期的实际 GDP 对环境治理总投入、固定资产投资预算、城乡收入差距作平减处理，这样我们得到的指标就变得比较平滑。其次，进行无量纲化处理，具体公式如下：

$$z_i = \frac{x_i - \min(x_i)}{\max(x_i) - \min(x_i)} \tag{5-6}$$

$$z_i = 1 - \frac{x_i - \min(x_i)}{\max(x_i) - \min(x_i)} = \frac{\max(x_i) - x_i}{\max(x_i) - \min(x_i)} \tag{5-7}$$

上述变量的统计特征如表 5-13 所示。

表 5-13 　　　　　　　　　　各变量统计特征

变量	均值	标准差	最小值	最大值
财政风险系数	0.479352	0.332559	0	1
城市化率	0.474043	0.310101	0	1
通货膨胀率	0.463835	0.331927	0	1
环境治理投入（亿元）	1.562853	1.264928	0.244013	3.754850
固定资产投资预算（亿元）	0.564468	0.668673	0.065517	2.088758
城乡收入差距（元）	-0.50204	1.244562	-2.63458	0.809557

（三）评估模型

构造模型指标的过程中，我们用每年的预算内外财政收入和预算内外财政支出的比值来衡量财政风险。我们把收入方面用作分子，支出方面用作分母，故在我国现有财政体制下，财政风险指数总小于 1。所以财政风险指数越高，财政风险越低。

$$FR = in/sp \tag{5-8}$$

公式（5-8）中，in 表示预算内外财政收入，sp 表示预算内外财政支出，通过该指标可以衡量我国财政收入占财政支出的比重。

在本书中，我们主要研究城镇化与财政风险的关系，但城镇化与财政风险之间不可能建立起直接的联系，总是间接的影响因素导致财政风险。基于此，我们可以得到以下实证模型：

$$FR = \alpha_0 + \alpha_1 x_1 + \alpha_2 x_2 + \alpha_3 x_3 + \alpha_4 x_4 + \alpha_5 x_5 + \varepsilon \qquad (5-9)$$

在上述模型中，FR 表示财政风险，α_0 为常数项，α 是各解释变量的系数，ε 是随机误差项；解释变量 x_1 表示城市化率，x_2 表示通货膨胀风险，x_3 表示生态环境恶化风险，x_4 表示固定资产投资增大风险，x_5 表示城乡收入差距增大风险。

（四）数据的平稳性检验和协整检验

1. 平稳性检验

为了避免伪回归问题，确保估计结果的有效性，我们利用以下检验方法对数据的平稳性进行检验：

从表 5 - 14 中我们可以看出，KPSS、ADF - Fisher、PP 检验方法的 P 值小于 0.05。因此，可以说明风险系数是序列平稳的。

表 5 - 14　　　　　　　　　风险系数稳定性检验结果

检验方法	统计量	P 值	h
Kwiatkowski，Phillips，Schmidt t	0.1543	0.0430	1
Im，Pesaran and Shin W - stat	- 0.7244	0.1000	0
ADF - Fisher Chi - Square	- 2.3591	0.0227	1
PP - Fisher Chi - Square	- 2.3591	0.0227	1

从表 5 - 15 中我们可以看出，两种检验方法的 P 值小于 0.05，因此可以说明城市化率是序列平稳的。

表 5 - 15　　　　　　　　　城市化率稳定性检验结果

检验方法	统计量	P 值	h
Kwiatkowski，Phillips，Schmidt t	0.1490	0.0475	1
Im，Pesaran and Shin W - stat	0.6570	0.0100	1
ADF - Fisher Chi - Square	6.1127	0.9990	0
PP - Fisher Chi - Square	6.1127	0.9990	0

从表 5 - 16 中我们可以看出，四种检验方法的 P 值大于 0.05，因此可以说明通货膨胀率是非序列平稳的。

表 5 – 16　　　　　　　　通货膨胀率稳定性检验结果

检验方法	统计量	P 值	h
Kwiatkowski, Phillips, Schmidt t	0.0555	0.1000	0
Im, Pesaran and Shin W – stat	0.0450	0.1000	0
ADF – Fisher Chi – Square	– 1.4903	0.1197	0
PP – Fisher Chi – Square	– 1.4903	0.1197	0

　　从表 5 – 17 中我们可以看出，两种检验方法的 P 值小于 0.05，因此可以说明环境治理投入是序列平稳的。

表 5 – 17　　　　　　　　环境治理投入稳定性检验结果

检验方法	统计量	P 值	h
Kwiatkowski, Phillips, Schmidt t	0.2641	0.0100	1
Im, Pesaran and Shin W – stat	1.2385	0.0100	1
ADF – Fisher Chi – Square	2.4626	0.9918	0
PP – Fisher Chi – Square	2.4626	0.9918	0

　　从表 5 – 18 中我们可以看出，四种检验方法的 P 值小于 0.05，因此可以说明固定资产投资预算资金是序列平稳的。

表 5 – 18　　　　　　　固定资产投资预算资金稳定性检验结果

检验方法	统计量	P 值	h
Kwiatkowski, Phillips, Schmidt t	0.1963	0.0174	1
Im, Pesaran and Shin W – stat	0.8383	0.0100	1
ADF – Fisher Chi – Square	– 2.5409	0.0153	1
PP – Fisher Chi – Square	– 2.5409	0.0153	1

　　从表 5 – 19 中我们可以看出，两种检验方法的 P 值小于 0.05，因此可以说明城乡收入差距是序列平稳的。

表 5 – 19　　　　　　　城乡人均收入差距稳定性检验结果

检验方法	统计量	P 值	h
Kwiatkowski, Phillips, Schmidt t	0.2529	0.0100	1

检验方法	统计量	P 值	h
Im，Pesaran and Shin W – stat	1.1338	0.0100	1
ADF – Fisher Chi – Square	1.1236	0.9203	0
PP – Fisher Chi – Square	1.1236	0.9203	0

2. 协整检验

从表 5 – 20 中我们可以看出，三种检验方法的 P 值小于 0.05，因此可以说明风险系数是序列平稳的。

表 5 – 20　　　　　　　　**Pedroni 各变量协整检验**

协整检验	统计量	P 值
城市化率	831.97	0.0010000
通货膨胀率	425.13	0.0010000
环境污染治理投资	60.907	0.0025377
固定资产投资预算	33.374	0.0345100
城乡收入差距	45.437	0.0275520

从 Pedroni 协整检验结果，可以看出之所以变量之间存在协整关系。说明变量之间存在长期均衡关系。

（五）结果分析

因为经过平减处理和量纲化处理的数据时间序列平稳，变量间存在协整关系。所以如上所述我们建立如下实证模型：

$$FR = \alpha_0 + \alpha_1 x_1 + \alpha_2 x_2 + \alpha_3 x_3 + \alpha_4 x_4 + \alpha_5 x_5 + \varepsilon \qquad (5-10)$$

该模型研究城镇化对财政风险影响，计算结果如表 5 – 21 所示：

表 5 – 21　　　　　　　**城镇化对财政风险影响的估计结果**

解释变量	a	置信区间
城市化率	1.0602	[– 0.1709　1.0104]
通货膨胀率	0.1279	[– 0.6827　2.8030]
环境恶化	– 0.2188	[– 0.4767　0.2209]
固定资产投资预算	0.1876	[– 0.5644　1.1268]

317

续表

解释变量	a	置信区间
城乡收入差距	0.2940	[-0.0224 0.3976]
a_0	0.4198	[-0.1134 0.7014]
R^2	0.9193	
统计量	15.9513	
p	0.0011	

我们画出回归模型的残差图，通过残差图来检验数据是否存在异常值，如图 5-1 所示。

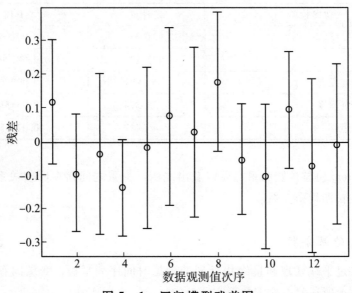

图 5-1　回归模型残差图

从图 5-1 中我们可以看出，该模型能较好地符合原始数据，没有出现异常值。

根据表 5-21 和图 5-1 可以看出，该模型的 P 值小于 0.05，说明方程显著性非常好。其次，可决系数 R^2 等于 0.9193 达到非常高的水平，说明解释变量对被解释变量的解释能力非常强。根据实证结果，我们得出以下结论：

（1）从整体上看，随着城镇化的推进，我国的城市化率不断增加，即城市人口在总人口中所占的比重增加。

（2）通货膨胀风险。由于城镇化的推进，必然面临大量基础设施建设。大量基础设施建设，需要政府大量的投融资。随着政府投融资的增加，将引起利率的上升，从而引发通货膨胀。

（3）固定资产投资预算和城乡收入差距不断增加。城市建设的投入巨大，其中的公共设施需要政府来完成，主要的资金来源于政府财政支出和通过发行政府债券来集资。随着农村人口的减少，农村的建设远远落后与城镇，这最终导致了城乡收入差距的进一步扩大。

第四节　土地集约化经营中的财政风险研究

土地是最基本的生产要素之一，必须与其他要素结合，才能进入生产过程。但是与其他生产要素相比，土地自然供给的不变性决定了土地作为基本生产要素供给价格的无弹性。这就要求我们不能走传统的土地粗放利用，必须合理利用土地，提高土地集约利用水平，追求土地资源利用综合效益最大化，缓解日益增长的土地需求。

随着改革的不断深入，农民拥有了一定的迁徙、择业的自由，户籍制度也有所松动，可以说城乡二元化的坚冰正在融化。遗憾的是，农村的土地承包制度并没有与时俱进，作出相应的改革，反而成了这一进程的绊脚石。主要表现为权能的残缺。禁止流转现存的农村土地产权结构，是国家保有禁止转让、限制抵押以及强迫性征收或征用等对集体土地所有的土地的事实上的终极处分权。[1] 由于农民缺乏对土地事实上的这种终极处分权，导致土地不能作为生产要素在要素市场上进行流转、抵押，享有的仅仅只是占有、使用、收益的最初始权利。想进城另谋生计农民无法将土地转让给他人。这样农民即使进城了，仍然要承担承包土地上的负担，同时在城里又要纳税，结果成为"双重纳税人"。[2] 土地流转这种权能的缺失，使农民"离乡不能离土"，实际上是试图把农民捆绑在土地上。而在现实上其产生的后果也是颇为严重的，这就是使很多地方出现了土地抛荒的现象。这种土地制度的二元性，导致土地流转制度的交易成本过高、分散的土地流转形式以及流转价格机制失效等缺陷阻碍了农民收入的提高，进而不利于我国二元经济结构的转化。

因此，需要创建适应深化市场经济体制改革的土地流转制度，从体制和机制上保障土地作为生产要素自由流动，促进农村市场经济发展。

---

[1]　周林彬：《物权法新论》，北京大学出版社 2002 年版，第 589 页。
[2]　韩秀义：《论农地产权制度建构模式之选择》，引自 http://www.chinalawinfo.com/。

一、中国土地集约化现状及一般规律

（一）土地集约化的内涵

大卫·李嘉图（David Ricardo）等古典政治经济学家最早在地租理论中提出农业集约化经营，认为土地集约化经营是指在一定面积的土地上，通过使用先进的技术和管理方法，投入较多的生产资料和劳动、实现投入资源的优化配置，以求获取更高获得的一种经营方式。杜能（Thunnen，1826）在《孤立国同农业和国民经济之关系》一书中提出的农业区位论，首次系统地阐述了农业区位论的思想，采用科学抽象法，设定了"孤立国"这样一个假想空间，研究为了从土地取得最大的纯收益，农场的经营随着距城市距离的增加将如何变化，指出了土地利用方式的区位存在着客观规律性和优势区位的相对性。

事实上，土地集约化经营是相对于土地粗放经营或土地碎片化经营而言，是指在一定面积的土地上，通过投入资源的优化配置，改变当前劳动力投入过多的现象，投入较多的非劳动生产资料，实现劳动、资本、土地等各种生产要素的优化配置，以提高单位土地面积产品产量的经营方式。土地集约化经营是工业化的一个必然现象，是社会生产历史发展到一定阶段的产物。

（二）土地集约化在中国的实践

随着经济的发展和人口的增长，土地资源的稀缺性愈加明显。在经济发展（农业生产效率）和粮食安全（农民收入增加）的双重压力下，土地集约利用任务的压力更加艰巨，更加成为协调城市发展和耕地保护任务的关键点。因此，土地集约和节约利用研究，成为实践和学术上的一个热点问题。土地集约化经营，必然涉及土地流转问题，而土地流转又自然涉及土地承包，即土地使用权问题。因此根据这条脉络，我国的土地集约化经营大致分为两个阶段：一是土地使用权问题的明确阶段。二是允许土地流转阶段。

1. 土地使用权的明确阶段

1982 年 12 月，全国农村工作会议纪要，明确指出"包干到户，包干到户是社会主义集体经济的生产责任制"。此后，中国不断稳固和完善家庭联产承包责任制。同年 12 月，第五届全国人民代表大会第五次会议对宪法做了修订，通过了新的《中华人民共和国宪法》第十条明确规定：农村和城市郊区的土地，除由法律规定属于国家所有的以外，属于集体所有。1986 年 6 月颁布的《中华人民共和国土地管理法》，规定集体所有的土地按照法律规定属于村民集体所有，从而这一制度更加明确。这种土地制度虽然没有从根本上改变土地的集体所有制的性质，但将土地的所有权、经营权分开了，较好地提高了农业生产率。

2. 土地流转阶段

1995年3月28日，《国务院批转农业部关于稳定和完善土地承包关系的意见》第四条再次明确农村集体土地承包经营权的流转是家庭联产承包责任制的延续和发展，建立了土地承包经营权流转机制，提出在第二、第三产业比较发达、大部分劳动力转向非农产业并有稳定收入、农业社会化服务体系比较健全的地方，在充分尊重农民意愿的基础上，可以采取多种形式，适时加以引导，发展农业适度规模经营。至此，中国土地经营权的流转正式以法律的形式进行了确定。但是由于法律和政策的衔接不协调以及因经营权范围的限制和"政农不分"的中国特色，实施过程中农民的自主经营权受到严重限制。为此，2003年3月，全国人大常委会颁布《中华人民共和国农村土地承包法》。该法律中的相关内容明确允许土地流转。同年，十六届三中全会再次重申土地家庭承包经营是农村基本经营制度的核心，并强调要长期稳定并不断完善这种土地家庭承包经营制度，提出依法保障农民对土地承包经营的各项权利，完善流转办法，逐步发展适度规模经营。[1]

2005年颁布的《农村土地承包经营权流转管理办法》第二条又再次重申并鼓励土地流转。第十五条规定土地的流转要符合有关法律和国家政策规定的方式流转。《农村土地承包经营权流转管理办法》的颁布，以法律的形式允许土地流转，并鼓励发展多种形式的适度规模经营。这些政策法规构成了我国土地流转完整的政策体系。[2] 2007年，十七大报告有关统筹城乡发展，推进社会主义新农村建设的表述中，明确健全土地承包经营权流转市场，允许有条件的地方可以发展多种形式的适度规模经营。并对土地的流转，在制度上做了延伸，提出探索集体经济有效实现形式，鼓励发展农民专业合作组织，支持农业产业化经营和龙头企业发展。[3]

（三）土地集约化经营现状

关于土地集约化经营，由于调查统计的困难，所以学者们在这方面的研究，还没有系统连续的研究，只有部分学者对部分省份做过调查统计，或者部分学者

---

① 详见十六届三中全会报告。
② 详见《农村土地承包经营权流转管理办法》。
③ 详见中国共产党第十七次全国代表大会上的报告。

对全国某年的情况进行了统计，但缺乏在一个时间序列下的全国土地集约化经营方面的调查。例如，浙江等 8 个省份的土地流转情况表明土地流转比例较低。即使在土地流转比例最高的浙江省，也只有 7% ~ 8%[①]。但是进入 21 世纪后，由于农村剩余劳动力的大量转移，土地流转速度有所加快。另外，根据国家农业部门 2001 年的统计，在我国参与流转的土地所占比例非常低，以各种形式流转的土地比例很低，且多数发生在沿海发达省市。对浙江等 6 个省进行调查统计，发现河北、山东、安徽的土地转让市场发育缓慢，而浙江、湖南、陕西 3 个省的土地流转市场规模相对较大，并且进入土地转让市场的农户比例较高[②]。另外，对 2003 年全国的统计调查发现，农村耕地和集中的面积占全国耕地总面积的 7.0% ~ 10.0%，是 1992 年农地流转水平的 2 ~ 3 倍，且流转速度和规模呈不断上升趋势[③]。

通过相关学者的调查统计，我们发现，虽然经过近 30 年的发展，虽然土地流转及土地集约化经营取得了飞速发展，但整体而言，全国土地流转面积和流转水平不高的局面依然没有较好改善，仍是以碎片化经营为特点的劳动集约型。其特征是：（1）单位面积对劳动力的吸收能力强；单位农业劳动者的平均固定资产较低；（2）单位农业劳动者的产量低；（3）单位产品所包含的物资成本低。随着农业物质技术基础的加强，土地的有限性和供给价格的无弹性决定了农业经营将由劳动集约经营逐步向资金集约经营过渡。

（四） 土地集约化经营的一般规律

1. 土地使用权流转市场的完善对土地集约化经营至关重要

从我国土地集约化经营的实践来看，我国农户土地承包期不断延长。先是 20 世纪 80 年代中期提出农户土地承包期延长 15 年不变，后来 2002 年出台的《中华人民共和国农村土地承包法》又提出耕地的承包期为 30 年。土地承包期的不断延长，目的就是为了强调土地承包关系的稳定。事实上，自家庭承包制作为基本制度在全国确立以后，我国土地关系就一直处于频繁的调整中。由于土地是我国广大农村地区主要或唯一的经济来源，频繁的土地调整都是人口不断增长而被迫做出的无奈选择。1996 年，农业部联合华盛顿大学调查了陕西和福建两省四县土地流转情况及影响因素。结果表明，假若对土地有长期使用权，93% 的农民则愿意对土地做长期投资。同时，该调查统计还发现仅有不到一半的农户支持

---

① 陈锡文、韩俊：《如何推进农民土地使用权合理流转》，载于《中国改革（农村版）》2002 年第 3 期，第 37 ~ 39 页。

② 张照新：《中国农村土地流转市场发展及其方式》，载于《中国农村经济》2002 年第 3 期。

③ 姚洋：《土地、制度和农业发展》，北京大学出版社 2004 年版。

土地政策不调整。[1] 从而形成了一个怪现象:一方面是土地调整有损资源配置效率;另一方面是土地的频繁调整。

根据农业部联合华盛顿农村发展研究所的调查研究结果,我们可以发现,建立一种能够替代土地调整对农民生活提供保障功能的机制是化解矛盾的根本途径。实施上,有效克服农村土地频繁调整而产生的资源配置效率损失,根本就在于建立和完善农村土地使用权流转市场。建立并完善土地流转市场,既能避免土地频繁调整,又能给农民稳定的土地所有权。

2. 完善的社会保障制度也是土地集约化经营的重要影响因素

事实上,土地流转和集约化经营能够较好地解决:通过土地流转和集约化经营能解决当前土地的分散化、细碎化经营,发挥规模经济效应;通过边际产出的"拉平效应"[2],提高土地资源配置效率,促进人口的流动,提高人力资源的配置效率;解决小生产和大市场脱节的问题,即通过土地流转,促进发展土地集约化、规模化经营,通过农民专业合作组织、农业产业化经营和龙头企业,把极其分散的农户有效组织起来,发展适度规模经营,使之有效地参与市场经济的大竞争中去覆盖市场、占有市场,提高农业的市场竞争力,从而有效地抵御市场风险的冲击。农业的发展规律和我国农业发展的实践表明,农业小规模家庭分散经营走向适度规模的集约经营,是其长期稳定发展的内在要求和必然趋势。但事实上,土地流转和集约化经营进展并没有达到预期目标,是什么阻碍了土地流转?

显然,理解阻碍土地流转的关键在于理解两个方面的问题:一是土地的流转,对农民的效用大小。土地对于农民而言,具备就业、受益、生活保障的功能[3]。换而言之,土地作为农民生存的最根本的保障,以至于农民宁愿"抛荒"也不愿意放弃土地经营权。二是转移到城市的农民无法享受到与城市市民同等待遇的基本公共服务。换而言之,土地流转,将加大农民失地的机会成本。因此,在现有的制度安排下,农户不愿放弃土地经营权,制约了土地集约化经营的规模。因此,完善的社会保障制度也是土地集约化经营的重要影响因素。

二、土地集约化经营产生的风险

土地流转赋予农民更多的自由选择权,使农民在无法耕种土地的情况下,以

---

① 杨学成:《关于农村土地承包30年不变政策实施过程的评估》,载于《中国农村经济》2001年第1期。

② 姚洋:《中国农地制度:一个分析框架》,载于《中国社会科学》2002年第2期。

③ 钱文荣:《浙北传统粮区农户土地流转意愿与行为的实证研究》,载于《中国农村经济》2002年第7期。

一定的价格将土地出租，不但能够获得土地租金，还能"解放"自己去从事其他行业。决策者所期望的结果是，通过土地适度的集约化经营，形成规模经济，促进农业机械化和农业现代化的发展。但是作为一种新的制度尝试，必然也会面临多重风险。

（一）经营风险

理论上而言，土地流转和集约化经营，使土地资源得到重新组合，提高农业生产力。但是，"农业是高风险行业"的现实不容忽视。首先，由于农业基础设施如果没有得到完善，就无法改变"靠天吃饭"的生产风险。其次，农业面临市场供求关系带来的产品价格、销售波动的风险以及其他衍生风险。传统的分散式作业，即使出现天灾或者市场风险，农户损失有限。但对于通过土地流转而获得土地进行大规模经营的农场、农业组织，一旦遭遇经营风险，不仅自身利益受损，还可能因为无法及时足额偿付土地租金、金融贷款等，影响到多方利益。

（二）生态恶化风险

土地集约化经营，某种作物种植面积的大幅度增加，区域内种植业结构单一，农业生产多样性降低，使得整个土地生态系统的多元性、层次性遭到破坏，农业生态系统变得不稳定，导致区域生态环境恶化的风险。同时，转出方为了追求效益，可能采取超过土地承载力掠夺式开发，把本属于林地、草地的土地一起开发种植作物，土壤肥力下降、地区抗灾能力减弱，导致滑坡、泥石流等自然灾害频发，引发生态环境恶化和土地退化的风险。

（三）契约风险

土地集约化经营，一般都需要大规模实施。从当前土地流转的实际来看，一般都是通过招商引资将农民承包地集中流转给企业，或者通过农村土地信托引进金融资本将土地集中整治再出租，抑或通过土地流转培育专业大户和家庭农场等新型农业主体，推动规模化、现代化经营。无论哪种方式流转，如果纯粹市场行为，需要挨家挨户谈判，导致交易成本过高，这就容易导致地方政府的直接介入，通过行政手段推动土地流转。在此情况下，金融资本、工商资本流转农村土地，易受地方政府鼓动，对投资农业的风险预见不足。一旦亏损严重，金融资本、工商资本将放弃农村土地经营，不再支付土地租金，产生契约风险。同时，有些土地流转私下交易，法律手续不完备，容易引发土地纠纷风险。

（四）粮食安全风险

由于转入方作为市场经济主体，有着追求自身利益最大化的特征，容易导致两个现象的发生：一是"非粮食化"现象。国家鼓励和支持农村土地向种粮大户、涉农企业等规模经营主体流转，发展多重形式的适度集约化经营。但转入方为了获取更多经济利益，可能会从事经济作物的种植，造成粮食总产量的下降。二是"非农业化"现象。土地转入方不可逆地将农用地转为非农用地，加大耕地保护难度，导致大规模非农业化经营。这些现象的发生都将产生粮食安全风险。

（五）收入差距扩大的风险

市场经济是调节资源优化配置的有效途径。土地流转，目的就是为了充分发挥市场资源配置的基础性作用，通过市场机制，使土地生产要素能在市场上自由、合理地流动。在土地流转过程中，市场可能导致土地收益分配的"马太效应"。也就是利益主体为追求利益最大化，必然展开激烈的竞争，结果必然是优胜劣汰，拉开收入差距。加之市场经济各种生产要素不能无偿使用，其所有权要求等价交换，这就要求生产要素按贡献参加分配，每个人占有生产要素的数量、获得和使用生产要素的能力又不相等，更导致收入差距叠加，从而产生收入差距扩大的风险。

（六）社会风险

土地的集约化经营，必然会出现大量的失地农民，形成农村剩余劳动力。而城市又很难全部吸收农村剩余劳动力。即使对于吸收的农村剩余劳动力而言，当经济出现较大波动时，由于其受教育程度较低，也容易面临失业。在当前社会保障体系尚不健全的背景下，这些失业农民极易导致社会的不稳定，从而产生社会风险。而对于那些转出方农民而言，进城务工，由于在城市无法享受当地的公共服务，子女老人留在农村，产生留守儿童和老人的社会风险。

三、土地集约化经营的财政职能定位

农村土地流转是在土地承包期内拥有土地承包经营权的农民有条件地将土地经营权转移给其他农民或经济组织。土地的流转是农业生产要素尤其是农村土地资源实行市场配置的需要，使土地按照市场规律的要求，同其他生产要素优化组合，推动农村改革向纵深发展。一是推进土地流转和规模经营与农业产业结构调整结合起来，加大农业主导产业基地建设。二是加大土地流转和集约化经营的政策支持力度，促进土地流转和集约化经营。三是大力发展农村第二、第三产业，着力培育农村劳动力市场，为农村土地流转和规模经营创造条件。

对于流入方而言，由于农业开发面临市场和自然双重风险，面对这两类风险，市场机制是失灵的，需要政府发挥其资源配置职能。因此，政府在土地集约化经营过程中，行之有效的办法就是提供公共服务，主要包括以下三个方面：一是推进土地流转和规模经营与土地整理和综合开发，使土地整理和开发作为土地集约化经营的一项基础性工作。加大农业基础设施建设，积极推进标准农田建设，为土地流转、规模开发创造条件，使流转的土地达到集中连片，规模开发，集约经营，发挥规模经营作用，产生规模经营效应。二是建立土地规模经营的激励机制。对于按当地产业布局规划，成片集中从事土地规模经营的，政府给予适当补助，在项目安排给予优惠，鼓励对土地加大投入力度。三是加大农业保险补贴范围和补贴力度，保证流入方和流出方在灾年都能有一个最低收入保障。同时还可以对保险公司实行再保险，提高应对特大自然灾害的能力，形成一种"利益共享、风险通过保险分担"的利益共同体。

对于流出方而言，农地一定程度上具有极大的保障功能，保证相对处于弱势的农民能够享有最基本生存的基础。如果农民土地流转出去之后，在社会保障与就业状况不能满足农民的生存与发展需求时，过度的土地流转集中必然会对农民生存权造成损害，将导致巨大的社会风险。因此，需要政府加强对土地流转市场的培育和监督，保证农户流转土地能够得到的合理补偿，防止农民因土地流转出去后而陷入困境。同时，建立健全农村社会保障体系，进一步完善农村社会保障制度。三是加强农村劳动力转移的各项服务工作，着力培育农村劳动力市场，积极开展农民素质培训工程，维护农民工的合法权益，大力发展劳务经济，有组织地输出劳动力资源，加快农村剩余劳动力向非农产业转移，加快土地流转，保障土地的保障功能，为农村土地流转和集约化经营创造有利条件。

四、土地集约化经营对财政风险影响的评估

（一）评估模型

构造模型指标的过程中，我们用每年的预算内外财政收入和预算内外财政支出的比值来衡量财政风险。我们把收入方面用作分子，支出方面用作分母，故在我国现有财政体制下，财政风险指数总小于 1。所以财政风险指数越高，财政风险越低。

$$FR = in/sp \tag{5-11}$$

公式（5-11）中，in 表示预算内外财政收入，sp 表示预算内外财政支出，通过该指标可以衡量我国财政收入占财政支出的比重。

在本书中，我们主要研究土地集约化与财政风险的关系，但城镇化与财政风险之间不可能建立起直接的联系，总是间接的影响其他因素导致财政风险。基于此，我们可以建立以下模型：

$$FR = \alpha_0 + \alpha_1 x_1 + \alpha_2 x_2 + \alpha_3 x_3 + \alpha_4 x_4 + \alpha_5 x_5 + \alpha_6 x_6 + \alpha_7 x_7 + \varepsilon \tag{5-12}$$

在上述模型中，FR 表示财政风险，α_0 为常数项，α 是各解释变量的系数，ε 是随机误差项；解释变量 x_1 表示社会保障风险，x_2 表示全国贫富差距扩大风险，x_3 表示土地集约化过程中的经营风险，x_4 表示土地集约化过程中的契约风险，x_5 表示粮食安全风险，x_6 表示公共债务风险。

（二）指标选取及数据说明

社会保障风险。我们使用国家财经社会保障和就业支出来衡量社会保障风险。

收入差距扩大的风险。使用基尼系数来衡量全国的贫富差距水平。

经营风险。使用农业财产保险公司农业保险赔偿金额来衡量经营风险。

契约风险。人民法院审理土地案件数量来衡量土地集约化过程中的契约风险。

粮食安全风险。在衡量粮食安全风险过程中，主要使用大豆进出口差额（万吨）来衡量粮食安全风险。大豆进出口差额的影响因素很多，包括生活水平、其他替代品（例如，粮食）产量以及人口等变量的变动所影响。但是由于进出口差额最终会反映到国际贸易收支，进而影响财政风险。因此，选择该指标作为粮食安全风险，仍有其一定的合理性。

公共债务风险。使用每年国债的发行额（亿元）来衡量政府公共债务风险。

所有数据均来自《中国统计年鉴》、中国经济研究数据库、国家统计局等数据库，选取 2000～2012 年各指标的数据来研究。

（三）数据处理

首先，我们使用 1978 年的实际 GDP 为基期对国家财经社会保障和就业支出、财产保险公司农业保险赔款及给付（亿元）、国债发行额（亿元）作平减处理，这样我们得到的指标就变得比较平滑。其次，无量纲化处理，具体公式如下：

$$z_i = \frac{x_i - \min(x_i)}{\max(x_i) - \min(x_i)} \tag{5-13}$$

$$z_i = 1 - \frac{x_i - \min(x_i)}{\max(x_i) - \min(x_i)} = \frac{\max(x_i) - x_i}{\max(x_i) - \min(x_i)} \tag{5-14}$$

其次，基尼系数。国内不少学者对基尼系数的计算做了很多有意义的尝试和探索，提出了十多个不同的计算公式，但各种计算方法都大同小异，各有优缺点。本书采用山西农业大学张建华教授推介的一个简便易用的公式，该公式利用定积分的定义，对洛伦茨曲线的积分，分成 n 个等高梯形的面积之和得到。首先，假定一定数量的人口，按照收入高低从低到高的顺序进行排序，分为人数相等的 n 个组；其次，假定从第一组到第 i 组的人口累计收入占全部总收入的比重为 W_i。具体公式如下：

$$G = 1 - \frac{1}{n}(2\sum_{i=1}^{n-1} W_i + 1) \qquad (5-15)$$

其中，W_i 表示从第 1 组累积到第 i 组的人口总收入占全部人口总收入的百分比。

上述变量的统计特征如表 5 - 22 所示。

表 5 - 22　　　　　　　　　　各变量统计特征

变量	均值	标准差	最小值	最大值
财政风险系数	0.4794	0.3326	0	1
社会保障支出	0.4654	0.4523	0	1
基尼系数	0.7454	0.3182	0	1
财产保险公司农业保险赔款	0.317	0.3809	0	1
人民法院审理土地资源案件数	0.5791	0.2884	0	1
大豆进出口差额	0.4364	0.3471	0	1
国债发行额	1.3656	0.9847	0.3511	3.162

（四）数据的平稳性检验和协整检验

1. 平稳性检验

虽然一些非平稳的经济时间序列本身不一定有直接的关联，但是往往表现出共同的变化趋势，因此对这些数据进行回归分析，尽管有较高的 R^2，但其实证结果是没有任何实际意义的。这种情况在统计学上，称为伪回归或虚假回归。时间序列平稳的真正含义是：一个时间序列剔除了不变的均值（可视为截距）和时间趋势以后，剩余的序列为零均值，同方差，即白噪声。为了避免伪回归问题，确保估计结果的有效性，我们利用以下检验方法对数据的平稳性进行检验：

从表 5 - 23 中我们可以看出，三种检验方法的 P 值小于 0.05，因此可以说明风险系数是序列平稳的。

表 5 – 23   **风险系数稳定性检验结果**

检验方法	统计量	P 值	h
Kwiatkowski, Phillips, Schmidt t	0.1543	0.0430	1
Im, Pesaran and Shin W – stat	– 0.7244	0.1000	0
ADF – Fisher Chi – Square	– 2.3591	0.0227	1
PP – Fisher Chi – Square	– 2.3591	0.0227	1

从表 5 – 24 中我们可以看出，三种检验方法的 P 值小于 0.05，因此可以说明风险系数是序列平稳的。

表 5 – 24   **社会保障稳定性检验结果**

检验方法	统计量	P 值	h
Kwiatkowski, Phillips, Schmidt t	0.3095	0.0100	1
Im, Pesaran and Shin W – stat	– 1.4778	0.1000	0
ADF – Fisher Chi – Square	– 19.7643	0.0010	1
PP – Fisher Chi – Square	– 19.7643	0.0010	1

从表 5 – 25 中我们可以看出，有一种检验方法的 P 值小于 0.05，因此可以说明基尼系数是序列平稳的。

表 5 – 25   **基尼系数稳定性检验结果**

检验方法	统计量	P 值	h
Kwiatkowski, Phillips, Schmidt t	0.2748	0.0100	1
Im, Pesaran and Shin W – stat	– 2.0267	0.1000	0
ADF – Fisher Chi – Square	– 0.0090	0.6253	0
PP – Fisher Chi – Square	– 0.0090	0.6253	0

从表 5 – 26 中我们可以看出，有一种检验方法的 P 值小于 0.05，因此可以说明财产保险公司农业保险赔款是序列平稳的。

表 5 – 26   **财产保险公司农业保险赔款稳定性检验结果**

检验方法	统计量	P 值	h
Kwiatkowski, Phillips, Schmidt t	0.2016	0.0154	1

续表

检验方法	统计量	P 值	h
Im，Pesaran and Shin W – stat	– 0. 2822	0. 1000	0
ADF – Fisher Chi – Square	1. 1631	0. 9250	0
PP – Fisher Chi – Square	1. 1631	0. 9250	0

从表 5 – 27 中我们可以看出，有一种检验方法的 P 值小于 0.05，因此可以说明人民法院审理土地资源案件数是序列平稳的。

表 5 – 27　　　　　　人民法院审理土地资源案件数稳定性检验结果

检验方法	统计量	P 值	h
Kwiatkowski，Phillips，Schmidt t	0. 1887	0. 0202	1
Im，Pesaran and Shin W – stat	– 0. 4894	0. 1000	0
ADF – Fisher Chi – Square	0. 3836	0. 7676	0
PP – Fisher Chi – Square	0. 3836	0. 7676	0

从表 5 – 28 中我们可以看出，有两种检验方法的 P 值小于 0.05，因此可以说明大豆进出口差额是序列平稳的。

表 5 – 28　　　　　　　大豆进出口差额稳定性检验结果

检验方法	统计量	P 值	h
Kwiatkowski，Phillips，Schmidt t	0. 1796	0. 0236	1
Im，Pesaran and Shin W – stat	0. 2840	0. 0100	1
ADF – Fisher Chi – Square	2. 2542	0. 9884	0
PP – Fisher Chi – Square	2. 2542	0. 9884	0

从表 5 – 29 中我们可以看出，有两种检验方法的 P 值小于 0.05，因此可以说明国债发行额是非序列平稳的。

表 5 – 29　　　　　　　国债发行额稳定性检验结果

检验方法	统计量	P 值	h
Kwiatkowski，Phillips，Schmidt t	0. 0488	0. 1000	0
Im，Pesaran and Shin W – stat	0. 2840	0. 1000	0

检验方法	统计量	P 值	h
ADF – Fisher Chi – Square	– 0.6737	0.3843	0
PP – Fisher Chi – Square	– 0.6737	0.3843	0

2. 协整检验

从 Pedroni 协整检验结果（见表5 – 30），可以看出所有变量之间存在协整关系。说明变量之间存在长期均衡关系。虽然上述有些变量没有通过所有类型的平稳性检验，这可能是因为时间系列的长度没有达到足够长，但它们之间存在很强的协整关系，保证了变量在模型中有意义。

表5 – 30　　　　　　　　　协整检验结果

变量	统计量	P 值
财政风险系数	1 294	0.001
社会保障支出	917.25	0.001
基尼系数	484.73	0.001
财产保险公司农业保险赔款	103.85	0.001
人民法院审理土地资源案件数	48.675	0.001
大豆进出口差额	27.299	0.001
国债发行额	9.6763	0.002562

（五）结果分析

因为经过平减处理和量纲化处理的数据时间序列平稳，变量间存在协整关系。所以如上所述我们建立如下实证模型：

$$FR = \alpha_0 + \alpha_1 x_1 + \alpha_2 x_2 + \alpha_3 x_3 + \alpha_4 x_4 + \alpha_5 x_5 + \alpha_6 x_6 + \alpha_7 x_7 + \varepsilon \qquad (5-16)$$

从表5 – 31中可以看出，该模型的 P 值小于 0.05，说明方程显著性非常好，其次，可决系数 R^2 等于 0.9612 达到非常高的水平，说明解释变量对被解释变量的解释能力非常强。从整体上来看，随着城镇化过程的推进，土地集约化程度会进一步提高，其中有利有弊。从模型的结果中可以看出土地集约化经营最终会引发社会保障风险，全国性的社会保障风险，粮食安全风险和国家债务风险，从回归系数中可以看出，土地集约化过程中可能产生的风险中，最严重的是粮食安全风险，其次是社会保障风险。

表 5 – 31　　　　　　　　　土地集约化对财政风险影响的估计结果

解释变量	a	置信区间
社会保障	0.4486	[– 0.1205　1.0176]
基尼系数	0.2404	[– 0.3024　0.7832]
财产保险公司农业保险赔款	– 1.434	[– 2.3166　– 0.5514]
人民法院审理土地资源案件数	– 1.4006	[– 2.7205　– 0.0808]
大豆进出口差额	0.8068	[– 0.4710　2.0847]
国债发行额	0.0554	[– 0.0946　0.2054]
a_0	0.9293	[0.7473　1.1113]
R^2	0.9612	
统计量	24.8052	
p	0.0005	

我们画出回归模型的残差图，通过残差图来检验数据是否存在异常值，如图 5 – 2 所示。

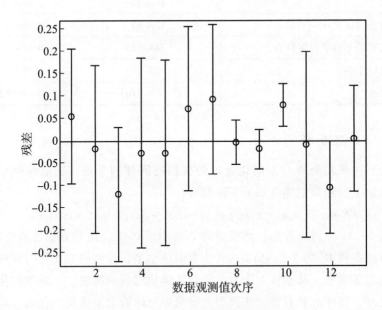

图 5 – 2　回归模型残差图

从图 5 – 2 中我们可以看出，该模型能较好地符合原始数据，具有较少的异常值。2009 年的残差表现异常的主要原因是受 2008 年全球金融危机的影响，我国的经济社会发展都受到了相应的影响，最终导致这两年的数据出现偏差。而

2011 年的数据出现异常，主要是因为 2009 年政府为了应对金融危机，国家投入大量的财力，利用宏观调控的手段来调节市场，最终使得我国的社会和经济的发展受到政府干扰。但从残差图中的中位数的位置可以看出，这两年的数据偏离不是非常严重，不会给整个模型造成重大影响，不会影响整个研究结果。

第六章

我国地方财政风险评估

第一节 地方财政风险理论分析

一、地方政府财政风险相关概念

（一）财政风险

财政风险在理论界有两种释义：一是指政府的不恰当财政活动或者不恰当的财政行为，给政府自身及其后续财政活动，以及社会经济的正常运转，造成潜在危害的可能性。二是财政风险是指财政领域中的不确定因素综合作用，有可能使财政资金受损并且财政运行受破坏的情况。两者都强调风险是一种不确定性，对财政运行状况干扰和社会经济运转不畅的可能性。

本书所指的财政风险是指地方政府在财政体制的不完善制度安排下，为应对外界环境的不确定性因素，其不适当的行为造成财政不可持续性、资源配置无效率和地方发展不均衡的可能性风险。本书与上述对风险的理解不同在于，制度不完善性造成的风险是确定的。如果制度不完善，风险的敞口没有堵住，那么由此导致的风险不会自动消失。

（二）地方政府

地方政府是管理社会公共事务的执行机构，中国政府级次有其特殊的地方。第一，地方政府级次共计四级，每一级都受到上级政府的领导。第二，中国政府具有复合型结构。中央与地方立法是自下而上的程序，但是行政的管理权则遵循下级服从上级的原则。尽管《中华人民共和国宪法》规定，中国地方政府的权力来自同一级人民代表大会，但是其在行政权上要接受中央政府（国务院）的领导。因此地方政府实际上受到地方人民代表大会和中央政府的双重领导。这种双重领导的管理方式会在权、责、利方面产生不对等的制度漏洞。地方政府对中央政策的执行和其行为的约束缺少制度层面的对应，因而地方政府有机会主义动机，采取绕过监管方甚至法律的条款，突破市场与政府既定的边界，干预市场的行为。比如下面中，地方政府绕过《中华人民共和国预算法》设定投融资平台获取市场资源，就是最好的佐证。

地方政府是指中央政府（或联邦政府）之下各级政府及其附属机构总和。具体包括四级：第一级包括 31 个省、自治区、直辖市，香港、澳门 2 个特别行政区以及台湾省。第二级包括 333 个地级市、盟或州。第三级包括 2 853 个县、县级市、旗。第四级包括 40 858 个乡、镇。[①]

本书地方财政风险所指的地方政府是指中央政府以下的省、市（县）和乡三级政府。省级政府包括 31 个省、自治区、直辖市。

（三）地方债务风险

政府债务的概念。政府债务是一国政府凭借其政府信用，按照有偿原则筹集的资金，一般用于弥补财政赤字、宏观调控或经济建设。政府可通过在国内外发行政府债券、向外国政府和银行借款等方式形成政府债务。政府债务具有一定的特殊性，它是一种非经常性的财政收入。虽然借债时政府的当前财政资金会增加，但因为债务需要偿还，未来的财政支出也同样会增加。政府债务按照发行主体，可分为中央政府债务和地方政府债务。目前，我国主要由中央政府举借国内和国外债务。新《预算法》规定地方政府可以在国务院确定的限额内发行地方政府债券筹措资金。2014 年中央在北京、上海、广州、深圳等 10 个城市开始试点地方政府债券自发自还。这些城市一般经济基础较好，财政收入较为充裕，在这些城市试点发行地方债，债务违约风险较小。

地方政府性债务的概念及内涵。地方政府性债务指地方政府面向社会筹资而

[①] 资料来源于国家统计局网站 2013 年数据。

形成的债务，该债权债务关系不同于中央的负债，它是以地方政府的信用为保证而形成的债务关系。在我国，除规定的 10 座试点城市外，地方政府暂时还没有直接发行地方债券的权力。地方政府性债务主要指地方政府绕开预算法的规定，由具有财政背景的单位或者融资平台向社会或者个人直接借入款项，或者因为款项到期未偿还而拖欠，或者是因为这些单位出面担保而形成的各种现有和历史欠债的总和。从地方政府信用角度划分地方政府性债务有两类，政府应该直接偿还的债务称为地方直接债务，政府间接承担还债责任的担保性债务称为地方政府间接债务。

地方政府性债务具有以下几个特点：首先，地方政府性债务是地方一级政府及其组成部门负有的债务。从理论上讲，在硬预算约束的前提条件下，地方政府在资不抵债时往往进行破产性保护，而不会直接影响上级政府。在这种情况下，地方政府往往通过裁减雇员、建设项目的调整以及地方财税制度的重新安排来度过偿债危机、恢复秩序。而目前我国单一制政治体制下，地方政府没有完全独立的财权，很多事权也由上级政府委派，因此，地方政府真出现债务危机时会一定程度对上级政府造成影响，造成危机的转嫁或者扩散；其次，在不同的政治、经济环境和制度之下，地方政府债务所涉及的部门范围和类别不同。我国尚处于经济结构调整时期，政府行政管理范围正在变革，政府与市场的关系正在不断规范。地方政府部门职能范围的复杂性，决定了我国地方债务的界定具有复杂性和变动性。地方性债务的债权人从最初意义上单单涉及政府机关及其所属机构，进一步扩大到与政府职能履行紧密相关的政府拥有的公共性企事业单位。

（四）地方财政风险

狭义的地方财政风险是指地方债务风险，即地方政府作为债务人按约定的条件，向债权人承担履行义务的不确定性。包括地方债务的流动性风险和地方债务可持续的风险。所谓地方政府性债务，是指地方政府作为债务人，在某一时点上，支出大于收入所造成的赤字之和。地方政府性债务是一个动态的存量概念，既包括基于法律制度和合同制度的显性负债，也包括政府为了保持社会稳定在道义上承担的隐性债务。本书所指的地方债与地方政府行为紧密相关，是包含地方政府直接债务以及与其融资行为和担保责任相关的借贷信用关系。

广义的地方财政风险。本书对地方政府财政风险从广义方面去定义。本书的地方财政风险是指，在现有分税制财政体制下，地方政府在履行维护地方社会经济稳定职能、资源配置职能和社会公平职能时，其行为可能造成的地方财政机构运行难以为继，地方经济发展停滞和社会出现动荡的风险。地方财政风险具体表现为：地方政府债务风险、区域间无序竞争风险以及区域间基本公共服务供给不均衡加剧的风险。地方财政风险源于财政体制中的不完善，与中国的预算体制、税收制度、转移支付制度等制度设计紧密相关。本书在公共经济学分析框架下分析地方财政风险，风险的主要内容分为稳定风险、效率风险和公平风险三种。本书定义稳定风险为地方财政能力不可持续性的可能性，主要从地方政府的债务和收支均衡来衡量地方财政运行持续的可能性。本书定义地方财政效率风险为地方政府提供公共产品服务过程中，财政资源的利用没有达到最优，导致资金浪费的可能性。本书定义地方财政公平性风险为省及以下的区域之间发展不平衡，基本公共服务区域间不均衡的可能性。本书通过评估，证明三种可能性在我国现阶段财政体制下都存在，证明了中国财政体制的设计在以上三方面存在漏洞。

二、地方政府财政风险制度的理论框架

马斯格雷夫认为，政府有三种经济职能：资源配置职能、分配职能和稳定职能。政府的分配职能表现为，它可以直接通过购买公共品（教育或者国防）来直接进行资源配置，也可以运用财政补贴或者税收的政策间接进行资源配置。财政的分配职能表现为对社会积累的成果在社会成员或社会群体之间的公平分配。市场经济的充分竞争会出现贫者越贫，富者越富的"马太效应"，导致社会的不公平现象越来越严重。政府为了保证经济发展均衡，要保证基本公共服务供给在区域间是均衡的。政府的稳定职能表现为，政府尽可能确保经济处于充分就业、价格稳定的良好状态。

政府作为公共部门主要生产公共品。公共品有"非排他性"和"非竞争性"的基本特征，在市场经济自利性的条件下，人们不会显示其对公共品的真实偏好，每个人都有充当免费乘车者的动机。这容易导致"搭便车"问题，所以私人部门生产公共品会存在低效率。一般来说，政府分为多个层级提供公共品比较有效率，因为层级越低的政府，对当地的居民公共品消费倾向越了解。但是公共品和外部性问题往往联系密切，所以需要一套机制解决公共品提供效率问题和消除外部性的问题。

（一）财政联邦主义理论框架

公共选择理论说明地方政府提供公共产品基本职能的合理性，财政联邦主义则重点阐释财政事务的空间安排以及在各种管辖权内财政事务的管理划分。世界许多国家的财政体制，不论是集权国家还是分权国家，其基本财政构架都源于该理论。财政联邦主义的发展分为两个阶段：第一代财政联邦主义强调体制和机制，以蒂伯特模型为代表；第二代财政联邦主义注意到制度并非中性，制度执行

337

者的行为动机对财政联邦主义的影响极大。

1. 第一代财政联邦主义——蒂伯特模型

蒂伯特认为，公共品的偏好可以通过个人的选择表现，其表现的形式就是"用脚投票"。个人在各辖区内的移动能力，能够产生了一个类似于市场选择机制，人们可以用此解决地方公共品偏好问题。一个人会搬迁到最能够提供给他们喜好的公共物品和税收组合的社区。如果说税收是个人支付公共品的价格，那么个人的流动性则是公共品选择的机会成本。在均衡条件下，人们依据他们对公共品的需求，分布在各个社区之中。当每个人喜好的公共服务水平或者种类再不能通过社区间的移动而变化时，这一均衡是帕累托有效的。这意味着人们对公共品的自由选择与政府提供公共品的能力自动匹配，即公民用脚投票的能力将导致公共品的有效供给，政府不需要再做其他事情。但是要能够实现蒂伯特模型，需要达到以下的条件:[1]

（1）不存在由地方政府行为而引起的外部影响。在社区间存在外溢性的情况下，资源配置低效。

（2）个人是完全流动的。每个人都能毫无代价地搬迁到一个最适合他的公共服务组合的管辖区。个人就业所在地不限制其居住地的位置，居住地的位置不影响其收入。

（3）信息是透明的。每个人都清楚他们所在居住辖区的公共服务数量及质量，以及他们为公共服务支付的税收数额。

（4）社区的数量和多样性满足个性的需求。每个人可以在不同的社区间选择符合自己需求偏好的公共品，并且流动到能够提供满足自己需要和喜好公共品的社区。

（5）公民可以确定每一个社区提供的公共品单位成本，该单位成本是一个常数。公共品或者公共服务的数量与居民的总人数成正比，与该社区提供公共品的总成本也是成正比。各社区独立提供该辖区的特色公共品，但是不可能享受到规模经济的好处。

（6）公共品的费用可以按照固定比例分摊到财产税中，分摊到财产税中的比例税率由各社区的居民决定。

（7）各社区可以颁布禁止土地使用的规划法令，并确保土地使用法令的排他性。各社区可以规定购置该社区房屋的最小面积。这项举措为了防止穷人用较小的房屋面积缴纳的最少税收，而获得较高水平的公共品提供水平，造成纳税义务的相对不均等。

---

[1] 哈维·罗森：《财政学》，中国人民大学出版社 2009 年版，第 517~518 页。

现实生活中，上述的约束条件不可能完全实现，因而蒂伯特模型在维护社区公平、效率和稳定方面有缺陷。但是，联邦制理论在解决各种活动在各级政府间的适当分工，中央和地方政府的分权提供了理论支撑。比如由地方提供地方公共品，中央提供国家公共产品。

2. 第二代财政联邦主义

以蒂伯特为代表的第一代联邦主义没有从理论上说明地方官员为什么提供公共品。第二代财政联邦主义在前者的基础上考察了官员提供公共品的心理因素。它假设官员的动机不是天生为公众的，而是由政治体制决定的，因此很可能制定的政策偏离居民福利最大化的经济目标（Oates，2005）。第二代的财政联邦主义理论认为，政府并不是天然慈善的，政府的行为取决于政治和财政的原因。因此需要解决以下两个问题：一是在什么情况下地方政府有最大化地方福利的动机；二是地方政府和委托人（公众）应该是怎样的关系。财政制度的核心是要处理好财政分权和集权的关系。有两种制度设置可以保证地方政府的绩效促进经济繁荣。一是地区间的竞争；二是地方政府的收支权限。地方政府之间竞争要尽量少地受到中央的干预。中央直接配置资源会打破地方之间的公平竞争，中央的行政干预代替经济的自然竞争会迫使某些地方丧失生产要素。如果地方为了发展本地经济而拥有收支权利，收入多少与支出多少紧密联系，地方有可能只关注自己的财政收益而忽视中央和全国的整体利益。[①]

事实上，地方政府在执行经济政策时出现了很多政府失败的情况。多德（O'Dowd，1978）[②] 最早将地方政府失败分为三类：

第一种被称为看不见之手模型（the invisible-hand model）。这一模型假设政府从组织制度上确保对腐败零容忍，并且政府是相对慈善的机构。政府运用各种规章制度约束官员，保证政府在规则的约束下提供公共品，让看不见的手充分发挥作用。

第二种是帮助之手（helping hand）模型。该模型让政府发挥更大的作用，由官僚们推动私有经济活动。他们根据产业政策帮助一些公司却陆续消灭另一些公司，他们与某些企业家的经济联系非常密切。该模型中的官僚在法律框架之下腐败行为部分受到约束，官僚可以自行解决大部分的争议。

第三种是掠夺之手（grabbing hand）模型。掠夺之手是指官员主动参与经济活动，并且向经济主体收受贿赂。官员从个人意愿和所获得利益的流向来考虑资源配置和经济发展。他们名义上是经济的"帮助之手"，但是实际上没有从公共

---

① 吴俊培、李森焱：《财政联邦主义理论述评》，载于《财政监督》2012 年第 11 期，第 24 ~ 28 页。

② O'DOWD, M. C. The Problem of "Government Failure" In Mixed Economies [J]. South African Journal of Economics, 1978, 46：242 – 247.

利益角度考虑问题。相反，该模型下的官员更容易将自己的意愿凌驾于法律之上，通过给企业施加强制性的规则非公正地处理商业纠纷。在极端情况下，政府丧失了公信力，无法为市场提供公平的法令和法律保护。合同执行由于没有政府组织的约束只能在私下里执行。

以上三种是理想状态的政府模型，实际生活中政府可能具备以上的一个或者两个以上的特征。政府模型矩阵归纳见表6-1。

表6-1　　　　　　　　　　转型期间地方政府的经济角色

模型	法律环境	法规环境
看不见的手	政府依法运用权力提供公共品。法院执行合同。	地方政府遵守规则。规章极少。腐败几乎没有。
帮助之手	政府在法律之上，但是运用权力帮助企业。地方官员执行合同。	积极地制定规则推动某些公司发展。行政组织腐败。
掠夺之手	政府凌驾于法律之上，运用权力获取寻租租金。社会的黑势力代替法院执行合同。	掠夺性的规则，行政组织瘫痪，腐败横行。

资料来源：Frye, Timothy and Shleifer, Andrei, *The Invisible Hand and the Grabbing Hand*, The American Economic Review（AER），1997，87（2），pp. 354 – 358.

第二代联邦主义学者对分权制度下如何实现帕累托效率的机制进行研究。他们认为财政分权不仅从制度上确保政府的资源配置职能，同时也为公共政策的制定提供了正式和非正式的制度安排（Olin，1990，转引自Oat，1999）。政府结构决定市场效率的高低，政府绩效受制于法治、水平分权以及民主等制度机制。制度应该具备相关激励机制，中央和地方既能够完成自己本职工作，也能相互配合完成工作。新的财政分权机制应该保证交易各方从市场中获益，维护市场发展。他们对这种财政制度设置五个前提条件（钱颖一，2003）：一是不同行政级别的政府权力体系层级划分；二是中央和地方之间在政策法规制定上的权力边界划分；三是地方自主权制度化，以便约束中央政府的权力，保证财政制度的稳定性；四是地方政府对辖区内经济负有主要责任，允许全国范围内的商品和要素自由流动；五是每一行政级别的政府都要受到预算的硬约束。

（二）地方政府债务相关理论分析

1. 地方政府举债原因及风险

政府是否应举债以及债务可能带来的风险问题，经济学学者观点不一。总体来看，有三种不同的观点倾向：债务有害论、债务有益论和债务负担论。[①]

（1）公债有害论。

亚当·斯密（1723~1790年）认为公债有害，他极力反对政府举债。《国民财富的性质和原因的研究》一书论述了政府不应举借债务的理由。首先，政府举债会激励政府官员奢侈享受，并且助长战争。当政府从公众中筹资时，不会考虑到筹资的成本，会让政府有资金易筹的错觉而奢侈浪费。他认为政府借债当年就消耗和浪费掉资金，根本不能指望它再做什么。其次，国家的战争开支短时间可以运用公债筹集，这部分本可以用来生产的资本会投入到非生产性劳动者，不利于国民经济的发展。相比税收收入，公债在战争时期的作用会比较大，因为人们在战争时期不会对额外的负担产生厌倦。但是长期来看，税收制度优于公债制度。政府举债用于非生产性活动，会减少资本存量，而且妨碍再生产的活动。最后，政府债务加重了人们的负担。如果通过提高税收的税率偿还政府的债务，政府对资源的配置会发生效率损失，抑制民间的投资。亚当·斯密的理论提醒我们，政府债务不应该用于消费支出，而应该用于资本性项目的投资支出。大卫·李嘉图（1772~1823年）也认为政府举债有害。因为公债投入到非生产性领域不仅有损于国民经济的发展，还给政府带来偿债的风险。李嘉图认为政府要尽量节约财政支出，争取财政盈余才能清偿债务。

（2）公债有益论。

第一，梅纳德·凯恩斯是将政府借债的积极倡导者，他认为当经济出现危机时，政府可以要运用财政赤字和债务干预社会经济，当社会总供给和总需求达到平衡时，就克服了经济周期波动对经济的破坏。凯恩斯在《货币、利息与就业通论》中说明，由于边际消费倾向降低，人们会倾向于存钱而不是花钱，这就造成有效需求不足，而商品总需求的减少是经济衰退的主要原因。如果政府运用债务扩大支出，就能解决就业和总需求不足的问题。第二，凯恩斯认为债务可以增加政府的资产，比如政府修建的公路、铁路和其他公共建筑等。第三，凯恩斯的追随者继而认为政府债务不会转嫁到下一代。因为国家的内债只是对资源的用途做了转变，本期资源配置的变化对下一代不会造成影响。第四，政府可以用举债的方式分摊建设项目的总支出。政府借债建设基础设施，债务由项目的受益人分期承担。如果政府当期财政收入满足不了项目投资资金需求，则政府还本付息的资金可以由纳税者在未来分期负担。

（3）公债负担论。

布坎南和莫迪利亚尼是公债负担论的倡导者，他们主张对公债效应具体问题

[①] 陈均平：《中国地方政府债务的确认、计量和报告》，中国财政经济出版社2010年版，第7页。

具体分析，而不是简单判定政府债务有益或者无益。布坎南（1958）认为：第一，公债负担是可以转嫁到后代的，因为未来负税人承担还本付息的债务，项目的受益人也是未来的纳税人。债务由前人举借，只能由后面的人偿还，因而只能向后转嫁。第二，公债有利也有弊，其合理性由现期支出产生的预期产出和预期收益决定。地方政府融资的资源不能用于非生产性和消费性支出，只能用于资本性项目。第三，公债和私债都是筹措本期以外的资源，没有本期产生的额外成本。

20世纪80年代，许多学者抨击赤字财政政策，因为大量的政府短期投资可以消除经济萧条，但是资金的使用效率不高，影响社会经济发展的持续性。政府债务能增加公共投资，容易引起垄断，影响市场的资源配置效率。尽管遭受很多批评，地方政府负债在许多国家都被视为宏观经济调控手段而多次使用。我们认为政府债务的经济、社会效应一定要在具体的时代背景中，结合各国的财政体制、经济体制、政治体制和行政体制来分析，这样才能对政府举债的利弊有准确的评判。

2. 地方政府或有债务理论

或有负债是由某种事件引起的不确定的债务预期。政府可以评估和预期债务的额度，但是不能够确信或有债务额度和其爆发的准确时间。制约或有债务爆发有内生和外生两个因素。外生因素包括天灾人祸，内生因素则包括政府可能负有偿还责任的担保合同或者协议①。

（1）地方政府或有债务是财政制度的组成部分。

地方政府或有债务的产生与财政的"兜底"属性紧密相关，政府为了保证社会的稳定，会有法定意义和非法定意义的支出，一旦这些债务确定为政府需要偿还的负债，该支出统统要纳入公共支出。之所以能将上述支付纳入公共支出，是财政的制度安排的结果。财政作为市场经济社会公共风险的最后承担者，决定了或有债务的内容和形式。为了实现中央制定的宏观经济政策目标，各级行政单位往往为市场主体承担部分风险，提供隐性补助。政府干预市场经济是财政活动的主要内容，比如存款保证金制度的设立，就是保证存款人在银行倒闭之时，存款者的利益由保险公司承担，从而维护金融市场的稳定。从这个意义上说，政府可能主动承担或有债务。但是对于政府解决社会风险所引致的债务，或者政府出于道义而最后兜底的债务，政府是被动负债。这表明，不管是主动承担债务还是被动承担，作为公共风险的最终承担者，或有债务是财政制度安排的结果。或有债务的存在与财政制度不可分割。

---

① 中南财经政法大学中国地方财政研究中心：《2009中国地方财政发展研究报告——湖北省县乡政府债务问题研究》，经济科学出版社2009年版，第29～32页。

（2）地方政府或有债务是政府干预经济的手段之一。

市场经济条件下，政府或有债务的存在有一定客观必然性。政府作为经济体制改革的推动者，在社会转型期，不仅要解决社会变革引起的各类矛盾，而且要承担大量的经济建设和宏观调控任务。地方政府可以运用预算、税收、投资和收费手段优化资源配置，还可以在财政资金不足的情况下运用担保、承诺、贴息等方式按照市场化原则融资。我们下图说明政府用担保形式介入基础设施投资的资源配置情况。图 6-1 的横轴表示投资数量，纵轴（MRI/MCI）表示投资边际收益与边际成本之比。假定投资的需求量与 MRI/MCI 无关，投资的需求曲线 DI 平行于横轴的直线。投资的供给曲线斜率为正，向上倾斜。S_1 与 DI 相交于 E_1，均衡投资量为 Q_1。当政府以投资收益率的形式进行担保后，MRI 会增大而 MCI 不变，MRI/MCI 会增加，投资曲线会右移动至 S_2，与 DI 相交于 E_2，均衡投资量为 Q_2，从而实现基础设施领域投资的增加。以上分析可以得出结论，政府运用担保方式，采用或有债务的方式，可以不使用即期的财政资源，而对即期资源配置流向做出改变，以实现宏观经济调控目标。因为政府的担保改变市场的信用结构，改变私人部门的理性预期，从而改变经济的产出和经济路径。

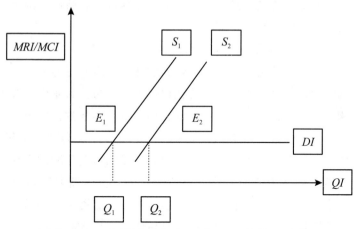

图 6-1　中国政府担保下基础设施部门投资

（3）地方政府或有债务是政府充当最后担保人。

政府的或有债务大部分由公共部门对企业、居民、下级政府或者整个社会的显性和隐性担保，如果从被担保者视角看，则是政府的补贴。显性或有债务是政府需要承担某项法定的支出责任，但是不在现有的预算项目之内。政府运用法律规定在经费上对这种债务给予补贴。政府接受依未来事项而定的或有债务等同于隐性补贴，政府财政资金在未来的流失是这种隐性补贴的结果。政府隐性或有债务是一种法定的责任，政府在有关法定规则中，需要根据原先规定比例向有关当事人进行赔付，无论是全额还是部分赔付，最终造成的财政负担都是一种预料之中的成本。政府可以通过提前设定准备金的方式控制该预付成本。

政府的隐性或有债务不作为政府法定责任而给予明确承诺。只有政府认为必须出手相救，如果不这样做会付出更高社会成本时，政府才会出面接受债务。我国地方政府融资平台的债务就属于这一种。由于缺乏有效的法律约束，隐性或有债务往往难以预测，成为地方财政风险的重要风险点。

3. 有关地方政府债务的金融学理论

（1）地方政府自主举债符合资产组合投资理论。

1952 年马科维茨提出了资产组合理论。该理论基于"不满足性"和"厌恶风险"的基本假设，认为投资者决策取决于其投资预期收益率和投资风险，投资者主要控制投资风险，实现其投资效益最大化。市场投资风险包括个别和系统两种风险。个别投资风险表现在具体公司的某种金融产品投资回报出现不确定；系统投资风险是整个经济带来的风险，该风险不能运用分散投资化解。因此投资者根据自己风险厌恶程度和收益偏好选择不同的投资组合。

投资者根据"风险—收益"的原则选择不同的金融投资品，政府自主发行的债券可以丰富债券市场的投资品种，完善本国债券市场的结构，满足投资者的不同需求，从而达到金融市场资产配置最优。

（2）地方自主发债符合委托代理理论。

金融市场委托理论解决信息不对称和利益冲突对经济行为的影响，基于委托人视角设计激励代理人的最优契约。委托代理理论认为，商业银行等融资中介机构能够提供专业的信息，更好地执行贷款合约的限制性条款，监督借款人的资金使用情况，因此可以防范信息不对称带来的"逆向选择"和"道德风险"问题。在中国银行体系由国有银行主导，各地方业银行受到地方政府的干预，商业银行在防范和化解逆向选择和道德风险方面能力有限。因为商业银行作为求利的主体，既无法拒绝地方政府贷款要求也无法监控地方政府资金使用情况。另外，国有银行和地方政府贷款如果都由中央政府最后兜底，那么商业银行更没有约束地方政府还债行为的意愿，这会导致地方政府重贷款、轻资金合理运用的投机行为，最终损害政府信用。

地方政府自主发债能够设定还本付息的预算硬约束，运用市场信息披露。市场监管的手段全面降低地方政府的冒险性投资行为。债券市场的透明化能减少地方政府多头借债的问题，一旦债券约定的还本付息义务无法履行，债务投资者抛售债权会激励地方政府偿还债务。

（3）地方自主发债符合风险分散理论。

金融体系能够区分不同主体的风险承担能力，将不同等级的风险匹配给相应的风险承担者。金融体系风险可以划分为横向风险和跨期风险。投资者应对横向金融体系风险，可以运用风险互换，让所有投资者共担债券的违约损失。投资者应对跨期系统风险，可以控制投资组合之间收益和损失的差价，平抑金融市场价格的波动带来的损失，将金融风险分担出去。纵向跨期风险可以经由银行体系适当分担，债券市场则适合于投资者之间的横向风险分担。两者不同在于，银行不利于风险及时释放，证券市场可以及时暴露和释放市场风险。因此，如果地方政府的融资过于依赖银行体系，银行体系的纵向分担机制不利于风险的释放而集中在银行本身，结果会殃及整体金融体系，进而通过纵向风险扩散机制影响国家的金融调控。

地方政府自主发债可以提高市场融资比重，用市场机制可以甄别和管控债务风险。首先，地方政府发行市政债券有利于将跨期纵向风险，转换到风险横向分担机制，弱化地方政府依赖银行融资的能力，并且降低银行不良坏账的积累。其次，我们运用第三方债券市场评级机构对市政债券评级，估算地方政府未来财政收入与债务总量的差额，便于控制地方债务总量。这至少在风险评估机制上约束地方政府盲目负债的冲动。最后，地方政府自主发债后，依据相关证券法规，债务的信息会更加透明化，这有利于监督投资者资金使用情况。同时，债务信息的及时披露有利于市场及时作出反应，避免债务的压力累积性爆发。

（4）地方自主发债遵循宏观调控理论。

根据目标的实现时间，我们将货币政策划分为三类：最终货币政策目标、中期货币政策目标和短期货币政策目标。中期和短期目标相互作用共同完成最终的宏观目标。这其中有两种机制能够从宏观上调控全国的金融资源，通过各环节传导上述政策目标的作用力。基本路径是：第一，中央银行为了控制全国货币发行总量，采用存款准备金的操作目标，控制商业银行的信贷规模。第二，中央银行运用利率作为中间目标，选取基准利率作为操作目标。中央银行可以公开市场操作，调整基准利率大小进而影响市场利率。

中央银行运用公开市场业务的金融手段决定基准利率，运用债券市场的自由定价机制决定市场利率。中央银行用金融政策调整基准利率，券商出于趋利避害调整手中的债券品种、结构和层次，这样券商对基准利率的反应，会反映到证券市场的市场利率定价机制上来。从上述金融政策和债券市场利率定价机制上看，地方政府发债不仅丰富债券品种，增加地方政府的可用资金，更可以推进利率的市场化进程。[①]

---

① 朱太辉、魏加宁：《我国地方债发行的金融学理论基础》，载于《财政研究》2012 年第 5 期，第 19~21 页。

三、地方政府官员行为的相关理论的框架

（一）中国财政分权下政治企业家行为模型

地方财政风险与财政分权体制下的地方官员行为紧密相关，我们分析中国地方财政风险，要从中国制度的现实出发。地方政府官员是代表政府举债的主体。与西方的文官制度不同，中国的官员没有分成事务官和政务官；中国实行党管干部的原则，中国的政府官员把目标定在争取党委及其组织部门的支持和人民或人民代表的支持上，也就是政治支持最大化（冯兴元，2001）[①]。中国地方官员的绩效考核，既包括遵守规则的考核，又包括对结果的考核。中国财政分权不合理的现实逼迫地方官员在有限财力供给下，以政策法规为底线，努力创造更多财政收入满足地方支出需要，同时实现政治上支持率的最大化。最有中国特色的是，地方官员的职务消费制度管理宽松、项目繁多、数量巨大。不同级别、不同岗位的人，都有权力支配其职权范围内或者部门内，各种制度性收入扣除刚性支出后的剩余财政资金，并且刚性支出所需收入的支配权也与职务消费范围相联系。所以，中国政府官员比西方政府官员更加倾向于扩大职务消费，他们也具备扩大职务消费的现实条件。正因如此，我们不能套用布坎南的公共选择理论，也不能套用诺斯等人的交易费用政治学。我们只能用自己的政治企业家理论，来说明地方政府官员与财政风险的关系。

所谓政治企业家（Political Entrepreneur）是指能够运用各种政治手段和政治资源创造性地实现经济目标的人。政治企业家是"经济人""政治人""道德人"的有机综合。他们能够对辖区内所有资源（包括土地、资本、劳动、管理等经济资源，也包括体制、政策的政治资源，以及社会文化资源）进行组合，还可以对辖区外的资源予以引导。企业家和政治家都可组合经济和政治资源，只是两者偏重点不同。政治企业家重组资源的目的在于创造新的经济利润源，新的政治利润源和新的社会利润源。政治企业家更偏好非经济利润源，这与纯粹的企业家的偏好不同，后者偏向经济利润源。

中国地方政府官员既要得到上级认可，也要得到群众的支持。得到上级支持和群众支持都要耗费资源（时间、体力、脑力等），而且资源有限，数量一定。横轴表示领导支持，纵轴表示群众支持，负斜率的直线表示该官员的预算曲线。假定边际政治支持递减，边际群众支持也递减，我们用政治无差异曲线 P 来表

① 冯兴元：《论辖区政府间的制度竞争》，载于《国家行政学院学报》2001 年第 6 期，第 27～32 页。

示。政治支持耗费的资源 R_1 和群众支持耗费的资源 R_2 的组合用（R_1，R_2）表示。当官员的预算直线与政治曲线 P 相切于 E 点，则官员的预算与政治收益达到均衡，如图 6-2 所示。

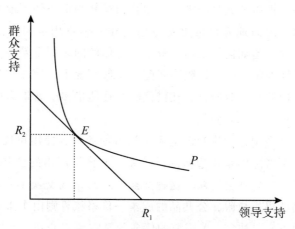

图 6-2　地方官员政治最大化曲线

公共选择理论假定地方官员的目标函数是选票最大化。我国官员任命制度不符合上述的假定，因而我们借用"经济人"假设，将官员目标函数设定为政治权利最大化，这符合地方官员晋升的心理动机。[①]

（二）地方政府借债行为与地方债务风险

中国的户籍制度和迁移成本制约了居民"用脚投票"的权利，地方人大监督制度不完善则限制了居民"用手投票"的权利，因而蒂伯特模型在中国现阶段只能部分解释中国的问题。实际上，基于中央和地方的信息不对称，地方政府的行为有很大的投机性，官员追求预算最大化和效用最大化。下面我们用以下两个模型说明在现有制度下，地方官员通过举债最大化来实现政绩最大化的行为，该行为造成巨额地方债务风险。

1. 地方官员追求债务预算最大化模型

我们将地方政府举借债务主体简化为两类：一类是债务资金使用部门，具体表现为各级政府预算部门；另一类是债务资金的提供者，具体表现为地方财政部门或者金融组织，或者地方政府各级职能部门。地方官员可以决定债务融资的规模，而融资规模的大小则取决于地方官员的政绩预期所要投入的资源。地方官员

---

① 徐承彦：《论转型期地方政府公共管理行为——从企业家型政府角度的分析考察》，厦门大学博士论文，2003 年。

希望用最大的资源获取最大的政绩，以便得到提拔获得更大的权力。现实中的权利构架和运行规则使得地方官员能够决定地方政府的最终决策，所以地方政府预算的最大化也就顺理成章。中国另一个现实情况是，地方政府的税收不能满足地方政府发展经济和提供公共品的需要，而且预算软约束条件下地方债的最后承担者不是地方政府，因而地方官员更希望用这样一笔不用承担责任的资金创造政绩。他们首要考虑的是如何尽快借到资金，还债的问题则寄希望于下任官员。地方政府官员的任职期限与债务期限不匹配。一般情况下，地方官员的任期满了债务却远未到期，因此地方政府官员在借债时往往能借多少就借多少，因而地方政府具有债务预算最大化的倾向。

我们用下面模型阐述。我们设定 X 为地方债务资金使用单位，Y 为地方债务资金的提供方，两者之间是双边垄断的关系。X 将生产出的公共品卖给 Y，Y 进行考核以后再卖给当地社会公众。这种交换方式与市场交换不同在于，X 用债务预算换取公共品的提供权限，公共品的成本—价格核算则由 Y 来审核。假定 X 的最大效用是由地方官员决定，X 需要的债务预算需要 Y 审批，Y 根据 X 提供公共品的数量决定其债务预算总额。公共品数量由 Q 表示，公共品购买的效用函数用 TB 表示。Y 同意 X 的融资数量是地方政府提供公共品产量（Q）的函数：

$$TB = \alpha Q - \beta Q^2 \left(0 \leq Q \leq \frac{a}{2b} \text{ 且 } \alpha > 0, \ \beta > 0\right) \quad (6-1)$$

债务预算—产出如图 6-3 所示。MU 表示 Y 对公共产出价值的边际效用，它与 Q 之间的关系如下：

$$MU = \frac{\mathrm{d}TB}{\mathrm{d}Q} = \alpha - 2\beta \quad (6-2)$$

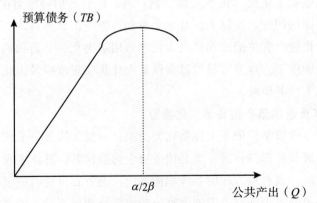

图 6-3　债务预算与公共产出

而边际效用（MU）与产出（Q）成反比，两者之间的数量关系如图 6-4 所示。

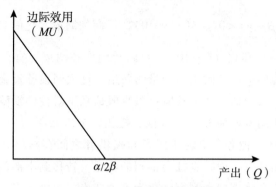

图 6 - 4　边际效用函数

假设债务资金使用单位的需求曲线和供给曲线为：

$$p = \alpha - \beta Q$$
$$AC = \lambda + \mu Q \qquad (\lambda > 0, \ \mu > 0) \tag{6-3}$$

假设 TC 是提供公共产品的总成本，MC 是提供公共产品的边际成本。

$$TC = \lambda Q + \gamma Q^2 \tag{6-4}$$

$$MC = \lambda + 2\gamma Q \tag{6-5}$$

当 Y 批准给 X 的资金总额（TB）构成债务资金使用单位的总收入 TR，

$$TR = TB = PQ = \alpha Q - \beta Q^2 \tag{6-6}$$

边际收益
$$bMR = \frac{\mathrm{d}TB}{\mathrm{d}Q} = \alpha - 2\beta Q \tag{6-7}$$

官员的债务预算最大化的条件满足 $TC \leq TB$，满足 TB 最大化的条件是 $\dfrac{\mathrm{d}TB}{\mathrm{d}Q} = 0$，$\alpha - 2\beta Q = 0$。因为 $\dfrac{\mathrm{d}^2 TB}{\mathrm{d}Q^2} = -2\beta < 0$，所以最大化的二阶条件满足。

不考虑约束条件的预算最大化满足条件 $Q = \dfrac{\alpha}{2\beta}$，考虑约束条件则 $Q = \dfrac{\alpha - \lambda}{\beta + \gamma}$ 联立两者得到 $\alpha = \dfrac{2\beta\lambda}{\beta - \gamma}$。如果在债务的预算范围内，则官员的公共品产量为

$$Q = \frac{\alpha - \lambda}{\beta + \gamma} \tag{6-8}$$

如果在公共品需求的范围内，则官员的公共品产量为

$$Q = \frac{\alpha}{2\beta} \tag{6-9}$$

如果债务资金的使用者是完全竞争的厂商，追求利润 σ 的最大化，$\sigma = TB - TC$，有 $\alpha - 2\beta Q = \lambda + 2\gamma Q$，整理后

$$Q = \frac{\alpha - \gamma}{2(\beta + \lambda)} \tag{6-10}$$

而 $\dfrac{\mathrm{d}^2\sigma}{\mathrm{d}Q^2} = -2(\beta + \gamma) < 0(\beta > 0,\ \gamma < 0)$，厂商利润最大化的二阶条件满足。

比较式（6－8）和式（6－10），我们看到债务约束下官员提供公共品产量恰好是完全竞争的厂商生产的均衡产量的两倍，这表明债务资金的使用单位与公共产品提供者相一致的话，地方政府可以克服信息不对称的缺陷，提供更多公共品。债务资金的使用者向债务资金审批者提出，要求获得与 Q_2 的产出相同的债务预算时，$TB = TC$。债务资金的使用者和提供者之间存在信息不对称，债务使用部门有机会从预算资金中减少社会福利的收益，转移到本部门的收益而获得额外收益。他们有机会将消费者剩余转化为更大产出，提供更多消费者不需要的公共品，以此为理由获得更多预算资金。现实生活中的重复建设，不必要的资源浪费就是以上原理的现实体现。我们用图6－5来说明。

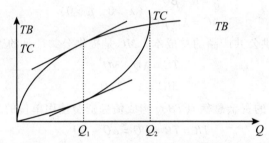

图6－5　地方政府过度举债行为分析

2. 地方官员追求债务效用的最大化模型

地方政府有债务最大化的偏好由上述模型说明，然而地方官员对债务预算最大化背后的动机则是对债务资金的使用权。[①] 现实中，一些地方官员举债是为了实现自身效用的最大化。一般情况下，地方官员申请债务融资的成本没有与其职务考核挂钩，所以更多的债务意味着更多的资源，意味着更多的职务以外的收益。这种收益有两种：一类是资金结余的支配权带来的有形效用。中国财政的支出资金绩效评估没有完全建立，地方官员向上级申请的债务资金在用去了成本后，会有结余。这部分结余资金可任意由官员支配而想成有形效用 Y_r。另一类是地方政府官员举债建设获得政绩的无形心理效用。在资源拉动型粗放式的经济增长模式下，更多的资源意味着更多的政绩。特别是基础设施建设更能够在短时期内起到正面的效果，因而地方政府官员热衷于搞面子工程、政绩工程和形象工程。我们将政绩工程给地方官员带来的心理正效应定义为 Y_b。借用尼斯坎南的官僚体制模型中官员效用最大化模型，我们构造了地方政府官员的效用函数：

① 周沅帆：《城投债——中国式市政债权》，中信出版社2010年版，第213页。

$$U = A_1 Y_r^{B_1} Y_s^{C_2} \tag{6-11}$$

其中 A_1、B_1 和 C_1 为地方官员总效用的特征参数。$TB - TC$ 表示地方政府官员可自由支配的剩余债务资金，A_2、B_2 和 C_2 表示地方政府有形效用特征参数，A_3、B_3 和 C_3 表示地方政府官员无形效用特征参数。我们进一步将上述两种效用分别用上述公式表示如下：

$$Y_r = A_2 Q^{B_2} (TB - TC)^{C_2} \tag{6-12}$$

$$Y_s = A_3 Q^{B_3} (TB - TC)^{C_3} \tag{6-13}$$

厂商追求利润，地方官员追求更多的债务资金，地方官员在项目中获利不稳定，也容易冒着被查处腐败的风险，因而地方官员的 C_2 一般比厂商的 C_2 要低。能够展现政绩的 B_2、B_3 和 C_3 比厂商的数值高，也就是说官员通过无形的效用增加其被上级的肯定，从而得到上级的提拔。假定所有参数大于等于零，我们将式（6-12）、式（6-13）代入式（6-11），简化后得到

$$U = AQ^B (TB - TC)^C \tag{6-14}$$

$$(A = A_1 A_2^{B_1} A_3^{C_1}, \ B = B_1 B_2 + C_1 B_3, \ C = B_1 C_2 + C_1 C_3)$$

地方政府官员自由支配的债务资金 $TB - TC$ 也是公共品产量 Q 的函数，将 $TB = \alpha Q - \beta Q^2$ 和 $TC = \lambda Q + \gamma Q^2$ 代入式（6-14）中，得到下列地方政府官员举债时的效用函数：

$$U = AQ^B \left[(\alpha - \lambda) Q - (\beta + \gamma) Q^2 \right]^C \tag{6-15}$$

求 U 的最大值得到：

$$Q = \frac{(\alpha - \lambda)(B + C)}{(\beta + \gamma)(2C + B)} \tag{6-16}$$

当 $B = 0$ 时，生产出的公共品对地方官员没有效用。当地方政府不考虑产出的数量时，

$$Q = \frac{\alpha - \lambda}{2(\beta + \gamma)} \tag{6-17}$$

该产出对债务的提供者最优，但是该结果基于最高的收入成本和政府的低效率。如果 $C = 0$，地方政府官员手上的结余没有挪作他用，同时也没有给官员收益，这时有

$$Q = \frac{\alpha - \lambda}{\beta - \gamma} \tag{6-18}$$

该产出以最低成本生产，是最优产出的两倍。一般产出 $Q = \dfrac{(\alpha - \lambda)(B + C)}{(\beta + \gamma)(2C + B)}$，将 Q 代入 $TB = \alpha Q - \beta Q^2$ 和 $TC = \lambda Q + \gamma Q^2$ 中，我们得到下列表达式说明提供公共品资金的需求和成本情况，用地方官员效用函数说明地方政府官员自由支配债务的情况。

$$TB - TC = \frac{B+C}{2C+B}\left(1 - \frac{B+C}{2C+B}\right)\left[\frac{(\alpha - \lambda)}{(\beta + \gamma)}\right] \qquad (6-19)$$

当 $B=0$ 时，政府的公共品产出和地方政府官员收入效用不相关，地方政府官员希望最大程度支配债务资金的可能性最大。

第二节 地方财政风险机理分析

一、地方财政风险的主要内容

广义的地方财政风险不仅包括地方政府性债务风险，还包括现有分税制财政体制下的地方资源配置效率风险和地方之间发展不平衡的风险。

(一) 地方政府性债务风险

地方财政风险的最直接表现形式是地方政府性债务风险。所谓地方政府性债务是各地方机构提供担保形成的债务，分为直接债务、或有债务以及政策性挂账。地方机构包括事业单位、地方修建基础设施而成立的融资公司和地方政府机关单位。地方政府行为和其他宏观因素共同影响导致地方政府性债务风险。地方政府性债务风险可能导致财政收支发生困难，政府机构面临运转困难的局面，更严重的会使得经济发展停滞、社会出现动乱等。本书从风险识别的角度分类，将地方债务风险分成显性债务风险和隐性债务风险。地方债务风险从定量测度来看，主要表现为债务的可持续性风险和流动性风险。

(二) 地方间无序低效率竞争风险

从地方之间的横向关系来看，地方财政风险表现为地方政府间无效率竞争的风险。在混合经济中，市场经济配置资源的力量在于竞争。良好的竞争态势使创新活动源源不断地出现，竞争保护了消费者的利益，同时也造就了灵敏的价格体系。但是竞争过度则导致相反的格局。中国地方政府之间的竞争在当前表现为恶性竞争[①]。恶性无序竞争是地方官员自利行为的结果。出于增强本级政府经济实力和本辖区福利的愿望，地方政府往往采用招商引资以吸引资本及其他要素的流

---

① 恶性竞争又称过度竞争（Excessive Competition），在国外经济学文献中又称"自杀恶性竞争"、"毁灭性竞争"或"破坏性竞争"。

入，或者采取税收优惠或者行政手段，争夺财源和税基，导致资源配置的低效率。无序竞争的主要手段包括：地方政府突破税法规定采取包税、缓征或者定税的方式保留地方税源，地方政府采用先征后返的财政返还政策鼓励地方企业投资建厂，还有减免排污费等费用，降低认定门槛以及增加特定支出等方式变相实行地方保护主义。本书主要讨论我国地方政府间的竞争主要表现形式，它们是恶性税收竞争、恶性支出竞争和土地标尺竞争三种形式。

（三）地方间发展不平衡风险

从中央设计地方转移支付制度的目的来看，地方政府提供的基本公共品数量和质量在不同区域应该差别不大，但是中国转移支付制度却造成地方区域之间发展不平衡的趋势越来越大。官永彬（2011）[1] 的实证表明，现有的转移支付制度没能有效缩小地区间差距，反而拉大省之间财力水平。税收返还、各项补助及专项转移支付主要导致省际间财力不均等；平抑地方财力差距的财力性转移支付未能实现政策目的。转移支付制度设计中的专项转移支付项目的数目过多，实际上掩盖了一般转移支付不足而导致的地方财政风险（吴俊培，2014）[2]。我们从财政转移支付的审计报告中看到，目前中央转移支付占中央公共财政支出比重达60%以上，中央规定专门用途的转移支付数量占到中央转移支付全额的60%。1994 年分税制财政体制改革，没有平抑地方政府间财力失衡，中央和地方事权与财力不匹配使得地区间的基本公共服务均等化目标无法实现。因而中央应该以促进区域间公共服务均等为政策设计目的，合理改进转移支付制度，保证区域间公共服务的供给均衡。

二、地方政府性债务风险形成机理分析

中国中央与地方政府的财税分权体制和中国特色的官员考核机制是导致地方债务出现的内在原因。地方政府债务问题同中国宏观的投资驱动模式紧密结合、相互关联，最终导致整个金融体系风险上升、中央财政兜底风险的局面。长期看这种模式难以为继。

（一）地方政府性债务形成和积累的原因分析

地方政府性债务的形成与分税制财政体制和宏观经济环境紧密相关，同时也

---

[1]　官永彬：《财政转移支付对省际间财力不均等的贡献——基于基尼系数的分解》，载于《山西财经大学学报》2011 年第 1 期。

[2]　吴俊培、陈思霞：《税收和政府转移支付的经济稳定效应分析》，载于《税务研究》2013 年第 7 期。

与地方政府官员的行为密不可分。地方官员是理性的个体，其行为是对官员考核制度能动的反应。我们认为在不合理的考核制度下，地方官员的行为也会出现异化，因而更注重制度层面对地方债务形成和扩展的原因。

1. 地方债务形成的财政制度原因

（1）分税制财政体制改革财权上移，事权下移。

中央调整利益格局是为了更好维持中央的自身运转，但是削弱了地方政府的财力，地方政府收入和支出缺口变大。改革开放初期，中国实行财政大包干的财政体制，导致中央财政收入数量以及与全国财政收入占比的双下降。中央为了维持机构运转只能借债。仅1993年，中央的财政赤字占财政收入的1/3，达300亿元人民币，中央政府开始向地方比较富裕的省份借钱。这极大地影响了中央政府的执政控制能力，并且有可能损害改革开放的持续性发展。为了改变以上格局，1994年中央决定实施分税制。这种制度安排遏制了地方为了保护本地财政收入而进行税收减免的冲动，避免地方政府转移本应交给中央的税收收入，也改变了中央收入占全国经济总量比重不断下降的局面。1994年的分税制改革所造就了"中央拿大头，地方拿小头"的格局，削弱了地方的财力，导致中央财政收入充裕、地方财政收入紧缩的局面，如图6-6所示。

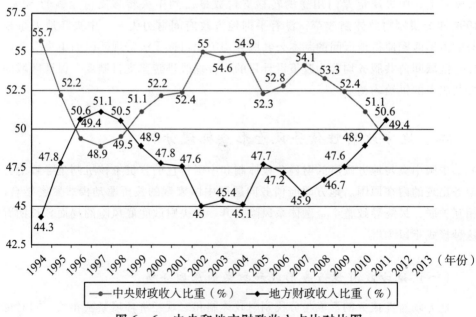

图6-6 中央和地方财政收入占比对比图

资料来源：中华人民共和国国家统计局主编，《中国统计年鉴》，中国统计出版社1995～2013年版。

（2）居民消费结构升级，地方政府为了提供公共品借债融资。

恰逢 20 世纪 90 年代初期，人民的消费结构升级，普通民众已经满足了衣食的基本生活需求，转而向住行的更高需求。有房有车成为衡量一个人生活品质的重要标准。与汽车相关的道路维修，公众出行快速便捷的需要和对更大房屋面积的愿望，逼迫地方政府提升公共品提供的质量。为了满足人民日益提升的物质需求，地方政府在收入减少的情况下，想到运用土地资本运营的方式获得发展地方经济的资金。由此，土地出让金成为地方政府弥补其财政收支缺口的重要来源。另外，地方教育、医疗卫生等公共服务的需求也不断提升，地方政府的刚性支出越来越大。分税制改革初期没有考虑到地方政府公共品需求的升级问题，地方可用财力也变少，因而为了满足地方消费者需求，地方政府想到借债发展的方式。如图 6 - 7 所示，地方财政支出比重比中央支出比重超出很多，地方政府的事权变大，支出压力更大。

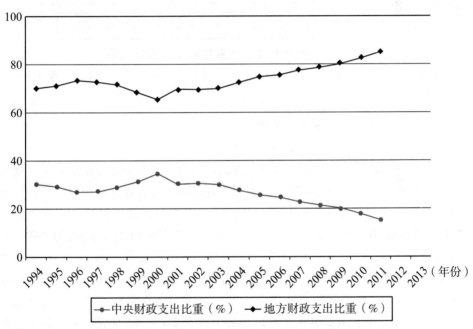

图 6 - 7　分税制下中央和地方财政支出比重对比图

资料来源：中华人民共和国国家统计局主编，《中国统计年鉴》，中国统计出版社 1995 ~ 2013 年版。

（3）一般预算内收入无法满足地方政府的需要。

地方政府近年加大预算外收入的获取力度，以填补支出需求。如图 6 - 8 所示，地方政府预算外收入增幅近年来远远高于中央政府预算外收入增幅。

图 6 – 8　中央和地方预算外资金收入对比图

资料来源：中华人民共和国国家统计局主编，《中国统计年鉴》，中国统计出版社 1995 ~ 2013 年版。

2. 地方债务形成的预算制度原因

（1）集权体制导致地方政府预算软约束。

我们从中央和地方的关系，以及地方政府与地方国有企业关系上看考察地方政府预算软约束现象。地方预算软约束制度性缺陷主要表现在两个方面：一是地方政府预算外收入。从预算外金额上看，2010 年全国预算外财政专户收入合计 5 794.42 亿元，其中地方预算外专户资金收入为 5 395.11 亿元，地方预算外资金占到全国预算外资金的 93.1%。而 1994 年地方预算外收入比重也高达 84.8%。地方政府预算外收入主要用于弥补地方政府收支缺口和地方政府基础设置建设资金需求。我们从预算外资金支出流向看，2010 年地方预算外资金支出总金额为 5 368.32 亿元，其中金额最大的为教育 2 159.52 亿元，交通运输达到 351.54 亿元，医疗卫生达 299.73 亿元，环境保护仅为 56.19 亿元。二是转移支付制度。现阶段，中央政府大约承担 70% 的收入，同时只承担 30% 支出。中央运用转移支付制度，使地方政府支出的 40% 支出依赖于中央。转移支付制度的软约束让地方官员"跑部前进"获得更多发展资源。地方政府与中央政府之间的事权和财权尚未划分清楚，中央质疑地方政府管控地方债务风险的能力，没有赋予地方政府现实的发债权。如果地方财政在运行中出现了收不抵支，即财政赤字的情况，最后都可以基于中央的风险兜底机制，最终由中央买单。基于经济理性，地方政府基于中央与地方的信息不对称，故意逆向选择与中央政府博弈，将举债的成本转移到中央政府，达到扩大预算资源的目的。转移支付制度的缺陷激发了地方政府与中央博弈的动机，地方政府倾向于运用策略获取更多的资源以拉动经济。从地方政府与企业的关系来看，预算软约束很容易突破。因为在集权体制下，企业是政府的附属，政府和企业的关系如同父子关系，政府会在企业遇到困难时，出于父爱而出面帮助，在贷款和资源配置上给予政策倾斜，地方国有企业的负债最终由地方政府来兜底。另外，集权体制下存在无法克服的信息不对称问题，地方政府无法准确了解企业的情况，无法及时监督国有企业，造成预算软约束。①

（2）中国地方政府预算不透明。

预算不透明表现在地方债务没有在地方政府预算中反映出来。现行的《预算法》规定，只有国务院才能批准发债，同时禁止地方政府预算出现赤字。债务没有纳入预算管理之中。事实上，绝大多数地方政府都有债务，地方官员出于政绩最大化的考虑，希望利用融资平台获取更多资金，以满足政绩工程的需要。这些平台债务的主管部门可能不是财政部门，而且项目运作本身不透明，存在很大不确定性，因而通常连地方政府本身也难以控制地方债的规模。我们得到的权威债务数据有三个不同版本，包括央行、财政部和审计署。三个版本的统计口径不一样，得到的债务规模也不一样。对于债务的认识，管理部门之间存在差异。地方债务的权威管理部门——财政部门不能集中政府的收支信息。这种政府收支功能或财政的"碎片化"，比起地方债务数据的真实性更具有深远的破坏力。

3. 地方债务形成的行政制度原因

我们在调研中了解到，财政部门在资金的调配上和支出的审批上没有起到全局性的统筹作用。由于行政级别上财政部门与其他职能部门属于平级关系，在官本位制度下，级别决定资源分配权力的国情中，我国的预算实际上没有实现全口径的预算制度。这表现在公共财政、政府性基金、社会保障资金、地方融资平台资金的支配权力分割于不同的行政部门。比如，地方财政中公共财政收入和政府性基金都应该纳入财政预算。但是实际操作中，财政部门并不知道土地出让收入的具体数额，这部分收入的使用也不在财政部门的监管之下。同样，肩负地方发展筹资任务的地方政府融资平台的债务在发改委的掌控下，财政部门没有权力审批项目，更谈不上对融资平台的资金监管。有的财政官员甚至说，财政局的职能很像出纳，某部门领导拍脑袋要财政部门对某项目支出，他们就得安排资金。部

① 章江益：《财政分权条件下的地方政府负债——美国市政公债制度研究》，中国财政经济出版社2009年版。

门领导的决策不经过财政部门的核实与统筹规划，不利于财政部门整体上把握支出的走向，更不利于控制政府规模和负债水平。另外，地方政府性债务数据的统计由审计署提供，说明我国的财政部门无法在行政上管控风险。具体来看，所有的地方政府都有财政部门，但是同时又设置了"金融办"或者"融资公司"。这些部门与财政部门互不沟通，审批融资的权限也不是财政部门负责，最终只能依托监管部门对事后政府负债进行统计。由此看出，财政部门不能够从管理体制中实现资金审批和管控的作用，地方政府行为和政府支出之间的决策权并不在财政部门的监管之列。

4. 地方债务形成的会计制度原因

预算的会计制度设置与债务监管紧密相关，现行的以收付实现制为基础的记账制度不利于我们有效地防范财政风险。首先，收付实现制的会计科目设置无法反映出地方政府直接债务、政府或有债务和地方政府的拖欠工程款，会计制度信息记录环节隐藏了巨大的财政风险。以国债转贷为例，财政资金的"一般预算支出"科目中包括国债转贷资金，同时地方政府的"与下级往来"的科目也记录该笔国债转贷资金。这两项科目无法确认国债转贷是否是中央的债权性资产，也无法核算该资产的增减情况。与此类似的政府对外投资资金，被列入"一般预算支出"科目，也不能反映出投资资产的增减变化。所以按照收付实现制原理编制的报表只能较窄反映受托责任。其次，会计人员可以改变财务的实际状况。由于做账人员可以改变收款或付款时间，及时的财务信息没有在账面上真实反映出来，导致信息丧失了可靠性和前后期的一贯性。这对地方政府债务的流量控制和存量管理非常不利。最后，条块分割的会计制度规范模式遗漏了大量政府整体的财务信息，不利于地方政府债务的整体披露。我国现行的政府会计规范体系包括财政总预算、行政单位和事业单位三种会计制度。这三种制度采用不同的会计科目，对不同组织类型交易进行核算。它们分别根据政府整体收拨款交易，行政和事业单位收拨款阶段交易进行财务报告，各报告体系的会计信息被分割，无法提供完整的阶段性周期支出信息。财政资金拨付给各行政事业单位后，财政部门无法监控资金的使用，无法评估资金使用绩效。权责发生制会计制度能够全面反映政府的资产负债状况，我们可以依靠该制度下的财务信息评估政府财务情况和运营绩效。因而权责发生制会计制度可以强化对国有资产的管理和监督，对揭示和防范财政风险起到重要作用。

5. 地方债务规模上升的投融资制度原因

在积极财政政策的支持下，地方政府运用政府信用担保和政府建立的公司，向地方商业银行融资的制度模糊了政府的职能定位，将市场风险转化为财政风险。在现代市场经济条件下，政府参与市场投资融资活动，导致地方政府具有双重属性：公共主体和经济主体。作为公共主体，地方政府要提供公共品，保证地方经济稳定和资源配置效率；另外，地方政府参与到市场经济的活动中，在追求地方利益最大化的同时，模糊了市场与政府的边界。

（1）地方政府缺乏直接融资手段，融资风险增大。

1994 年的分税制增加了中央政府的可用财力，但是没有改变地方政府的支出占全国财政支出的比重，因而地方政府在经济发展上普遍存在资金不足的现象。地方政府负责大量的基础设施建设投资、服务提供及社会福利保障，这些支出占到了总支出的 85% 左右。《中华人民共和国预算法》和《中华人民共和国担保法》虽然从法律上制约地方政府融资活动，中国地方政府的融资活动却仍然缺乏长期统一的规范化管理。地方政府自发寻求融资渠道或者变相举债，都是地方财政风险的主要来源。事实上中国的许多地方拥有巨大的市场融资潜力，但是国家不允许地方政府发债，地方政府缺少直接融资手段而只能扭曲地方政府融资结构。地方政府为满足日益扩大的资金需求不得不采用借外债或者隐性担保的方式，打国家政策的擦边球。这不仅加大了地方政府融资风险，也给地方经济的正常运行留下隐患。

（2）地方政府融资平台模式运作信息不透明。

地方政府创造了一个公司，然后由这个公司向银行、信托公司或债券市场借款。这些公司被称为地方政府融资平台，或者城市发展投资公司，抑或地方政府融资平台。地方政府创建它们的目的就是为基础设施建设融资。融资项目可能有多项收入来源，如道路通行费或者水处理设施使用费。不过在大多数情况下，这些都不足以满足未来偿债需求。2009 年积极财政政策的背景下，地方政府投资支出大幅度增加，特别是基础设施的建设。地方政府融资平台作为从金融市场（尤其是银行）融资的中介，在全国各地广泛建立起来，并且在省、市、县级政府迅速扩展。政府投融资体制在很多方面与一些国家的公私合作相类似。公私合作在新兴国家以及一些发达国家被广泛应用于推进基础设施建设。然而，各国的经验显示，预算外融资将导致重大的财政风险，因为潜在的政府债务在很多情况下都未能被透明地报告、紧密地监督及系统地管理。地方政府可以利用其信息优势，在实际操作中通过多个融资平台公司从多家银行获得信贷信息。加上中国地方政府"多头举债、多头管理、条块分割"的局面一直存在，举债缺乏严格的审批手续，举债的"权、责、利"未结合，"借、用、还"也不统一。偿债的责任不明确，举债主体混乱，造成商业银行很难了解地方融资平台的资本金、信贷资金的运用、资产负债和偿还能力，因而无法有效监控和防范信贷资金风险。地方融资平台债务作为地方政府债务的一部分，中央更无从知晓其基本的负债情况，也无法监控地方融资平台债务的规模和平台数量。①

（3）地方融资平台投资运作不规范，缺乏自我约束和体制约束。

一方面，地方融资平台运作复杂。如图6-9所示，地方财政部门依托投融资企业的建设项目，向金融机构贷款，并且用项目收益偿还债款。在这个过程中，城投公司与地方政府之间权责关系不能理清，城投债募集的资金使用方向还可能发生改变。地方政府官员很多是地方融资平台的工作人员，正所谓"一个班子两套牌子"。地方融资平台在实际操作中，形成了大量的直接债务和或有债务。投融资平台形成地方债务的类别，根据其形成的不同路径可以分为特许权的资本化、土地使用权的资本化和政府支出流的资本化三类。这三类实际上是将政府的信用通过金融手段货币化的过程。

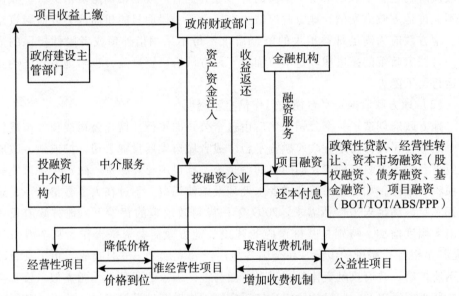

图6-9 地方融资平台运作流程

另一方面，地方融资平台缺乏整体负债规模约束和投资方向约束。地方政府在考虑融资时，只从融资的数量上考虑，往往不考虑资本和负债之间的比例是否失调，负债风险是否超出其融资能力。城市基础设施的建设本来可以借用社会投资人的资金，运用市场中私人的力量完成大型的基础建设的资源，地方政府却运用融资平台大包大揽，参与市场经济主体投资建设的领域，结果造成资金分流，最需要资金的投资领域却没有资金支持，或造成更大的负债。

此外，地方融资平台不能独自承担风险。地方政府和融资平台实际上都隶属

---

① 周沅帆：《城投债——中国式市政债券》，中信出版社2009年版，第220~222页。

于政府，地方融资平台只不过是政府汲取市场资源的载体，因而地方融资平台无法独自承担风险责任。更何况在具体项目的选择和决策上，地方政府是主要决策者，没有受到人大的监督。项目的合理性被忽略，地方政府经济建设容易出现超前建设或者是重复建设。

6. 地方债务累积的考核制度因素

在以经济发展为主要考核方向，GDP 增长与地方官员晋升挂钩的体制下，地方官员为了追求政绩而主动负债发展。官员的考核制度设计是为了激励其实现经济增长的国家宏观调控目标。这决定了对干部的考核不可能脱离与 GDP 相关的指标。近 10 年来，改变"唯 GDP 至上"的考核机制一直呼声不断。但是地方政府面对国家统计局新发布的"绿色 GDP""综合发展指数"等其他更为科学的考核指标，没有动力去改变现状，更没有动力实施这些综合指标。我国的行政体制从上至下，上级将任务和压力层层转嫁到下级政府，上级直接任命地方各党政主要领导人。上级对下级行政单位的目标考核贯彻上级的任务意图，规定这些指标完成的时间，并且从考核分数上进一步量化任务。上级对指标评分，根据下级政府官员完成指标的情况实行经济上奖惩，政治上的升职或者降职处分，以确保国家目标的实现。另外，上级对下级考核的显性 GDP 指标进一步隐性化。比如，温州最近 3 年对经济类指标考核只设置"固定资产投资"；南京自 2011 年"经济发展"考核仅包括"固定资产投资"和"一般预算收入"两个指标。一些经济发达的地区也不再使用"人均 GDP""财政收入"以及"GDP 增长率"等指标，对 GDP 的考核也采取更隐性化的手段。最后，地方官员为了升迁，有内在动力追求 GDP 指标业绩。基层政府同僚之间的竞争是锦标赛式的竞争。这种竞争比较官员的 GDP 排名情况，以此考核官员的执行力和经济发展的掌控能力。GDP 排名注重短期的经济总量，忽视长期的经济发展，刺激政府官员短时期内上马拉动 GDP 增长的基础建设项目。

7. 债务不断增大的社会原因

（1）国有企业改革负担重。

在计划经济向市场经济转变的过程中，国有企业改革成本超出了地方财力承受范围。企业职工的医疗费、保险费、养老金和社会福利等方面都要地方政府管理。政府为了安定团结只能举债。另外，企业养老金缺口是地方财政的一个压力，也是地方财政不断举债的原因。改革过程中形成的大量的下岗职工，出现大量的贫困人口，以及帮助困难职工解决住房而建安居工程等，使得政府资金在水平不高的情况下，只能举债解决。比如，某地级市截至 2009 年 10 月末，债务余额 90 亿元，仅企业养老失业金举借债务 19.03 亿元，占债务总额的 21.14%。人口老龄化的趋势给地方政府带来巨大养老压力，1994 年我国年末总人口 119 850 万

361

人，老年抚养比仅为 9.5%；到 2013 年全国总人口为 136 072 万人，老年抚养比猛增到 13.1%。[①]

（2）粮食体制改革历史欠账。

粮食流通体制改革中粮食企业政策性亏损和经营性亏损，导致巨额粮食企业财务挂账。财政部在修改了 2007 年的债务统计软件后，粮食企业亏损挂账不再包含于债务总额之内，而是分列。如果将其计算到债务总额中，地方债务的增幅会很大。比如某市截至 2008 年末的债务余额当中的粮食企业亏损挂账为 12 亿元。

（3）机关事业单位改革成本居高不下。

1999 年以来国家几次大幅提高机关事业单位人员工资，人员编制也越来越膨胀。中央安排的大量转移支付补助，地方政府也要有配套。地方财政为了配套编制人员的福利待遇，在财力低于工资性支出增长的情况下，要么借债发工资，要么形成拖欠，结果都增加地方政府的债务。[②]

（4）"新型城镇化"导向有可能引发地方政府新一轮负债。

中国社会科学院在 2012 年 10 月发布的《城市蓝皮书》提到，我们的城市化率有 51.27%，也就是说有 6.91 亿城镇人口。如果除去 1.5 亿进城务工人员，我国的城镇化率实际已经达到 40%，相比发达国家的 80% 的城镇化率，我国的经济发展空间非常巨大。我们估计应该有 5.5 亿人进城务工。这些进城务工人员需要稳定就业和收入稳定的提高，这样他们在小孩上学、医疗、交通和生活用品方面可以创造大量需求。假定我国的城镇化率达到 60%，估计在 2020 年完成。那么我们平均每年投资 7 万亿元，以便满足 6 年内的 42 万亿元投资需求。再假定每个城镇化建设项目的 30% 资金来自投资本金，剩余 70% 来自市场融资。那么每年地方政府要有约 2 万亿元左右资金用于城镇化项目资本金，同时从市场上融资 5 万亿元。在现有债务偿债压力下，地方政府要想通过发行城投债来弥补城镇化的巨额资金不足，可能会面临更大的风险压力。

8. 地方政府借债发展内在冲动的税收制度原因

地方政府的预算内收入主要是税收收入，地方税体系的建立对地方可用财力至关重要，也是减少事权与财力不匹配的重要制度因素。分税制改革后，中央上收了财权，重新划分了中央和地方的税种，造成地方收入减少。地方政府为了获得更多税收而大力投资，以政府主导招商引资。地方政府的税收制度不能解决其外溢性的问题，为了发展地方经济只能借债。地方税制不利于地方收入稳定主要

---

① 数据来自搜数网：《统计资料汇编》。
② 牛向东、于一贫、刘朝：《财政风险与控制》，中国财政经济出版社 2010 年版，第 165～168 页。

源于以下制度安排：

（1）地方政府税收的地域划分。

地方政府税收收入主要来源于本辖区的企业，企业上缴给地方政府的税收按照隶属关系或者属地原则分配。比如省属企业上缴的税收中，一部分归中央所有，一部分归地方所有。地方政府的辖区内的企业越多，该辖区的地方税收收入越多。工矿企业的上缴税收比其他类型的企业更多。从逐利的角度看，地方政府为了增收往往以牺牲环境为代价获得短期的收入。

（2）地方税存在外溢性。

地方政府为本辖区企业提供了公共服务，却因为税收的转嫁性导致地方政府没有从相应的税种得到补偿，从而出现税收外溢现象。比如增值税的直接负担人是消费者，但增值税是流转性质的税，增值税的扣除在生产和流通的各个增值环节，因此增值税是由企业在商品生产地进行缴纳，该税种的直接受益人是商品生产地的地方政府，而不是消费者所在地的地方政府。这意味着消费者所在地的地方政府提供了相应的公共服务，但是却不能享受当地公众缴纳的税收。在间接税转嫁收益的制度安排下，理性的地方政府更愿意将企业留在本地，要求本地经营的企业必须在本地注册。

（3）地方政府税收不能满足政府需要。

在现行财政体制下，地方政府举债的资金主要有四种用途：一是为了化解改革过程中的社会矛盾。比如安置破产职工、购买公益性岗位。这种债务没有经济效益，但是产生社会效益。二是为了改善地方软硬环境。具体表现在，地方政府为了提供公共服务和产品，比如道路、地方电站、电网铺设等。这些产品通常采用政府招标方式，通常会存在两个问题：首先是信息不对称，地方政府的信息不透明。政府债务资金享受利率优惠，政府提供产品的经营风险为零，因而投标人会隐瞒不利信息以获得项目。由于具体的生产环节掌控在中标者手里，基础设施的产品质量问题验收时不能马上暴露，其中的偷工减料、质量问题可以用自然灾害理由掩盖，使得政府为公共品维护再投资。对于公益类公共品，比如医院、教育、医疗卫生等，构成地方经济发展环境的重要组成部分。国家财政投资要求上面项目主要由中央和省财政投资，但是各市、县、乡必须有配套资金。省以下地方政府为了使用国家和省级资金，举债投资这些难以产生直接经济效益的公共品，致使地方政府债务资金效益低下。三是地方官员为了形象工程举债。地方政府领导为了建造地方经济社会发展的"标志性工程"，不惜欠、挪、借、贷大量举债来完成工程。为了搞建设，他们不惜透支未来数年的财力，导致银行呆账大大增加，债务风险空前加剧。四是为了发展经济，通过地方融资平台举债。很多地方把开发区建设和拓宽城市发展空间作为带动经济发展的引擎。2008年中央

363

拉动内需保增长的政策下，地方政府大量向银行举债，城投类融资平台的数量短时间急剧增加，贷款额度急剧膨胀。与此同时，地方政府通过设立产业发展基金，提供无息贷款，或者减免税收对重点产业加以扶持，用借债来培植未来的税源。当前的税制促使地方政府在追逐税收收入过程中片面发展经济，粗放式的经济发展模式得以巩固。

（二）地方政府性债务风险的表现形式

1. 地方财政收入增长有限风险

地方政府的财政收入主要由一般预算收入和基金收入构成。一般预算收入以税收收入为主，占到一般预算收入的80%以上。税收主要包括营业税、增值税和所得税，这些税收收入来源于工商企业的税收。从2012年到现在，许多中小民营企业的营业额持续降低，地方政府的税收增长空间有限。地方政府第二块收入来源是卖地收入，土地的出让金收入目前已经纳入基金管理。据财政部统计，2009年全国土地出让收入达14 239.7亿元，比2008年大幅增长43.2%。2009年地方政府本级收入达到32 581亿元，其中土地出让收入近43.7%。2011年之后几年，地方政府卖地收入已经逐渐减少到前几年的50%，有的地方甚至已经减少到30%~40%，这表明土地出让收入不可持续性加大。再加上中央连续出台政策打压房地产市场，地方政府已经面临收支缺口的压力。房地产业繁荣的时候，开发商买地需求旺盛，但是现在房地产市场疲软，土地出让面积和速度急剧下降。以北京为例，地方政府要支付北京土地储备贷款2 500多亿元的利息，仅仅朝阳区一个月的利息支出就有1 000多万元。土地出售收入直接关系到地方财政收入。如果地方的工商企业税收和土地销售收入减少，许多地方政府将面临财政收入急剧减少的巨大压力。①

2. 地方政府支出扩张风险

中国的积极财政政策帮助中国度过了数次经济危机，但也导致地方财政潜伏巨大的支出扩张风险。当前地方政府支出存在两方面问题：

一方面，总体的支出压力非常大。对地方政府来说，提供公共品是其基本职责。根据中央的政策要求，地方政府需要建设保障房，也需要在水利设施建设投入大量资金。地方政府为了扩大经济增长规模需要大量的支出：一是发展新兴的科技产业；二是解决改革过程中社会转型出现的稳定问题。现阶段中央和地方在支出责任分配上出现不平衡现象非常突出。在2012年全国预算内财政支出中，中央占14.9%，地方占85.1%。加上预算外支出、社保基金支出、国有土地财

---

① 周沅帆：《城投债——中国式市政债券》，中信出版社2010年版，第215页。

政支出等，中国地方财政支出比重占全国财政支出总额近90%。现在，债务支出压力也成为地方政府近期面临的重大问题。中央财政 2009 年的 4 万亿元投资政策带来的巨额信贷投放，导致市场流动性陡然增加。截至 2013 年 6 月底，审计署披露地方政府负有偿还责任的债务约 11 万亿元，2014 年需要偿还的债务占债务总余额的 21.89%，高达近 2.4 万亿元。更为可怕的是，审计署两次审计只摸清了地方债的"底数"，不是债务"实数"，一些隐蔽的债务没有全部审计到，地方债务实际规模可能比审计数据多一倍左右，可能达到 30 万亿元。[①]

另一方面，财政支出规模有过度增加的趋势。地方财政支出已经不断增加，逐渐超过资源在公共部门和私人部门之间优化配置的合理比例。"瓦格纳法则"从经济发展的角度说明地方财政支出过度扩张的客观原因，即伴随工业化的不断发展，社会和经济的发展增加了对地方政府活动的需求。但是主观上看，地方政府官员有扩大预算的倾向，预算的扩大赋予地方政府更多的财政资金支配权，因而官员道德的失范很可能推动地方财政支出过度扩张。如图 6 - 10 所示，地方财政支出的扩张倾向非常明显。

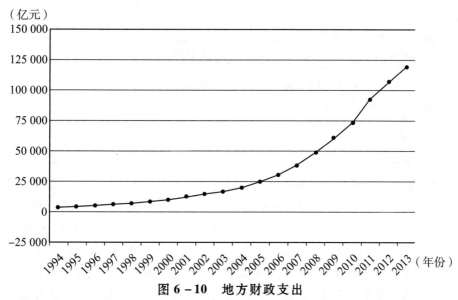

图 6 - 10　地方财政支出

资料来源：中华人民共和国国家统计局主编，《中国统计年鉴》，中国统计出版社 1994 ~ 2013 年版。

3. 地方政府收支不平衡风险

地方政府性债务在短时间内集中大量偿还，地方政府收入时间周期上与之不

[①]　刘永刚：《地方债规模或超 30 万亿，审计只摸清底数》，载于《中国经济周刊》2014 年 8 月 19 日。

匹配，因而造成地方政府收支不平衡的巨大风险。我国地方政府税收结构基本确定的前提下，地方政府的财政收入与宏观经济波动周期相联系。经济繁荣时期，政府收入增加，经济低迷的时候政府收入大幅度减少。在支出方面，财政的刚性支出一般不会与经济周期紧密联系，但是在经济低迷时期，政府会在失业和救济方面增加支出。这样财政收入与支出在经济周期的不同阶段会呈现财力的缺口，而收支缺口的大小则取决于地方税收体系的结构。从图 6 - 11 可以看出，地方一般预算内收入支出缺口近年来呈现越来越大的趋势。

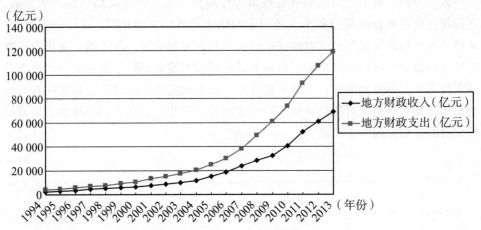

图 6 - 11　地方财政一般预算内收入和支出

资料来源：中华人民共和国国家统计局主编，《中国统计年鉴》，中国统计出版社 1994 ~ 2013 年版。

　　近年来地方政府的收入和债务支出严重依靠土地出让金，等于将解决收支的缺口都寄望于土地出让金一种来源上，加速了收支不平衡风险。国土资源部的统计数据显示，我国 2011 ~ 2013 年全国土地出让金收入累积近 10 万亿元。其中 2011 年全国土地出让金达 3.15 万亿元，2012 年达 2.7 万亿元，2013 年则高达 3.9 万亿元。它们分别占同期地方政府一般预算收入的 60%、44% 和 57%。地方财政被称作"土地财政"也算是名至实归。但是以上如此巨大的地方政府的可用财力并未纳入公共预算之中，地方政府仅仅将此作为基金进行管理，这种地方财力管理方式有很大缺陷。

　　用土地抵押所得偿还地方政府债务的现实风险不断增大。根据审计署的统计，全国 36 个地方政府（包括全国 15 个省、3 个直辖市本级以及所属的 15 个省会城市本级和 3 个市辖区）2011 年的土地出让金收入偿还债务的比例在一些地区增长迅速。到 2012 年底，4 个省本级加上 17 个省会城市，计划用土地出让收入偿还地方债务的余额高达 7 746.97 亿元，占政府负有偿债责任总余额的

54.64%。近期土地出让收入波动比较大，造成地方政府实际可支配的土地出让净收益比重呈现不断下降的趋势。土地出让收入的不稳定性会直接威胁地方政府债务的偿还能力。

4. 地方政府隐性或有债务风险

地方政府的隐性或有债务主要是指，地方政府所属企事业单位自行举借资金用于公益性项目投资，以本单位收入或者项目净收入偿还的债务。该债务没有地方政府的担保，法律上没有指定地方政府作为债务偿还人。但是当债务人无法偿还债务时，地方政府仍然承担偿还债务的最终责任，甚至给予债务人一定的救助。这种债务具有不可预测性，亦被称为隐性或有债务。隐性或有债务的隐蔽性很强。地方政府财政部门统计债务时，常常无法获知此类债务的信息，因而地方政府没有有效地监控此类债务的变化，更没有建立相应的监管制度。一旦地方隐性债务成片爆发，对我国经济安全和社会稳定构成极大威胁。隐性债务的巨大漏洞会造成社会对政府信用的信任风险，对财政和金融体系的稳定运行造成急遽冲击。地方政府的隐性负债由于不透明令人堪忧。因此，我们必须警惕和防范地方政府性隐性债务风险，弄清其形成的基本路径。

目前，地方政府隐性债务主要表现为六种形式，这些债务基本上不会公开①。

（1）企事业单位自行举债。

具体包括：一是地方政府不确定是否直接偿还，或者提供担保的基础设施或者公益性项目负债资金。该项目是由事业单位或者公用事业单位举债建设。二是地方政府设立的融资平台公司为公益性或者基础性项目筹措资金，地方政府没有确认是否直接偿债或由政府提供相应担保的债务。三是去除了被担保人担保的剩余债务。包括具有经费补助的事业单位、地方融资平台、地方公用事业单位已经为公益性或者基础性项目担保而形成的债务。

（2）拖欠的工程款。

地方政府会让建筑施工单位带资或者垫资承包地方的项目，结果地方政府常常拖欠基建企业的工程款。例如周口市政府要汇林置业有限公司修路，但条件是汇林有限公司先行垫资。周口市政府从汇林公司应交税款中扣除其修路垫付的投资款。汇林公司与周口市公用事业局签订协议，审计署也确认该公司投资款为2 493万元。但当会林置业向税务机关提及税款减免时，却没有得到正面回应。地方政府拖欠工程款的情况在全国其他地方也普遍存在，这对政府的信誉造成极大损害。

---

① 樊潇：《地方债务解密：地方政府隐性债务的六种情形》，载于《首席财务官》。http：//news. hexun. com/2013 – 10 – 24/159016595. html2013年10月24日07：23。

（3）地方政府欠付的垫资款。

政府在基建项目上推迟付款，导致企业倒贴工程款。还有的项目在完成政府验收后，企业仍难从政府要回到期的工程款。例如，鄂尔多斯市东胜区园林绿化事业局欠 30 名债权人 6 000 万元付垫资款。这 30 名债权人还拿着支付养护、机械做工的费用单据，希望该事业单位能够报销。这笔债务在 2009 年已经形成，但是却没有在该单位的账簿上挂账。

（4）地方政府集资而欠债。

财政部明令禁止地方财政违规担保，向社会公众集资。但是由于经济发展缺乏资金，在经济下行的压力下，地方政府官员为了完成中央布置的经济任务，纷纷将集资任务下派到各个单位。例如，江苏省盐城市阜宁县 2012 年要求所有行政事业单位参与融资。各单位将融资任务分解到个人，级别越高融资任务越重。城管机关普通职工每人融资 20 万元，其下属机关正职每人融资 60 万元，副职每人融资 20 万元，中层人员每人融资 10 万元，普通职工每人融资 2 万元。江苏省如皋市经济开发区，以 14% 的高息向社会公众集资，从 2008 年至今已经四次融资。这种事业单位人员向社会融资的隐蔽性极强，而且极易将政府不当干预市场的行为转化为社会不稳定的风险。

（5）地方政府运用回购（BT）融资的债务。

回购是地方政府为公益性项目建设融资的一种方式，其基本核心是建设方投资建设并承担设计风险，同时也拥有产权。项目建完之后由业主方回购并支付建设及融资成本。审计署对这种新兴的政府利用市场资源建设公益性项目的方式做了相应的具体规定，但是实际操作中这些规定无法全部处理。回购模式多样，而且多数都与土地挂钩，该模式可以通过开发商土地开发所得支付建设的工程款。回购与地方融资平台融资有相似的地方，两者都采取土地质押取得资本建设公益性项目。但前者是通过房地产商取得土地融资款，后者是通过地方政府挂牌的机构取得款项。两者实际上都是地方政府对市场资源的再配置，但是地方政府回购责任的认定却非常复杂，而且其债务规模增长很快，形式也更为隐蔽。

（6）地方政府利用信托融资而欠债。

尽管政府部门历年监管政信合作，四部委 2012 年曾经发布《关于制止地方政府违法违规融资行为的通知》。然而 2013 年第一季度末的数据显示，流向政府主导基层产业的信托资金达到 2.1 万亿元，而政信合作的总投资达到 6 548.14 亿元。这些政信合作项目以高收益吸引投资者。由于政府的项目投资回收期较长，收益率不可能过高，这些隐性债务在监管之外，存在很大风险。2010 年之前，地方政府性债务主要通过商业银行贷款进行融资，但是短时间的巨大债务规模引起监管部门的关注。银监会要求各商业银行不得新增债务规模，这成为控制地方债务规模的"红线"。结果是，商业银行表内资产地方债类贷款占比已经下降，但是银行表外业务异军突起。地方政府运用"影子银行"大规模发行城投债，并以理财产品的形式进行融资。这些产品有地方政府的隐性担保，对市场投资者的吸引力更大。因为投资者认为政府信用仍然可靠，城投债①一度受到市场追捧。问题是这些城投债交易大部分在银行间进行，理财产品也是银行出售，因而银行内部的风险管控，特别是表外业务风险的管控非常重要。2010 年第四季度后，中央实施紧缩的货币政策期间，民间的融资公司业务大增，高利贷和"影子银行"的业务骤增。中国金融资源在 2008～2009 年刺激政策和近期货币政策数量型调控快速收紧的双重作用下，银行出现大量资源错配、金融资源价格扭曲加剧、债务风险不断积累的局面。2012 年底的债务余额中，银行贷款占 78.07%。

5. 地方债务不可持续性风险

我国局部地方政府债务存在不可持续的风险。由于各地方经济发展不平衡，在赶超思想和积极财政政策的双重作用下，一些地方政府运用发债的方式抢占廉价资金资源发展经济。数据显示，至 2013 年 6 月底，地方政府共负债达 17.9 万亿，负债年均增长 27%。一些地方政府的影子银行融资利率高于当地经济增长率，基层乡镇债务高于省级债务，有的地区已经无力偿还。在经济发达的广东东莞，20 个镇街道财力无法用年度可支配财力偿还债务。比如东莞樟木头镇政府负债 16 亿元，全市有 59% 的村处于收不抵支的状态。

地方政府性债务的可持续性与债务结构紧密相关。在短期债务占比高且地方政府融资不易的情况下，地方政府债务可能因为无风险利率或者信用溢价变化等外部融资环境的变化而不可持续。我国地方实际上常常用短期借债投向长期基础性建设投资项目。债务融资偿还周期与项目的投资回报期限之间存在严重不一致，这极容易导致债务风险爆发。从审计署对地方政府截至 2013 年 6 月的审计中，我们看到全国范围内地方政府债务，累计到 2015 年到期的占比高达 62%。2010 年地方债务审计报告则指出，2013 年到期的债务占比达 53%。我国大部分地方债务都投入到长期的基础性建设和公益性建设项目中，该部分占总债务比重的 87%。短期内，这些项目不可能给予很高的投资回报率，地方债务风险管控

① 城投债，亦被称作市政债，是必须经国家发改委批准发行的企业债。发债的主体可以是地级城市、国家级经济技术开发区的城投公司、财政百强县、监管国有资产的国资公司、各省交通投资有限公司、污水处理及供应公司等。这些发债主体总资产要达到 50 亿元，净资产达 20 亿元，信用等级到 AA－。城投债的用款期较长，一般 7 年左右还本付息，但是对信用的要求很高。城投债与股票类似，必须委托证券公司承销，但是发债材料由证券公司上报省和国家发改委审批，国家发改委至少需要七至八个月核准城投债的申请。城投公司董事长和总经理决定主承销商，少数情况下也由主管的副市长决定。指定的券商和城投公司签订《债券承销协议》，预定城投债发行相关的条件。券商用大约一周的时间销售债券，余额由债券商包销。

依托于项目投资资金链是否良好，流动性资金能否保证。

我国地方债务可持续性与政府收入密切相关，事实上我国地方政府的债务严重依赖土地出让收入。审计署数据显示，截至 2012 年底，我国省（区市）、市、县三级政府，分别有 11 个、316 个和 1 396 个，严重依赖土地出让收入偿还地方债，总额达到 3.5 万亿元，占地方债务余额总数的 37.23%。我们知道，税收收入对 GDP 的弹性较小，土地资产收益则对 GDP 的弹性较大。经济下滑会影响市场震荡，中国的房地产业去泡沫化会让政府资产缩水。原本借短投长的问题还没有解决，地方政府的偿债力更会因为土地收益顺周期性而面临被削弱的处境。[1]

我国面临"三位一体"的金融风险，即房地产泡沫、地方融资平台和影子银行的错综复杂风险。下面就我国债务风险的形成路径从形成逻辑上进行梳理。

（三）地方政府性债务风险的形成路径及效应

我们考察地方债务形成的环节主要从宏观经济运行的总体进程出发。我们认为地方财政风险的形成源于分税制财政体制、金融体制和土地资源的分配体制。从这个意义上说，地方债务风险形成是体制之间漏洞的产物，因而风险可能在不同经济领域或者行业传递或者转换。只有弄清楚风险转换的路径，我们才能在风险转化点上阻断风险的扩散，对债务风险进行防范。

1. 中国地方融资风险的特殊模式引致地方财政风险

在财政体制缺乏对政府间支出责任规范情况下，政府层级越高，其对下级政府施加要求的灵活性就越大。地方政府几乎没有自己的收入来源，并缺乏对税率及税收政策的决定权，这迫使他们不断增加对中央政府转移支出的依赖。然而，转移支出主要覆盖地方政府保运转的支出，只给基础设施建设支出留出了很小的空间。预算内，地方政府被禁止进行大部分的融资活动。因此，地方政府极度依赖预算外机制来为他们的首要支出筹资，尤其是基础设施投资。我国地方融资平台模式、土地财政和土地抵押融资模式构成地方债务风险的三个方面。

融资平台在缺乏制度约束和监管的情况下数量和规模激增。2012 年融资平台举债占地方债务总额的 45.67%，比 2010 年同期增长 22.5%，增长了 3 227.34 亿元。当前地方融资平台储备土地作为融资的抵押品，土地市场的资产价格一旦波动将直接导致平台的不良贷款率上升。从调查结果看，由于监管不到位，土地融资平台的操作不透明，甚至出现违规操作的情况。国土督察某局的调查结果显示，6 个城市的土地融资，融资平台的违法违规土地面积、案件宗数和总金额占

---

① 彭文生：《中国政府局部债务不可持续风险较高》，载于财经网，2014 年 1 月 6 日。http://star. news. sohu. com/20140106/n393007205. shtml。

其总数的 2/3 左右。①

地方政府土地财政模式引致地方财政可持续性风险。地方政府收支安排一般是：公共财政预算收入确保政府行政日常运转和公共支出的需要；土地出让收入主要用于基础设施投资、社会事业发展和经济建设。土地资源的利用和开发在城市化和工业化进程中，起到推动经济社会发展的巨大作用。我国地方政府推动工业化采取以下步骤：首先用廉价土地或者低价土地招商引资，吸引投资方投资办厂加快本地发展。从现金收益的时间角度看，政府用"一次性"的土地出让收入，分年度在未来税收中得到偿付。而城市化进程促使地方政府运用土地资源获得建设资金，将土地不动产转化为金融资产，用于基础设施建设和社会事业发展。地方政府通过土地资源的合理布局，优化城市的生产生活功能结构。许多地方政府在短短 30 多年时间内，加速城市基础设施建设，增加了城市的总体承载能力和服务功能。但是，土地资源的有限性和地方政府短时期融资的高杠杆率都成为地方财政持续发展的隐患。

银行土地抵押贷款大幅度飙升，银行存在违规放贷风险。② 当前"土地财政"的地方收入增长空间有限，而地方政府对土地的依赖性没有下降，以土地抵押贷款的"土地金融体系"逐渐取代单纯靠卖地获取收入的"土地财政体系"。2007～2012 年的数据显示，全国 84 个重点城市的土地抵押面积年均新增 4.41 万公顷，从 2007 年的 12.84 万公顷增加到 2012 年的 34.90 万公顷。地方土地抵押贷款金额相应年均增长 34.8%，抵押金额从 1.33 万亿元增加至 5.95 万亿元。该增幅已经远超同期土地出让收入和土地净收益的增幅。据国土资源部法律中心研究数据显示，我国 2012 年 84 个重点城市的土地抵押面积达到 34.8 万公顷，总金额达到 5.95 万亿元。对这 84 个城市土地抵押融资的风险测评显示，五大国有商业银行对土地抵押放贷的金额占总金额的 45%。在土地抵押过程中，许多银行存在违规放贷和土地违规登记的情况，将许多宅基地和共用土地纳入土地抵押贷款之列。同时，某些银行违背产业政策，超年限抵押储备土地，虚报储备土地的评估价值。国土资源部 2012 年的国家土地督察情况显示，全国 36 个市区的 943 个项目涉嫌违规抵押贷款，涉及土地面积 29.63 万亩，总金额达 1 039.22 亿元。国土资源部 2014 年在督察的 48 个城市中有 19 个城市存在土地违规抵押融资贷款行为，违规项目增长到 1 361 个，土地面积达 14 233 万公顷，违规抵押金额涨至 1 183.79 亿元。土地是地方政府掌握的不动产资源，地方政府运用银行货

① 邵挺：《土地市场运行的主要风险和政策挑战》，http：//theory. people. com. cn/n/2014/0219/c83865－24407517. html 2014 年 2 月 19 日 15：53。

② 《土地抵押贷款去年狂飙至 5.95 万亿五大行占比 45%》，http：//stock. jrj. com. cn/2013/07/17023215541467－1. shtml。

币化土地资源，将土地的价值转化为货币，实际上是将银行作为地方政府的资源提款机。《2013 中国国土资源公报》显示，截至 2013 年底，84 个重点城市抵押的土地面积达 40.39 万公顷，相比 2012 年底处于抵押状态的土地面积 34.85 万公顷，净增长 5.52 万公顷，增长了 15.8%；2013 年土地抵押贷款总额 7.76 万亿元，相比 2012 年的 5.96 万亿元，土地抵押贷款净增 1.8 万亿元，土地抵押增长率为 30.3%。银行违规操作土地抵押，将释放出更多的流动性，对整个货币金融市场的稳定造成不良后果。土地抵押融资过快，以及审批不严，许多违法违规的事件层出不穷。

2. 地方融资平台依靠土地抵押融资，土地价格波动造成地方债务风险

我国的预算管理体制长久以来没有将土地出让金的收支纳入监管，2010 年土地出让金占地方财政收入的比例高达 76.6%[①]，土地价格直接影响地方政府投入基础设施的资本总量。正如上面所述，在地方官员 GDP 考核指标体系下，地方政府尽可能采用融资平台举债搞建设。自 2009 年底以来，全国 120 个城市融资平台债务仅 10% 可以靠项目本身产生的现金流偿付，其余 90% 则依赖土地收益和财政兜底保障。我们估计，如果用 2009 年的土地销售收入偿还该年地方融资平台债务 7.38 万亿元需要 6.15 年，而这还没有包括债务利息和未来两年融资平台余额的峰值。我们再用国土资源部数据估算，2010 年全国土地出让金达 2.7 万亿元，2011 年同期的土地出让金达 3.15 万亿元，2012 年全国土地出让合同价款恢复到 2010 年水平，达 2.69 万亿元。这 2.69 万亿元仅仅是合同价款，而非全国土地出让净收入。如果我们将土地出让净收入按照较高比例的 40% 折算，大约为 1.08 万亿元。地方债务总额，根据时任财政部长项怀诚在 2013 年亚洲论坛上提出的 20 万亿元，以及审计署原副审计长董大胜所提出的 10.72 万亿元，我们取中间值大约 16 万亿元。如果地方债务按照商业银行短期贷款利率 6% 计算，每年的债务利息成本近 1 万亿元，刚好与估算的 2012 年土地净收入持平。这意味着土地净收益只能用来还地方政府性债务的利息。土地是各地方融资平台最重要的抵押物，地价如果下跌政府将支付更高的赎金，与此同时地方债的本金也在不断增长。当地方政府债务数额尚不构成威胁，地方政府对土地依赖只与经济增长相联系，情形还在可控制中。如今地方融资平台却将土地价格与地方债务绑定，地价的涨跌与地方政府偿债能力同向波动。这时土地价格不仅关系着地方政府的收入，更关系到地方债务方面的支出，地方政府陷入两难境地。房地产市场低迷意味着地方政府债务偿还能力减弱，地方债务风险加剧。

---

① 南方周末：http://nf.nfdaily.cn/epaper/nfzm/content/20110113/ArticelB09002FM.htm。

3. 财政"缺位"和金融"越位",导致地方政府债务大部分转化为银行系统风险

财政与金融制度安排与该国政府职能、经济发展阶段密切相关。在一些财政能力脆弱的地方,政府利用银行等金融机构履行政府的职能。结果可能导致公共财政职能的"缺位"和金融职能"越位"。如果不划清政府与市场、财政与金融的边界,健全财政制度和金融制度,地方债务会沿着金融借贷渠道转化为银行坏账,形成"地方政府融资—国有商业银行贷款—银行危机—中央财政救助"的恶性循环。根据审计署的统计口径,2010 年末全国地方政府性债务的规模相当于当年 GDP 总额的 26.9% 。如果我们计入占 GDP17% 的中央国债和占 GDP6% 的政策性金融机构发行的金融债券,我国的公共部门债务率仍然低于 60% 。如果从债务结构分析,全国地方性债务中的 10.7 万亿元有 80% 是银行贷款因而地方债务转化为银行系统风险的可能性很大。

4. 地方政府粗放型融资导致"影子银行",金融风险转向社会风险

2008 年中国运用 4 万亿元人民币经济刺激政策,成功地避免经济的短期震荡。该金融刺激政策旨在将中国经济的预期增长率从 2.4% 提至 9.2% ,减少失业人口 853 万。实践证明该政策在短期内取得了预期效果,但是其副作用近年仍未消除。副作用主要表现在产能过剩、库存增加、投资效率降低以及环境问题增加,股市和房市泡沫形成,通货膨胀危险增加等。过量的货币供给直接由银行放贷给地方政府,导致地方政府债务短时期剧增。当宏观经济政策由宽松型货币政策转变为紧缩型政策时,中小企业的融资空间被迅速挤压。国家在防止通货膨胀居高不下,采取提高银行准备金率、收紧银根的政策时,银行储户则将资金纷纷转向民间借贷渠道或者"影子银行"。[①] 我国"影子银行"业务存在政策风险,因为这些业务将资金配置到与宏观政策相背离的产业或者行业,并且只能在表外业务中反映,因而造成金融监管的盲区。许多准金融机构没有遵守基准利率 4 倍规定,在私下高息揽存,或者以经营超短期过桥贷款、替企业解决短期头寸的方式高利率发放贷款。根据央行的数据,我国 2011 年 9 月末的小额贷款公司共计 3 791 家,贷款余额总计 3 359 亿元。由于没有监管机构对民间融资实行监测和管理,中小企业为了生存不得不高息贷款,宏观政策的负面效应转化为社会不稳定的因素。比如温州老板"跑路"和私营老板涉嫌高利贷而跳楼的事件都与民间

---

① 所谓"影子银行",一般是指那些有着部分银行功能,却不受监管或少受监管的非银行金融机构。"影子银行"是信贷市场、资本市场、金融衍生品和大宗商品交易、杠杆收购领域的主要参与者。我国"影子银行"体系的规模还比较小,运作形式也相对比较简单。主要分为四种类型:一是具有监管套利性质的业务,例如以个人理财(相关:证券财经)、委托贷款、信托贷款等方式向实体经济融资;二是监管相对较少的非银行机构,包括各类投资公司、担保公司、典当行等;三是建立在金融创新基础上的新业务,如资产证券化和衍生品交易;四是以私募股权基金、产业投资基金为代表的投融资机构。

融资贷款相关。

5. 地方政府债务风险转化为银行风险，倒逼中央还债

我国长期以来形成的中央和地方之间的统收统支财政体制，实际上决定了宏观和微观两种经济主体的不确定委托代理关系。微观领域的不确定性可以顺延代理关系通过金融系统传递到宏观层面。微观经济主体的风险意识淡薄，并且缺乏相应成熟的法律体制予以规范，因而以地方政府、银行和企业为一方的微观经济主体，在市场环境变化的同时，力图将其负的债务转嫁到中央层面解决。这迫使中央不得不出台宏观政策化解风险。中央要基于全局性考虑，银行的风险和社会风险都成为中央公共财政要担负的责任。中央考虑到社会和整个金融秩序的相对稳定，不能放手让地方政府和银行破产。大部分地方政府没有权限自行发债，因而仍然寄希望于中央化解地方政府的债务。其风险的转化途径在于，地方以中央名义向银行借钱，银行坏账由中央出台政策消除其恶劣的社会影响，地方的债务风险转化为中央财政风险。

三、地方间无序低效率竞争的机理分析

中国经济 30 年高速增长源于中央政府主导下的，地方政府成为资源配置主体的竞争格局。经济增长高速时期，地方政府恶性竞争造成的经济结构扭曲的问题被掩盖住了。但是当经济增长由高速转为中速之时，许多高速经济增长中积累的经济和社会问题凸显。理顺政府与市场的关系成为经济体制改革的核心问题。经济发展初期，我国存在许多市场资源配置秩序混乱的情形，集中表现在各地方政府盲目竞相招商引资，重复性建设基础设施，结果造成地方经济特色不鲜明，区域间产业结构趋同。为了保证地方的税收，各政府人为设置门槛，割裂全国的统一市场，限制商品自由流动。地方政府无序竞争极大地扭曲了市场配置资源的自然机制，与之相应的藩篱造成环境的破坏，资源的浪费，并且为权钱交易提供了更大的空间。无序并且低效率的政府间竞争还阻碍我国经济发展方式的转型，造成公共资源的浪费。

（一）地方政府无序低效率竞争的原因

中国改革开放前期，政府延续以往的思路，仍然运用行政手段配置资源。政府与市场之间的关系没有理顺，地方政府参与到竞争性领域，取代了市场的资源配置功能。分税制改革在调动中央和地方两个积极性的同时，遗留下四个方面的问题仍待解决。一是中央的事权和地方的事权没有划分清楚，与事权相匹配的财力机制没有建立起来；二是地方在 1994 年的分税制体制下，地方税收收入和地方经济发展所需要的财力出现巨大的缺口。地方政府为了发展而筹措资金；三是分税制财政体制只明晰了财力在中央和省级地方政府之间的分配，省级以下规范的财力分配体系尚未建立，与之匹配的转移支付制度也没有规范资源的合理分配；四是现行的财政体制缺乏经济结构调整的配套激励。专项转移支付制度和一般转移支付制度的激励目标不明确。财政体制既没有从整体上调节区域间的均衡发展，也没有对区域分工选择有激励措施，结果地区的发展忽视了其自身的比较优势，区域之间的有效率、互补性的产业结构很难形成。

1. 地方政府无序低效率竞争的根本原因

地方政府的多重身份是造成地方之间无序竞争的根本原因。地方政府的角色应该限制在管理主体，但是现实中地方政府既是利益主体，又是管理主体，还是经济主体。这种角色的叠加使得地方政府官员能够干预经济运行的方方面面。我国放权让利的改革激励地方政府自主发展经济，地方政府的良性竞争一度推动了中国经济长期高速的发展，同时地方更加强化了自身利益的意识。政府主动参与市场竞争，主导本地经济的发展。这种状态延续数年的结果，是中国的竞争主体不仅仅是企业，还包括中央、地方政府参与市场中的竞争。地方政府从市场的监管者转变为市场竞争的参与者和市场监管者。也就是我们俗话说的，既是运动员也是教练员（史正富，2013）①。改革开放向纵深推进之时，资源的损耗已经不足以支撑过去高速经济发展的态势。与此同时，中央没有同步完善和规范竞争的制度与政策。经济发展到一定程度，资源硬约束加上地方政府延续的资源拉动型经济发展模式，使得竞争效应从正面转向负面。地方官员出于理性，选择与本地企业形成利益联盟，为了最大化自己的利益而与企业协调合作。为了保持自己的相对竞争优势，地方政府往往运用行政力量干预市场与企业的正常行为，最终引发过度竞争。行政性分权的结果是地方政府和辖区内经济发展的企业联系更加紧密，地方工作人员甚至运用行政权力干预正常企业间的自由竞争秩序，运用司法"促进"和"保护"本辖区企业的发展。

2. 财政体制和经济调控的原因

在现行的财税制度下，地方政府为获取资源优势追求财权，加剧了地方间无序竞争态势。经济和行政权力的下放，实际上扩大了地方政府经济调控权。以分税制财政体制改革为例，1994年的分税制改革，中央和地方之间的收支关系只是在基本框架下确定下来，而事权与财力如何匹配没有触及，这没有考虑以往体制对地方激励不足以及体制鼓励"寻租"的问题。中央政府默许地方政府预算外收费，以及预算外建立专项资金，这种制度和政策环境实际上鼓励甚至逼迫地方

---

① 史正富：《超常增长1979~2049年的中国经济》，上海人民出版社2013年版，第23页。

政府之间的竞争。地方县域经济的竞争被看作是中国经济高速增长的密码（张五常，2009）①，并且因为县的经济权利最大，所以竞争最激烈。今天的地方政府竞争更类似于商业机构之间的竞争，地方政府也已经成为资源配置的主体。国家宏观调控扭曲为中央政府对地方政府的调控，地方政府在中央和地方人大规定的目标中选择可以完成部分，中央指标更多情况下则在地方执行过程中落空。以"十二五"规划为例，地方追求高速增长和投资，逼迫中央为地方经济增长调配生产原料，使得中央受到地方的"调控"。中央"十二五"规划中 GDP 的增长速度定为 7%，而各省的 GDP 加权平均达到 10.5%；2013 年中央提出 GDP 增长目标为 7.5%，地方则有 24 个省市区目标在 10% 以上。这种欠缺法规制度的地方政府经济调控权不利于形成全国统一性市场。显然，地方政府经济调控权的扩大，是导致地方政府间无序竞争的一个不可忽视的重要原因之一。

3. 政绩考核制度原因

我国政绩考核存在制度缺陷，地方官员在此制度下被迫过度竞争。20 世纪 80 年代的改革开放注重经济效应，没有考虑到政绩评价制度的科学性。地方官员在以 GDP 论英雄的制度压力下，为了取得政绩好评并以此获得职位上晋升，直接插手经济发展，甚至转变为地方利益的总代理，努力促进本地区 GDP 增长。中国现行干部考核制度直接用区域发展经济成果和干部的执政能力挂钩，经济发展成果用一系列经济指标衡量：建设项目数量，企业引进数量，外资引进规模和经济增长速度等。为了成为优秀干部，地方政府官员频频干预本地企业的投融资，目的是为了增加本辖区经济总量和政绩，阻止和妨碍生产要素和商品在不同区域之间的流动。他们出于狭隘的短期利益考虑，选择在其任期内增加政府业绩的项目，不论项目是否造成区域经济结构的雷同或者重复建设。如前面对中国地方政府行政结构的分析，地方政府实际上受到人大和国务院双重领导，再加上中国的法规制度不健全，"人治"大于"法制"的现象屡屡发生。地方政府官员利用制度的缺陷创造更多的政绩，项目的成败与在任官员的绩效不直接挂钩，不论成败与否，都有后继者来承担结果。这种制度让地方官员们乐于拼命上项目，搞建设，进而加剧了地方之间的产业结构趋同的竞争。

4. 公有制下产权所有者制度的缺位

公有制产权下，所有的公共财产归公民共同所有。产权所有者是所有公民，但没有具体到哪一个公民或者哪一类公民，这种产权的界定在实际操作中出现产权所有者缺位的现象。由于法律上产权所有者不确定，那么用于生产资料的公共品的收益归谁所有，或者名义上具有集体所有的生产资料归属不确定的个人。而

---

① 张五常：《中国的经济制度》，中信出版社 2009 年版，第 13 页。

实际上从行政结构进行资源分配的顺序来看，政府官员最后拥有生产资料的收益支配权。以土地资源为例，法权意义上，人民拥有所有土地，但是实际层面土地的流转却不能由单个土地所有者支配，而是要经过村集体的决定。这种信托—托管的关系使得名义上的土地资产所有者无法自主决定资产的收益。虽然在法律层面上剩余索取权仅属于全体人民，实际上只有地方官员有权控制本区域不动产的剩余价值。我国没有建立完整的土地产权制度，农用土地转换为建设用地具有巨大的租金级差，地方政府官员可以运用手中的公权力，在城乡土地"二元管理"的制度下，在土地转让、交易等环节采取非市场化的方式获取寻租利益。全国范围内的开发区建设导致很多农用地被占，与土地产权制度缺失密切相关。再以地方国有企业为例，地方国有企业与地方政府的关系紧密，产权关系不明晰。地方政府为了自身利益用行政权力分配资源到地方国有企业，扰乱了公平竞争的市场秩序。有的地方政府利用国有企业盲目扩大生产，加剧某些行业的产能过剩。

5. 地方政府公司化运作制度的原因

中国地方政府运行体制、激励机制和权力配置制度缺陷使得"地方政府公司化"。所谓地方政府公司化是指，地方政府运用商业的操作模式追求本地区高速经济发展。地方的领导班子类似于公司管理层，运用成本—收益分析地方政府项目和决策经济建设。地方政府公司化的现状源于中国现实社会资源匮乏的国情。在资源拉动经济增长的模式下，地方政府在自己的行政辖区，利用各种行政资源和市场可汲取的资本"经营城市"。地方政府成为推动经济增长的内在驱动力，并且从守夜人的角色转变为企业家式的市场参与主体。不仅地方官员从市场上获取大量资本，地方政府还动用组织上的优势，动员基层公务员推动要素资本化。各地之间比拼高速经济增长，直接造成资源配置的低效率。正如克鲁格曼（Paul Krugman）所说，政府虽然能够组织和动员资源投入经济增长，但是因为没有提升全要素生产率，提高生产效率和技术水平，因而经济发展是不平衡的和低效率的。如果从政治方面考虑，丹尼尔·贝尔提出中轴原理在政治领域和市场领域中的内容是完全不同的。政治上的中轴原理是指公益性和合法性；企业的中轴原理则遵循成本—收益原则。企业的中轴原理很大程度上没有考虑到政府的公正正义的职能，仅仅从数量关系上考虑投入—产出的效益。政府的公司化使得政府偏离了公益性性质，官员偏向能带来短期利益的经济项目，忽略长期的公共品供给。这样政府转变为与民争利的利益主体，激化市场主体与政府主体之间矛盾，也激化社会矛盾。我国地方政府在土地资源流转中，围绕征地和拆迁的问题和冲突说明了政府公司化制度带来的社会问题。

6. 中央审批制度和信贷控制制度的缺陷

中国地方政府的投资冲动非常强烈，而地方政府之间的竞争激化了投资的冲动。现行体制下，中央政府采用事前项目审批制对宏观经济调控施加直接影响，运用信贷控制、土地控制施加间接影响。这种调控方式是行政性质的。政府主导加上行政调控会导致地方的经济结构进一步扭曲，出现效率不足甚至腐败的问题。比如最近媒体揭示的中央高官亲属插手地方基础建设项目，出现项目层层转包的问题；还有媒体多次报道的豆腐渣工程等，均说明了审批制度的缺陷导致的腐败和资源配置低效率。直接的行政调控因为缺少市场反馈的信息，更容易导致地方政府的盲目大上项目，竞争资源，从而加大经济波动的幅度。正在推进的削减中央政府审批权的政府职能转变改革，意味着中央政府需要新的手段调控地方政府投资活动。同时，我国政府投资监管主体复杂，不仅缺乏独立性，而且后期监管缺失导致监管效率低下。这也是导致地方政府不顾投资成本和过度投资的原因之一。[①]

7. 地方税收制度对地方无序竞争的激励

我国税收结构以流转税为主体，地方政府的税收来源主要是营业税、增值税和个人所得税。地方政府的税收基于企业上缴的利润和地方居民的消费。如果以个人所得税作为地方政府增收的手段，意味着地方政府短时期要提高辖区居民的收入，这在短时期内无法用某种经济措施得以实现。因而地方政府会理性选择鼓励当地企业生产，以从企业的营业收入和利润中获取更多的税收收入。现行税制鼓励企业生产，生产企业生产越多，可以向政府缴纳更高的营业税。另外，地方政府也鼓励生产企业提高产品附加值，同时鼓励本地居民和外地居民多购买本地产品，以获得更多企业增值税和居民消费税。本地居民的消费能力，会受到本地经济条件和收入水平的制约；而如果外地居民消费在外地消费本地产品，则商品流入其他消费区域时，对本地生产商品应征的税收会因为流转税负而输入到消费地，导致商品生产地的地方政府丧失了一部分税收。这种税收的外溢性会降低地方政府的税收收入和本地居民收入水平。因而对于地方政府来说，最好的选择是发展短期能够给本地政府带来直接税收的项目，以增加本地税收总量。比如地方政府经常引进大型生产项目，既可以解决当地居民的就业问题，也可以在生产环节贡献更多税收。

（二） 地方政府无序低效率竞争的方式

所谓地方政府的竞争，是指地方政府在 GDP 排名竞标赛中，突破既有的规定限制，基于自身利益需要自行制定优惠政策，或者向上级索取优惠政策，从而

---

① 高培勇、杨志勇：《将全面深化财税体制改革落到实处》，中国财政经济出版社 2014 年版，第80 页。

导致既有的公平竞争秩序的缺失。诚然，公平市场经济条件下的竞争能够优化资源配置，降低成本，提高效率。有学者也指出，中国近几年经济高速增长的奇迹在于分税制下地方政府为了经济增长而竞争。但是竞争一旦无序，不仅会造成资源配置低效率，特别是公共资金使用浪费，同时也会产生环境污染、产能过剩等一系列的问题。由于地方政府之间行政级别相当，我们将地方政府竞争称作横向竞争。地方政府竞争的内容和形式在不同时期表现各异。下面我们分析分税制财政体制下，地方政府之间横向竞争的主要表现形式以及每种竞争形式下的竞争手段展开分析。

1. 税收竞争

地方政府税收竞争是指利益相对独立的行政一级政府，为了克服外溢性造成的利益损失，运用税收和非税收手段吸引辖区以外资源到本辖区，或者阻止本辖区的税收资源流入其他辖区的行为。地方政府的税收竞争手段包括两种：第一种是降低法定税率，确保本地方资源留在本辖区内；第二种是降低税收的执法程度，比如放松税收的审计以及税收稽查力度。我国分税制财政体制承认地方政府的利益正当性，在制度设计上为了激励地方政府，地方政府具有独立的行为目标和行为模式。税收是地方财源的主体，服务于政府的工作目标。在中国资源拉动经济增长的模式下，更多税收资源意味着更快的经济增长和更大的经济份额，因而地方政府之间存在激烈的税收竞争。税收竞争的主要内容包括以下三个方面：

首先是地方政府实行以吸引外来投资为目的的税收竞争策略。只有保证有稳定的税源和更多的税基，地方政府才能确保有稳定增长的税收收入。一般来说，地方政府可以制定当地的优惠政策，吸引外来企业落户到本地，税收政策就是常用手段之一。常见的税收政策包括减免企业所得税的税收额，或者针对不同企业实行差别税率。减免税收实际上是对中央统一税率的一种变相扭曲，不利于我国整体税收的稳定。2012年底，我国18个省自己制定的税收优惠政策多达760多份，变相减免税收和对企业税收返还总额达到371.31亿元。地方政府建立产业园区和各种经济开发区，并配套相应的优惠措施。比如，对园区企业采取税收先征后返，对纳税大户实行税收奖励，对某些产业实行政府补贴。由于政府具有土地的剩余价值索取权和实际的操控权，他们甚至可以无偿出让土地，将农业地转为公用地后给予基础设施配套。还有的地方政府甚至采用国家屡次禁止的包税和买税的方式。地方政府扰乱公平的市场秩序还表现在用财政资金补贴竞争性企业。审计署2012年审计报告显示，被审计的18个省中有75亿元财政资金用于补贴或兴办竞争性企业，其中8亿元财政资金直接补贴给了限制类行业。

其次是地方政府实施地方保护主义的税源竞争。地方政府不仅运用行政管制限制外地产品进入本地市场，同时限制本地税源流向其他辖区。地方保护主义造成全国市场的分割，公平竞争的商业秩序在不同地区之间阻隔，直接影响市场在资源配置中的基础地位。具体地方保护主义的形式包括流入限制和流出限制两方面。流入限制可以通过地方政府的"红头文件"、"办公室纪要"等方式传达到职能部门，设置技术壁垒或者各种税收费用壁垒，防止外来商品侵占本地市场。流出限制则包括完全禁止本地税基流向外省，从数量上控制税收的外流情况。地方保护主义是不公平竞争产生的外在环境因素，有悖于市场资源配置效率原则，不利于产业的升级。

最后是地方政府以吸引高素质劳动者为目的的税收制度竞争。地方政府提高税收征管水平，加大投资环境的财税支持力度，以节约征税成本吸引创造财富的劳动力。比如地方政府提高征管的信息化程度，提升税收征管人员的业务素质，就能够形成高效的办税能力，降低税收征管损失，提高效率。同时地方政府大量投入基础设施建设，创立更多产业园以提高创业环境，吸引更多的资本和高素质人才聚集到本地。

2. 财政支出竞争

地方政府通过财政支出进行资金配置，调整本辖区的经济结构和公共品的供应。地方政府扩大财政支出，经济增长率会明显上升，本辖区 GDP 的排名也会靠前。因而地方官员在保护税源的竞争中截留资源，是为了更好地通过财政手段支出，以创造更优的政绩。国家对税收优惠的规范日益严格，地方政府可以采用的优惠措施更为有限，因而地方政府更倾向于采取支出获得竞争优势。财政支出手段在许多地区已经占据经济发展的主导地位，非协调性的支出竞争会引发一系列问题。例如财政支出结构不合理、地方政府预算管理政府收费混乱、区域间的财力不均衡和公共品供给不均衡等。地方财政支出竞争主要有以下两种：

一种是各级地方政府发展总部经济的支出竞争。各级地方政府运用支出政策吸引企业在本辖区建立公司地区总部。比如 2006 年天津市制定促进企业总部和金融业发展优惠政策，对新设立的总部机构给予直接财政补助；对个人所得税进行财政返还；对购置办公用房给予财政补助。苏州 2003 年出台相关的文件，鼓励外国跨国公司在工业园设立地区总部。专门建立财政专项基金对跨国公司总部扶持，对办公用房和土地予以财政补助。其他省市诸如北京、上海、广州、厦门等也纷纷出台相类似的支出政策，鼓励厂商在本辖区建立公司总部。

另一种是各级地方政府发展国际外包的支出政策。比如 2007 年苏州出台《苏州市关于促进服务外包发展的若干意见》，明确设立基金支持服务外包。该规定明确给予符合条件的企业相应的财政优惠政策、财政补贴及贴息贷款支持。天津在 2007 年出台的政策中，以返还营业税和企业所得税的方式给予相关企业扶持，给海外归国人员给予财政奖励，对相关单位购买和租用办公用房提供财政补贴。

3. 土地财政竞争

所谓土地财政竞争是指，地方政府的财政收支对土地相关财政收入依赖程度较高，并且地方政府之间竞相最大化土地资源货币化收入的地方财政运行形态。土地财政竞争的主体是地方政府，他们围绕土地资源的相关收益安排财政收支活动。与土地有关的财政收入和相关的租金和税收收入都由地方政府作出收支安排。在分税制无法满足地方政府支出需求的情况下，地方政府可用的资源就是土地。土地名义上属于全民所有，但是土地变现的操作流程由地方政府全权代理。土地既作为优惠的资源吸引外商投资建厂，也可以用来出让获得相应的租金，更重要的是土地的性质从农用变为商用时，地方政府可以获取额外的巨额地租差价，以弥补中央对地方财力分配的不均衡。为了争夺巨额的差额地租，地方政府之间也存在激烈的竞争。我们将这种地方政府竞相资本化土地，争取更大的极差地租的竞争现象称作土地财政竞争。该现象的基本形成逻辑是：地方政府官员为了本辖区的经济增长，将土地作为招商引资的主要手段，使得地方政府之间通过出让土地而获得发展资源的行为方式进一步强化。地方政府官员在经济指标考核体系下，以"土地引资"拉动经济发展，为了经济增长而竞争自然转化为土地出让竞争。土地财政本质上是地方政府利用土地级差收益，获取地方经济发展资金，然后通过密集型投资的集聚效应，利用税收收入增加地方财政收入的一种竞争方式。

土地财政是地方政府将公共资源资本化以获得发展资金的运作方式，其主要内容包括：①土地出让收入，一般用土地出让金衡量。地方政府通常运用招、拍、挂方式出售土地，从市场上获得土地出让的收入；②与土地相关的税费收入，包括地方政府开发土地及其附着物所获得的税费收入；③地方政府运用土地投融资带来的收入。包括前面提到的各种开发区和投融资平台公司，借用政府的信用担保，以未来地方财政收入和土地收益作为还款来源向银行获得土地抵押贷款。

我们将地方政府间土地财政的竞争归纳为以下形式：

一是以招商引资为目的的土地资源的出让竞争。招商引资是地方政府竞争中一种最典型的综合性要素竞争形式。土地价格作为吸引流动生产要素（资本、人才、技术）的工具，成为地方政府之间非合作博弈的重要筹码。地方政府以低地价、零地价甚至负地价方式，吸引厂商到本地建厂。这种不计成本突破底线的竞争方式导致无序竞争、过度竞争甚至是自杀性竞争。对地方政府的经济增长实质上起到负效用。现实中，某些县将企业缴纳的税收和土地出让收入等相关收入，通过列支财政支出的方式返还给相应的招商引资企业，结果减少县级的可支配财力。审计署 2012 年的调查表明，54 个被调查的县有 53 个县出台了明显与国家政策相悖的优惠政策。这些县 2008～2011 年共计出台 221 份文件，在招商引资中以财政列支变相减免应该征缴的财政收入共计 70.43 亿元。仅 2011 年就免征 33.36 亿元，相当于当年一般预算收入的 5.81%。

二是地区之间的土地财政收入标尺竞争。中央在选拔地方官员过程中，往往横向比较同级别官员的绩效，因而地方政府官员面临着考核机制中横向比较的压力。这就是所谓的"标尺竞争"。这种标尺竞争在地方财政税收收入和地方财政支出方面（踪家峰等，2009）以及地方政府公共支出（张晏等，2010）表现非常突出，在土地财政收入方面则是间接展现出来。由于分税制削减地方政府的收入，地方政府过多依靠土地财政收入发展地方经济，地方官员为经济增长而竞争成为土地财政竞争的内在冲动力。而现行的土地公有制度和房地产市场的发展则为地方政府创设了土地财政收入的制度环境。这三者共同构成土地财政收入竞争的条件。实证表明，地方政府在土地财政收入方面也存在标尺竞争（骆祖春等，2011)[1]。

三是地区之间土地资本化的竞争。地区之间的竞争主要围绕资本的竞争展开，因为资本的密集投资能够更短时间内带来更多的绩效，而资本竞争的背后除了招商引资这种方式以外，土地资本化是地方政府的另一条生财之道。地方官员在税收收入不能满足区域经济发展需求的状态下，通过国有资产货币化的方式，将国有土地抵押给银行获得贷款，完成土地资本化的过程。中国的土地是公有的，但是地方政府有事实上的国有资产处置权，能否实现单位土地资本最大化，则关系到地方政府土地出让收入的最大货币化。为了尽可能获得更高的土地收入，地方政府在单位土地价格上也存在竞争。地方政府之间存在将土地抵押给银行，实现土地融资资本最大化的竞争。

土地财政竞争的形成有深刻的历史背景。1994 年的分税制改革将 18 个税种划分为三类：中央税、地方税和中央地方共享税。中央一级为了短时间改变其收支不抵的状况，将主要精力放在中央税和中央共享税的建设上，地方税收被削弱得非常厉害。2002 年的税收改革则进一步增加了共享税的比重，而全国范围内实行的"营业税改为增值税"的税收改革，又一次削弱了地方政府的可用财力。营业税是地方政府唯一的主体税种，将其纳入增值税的框架中，意味着中央和地方的共享税占比更大。中央的税收更多，地方财权则比以往更加受到挑战。地方政府的财政收支长期处于矛盾状态，再加上各省之间的 GDP 排名压力，地方政府只得寻找其他财源弥补财政收支失衡。土地出让金收入成为地方政府的首要资

---

① 钱海刚：《财政分权、预算软约束与地方政府恶性竞争》，载于《财政研究》2009 年第 3 期。

金来源。2003～2012年，地方政府土地出让金收入相当于地方财政总收入的52%，2010年达到最高点72%。土地税收收入与房地产行业紧密联系，2012年地方税收收入有11个税种与房地产相关，土地和房地产开发和交易的相关税收占到当年地方财政收入的31%，总额为1.9万亿元。中国的土地资源相对有限，地方政府用粗放的土地扩张举债发展以维持经济高速增长，不可避免患上了土地财政依赖症。

（三）地方政府无序竞争的形成路径及效应

制度变迁是理解政府竞争的前提，从中央和地方政府之间关系切入，则是理解中国地方政府竞争关系的关键。中央和地方之间的关系解释了地方财政风险的形成及风险分担机制，也可以用来解释地方政府之间竞争的原因。行政区域的独立性使地方政府之间竞争表现为经济总量的竞争，地方政府之间出现"赶超经济"的行为则是因为中央对地方的 GDP 排名。分税制财政体制确保地方政府有相应的财政支配权，在支配权不断扩大的情况下，地方政府才能运用财政方式进行竞争。财政竞争方式中最常见的有财政税收竞争、财政支出竞争和土地财政竞争。税收竞争旨在将税基和税源保留在本辖区内，确保资源不外流；财政支出竞争则确保地方招商引资的增长；而土地财政竞争确保地方政府有足够的资本投入城市建设和基础设施建设项目之中。尽管竞争推动了经济增长，促使地方政府提供公共产品，提升人民生活品质，但是过度竞争也带来了负面效应。比如中国地方政府出台的优惠税收政策与中央宏观调控的宗旨相违背，中国地方政府只考虑本地区利益，这不利于全国统一市场的形成。那么，中国的地方政府无序竞争与地方债务风险不可持续性有关联吗？中国的地方政府竞争对资源配置的效率是高还是低？

1. 地方政府无序竞争导致地方债务风险

（1）中国央地之间的纵向竞争和地方政府之间的横向竞争。

首先，中国的央地关系主要经历了三次大的调整：统收统支阶段（1950～1979年）、财政包干阶段（1980～1993年）和分税制阶段（1994年至今）。这三次调整主要解决中央与地方权利和利益格局的划分，以及调动地方积极性的问题。统收统支阶段，地方完全听从中央的安排，保证了中央和地方协作的一致性，但是却没有调动地方政府的积极性，因而地方经济的活力没有充分地发挥出来。财政包干阶段，地方政府的积极性充分调动起来，但是却超出了中央的控制预期，使得中央的财政收入和支出出现问题。为了同时提高中央财政收入占全国财政收入的比重，以及中央财政收入占国民生产总值的比重，中央1994年分税制改革，确定了中央政府和地方政府之间的税收利润分成。该制度确保中央与地方共同分担经济发展中的风险与收益。为了调动地方政府的积极性，中央通过税收分成的方式给予地方政府合理的预期收入，并且运用以 GDP 锦标赛为核心的标尺竞争考核，激励地方政府发展经济。然而这种制度并没有完全细化到省级政府以下，在央地职责和权力不匹配的情况下，央地之间纵向竞争的问题没有完全解决，地方政府之间横向竞争的问题却越演越烈，甚至到了"打破底"的程度。中国的政治体制下，地方政府是有限责任政府，地方政府行为公司化表现为恶性竞争，而恶性竞争结果的最终风险承担着在中央政府。从制度层面上看，地方政府有无序恶性竞争的动力，但是却没有相关制度制约地方政府之间的恶性竞争。另外，财税体制和行政体制的风险承担机制不一致。按照财税体制风险承担机制，中央政府承担中央职责范围内的风险，地方政府承担本级政府的风险。既然中国地方政府是中央政府的派出机构，派出机构没有承担全国风险的义务和责任。如果按照行政体制，中国地方政府本应该成为承担无限责任的主体，但是现在由于地方政府的财税是各自负责的，于是地方政府就宁可不承担该无限责任，而把责任风险上交给中央。中央作为最终责任的承担者，只能运用超发货币的方式把风险转移到社会（温铁军，2013）。

其次，分税制下的纵向和横向财力不均衡。分税制财政体制划分地方政府间的财权，在制度层面上对中国多级财政体制有正效用。但是该体制突出的问题是导致基层政府财政困难和基本公共服务水平在区域间存在巨大差距，导致中央和地方之间的纵向和横向财政不均衡。所谓纵向财力不均衡，是指不同级次政府收支平衡能力上的差异，典型表现为中央政府收入大于其支出需求，而地方政府则支出大于收入，出现财政赤字。所谓横向财力不均衡，是指同级地方政府之间收入能力和支出结构的差异。中国的分税制改革对原有的收入分配体制做了重大调整，但是忽视了配套的转移支付体系改革，更没有注意到税种的划分对中国地方政府行为的负激励作用。制度的缺失扩大地方之间的差距，也使一些地方政府陷入财政困境，公共服务水平区域间的不公平导致不同区域间收入水平差距加大。

最后，中国基层政府财政体制有"条条与块块"的冲突[①]。"条条"是指中国的行政部门的垂直化管理方式，这种管理模式造成基层政府职能和财力的分割。以地税部门为例，地方税收部门不与其他部门共同隶属于基层行政部门管理，而是直接由省级财政部门领导；工商、技术监督和国土资源管理等有收费权的部门收入直接上划，不进入地方政府收入；有经营资质或者准经营资质的国有企事业单位，也实行垂直式管理方式，致使地方辖区内的优质财源被分割。政府

---

① 中国社会科学院财政与贸易经济研究所：《走向"共赢"的中国多级财政》，中国财政经济出版社 2005 年版，第 88～89 页。

机构内部，许多机构和事业单位有收费权，其在经费筹集和资金使用方面比完全依靠财政拨款的政府机构有更大自主权。现有的预算管理改革措施只能监督资金收支程序，获得收入的部门有权使用资金，地方财政无法将这些部门的收入纳入一般预算进行调配和使用。这种行政与地方财政管理相互掣肘的现象表明，地方财政的收支管理本身存在着漏洞，地方财政机构的收入支出职能管理和权责在基层行政管理框架下，无法展现出来，地方政府的行为不可能从预算层面受到制约。

（2）中国央地竞争引致地方政府债务风险。

中国纵向财政竞争压力导致债务和地方融资平台形成。中央政府和地方政府之间的竞争是在中国计划经济转向市场经济的大背景下形成的。地方政府处于中央和企业之间，具备承上启下的沟通作用。中国中央和地方的竞争博弈中，针对资源和控制权的博弈，地方政府基本不占优势。如果我们把中国的纵向财政竞争细分为纵向预算外竞争和纵向预算内竞争两种形式，两种竞争通过不同的机理导致地方融资平台形成，扩大地方政府的债务风险。纵向预算内财政竞争，主要因为中央对税收收入的划分，造成地方政府预算内收入不足。"收入上移、支出下移"的财政分配制度，使得财政总收入过多集中在中央，而地方政府预算内收入财政压力不断增大。地方政府为了弥补预算内支出缺口，纷纷转向预算外资金。中央和地方的纵向预算内竞争迫使土地出让金①作为地方基础设施发展的经费来源。地方政府财政收入转向预算外，而中央政府与地方政府的博弈使得中央逐步将预算外收入逐步纳入预算内管理，导致地方政府能够任意支配的财政收入进一步萎缩。结果是纵向预算外财政竞争引起地方政府预算外财政收入不足以支撑地方经济发展所需资金，地方政府更偏向于通过地方融资平台，运用政府信用换取更多融资。这样，中央和地方两级政府的预算内和预算外财政竞争，共同形成合力干预市场，进一步模糊市场与政府之间的边界，不仅导致资源配置低效率，更重要的是引致地方政府隐性债务风险。②

分税制下地方政府投资一般不能仅仅依靠当年的财政收入，因此许多地方政府发展出"土地财政"加"地方融资平台"的建设融资机制产生许多负面效应。一是正常的预算管理制度不能管理以上体外循环资金，对城市建设缺乏必要的约

① 土地出让方式是土地使用权取得者取得用地的一种方式，同时也是土地资产处置的一种方式。出让的土地使用权是土地使用者向国家购买的一种财产权，土地使用者不仅可以占有、使用和取得土地收益，还可以独立支配和处置土地使用权。地方政府土地出让金不是简单的地价。对于住宅等项目，采用招标、拍卖、挂牌等的方式，可通过市场定价，土地出让金就是地价。可是对于经济适用房、廉租房、配套房等项目，以及开发园区等工业项目，往往不是依靠完全的市场调节，土地出让金就带有税费的性质，是定价。
② 马柱、王洁：《地方融资平台成因探究——纵向财政竞争的新视野》，载于《经济学家》2013年第5期。

束。地方政府官员难免浪费资源，好大喜功，还有的利用监管漏洞贪污工程款。二是地方政府能够将土地货币化获得廉价的资源，或者从银行通过融资平台获得低价的贷款资源。三是以环境、水利为主体的公共投资难以保持现在的持续性回报，导致原有的融资机制不具有可持续性。实际上，地方政府通过土地出让的方式竞争廉价资源，或者从商业银行竞相获得低于市场利率的贷款，却出现后期资金回报不确定的现象，都是地方政府投融资低效率的体现。

（3）地方政府之间土地财政竞争与地方债务风险。

地方政府间土地财政竞争推高地方债务风险。中国现有的行政与市场二元资本形成的格局下，市场制度的不规范及其对主流资本形成机制的依赖，加上中国地方政府预算"软约束"的制度环境，使得地方政府在既定的政府管理体制下，围绕经济资源展开竞争。自1994年财政体制改革以来，地方政府从土地销售收入中获得的份额从40%增加到95%。因此，随着城市化进展，土地销售成为地方政府的重要收入来源，资金通常进入政府管理基金。土地销售收入随后被投入基础设施投资，以此推动城市化进程。更高的基础设施建设支出直接促进经济增长，也间接带动其他投资促进经济增长。由于强劲的经济增长能作为官员晋升的重要筹码，地方政府官员有持续销售土地以保证"销售—投资—增长"不断循环的动机。在中国政治体制下，中央政府和地方政府不会在提供公共品以获得居民认同上相互竞争，地方政府间的竞争成为推进我国经济发展和社会转型的强大动力。土地销售也提供可观的预算内财政收入增长。从土地中获得的直接税收占到了总财政收入的10%，其中包括了对城市土地使用、农地占用以及土地转让的征税。间接税收包括从建筑及房地产公司征收的营业税及企业所得税，这在一些城市占到了总财政收入的50%以上。中国对土地销售的高度依赖表现为，土地已经在很大程度上成为地方政府最值钱的资产，实现土地销售增长的最佳途径便是推进城市化进程。

持续依赖卖地收入的财政被称作土地财政，土地销售已经成为地方政府财政的一个主要风险源。首先，地方政府依赖土地销售可能导致房产的过度供应，这将反过来导致市场的调整，继而可能引发恶性循环。由于土地销售下降，地方政府将不得不减少支出，同时建筑业的不景气将影响地方财政收入。结果，经济下滑加剧，地方财政支出进一步萎缩。地方政府通常通过土地或房产向地方政府融资平台注资，以他们作为抵押品获得借款。因而，市场调整将使得地方政府融资平台难以获得借款。同时，资产的评估价格下降，包括抵押品的贬值最终导致难以用销售土地的方式来偿还到期债务。

2. 地方政府无序竞争造成资源配置低下

（1）预算软约束条件下地方政府资源配置低效率。

布里顿（Breton）在《竞争型政府》中指出，地区之间只要存在外溢性，就存在地方政府竞争。决定地方政府之间竞争强度和持续性的因素有政府行政级别、财政分权程度。布里顿认为，财政分权强化了财政竞争。在我国的政府竞争框架下，地方政府为经济增长排名而争夺资源，而预算约束决定了争夺资源的可持续性和强度。一般而言，预算约束越软，竞争的资源越充足，竞争的强度可能越大，竞争就越可持续；反之，预算约束较硬，竞争的资源就越稀缺，竞争的强度相对较低，竞争就是不可持续的（钱海刚，2009）。[①] 我国《预算法》规定，地方政府不能自行发债券融资，地方政府只能通过以下三种渠道融资：向中央政府提供担保的外国银行贷款、向国家开发银行贷款或者向国有企业贷款。前两种的贷款额度小，后一种则超出了银行的监管范围，是一种绕过《预算法》的融资行为，是地方政府预算软约束的重要表现之一。地方政府控制了各级的城市经营、建设和发展公司，这些公司因为有政府的担保更容易获得银行的贷款。同时由于这些地方政府控制的公司从事的是关系国计民生的基础设施行业，其投资回报可以通过收费的方式转嫁到市场的消费者，事实上模糊了市场与政府的边界。政府干预市场的结果是市场无法在资源配置中起到基础作用，降低了资金的使用效益，也降低了资源配置的效率。预算软约束制度导致地方资源配置效率低下表现在地方政府项目投资上。地方政府由于主观考虑决策优先支出的项目，其支出往往扭曲预算外资金的配置效率，造成地方财政资源配置无效率的局面。我国的金融市场没有完全市场化，信贷市场在地方政府的掌握之中。因而地方政府项目选择时没有考虑融资成本，为了急于拉动经济而短时间大量上项目，很可能会有许多无效率的投资项目。当一个无效率的投资项目要追加投资才能完成时，如果追加投资能够减少因项目废弃造成的沉淀成本或损失，地方政府会急于追加投资而突破原有的预算。这种情况会造成资金的投资回报率降低。

（2）地方官员考核制度下的支出竞争导致支出结构扭曲，资源配置效率低下。

以经济增长率作为重要考核指标，导致地方官员将大部分资源投入到显性政绩的工程。一般地方官员任期为 3~5 年，任期过短导致了地方官员短期出政绩的思想意识。法律规定官员在一届任期内没有很好的政绩，就会被调动到其他岗位。这进一步强化官员预期短期化，扭曲地方财政支出结构。具体表现在：一方面，我国基础设施投入领先于同水平国家；另一方面，我国在教育、科技、卫生等方面投入严重不足。以教育和医疗领域的财政支出为例，1991~1995 年我国教育和医疗卫生支出比重是 14.43% 和 2.46%，到了 2001~2005 年我国教育和医

---

① 钱海刚：《财政分权、预算软约束与地方政府恶性竞争》，载于《财政研究》2009 年第 3 期。

疗卫生支出下降到 14% 和 1.71%①，这种结构性的扭曲将会造成更大的社会不稳定，并且成为经济不可持续发展的重要原因。因为关系到经济发展长远利益的教育、科技和卫生是保证经济发展长期稳定的重要力量。只要中国的财政分权机理机制不改变，地方政府官员基于私利和功力的目的就不会偏向于长期关乎经济发展的支出结构，从这个意义上来说，转移支付制度即便在促进地方公共品提供方面有良好的政策愿望，但是在有关民生支出和建设支出结构合理化方面效果很弱。

（3）央地之间的博弈造成地方政府金融资源配置低下。

中国特色的权利级别直接影响到其金融资源的配置，中央和地方财政资金分配不均，导致地方政府试图绕过中央，运用自己的政治影响力争夺金融资源的控制权。地方政府对土地资源的汲取与地方银行信贷权的控制相伴而生。土地资本化很重要的环节是银行作为中介对国有资产评估作价，并给予地方政府资金支持。由此，国有资产变现后，被地方商业银行贷款放贷出去。至于国有资产的定价是否合理无人问津，其最终的损益只能由中央和全体人民买单。这种情况下，类似于土地等不动产的投资风险容易转嫁给银行，形成大量的坏账，资金配置效率降低。由于财税制度的原因，地方政府在配置产业资本时就会把财政收入作为重要的衡量目标，这样造成的结果就是：地方政府运用行政强力挤压实体经济部门的生存空间，提高其征税力度和强度以获得更高税收。而与土地相关的房地产行业因为与财政收入和支出都紧密相连，出现泡沫，资本的涌入使得地价也随之飙升。地方政府的行政干预，导致市场资源没有真正流动到最需要的实体经济部门，实体经济受到重创。中国现实的金融配置状况是：一方面，中国以银行理财业务、信托产品与银行同业业务的中国式影子银行体系延长了最终企业的借款链条，从而增加企业信贷成本。目前小微企业（主要是中小民营企业）的融资成本非常高。2014 年 1 年期基准贷款利率仅为 6%，但是实际上小微企业通过信托公司筹资的成本通常高于 15%，而温州民间综合借贷利率则在 20% 以上。另一方面，对资金成本不敏感的国有企业、地方融资平台和房地产企业对资金的过量需求挤占其他企业的信贷资源。

地方政府一味地追求经济增长，逐步形成了重基础设施投资、轻人力资本投资和公共服务投资，短期行为偏好严重的财政支出结构。各地方之间的保护主义、市场分割所导致的产业同构、重复建设等现象层出不穷。地方政府粗放型投资拉动经济的理念根深蒂固，为了获得高速经济增长不断大量增加信贷投资，让

---

① 乔俊峰：《地方财政竞争演进与政府治理转型》，载于《河南师范大学学报（哲学社会科学版）》2011 年第 3 期。

地方商业银行背负债务。地方政府的行为不具有反经济周期性，有时甚至是顺周期性的。比如宏观经济状况较好时，地方政府没有减少投资；当宏观经济状况不佳时，他们更要银行放贷拉动投资。地方商业银行金融资源成了地方政府拉动经济增长的资源库，其资金的配置出现低效率。全国人大财经委员会的一份报告指出，一些地方以城镇化的名义大搞基础设施和房地产建设，没有产业支撑的情况下超前规划各种工业园、高新技术开发区和新城区，土地资源利用率低下。2000~2011年，我国城区建成面积增长76.4%，超过城镇人口50.5%的增速。城镇建筑用地增长量大，年均增长超过110万亩，但是开发强度偏低。发达国家和地区的工业用地容积率一般在1以上，但是我国只在0.3~0.6。这说明我国土地资源的利用率偏低，资源配置很不合理。城市人口增长率低于造城的速度，出现"空城"和"鬼城"以及大型项目"晒太阳"的资源浪费状况。①

（4）地方政府招商引资的税收优惠竞争导致资源配置低下。

地方政府在现有税制下为了扩大收入，而采取政府主导的投资竞争，其表现形式为非理性地扩大投资规模，竞相以优惠政策招商引资，以便获得更多的税收收入和财政收入。在现行的税收政策中，税收优惠是地方政府吸引资本投资的主要方式。如前面所述，地方政府税收优惠政策导致各地出现"税收洼地"，不利于全国统一市场建设，不利于公平竞争环境的建设，同时妨碍市场资源配置作用的发挥。具体到招商引资过程中，许多地方政府承诺只要厂商来本辖区投资建厂，地方政府就给优惠税收政策。许多的优惠政策是针对各种开发区、高新区园区内的厂商。结果造成同一个辖区内的市场环境都有区别，园区内的企业有税收优惠，园区外则没有，这进一步打破了公平竞争的市场规则。

3. 地方财政竞争导致稳定风险

（1）地方政府资源消耗型竞争不可持续性，地方社会稳定风险凸显。

近年的地方政府无序竞争极大地扭曲了市场资源配置的机制，消耗了大量资源，对环境造成污染。地方政府无序竞争在压低劳动力成本的同时，却留下了巨大的权钱交易空间。地方公司化政府行为以抢夺资源，海量投资粗放式发展经济，以这种经济模式为主导的地方政府间无序竞争不可持续。首先，地方政府竞争加剧了产能过剩。我国现阶段的产能过剩主要集中在高污染、高耗能的产业，产能过剩超出正常市场竞争情况下，类似产业资源配置水平。2012年数据显示，中国钢铁利用率为75.8%，利润同比下降98.2%；水泥利用率为72.7%，利润同比下降32.8%；平板玻璃利用率仅为68.3%，利润率同比下降66.6%；电解

---

① 贵州都市报数字报：专家担心"中国式欧债危机"呼吁控制地方政府投融资"冲动"，http://dsb. gzdsw. com/html/2013 – 07/01/content_203973. htm。

铝利用率为 69.8%，全行业亏损面高达 93%。中国单位 GDP 能耗是世界平均水平的 2.2 倍、美国的 4.3 倍、日本的 2.8 倍。地方政府恶性竞争导致高耗能和高污染并存的局面，将制约中国经济的发展潜力。其次，地方政府无序竞争造成环境污染，恶化生态环境。水环境方面，我国长江、黄河等十大水系劣质断面比例为 39%，而湖泊富营养化状态占全国湖泊总数的 53.8%，城市地下水水体污染较差和极差的监测点比例为 57%；在大气污染方面，我国 113 个环保重点保护城市中仅有 23.9% 达到空气质量新标准。雾霾天气已经成为各大城市的地区常态，面积从京津冀地区向南扩展到江浙沪地区，向北扩展到东北地区。土壤污染方面，我国的土壤污染面积已达 2 000 万公顷，超出全国耕地总面积 20% 还多，其中受"工业三废"污染的土地有 1 000 万公顷。地方政府招商引资活动忽视对环境的保护，为了追求经济利益而放弃了对更为深远的生活环境的监管，使得中国走上了先污染后治理的老路。由于行政权力干预经济，干预环境保护，地方政府环保部门事实上无法抵制地方官员追求 GDP 的冲动，只能对领导招商引资的污染企业开放绿灯。最后，恶性竞争招致腐败。中央激励地方政府竞争发展经济，制度机制使得地方政府公司化倾向严重。政企不分的地方政府必然演变成为权钱交易的执行者，地方官员为了争取到项目审批不惜腐蚀贿赂中央部委干部。新华网披露仅广东一省，2005～2011 年，被查处的地厅级"一把手"有 151 名，几乎占全省被查处地厅级干部总人数的 80%。权钱成为交易招商引资的正当理由，没有钱、不送礼行贿就无法办成事情。[①]

地方政府公司化使得政府失去了公益性的基本价值导向，政府变成追逐市场利益的主体。政府既是运动员又是裁判员。公权力的介入导致政府分不清市场与政府的边界。政府官员的政策不再是扶弱济贫，专注于民生事业。民众的需要和要求难以迅速反馈到政府体系中来，政府对于基层社会的公共需要缺乏回应能力，很多民众的诉求采用非常规性的方式，比如上访、群体性事件等。已经设计好的信息渠道因为政府的逐利性而被堵塞，信息即便反映上来，政府工作人员缺乏为民服务的意识，也不会对相关信息做出反应。如此一来，造成社会积怨和社会的不满情绪，对财政的维稳支出构成压力。

具体分析，地方政府公司化的运行机制导致社会不稳定风险。风险的基本传导路径在于：第一，地方政府挤占了公共服务和社会管理的资源，并且用土地和税收资源发展地方经济。现有的考核体系用经济发展指标衡量，迫使地方政府偏向经济发展，忽视民生诉求。在我国动员型政治体制下，国家与社会不是对等性主体。地方政权没有制度约束去应对社会的诉求，地方政府可以忽略民生将大量

---

① 宋晓梧：《"三维市场经济"与地方政府职能界定》，载于《学术前沿》2013 年第 24 期。

资源用于经济的建设。第二，要化解地方社会内部冲突必须转变地方政府公司化的表现。地方政府运行过程中表现出鲜明的公司化的自主性。分税制确保地方政府在财政方面的自主权，同时地方政府对于地方公众需求的回应也有自主性。地方政府的价值取向和面临的制度考核决定其自主性活动。地方政府因为公司化导向偏离了公正正义的价值维度，地方政权本身被卷入社会冲突的一方，甚至是造成社会冲突的根源。比如，征地活动中，地方政府成为与房地产开发企业利益紧密联系的一方，在公有产权制度下，土地法律意义上的所有者不拥有土地的流转权，转而由基层政府代替其进行流转。招商引资的任务和土地农业转为工业用地的级差收益是政府强制土地流转的经济动力，地方政府因而变成了"掠夺之手"。第三，地方政府服务民众的意识不够，无法满足社会的公共服务和公共品。地方政府对积累的社会矛盾也没有足够动力去化解，民众的诉求得不到回应，政府的公信力会降低。地方政府与当地民众的疏离感增强，政府动员和渗透的能力减弱，一旦社会发生动荡，政府控制社会风险的能力有限。

（2）地方政府间投资竞争在项目激励机制下引起宏观经济波动。

2009 年中央政府推出 4 万亿元经济刺激计划后，地方政府竞相出现的投资竞争愈演愈烈。投资冲击是产生经济周期波动的重要原因，特别是中国地方政府固定资产投资的周期波动，是影响宏观经济周期波动的一个直接、物质性的主导力量。改革开放以来，地方政府通过投资推动地方经济增长效果显著。这里我们关注的是地方政府的激励机制、地方政府竞争与经济周期波动的机理。[①]

如上面分析，中国的官员绩效考核和财政分权制度安排下，地方政府官员面临政治激励和经济利益的激励。固定资产投资是显示地方政府官员政绩的重要经济动力。地方官员不够重视公共品和公共服务的数量与质量，而是更关心自己可以支配多少资源，迅速做大经济"蛋糕"，实现本辖区利益最大化。地方政府在经济管理体制中处于中间管理层，各区域之间通过投资竞争做大经济规模，争取更多资源。投资竞争包括三个方面：一是地方政府竞争中央投资项目落户到本辖区；二是地方政府追求投资规模，大干快上本地建设项目；三是地方政府运用投资优惠政策和管理上软约束条件，吸引辖区外资本流入本地，鼓励和活跃辖区内的民间投资。

微观层面的地方的投资竞争会影响到宏观层面的经济周期波动，其产生影响的机理如下。地方官员的职务竞争迫使地方政府官员短时期内要展现自己的政绩，而短时间出政绩的最佳策略是投资竞争策略，主要是固定资产投资。为了争

---

① 唐志军、刘友金、谌莹：《地方政府竞争投资冲动和我国宏观经济波动研究》，载于《当代财经》2011 年第 8 期。

取更多的投资资源，地方政府官员争取中央投资项目，或者本级政府用财政资金补贴某些投资领域，或者依托地方融资平台从市场上汲取资源，争取民间的资本参与到投资之中。中央的投资和本级政府的投资都属于政府性资本支出，地方政府的投资竞争提高了全国范围政府资本性支出的总额，拉动经济增长。地方政府融资平台属于准政府性投资，它和民间的投资一起构成非政府性投资对宏观经济的拉动力。地方政府性投资和非地方政府性投资共同作用，与中央的政府性投资形成合力，提升宏观经济的增长。由此，政府主导的投资力量在经济的波动中起着决定性作用。

各地方政府的投资因为其资金来源不同和投资性质不同，而对全国经济波动影响的机理也不尽相同。首先，地方政府从中央争取到的投资项目具有反经济周期的作用。中央在进行宏观经济调控时，出于经济结构调整、产业升级和协调地区发展的目的而进行的战略性项目投资，本身就以熨平经济波动为目的。当宏观经济趋于过热（过冷）时，中央政府会缩小（增加）投资增长规模，或者降低（提高）投资增长速度。其次，地方政府投资在一定程度上可以反经济周期。其机理是，地方政府在市政投资和公共事业项目上投资的资金来源不足，其借债总额受制于《预算法》等法规的限制，因而其投资冲动很难在短期内充分释放出来。但是一旦中央政府发出积极财政政策或者宽松货币政策的信号，地方政府官员会积极响应中央号召和执行中央政策采取扩张性的投资行为。2009年的4万亿元积极财政政策下，地方政府纷纷响应中央号召积极上项目，抵抗金融危机对宏观经济的波动就是一个明证。同样，当经济过热，中央采取紧缩性货币政策时，地方政府也会相应减少投资项目审批的数量。再次，地方政府借助地方投融资平台的准政府性投资具有顺经济周期的特征。各类形式不同的地方投融资平台，比如城投公司、城建开发或者城建资产公司等，因其依托政府信用向商业银行借款，其融资的难易程度与宏观经济形势紧密相关。当经济情况好的时候，城投企业向商业银行贷款比较容易；当经济下行时，城投企业融资较难。最后，地方政府运用其他融资手段，争取民间投资借贷的行为具有顺周期的特征。地方政府运用优惠政策或者放松对地方企业的约束，实际上是基于政府之间经济排名的竞争压力而激发市场活力。地方政府可以采用的政策有税收优惠，制度外税费减免或者变相先征后返，或者有意放松税收征管力度以藏富于本地，或者是土地使用的优惠政策等。这些竞争的手段在宏观经济下滑时对民间投资不具备很好的激发性，但是在经济整体趋热的时候，却能激起民间投资者的求利本性而起到火上浇油的作用。

（3）土地财政竞争促进地区经济发展失衡。

地方政府利用土地定价权获取更多的公共资源，以更好的公共服务和设施吸引更多的人才资源，区域之间的发展不均衡日趋严重。地方政府通过提高出让土地的价格，增加土地出让数量来获得经济发展资源。越发达地区资源聚集吸引力越大，外来人口涌入的可能性更大，这就会无形推高发达地区的地价，降低不发达地区的地价。从土地出让收入来看，东部地区 2011 年的土地出让收入总计 19 521 亿元，中部地区达到 7 458 亿元，西部地区为 6 194 亿元[①]。东部地区的土地货币资源高出中西部地区，并且其具备良好的基础设施基础，在资源的集聚效应带动下，东部与中西部地区的差距将越来越大。我们认为，在土地这种资源市场化的竞争中，发达地区的地方政府会有更优的定价权。事实上，从经验数据来看，一线城市的土地价格远远高于二、三线城市，发达地区其单位土地资源的货币化效能会优于不发达地区单位土地货币化的效率，因而从资源的利用率来说，发达地区理论上会优于不发达地区。我们从 2013 年各 5 省公布的债务类别的具体投向来看，不发达地区的债务主要投向交通基础设施，而基础设置较完备的发达地区则更偏向土地收储。资料显示，[②] 山西、陕西、甘肃、云南、黑龙江、宁夏等 6 个省区市在交通方面基础设施的投资债务占该地区政府性债务总额的 62.35%、46.59%、41.94%、37.17%、35.40% 和 30.73%。可以看到，交通越不发达的地区，相对于北京、上海、浙江等基础交通设施比较完备的地区，对基础交通设施的投资需求比重越大。经济较发达并且基础设施较为完善的地区则将土地收储作为政府的重要职能。全国土地收储债务的平均负债率为 11.22%，北京和上海在土地储备方面的债务则高达 47.54% 和 23.15%，说明该地区的发展与土地相关性更加紧密。基础设施落后的地方其经济发展的速度必然落后于基础设置不完善的发达地区，在经济增长速度和公共服务提供方面与发达地区的差距相差较大。

我们看到，地方政府竞争行为已经影响市场竞争秩序的格局。良好的市场秩序是资源配置的制度保证。我国地方政府长期使用税收优惠政策，会导致辖区税收减少过多，地方政府为了发展而竞相通过土地财政透支未来发展的资源，造成地方债务的积累，最终可能爆发债务危机。另外，地方政府间的投资竞争、支出竞争作为市场经济资源配置的一个部分，会引起宏观经济的波动，最终引起经济不稳定。

四、地方间发展不平衡的机理分析

地方之间经济、社会的均衡发展是财政体制要实现的目标之一。区域发展不

---

① 该数据来自 2012 年《财政统计摘要》，财政部国库司编。
② 该数据来自各省债务审计报告。

均衡可以从区域间的经济总量和基本公共服务提供情况来分析。中国现存的分税制财政体制，没有充分考虑到实现地区间基本公共服务均等化方面的内容，转移支付制度也不能有效平抑地区间的可用财力，更不能保证区域间基本公共服务均等化[①]。本书力图说明现存的财政体制不完善点，力图从转移支付制度和税收制度层面优化区域间发展均衡。

（一）地方间发展不平衡的制度原因分析

1. 地方经济发展不均衡的制度原因

（1）地方之间经济管理体制和政策上的差别不利于经济均衡。

我们将地方政府拥有的制度优势分为两类[②]：外生制度和辖区内生性制度优势。外生制度优势是以中央机构下发的法规、文件为准，将制度资源分配给各下级地方政府。制度的变化会影响资源分配的效益，这类似于地方政府用某些政策划拨资金资源。地方政府依据上级下发的文件，可以扩大其经济权利。而如果某个地方政府在其他同级地方政府之前享受制度上的有限许可，那么它比其他同级政府拥有更多制度上的先发优势。例如，上海的"营改增"试点，使很多其他辖区的企业为了享受税收优惠而转移到上海，增加了上海的税收来源。外生制度优势还包括地方政府与其他辖区达成的经济合约或者联盟。在经济一体化的背景下，拥有跨辖区经济合约的地方政府比同级竞争对手更具有市场的优势。所谓内生制度优势体现于本辖区内，是辖区内的政府、企业或者其他组织之间相互博弈的结果。内生制度只适合于各辖区之内，对促进经济增长、提高效率有作用。一般来说，地方政府的内生制度是在外生制度框架下改变的。地方政府只能在宪法和上级政府的规定权限内，对本辖区内生制度作相应调整。地方政府官员为了获得更多的制度上的优势，会向上级政府争取各种优惠政策以及政策倾斜，这在中央高度集权的时期表现更为明显。[③]

---

① 基本公共服务是保证公民基本权利平等和不同地区社会稳定的基础，是确保起点公平的重要条件。实现基本公共服务均等化有利于改善人民基本生活水平和促进社会公平，因而是当前公共财政建设的重要任务之一。全国性基本公共服务均等化是指，中央政府通过制定相关基本公共服务国家标准（设施标准、设备标准、人员配备标准、日常运行费用标准），在财政上确保负责提供服务的地方政府具有均等支付这些基本公共服务的能力，确保社会、政府、服务机构在不存在偏见、歧视、特殊门槛的前提下使每个公民不分城乡、不分地区都有机会接近法定基本公共服务项目的过程。基本公共服务均等化是在中国现阶段特定历史条件提出的旨在推动向服务型政府转变，完善财政体制的目标模式。基本公共服务可及性建立在高度城市化、社会结构同质性比较强的基础上，而中国的情况恰恰相反，中国城市化程度不高，城乡体制分割。因此，中国的基本公共服均等化需要在财政体制改革、政府责任划分、城市化进程加速、城乡分割打破的基础上实现。

② 赵佳佳：《财政分权与中国基本公共服务供给研究》，东北财经大学博士论文，第70～75页。

③ 程臻宇：《中国地方政府竞争研究》，山东大学出版社2011年版，第100～103页。

历史上，中西部地区在经济体制和政策上与东部沿海地区有所差别，造成了区域经济发展不均衡。一是地区之间的市场经济体制转轨时间不同。改革开放以来，中央对东部沿海地区在政策上倾斜。比如中央在东南沿海划定特区，允许深圳、厦门、珠海、汕头特区实行自由灵活的体制，使得这些地区利用市场经济发展本地经济。二是东部沿海地区依靠优惠政策，获得很多项目的审批权限，并在外贸出口和吸引外资方面有更便利的条件。三是地方政府管理方式各地区不同。沿海地区政府大胆吸取先进国家的执政理念和管理方式，着重强化政府的服务功能，突出"大社会，小政府"的管理理念。20世纪80年代，国家选定五个地理位置优越的城市，对其实行特殊的管理体制，减免税收，扩大审批权。在这样的量身定做的政策扶持下，享有优惠政策的区域经济发展势头凶猛，地方财力逐渐雄厚起来。然而正是这些优惠政策，使得地区间的经济发展不均衡日益显著。地方财力不均衡直接影响到地方政府实现公共服务均等化程度。如果地区间地方财力差距过大，将不利于全国范围内公平和效率目标的实现。

（2）地方税制设计不合理不利于区域经济均衡。

地方税制作为中央和地方资源分成的制度，对地方社会经济的发展速度、区域经济结构的调整至关重要。我国现行地方税收制度设计不合理，地方税收对经济发展的调节作用被严重削弱。具体表现在：首先，现行税制中，地方政府的固定收入以营业税和增值税为主，而营业税主要以第三产业税收收入为主。1994年分税制实施之初，营业税总额占当年税收总额的13.07%，2012年上升至15.65%。2012年地方税收总额中，近32.85%来自营业税。营业税是地方税收的主要来源。[1] 由于区域经济产业结构与税收的税源直接相关，造成某些第三产业不发达的地区税收收入不足。随着"营改增"在全国全面铺开，地方政府的收入大幅度减少，并且税收和税源出现明显背离。我国东部沿海地区的现代服务业发达，中西部地区提供人力资源。中西部地区在"营改增"的税制改革后，损失的不仅是营业税额，同时还要承担进项税额抵扣，这实际上拉大了东西部区域经济发展的差距。

其次，地方政府没有独立的税收立法权和税收减免权。在固定的税制下，地方政府没有税收激励。尽管我国税收征收管理法允许地方政府有少量的税收减免权，以调动其税收征管的积极性，我国的税收返还政策也相应对地方政府有一定的激励作用，但是各地区要发展自己的特色经济，必须有一定的经济税收设置权限，以应对不同地区不同情况的经济结构调整。全国长时期完全统一的税率、税种设置，不可能考虑到各地区的经济发展现状，也落后于经济发展的新动态，不

---

① 庞凤喜：《"营改增"与分税制财政体制重塑》，载于《中国财政》2014年第1期。

利于区域间比较优势的形成。

最后，现行税制结构存在很大问题。突出表现在产业税负结构不合理和以间接税为主的税制设计上。分税制改革对税收调节的结果，使得资本有机构成越高的产业负担更重的增值税。像我国西部以自然资源开采和重工业生产为主，其上缴的"生产型"增值税要高于全国其他地方。我国对"生产型"增值税转型的改革没有惠及西部地区，这不利于减轻西部地区税负负担，不利于西部优势制造产业发展，更拉大东西部的经济发展差距。另外，我国资源税征收范围较窄。税率太低，政府严格控制资源产品的价格，使得西部资源丰富的地区无法发挥资源禀赋的优势，也无法从税收中得到相应的收入补偿。现行税制限制西部的资源优势转化为经济优势和财政优势，对区域经济发展均衡发展不利。1994年我国确立以流转税为主体的税收结构，同样进一步加大了区域发展不均衡。数据显示，2012年增值税、营业税和消费税等流转税的收入占税收总数的70%以上，企业所得税占税收比重为19.5%，个人所得税占比为5.8%。企业上缴的税收收入占到全部税收总数90%以上，绝大部分税收可以转嫁到消费者身上。这种税制结构极大加剧了税收的外溢性。由于我国没有征收财产税，个人所得税占比太低，这些都使国家无法运用税收手段调节居民收入分配，无形中也加大区域发展不平衡。[1]

2. 地方基本公共服务不均等的制度原因

导致地方基本公共服务不均等的原因可以从各项制度设计中寻找答案。本书主要从多种制度设计出发，探讨区域基本公共服务均等化无法实现的原因。中国户籍制度限制人口的自由流动；政府官员的考核从上而下，不是从下而上；地方各级财政支出责任划分不清晰；纵向税收体制加重基层地方政府财政困难；现行的转移支付制度有扩大区域发展不均衡的作用等。这些制度共同制约了我国基本公共服务均等化的基本进程，因而我们要实现真正意义上的公平，要从顶层设计的角度重新考虑相关的制度。

（1）中国的户籍制度不利于公共服务均等化。

中国的户籍制度不存在真正意义上的"用脚投票机制"。一方面，中国的户籍制度并没有实现公民身份的平等和农民进城务工的就业机会平等；另一方面，如果人口流动真正开放，基本公共服务供给水平高的地区会有大量人口迁入，地方政府的财力压力会逼迫其采取措施，限制不能承担公共服务成本的流动人口迁入。其结果必然是集聚效应和马太效应的叠加效应：基本公共服务供给水平高的地区富人聚集更多，公共服务供给水平低的地区成为人口的流出地，并且穷人只

---

[1] 高培勇、杨志勇：《将全面深化财税体制改革落到实处》，中国财政经济出版社2014年版，第3页。

能困守原地。富人与穷人享受的公共服务会随其居住地不同而两极分化，结果是区域间基本公共服务差距进一步拉大，反过来加深区域发展的非均衡程度。再者，人口流入地和人口流出地的公共服务需求和供给并不能达到匹配。大量涌入一线城市的农民工给地方政府的公共品提供造成巨大压力，许多适龄儿童无法与当地居民享有同等的义务教育。另外，一些偏远地方的希望小学的校舍空置，教育设施基本闲置，造成资源极大浪费。现在中央对地方的一般转移支付的数量，是基于1993年的税收基数采用公式法得出的，这种计算方式不能够动态解决人口流动造成区域间公共品供给非均衡的问题。

（2）自上而下的 GDP 考核制度和指标设计不利于地方公共服务均衡化。

从政治层面来看，中国的地方官员是由上级政府任命的，其在任期间的业绩评价不是由当地居民决定。这意味着地方官员提供公共品的激励和其升迁考评机制并不一致。当地方政府官员认为居民的诉求与自己考核没有必然联系时，地方官员会将资源投入到有利于显示政绩的投资项目和政绩工程，而不是居民偏好的公共品。从这个意义上说，蒂伯特模型中，地方政府能够为辖区居民提供让其满意的公共品的机制在中国并不存在，因为官员的理性人特质和中国自上而下的官员考核制度很大程度上扭曲了地方官员的岗位职责。再者如前面所述，地方经济发展的指标围绕 GDP 来衡量，地方政府的许多官员将地区经济发展片面理解为GDP 提高。官员之间围绕经济增长开展了一系列的片面追求经济总量增长、忽视经济协调和可持续发展的"标尺竞争"。基本公共服务的效果在短期内无法显现，对官员政绩短期贡献率太少，很多地方官员采取"甩包袱"的做法，将教育、医疗等公共服务的资源用于经济建设投资，以经济社会发展不平衡的代价换取经济总量短期迅速上升，换得经济竞赛中的排名优势。现在全国范围内出现的看病贵、上学难和房价高的现象，说明公共服务的供给难以满足人民的需求。以 GDP 为考核目标的考核体系对官员的晋升制约导致官员的不同行为：不发达地区官员对经济增长更为敏感，他们会将不足的财力投入到短期的投资建设领域，使得教育、社保和卫生等长期公共服务提供数量进一步降低。一些经济较富裕的省份即便可以满足当地居民公共服务的需求，但是出于竞争排名的考虑，会按照国家规定的基本服务标准水平提供公共品，然后将剩余的财政资金用于经济性的工程建设，而不是进一步提高公共服务的质量。两种行为都不利于公共服务均等化在全国范围的实施。

（3）城乡二元化体制不利于公共服务均等化。

我国可持续发展的科学发展观明确要统筹城乡协调发展，但长期存在的"重城轻农"现象一时难以扭转。在公共品提供领域，如基础设施建设、义务教育、环境卫生和社会保障领域，城市和农村的差别非常大。城市和农村在社会转型期间贫富差距变大，地区可用财力差距也相应拉大。城乡二元制下，即便基本公共服务在制度设计上无差异化，但实际的财力差异使得农村居民无法享受到与城市居民基本相同的公共服务。以新型农村合作医疗制度为例，该项制度为农民解决了"大病致贫、大病返贫"的后顾之忧，但其医疗仅仅限制在"大病统筹"的范围内，没有包括普通疾病的医疗。农民事实上不能享受全面的医疗保障。城市的医疗制度相比农村医疗制度更加全面，城乡之间的公共服务均等化还有很长的路要走。

（4）预算管理中重点支出挂钩机制，不利于地区基本公共服务均等化。

重点支出挂钩机制，是指重点支出同财政收支增幅或生产总值同比例增长。这种预算管理制度曾经在某一特定历史时期发挥过作用，但随着时间和经济情况的改变，这种制度体现出不合理的一面。比如西部市、县之间经济发展的差距非常大。经济收入好的市县一年财政收入可以达上百亿元，而经济发展不好的地区只有几亿元。按照基本公共服务均等化的要求，每个县市的公民都享受同等医疗卫生、社会保障。如果采取财政收支增速与上述项目支出挂钩，会造成地区的差距进一步扩大。财政收入少的地区，其投入公共服务的支出就少。目前有七类公共产品支出与财政收支增幅或生产总值挂钩，涉及农业、科技、文化、教育、医疗、社会保障和计划生育。这七类重点支出在 2013 年达到全国财政支出的47.5%。现行的财政支出挂钩机制本意是为了保障民生支出在财政支出中的份额，但是这种硬性挂钩却导致财力固化，各级财政在安排资金预算时，有的事项需要投入但是没有钱，有的项目则是钱多了但是项目审批没有到位，这种影响财政统筹预算的制度安排极大影响财政资金的使用效率。①

（5）地方缺乏收入及预算自主权，不利于公共服务均等化。

政府间纵向财力分配体制造成地方政府税收收入能力较弱，基层地方政府财政较困难。1994 年分税制改革，我国省级财政收入占地方财政收入的比重为 17%，地级占 41%，县级占 22.9%，乡镇级占 19%；到 2011 年省级财政收入占地方财政收入之比升至 22.1%，地级占比降至 31.7%，县级升至 35.1%，乡镇级则降到11.2%。如图 6-12 所示，地级和乡镇级的财政收入呈逐年下降的态势，这不利于基层政府的运转。我国中央财政收入占总财政收入的比重逐年上升，但是中央财政支出占总财政支出比重不断下降，这种非对称性结构对提供全国性的公共品不利。仅仅中央层面就不能实现全国性公共服务均等化。而各级地方政府在可支配财力上本来就不均衡，中央以下各地方政府在义务教育、公共卫生、医疗、养老保险、社

---

① 新华网：《预算改革：重点支出不再挂钩 GDP 中期预算编制将启动》，载于《经济参考报》，http://news.xinhuanet.com/finance/2013-11/19/c_125723448.htm。

会救助和社会服务等公共服务方面事权与财力划分不清，责任不明。县乡级财政作为基本公共服务直接供给方，在现有的财政体制下没有足够的财力保障。各地区的经济发展差异巨大，其基层财力水平差异更加巨大。如果依靠地方政府实现公共服务均等化更不现实。从数据上分析，2011 年 18 个省的税收中，中央财政分成 52%，省、市、县各级分成 9%、13%、26%。当前，县、乡两级基层政府财政出现了困难，其原因在于没有明确省级以下财政的职责，而且省级政府同样面临财权上收事权下移的问题。现有的农村税费制度改革不允许县乡级政府向农民乱收费，基层政府财政困难在近几年日益凸显。县乡级财政困难突出表现为财政赤字很大，基层债务负担也很严重，加重了地区公共服务供给不足的程度。

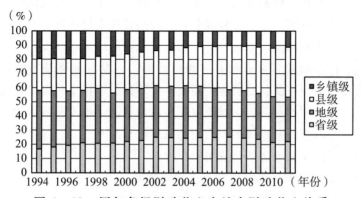

图 6 – 12　历年各级财政收入占地方财政收入比重

资料来源：中华人民共和国国家统计局主编，《中国统计年鉴》，中国统计出版社 1995 ~ 2013 年版。

（6）激励地方政府提供公共服务的机制，不利于公共服务均等化。

中国的分税制财政体制下，地方政府的财力被削弱，同时要承担大量的事务。传统的财政分权理论说明地方政府提供公共品的优势，同时也创设了监督地方政府行为的监督机制。但是在中国，中央政府行使监督权，决定地方政府官员的升迁，对于居民需求信息的识别不具备甄别能力。地方官员在提供公共物品时会考虑到自己的升迁和政绩，根据自身的现实约束决定提供公共服务的数量、质量和种类，制定地方政策。公共品的需求目标往往不是地方官员制定政策的首要选择，更有甚者，地方政府对公共品的决策很可能不符合当地居民的需求。要推进公共服务均等化需要改革现有的政府间财政转移支付制度，提升地方政府有效供给公共服务的意愿（龚锋，2013）。①

———————

①　龚锋：《公共服务均等化与转移支付制度优化》，http://www.changjiangtimes.com/2013/12/465832.html。

3. 地方间转移支付造成的发展不均衡原因

1994 年分税制改革配套了政府间的转移支付制度。转移支付制度是一种财政资金转移或者财政平衡的制度,它既调节政府间的纵向财政关系,也调节政府间横向财政关系。该制度设计是为了避免地区间收入差距过大,确保困难地区政府机构正常运转和提供基本公共服务,同时缩小地区间财力的差距,确保国家重大政策的实施。转移支付制度在上述方面发挥了重要作用,但是其制度设计并没有达到完善的程度,比如转移支付制度的法律基础薄弱,其支付结构不合理导致地区财力均等化效果不明显,转移支付资金的分配和绩效考核制度不够健全等。

(1)有关转移支付法律制度滞后。

自我国财政转移支付制度实施以来,中央财政每年上万亿元的转移支付资金从中央下拨到省,再到市、县。我国各省一级的转移支付制度的基本原则、转移支付资金分配方法和标准尚未统一,不同时期不同部门对转移支付制度的具体要求各不相同。许多财政资金截留在省级财政部门,没有能够及时转移到基层政府,因而直接影响转移支付的资金使用效率,降低了转移支付制度及时均衡地方财力的效果。分税制的转移支付制度仅仅粗略地规范了中央和省级地方政府的财力划分,而省级以下的县市级的财力均衡机制没有及时建立,导致不同行政级别的政府间财力差距无法通过转移支付得以弥补。

(2)税收返还冲击了均衡性转移支付的效果。

税收返还是我国财政转移支付的主要形式之一,是地方财政收入的重要来源。中央财政对该政策的执行一直采取“存量不变、增量调整”的办法,将超额征收的税款余额按比例返还给各地方。发达的东部地区得到较多税收返还,中西部不发达地区则返还较少。该制度旨在保护收入较强地区税收上缴的积极性,而不能缩小地区间可用财力的差距。税收返还在一定程度上抵消了通过均衡性转移支付来均衡地区间财力差异的政策效果,间接扩大区域间可支配财力的差异。如图 6 - 13 所示,发达地区(比如上海、浙江)的税收返还与转移支付之比远远高于中西部地区。2009 年青海省的税收返还仅为一般转移支付的 7.69%,而最高的浙江省达到 1 486.17%。

(3)财政转移支付结构不合理。

一般转移支付是提高地方政府财力、增强公共服务水平的主要手段。但我们分析近年转移支付结构时,却发现一般转移支付规模占地方可用财力的比重偏小,专项转移支付规模反而占地方可用财力比重过大的现象,而且这种状况有逐渐强化的趋势。如图 6 - 14 所示,2009 年大部分省区市的一般转移支付和专项转移支付占地方可用总财力的比重差别不大。辽宁、吉林和黑龙江的一般转移支付和专项转移支付占地方可用财力比重基本接近。

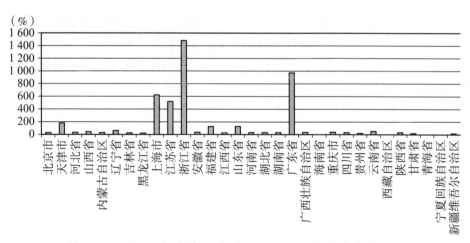

图 6 - 13 2009 年各省区市税收返还与一般转移支付之比

资料来源：2009 年《地方财政统计资料》。

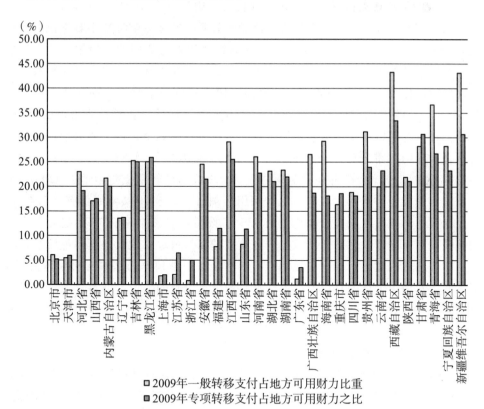

□ 2009年一般转移支付占地方可用财力比重
■ 2009年专项转移支付占地方可用财力之比

图 6 - 14 2009 年各省区市一般转移支付和专项转移支付比重比较

资料来源：2009 年《地方财政统计资料》。

2012 年中央对地方的转移支付总量是 2008 年的两倍，中央转移支付占中央公共支出的比重为 62.77%。① 这较大地缩小了东西部地区的财力差距，帮助地方政府投入更多资金到民生建设。但中央对地方的转移支付还没有达到公共财政的均衡性目的。比如，中央转移支付占中央公共财政支出比例变大，专项用途转移支付与一般转移支付的比例也变大。我们累加 2012 年一般转移支付和具有限定用途的 5 项转移支付资金后，发现规定了实际用途的资金占中央转移支付资金总额的比重达到 64.42%。转移支付资金中一般转移支付规模偏小，说明现有的转移支付制度不利于地方财政自主提供公共服务。如某省近年收到的中央转移支付资金总额 900 多亿元中，一般转移支付近 300 亿元，仅占 30% 左右；而专项转移支付达 600 多亿元，接近总资金量的 70%。其中均衡性转移支付为 100 多亿元，仅占转移支付总额的 10% 左右。专项用途转移支付占转移支付总额比重过高，地方政府官员为了更多的财力支持而"跑部钱进"，这说明转移支付结构自身存在缺陷。

（4）专项转移支付资金分配随意性较大，缺乏完善的绩效评价标准。

我国有相当部分专项资金管理办法没有公开，资金分配标准很难掌握，存在"讨价还价""人情款""撒胡椒面"等随意性和人为的问题。根据财政审计情况，我国部分专项转移支付分配不规范。有的表现在多部门、多头分配财政资金的现象中。比如 2012 年财政部和其他部门切块质量技术监督补助 3 个专项共计 9.8 亿元。中央专项转移支付抽查中，50 万元以下的项目占总抽查项目的 44%。另外，评价专项转移支付资金使用效益的考核体系不健全，地方政府使用转移支付资金过程中"重分配、轻管理"，"重投入、轻效果"，转移支付资金的使用效益难以提高。比如 2012 年审计署报告显示，中央财政转移支付给地方 420 亿元，用于"节约能源和可再生能源的综合利用"项目，截至 2012 年底仍有 177.45 亿元没有拨付到位，占项目资金总量的 42%。拨付项目资金中有 7.73 亿元没有用到该项目上，已经拨付到该项目的资金使用进度与项目的建设进度不能匹配，项目不能按期达到节能目标。再比如近年下达某省中央预算内基本支出预算指标 1 亿多元，专项用于贫困县以及严重缺水县城供水设施的建设。但审计发现上述预算中含一些不属于贫困县和缺水县的供水设施建设项目，涉及资金近 2 000 万元。

（5）省以下转移支付制度不健全。

1994 年的分税制改革没有划分省级以下地方政府的财权和事权，省级以下财政转移支付制度处于不完善和不规范的状态。这不利于促进区域间财力均衡，缓解县乡财政困难；更严重制约县域经济的均衡发展，削弱了县域公共品的有效

---

① 数据来自 2013 年《中国财政年鉴》。

供给。① 审计署 2011～2012 年，对 18 个省及其下属 54 个县的财政资金财力保障情况的调查中发现，省级政府下放事权到县级的数量不断增加，县级政府事权和财权不完全匹配。从 54 个县 2010 年支出结构的分析中，我们发现公共财政支出的 77.24% 是为了满足国家法定支出要求和中央部门安排的政策性安排。县级政府自主安排的财力占比较小（如图 6 – 15 所示）。

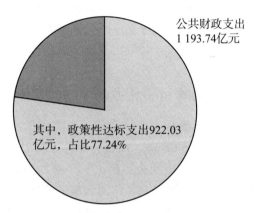

公共财政支出
1 193.74亿元

其中，政策性达标支出922.03
亿元，占比77.24%

图 6 – 15　2010 年 54 个县政策性达标支出与公共财政支出对比图

资料来源：审计署 2012 年第 26 号公告。

（6）转移支付资金的使用效率低下。

有的县级地方政府用财政资金补贴竞争性行业，严重影响地方公共品提供。审计数据显示，2013 年 18 个省近 75 亿元财政资金中，近 8 亿元补给了限制类行业，而 54 个县的 47 个县民生支出没有达标。人民长期反映的教育、卫生、支农等支出责任事项却出现了上下级政府交叉安排支出问题。有些事没人管，有些事却管太多。审计科研所所长崔振龙认为，中国现行的转移支付目前存在较为严重的不规范现象，应该迫切对此改革。发达国家的联邦政府和州政府相对独立，所以转移支付的数量不够大。但是这些国家的转移支付政策执行力度和目标性非常强。哪些事由哪级政府办理，哪些钱谁来花都规定得比较明确。正因为我国财政支出中的事权和财权只有原则性的划分，具体实施过程中没有指明权责利关系的主体，因而转移支付资金的挪用现象屡禁不止。

综上所述，分税制财政体制的制度设计应该保证地方政府提供公共品的积极性，确保不同地域的居民享受相同的最基本公共服务。中国当前财政分权体制的不完善体现在制度设计层面。即当前财政分权体制放大了内生的地方财政竞争激励，没有激发地方政府积极提供基本公共服务。财力和事权不匹配，转移支付不

---

① 蒋震：《省级以下转移支付制度模式研究》，载于《公共经济评论》2009 年第 5 期。

能均衡各级财政的财力，以及地方政府仍然受制于 GDP 排名考核机制，这些制度设计共同作用，不仅不会减弱财政体制的内在激励，反而会加大财政激励的偏差。财力在中央和地方之间的初次分配与转移支付的二次分配存在制度设计的缺陷。税收返还制度设计旨在激励地方政府的税收征收，但是税收竞争和税收返还共同促进了地区间财力分配的不均衡。中西部地区发展水平不够，财政运转困难，企业的缴税能力不如东部地区，在地方财政无序竞争中，却要用税收优惠等措施招商引资，这无形中加剧了东西部地区之间的差距，进一步加强资源的积聚趋势。

（二）地区间发展不均衡的表现形式

我国现有的社会事业发展落后于经济发展，表现在优质教育资源分配不均，医疗卫生供给量不能满足人民的需求、社会保障体系的基本制度需要完善等方面。中共十八大为"全面建成小康社会"提出了"基本公共服务均等化"要求，但是中国以身份为基础确定享有的权利、待遇和服务的体制还没有改变，制度上缺乏明确的公共服务标准体系，导致处于社会底层的公民享受到的公共服务水平较低。因而要实现基本公共服务均等化目标仍需很长时间。如上面所述，中央和地方在改革开放后实行分权，地方政府逐渐独立地推动本地经济发展。国家在发展经济方面采取了非均衡的发展战略，导致各区域之间的经济社会发展水平差距越来越大，呈现出马太效应。2013 年 8 月 5 日，中国社会科学院政治学研究所发布《中国政治发展报告 2013》，指出中国现阶段的基本公共服务制度不完善、资源配置不均衡。该种失衡体现在城乡、区域、群体所享有的公共服务的不均衡，也体现在不同类别的服务供需的不均衡。本书主要从省级区域发展不平衡和城乡之间不平衡以及省以下区域发展不平衡几个方面说明我国区域间经济发展不均衡。

1. 城乡之间发展不平衡

（1）城乡区域经济发展政策差异导致区域间总量不均衡。

城乡二元体制长期存在，农村的基本公共服务长期处于无法满足的状态。财政转移支付体制的不完善，无法缩小地区间财力水平的差距。区域经济差距不断拉大迫使地区公共服务水平差距随之拉大。以人均拥有公共品财政支出计算，目前西部地区人均教育支出占东部地区人均教育支出的 73.5%。从农村与城市卫生资源来看，农村人均卫生费不到城市人均卫生支出的 25%，城市与农村拥有资源比为 7:3。

（2）城乡间的收入差距仍然较大。

1983 年城乡居民人均收入比为 1.82:1，2009 年扩大到 3.33:1，2013 年略微下降到 3.03∶1。总体看，城乡收入差距仍在加大。对比农民人均纯收入和城镇居民人均可支配收入，1978 年前者比后者少 209.8 元，1992 年两者的差距扩大到 1 242.6 元，到 2009 年农村人均纯收入与城镇居民收入的差距跃升为 12 022 元。2013 年农村居民人均纯收入达到 8 896 元，城镇居民人均可支配收入达到 26 955 元，两者相差 18 059 元。以东部和西部城市为例，2013 年上海农村居民人均纯收入达到 19 208 元，甘肃为 5 108 元，前者比后者多出 14 100 元。尽管甘肃的收入增幅超过上海，2013 年上海农村居民人均纯收入增幅达到 10.4%，甘肃农村居民人均纯收入增幅为 13.3%，但是上海农村居民人均纯收入是甘肃的 3.76 倍，两者在数量上仍存在很大差距。值得注意的是，经济越发达的地区，其城乡差距反而小于经济落后地区的城乡差距。上海城镇居民人均可支配收入是其农村居民人均纯收入的 2.28 倍，甘肃城镇居民人均可支配收入是其农村居民人均纯收入的 3.71 倍。这说明马太效应在不发达地区表现得更为明显。

2. 省际区域之间发展不平衡

（1）省际区域之间经济结构发展不平衡。

东西部产业的分工情况不同，其区域经济结构因而也不同，经济结构不同带来了经济发展不平衡。从产业分布情况看，我国东部地区的工业化程度高，以高科技产品创新作为经济发展的主要动力，因而产品附加值比较高。我国中西部地区的比较优势在于能源供应和原材料的采掘，其加工工业不占优势。采掘的原材料无法在加工环节增加产品附加值，因而中西部地域的资源优势无法转化为经济优势。同时，中西部地区高科技产业发展缓慢，工业化程度较低。中西部地区尚未完全建立以城市为中心，带动周边发展的生产要素流动的经济网络。甚至有的地方中心城市和周边经济联系松散，中心城市带动周边区域的经济的能力较弱，这反而导致区域内的经济发展极大不平衡。我们认为，地区的均衡发展并不意味地区产业趋同，而是各地区依据本辖区的资源和区位优势分工协作，比如东部地区发展金融和商业为主的第三产业；中部地区发展工业为主的第二产业；西部地区注重以与生态环境保护、旅游、文化、科技军事相关的第三产业的发展。经济结构的不同不应该成为区域经济发展不均衡的原因，而是促进区域经济比较优势均衡发展的动因。

（2）我国不同省份之间人均收入差距较大。

从收入绝对值比较，2009 年我国西部地区人均年收入为 18 090 元，东部地区人均收入为 38 587 元，相差 2 万多元。从人均收入水平来看，我国最高人均收入地区（上海）为 76 976 元，最低人均收入地区（贵州省）为 9 187 元，前者比后者多 67 789 元。目前中西部地区贫困人口占全国贫困总人口 4 007 万人的 94.1%。2013 年我国主要城市城镇居民人均可支配收入排名，东部沿海地区的东莞、深圳、上海、苏州、广州、宁波、厦门、绍兴、北京、南京分列前十名，中西部地区石家庄、长春、哈尔滨、聊城、重庆、淮安、龙岩、三明、郑州、营口位列倒数 10 名。以省会城市作为比较对象，2009 年上海的城镇居民人均可支配收入达到 43 851 元，甘肃则为 18 965，前者是后者的 2.31 倍[①]。

（3）省际地区间存在巨大的财政能力差距。

以 2011 年为例，人均财政收入最高的是北京，最低的是甘肃，前者人均财政收入是后者的 8.5 倍；2012 年人均财政收入最高的是北京，人均财政收入最低的是河南，前者是后者的 3.35 倍。对于地方之间财力的巨大差异，我们将在后面第六章再做详细的风险评估。

3. 省以下区域经济发展不均衡

（1）县域经济总量区域不均衡。

以东部省份广东省为例，广东省内贫富差距没有随着广东省内的富裕而减小，反而在不断扩大。广东省自改革开放以来的经济总量和经济增长速度居全国榜首，其财力的可支配状况比较理想。我们分析中部的四川省，2010 年四川省有 6 个县 GDP 总量超过 300 亿元，GDP 总量不到 10 亿元则多达 25 个，这其中GDP 总量不到 5 亿元的有 13 个，最少的只有 2.92 亿元。如果从地方财政收入来看，四川省内的差距相差更大。财政收入高的县（区）最高可以达到 210.3 亿元，财政收入最少的区只有 1 106 万元。以上是没有综合考虑区域间的面积和人口等因素，对我国区域间经济总量的不均衡作出的分析。

（2）不同县的人均收入相差很大。

根据西部四川省 2010 年数据，我们计算出，四川人均 GDP 最高的县域可以达到 62 449 元，比全省人均 GDP 多 41 621 元；人均 GDP 低的地区平均在 1 万元左右，最低石渠县人均 GDP 只有 5 125 元，比全省人均 GDP 少 15 703 元。如果从城镇人均可支配收入计算，四川省的人均可支配收入为 1.2 万元左右，其中最高的县域比全省平均水平多 7 382 元，最低的县域人均可支配收入仅仅为 9 558 元，比全省平均水平少了近 38.5%。如果我们从农民人均纯收入来计算，四川省农民人均纯收入平均水平在 3 000 元左右，农民人均纯收入最高的区域比全省平均水平高 4 928 亿元，而最低区域的农民人均纯收入仅为 2 360 元。[②]

---

① 数据来自国家统计局网站、各省市统计公报。可支配收入＝家庭总收入－个人所得税－交纳社保支出－记账补贴，农民人均纯收入＝总收入－家庭经营费用支出－税费支出－生产性固定资产折旧－赠送农村内部亲友。

② 胡彦殊：《四川"十强县"榜单出炉，折射县域经济发展不平衡》，载于《四川日报》，http://news. xinmin. cn/domestic/gnkb/2011/07/13/11383699. html2011－07－13 06：59

同一个省区市的不同地区之间的人均收入差异如此之大，省区市与省区市之间的经济差距也就不足为奇。区域发展不平衡的现实折射出转移支付制度的不完善性。财力不足的地方，其提供公共品的能力要弱。要想落实中央提出的基本公共服务均等的目标存在事实上的困难。因为低于全国平均收入和财政收入的市县级政府基本不太可能提供高于全国平均水平的公共品。除非地方官员运用借债的方式发展经济，提供公共品。以上的事实也迫切要求转移支付制度的优化设计，均衡中央和地方之间的利益，调整省级以下基层政府组织的利益关系。这不仅对区域基本公共服务均等化有切实作用，同时也能够抑制省级和省级以下基层政府机构的借债冲动。财政体制是解决公平和稳定矛盾的制度设计，是维系国家稳定的重要措施。当基层公共服务不能满足日益增长的居民需要的时候，地方政权就不会稳定；当地方政府只能用借债和盲目招商的方式发展经济时，地方经济稳定的基础已经面临威胁。从某种意义上说，地方基层政府的稳定是维系经济发展和社会发展稳定的基础性力量。

（三） 地区间发展不均衡的形成路径及效应

地区之间发展不平衡是我国经济发展中的普遍现象。这种不平衡的形成与地域资源禀赋差异有关，也与历史上财政税收政策效应的积累相关。缪尔达尔（Myrdal，1957）提出了区域经济不平衡增长的"循环积累因果理论"。他的理论解释了区域间经济发达地区和不发达地区为什么能够并存。这是因为区域发展过程中有利的因素会在经济发达的地区不断积累，而不利的因素则在落后地区不断积累，长此以往，循环积累在空间上形成了"地理上的二元经济"结构，导致经济发达地区和经济落后地区差距进一步拉大。政府是解决基本公共服务均等化的责任主体，中央政府帮助地方政府均衡财力来推动区域间基本公共服务均等化，地方财力的均等化又取决于转移支付制度安排（田发、周琛影，2010）。从现实来看，中国长期以经济建设为中心的政策导向，使得政府财政支出重经济发展而忽视基本公共服务。而当前的公共服务政策主要由行政力量推进，缺乏法律法规体系支撑。这一方面无法有力保障公民享受公共服务的权利；另一方面无法约束地方政府在提供公共服务方面的寻租行为。政府既是公共品的供给者，又是公共品的决策者和监督者。政府制定和实施政策缺乏足够的透明度，既难以对公共服务的供应进行考核，又难以应对资源分配不均的现象。下面我们详细分析中国区域发展不均衡导致公共服务非均等化的形成过程。

1. 地区间自然禀赋差异是导致区域经济非均衡发展的历史前提

我国地域辽阔，东西横跨经度 60 多度，南北跨越的纬度近 50 度；东西距离约 5 200 公里，南北距离约 5 500 公里。自然条件不同，历史因素积淀不同，我国不同地域的经济形态自然也不尽相同。我国区域经济发展的现状可以归纳为：东部沿海地区经济达到发达国家水平，西部地区部分县市处于贫困线以下。在资源拉动型经济增长方式中，西部地区的资源优势囿于地理环境的限制不能充分发挥出来，而且该地区经济形态以农业为主，在市场竞争中不占优势，因而在工业化为主导的市场经济中，东部、西部经济差距越来越大。

2. 改革开放的财政税收政策逐渐扩大区域发展经济差距

改革开放初期，国家为特殊区域量身定做了税收政策，使得这部分地区发展速度和质量超出其他地方。第一，国家对西部地区的税收优惠并不是西部地区独有，东部地区也可以运用这些政策；第二，国家现行的税收优惠政策未体现产业导向，优先发展的产业在地区分布上没有给西部地区更多的税收政策支持，对西部地区产业结构的支持力度没有和东部地区区分开来，因而未能缩小东西部地区间的经济发展和产业调整的差距；第三，现行税收政策对中西部发展交通、能源、原材料等基础产业及高科技产业的倾斜力度不够。

3. 集聚经济和城市化导致区域发展极产生

所谓集聚经济，是指资源、人口、资金、信息和经济活动等构成经济增长的要素在某一区域集中，进而节约成本或者产生区域收益的经济现象。生产要素集聚导致经济快速增长，进一步促进规模经济效应。这是因为生产要素的趋利性要求其向更高收益回报率的地区移动，并进一步聚集。同时在政策、市场、文化和自然环境的作用下，回报率高的要素更容易在更优的环境中积聚。要素选择移动积累效应会分化为经济优先增长区域和经济增长较慢地区，要素边际收益会随着市场规模效应的增大而递增大，市场化程度越大的地方会吸引更多的生产性要素流入，导致区域之间的差距进一步扩大。集聚经济形成的根本原因是，与其他地区相比，非移动性要素具有绝对或相对优势，从而导致某一地区的集聚经济效应。该效应经过自我初始循环和积累循环过程，促使该地区的经济增长持续高于其他地区经济增长，并导致收入差距变大。[①] 集聚经济的出现与制度密切相关，主要表现在两个方面：一是制度提高区域内生产要素的配制效率；二是制度能够吸引区域外的生产要素流入到该区域中。规模报酬递增的集聚效应是区域之间经济非均衡发展的重要原因。同时良好的激励机制会使劳动力、资本和企业家流向预期资本收益率高的区域，从而加剧要素集聚导致区域经济非均衡发展。[②] 我国从计划经济向市场经济转型，促进资金、劳动力等生产

---

① 程启智、汪剑平：《区域经济非平衡发展：表现形式、根源与分析框架》，载于《江西社会科学》2009 年第 10 期。

② 黄晖：《中国区域经济非均衡发展的制度分析》，湖南大学博士论文，2013 年 3 月。

要素的区域流动。城市化的战略背景下，区位条件好的地区和制度先进的地区会吸引更优质的资源。这些吸引优质资源的地区逐步成为经济的增长极，带动其他地区的经济发展。

城市化和工业化本质上是社会生产要素和产品在产业和空间上的积聚，两者互相促进，存在动态演进关系。[①] 城市化意味着人口在城镇相对集中，同时城市的文化和生活方式随着农村人口进入城市而迅速普及。城市化是工业化的必然逻辑，这是因为：第一，工业化促进农业机械化，并且为农村进城人员提供大量的工作机会；第二，农村的发展影响整个国民经济发展，因为农业是国家发展的根基，农村的工业化发展对国家的经济结构和发展方式转变意义重大；第三，城市化要改善城市市政环境，提供城市基础设施。县域以下投融资平台对于活跃农村经济、提高农民收入有重要作用；省区市级投融资平台对城市基础设施建设和农村劳动力转移、加速城市化进程有巨大的作用。基础设施的建设集中了大量的资金、人力、物力，是积聚经济的有效载体。

4. 现行的税收政策无法真正协调区域间的发展

首先，区域税收政策增加了东部地区的外资利用额。2013 年 1～11 月，东部地区、中部地区和西部地区实际利用外资金额分别达到 881.64 亿美元、91.99 亿美元和 81.43 亿美元。[②] 其次，现行区域的税收政策有利于东部地区企业的资本积累和自我发展。因为外商投资企业主要分布在东部地区，因此我国外商投资企业的税式支出实际上就是东部地区的税式支出。最后，地方税制（资源税、生产型的增值税）税收优惠政策设计上存在的明显缺陷。同一税制在不同地区产生不同的效应，不合理的税收政策有时"逆向调节"不同区域经济的发展速度。这不仅不利于区域经济均衡发展，而且还扩大了经济发展的差距。

5. 地方政府支出竞争导致区域经济发展失衡

地方政府支出竞争，比如地方政府大型基础设施支出以及为了拉动经济的项目性支出，旨在保护本地经济的快速增长。这种政府支出竞争的乘数效应较小，不利于经济增长的持续性（李江，2012）[③]。中国地方政府竞争导致财政支出结构失衡，各地区的情况不同。比如中部地区的财政支出结构失衡程度最严重，东部地区次之，西部地区财政支出结构失衡最轻。要想取得区域间经济增长速度最大化，只有确保区域间生产性支出与非生产性支出相等。但是各地区财政支出失

---

① 敬志红：《地方政府性债务管理研究－兼论地方投融资平台管理》，中国农业出版社 2011 年版，第 28 页。

② 商务部：《2013 年终述评之十三：开创利用外资工作新局面》，http：//www.ecview.cn/e/action/ShowInfo.php？classid＝2&id＝4519 2013－12－24。

③ 李江：《财政分权、地方政府竞争和区域经济增长》，载于《财经问题研究》2012 年第 2 期。

衡的状况与经济增长之间的关系差别巨大。东部地区的财政支出结构性失衡能促进经济增长，而中西部地区则关系不明显。这表明我们要想通过调整财政支出结构失衡来调整区域发展均衡，需要考虑到不同地方财政支出结构失衡状况对经济增长之间的关系，同时要综合考虑各地区的实际情况来定（李后建、何山，2011）[1]。

6. 各地财力不均衡影响区域公共服务水平

地方政府的主要职能是提供公共品和公共服务，地方政府的财力是保证地方政府履行其职责的重要手段。我国的财税体制没有真正实现区域间的财力平衡，主要体现在：第一，地方财政收入方面，1994 年的分税制改革没有赋予地方政府足够财权保证其财力，而且没有把均衡地区之间财力作为主要目标；第二，中央对地方的转移支付的制度设计中，没有考虑到专项和均等化转移支付占比的数量。专项转移支付制度的审批和监督制度不够健全，中央专款经常被挪用。中央要求地方配套的项目实际上加重了地方政府的负担。区域公共服务水平的高低与人口密切相关，财力充足人口数量少的地方理论上地区公共服务水平相对较高。同时，经济增长区域差异性会影响区域间投资资源的差异，也会影响区域间政府的财政收入水平，从而影响政府提供公共品的数量。

7. 区域间市场化不均衡影响区域间债务融资水平的不均衡

债务融资水平与地方政府汲取资源的能力相关。运用金融手段能够汲取未来的发展资源为现期经济服务。有学者实证考察了我国债务融资工具的地域性差别，有两大发现：第一，根据中国区域债务的统计描述，我国的东部沿海地区在债务融资工具（企业债券、公司债券、中期票据和短期融资券等债务融资工具）的发行量和发行规模上处于领导地位，西部地区债务融资工具则相对落后。这表明我国债务融资发展呈现区域的差别性。但是当我们考察单个省份债务融资工具发展情况，却发现中西部省份较某些东部地区更好。这表明，债务工具的使用程度不一定和区域直接相关。第二，市场化发展程度与地方债务的发行和融资情况紧密相关。省份间的市场化程度差距呈现出东部地区市场化进程较快、西部地区市场化进程发展缓慢的区域不均衡现象，这种差距在不断扩大。这种市场化进程差异导致了我国债务融资工具在区域间发展差异化。[2]

8. 城镇化过程中基本公共服务区域资源配置不均衡

推进城镇化导致人口流动速度加快，农业人口转为城镇人口需要地方政府有相应的公共配套设施。而农业人口市民化既包括城乡行政区域的转换，还包括区

① 李后建、何山：《公共财政支出结构失衡对区域经济协调增长的影响研究》，载于《南京师范大学学报（社会科学版）》2011 年第 7 期。

② 张寻远：《中国区域债务融资工具发展研究》，西南财经大学博士论文，2013 年。

域之间的流动转化。前者指一部分农民所在区域直接划为新的城镇，农民不用迁移就直接原地转变为市民；后者指农民用脚投票，迁移到其他的城镇，成为家乡以外的城镇居民。城镇化实际上要解决人口流入省和人口流出省的公共品服务供给问题，这必须了解城镇化政策下各地基本公共服务的差异，以便人均资源配置达到最优。根据国家发改委 2012 年 12 月的调研，各地区的基本公共服务总体不足。人口流入省份和人口流出省份的公共政策相似，政策无法与公共品实际需求相配套。如果从具体的公共品配置项目来看，人口流出地常住人口比户籍人口少，因此对保障房需求相对较少。人口流入地则通常容纳劳动力素质水平较高的外来者，对保障房和社会保障的需求相对较高。如果从中央财力支持的成本分析，人口流出地经济普遍较落后，需要更多的资金支持，而人口流入地经济比较发达。要达到人口流入地和流出地的公共品供给均衡，仍然需要中央给予政策和支持，让地方政府有更多筹资渠道。①

第三节　地方政府性债务风险规模、结构及可持续性评估

一、地方政府性债务的现状

（一）地方政府性债务的统计口径

目前地方政府性债务主要有 3 种统计分类方法，它们分别是世界银行的债务矩阵，审计署对债务的三种分类和财政部、银监会等其他部门对债务的分类。

1. 财政风险矩阵对地方政府债务的分类

世界银行经济学家汉娜（Hana Polackova）将政府债务分为直接显性、直接隐性、或有显性和或有隐性四类，并且将其放在财政风险矩阵中。具体如表 6 - 2 所示。

---

① 商务部：《2013 年终述评之十三：开创利用外资工作新局面》，http：//www.ecview.cn/e/action/ShowInfo.php？classid＝2&id＝4519。

表 6 – 2 财政风险矩阵

债务性质	直接	或有
显性	1. 中央代发地方政府债券 2. 上级财政转贷债务中，投入无收益的公益性项目，全部以财政性资金作为偿债资金来源的债务 3. 政府部门和机构拖欠单位和个人的债务 4. 经费补助事业单位举借的，已明确的财政性资金直接偿还的债务 5. 融资平台举借的，已明确由财政性资金直接偿还的债务	1. 上级财政转贷债务中，投入有收益的竞争性项目的债务 2. 地方政府为融资平台公司等单位贷款或发行企业债券进行担保或发行企业债券进行担保或提供回购信用支持形成的债务 3. 粮食、供销等企业政策性亏损挂账
隐性	社会保障制度改革和企业改制等造成的拖欠下岗职工、失业人员的养老金、失业保险金等各种社会保险金的缺口	1. 经费补助事业单位举借的，政府未确认承担直接还款责任，也未提供担保的债务 2. 公用事业单位举借的，政府未确认承担直接还款责任，也未提供担保的债务 3. 融资平台公司为公益性项目建设举借的，政府未确认承担直接还款责任，也未提供担保的债务 4. 经费补助事业单位，公用事业单位、融资平台公司为公益性项目建设提供担保形成的债务 5. 地方国有企业的亏损、负债等 6. 地方国有和非国有金融机构的债务

汉娜的财政风险矩阵，经过组合，反映出四种类地方政府债务，一般根据风险呈现的方式分为直接财政风险和间接财政风险。前者是由财政负担偿还连本付息的债务风险，后者是财政兜底债务担保人偿还违约债务的风险。相对于直接债务风险而言，其他债务风险是否会扩大或集中爆发，取决于特定事件是否发生，既取决于外生因素，如自然灾害、宏观经济环境等，也取决于政府自身，如政府决策等，如果风险集中释放出来，最终可能要中央财政来兜底。隐性或有债务是基于公众期望和政治压力，政府出面承担部分或者全部债务风险。因为或有债务不容易查清楚具体数额，一旦发生大面积违约，会造成政府信用的极大损害，因

而隐性或有债务是财政的巨大风险源。[①]

2. 审计署对地方政府债务类型的划分

国务院安排审计署于 2011 年至 2013 年分年度进行了三次政府债务存量情况的审计。审计署将债务划分为三种：第一种是政府应该直接偿还的债务；第二种是政府承担担保责任，财政只有在相关单位无力按期偿还下才承担偿债责任；第三种是地方政府为了保证社会稳定，担当救助责任的债务。

第一种直接债务具体包括：第一，地方政府债券、国债和外债转贷、农业综合开发借款以及明确由财政资金偿还的其他债务；第二，地方融资平台或者政府部门和机构、拖欠或回购（BT）、农业综合开发借款等直接由财政资金（不含车辆通行费、学费等收入）偿还的债务；第三，当地粮食、供销企业的政策性挂账。

第二种或有债务具体包括：第一，地方政府融资平台或事业单位等举借，地方政府、部门和机构提供过直接或间接担保，明确用债务单位的各类收入偿还的债务；第二，明确用非财政资金偿还地方政府、部门和机构举借的债务。

第三种救助责任的债务包括：地方政府没有经过担保，但是是由地方政府融资平台公司、事业单位等为公益性项目筹措的债务。政府因为偿债人的债务出现危机会出手相救。

上述三类债务的政府债务偿还责任依次减弱。第一类债务政府从法律上必须偿还；第二类负有偿还责任的债务到期时，政府必须支付全额支付债款。第三类负有救助责任的债务不一定支付全额债款，但是一旦发生偿债风险，会对财政掌控风险的能力产生巨大压力。

从风险角度来分析，负有偿还责任的债务因为规模小，政府重视程度高，因此其带来风险可控程度高，反而那些政府负有救助责任的债务，因为政府未进行担保也无法规明确要求财政资金偿还，因此对其规模和风险的重视程度不够，但恰恰是这类债务规模较大，潜在性风险高，一旦集中爆发，将带来巨大的财政偿还压力。

3. 其他部门对地方债务的分类

一是财政部对地方债务的统计分类。2000 年以来，财政部要求各地区的财政部门按年上报债务统计表，该类报表由省及以下政府分级汇总填报。财政部对债务分类的统计口径，分为直接债务和担保债务。

二是银监会对地方债务的统计分类。银监会是从银行系统的角度对其认可的地方政府融资平台的融资情况进行了统计，前期主要针对融资平台信贷融资规模

① 陈共：《积极财政政策及其财政风险》，中国人民大学出版社 2003 年版，第 318 页。

进行了统计，后来根据审计发现的问题，又对地方政府平台融资中除信贷融资外的非信贷融资渠道，如理财、企业债、中票、短融、信托计划进行了全口径统计。值得一提的是银监会的地方融资平台概念与审计署的地方融资平台公司概念有差异，前者除了地方政府融资平台公司以外，还包括了机关和事业单位，与审计署的政府部门、事业单位及融资平台公司三者的债务规模合计数的口径类似。

三是国务院 2014 年 10 月初公布的《关于加强地方政府性债务管理的意见》中关于债务的分类。43 号文提到了政府债务、政府性债务和政府或有债务三个概念。政府性债务包括政府负有偿还责任、担保责任和一定救助责任的债务。该口径与审计署 2013 年划分的债务口径完全一致。政府债务则仅仅指政府负有偿还责任的债务。相当于审计署统计口径中的第一类债务。政府或有债务指政府债务以外的政府性债务，即审计署债务统计口径中的政府担保性债务和政府负有救助责任的债务。

世界银行汉娜的四种地方政府债务类型，为我国后续各部门的地方债务统计的分类提供了较好的思路，但其中涉及的一些债务，如失业下岗等社会保险金缺口能否作为地方政府直接债务则尚待确认。银监会和财政部对地方政府债务的统计较局限在本部门所掌握的债务数据统计上。例如，财政部门对地方融资平台公司承担公益事业所造成的地方政府或有隐性债务统计不足；银监会则基于银行信贷的视角，将地方政府融资平台的债务全部纳入地方政府债务，可能会有部分多统计或漏统计，比如一些新型的非信贷融资渠道。审计署的统计应该是较为准确的，但审计署审计时部分政府应付工程款未纳入当时的债务统计口径，这也是债务风险点之一。我们认为较为合理的债务划分是基于国务院 43 号文的口径，将地方政府性债务划分为政府直接偿还的政府债务和政府或有债务。下面对政府性债务的风险评估将沿着以上分类展开。

（二）地方政府性债务现状

我国在经历 2009 年的信贷规模和债务规模的大幅增长后的连续几年进行了债务的消化和结构的调整。未来发展当中地方政府债务风险能否可控，债务规模是否能控制在合理水平需要对我国地方政府债务规模及变化趋势进行总体分析和把握。

1. 地方政府债务总体规模

我国地方政府债务总体规模，按照国家审计署发布的数据，2010 年省市县级债务余额达到 10.7 万亿元。期间许多学者也对地方政府债务规模进行了估算，因研究方法、统计时间和统计口径的不同，债务规模估算也各有差异。如美国西北大学的史宗瀚，主要依据银行和政府所签订的"政银合作协议"对地方政府债务做出估算。他估算的结果是 2009 年地方政府债务余额为 11.4 万亿元, 2011 年为 24.2 万亿元; 中国社会科学院课题组李扬等人测算的地方债务数据采用银监会的口径, 估算结果是 2010 年地方政府债务余额是 14.8 万亿元。花旗银行根据国家审计署公布的部分地区地方政府债务数字估算, 2012 年地方政府总债务约在 12.1 万亿元; 华泰证券 (2013) 估算我国地方政府债务规模 2011 年为 13.2 万亿元, 2012 年 15.3 万亿元, 2013 年预计在 16.3 万亿元。

2013 年国家审计署又对全国 31 个省区市的债务情况进行了全面审计。遵循见人、见物的原则, 截至 2013 年 6 月末, 审计署报告第一类地方政府负有偿还责任的债务达到 10.89 万亿元, 第二类地方政府负有担保责任的债务达到 2.67 万亿元, 第三类地方政府可能承担一定救助责任的债务达到 4.33 万亿元。我国地方政府债务总额达到 17.89 万亿元。

根据审计的结果分析, 截至 2013 年 6 月, 江苏、广东、浙江等 6 个省市的债务规模较大, 均超过 8 000 亿元, 其中江苏和广东超过 1 万亿元, 债务规模最小的几个省份为海南、青海和宁夏, 其中债务规模最小的省份为宁夏, 债务规模791 亿元。具体情况如图 6 - 16 所示。

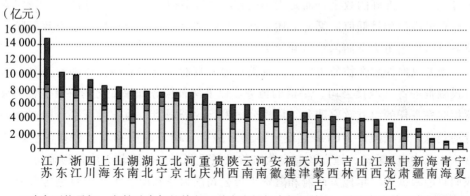

图 6 - 16　各地区政府债务规模和类型对比

资料来源: 审计署债务公告 2013 年 12 月 30 日。

2. 地方政府债务风险评估

(1) 地方政府性债务风险总体评估。

目前我国地方政府债务最大的风险在于债务违约, 即到期无法按时偿还本金和利息。当然在政府信用尚可的情况下可以通过借新还旧的方式进行展期, 但这同样会增大未来还债的风险。2013 ~ 2014 年, 我国地方政府偿债压力逐渐到达顶峰, 随后偿债压力放缓。按照审计署统计口径计算, 2013 年下半年地方政府要偿还 2.49 万亿元负有偿还责任的债务, 占全部应偿还额的 22.92%; 2014 年为

415

2.38 万亿元，占全部应偿还额的 21.89%。此外，根据审计结果，我国 2012 年省级、市、县、乡镇（分别为 2 个、31 个、29 个、148 个），政府负有偿还责任债务的债务，其借新还旧率超过 20%。

我国地方各级债务的增长速度比较快。遵循"见人、见账、见物、逐笔、逐项审核"的原则，截至 2013 年 6 月底，审计署认定的地方政府性债务为 17.89 万亿元。该结果较 2010 年末和 2012 年末分别增长了 66.93% 和 12.62%。2011 年、2012 年和 2013 年审计署三次依据不同的口径对政府性债务进行审计。从审计署审计对象看，2011 年债务审计对象是全国市县级以上地方政府；2012 年审计对象缩小为 36 个本级地方政府，具体包括 15 个省、3 个直辖市本级及其所属的 15 个省会城市本级、3 个市辖区；2013 年全国政府性债务审计对象为全国 31 个省（不包括港、澳、台地区）和 5 个计划单列市、391 个市、2 778 个县、33 091 个乡进行了审计。2013 年的审计对象相比 2010 年新增了 BT 和信托融资等隐蔽性较高的融资方式。2013 年审计共涉及 154 460 个债务主体、730 065 个投资项目和 2 454 635 笔债务，分别是 2011 年审计时的 1.79 倍、1.95 倍和 1.31 倍。

地方政府性债务的债务收入比超出国际标准。我们认为估算地方政府性债务不可能是一个准确的数字，而是用不同方法估算后得出的一个债务区间，该债务估算有最高值和最低值。循着上述思路，我们结合审计署的数据对地方政府隐性债务风险作出更为全面的估算和评估。

地方政府性隐性债务可以分为两类：地方政府自身举借的债务和地方政府通过投融资平台（城投公司）举借的债务。以上两种债务如果细化到科目包含中央承担兜底责任的地方政府债务、城投公司发行的公司债、地方融资平台向商业银行的贷款、信托融资、BT（建设-移交）融资、地方政府和城投公司的应收账款等。其中 BT 融资、地方政府应收账款及城投公司应收账款无法得到确切数据，我们只能根据近三年地方政府和融资平台公司的财务状况，大体推算地方政府性债务的增长情况。我们认为地方债务的增加额 = 地方政府城投公司投资额 + 地方财政支出 - 地方政府卖地纯收入。之所以如此计算，是因为城投公司是地方融资平台的主体，其投资总额可以看作地方政府从市场上融资的实际可用财力，地方政府还有一部分收益来自土地的出让以及土地抵押，这部分被称作地方政府依赖土地收益投资的可用财力。如果从预算表上看，地方财政的收入和支出总额总是平衡的，实际的收支差额也不大，这块我们忽略不计。

我们查阅国家统计局数据，我们计算 2011 年 1 月 ~ 2013 年 8 月的地方固定资产项目投资总额，共计 87.48 万亿元。该时间段民间固定资产投资达到 57.04 万亿元，我们将全国固定资产投资减去民间固定资产投资得到地方政府固定资产投资额为 30.44 万亿元。我们根据固定投资分行业具体数额推算，在交通、保障房建设、水利建设和民生投入等方面的地方政府固定投资（包括地方政府和地方融资平台共同投资）在15万亿元左右。2013年8月的地方政府公共财政收入（包括中央对地方的税收返还及转移支付）总计约26.54万亿元；地方政府的财政支出构成的详细信息我们无法得知，但是根据其他的资料，我们假定地方财政的非投资性支出占地方政府收入总额的80%，大约21万亿元，因而得出地方政府投资性支出约5.5万亿元。已知地方政府固定资产投资和地方城投公司投资总额为15万亿元，则地方融资平台城投公司投资额为9.5万亿元。

我们整理国土资源部数据，计算2012年1月~2013年8月的土地出让收益。全国2012年土地出让合同价款总计2.69万亿元，全国土地出让合同2011年总计3.1万亿元；2013年1~6月全国土地出让合同价款累计达到1.7万亿元，我们按照前面几个月平均值推算2013年1~8月全国土地出让合同价款约为2.27亿元。将上述数字累加后得出2011年以来，全国土地出让合同价款合计约8.06万亿元。2011年的土地征地成本我们按土地出让收入的40%计算，这个标准是学界通用标准。2012年全国土地拆迁成本相当于地方土地出让收入的79.3%，而全国地方土地出让收入为2.85万亿元。我们计算32个月地方政府卖地获得的纯收益，按照最低收益率20.7%得到地方政府卖地纯收益达到1.7万亿元。

2011~2013年地方政府债务增加主要在地方融资平台投资，具体是城投债，我们认为城投公司债务等于地方城投公司投资额与地方政府卖地纯收益的差额，为9.5-1.7=7.8万亿元。根据审计署2013年全国政府性债务的结果，全口径地方政府性债务合计17.89万亿元，两者相加我们得到2013年的地方债务总规模达25.69万亿元。

估算地方隐性债务的另一个思路，我们考虑用投资增长速度来估算。我们假定2010年新增的地方政府性债务为3.5万亿元，加上2010年卖地纯收益6 000亿元，2010年地方政府融资平台可用投资至少为4.1万元。地方融资平台与全国固定资产投资增速相同的话，2011~2013年的我们查到全国固定资产投资增速为：2011年23.8%，2012年20.6%，2013年前8个月20.3%。那么2011年1月~2013年8月，地方政府融资平台投资总额累计约为15.6万亿元。我们加入审计署审计得出的地方政府显性债务17.89万亿元，那么地方政府的显性加隐性债务可达31.79万亿元。

以上得出我国地方债务2013年的隐性债务区间为25.69万亿元到31.79万亿元之间。2013年的地方本级收入为6.9万亿元，加上中央税收返还和转移支付收入4.8万亿元，共计地方可用财力11.7万亿元。我们计算2013年债务收入比达到219.6%~271.7%，已经大幅超过国际上100%的警戒线。以上的估算数据没有包括养老金和国有企业的负债。参考《化解国家资产负债中长期风险》的预

417

测数据，中国养老金的缺口于 2013 年将达到 18.3 万亿元。如果将养老债务数据
计入地方政府性债务，我国 2013 年的地方政府性债务是地方政府可用财力的
376% 和 428%。这表明我国地方债务的流动性风险非常突出。

我国 2010～2012 年地方政府性债务的债务率接近国际警戒线，但相对于全
国较高水平的债务，地方政府债务总量仍处于可控范围。本书的地方政府债务
率＝地方政府性债务余额/地方政府综合财力，地方政府综合财力＝地方公共预
算财政收入＋地方政府性基金收入①。具体数据如表 6－3 所示。截至 2012 年底
地方政府债务率为 112.00%，比 2010 年增加了 11.18 个百分点。但相比全国债
务负担情况，地方政府的债务率在国际债务率控制范围内。我们按照审计署口径
计算出全国负债率，截至 2012 年底全国政府负有偿还责任债务的债务率为
105.66%。如果我们按照全口径债务计算，结果是全国政府债务率截至 2012 年
底高达 179.47%，比 2010 年增加了 32.47 个百分点。该结果显著高于审计署计
算口径计算的结果，也超过国际货币基金组织确定的 90%～150% 的债务率控制
标准参考值范围，这说明我国全国范围内政府债务率已处较高水平。

表 6－3　　　　2010 年和 2012 年我国政府性债务负债指标　　　　单位：%

项目名称	2010 年	2012 年
全国负债率＝$\frac{全国政府性债务余额}{GDP}$	43.52	53.51
中央政府负债率＝$\frac{中央政府性债务余额}{中央政府综合财力}$	147.98	199.90
地方政府负债率＝$\frac{地方政府性债务余额}{地方政府综合财力}$	100.82	112.00
全国负债率＝$\frac{全国政府性债务余额}{全国政府性综合财力}$	147.00	179.47

（2）地方负有偿还责任债务评估。

从表 6－4 我们看到，地方政府负有偿还责任的债务 2013 年总额达到
24 949.06 亿元，占负有偿还责任债务的 22.92%，随后几年持续下降，2018 年
以后可降至 18.76%。债务增长可控性比较好。

① 审计署 2011 年第 35 号公告，2013 年第 32 号公告，中央和地方政府预决算报告（2010～2012 年）。

表 6 - 4 　　　　 **2013 年 6 月末地方政府债务余额未来偿债情况**　　　单位：亿元

偿债时间	政府负有偿还责任的债务		政府或有债务	
	金额	占该项下全部金额的比重	政府负有担保责任的债务	政府可能承担一定救助责任的债务
2013 年 7 ~ 12 月	24 949. 06	22. 92%	2 472. 69	5 522. 67
2014 年	23 826. 39	21. 89%	4 373. 05	7 481. 69
2015 年	18 577. 91	17. 06%	3 198. 43	5 994. 78
2016 年	12 608. 53	11. 58%	2 606. 26	4 206. 51
2017 年	8 477. 55	7. 79%	2 298. 60	3 519. 02
2018 年及以后	20 419. 73	18. 76%	11 706. 75	16 669. 05
合计	108 859. 17	100. 00%	26 655. 77	43 393. 72

资料来源：审计署债务公告 2013 年 12 月 30 日。

（3）地方或有债务风险评估。

地方政府或有债务可以分为政府担保的债务和政府有救助责任的债务。根据审计署公布的数据，从表 6 - 2 中，我们看到前者 2014 年达到第一个峰值 4 373. 05 亿元，后者 2014 年也达到第一个峰值 7 481. 69 亿元。两者在 2018 年及以后达到最高峰。分别是政府担保性债务达 11 706. 75 亿元，政府可能承担救助责任的债务达到 16 669. 05 亿元。从或有债务发展的趋势上看，其风险敞口有扩大趋势，是我们地方政府性债务的重要风险点。

我们认为，政府或有债务的规模应该大于审计署公布的总额，其中政府或有债务因为统计数量模糊而不易控制。因为我国尚未建立规范机制管理和统计地方政府举债融资总额，地方政府无论从理论上还是实践上都存在漏报、瞒报的动机。或有债务中，以高校基建为例，很多高校通过银行贷款和发行债券融资，大规模、高标准扩建校园。有些高校负债率高达 300%，这部分债务在审计署的统计口径中没有列入。一旦债务爆发，地方政府必须承担救助责任。另外中国社科院《现行统账结合模式下隐形债务预测与测算》报告，以 2012 年为基准测算社会统筹账户隐形债务达 83. 6 万亿元，占 2012 年 GDP 的 166%。财政部财预 351 号文重点甄别地方政府负有偿还责任的债务，按照该口径，地方政府直接偿还的债务达到 10. 7 万亿元，剩下为或有债务。实际操作中，地方政府上报数据时会根据情形瞒报或者虚报。我们认为，这次审计署上报的数字可能小于地方政府债务实际规模。原因在于地方政府债务分布在各预算单位，很难全面统计。审计署确认债务的条件是必须有合同和欠款证明等材料，如果缺项就不予确认，这导致很大一部分或有债务实际上没有被确认。

3. 地方性债务偿债压力评估

（1）地方政府偿债时间较为集中，短期偿债压力较大。

根据审计公告显示，地方政府债务偿还高峰较为集中，而地方政府及其融资平台公司的资产主要是土地、基建项目等固定资产，快速变现能力有限。特别是2010年银监会大力清理了地方融资平台贷款，信贷条件越来越严格，大量靠"短贷长投""借新还旧"来扩充资金来源的方式变得更加困难，融资成本也会变高，无疑都增加了债务违约的风险。

（2）土地出让金规模锐减会导致地方政府偿债压力。

根据审计抽查的结果，截至2012年底，我国11个省级、316个市级、1 396个县级政府，用土地出让收入偿还债务达到3.49万亿元，以上三级基层政府直接负有偿还债务总余额为9.36万亿元，前者占后者的近37%。这就意味着，只有土地价格足以覆盖开发成本，地方政府才能偿还债务。房地产价格一旦下滑，地方政府的财政收入会迅速下降。一旦土地出让金减少的速度超过地方政府资金融资的速度，那么地方政府将面临巨额偿债压力，势必会导致公信力下降。国家也意识到这种潜在的财政风险，2011年以来开始加紧对房地产市场的宏观调控，避免房价过快上涨，降低财政风险。

（3）总体而言债务风险可控，但债务增长仍然较快。

我们得出以上判断的理由有四：一是国际通常使用的风险控制指标处于安全范围之内。根据2013年审计结果公告，2012年底全国范围内地方政府负债率为36.74%，全国政府外债占GDP的比率为0.91%。以上指标均在国际通常认为的风险可控范围之内。二是债务资金一般投向了基础设施领域，能够形成相应的资产作为偿债保证。根据审计公告，债务资金中有近90%的比例投向了基础性、公益性领域，余下部分投入了工业、能源等方面，各类债务都有相应的资产和收入作为偿债保证。如从债务行业投向看，截至2013年6月底，全国政府高速公路债务和取消收费政府还贷二级公路债务余额分别为1.94万亿元和4 433.86亿元，债务偿还压力较大，但与此同时也建成了多条高速公路形成政府资产。三是我国政府拥有国企和土地资源。过去几年国有资产增长可能已经超过政府债务增长。四是我国拥有庞大的外汇储备，较低的外债水平和较高的居民储蓄，这些可以帮助缓解地方政府偿还债务的压力。

二、全国各省地方政府性债务现状分析

（一）地方政府性债务结构分析

根据各省审计网站公布的地方政府债务审计结果，本书对30个省区市的省级政府债务情况进行了梳理和比较。目前，从债务结构上，负有偿还责任的直接债务占地方政府债务的主体，或有债务增长较快；从政府层级分布上，市级政府债务占主体，县级增长快速；从举债主体上，地方政府融资平台公司仍然是债务举债的主体，随着融资平台借款监管逐渐规范，该类债务中政府负有偿还责任债务会有所下降；从举债资金来源上，银行贷款为主体，其他的以债券、BT和信托等融资方式增加，由信贷融资转向非信贷融资；从债务投向上，主要投向公益性基础设施建设，其中民生领域项目和市政建设债务增长较快。

1. 债务主体的行政层级分布

根据审计署数据，我们分析发现，我国各层级地方政府性债务均快速增长，增长速度均超过50%。其中县级政府债务增长最快，增速达77.34%；市级政府债务仍是地方政府债务的主体，截至2013年6月底占比达40.75%。县级和乡镇政府负有偿还责任的债务占比高，债务刚性压力很大。我们进一步从借债主体分析，2013年6月底省级债务余额为51 939.75亿元，市级债务余额为72 902.44亿元，县级政府债务余额为50 419.18亿元，比2010年同期分别增长61.75%、56.34%和77.34%。

截至2013年6月底，地方政府债务规模中省、市、县、乡政府债务余额分别占债务总规模的29.03%、40.75%、28.18%和2.04%。其中举债主体以市政府为主，乡镇政府债务规模较小。在某些经济发展相对滞后，省级政府或国有经济对社会干预较强的地区，省级政府是借债的主体，如山西、青海、甘肃等地的省级政府债务占比超过一半以上。某些县域经济发展较快地区，县级政府债务占比较高，如浙江、江苏、四川等地以县级政府债务为主体，债务规模接近或超过一半。

2. 政府负有偿还责任债务的分布

截至2013年6月末，全国省区、市、县和乡镇政府负有偿还责任的债务分别占本级债务总规模的34.23%、66.44%、78.49%和84.18%，越往基层刚性债务的比例越高，反映出在当前财政体制下，政府层级越低负担的事权越多，但与之相应的政府可支配财力相对较少，政府直接举债融资的比例越高，政府负有偿还责任的债务占比越高。

从地域分布结构上看，大部分地区县级政府负有偿还责任的债务比例在70%以上，尤其是海南、宁夏、内蒙古、青海、辽宁等省份县级政府负有偿还责任的债务比例高于90%，但也有极个别的情况，如江苏、安徽、山西、浙江等4个省份县级政府负有偿还责任的债务占比不足10%。整体来看，大部分县级政府负有偿还责任的债务占比较高，刚性偿债压力越大，如图6-17所示。

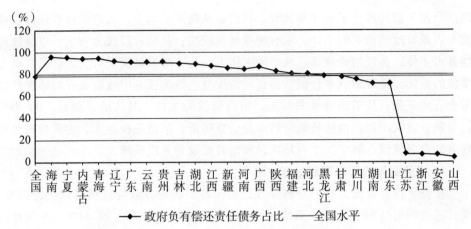

图 6 - 17　各地区县级政府负有偿还责任的债务占比

资料来源：全国各省区政府债务审计公告。

3. 债务到期偿债压力结构分析

2013 年 6 月末 ~ 2013 年底前地方政府需偿还的债务为 2.49 万亿元。2014 年地方政府到期应偿还的债务达到 3.57 万亿元、地方政府有担保责任的债务达到 2.38 万亿元，地方政府承担兜底责任的债务达到 4 373 亿元和 7 482 亿元。整体看，2014 年地方政府需偿还的债务规模较大，且负有偿还责任的债务占本期到期债务总额的 67%，占该类地方债务余额的 22%，存在集中偿债压力，如图 6 - 18 所示。

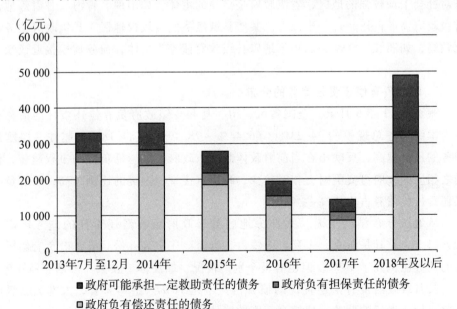

图 6 - 18　截至 2013 年 6 月末地方政府债务期限结构

资料来源：审计署 2013 年第 32 号公告《全国政府性债务审计结果》。

我国公共财政风险评估及其防范对策研究

4. 地方性政府债务主要投向

截至 2013 年 6 月底，大部分省市的地方政府债务主要投向市政建设、教科文卫、交通运输、土地收储和保障性住房。但不同地方的政府债务在不同领域的投资比例有所差别。

（1）市政建设的债务投向。

大部分市政建设项目属于公益性，主要靠财政资金偿还，它是政府负有偿还责任的主要类型。根据审计结果公告，福建、辽宁、宁夏、内蒙古、黑龙江、贵州等 6 省区政府负有偿还责任占到市政建设领域债务的比例超过 80%，江苏、天津等地虽然占比较低，但市政建设形成的或有债务未来还是可能由政府以财政兜底偿还。

（2）交通运输的债务投向。

收费公路可以获取通行费收入还债，因此交通运输方面债务主要为政府或有债务。在交通物流运输较为繁忙的地区，这类债务一般风险较小，靠通行费收入基本偿还相应债务。但是广西、陕西等地区经济相对落后，但基础设施建设投入量会较大，道路通行费收入不一定能够完全偿还所欠到期债务资金。

（3）土地收储的债务投向。

土地收储的目的是政府为了出让土地，获得土地出让金并带动当地相关产业的发展。一般收储资金最终都来源于财政资金，相应的收储形成债务归政府来偿还。天津、云南、湖南等 3 个省份土地收储所形成的债务政府负有偿还责任的比例较全国低，反映出当地对融资平台公司的财政扶持力度稍弱于其他地区。

（4）保障性住房的债务投向。

截至 2013 年 6 月底地方政府性债务余额支出，投入保障性住房项目支出 6 851.71 亿元，占政府负有偿还责任的债务余额 101 188.77 亿元的 6.77%。全国各省看，江苏、上海、天津等三地政府投入保障性住房，负有偿还责任的债务占比低于 45%，低于全国 56.74% 的平均水平，说明这些地区承担保障房建设任务的融资平台债务保障程度偏弱。

5. 地方融资平台及其他隐性或有债务

几次关于地方政府债务的审计结果，反映出地方融资平台公司在地方债务形成过程中扮演极为重要的角色，是主要的举债主体。

（1）融资平台举债模式呈现多样化。

2010 年以前主要以贷款融资为主要举债模式，经过当年政府债务审计后，各地融资平台公司纷纷转变举债思路，从显性的银行贷款为主转向各类隐性融资方式。比如通过发行理财产品、信托计划、引入股权基金等方式规避主管部门的监控，无形中增大了债务风险。

（2）融资平台和政府各自或者混同举债。

截至 2013 年 6 月底，融资平台公司在全国范围内是举债主体，其次为政府机构，部分地方举债主体为两者并重。全国范围内，举债主体是融资平台公司的占比为 47%，代表地区有重庆、湖南、湖北等 14 个地区；举债主体是政府机构的占比为 33.33%，如内蒙古、山西、宁夏等 10 个地区；主体为两者并重的占比为 20.00%，如山东、四川、辽宁等 6 个地区。

（3）其他融资方式以银行信贷为主。

截至 2013 年 6 月底，银行信贷形成的债务占全部债务的 51%，以 BT、信托和融资租赁等新的融资方式占比也达 16%。从地域上看，贵州、山西、河南、重庆等地以非信贷融资方式举债的比例较高，超过 20% 的债务来源于该方式。此类方式融资成本较高，形式较为隐蔽，监管力度也相对不足，未来可能面临较大偿债风险。

（二）地方政府性债务变化趋势

根据 2011~2013 年期间数次全国性政府债务审计公告的结果，我们对全国地方政府债务的变化情况做出如下判断。

1. 统计口径的变化反映出地方债变化的新趋势

从债务的统计口径上看，几次全国性的政府债务情况摸底中均涉及 3 类债务，即政府直接偿还的债务、政府担保偿还的债务和政府有救助责任的债务。但各类债务所包含的内涵则随着审计的不同期间而各有所变化。

从融资方式上，2013 年的统计口径较 2010 年的情况关注了一些新的举债融资方式，如 BT 和信托融资等融资方式。从审计范围上看，2011 年的政府债务审计针对全国市县级以上地方政府主体；2012 年则主要是对中央债务进行了审计，并抽查了部分省和地区；2013 年在前 2 次的基础上，对全国政府债务进行了摸底，统计口径更加细化，例如将国有独资或控股企业、自收自支事业单位债务进行了统计。

2. 债务的增长速度变化

2013 年全国政府债务的规模相比 2010 年有较大幅度的增长，审计署审计数据表明，截至 2013 年 6 月底，全国地方债务较 2010 年底和 2012 年底分别增长 66.93% 和 12.62%，总额达到 17.89 万亿元。地方债务增长总体速度较快。其中政府直接偿还的债务占大部分。政府担保债务和有救助责任的债务，从 2010 年底的 37.39% 上升至 2013 年 6 月底的 39.15%。尤其需要关注的是，第三类地方政府可能承担一定救助责任的债务，2013 年相比 2010 年底增加 159.91%，偿债比重由 15.58% 上升至 24.25%。这导致地方政府或有债务风险进一步加大。具体情况如表 6-5 所示。

表 6-5 审计署公布的政府债务规模对比

单位：亿元，%

政府层级	债务类型	2010年 金额	2010年 占比（%）	2012年 金额	2012年 占比（%）	2013年6月 金额	2013年6月 占比（%）
中央	政府负有偿还责任的债务	67 548.11	100.00	94 376.72	79.42	98 129.48	79.24
	政府有担保责任的债务	—	—	2 835.71	2.39	2 600.72	2.10
	政府可能承担一定救助责任的债务	—	—	21 621.16	18.19	23 110.84	18.66
	合计	67 548.11	100.00	118 833.59	100.00	123 814.04	100.00
地方	政府负有偿还责任的债务	67 109.51	62.62	96 281.87	60.61	108 859.17	60.85
	政府有担保责任的债务	23 369.74	21.81	24 871.29	15.66	26 655.77	14.90
	政府可能承担一定救助责任的债务	16 695.66	15.58	37 705.16	23.74	43 393.72	24.25
	合计	107 174.91	100.00	158 858.32	100.00	178 908.66	100.00
全国	政府负有偿还责任的债务	134 657.62	77.07	190 658.59	68.66	206 988.65	68.37
	政府有担保责任的债务	23 369.74	13.38	27 707.00	9.98	29 256.49	9.66
	政府可能承担一定救助责任的债务	16 695.66	9.56	59 326.32	21.36	66 504.56	21.97
	合计	174 723.02	100.00	277 691.91	100.00	302 749.70	100.00

资料来源：审计署 2011 年第 35 号《全国地方政府性债务审计结果》，2013 年第 24 号《36 个地方政府本级政府性债务审计结果》和第 32 号公告《全国政府性债务审计结果》。

2010 年~2013 年 6 月，各级地方政府债务均有所增长，其中，增速由高到低依次是县级、省级和市级。从绝对金额上看，偿债金额由高到低依次是市级、省级和县级，截至 2013 年 6 月底，市级债务占总债务余额的 41%。具体情况如表 6-6 所示。

表 6-6　　　　2010 年与 2013 年 6 月四级政府债务情况对比

政府层级	2010 年		2013 年 6 月		增速（%）
	债务余额（亿元）	占比（%）	债务余额（亿元）	占比（%）	
地方政府债务	107 174.91	100.00	178 908.66	100.00	66.93
其中：省级	32 111.94	29.96	51 939.75	29.03	61.75
市级	46 632.06	43.51	72 902.44	40.75	56.34
县级	28 430.91	26.53	50 419.18	28.18	77.34
乡镇	—	—	3 647.29	2.04	—

资料来源：审计署 2011 年第 35 号公告《全国地方政府性债务审计结果》，2013 年第 32 号公告《全国政府性债务审计结果》。

3. 债务资金投向的变化

截至 2013 年 6 月底，地方政府债务主要投向民生领域和公益性建设领域，相关领域的债务增长较快。从不同投向的增速分析，文教卫及保障房、交通运输以及市政建设债务增长较快，其债务总额较 2010 年底分别增长了 104.95%、71.07% 和 64.39%。具体情况如图 6-19 和图 6-20 所示。

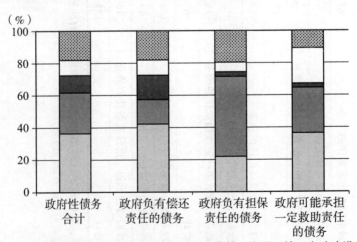

图 6-19　2010 年地方政府债务投向情况

资料来源：审计署 2011 年第 35 号公告。

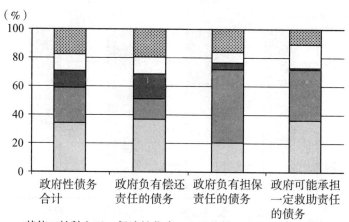

图 6 – 20　2013 年 6 月地方政府债务投向情况

资料来源：审计署 2013 年第 32 号公告。

从投向的行业来看，债务主要投向了市政建设、交通运输、土地收储和科教文及保障房等民生项目。市政建设方面，政府负有偿还责任债务比例较 2010 年底略有下降，截至 2013 年 6 月底仍占比达 65%；交通运输方面，以政府非负有偿还责任债务为主类型，占比基本保持在 65% 左右；土地收储方面，几乎全部是政府负有偿还责任债务，其占比保持在 90% 左右；教科文卫、保障房等民生方面，由于近几年加快推进保障房建设，政府负有偿还责任的债务比率略有上升，占比由 48% 上升至 57%（见图 6 – 21、图 6 – 22）。

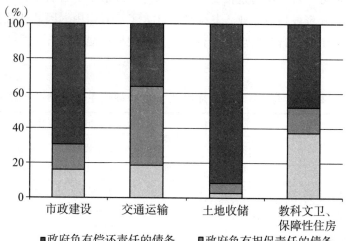

图 6 – 21　2010 年底不同行业债务类型情况

资料来源：审计署 2011 年第 35 号公告《全国地方政府性债务审计结果》。

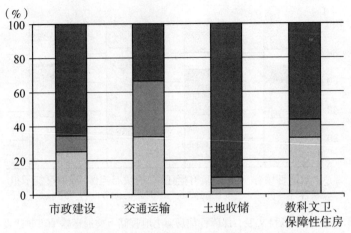

图6-22　2013年6月底政府债务投向情况

资料来源：审计署2013年第32号公告《全国地方政府性债务审计结果》。

4. 地方融资平台债务变化

融资平台公司仍然是地方政府债务的举债主体。2013年6月底的融资平台公司的债务占比情况略有下降，由2010年的46%下降为2013年的39%，但与此同时，其他单位的债务占比增长迅速，由2010年的12%上升至2013年的23%。这其中原因可能是从2010年开始，政府陆续对地方政府融资平台公司进行规范管理，要求部分平台公司通过接受资产注入等方式退出平台名单，可能由平台公司转为了国有独资或控股企业，其债务也计入了后者当中。因此从总体上分析地方政府债务仍主要来自政府融资平台债务，其规模可能并没有实质性减少（见表6-7）。

表6-7　　　2010年与2013年6月底地方政府举债主体总债务规模对比

举债主体类型	2010年		2013年6月底		增速（%）
	债务余额（亿元）	占比（%）	债务余额（亿元）	占比（%）	
融资平台公司	49 710.68	46.38	69 704.42	38.96	40.22
政府部门和机构	24 975.59	23.30	40 597.58	22.69	62.55
经费补助事业单位	17 190.25	16.04	23 950.68	13.39	39.33
公用事业单位	2 498.28	2.33	3 280.52	1.83	31.31
其他单位	12 800.11	11.94	41 375.46	23.13	223.24

举债主体类型	2010 年		2013 年 6 月底		增速（%）
	债务余额（亿元）	占比（%）	债务余额（亿元）	占比（%）	
其中：自收自支事业单位	—	—	6 025.46	3.37	—
国有独资或控股企业	—	—	31 355.94	17.53	—
其他单位债务	12 800.11	11.94	3 994.06	2.23	−68.80
合计	107 174.91	100.00	178 908.66	100.00	66.93

资料来源：审计署 2011 年第 35 号公告《全国地方性债务审计结果》，2013 年第 32 号公告《全国政府性债务审计结果》。

此外，从地方政府举债来源的变化情况可以分析得知，2010 年～2013 年 6 月底，地方政府仍然以银行贷款为主要举债方式，但比例有所下降，而其他隐性融资方式则增长迅速。比如 BT 融资方式，2010 年尚未统计，截至 2013 年 6 月底则占比达到 8%。BT 和信托等融资方式隐蔽性强，融资成本普遍高于银行贷款和债券，融资平台可能迅速由显性贷款转为地下隐性方式举债，逃避银监会等部门的监管，这也成为地方政府债务新的风险隐患。具体情况如表 6-8 所示。

表 6-8　　　2010 年与 2013 年 6 月底地方政府举债来源对比

举债主体类型	2010 年		2013 年 6 月底	
	债务余额（亿元）	占比（%）	债务余额（亿元）	占比（%）
银行贷款	84 679.99	79.01	101 187.39	56.56
BT	—	—	14 763.51	8.25
发行债券	7 567.31	7.06	18 456.91	10.32
其中：地方政府债券	—	—	6 636.02	3.71
企业债券	—	—	8 827.37	4.93
中期票据	—	—	1 940.14	1.08
短期融资券	—	—	355.30	0.20
应付未付款项	—	—	8 574.77	4.79
信托融资	—	—	14 252.33	7.97
其他单位和个人借款	10 449.68	9.75	8 391.59	4.69
垫资施工、延期付款	—	—	3 758.59	2.10

续表

举债主体类型	2010 年		2013 年 6 月底	
	债务余额 （亿元）	占比 （%）	债务余额 （亿元）	占比 （%）
证券、保险业和其他金融 机构融资	—	—	0.00	0.00
国债、外债等财政转贷	—	—	3 366.13	1.88
融资租赁	4 477.93	4.18	3 033.73	1.70
集资	—	—	2 318.94	1.30
合计	107 174.91	100.00	178 908.66	100.00

资料来源：审计署 2011 年第 35 号公告《全国地方政府性债务审计结果》，2013 年第 32 号公告《全国政府性债务审计结果》。

三、地方财政能力可持续性的评估

为了应对金融危机，各国纷纷制定和采用经济刺激政策，造成财政赤字急剧扩大，政府债务短期加速攀升。2009 年我国为了避免经济短期剧烈波动，推出 4 万亿元财政投资刺激计划，地方政府承担配套投资 2.82 万亿元。但在非理性的投资狂热下，我国地方政府实际出台的投资计划总额超过 18 万亿元。为了完成短期大规模经济投资，地方政府实际计划投资总额超过 18 万亿元。为了弥补分税制财政体制给地方税收收入的资金缺口，地方政府短时期内大规模融资，用政府担保加信的方式向市场举债。中央政府允许地方发行债务的资金比较少，而且资金分配偏向不发达省份，中央项目同时需要地方政府配套相应的财力。为了解决财政支出压力问题，地方政府成立融资平台，平台用国有企业身份从金融市场融资。在积极财政政策的拉动下，中国的地方政府土地出让金急速增长，土地资源转化为货币资本重新进入投资领域循环的速度加快，地方政府债务对土地出让金依赖程度越来越大。地方政府债务投资的动力转变为地方政府积极依靠土地出让收入还债的压力，造成债务偿还率和可持续性的风险。基于前面对地方债务的形成机理，以及各省市数据分析和全国地方债务的分析，我们认为，狭义的地方财政可持续风险就是地方债务的可持续性风险，广义的地方财政风险则是地方财政体制下，各种制度因素导致的财政风险。下面拟从上述的定义出发，对地方财政风险的可持续性从债务数量和制度因素两方面进行评估。

（一）地方财政能力可持续性的债务因素评估

关于政府债务的可持续性，很难有一个绝对的衡量标准。[①] 国际上通常用政府债务占 GDP 的比例，即政府负债率来衡量；该比例说明政府的债务负担，同时表明地方政府偿债的压力。一般而言，负债率越高，地方政府偿债压力越大，地方政府的偿债能力下降。该比例能较好地衡量政府的偿债能力，是因为它的变动方向取决于每年的新增债务（准确地讲，不包括利息支出的政府赤字）、利率以及经济增长率这些更为基本的决定性因素。假定政府实行平衡预算，保持新增负债为零的状态，如果发债的利率高于经济增长率，负债率将按比例上升，这样债务是不可持续的。

我们借用国际货币基金组织工作报告（财政部和亚太部）2014 年发布报告，对中国财政的脆弱性和风险进行评估。该项研究认为，2009 年中国的财政赤字数据增长的统计口径比较窄。事实上，中国大量刺激政策通过信用扩张来进行，这包括了地方政府对预算外支出的融资。因而国际货币基金组织通过建立扩展的财政数据的时间序列，对中国预算外活动的规模进行估算。运用扩展的财政数据，即指把预算外财政活动数据计入一般政府数据中，来评估和预测中国地方债务的可持续性。

全球金融危机期间，我国的基本实情是基础设施建设投资已经成为地方政府促进发展的主要战略及首选的反周期工具。地方基础设施建设主要依靠预算外融资，途径包括土地出售或地方政府融资平台（LGFV）。这引出了两个问题：一是财政脆弱度的真实水平（特别是政府债务存量）；二是财政政策刺激近年来对促进经济增长的真实规模。国际货币基金组织对此提出了一个新的"扩展的"概念，力图包含地方政府预算外的财政活动。该概念扩大了政府数据的范围，涵盖了预算外活动及地方政府融资活动。与其他国有企业不同，地方政府融资平台由地方政府大规模建立，地方政府对此拥有所有权，并负责日常运营；地方政府融资平台涉及具有财政属性的经济活动；地方政府直接或间接地分摊了其偿债责任，有时还会对其损失进行补贴。地方政府融资平台也可能创造收益，其中一些实行商业化运作，这凸显了扩展的财政数据应当被看作传统政府数据的补充数据而非替代数据。由于地方政府融资平台活动的数据并不完善，相关预计根据国际货币基金组织基于可获得信息的计算而得出。

扩展的财政赤字增加了地方政府融资平台的市场融资和销售土地使用权收益

[①] Yuanyan、SophiaZhang、Steven Barnett：《中国地方政府财政脆弱度及风险》，国际货币基金组织工作报告（财政部和亚太部），2014 年 1 月。

（除诸如安置费、补偿款等成本的净收益）。土地销售被视作近似于将土地私有化的一个融资项目，但是这并不增加债务累积。这一分析性的概念与国际货币基金组织的政府财政统计（GFS）相一致，并很好地涵盖了财政政策对总需求的总体影响。扩展的财政赤字统计口径基于政府职能确定，涵盖地方政府融资平台债务，但是没有国有企业的债务。我们将对扩展的财政债务进行具体讨论，并就其相关的可持续性风险、利息成本及偿债能力进行评估。

我们建立了一个涵盖预算外活动的扩展的财政赤字及债务的时间序列，以便更好地反映财政政策的反周期性作用。我们假设一个中期的扩展的财政赤字模型，这一模型与历史经验相符。当相对 GDP 降到 3% 时，扩展的赤字到 2018 年逐渐下降。如果假定金融市场仍然保持良好的利率增长差，那么我们可以预测扩展的财政债务总额是有可能下降的。我们对相对 GDP 增长速度 3% 的设定可能看起来比较大，但是这实际上小于 2009～2010 年积极财政政策刺激后，经济快速下降的经济预期。该调整使扩展的财政赤字大于 2011 年财政赤字，因此该假设在现实层面是可以接受的。

如果经济增长放缓、利率快速上涨或者其他经济震荡发生，扩展的债务是否仍在可接受范围之内？为了对此进行检验，我们重复在多种压力测试下的可持续性分析。假设两种情形：利率相对 GDP 增长了 4% 和 GDP 增长放缓 4%。在两种情况下，我们都假设改变是永久的。这样的改变的冲击足以使扩展的债务在预测期内的大多数时间处在上升状态。尽管测试预测如此，但是到 2018 年，扩展的债务仍将回到轻微下降状态，并仍处在可控范围。这两个情形都强调了利率变化和经济增长的差异对债务的动态变化至关重要。

即使扩展的财政赤字高于我们假定的基准会怎样？我们假设扩展的基本赤字比基准赤字高出 2% GDP 左右。在这一情况下，扩展的财政债务将再一次变高，直到 2018 年。结合前一个情形，即利率差上升 4%，扩展的财政债务将在 2018 年达到 GDP 的 55%。虽然这是极端情况，不过这一种联合反应也是合理的。经济增长减慢，尤其是如果被认为是暂时性的增长冲击，通常很有可能产生一种反周期的财政反应（即增长扩展的财政赤字）。因此，当这样的压力情景尚无可能，但其显示了使用反周期财政政策抵抗永久性冲击的风险。

评估显示，中国仍然拥有足够的财力缓冲来抵抗相当大的债务冲击。债务冲击是指债务比率的突然上涨，例如当或有负债被确定的时候。即使债务比率突然增加 10% GDP，债务动态性将仍在可控范围内。社科院的《中国国家资产负债表 2013》报告对中国净资产和债务额进行了估算，2011 年中国国家净资产达 300 万多亿元。2012 年中央地方债务总额近 28 万亿元，占当年 GDP 的近 53%。地方政府债务 2012 年达 19.94 万亿元。中国国家净资产足够抵挡 2012 年的债务冲击。当然，一次足够大的冲击可能使整个体系无力抵抗。如果突然增长的债务率在 GDP 的 50% 左右，那么使用基准假设，在没有额外财政政策调整的情况下，债务将逐步上升，这主要是因为利率增长差为正，债务的利率会最终随着利率增长而增长。

最后，我们评估土地销售净利润下降对地方财政的影响。假如房地产市场趋于走弱，房屋交易量和交易价格都将下降。我们假设土地销售的净利下降 50%，但是借款额同金额上涨，则政府开支不会下降。我们的测算结果显示，这样的情况下的债务会缓慢上升，并能在 2018 年稳定在 50% 左右。

最终结果显示，扩展的财政赤字及债务数据均显著高于中国政府公布的财政数据。扩展的债务规模约占 GDP 的 45%，仍在债务整体可控范围之内。这正好印证许多对中国债务系统风险的评估结果。《中国国家资产负债表 2013》报告指出，中国主权部门资产总额大于负债，净资产为正，可以预计中国发生主权债务危机的可能性较低。审计署 2012 年债务调查数据显示，全国政府债务总额达 27.8 万亿元，低于国际上普遍采用的 60% 警戒线，所以我国的债务风险从债务率指标上说明是可控的。从系统性风险角度看，我国的经济增长率高于发债的利率，整个债务持续性不存在系统性风险。

根据社科院《中国国家资产负债表 2013》的分析，如果国家整体资产负债率上升，那么债务风险会上升。中国的国家净资产增加额持续小于相应年份的GDP，这说明并非所有 GDP 转换成了财富，里面存在许多无效 GDP。从资产结构看，存货占总资产的比重如果增加，说明我国存在产能过剩。债务杠杆率方面，中国企业部门杠杆率达 113%，超过 OECD 国家 90% 的阈值，这种风险值得警惕。同时，加总非金融企业、居民、金融和政府部门的债务总和，我国全社会债务规模达 111.6 万亿元，占当年 GDP 的 215%。这种高杠杆率成为债务风险的突破口。我国虽然整体债务风险可控，但是由于体制造成的债务风险可能在各地以不同形式出现。

（二） 地方财政能力可持续性制度因素风险评估

1994 年实行的分税制财政体制是我国政府间财政收入和支出安排的基础，也是财政分权模式的制度基础。总体而言，尤其是 1994 年后，我国的财政分权呈现出支出相对分权、收入相对集权的特点。在划分中央和地方政府的支出范围时，中央政府将许多支出义务转移给了地方政府，比如教育、卫生、社会福利、失业保险以及部分公路建设等。虽然中央与地方政府的事权和支出责任有了符合国际惯例的划分，但既不彻底也不够清晰细致，导致实际运行中大量的错位。而在中央和地方的收入划分上，划给地方的是大税种的小部分、小税种的大部分，

433

好的税基、税种归中央，留给地方的税种偏小，不稳定、征收难度大，而且好几个税种后来都减免了。省级以下的分税模式和中央也很类似，收入向省本级财政集中的特点也很明显，这势必弱化省级以下地方政府的收入能力。

这种财政分权特征客观上造成了地方政府支出责任相对增加或不变的情况下，收入权利却相对降低，从而形成财政收支缺口，成为地方政府举债的直接诱因。下面我们基于地方债务形成的制度原因，运用模型评估中国的财政分权制度对地方收支缺口造成的风险。

1. 地方财政能力可持续性模型设计思路

模型的因变量设定为财政不可持续性指标。我们假定地方财政不可持续性主要表现为收支不能相抵，地方必须借债发展经济提供公共服务。我们用各地预算内的本级财政支出与本级财政收入之间的缺口衡量地方财政不可持续性。我们选用窄口径的预算内地方政府的收入和支出，而没有计算预算外地方政府的收入，是因为我们认为良好的制度设计，能够保证地方政府在预算内有足够的资源确保地方政府机构的正常运转和地方发展的需要。预算制度应该是刚性的，这就意味着预算外的收入和支出应该大幅度减少甚至没有。预算刚性是我们衡量地方财政制度设计的重要指标。良好的预算制度能够规约地方政府非理性的冲动，同时能够给予地方政府足够的资源履行其政府职能。

2. 地方财政能力可持续性模型变量设置

造成地方财政风险的制度和社会因素很多，为了简化模型，我们从中挑选了最主要的原因，试图用数据说明这些因素对地方财政不可持续性的贡献。模型的因变量选用以下指标：

一是财政分权：用地方本级支出/中央本级支出。说明中央和地方在财力上的基本关系对地方财政可持续性的影响。二是人均 GDP：用各省历年的 GDP 总额/各省历年人口总数。地方政府追求当地的经济发展，考核制度对地方官员的最终体现，就是该地区的人均 GDP。三是人口密度：各省总人口数/各省面积。该指标考虑到地方不同的差异，看是否地域的不同对地方财政不可持续性造成影响。四是人口年龄结构：各省历年 65 岁以上人口总数/各省历年总人口数。该指标考虑到地方政府面临老龄化社会，其养老的负担日益严重，地方社保基金缺口会不会对地方财政可持续性造成威胁。五是公共管理职工比重：各省公共管理与社会组织职工人数/各省职工总数的比重。该指标说明地方政府人力投入状况对财政可持续性影响。

我们用面板数据的多元线性回归模型（见表 6 - 9），采用各省 1994 ~ 2012 年的面板数据，人口密度来源于历年《中国城市统计年鉴》，其余所有数据来自相应年份的《中国统计年鉴》和《中国财政年鉴》。

表6－9　　　　　　　　地方财政能力不可持续性被解释变量

解释变量	系数	T 统计量	P 值
财政分权	5 185.08	13.21689 ***	0
人均 GDP	−0.020176	−14.73975 ***	0
人口密度	−0.045849	−0.244273	0.8071
65 岁以上人口比重	67.10982	6.195805 ***	0
公共管理职工比重	−128.7007	−2.220957 **	0.0268
常数项	−199.1284	−1.571685	0.1167
调整后的 R^2	0.912484		
F 统计量	110.1719	0	
Hausman 检验	216.766421	0	

3. 地方财政能力可持续性实证结果与分析

Hausman 检验表明，在1%的显著水平上应该采用固定效应模型。故本书采用时期和截面双向固定效应模型。

调整后的 R^2 等于0.912484，表明模型的拟合效果较好，解释变量解释了被解释变量91%的变异。

系数的含义如下：

——财政分权与财政不可持续正相关，系数等于5 185.08，且在1%的统计水平上显著，表明地方支出与中央支出的占比程度越高，地方财力与事权匹配不严重性越大，地方政府的财政不可持续性程度越严重。

——人均 GDP 与财政不可持续负相关，系数等于−0.02，也在1%的统计水平上显著，表明经济越发达的地区，地方政府的财政不可持续性程度越低，财政状况越好。

——人口密度与财政可持续的相关系数不显著，对财政可持续性没有影响。

——65 岁以上人口比重与地方政府财政不可持续性正相关，且在1%的统计水平上显著，表明老龄化程度越高的地区，地方政府的财政不可持续程度越高，财政状况越差，可能的解释是政府需要支付更高的养老和医疗保险支出。

——公共管理职工比重与财政不可持续负相关，且在5%的统计水平上显著。表明公务员比重越高的地区，地方政府的财政不可持续程度越低，财政状况越好。可能的解释是，地方政府在解决地区的经济社会问题过程中投入的人力越多，其地方财政的可持续性越能够保证。比如近两年突发的公共事件，地方官员在维护地区稳定、保证税收收入等方面都有绝对的作用。因而投入的人力越多，越能够保证地方经济社会的平稳性发展。

435

第四节　地方无序竞争财政风险的经济效应评估

如上所述，中国的地方政府无序的竞争导致财政资源配置效率低下，大量的财政资金利用效率低。地方政府公司化的现实与财政体制下的财权和事权不对等，加上官员的考核制度共同造成地方政府的恶性竞争。本章从实证出发，说明地方政府恶性竞争造成的资源配置低效率风险，并且证明财政体制不完善导致资源配置不合理。

一、地方政府土地财政竞争分析

（一）地方政府土地竞争模型设计思路

根据前面章节的分析，我们知道地方政府之间的恶性竞争主要表现为税收竞争、支出竞争和土地财政竞争。财政体制下，税收结构的不合理和中央对地方考核体系迫使地方政府追求 GDP 的增长，而忽视了公共品的提供，偏离了地方政府提供公共品的基本职能。如前面章节分析，地方政府之间的恶性竞争导致了资源配置的低效率，特别是土地出让金的使用，使得地方政府拼命依赖出让土地的收入换取经济发展的资源。下面我们通过建立土地竞争的模型说明地方政府的恶性竞争后果，并对地方政府的支出竞争的效率进行评估。

我们首先从地方政府土地出让金的历年变化入手，运用 31 个省级（不含港、澳、台地区）2006~2010 年的数据，建立一阶空间自回归模型，分析土地财政竞争的地域特征。对地方政府竞争产生的原因做风险评估，说明土地财政的区域竞争特点，该竞争可能会导致什么样的财政风险。该评估从地方政府同级竞争的地域分布出发评估地方财政风险，对深入研究地方政府非理性竞争可能导致的财政风险做进一步的评估。我们认为，地方政府各自面临的财政风险因所处的地理环境、经济发展水平以及人口面积、招商引资的程度的差异而不同。因而我们关注地方政府之间土地财政竞争是否具有攀比效应，影响这种攀比效应有哪些显著因素。

（二）土地财政竞争计量模型与指标数据

1. 一阶空间自回归模型的设定意义

我们利用空间计量的基本原理，构建空间加权矩阵，对某地方政府邻省的土地出让金进行加权平均。该技术方法的基本思想是，将检验某省邻省土地出让金对本省土地出让金的影响关系，转化为检验邻省土地出让金的加权平均对某省土地出让金的影响。权重设置为了体现各省之间的相邻程度。

"一阶空间自回归模型"的一般表达式如下：

$$G_{it} = \rho W G_t + X_{it}\beta + \mu_{it} \tag{6-20}$$

X_{it} 表示第 t 年 N 个辖区的外生变量（包括各辖区和年份的虚拟变量）；μ_{it} 为随机误差项。ρ 和 β 为待估参数。W 为 $(N \times N)$ 的空间加权矩阵，用来区别不同辖区之间的"相邻"程度。WG_t 作为第 t 年第 i 个辖区的土地出让金的加权平均。参数 ρ 是空间滞后变量 $W \times Y$ 的空间自回归系数，我们用该指数反映样本的空间依赖程度。我们用该参数表示相邻地区 Y 的加权累计对于本地区 Y 的影响；β 反映解释变量反映程度系数。本书通过观察 ρ 判断政府间是否存在土地财政竞争的互动，即相邻辖区间是否存在土地出让金竞相提高的现象。

本书借用卢洪友、龚锋（2007）对省际竞争的空间计量模型，用三种权重矩阵（铁路里程倒数矩阵、GDP 差距倒数矩阵、地理相邻与 GDP 差距混合权重矩阵）对土地出让收入竞争进行分析，具体结果见后面。铁路里程倒数矩阵的基本原理是，将相邻两省省会城市的铁路客运里程的倒数作为权重，衡量省际之间"相邻"程度。GDP 差距倒数矩阵以两省人均 GDP 差距的倒数作为权重，衡量省际之间"相邻"程度。地理相邻与 GDP 差距混合权重矩阵，是以两省人均 GDP 差距的倒数作为权重，衡量省际间"相邻"程度。

我们用面板数据对模型估计。面板模型控制了地区和时期双向固定效应。我们用固定时期效应，控制各个时期对每个辖区产生共同影响的因素；通过控制固定地区效应，保证估计方程的稳定性。[1]

2. 土地财政竞争模型变量与数据来源

在测度政府行为时，本书采用地方政府单位土地用面积出让金作为被解释变量。需要说明的是，一般土地财政是指地方政府用土地获取的相关收入。学术界一般将土地财政收入分为土地有偿使用金、土地税收和费用以及其他收入。土地有偿使用金包括土地租金、土地出让金和其他方式提供土地带来的收入。土地税收包括与土地相关的直接税和间接税；土地其他收入包括行政事业收费和隐性土

---

[1] 卢洪友、龚锋：《政府竞争、"攀比效应"与预算支出受益外溢》，载于《管理世界》2007 年第 8 期。

地收入。本书采用土地财政最窄口径收入，指省以下地方政府通过招牌挂，将国有土地使用权让渡给使用者，政府获得的国有土地出让收入。即土地使用权成交价款。该成交价款包括政府土地开发和基础设施建设达标后的土地价格。我们采用最窄口径的土地出让金作为计量指标，希望检验出地方政府土地收入是否有相关性，从而判断地方政府的行为是否是合作、竞争或者攀比等。

本书的解释变量包括：影响土地财政收入的外生解释变量组和解释政府间相互作用的空间变量两部分。其中外生解释变量包括，人均实际利用外资直接投资、资本集聚度、成交土地地块溢价率、财政资源汲取、人均国内生产总值和人口密度指标。空间解释变量为空间滞后变量或者空间误差项。

本书的解释变量具体设置如下：

——为了测度地方政府在招商引资方面的竞争行为，我们采用人均实际利用外资直接投资和资本集聚度两个变量。人均实际利用外资直接投资等于各省当年实际利用外资总额与各种当年总人口数之比。资本集聚度等于各省固定资产投资总额与各省行政面积之比。资本密集度反映的是区域内单位面积社会固定资产投资密集程度。一般情况下，单位面积社会固定资产投资额度与该区域范围经济发展水平成正比。如果单位土地附着的资本化程度越高，那么土地出让价格越高，土地财政规模越大。

——从财政分权的角度说明地方政府竞争资源的行为。我们采用省级地方政府人均预算内支出与中央人均预算内支出之比表示。在现有的文献中，该指标用于来测度财政分权的文献有很多。但是有学者对此保持异议，认为该指标不能真正反映中国制度的特殊情况。因为财政分权并不能仅仅用收入和支出的划分来简单等同。我们采用该指标主要考虑到地方土地财政的出现与财政分权紧密相关，而且地方政府正是因为争夺人均预算内支出在全国预算内支出的比重而表现出资源的竞争性，因而我们这里将此指标定义为，地方政府如果人均支出资源占比在全国人均支出中比重下降，在资源拉动型发展方式不变的情况下，地方政府必然会想办法从预算外收入提高人均支出比例。这也正说明土地财政的竞争也是争夺预算外资源发展经济的竞争。

——从地价的升值情况观测地方政府土地财政竞争行为。我们用成交地块的溢价率来表示。该指标计算方式为溢价率 ＝（成交价/起始价 － 1）× 100。地方政府获得土地的利润只有两种方式：一种是在招、拍、挂过程中有意抬高土地出让前和土地出让后的价格差距，获得垄断利润；另一种是改变土地的使用性质，比如农用地转为商用地或者工业用地，以获取极差地租。该指标测度地方政府土地出让的初始价格和土地成交后价格的土地升值情况。如果地方政府有意抬高地价，那么该指标与土地出让金正相关；如果地方政府利用土地资源的廉价性，以优惠的价格吸引外商投资。那么溢价率与土地出让金就负相关甚至不相关。

——空间计量模型的控制变量。当有多个因素都可能对问题的结果产生影响时，为了探究某个单独因素的变化对问题的结果的影响规律，我们必须保证其他因素保持不变。控制变量方法的关键作用是，确定某些因素不变，探究一个因素的变化与问题结果变化之间的关系。我们采用人均国内生产总值和人口密度两个变量。

本书的数据来源于《中国城市统计年鉴》、《中国国土资源年鉴》、国家统计局网站、国研网、中经网和巨灵财经数据库。由于数据配套性所限，本书只选择了 2003～2010 年全国 31 个省市的面板数据，利用 Stata 进行估计。为了避免多重共线性和异方差性，本书数据均以人均数量、比率和单位面积等形式出现。

（三）土地财政竞争模型的实证结果与分析

我们尝试用不同的空间权重矩阵加权各类空间模型进行回归。我们分析和比较回归结果以获得最优的模型。表 6 - 10 是权重矩阵为铁路里程倒数矩阵对土地财政竞争的回归分析；表 6 - 11 是权重矩阵为 GDP 差距倒数矩阵对土地财政竞争的回归分析；表 6 - 12 是权重矩阵为 GDP 混合权重矩阵对土地财政竞争的回归分析。

表 6 - 10 模型一：权重矩阵为铁路里程倒数矩阵

解释变量 X	被解释变量 Y：单位面积土地出让金	
	估计系数	t 统计量
加权地价（相邻地区地价的加权平均值）	0.146043	2.134076 **
人均实际利用外资直接投资	0.975059	4.287582 ***
资本集聚度	- 0.502543	- 6.93703 ***
成交地块溢价率	0.006563	1.835412 *
地方人均支出占全国人均支出比例	- 3 418.058	- 19.229 ***
人均国内生产总值	0.035943	4.039981 ***
人口密度	24 527.13	1.893027 *
常数项	2 042.545	4.002543 ***
调整后的 R^2	0.915825	
J 统计量	30.40174	

表 6 – 11　　　模型二：权重矩阵为 GDP 差距倒数矩阵

解释变量 X	被解释变量 Y：单位面积土地出让金	
	估计系数	t 统计量
加权地价（相邻地区地价的加权平均值）	0.040883	0.180405
人均实际利用外资直接投资	0.949037	3.888341 ***
资本集聚度	− 0.443955	− 8.78722 ***
成交地块溢价率	0.005857	1.750265 *
地方人均支出占全国人均支出比例	− 3 325.964	− 17.0862 ***
人均国内生产总值	0.039535	3.692194 ***
人口密度	29 821.32	2.275929 ***
常数项	1 672.158	3.460216 ***
调整后的 R^2	0.913426	
J 统计量	10.75149	

表 6 – 12　　　模型三：权重矩阵为 GDP 混合权重矩阵

解释变量 X	被解释变量 Y：单位面积土地出让金	
	估计系数	t 统计量
加权地价（相邻地区地价的加权平均值）	0.111471	1.08014
人均实际利用外资直接投资	1.044932	3.981246 ***
资本集聚度	− 0.495909	− 5.32365 ***
成交地块溢价率	0.006181	2.070413 **
地方人均支出占全国人均支出比例	− 3 452.494	− 14.4145 ***
人均国内生产总值	0.033324	3.291246 ***
人口密度	25 626.56	1.926497 *
常数项	2 101.594	3.102264 ***
调整后的 R^2	0.915833	
J 统计量	22.40619	

　　采用的估计方法是面板数据广义矩估计（GMM），工具变量为：除加权地价外所有其他解释变量以及这些解释变量的加权变量（权重矩阵与加权地价相同）。表 6 - 10 ~ 表 6 - 12 中的 *** 表示在 1% 的水平上显著，** 表示在 5% 的水平上

显著，＊表示在10%的水平上显著。

从以上表的比较中可以看出，三个模型中，只有第一个模型加权地价（$W \times Y$）的系数显著为正，显著水平为5%，其余两个模型都不显著。我们选择模型一作为最优模型。

模型一的权重矩阵为火车里程倒数权重，意思是两个相邻省的省府（比如武汉与长沙）之间铁路距离越短，两省之间发生地方政府的土地出让金的竞争就越明显。从加权地价与单位面积土地出让金的估计系数看出。某省"邻省"的单位面积土地出让金平均增加1元钱，该省的单位面积土地出让金增加0.146元钱。我们在前面假设土地出让金竞争与辖区间外商直接投资呈正向相关，在模型中得到了证实，即某省邻省单位面积土地出让金平均增加1元钱，该省人均实际利用外资直接投资增加0.975元。这里面可能的解释是，由于省际之间存在收益的外溢性，某省邻省利用外资直接投资可能带动该省积极招商引资，省际标尺竞争使邻省引入外资的力度影响本地官员招商引资的积极性，所以距离越近的省份之间存在着土地出让收入的攀比效应。资本聚集度与土地出让金负相关，说明邻省单位面积土地出让金平均增加1元钱会导致本省单位面积固定资产投资减少0.502元。这可能是因为邻省将土地资源作为吸引投资的主要手段，出台大量优惠政策。在投资者数量一定的情况下，某省邻省的单位土地出让金越多意味着单位面积的企业数量越多，导致该省单位面积上企业减少。三个模型都显示成交地块的溢价率与土地出让金负相关。因为地方政府在运用土地出让金进行招商引资的过程中，土地拍卖前后的利润并不是其利润的主要来源，是不同土地属性的极差地租提供了大量土地收入。这也说明，地方政府在土地财政竞争中，没有通过出让手段推高地价。有可能是在土地划拨过程中，暗含了土地价值升值的前提。地方人均支出占全国人均支出比例与土地出让金也是负相关。同样说明地方政府之间存在着资源争夺竞争。该省邻省土地出让金平均增加1元，本省人均支出占全国人均支出的比重下降34.18%。

（四）土地财政竞争模型的基本结论

本书建构了一个空间计量模型，对地方政府土地财政竞争进行风险评估，得到如下结论：

第一，地方政府之间存在着土地财政的标尺竞争，并且地理位置越靠近的省份之间，其土地出让金的攀比效应更加明显，竞争的激烈程度更趋激烈。

第二，地方政府之间招商引资的竞争导致地方政府土地财政竞争的零和博弈。土地财政竞争实质上是地方政府争夺资源的数量和资源在全国占比例的竞争。这从侧面说明，地方政府的发展方式仍然是投资拉动型和资源拉动型为主。

第三，地方政府没有直接在土地的出让过程中推高地价，而是在土地规划过程中，即改变土地使用用途，从土地极差收益中获取巨额利润。

地方政府对土地出让金的依赖造成地方政府竞争，地方政府土地财政竞争易导致地方政府透支未来资源，提高地方债务风险。省际激烈竞争可能导致区域性的债务风险同时爆发，这样对区域经济发展的可持续性和地方财政的可持续性都造成潜在的威胁。在现有财政体制下，地方政府的债务最终由中央兜底。中央政府在短时间内不可能处理好成片区域债务爆发的局面，如果中央政府对土地财政竞争不加以控制和管理，有可能造成中国宏观经济的波动。因而中央在摸清现有地方债务规模的同时，还要完善地方税体系，保证地方政府事权与财力的协调，遏制地方政府动用预算外资金的冲动。地方政府间的竞争应该保持在合理的范围内，这就要求中央在考核地方官员的时候，将土地财政的依赖程度作为地方财政可持续发展的重要考核标准之一。中央政府积极引导地方政府经济发展方式从资源和投资拉动型转向创新拉动型，建立有效的竞争约束机制，防止地方政府过度横向竞争。

二、地方政府无序竞争导致资源配置低效率的风险实证

（一）地方竞争资源配置效率模型的设定思路

我们前面章节已经说明地方政府的横向竞争和中央与地方政府的纵向竞争造成债务风险，地方资源配置低效率的风险，还可能导致地方之间的发展不平衡风险。上面的土地财政竞争模型说明同级地方政府采用招商引资的竞争方式，竞相攀比土地出让金以发展地方经济的行为，会加剧地方债务风险。下面我们设置地方政府支出竞争与资源配置效率关系的模型，旨在证明地方政府竞争导致资源配置的低效率。

（二）地方竞争资源配置效率计量模型与指标数据

我们设计两个模型说明财政分权对地方财政的资源配置风险的影响。首先，利用 DEA 模型，测算各地区的资源配置效率；其次，构建计量回归模型，检验财政分权对效率的影响。

1. DEA 模型设置的意义

（1）DEA 模型主要思想。

DEA（Data Envelopment Analysis）又称数据包络分析，是运筹学和研究经济

生产边界的一种方法，该方法一般被用来测量一些决策部门的生产效率。这种方法可以对具有相同类型的部门或单位进行评价。原理是将以上部门的某种活动中的"投入消耗量"（如投入资金、总劳动力、占地面积等），和部门活动有成效的"产出量"（比如产出产品数量、质量、经济效益等）输入软件取得数值进行分析。本书的 DEA 模型采用的是投入导向的 BCC 模型[①]，表 6 – 13 汇报的是可变规模报酬的效率得分。

（2）DEA 模型的解释变量和被解释变量说明。

本书选用的投入变量为 2 个，分别是人均财政支出、公共管理和社会组织城镇单位就业人员（1995 年之前只有 1 个投入，只要每年统一，这个不影响最终的结果）。人均财政支出表示各地方政府在财力投入消耗量、公共管理和社会组织城镇单位就业人员表示地方政府的人力投入。产出有 3 个指标，分别是每万人公共床位数、每十万人在校生数和万人火灾倒数。我们的产出选用以上变量，是考虑到地方政府在提供公共品的基本职能上的效率。主要从医疗、教育和公共安全方面测度地方政府资源配置的效率。每万人公共床位数 = 每万人医疗机构床位数 = 医疗卫生机构床位数/总人口 × 10 000，表示地方政府在医疗卫生方面的产出。每十万人在校学生数 = 初中每十万人在校学生数 + 小学每十万人在校学生数，该指标统计了各省在义务教育阶段的产出。每十万人口火灾发生率倒数 = 1/（历年各省火灾发生的次数/各省总人口）× 10 000。该指标说明地方政府在维护居民的生命财产安全方面的产出结果。

DEA 模型的数据来源于历年的《中国统计年鉴》和《中国财政年鉴》，本书选择 1994 ~ 2012 年全国 31 个省区市的面板数据（不包含港、澳、台地区）。

2. 地方竞争资源配置效率模型的设置思路及变量解释

（1）资源配置效率模型设置思路。

我们运用上述 DEA 模型得到的各省资源配置效率的分数据作为因变量，然后考虑影响地方政府公共品资源配置效率的因素作为解释变量，运用面板数据 Tobit 回归模型进行回归（因为因变量取值范围在 0 和 1 之间，故普通面板回归不行）。财政竞争模型是面板数据 Tobit 模型，之所以是这个模型，是因为被解释变量是 DEA 效率得分，这个得分大于 0 小于等于 1，因此两端是截断数据，用普通最小二乘法或加权最小二乘法进行估计，结果是有偏和无效的。这个模型只能采用随机效应模型，因此，表中汇报的是面板数据随机效应 Tobit 模型的估计结果。

---

① 王美强：《模糊数据包络分析研究》，中国科学技术大学博士论文，2009 年。

（2）资源配置效率模型的变量设置及数据来源。

因变量：DEA 效率得分（由 DEA 模型计算得到）。该变量说明全国 31 个地方政府的财政支出和人力投资对公共品提供的效率得分。DEA 得分的含义是：如果某省 DEA 效率得分等于 1，比如 1996 年北京等于 1，表明这一年北京利用上面两个投入，生产 3 个产出是有效率的；如果不等于 1，表明是低效率的，比如北京 1994 年 DEA 效率得分等于 0.659，表明这一年北京市如果能够改进公共管理，提高公共资金的使用效率，使北京达到有效率的资源配置状态，则在不增加投入的情况下，北京可以提高 34.1% =（1 − 0.659）的公共服务产出水平。

解释变量：第一，各地方政府竞争情况我们采用人均 GDP 和加权财政支出的乘积表示。加权系数沿用铁路里程倒数矩阵。我们用相邻两省省会城市之间的铁路客运里程的倒数作为权重，赋值给各省之间的"相邻"程度。该变量说明相邻省之间的经济增长竞争对地方政府公共品提供效率的影响所起的作用。第二，市场化率是衡量政府与市场在进行资源有效配置和提供公共品方面的分工，我们用（1 − 国有职工占职工总数的比）来表示，主要从人口占比上区分国有企业与非国有企业对公共品提供效率的影响。第三，对外开放度指一个国家或地区经济对外部市场开放的程度；具体表现为贸易市场的开放度，可以从对外交易等方面显现出来。我们认为对外开放度高的地区，其资金、技术和人力资源的引进与地方政府的公共品提供可能有相关性。该指标用进出口总额按当年汇率折算成人民币计价后除以当年的 GDP 来表示。第四，人口密度表示单位国土面积的人口数量，用该指标解释地方政府资源配置效率是因为，人口密度与地方政府的公共品提供数量紧密相关。第五，产业结构是指各产业的构成及各产业之间的联系和比例关系，地方政府的公共品资源配置效率有可能与其产业结构相关。一般来说，产业结构合理，地方经济建设出现产能过剩和重复建设的可能性比较低，资源配置就能达到最优。本书采用第二产业占国民生产总值的比例来表示，考虑到工业（包括采掘业、制造业、电力、煤气、水的生产和供应业）和建筑业和地方政府提供的公共品紧密相关，而且我国地方政府经济模式仍然以第二产业为主。

另外，由于被解释变量 DEA 效率得分取值是小于 1 的数字，而人均 GDP 和加权财政支出（w * ×相邻地区财政支出）的取值比较大，导致估计系数很小。对人均 GDP 和加权财政支出求自然对数后，估计系数的解释是不一样的（见表 6 − 13、表 6 − 14）。

444

表 6-13

地方政府 DEA 效率得分一览表

年份	1994	1995	1996	1997	1998	1999	2000	2001	2002	2003	2004	2005	2006	2007	2008	2009	2010	2011	2012
北京	0.659	1	1	1	1	1	1	1	1	1	1	1	1	1	0.349	1	0.557	0.608	0.632
天津	0.663	0.942	1	1	1	0.636	1	0.706	1	1	1	1	1	1	0.703	1	0.858	1	0.743
河北	1	0.956	0.98	0.951	0.951	0.965	0.928	0.938	0.966	0.944	0.932	0.925	0.978	1	0.953	1	1	1	1
山西	0.981	1	1	1	1	1	1	1	1	1	1	1	0.956	0.916	0.737	1	1	1	0.975
内蒙古	0.691	1	0.805	0.72	0.759	0.734	0.716	0.754	0.696	0.729	0.693	0.708	0.704	0.681	0.607	0.661	0.676	0.693	0.709
辽宁	1	1	1	1	1	1	1	1	1	1	1	1	1	0.889	0.623	0.869	0.876	0.941	0.949
吉林	0.948	1	0.993	0.951	0.966	0.868	0.917	1	0.995	0.937	0.937	0.93	1	0.985	1	0.958	0.957	1	1
黑龙江	0.857	0.809	0.809	0.763	0.792	0.732	0.763	0.792	0.862	0.894	0.885	0.947	0.975	0.939	0.762	0.952	0.962	1	1
上海	1	1	1	1	1	1	1	1	1	1	1	1	1	1	0.533	1	0.908	0.925	0.786
江苏	1	0.764	0.751	0.642	0.714	0.742	0.716	0.651	0.745	0.73	0.717	0.714	0.765	0.752	0.643	0.723	0.734	0.739	0.767
浙江	0.841	0.776	0.77	0.629	0.699	0.681	0.693	0.659	0.65	0.673	0.704	0.72	0.777	0.76	0.659	0.757	0.754	0.787	0.836
安徽	1	1	0.987	0.936	0.975	0.977	0.992	0.831	1	0.865	0.892	0.939	0.921	0.924	0.999	0.966	0.992	0.985	0.963
福建	0.845	0.656	0.71	0.657	0.721	0.74	0.744	0.815	0.818	0.985	0.982	0.978	0.965	0.994	0.988	0.952	1	1	1
江西	0.856	0.981	1	0.91	0.966	0.966	1	0.854	1	0.985	0.982	0.978	0.965	0.994	0.976	0.952	1	0.976	0.972
山东	0.859	0.771	0.711	0.728	0.714	0.729	0.786	0.753	0.821	0.812	0.867	0.965	0.977	0.97	0.872	1	1	1	1
河南	1	1	1	1	1	1	1	1	1	1	1	1	1	1	1	1	1	1	1
湖北	1	1	0.931	1	0.879	0.865	0.907	0.771	0.962	1	1	1	0.95	0.991	0.925	0.994	1	1	1
湖南	1	0.888	0.856	0.991	0.94	1	1	1	1	0.994	0.99	1	1	0.991	0.941	0.983	1	0.989	0.98
广东	1	0.384	0.399	0.385	0.388	0.402	0.443	0.374	0.524	0.994	0.99	0.718	0.637	0.652	0.658	0.716	0.768	0.775	0.809
广西	1	0.918	0.932	0.918	0.892	0.958	0.959	0.959	1	0.999	1	1	1	1	1	1	1	1	1
海南	0.918	1	1	1	1	1	1	0.986	1	0.999	1	0.967	0.947	1	0.979	1	1	0.941	1
重庆	na	na	na	1	1	1	1	1	1	1	1	1	1	1	1	1	1	1	0.974

续表

年份	1994	1995	1996	1997	1998	1999	2000	2001	2002	2003	2004	2005	2006	2007	2008	2009	2010	2011	2012
四川	0.9	1	1	1	1	1	0.985	1	0.983	0.991	0.994	0.989	1	0.991	0.737	0.825	0.884	0.974	1
贵州	1	1	1	1	1	1	1	1	1	1	1	1	1	1	1	1	1	1	1
云南	0.763	0.582	0.573	0.56	0.59	0.604	0.667	0.738	0.771	0.791	0.834	0.883	0.924	0.945	0.844	0.885	0.975	1	1
陕西	0.95	1	1	0.952	1	1	1	1	0.946	0.998	0.976	1	1	0.974	0.762	0.871	0.875	0.861	0.881
甘肃	0.816	0.985	1	0.973	0.975	0.982	0.92	0.92	1	1	1	1	1	0.98	0.849	0.902	0.93	1	1
青海	1	1	1	1	1	1	1	1	1	1	1	1	1	1	1	1	1	1	1
宁夏	1	1	1	1	1	1	1	1	1	1	1	1	1	1	1	1	1	1	1
新疆	0.974	1	1	1	1	1	1	1	1	1	1	1	1	1	0.705	1	1	1	1
平均值	0.917	0.911	0.904	0.89	0.897	0.886	0.905	0.883	0.925	0.947	0.947	0.946	0.949	0.945	0.827	0.934	0.923	0.94	0.933

表6-14 　　　　地方政府竞争资源配置效率模型结果

面板数据 Tobit 回归模型

解释变量	估计系数	Z 统计量	P 值
加权财政支出的自然对数（w＊×相邻地区财政支出）	-0.17247	-3.65 ***	0
人口密度	-0.00025	-1.83 *	0.067
开放度	-0.11633	-2.02 **	0.044
第二产业占比	-0.00073	-0.36	0.719
市场化率	0.003545	2.17 **	0.03
人均 GDP 的自然对数	0.214457	3.22 ***	0.001
常数项	0.142327	0.47	0.64
Wald chi2 （6）	19.57		
P 值	0.0033		

3. 地方政府竞争资源配置效率模型实证结果与分析

第一，相邻地区的财政支出对地方公共服务供给效率具有负向影响。系数为 -0.17247，至少在1%的统计水平上显著。系数的含义是：相邻地区财政支出每增加1%，导致地方公共服务供给效率得分降低0.17247。由此可见，地方政府间存在恶性的财政支出竞争，相互竞争和攀比导致公共资金的过度和浪费使用，降低了地方公共品供给效率和地方公共资金的配置效率。

第二，人口密度对地方公共服务供给效率具有负向影响，系数为 -0.00025，在10%的统计水平上显著。系数的含义是，人口密度每提高1个人，导致地方公共服务供给效率得分降低0.025%。表明公共服务的供给和消费存在拥挤效应。人口密度越大，公共资金浪费使用越严重。

第三，开放度对地方公共服务供给效率也具有负向影响，系数为 -0.11633，在5%的统计水平上显著。该系数的含义是，对外开放的程度每提高1个单位，导致地方公共服务的供给效率得分降低11.633%。表明对外贸易不利于地方政府公共品提供效率，对外贸易程度越高，公共资金浪费使用越严重。可能的解释是对拉动外贸的人力资源的配置实际上没有体现在公共服务供给上面，因而公共资金浪费比较严重。

第四，第二产业占比的系数不显著。可能因为本模型中的产出为服务，属于第三产业产出的结果，不属于第二产业产出的结果。

第五，市场化率对地方公共服务供给效率具有正向影响，系数为0.003545，在5%的统计水平上显著。表明市场越发达的地区，公共服务市场化生产或供给的情况越普遍，私人市场机制的引入，有助于地方政府提高公共服务的效率。

第六，人均 GDP 对地方公共服务供给效率具有正向影响，系数为 0.214475，在1%的统计水平上显著。表明越是经济发达的地区，公共服务供给效率越高。

4. 地方政府竞争资源配置效率模型的基本结论

以上模型结果说明地方政府之间支出竞争的攀比效应，支出竞争对财政资金的使用效率有很明显的副作用，也说明我们国家经济粗放式的增长还是资源拉动型。我国地方政府恶性竞争表现在资源的争夺与支出的攀比，只注重经济增长的总量，却忽视了经济增长的代价或者成本。恶性竞争是导致资源配置低效率的根本原因。另外，我国的人口集中地区，公共资金浪费情况越严重，说明在财政资金使用的绩效方面存在漏洞。而发达地区的财政资金使用效率高，与其比较先进的理财观念和较好的财政支出绩效评价制度相关。我国以政府主导的资源配置市场，民营经济和国有经济的资源使用效率是不一样的，以民营经济的竞争效率激活国有经济的发展，对整个地方政府的资源配置的提高有较大帮助。这意味着政府要逐步退出市场的参与，转而对市场进行监督，建立良好的市场竞争秩序是更为重要的事情。下面章节，我们将看到在资源竞争的冲动下，地区之间的不平衡差距情况，并且对转移支付制度对区域间不平衡作用做一个评估。

第五节　地区发展失衡的财政风险分析及评估

一、我国地区间发展均衡程度评估

我们在第二章扩展了地方财政风险的外延，将地区发展不平衡作为地方财政风险的表现形式之一。本书所指的区域发展不均衡是一个相对概念，是指地方的经济发展和公共服务区域间的差距有扩大的趋势。转移支付制度在制度层面应该缩小区域间的差距，或者说使区域间的差距有减小的趋势。

（一）区域间人均可用财力的评估

地区之间的经济发展和地方公共服务均衡程度与地方的财力均衡程度密切相关，转移支付制度中央解决地区间发展不均衡的重要制度设计之一。尽管中央对地方的转移支付的规模在不断扩大，2009 年转移支付后地区间财力差距却还是高于 1993 年的水平。[①] 我们按照地方可用财力[②]从高向低的顺序排列，如图 6 - 23 从曲线上面可以看到人均财力排前三位的上海市、北京市、西藏自治区的人均可用财力在 10 000 元左右，后三位河南、安徽和湖南人均可用财力却在 2 600 元左右，前者基本是后者近 4 倍。区域之间的可用财力差距很大。

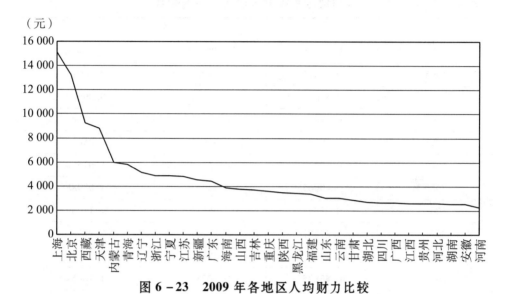

图 6 - 23 2009 年各地区人均财力比较

资料来源：李萍：《财政体制简明图解》，中国财政经济出版社 2010 年版，第 184 页。

（二）转移支付制度对区域均衡性影响的评估

1. 中央对地方财政转移支付后地方人均财力不平等程度

我们测定中央在 1994 年之后的转移支付是否有利于区域间发展均衡，运用历年《中国统计年鉴》的数据，采用基尼系数、泰尔指数和变异系数三种方法来测定地区发展不平衡程度。基尼系数、泰尔指数和变异系数都是不平等的衡量指数，也是目前使用最广的三个指数，同时报告和比较三个指数的结果，可以更全面地反映财政收入地区间不平等的情况，确保结果的正确性。基尼系数取值范围在 0 ~ 1，其余两个指标没有取值范围的限制。但是，三个指标都是越大表明越不平等，越小表明越平等。

我们分别计算人均本级财政收入的基尼系数、泰尔指数和变异系数，以及各地区接受中央补助收入之后的三个系数，将两者变化之差再与原财政收入的基尼系数进行比较。具体计算公式如下：补助后地方人均财力不平等程度的变化 =

---

① 李萍：《财政体制简明图解》，中国财政经济出版社 2010 年版，第 183 页。
② 这里地方可用财力 = 地方本级预算收入 + 中央对地方的税收返还 + 一般性转移收入。

（人均地方本级财政收入差异指数 - 人均地方本级财政收入 + 人均中央补助收入）／人均地方本级财政收入×100%。计算结果如表 6 - 15、表 6 - 16、表 6 - 17所示。

表 6 - 15　　　　　　　　　人均地方本级财政收入不平衡指数

年度	人均地方本级财政收入		
	基尼系数	泰尔 T 指数	变异系数
1995	0.39015	0.29964	0.96916
1996	0.39814	0.31432	0.99609
1997	0.39913	0.32943	1.03986
1998	0.40184	0.33587	1.05015
1999	0.41477	0.3534	1.07509
2000	0.40965	0.33943	1.03988
2001	0.43923	0.38692	1.11759
2002	0.37557	0.29291	0.9873
2003	0.4395	0.3977	1.15248
2004	0.43875	0.40284	1.16954
2005	0.44141	0.39785	1.15035
2006	0.42713	0.35725	1.05945
2007	0.42073	0.35129	1.05476
2008	0.40166	0.31576	0.98542
2009	0.38655	0.28697	0.92291
2010	0.36268	0.24356	0.82803
2011	0.34322	0.21514	0.76774

注：本表 1995 年不包括重庆；1996 年不包括重庆、四川和山东；2000 年不包括吉林。

表 6 - 16　　　　　转移支付后地区人均地方财政收入不平衡指数

年度	人均地方本级财政收入 + 人均中央补助收入		
	基尼系数	泰尔 T 指数	变异系数
1995	0.36839	0.2583	0.87303
1996	0.35972	0.25156	0.87125
1997	0.36437	0.26671	0.91099
1998	0.35582	0.25277	0.87895

年度	人均地方本级财政收入 + 人均中央补助收入		
	基尼系数	泰尔 T 指数	变异系数
1999	0.36027	0.24951	0.85603
2000	0.3334	0.20863	0.76434
2001	0.34477	0.21574	0.76583
2002	0.3118	0.17585	0.68808
2003	0.37007	0.25429	0.8342
2004	0.32261	0.19596	0.73849
2005	0.32308	0.19763	0.73928
2006	0.30762	0.17689	0.69002
2007	0.28903	0.15674	0.64582
2008	0.26859	0.13393	0.58948
2009	0.27533	0.13569	0.58692
2010	0.25503	0.11507	0.53558
2011	0.2522	0.11187	0.52835

注：本表 1995 年不包括重庆；1996 年不包括重庆、四川和山东；2000 年不包括吉林。

表 6 – 17　　　　补助后地区人均财力不平等程度变化百分比　　　单位：%

年度	补助后地方人均财力不平等程度的变化		
	基尼系数	泰尔 T 指数	变异系数
1995	− 5. 58	− 13. 80	− 9. 92
1996	− 9. 65	− 19. 97	− 12. 53
1997	− 8. 71	− 19. 04	− 12. 39
1998	− 11. 45	− 24. 74	− 16. 30
1999	− 13. 14	− 29. 40	− 20. 38
2000	− 18. 61	− 38. 54	− 26. 50
2001	− 21. 51	− 44. 24	− 31. 47
2002	− 16. 98	− 39. 96	− 30. 31
2003	− 15. 80	− 36. 06	− 27. 62
2004	− 26. 47	− 51. 36	− 36. 86
2005	− 26. 81	− 50. 33	− 35. 73
2006	− 27. 98	− 50. 49	− 34. 87

续表

年度	补助后地方人均财力不平等程度的变化		
	基尼系数	泰尔 T 指数	变异系数
2007	− 31. 30	− 55. 38	− 38. 77
2008	− 33. 13	− 57. 58	− 40. 18
2009	− 28. 77	− 52. 72	− 36. 41
2010	− 29. 68	− 52. 75	− 35. 32
2011	− 26. 52	− 48. 00	− 31. 18

注：本表 1995 年不包括重庆；1996 年不包括重庆、四川和山东；2000 年不包括吉林。

根据表中的结果，地方政府接受中央转移支付补助后，地方人均财力的不平等程度有所降低，表明中央补助收入起到了缩小地区间财力不均衡的作用，但是均衡的力度仍然有限。在这里我们只计算了中央转移支付总数对地方政府预算内收入均衡的影响，没有考虑到地方政府的支出因素。事实上，由于中央的均衡力度不够，导致财力薄弱的地区财政运行的硬缺口没有得到补偿，影响了这些地区政府职能的行使。另外，一些人均财力水平明显较高的地方可能将部分的财政资金用于竞争性领域，这不仅扰乱了收入分配的秩序，不利于市场在资源配置中的主体作用，而且引发了地方政府的税收、支出和土地财政的竞争，不利于市场经济体制的完善。

2. 一般转移支付对区域可用财力均衡评估

中央对地方的转移支付分为一般转移支付和专项转移支付两大类。财政体制设置一般转移支付，旨在转移部分财力弥补财政薄弱地区的财力缺口，缩小地区间财力差距，促进地方政府提供基本公共服务均等化，以及保障国家出台的重大政策措施的实施。从制度中性的角度出发，我们认为一般转移支付应该对区域间的财力均衡起到关键性作用。因为一般转移支付不规定资金的具体用途，地方政府可以统筹安排其财力，这更有利于地方政府财政的自主性。我们用 2008 年和 2009 年省级一般转移支付的数据测算其对区域均衡的作用，以便更细致评估转移支付制度的效率。

分析表 6 - 18，我们发现，人均地方本级财政支付收入在转移支付之前的基尼系数、泰尔 T 指数和变异系数都小于人均财力性转移支付以后的相应系数，如 2008 年没有转移支付前的地区财政收入泰尔系数为 0.31575，加入人均财力性转移支付后却增大到 0.53781。2009 年转移支付前区域基尼系数为 0.38655，加入一般转移支付后，区域人均财力基尼系数增加至 0.44947。这说明一般财力性转移支付的结果反而导致区域可用财力不均衡程度加大。地方一般财力性转移支付没有在制度上起到均衡地方财政财力的作用。

表 6 – 18 　　　　地方一般转移支付前后地方人均财力比较

年度	人均地方本级财政收入（不含转移支付）			人均地方本级财政收入 +人均财力性转移支付		
	基尼系数	泰尔 T 指数	变异系数	基尼系数	泰尔 T 指数	变异系数
2008	0.40158	0.31575	0.98559	0.5168	0.53781	1.3409
2009	0.38655	0.28697	0.92291	0.44947	0.40871	1.14355

3. 专项转移支付对区域可用财力均衡评估

我们同样沿用上面方法，将专项转移支付前后的地区人均财力进行比较，如表 6 – 19 所示。结果发现，专项转移支付前，2008 年的地方人均财力的基尼系数为 0.40158；专项转移支付以后，地方人均财力基尼系数变为 0.25042，基尼系数变小说明区域间不平衡有所改进。这说明地方专项转移支付在改进区域财力不均衡作用上，大于一般转移支付的作用。

表 6 – 19 　　　　地方专项性转移支付前后地方人均财力比较

年度	人均地方本级财政收入（不含转移支付）			人均地方本级财政收入 +人均专项转移		
	基尼系数	泰尔 T 指数	变异系数	基尼系数	泰尔 T 指数	变异系数
2008	0.40158	0.31575	0.98559	0.25042	0.13032	0.48
2009	0.38655	0.28697	0.92291	0.283	0.14752	0.624

4. 专项转移支付与税收返还对区域可用财力均衡评估

税收返还是中央政府为了激励地方政府的税收积极性，对区域既有利益的一种优惠政策。我们知道专项转移支付对地方间财力均衡化作用显著，现在我们将税收返还与专项转移支付的数额相加，试图比较和说明税收返还在区域财力不均衡中的作用（见表 6 – 20）。

表 6 – 20 　　地方税收返还和专项转移支付对财力不均衡性的比较

衡量指标	人均地方本级财政收入（不含转移支付）			人均地方本级财政收入 +人均专项转移			人均地方本级财政收入 +人均税收返还 +人均专项转移支付		
	基尼系数	泰尔 T 指数	变异系数	基尼系数	泰尔 T 指数	变异系数	基尼系数	泰尔 T 指数	变异系数
2008 年	0.40158	0.31575	0.98559	0.25042	0.13032	0.4804	0.2521	0.12005	0.57341
2009 年	0.38655	0.28697	0.92291	0.283	0.14752	0.62399	0.26596	0.1507	0.68173

　　我们将人均税收返还加入到专项转移支付一并成为地方可用财力，结果显示
税收返还反而削弱了专项转移支付对地方间均衡性的效用。2008 年地方本级财
政变异系数为 0.98559，加入专项转移支付后变异系数降低到 0.4804，而加入转
移支付和税收返还以后，变异系数上升到 0.57341；2009 年地方本级财政变异系
数为 0.92291，加入专项转移支付后地区财力变异系数降低到 0.62399，而加入
税收返还之后，地方可用财力变异系数上升到 0.68173。这充分说明税收返还制
度对地方财力均衡起负作用。

（三）地方人均财政支出不平衡的评估

　　地方之间不平衡除了从可用财力收入方面衡量外，还可以从地方支出不平衡
衡量。从地方政府人均财政支出数据来看，如图 6－24 所示，我们以 1994 年的
地方人均财政支出作为基年，选取两个时间节点来观察地方政府人均财政支出的
变化情况。结果如图 6－25 所示，1994 年分税制改革的时候，地区的人均财政支
出水平比较相近，基本上是水平状况。到了 2000 年，地区之间的支出水平发生
了较大的变化，可以看到北京、上海、西藏、青海和广东的人均支出水平有较大
增长。再对比 2012 年人均财政支出的曲线，发现区域间的人均支出的差距没有
减少，反而拉大。

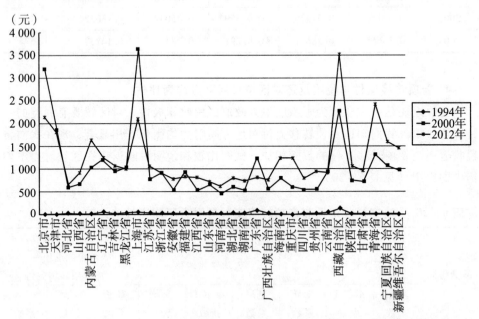

图 6－24　各省（区、市）1994 年、2000 年、2012 年人均财政支出对比
资料来源：国家统计局网站：http：//data. stats. gov. cn/workspace/index？ m = fsnd。

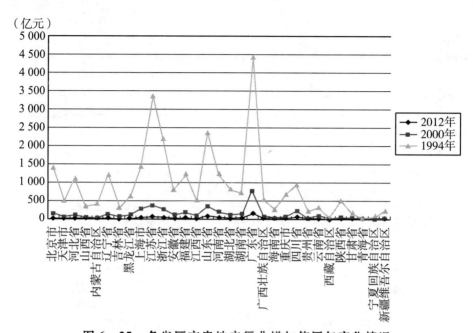

图 6 – 25　各省区市房地产行业增加值历年变化情况

资料来源：国家统计局网站：http：//data. stats. gov. cn/workspace/index？m = fsnd。

　　我们可以预测，如果维持现行的财政收入划分体制不变，我国区域间的经济发展水平会进一步拉大。可能的原因是：

　　一是东部地区经济发展基础雄厚，税收潜在增长能力高于中西部地区。二是中西部地区对转移支付依赖性较高。转移支付制度虽然在一定程度上对可用财力均衡起到了作用，但是确没有能够刺激这些地区的经济，经济增长缓慢，税收潜能不够。三是区域间的土地财政竞争实际上形成了"公共池"效应，在全国以房地产为经济发展支柱的大环境下，区域之间的收入差距主要在土地出让收入部分。而东部地区的经济越发达，聚集效应越明显，地价的水平也越高；西部地区则正好相反，人才外流严重，公共品提供水平低，资源向外流入多，因而地价也不能够提高。这进一步拉大了经济发展不平衡。我们观察 1994 年、2000 年和 2012 年房地产业增加值，可以看到 1994 年房地产行业增加值比较平稳，到 2000 年广东、江苏等地的房地产增加值有大幅度提升。如果我们观察地区土地出让收入的情况，也可以看到，在图 6 – 26 中显示的地区土地出让收入历年变化趋势基本上没有变化，发达地区的土地出让收入要高于中西部地区，并且有逐步扩大的趋势。从以上三个图中，我们可以大体判断，造成地区之间发展不平衡的主要因素很可能是与土地出让有关的房地产业，而土地出让收入纳入地方政府的基金收入，作为地方官员发展经济的可用资金，其区位差别很可能导致地方人均财政支出的不均衡，导致地方发展的失衡。

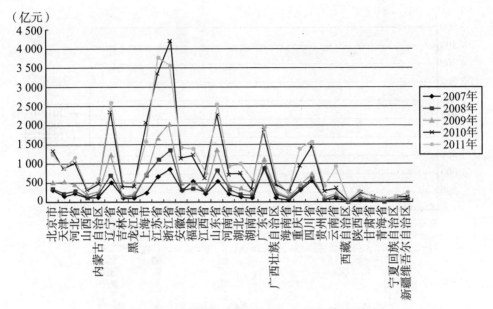

图 6 - 26　各地方土地出让收入历年变化情况

资料来源：中华人民共和国国土资源部编：《中国国土资源统计年鉴》，地质出版社 2007 ~
2011 年版。

（四）基本公共服务水平区域均衡性评估

中共十八届三中全会提出转移支付制度以"推进地区间基本公共服务均等
化"为主要目标。转移支付制度作为均衡各级预算主体间收支规模不对称的预算
调节制度，是平衡地方经济发展水平、缩小区域贫富差距的重要工具。同时是解
决财政体制下各地财政失衡和实现财权与事权相匹配的有效"调节器"。下面我
们以义务教育和医疗卫生为例，看看地区公共服务水平的差距。

我们以万人医院床位数和义务教育十万人在校学生数作为指标，比较 1994
年和 2012 年我国地区公共服务的提供情况。从图 6 - 27 和图 6 - 28 所示，2012
年地方政府在医疗和教育方面较 1994 年有很大投入。数据显示，各地区 2012 年
比 1994 年公共服务投入增量增幅最大的是青海、宁夏和海南，2012 年教育公共
品投入量分别增加了 11 202%、9 469% 和 4 528%，医疗卫生投入量增幅最大的
是宁夏、青海和天津，2012 年公共品投入量比 1994 年分别增加了 1 531%、
1 233% 和 736%。北京、天津、上海等地区紧接其后，中部地区的公共服务投入
量增幅比较适中。这说明现行的转移支付制度起到了一定的削高填低的作用，但
是中、西部地区与东部地区在公共服务提供数量上仍存在较大差距，区域间公共
服务均等化还有很大改善空间。

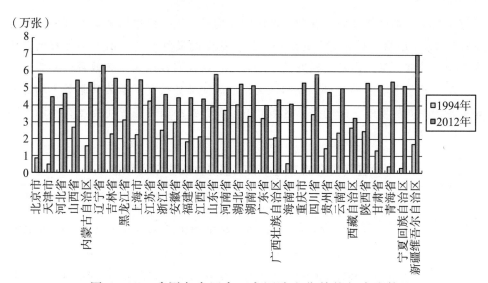

图 6 – 27　我国各省区市万人医院床位数的年度比较

资料来源：《中国卫生统计年鉴》，中国协和医科大学出版社 1995 ~ 2013 年版。

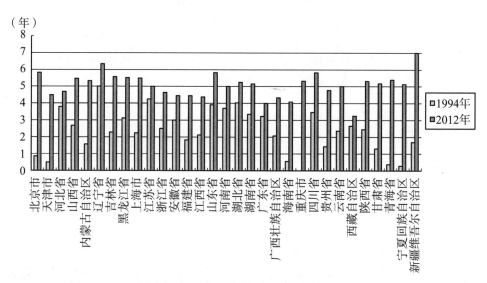

图 6 – 28　我国各省区市义务教育万人在校学生数年度比较

资料来源：中华人民共和国教育部发展规划司：《中国教育统计年鉴》，人民教育出版社，1994 ~ 2012 年版。

为了说明地区间公共品产出的不平衡情况我们采用相对平均偏差（Relative Mean Deviation）、变异系数（Coefficient of Variation）、均数的标准差（Standard Deviation of Logs）、基尼系数（Gini Coefficient）、迈赫兰指数（Mehran Measure）、Piesch Measure、Kakwani Measure、泰尔熵度量（Theil Entropy Measure）八类不

平等指数来分别评估义务教育产出地区间不均等程度。该数据来源于《中国教育统计年鉴》。结果显示和前面的图相一致，地区间义务教育产出不均等程度总体水平相对较低，呈现出较大幅度的下降趋势，这说明各地区义务教育公共服务产出差距开始呈现出缩小趋势。我们认为，地区间义务教育基本公共服务不均等开始呈现出不同程度的下降趋势，区域间的教育公共品服务均等化程度在不断提高（见表6－21）。

表6－21　　地区间义务教育基本公共服务产出不平衡评估

不平等指标	2003年	2004年	2005年	2006年	2007年	2008年	2009年	2010年	2011年
Relative Mean Deviation	0.0964	0.0779	0.0618	0.0546	0.0520	0.0512	0.0457	0.0388	0.0376
Coefficient of Variation	0.2362	0.1993	0.1618	0.1424	0.1324	0.1268	0.1130	0.1003	0.0958
Standard Deviation of logs	0.2640	0.2160	0.1675	0.1463	0.1330	0.1257	0.1124	0.0997	0.0962
Gini Coefficient	0.1293	0.1093	0.0886	0.0789	0.0731	0.0702	0.0627	0.0550	0.0528
Mehran Measure	0.2000	0.1690	0.1339	0.1191	0.1085	0.1030	0.0921	0.0808	0.0786
Piesch Measure	0.0940	0.0795	0.0659	0.0588	0.0554	0.0537	0.0480	0.0421	0.0400
Kakwani Measure	0.0173	0.0122	0.0078	0.0060	0.0051	0.0046	0.0037	0.0029	0.0027
Theil Entropy Measure	0.0284	0.0200	0.0128	0.0099	0.0084	0.0077	0.0061	0.0048	0.0044

二、地方发展不平衡风险制度因素的风险评估

地方稳定、效率和公平是地方政府在履行其职能中要考虑的三个问题。三者在政府调控经济中相辅相成，不可分割。第三章我们证明了财政体制是造成地方财政不可持续的原因之一；第四章我们已经证明地方政府之间的无序竞争导致公共品供给低效率，预算内财政资金浪费等问题。本节顺延前面的思路，对财政体制造成区域发展不均衡进行风险评估，试图证明分税制财政体制是造成地区发展不平衡的原因之一。

（一）地方发展不平衡模型的设定思路

前面已经对分税制下我国区域发展不平衡进行描述性分析，并且计算转移支

付制度前后地区可用财力的差异，说明转移支付制度对地方政府预算内可用财力的均衡性有促进作用。但是正如前面地方区域不均衡的原因分析，导致地方区域经济发展不平衡和公共服务发展不均衡的原因有很多。本书主要实证地方财政分权制度内在缺陷是否对会促进地方发展不均衡，如果考虑到的因素对加剧地方之间的不平衡有正向作用，我们考虑从制度上弱化该因素的影响。反之，如果考虑到的因素对加剧地方之间不平衡有负作用，我们则考虑从制度上强化该种因素。

地方发展不平衡计量模型设计。我们首先利用各省的人均公共支出数据，运用基尼系数或泰尔指数算法计算全国经济发展的区域不均衡系数；然后，我们构建时间序列模型，检验财政分权对区域不均衡的影响。该模型选择时间序列模型而没有采用面板模型，是因为我们用30个省的人均公共支出算出一个全国的基尼系数，衡量区域经济发展不平衡的程度。这导致因变量每年只有一个数据，所以不能用面板模型，只能用时间序列模型。我们采用的估计方法是广义矩估计（GMM）[①]。广义矩估计方法的基本思想是：在随机抽样中，样本统计量将依概率收敛于某个常数。该常数是分布中未知参数的一个函数。我们在不知道分布的情况下，利用样本矩构造方程（包含总体的未知参数），然后利用这些方程求得总体的未知参数。由于引入了滞后一期的基尼系数，产生了内生性，我们设置了两个工具变量，分别为解释变量的一期和二期滞后变量，以克服内生性的影响。

（二）地方发展不平衡计量模型的变量设置与数据来源

1. 因变量

各省区市人均公共支出每年的基尼系数。基尼系数（Gini coefficient）是根据劳伦茨曲线所定义衡量和判断收入分配公平程度的指标。数值介于在0~1，国际上用它综合考察居民内部收入分配差异状况。本书借用基尼系数的基本原理，衡量地方之间经济发展的状况差异。

2. 解释变量

第一，财政分权，我们用地方支出占全国支出的比重。我们用支出分权度反映地方政府和中央政府间的财政支出责任的划分，同时各地方政府的支出能够衡量其资源配置中的基本情况。一般情况下，地方支出占全国总支出的比重说明其

---

① GMM（Generalzed Method of Moments）估计是基于模型实际参数满足一定矩条件而形成的一种参数估计方法，是矩估计方法的一般化。只要模型设定正确，则总能找到该模型实际参数满足的若干矩条件而采用 GMM 估计。传统的计量经济学估计方法，例如普通最小二乘法、工具变量法和极大似然法等都存在自身的局限性。即其参数估计量必须在满足某些假设时，比如模型的随机误差项从正态分布或某一已知分布时，才是可靠的估计量。而 GMM 不需要知道随机误差项的准确分布信息，允许随机误差项存在异方差和序列相关，因而所得到的参数估计量比其他参数估计方法更有效。因此，GMM 方法在模型参数估计中得到广泛应用。

资源配置的状态。在以资源投入拉动经济增长的模式下，资源配置差异越大，地区经济发展的不均衡度越大。两者应该是正向的关系。第二，全国市场化率，我们用人民币计价进出口总值/当年 GDP 来计算。一般来说，市场化率越高的地区，对外贸易越活跃，其经济发展的活力越大。我们用该指标测度对外贸易与地区发展不平衡之间的关系。第三，对外开放度，我们用（1 - 国有职工人数/职工总数）计算，原因是区域经济发展不平衡与非公有制经济的活动紧密相关。第四，产业结构我们仍然采用第二产业增加值占 GDP 比重。工业生产在地方经济发展中仍然占有很重要的地位，而且是地方税收收入的主要来源，因而对地区经济发展不均衡影响程度较高。第五，人口密度与地方经济发展理论上存在正向关系，因为人力资源丰富的地区创造财富的能力越大。第六，城镇化率我们用城镇人口占总人口比重来表示。城镇化是拉动经济增长的引擎，城镇化率的地区经济密度越高，强度越大，地区也更富裕，因而城镇化与地区发展不均衡理论上有密切关系。

人口密度来源于 1994 ~ 2012 年的《中国城市统计年鉴》，其余所有数据均来自相应年份《中国统计年鉴》和《中国财政年鉴》。

（三）地方发展不平衡模型实证结果与分析

1. 地方发展不平衡模型结果

模型的估计结果非常不错，调整后的 R^2 等于 0.679269，表明模型的拟合不错，解释标量解释了被解释标量 68% 的变异。

2. 地方发展不平衡模型的结果分析

下面我们对表 6 - 22 的系数含义进行解读：

表 6 - 22　　　　　　　　人均公共支出地区非均衡程度

解释变量	系数	t 统计量	P 值
财政分权	0.007514	6.893883 ***	0.0001
滞后一期的基尼系数	- 0.586823	- 5.647924 ***	0.0003
市场化率	- 0.906716	- 2.564304 **	0.0305
人口密度	0.05706	4.34135 ***	0.0019
开放度	0.049913	6.933994 ***	0.0001
第二产业比重	- 3.812817	- 6.265866 ***	0.0001
城镇化率	- 4.62596	- 5.934325 ***	0.0002

解释变量	系数	t 统计量	P 值
常数项	− 3.447313	− 2.833239 **	0.0196
调整后的 R²	0.679269		
J 统计量	0.127564		

注：**、*** 分别表示在 5%、1% 显著水平下显著。

第一，当年的财政分权程度与人均公共支出地区非均衡程度显著正相关，显著水平为 1%。系数为 0.007514，含义是财政分权程度每上升一个单位，公共支出的非均衡程度降低 0.75%。说明财政分权有助于地区发展均衡，但是财政分权程度不够，省以下的转移支付制度建设不完善反而导致地区间的人均公共支出差距变大，不利于地区间的财力均衡。

第二，滞后一期的基尼系数（表示上一年的不均衡程度，反映的是不均衡的滞后效应）与人均公共支出地区非均衡程度显著负相关，系数为 − 0.586823，显著水平在 1% 以上水平显著。其含义是上一年人均公共支出不均衡程度每上升一个单位，接下来一年区域之间的人均公共支出地区不均衡程度下降 58.68%。

第三，市场化率与人均公共支出地区非均衡显著负相关，系数为 − 0.906716，至少在 5% 水平上显著。这表明市场化率每增加一个单位，人均公共支出地区非均衡程度下降 90.67%。说明对外贸易的经济活动越活跃，区域经济发展不均衡程度越小，也就是说对外贸易有助于降低地区发展不平衡。

第四，人口密度与人均公共支出地区非均衡正相关，系数为 0.05706，至少在 1% 水平上显著。这表明人口密度每增加一个单位，地区人均公共支出不平等程度增加 5.7%。说明人口密度越大的地方，用公式法计算的转移支付数额不能够动态反映区域间其人均公共支出的平等水平。财政转移支付制度在省以下并没有具体的实施细则，因而地区间人均财政支出的不均等问题无法从制度层面解决。农村劳动力转移进城和转移支付没有挂钩。原来公共财政基层政府仅仅负责本地居民的公共支出。现在外来务工人员在本辖区也要享用当地公共服务资源，现有的公共财政支出没有考虑到这部分流动人口，因此人口的流动对地区可用财力的均衡起负作用。

第五，开放度对人均公共支出非均衡程度正相关，系数为 0.049913，至少在 1% 水平上显著。这表明地区非公有制经济每增加一个单位，地区间公共支出不均衡程度会增加 4.99%，中国地方非公有制经济活跃程度不利于区域经济财力均衡。可能的解释是，地方政府现有的财政支出结构与公有制企业的税收相联系。非公有制企业不是地方财政的主要税收来源，因此非公有制经济的发展对地方财政的财力贡献有限。发展非公有制经济地方政府要负担更多的支出，不利于缩小区域发展的均衡。这也印证了地方政府更乐于发展本地区国有企业，不愿意将财政资源过多配置给非公有制企业的现象。

第六，第二产业工业占比与人均公共支出非均衡负相关，系数为 - 3.812817，至少在 1% 水平上显著，表明地方政府以工业为经济发展模式在现有的财政体制下对地区均衡发展有促进作用。可能的解释是，我国经济发展仍然在工业化阶段，支撑地方财力增长的主要产业是第二产业，因而第二产业能够快速提升经济质量和就业水平，可以带动税收快速增加。所以地区经济的均衡发展还是要以经济发展为第一要务。

第七，城镇化率与人均公共支出非均衡负相关，系数为 - 3.447313，至少在 1% 水平上显著。表明城镇化率越高，区域间的经济发展不均衡程度越低，也就是说城镇化的推进有助于改进区域间发展不平衡的问题。

（四）地方发展不平衡模型的基本结论

综上所述，财政分权中转移支付制度完善的程度对区域发展均衡有影响，并且转移支付制度完善程度越高，区域发展越均衡。我国的市场经济环境在区域间有差别，各地区市场化程度不一样。实证结果说明，市场化程度越高的地方，有助于区域发展的平衡。因此我们要让地方政府发展对外贸易，转变政府投资拉动经济增长的方式，将财政资金投入到教育、卫生等民生行业。城镇化给部分地方政府带来公共支出的压力，同时人口自由流动也使得资源配置更加均衡，因此要大力发展城镇化。我国仍处于工业发展的阶段，所以地方政府还要注重第二产业，特别是制造业的扶持，以获得税收来源。

第七章

公共财政风险防范的税制改革

第一节　以税收制度为基础改革财政体制

一、全面认识税收制度的基础地位

党的十八届三中全会提出，处理好政府和市场关系的核心问题是使市场在资源配置中起决定性作用和更好发挥政府作用。财政是国家治理的基础和重要支柱，科学的财税体制是优化资源配置、维护市场统一、促进社会公平、实现国家长治久安的制度保障。1994 年分税制改革为建立我国现代财政制度奠定了坚实基础，对推动社会主义市场经济体制的发展、优化市场资源配置、促进社会公平都发挥了重要作用。

分税制财政体制是公共经济的核心制度，在这一制度安排中，税制是基础。对于市场经济体制来说，税收是从市场经济的收入流量中取走一部分收入。因此，从收入意义上说是对社会总福利的扣除。但税收是公共商品[①]的成本，或者

---

① 公共商品，是 "Public Goods" 的译名，国内学者多数喜欢译为 "公共品"。其实只有商品，才是经济分析概念，"品" 却不是。公共商品虽然在形式上和私人商品不同，但除了考虑外部性特点之外，经济分析方法和私人商品是一样的。

说是消费者对消费公共商品所支付的价格。因此税收转化为财政支出就是提供公共商品，居民从中获得的收益正好弥补了税收的损失。这表明效率和公平的税制安排最终要通过财政体制来实现。因此，探讨税制和财政体制的内在关系是非常必要的。

在市场经济体制中，公共经济和市场经济共同进行资源配置，但市场资源配置起决定性作用。因此从效率角度看，税收是消费公共商品所支付的价格。但公共经济和市场经济的资源配置方式和消费方式是不同的，公共商品消费不可能像私人商品消费那样一一对应。即不可能说清这种税是用于支付这种公共商品的消费价格，那种税是用于支付另一种公共商品的消费价格的等。公共商品的资源配置效率服从大数规律，即首先保证在总量上税收和公共商品的成本相等。这是市场经济根据政府的支出需求决定宏观税负的原因所在；其次要考虑如何把这一税收总量按照效率和公平的原则在各级政府之间分配？因此，税制和财政体制的内在关系是必须探讨的问题。

效率和公平的税收制度要贯彻税收的公平原则和能力原则。所谓公平原则，是指所有税基都要纳税，相同的税基缴纳相同的税收。显然，税收的这一公平原则，实际上是有利于市场经济发挥资源配置作用的效率原则，即属于效率的范畴。因此在讨论效率和公平问题时一定要注意语境。又如，我们在讲述市场经济中等价交换的公平原则时，实际上是在讨论效率问题。为了避免理解上的歧义，我们把税制安排中的"公平原则"，下面改为效率原则或中性原则；税收的能力原则是指纳税能力强的多纳税，纳税能力小的少纳税，没有能力的不纳税，显然属于收入再分配的公平原则。根据福利经济学先把蛋糕做大的原理，公平原则应该不影响效率原则。这是税收调节收入分配的度。效率和公平的税收制度是通过税种选择、税负设计等税制安排体现出来的，并不是某个税种发挥效率作用，某个税种发挥公平作用的机械组合。

效率和公平的税收制度是财政体制的基础，最终要通过财政体制表现出来。效率和公平的集中体现是公共服务均等化和地区间协调发展。公共服务均等化通常被理解为公平范畴。实际上，公共服务均等化虽然有收入再分配的含义，但必须以预算中性为基础，因此效率含义仍然是基本的。经济发展当然和效率有关，但是在公共服务均等化的前提之下。这就是说效率和公平的财政体制是通过税制、分税和转移支付制度来实现的。因此，在设计效率和公平的税收制度时，已经隐含了分税制财政体制所需要的各种要素。

二、税收制度的准则是效率和公平

按照再生产循环特征选择税种是税制安排的基本要求，[1] 因为这有利于贯彻税收的效率原则和公平原则。税基普遍征税和不重复征税是税收中性的基本要求。根据社会再生产特点，税基可分为流量和存量两种，相应的税种可以分为流量税和存量税两大类。流量税包括商品劳务税（习惯称流转税）和生产要素税（习惯称所得税），存量税包括财产税类。税收是从再生产收入流量中取走一部分收入，因此从税源的角度看，流量税基才是真正的税源。从再生产的本质来看，真正的税源是国民收入，从这个意义上说，商品劳务税和生产要素税是建立在国民收入的基础上确定税负的。

根据税收的效率原则，相同的税基都要征收相同的税收。因此应将商品劳务税税基和生产要素税税基设置为普遍征税的税种，我们称之为一般税。我国的商品劳务一般税由增值税和营业税两个税种组成。存量税没有一般税，也不是严格意义上的税收来源。这个问题下面还将详细说明。目前我国正在进行"营改增"，即把商品劳务一般税的两个税种改为一个税种，显然有利于税收中性。我国的生产要素一般税也由两个税种组成，即企业所得税和个人所得税。企业所得税作为一般税种是具有中国特色的，因为我国的市场经济以公有制为基础。

从公平的角度看，一般税承担调节收入分配的主要责任。不论是商品劳务税还是生产要素税都是如此，但调节收入分配在尽可能不影响效率的前提下进行。一般税是效率和公平税制的基础，因此在税制结构中处于主税种的地位。理论上说，对于市场经济体制来说，生产要素收入一般税在效率和公平的税制中具有更重要的地位。

经济情况是复杂的，仅靠一般税难以保证税收的效率和公平，因此还要选择特种税。所谓特种税，是指在一般税的基础上再选择某些税基设立税种。从流量税的角度看，存在商品劳务特种税和生产要素特种税两类。特种税相对于一般税来说肯定是重复征税，但特种税的选择是为了更有利于税制的效率和公平。

从商品劳务特种税看，通常设置关税、消费税、资源税和环境税等。特种税的征税范围应该明确、调节目标应该清楚，但特种税设置不宜太多。例如，关税主要是对进出口的商品劳务征税，税基是明确的，调节的目标是在开放条件下的国内经济结构；消费税，理论上说，应选择富人消费多的、消费弹性弱的商品劳

---

[1] R. A. Musgrave, P. B. Musgrave. Public Finance in Theory and Practice [M]. 3rd. McGraw – Hill Book Company: 231.

务作为税基，就能更好地调节收入分配。资源税和环境税实际上是使用者费的税化；资源税可以看作是使用国有资产的付费；环境税可以看作是对环境污染单位加收的费用。或者换一种说法，为什么要选择流量特种税？有两种情况：一是对从公共劳务中多受益者加收费用；二是对增加公共劳务成本者加收费用。因此，特种税虽然相对于一般税来说是重复征税，但整体上是使税制更符合效率和公平的原则。

从生产要素特种税看，由于我国的市场经济体制以公有制为基础，因此目前对土地要素加收的生产要素特种税比较多。而对于国有资本来说，专门有国有资本经营预算管理，其中也涉及将国有资本收益调入一般公共预算①和社会保险预算使用。这实际上具有生产要素特种税的含义。

上述的税种选择和税收分类是建立效率和公平的税收制度的基础。我国目前把税收分类为流转税、所得税、财产税和行为税。显然，这种分类方法与再生产特点不符，也不符合形式逻辑。因此，按照现行的分类方法去选择税种就难以建立效率和公平的税收制度。

三、税收隐含了对财政支出的要求

税收是公共商品的成本，是从总体上说的，不可能使每个税种对应相应的公共支出。但一般税和特种税是有区别的，因此在税制安排的时候应该隐含不同的支出方向。

一般税的收入应该满足一般公共商品的支出需求。一般公共商品是指社会全体人员都需要消费的公共商品，属于公共服务均等化的范畴。这类公共商品的成本全部由税收承担，消费者在消费该类公共商品时不必再支付任何费用。这是效率和公平的税制对一般公共预算的要求。根据支出需求安排税负，公共服务均等化的资金来源应该是没有问题的。一般税的税收来源是国民收入，是当年可支配收入。消费包括私人消费和公共消费，作为一般公共服务来说是必须得到保证的。

事实上，公共服务均等化资金来源的上述设想也可以得到经验数据的支持。根据我国 2013 年的税收数据，以增值税、营业税、企业所得税和个人所得税作为一般税的收入占税收总收入的 67.9%，而全国性的一般公共服务、国防、科教文卫和农林水等事务支出占税收总收入的 65.5%②，由此可见，一般税的收入能

---

① 2015 年实行的新预算法规定，预算包括一般公共预算、政府性基金预算、国有资本经营预算和社会保险预算。分税制财政体制就是一般公共预算的制度安排。

② 本书各税种收入和财政支出数据均来源于 2014 年《中国统计年鉴》。

够满足一般公共支出的需求。

特种税是在一般税基础上选择的税种，解决一般税解决不了的效率公平问题。因此，特种税在选择的时候就隐含了支出方向。例如消费税，是专门用于调节收入分配的，因此应该是支持欠发达地区以及扶持贫困的资金来源。环境税应该是环境保护、环境治理的资金来源等。关税是比较特殊的，它是处理国际经济关系的税种，其收入从理论上说可以用于公共服务均等化方面，也可作为处理地方公共商品收益外溢的资助。

总之，一般税的使用方向和特种税的使用方向应该有区别。这种区别在税种选择和税负设计的时候已经隐含其中，这也是税收调节的度。

四、税制隐含了公共财政制度安排中对分税和转移支付的要求

在税制安排时还要考虑分税的要求。分税是指把各个税种在中央与地方之间进行划分，即决定税种在中央和地方之间的归属。税种收入属于中央的为中央税，税种收入属于地方的为地方税。学术界有一种观点，认为分税是指税收收入在中央和地方之间的划分。我们强调的是税种的划分，因为只注重收入的划分就无法把分税和转移支付区分开来。在分税的实践中，有的税种收入一部分归中央收入，另一部分归地方收入，因此被称为中央和地方的共享税。我们也不同意这种分类名称，因为这种分税方式模糊了税制在分税制财政体制中的地位，不利于效率与公平的税制安排。事实上，"共享税"的分配比例是由中央决定的，因此"共享税"实际上是中央税，而给地方的分成比例，可以看作是中央对地方的无条件补助。把共享税看作是一般转移支付可能更合适。但这种转移支付方式是不合理的，例如增值税共享，75%归中央，25%归地方。从预算中性的角度看，这种分配方法隐含了75%的增值税产品由外地居民消费，25%增值税产品由当地居民消费。显然，这个暗含的假设是极不合理的。此外，所得税的"共享"方式也是不合理的。这种分税方法导致公共服务均等化的资金短缺，也是地区间不良竞争的重要原因。分税隐含在税制安排的整体考虑之中。不论是中央税还是地方税，也不论是一般税还是特种税，所有税种的总收入能满足政府一般公共预算的支出需求。这就是说，地方税并不是为了增加地方政府预算收入，而是有利于安排效率与公平的财政体制。

中央税是指税种收入权和分配权归中央的税收。但中央税的所有权属于全国人民。这就是说，中央税是为全国人民提供公共劳务的，不仅用于中央提供的公共服务支出，也用于地方的公共服务支出。根据这一要求，商品劳务一般税（增

值税和营业税）和生产要素一般税（企业所得税和个人所得税）应该属于中央税。我们在前面已经指出，一般税是满足一般公共服务的支出需求的。一般税是效率和公平税制的基础，且税源集中，[①] 作为一般公共服务的成本，理所当然应该属于中央，并由中央在各级政府之间再分配。特种税的税种，比如关税、消费税、环境税，都是从整个经济的角度安排的税种，也应归中央，由中央在各级政府之间再分配。

地方税是收入归地方的税种，也是地方公共商品成本的组成部分。设立地方税的目的是有利于预算中性。一般来说，存量税适合作地方税。存量税没有一般税，既不可能也不必对所有资本存量和生活存量全面征税。房地产税[②]通常是存量税选择的税种，也是地方税的首选。因为房地产的价格和公共服务受益之间呈正相关，因此房地产税作为地方税，实行多受益者多纳税的原则，既有利于税收中性，也有利于预算中性。

由于资源在地方之间存在流动性，因此地方公共商品同样存在收益外溢的情况。例如，外地的居民可以到该地去购物或旅游。因此可以在商品劳务一般税的基础上设立商品劳务地方税，或者以商品劳务一般税附加的形式作为地方税。

由于当地居民是地方公共商品的受益者，因此根据个人所得税的税基建立地方个人所得税也是很有必要的。例如美国，就有联邦、州、地方三套个人所得税。但我国的企业所得税也是一般税的组成部分，如何构建地方企业所得税是个值得研究的问题。可能应该根据当地就业人口、产业带动（也享受了地方公共服务）等因素决定。

从宏观税负的角度看，不论是中央税还是地方税，总收入应该满足一般公共支出的需要。因此，从分税的角度看，一般税和地方税的总和应该满足公共服务均等化的支出需要。

还有一类地方财政收入的形式是使用者付费。这是指从地方特种公共商品中受益的加价，是从效率角度考虑的，和公共服务均等化的资金供给没有关系。

公共服务均等化和地区间均衡发展还需要转移支付制度来保证。转移支付可以区分为两种类型：一般转移支付和专项转移支付。根据预算透明的要求，应分别建立一般转移支付基金和各种专项转移支付基金。

根据上述分析，一般税的收入应该满足一般公共支出的需求，因此一般税的收入应是中央建立一般转移支付基金的来源。一般转移支付是无条件资助，地方获得的这部分资金可以根据需要在各项一般公共服务中分配。中央一般税在满足

---

① 个人所得税代扣代缴，也符合集中的特点。
② 房地产税，这里并不是指一个税种，而是指以房地产为税基的税收总称，包括居民使用的房地产和法人使用的房地产。

中央一般公共预算支出后的余额应作为一般转移支付基金。例如，假定中央用于一般公共商品的支出占中央一般税收入的 50%，那么剩余 50% 的一般税收入就是一般转移支付基金的来源。如果是这样，应该在制度上规定一般税收入的一定比例作为一般转移支付基金的来源。这就可以确保公共服务均等化的资金需求。

一般转移支付基金的用途应该明确，主要解决公共服务均等化的问题而不是其他。建立一般转移支付基金后，对其分配应有明确规定，既要有利于激励地区积极性，又要有利于遏制地区间不正当竞争。税种划归中央后，由中央政府根据预算中性的原则在各级政府间再分配。中央政府应在不破坏预算中性原则的前提下，按公共服务均等化的要求在地区间分配一般转移支付基金。通常的办法是：核定地方的收入能力和支出需求，其差额就是地方可获得的转移支付量。由于制度安排已经考虑了这些因素，通过一般转移支付就可以实现公共服务均等化。由于一般公共商品属于基本公共劳务均等化的范畴，是可以标准化的，而地方的支出需求通过动态测定，也是可以标准化的。标准化的支出需求可以说是一般公共商品的最低需求，并不表明每个地方一般公共商品的实际水平（吴俊培、龚旻，2015）。地方收入能力的核定是根据制度安排核定地方的标准收入。地方收入能力是指地方经过努力后可达到的标准地方税收收入，并不是地方实际所征得的收入，标准收入取决于所有地方政府的行为，而不是单个地方收入。中央政府核定的标准支出和标准收入之间的差额就是其分配一般转移支付基金的依据。这一制度安排既有利于保证一般公共预算的中性，也有利于引导地方之间的有序竞争。

专项转移支付属于基金预算的范畴，属于特别的资助，是有条件的资助，即地方政府获得的这类资助应该用于特别的项目。专项转移支付基金的来源是特种税。专项转移支付基金可以区分为各种类型，比如环境保护和治理专项基金、支持欠发达地区专项基金、扶贫基金等。

五、简要结论

效率与公平的税收制度是分税制财政体制的基础。从市场经济体制的角度看，税收是公共商品的成本，或者说是消费公共商品所支付的价格。仅从收入角度看，税收是对社会总福利的扣除。只有把税收看作是公共商品的成本，居民从公共商品中获得的收益才可以补偿缴税引致的福利损失。这就是说效率和公平的税收制度最终要通过分税制财政体制来实现。因此，在效率和公平的税制安排中，应该包含效率和公平的分税制财政体制的各种要素。

效率和公平的税收制度是通过税种选择、税负设计体现出来的。但并不是某个税种体现效率、某个税种体现公平，效率和公平是由整个税收制度体现出来的。效率和公平的税种选择要符合"全、简、统一"的原则。所谓全，是指所有属于税源的税基都要征税，无一遗漏；所谓简，是指税种选择要简明，调节目标要明确；所谓统一，是指每个税种的制度安排都要以效率和公平为原则，且相互协调。因此，必须按照再生产的特点对税基正确分类。从再生产看，存在流量和存量的分类，即区分为流量税和存量税两大类。而流量税又可以区分为一般税和特种税，这种分类方法是建立效率和公平税制的正确路径。

税负的设计是从宏观到微观，即全部税收收入应该满足一般公共支出的需要。然后再考虑宏观税负如何在各个税种间分布。应该说一般税是奠定效率和公平税制的基础，因此是主税种。从理论上说，以生产要素一般税为主体税种更便于处理效率和公平的关系。一般税满足一般公共支出的需要；特种税满足特种公共支出的需要。

效率和公平的税收制度必须隐含合理分税的要素。在税制中划分中央税和地方税并不是为了增加财政收入，而是为了建立效率和公平的财政体制。流动性和差别性是地方的重要特征。房地产税作为地方税的首选是有道理的，但按照流动性税基设立地方税也是有根据的。

效率和公平的税收制度必须隐含转移支付的合理要素。这就要求根据税种的特点，区分一般公共服务和特种公共服务的收入来源，形成基金，为分税制财政体制把这些资金在各级政府间合理分配创造条件。

第二节 改 革 税 种

一、税种设置与社会再生产的关系

从再生产特点选择税种的思路是正确的，因为税收本质上是对社会再生产中收入流量的扣除。这实际上是从税收和经济的关系切入，充分考虑税收对再生产的影响，有利于中性税制的实现。

图 7-1 显示了税种设置和再生产的关系[1]。

---

[1] R. A. Musgrave, P. B. Musgrave, Public Finance in Theory and Practice (Third Edition), P. 231, Mc-Hill Book Company. 图中中文由引者译。

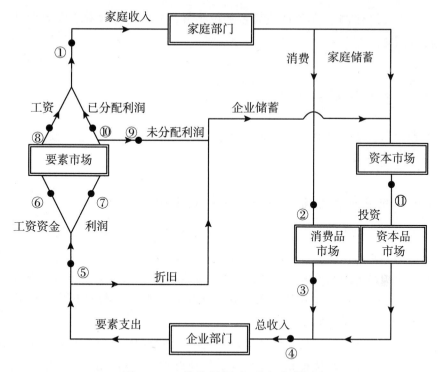

图 7－1　税收设置和再生产关系

图 7－1 是社会再生产收入流和支出流的循环示意图，在这个循环示意图中用带圈的数字标明了税种可能设置的环节。图中顺时针方向的实线表示收支的货币流，相应要素投入和产品投入的实物流隐含在实线中，但方向相反，图中没有标明，读者应该铭记于心。家庭部门在图的上方，企业部门在图的下方；要素市场在图的左方，资本市场和产品市场（消费品市场和资本品市场）在图的右方。

从再生产的收入流来看，由生产要素收入流和商品劳务收入流组成。税收就是对收入流量的扣除，本质上是对国民生产净值的扣除。

从再生产收入流量的角度考虑税种设置的思路，把税源和征税对象较好地统一起来。但在现实的税制中还选择资本存量和生活存量①作为征税对象，例如房地产税。但存量并不是真正的税源，税收还是来自再生产中的收入流量。把存量作为征税对象，本质上属于公共财政体制中"分税"的范畴。这里讨论税收和经济的关系时把这一问题抽象。下面将进一步说明，这种抽象并不影响税收和经济关系的结论。

---

① 吴俊培：《公共经济学》，武汉大学出版社 2009 年版，第 236 页。

图 7-1 标出的黑点是可能设置税种的地方，税种选择有利于税收中性是必须考虑的问题。

二、中性税制的原则

所谓中性税制的原则，是指使税收中性的税种设计原则。这需要遵循"全、简、统一"的原则。

(一) 税基覆盖"全"的原则——设置一般税

所谓税基覆盖要"全"，是指对相同性质的税基要全面征税。这是税收中性的基本要求。我们把这种对相同性质的税基普遍征税的税收称为一般税。从收入流量看，由商品劳务收入流和生产要素收入流组成，因此就必须对所有商品劳务（收入）和生产要素（收入）征税。这称之为商品劳务一般税和生产要素一般税。一般税的设置是税收中性的基础。

一般税由什么税种充任，由几个税种充任，各个国家是不一样的。我国的商品劳务一般税原来由增值税和营业税两个税种组成，"营改增"之后，就只有一个增值税了。我国的生产要素一般税可以看作由企业所得税和个人所得税两个税种组成。

一般税的不同选择，对经济的影响也是不同的。

(二) 税制要"简"的原则——简化特种税

所谓税种组成的税制要"简"，是指税种不宜太多、税种之间的相互关系要清晰、税收调节的功能和目标要透明。

理论上说，一般税由一个税种充任更有利于税收中性。但每个国家的政治、经济情况不同，选择是不一样的。比如美国，商品劳务一般税由销售税一个税种组成，欧盟则由增值税一个税种充任。我国的商品劳务一般税原来由增值税和营业税两个税种组成，"营改增"之后，则一般税由增值税一个税种充任。

对于生产要素一般税来说，以私有制为基础的市场经济国家，通常以个人所得税为一般税。因为在他们看来，生产要素的各种收入，包括工资、利润、地租、利息、红利等收入都是资源配置的要素收入，是没有差别的，都适用同一个税种。我国属于社会主义市场经济体制的国家，生产要素一般税可以认为由企业所得税和个人所得税两个税种组成。一般税税种选择的不同对效率和公平的影响也是不同的。但这不仅仅是实证分析的结果，还存在价值判断的差别。

一个国家的经济情况是复杂的，光靠一般税难以保证税收中性。因此，需要在一般税的基础上再设置税种，以便更好地处理经济中的效率与公平问题。这种在一般税基础上再选择的税种称为特种税，按照一般税的分类，存在商品劳务特种税和生产要素特种税。

特种税相对于一般税来说属于重复征税的范畴。在没有限定的情况下，重复征税通常被理解为不利于税收中性。但这里要讨论的特种税，目的是为了更有利于税收中性。

特种税不宜太多，特种税的征税范围必须明确、调节效率和公平的目标必须确定。商品劳务特种税通常选择以下三种特种税：关税、消费税和环境保护税。关税的征税对象和范围容易界定，设置的目的也很明确，就是处理国际税收关系的；消费税的主要目的是社会公平，奢侈品的范围相对也容易界定；环境保护税实际上是对环境污染者加收的费用。显然，这类特种税有利于税收中性。我国目前，商品劳务特种税的设置过宽。例如，城市维护建设税、教育费附加等就属于不适宜设置的特种税。

生产要素特种税，在私有制为基础的国家中，通常设置公司所得税。理由是公司更多地获得公共服务，公司所得税相当于加收费用，因此有利于税收中性。我国则为了调节要素收入，生产要素特种税的数量实际是很多的。

最后，各种税种之间的关系也要简单明了，税种之间的功能配合要明确。因此，特种税之间的调节目标是不应重复的。例如，我国把汽油、轮胎作为消费税的税目，高速公路的收费却并没有取消。这不仅存在消费税自身的重复征税，而且使汽油税、轮胎税和高速公路的收费重复。显然不利于税收中性。

（三）税收治理和财政治理"统一"的原则——税收和支出需求一致

所谓税收治理和财政治理要"统一"，是指税制设计要和公共财政制度的安排统筹考虑，而不是各自为政。

一般来说，从再生产收入流量视角设置的税种都是"国税"，即从税收和经济的关系上来立论的，本质上都是中央税。中央税并不是用于中央政府的税收，而是由中央政府统筹使用于公共劳务均等化的税收。从税收管辖权分类，由中央税和地方税两类组成。地方税的目的并不是为了增加税收收入，而是为了提高政府资源配置的效率。因为从宏观上说，中央税收入加地方税收入之和用以满足公共需求的支出需要。至于结构上如何分配税负，那是属于另外性质的事情。地方税的设置有利于预算中性，属于分税制财政体制中的"分税"范畴。这就是说中央税和地方税的总税负是必须统筹考虑的。

"国税"收入的分类隐含了一般税和特种税在财政的支出方向上是有不同要求的。长期以来，税收一直被认为在预算支出方面是不受限制的。或者说，只要是税收收入就可以在公共支出方面进行统筹。这是一种误解！

税收是公共劳务的成本，从效率的角度看，每个人缴纳的税收应该是不同的，一般税体现了这一特点。因此一般税应该用于满足全国人民都需要的一般公共劳务。特种税在设置的时候已经隐含了相应目标，因此用于专项目标是应该的。

通常房地产税是地方税的主税种。而房地产税可以看作是对地方公共劳务的"付费"。因为房地产价格和公共劳务受益程度呈正相关。这有利于财政资源配置的效率。地方财政还有很多收费项目，性质大体上与此相似。

当然，由于资源、商品等存在流动性，因此流动性税基也有一部分形成地方税。但地方税不可能全部满足地方公共劳务的需要，还需要中央财政的转移支付。因此地方税还有一个功能是：成为核定转移支付的重要参数。

这就是说税收收入和财政支出之间是必须统筹考虑的。

三、税制现况

根据以上分析，我国目前的税制大体由以下税种组成。在流量税中，存在商品劳务一般税和商品劳务特种税；生产要素一般税和生产要素特种税。

商品劳务一般税由增值税一个税种充任；生产要素一般税由企业所得税和个人所得税充任。

商品劳务特种税主要包括关税、消费税、烟叶税、车船税、车辆购置税、城市维护建设税等；生产要素特种税包括资源税、土地增值税等。资源税的征税方式有点像商品劳务税，也有点像对国有资源使用的付费，有利润预付的性质。我们这里把它归于要素收入的特种税范畴。

我国对存量征税的税种有：房产税、城镇土地使用税和耕地占用税。因为存量税本质上是对收入流量的扣除，而且属于"分税"的范畴，所以在税收和再生产关系在图 7-2 中没有列出。

上述分类有利于形成中性税制，也有利于税制和财政体制的统筹安排。现行税制是存在问题的，需要改革。下面将安排专门讨论。

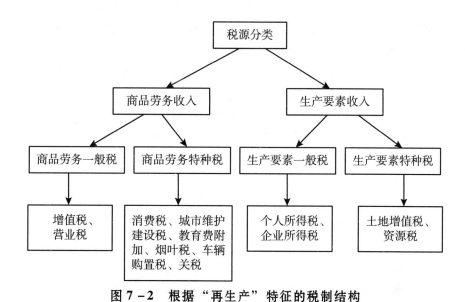

图 7 - 2　根据"再生产"特征的税制结构

第三节　改革税负设计

一、根据一般公共预算支出需求设计宏观税负

（一）根据一般公共商品和特种公共商品的支出需求分别设计税负

我国学术界对宏观税负的研究停留在统计结果，用税收负担占 GDP 的比重来衡量。这样，宏观税负就成为微观税负的加总。这种研究对于税负水平和税负结构的改善帮助不大。

对于市场经济体制来说，宏观税负应该根据公共预算的支出需求来确定。一般公共预算主要提供居民对公共商品的消费需求。公共预算提供的公共商品可以区分为一般公共商品和特种公共商品两类。

一般公共商品是指其成本全部由商品劳务一般税和生产要素一般税来承担[①]。

[①]　这里假定地方税税负是商品劳务一般税和生产要素一般税负的构成部分，或者说地方税税负加一般税税负之和能满足全国一般公共商品的支出需求。我们已经指出，地方税并不是为了增加总税负，而是为了更有利于预算中性的安排。具体将在讨论一般公共预算体制研究时作更深入的说明。

居民在消费这类公共商品①时就不必再支付任何费用。这包括国防、社会治安、城市交通、环境保护等。特种公共商品是指其成本由商品劳务一般税和生产要素一般税来承担一部分之外还要对某些消费者加收费用。加收的方式有两种：一种是对特种公共商品的消费收取使用者费；另一种是对增加公共商品成本的行为加收费用。例如环境保护税。这就是说，税种的不同性质实际上是规定了其使用方向的。一般税满足一般公共商品的支出需要；特种税满足公共商品额外成本支出的需要。不同性质的税收隐含了财政支出方向的不同要求，但至今没有引起学术界的高度重视。

（二）公共商品成本分担的大数对称定律

公共商品的成本承担方式和私人商品的成本承担方式是完全不同的。公共商品能使众多消费者同时受益，但每个消费者承担的成本是不同的。如果税收是消费者消费公共商品所支付的价格，那么每个消费者所支付的价格是不一样的。对于具体的一般公共商品来说，比如国防，消费者不清楚应该付多少，但对于所有一般公共商品的总成本根据历史经验数据是大体可以知道的。对于具体的一般公共商品来说，居民不清楚怎样不同地分担成本，但对于所有公共商品来说，一般税本身体现了税负的公平原则和能力原则，符合公共商品资源配置效率的准则。同样道理，特种公共商品增加的成本由消费者或成本增加者负担也是符合效率原则的。这就是说特种税的收入也隐含了支出方向规定的要求。我们把这称之为税负设计的大数对称规律，即一般税税负满足一般公共商品支出需求；特种税（有的还要加使用者费）税负满足相应特种公共商品的支出需求。

如果这样来设计宏观税负，那么从总量上看，一般税的收入是可以满足一般公共商品的支出需求的；特种税的收入是可以满足额外成本增加的支出需求的。从大数的角度看，一般税形成一般公共商品支出需求的基金；特种税满足相应成本增加的支出需求基金。接下来的问题就是合理地在中央和地方之间进行分配。这是分税制财政体制中涉及"分税"和转移支付的问题，需要进一步解决的问题。

二、构建以所得税为主税种的税负结构

在一般税和特种税的关系中，一般税是基础，特种税是补充。

---

① 公共商品，是"Publlic Goods"的译名，国内大多数学者喜欢译为"公共品"。其实只有商品，才是经济分析概念，"品"却不是。公共商品虽然在形式上和私人商品不同，但除了考虑外部性特点之外，经济分析方法和私人商品是一样的。

在生产要素一般税和商品劳务一般税的关系中应该以生产要素一般税为主税种。商品劳务一般税的税负不宜太高。首先，商品劳务一般税相对于商品劳务生产者来说构成商品劳务的成本。因此，商品劳务税相当于是进入的"门槛"，即商品劳务生产者或经营者缴纳了商品劳务一般税后仍然有利可图，那么才会"进入"，否则就会被挡在门外。显然，税负太高不利于就业；其次，商品劳务一般税调节收入分配的功能相对较弱，因此税负太高不利于税收公平职能的发挥；最后，商品劳务一般税通常和经济增长水平同步变化的，因此经济稳定的功能差。税负太高不利于税收经济稳定职能的发挥。

从税收治理职能来看，生产要素一般税适合当主税种。在私有制为基础的国家中，生产要素一般税通常由个人所得税充任。根据我国的情况来看，可以认为由企业所得税和个人所得税两个税种组成。在这两个税种中，理论上应该以个人所得税为主。企业所得税并不是对人税，并不能很好体现受益原则和能力原则，税制安排也没有反周期的稳定功能。而个人所得税能较好地贯彻效率、公平和稳定的职能。

上述表明，要充分发挥税收治理的功能，选择合理的税负结构是非常重要的。

第四节　深化税制改革

一、我国税制建设的现状

（一）税收理论准备不足

1993 年中央就提出要建构社会主义市场经济体制，但直到 2012 年才明确提出市场经济在资源配置中起决定性作用。如何建构与此相适应的公共财政体制的理论准备是不充分的。税收治理、财政治理和国家治理之间的关系研究不够深入。目前的主流理论并不是根据再生产的特点来选择税种的，而是把税收分为流转税、所得税、财产税和行为税四类。实际上这四类税并不处于同一层次，因此也不可能把税收和再生产的关系说清楚。

市场经济体制的税收理论是应该根据公共财政的支出需求来设计税负的，但主流理论仍然存在收入决定支出的深深烙印。主流理论没有一般税和特种税的分类，也不清楚不同性质的税收和一般公共商品和特种公共商品之间的大数对应关系，严重扭曲税收的效率功能。

主流理论不重视，甚至完全忽视了税制、分税和转移支付之间的内在关系，从而使公共财政体制难以稳定，甚至加重了财政风险。

（二）税制现状分析

我国的税制仍然不够简单，表现为特种税的数量很多，设置很不合理。设置特种税是为了使税制更中性。但有些特种税的设置不利于税收中性，例如城市维护建设税、教育费附加等。这属于商品劳务特种税，但规定用于"城市维护建设"和"教育"。这种以财政支出需求来设立特种税的做法是缺乏理论根据的，其结果只会扭曲市场经济的资源配置。有些特种税的设置和使用者费之间重复。例如，在消费税中，汽油、轮胎均是消费税的税目。理论上说，对汽油、轮胎征税，是费的税化形式，相当于对使用道路的加收费用。这应该和道路的收费统筹设计和统筹使用。实际上两者之间并没有统筹考虑。如果再考虑非税收入的情况，财政总负担水平是较高的。这也可能是税负不算太高，但企业感到负担不轻的一个重要原因。

我国的宏观税负存在下降空间。经验数据表明，我国一般税（增值税、企业所得税和个人所得税）占全部税收收入的68%左右，而公共部门对于一般公共商品的支出大体和上述比例相当还略低。这表明一般公共商品实现均等化的资金来源是有保障的。公共劳务均等化之所以还存在问题，并不是宏观税负太低，而是"分税"和"转移支付"制度不合理所造成的。因此在实践中，一般转移支付（也称均衡性转移支付）为主的地位不能真正确立，专项转移支付居高不下的真正原因。

我国的税负结构不合理。我国税负结构状况如表7-1所示，我国税收收入在财政收入中的地位如表7-2所示。我国名义上是双主体的税制结构，即流转税和所得税双重主体的税收结构，但实际上是流转税为主税种。在所得税中，企业所得税是主税种，个人所得税在整个税收收入中的占比很低。这与我们的税收风险评估的结论是一致的，即税收在资源配置方面存在扭曲市场效率现象；在收入分配方面存在逆向调节现象；以及在经济稳定方面存在顺周期调节现象的结果。

表7-1　　　　2010~2014年我国一般税和特种税税负结构表　　　单位：%

	2010 年	2011 年	2012 年	2013 年	2014 年
一般税占税收收入比重	71.65	71.58	70.70	70.33	69.59
商品劳务一般税占税收收入比重	47.50	46.15	45.38	44.13	42.73

续表

	2010 年	2011 年	2012 年	2013 年	2014 年
生产要素一般税占税收收入比重	24.15	25.43	25.32	26.20	26.87
企业所得税占税收收入比重	17.54	18.69	19.53	20.29	20.68
个人所得税占税收收入比重	6.61	6.75	5.78	5.91	6.19
特种税占税收收入比重	20.66	21.26	22.20	21.61	22.05

资料来源:《中国税务年鉴》《中国财政年鉴》和《中国统计年鉴》。

注:(1)这里的一般税包括商品劳务一般税和生产要素一般税。其中,商品劳务一般税包括增值税和营业税;生产要素一般税包括企业所得税和个人所得税。

(2)这里的特种税包括商品劳务特种税和生产要素特种税;其中商品劳务特种税包括消费税、城市维护建设税、烟叶税、车辆购置税和关税;生产要素特种税包括土地增值税、耕地占用税和资源税。

表 7 - 2　　　　　2010～2014 年我国财政收入结构表　　单位:%

	2010 年	2011 年	2012 年	2013 年	2014 年
税收收入占财政收入比重	88.10	86.39	85.81	85.54	84.90
税收收入占 GDP 比重	17.73	18.34	18.62	18.57	18.51
非税收入占财政收入比重	11.90	13.61	14.19	14.46	15.10
非税收入占 GDP 比重	2.39	2.89	3.08	3.14	3.29
财政收入占 GDP 比重	20.12	21.23	21.70	21.71	21.80

资料来源:《中国税务年鉴》《中国财政年鉴》和《中国统计年鉴》。

注:财政收入是指一般公共预算的收入,包括税收收入和非税收入。其中,非税收入包括专项收入[①]、行政事业费收入、罚没收入、国有资本经营收入、国有资源(资产)有偿使用收入以及其他收入。

二、税制改革的总体构想

税制改革的总体构想是:简化税制,适当降低宏观税负,逐步实现以所得税为主体的税制结构。

税制改革的这一总体构想并不是出于防范公共财政风险的权宜之计,而是适应新常态、稳增长的制度安排要求。这一安排有利于微观和宏观治理水平的提高;也有利于需求管理和供给管理水平的提高。

根据一般税和特种税的税收选择原则看,设想的税种大致如下:一般税由如

① 包括排污费收入、水资源费收入、教育费附加收入等,参见《政府收支分类科目》

479

下三个税种构成：商品劳务一般税由增值税一个税种充任。生产要素一般税由企业所得税和个人所得税组成。商品劳务特种税可设置三个税种：关税、消费税和环境保护税。生产要素特种税可设置土地增值税、资源税。

以上所有税种都应该属于中央税。

在税负设计上，一般税的总税负应该满足一般公共劳务的支出需求。根据经验数据，一般税满足中央财政支出需求的余额形成一般转移支付基金。这样，至少在总量上，公共支出需求和公共收入来源之间是相适应的。

特种税已经隐含了相应的支出方向，因此可以设立相应的专项转移支付基金，例如：环境保护基金、支援欠发达地区发展基金等。也采用总税负和支出需求相适应的原则。

地方税属于中央和地方之间"分税"的范畴，目的是建立合理的财政体制而不是增加税负。地方税是地方一般公共商品的支出来源，是中央一般税收入对地方的让渡。因此，地方税加中央一般税是能够满足一般公共商品的支出需求的。这就是说，地方一般税加中央的一般转移支付就能够满足全国各地一般公共商品的支出需求。

三、深化税制改革的政策建议

（一）增值税改革

"营改增"之后，商品劳务一般税由增值税一个税种承担，这一方面降低了商品劳务一般税的税负，同时也更有利于税制中性。

增值税进一步的改革是全面推行消费型增值税的改革。消费型增值税的试点已经在很多地区和行业实行了。现在已经到了可以全面推行的时候了。这不仅有利于税制中性，同时也有利于向以所得税为主税种的方面迈进。

应该把增值税全部列为中央税，取消增值税的共享做法。

（二）生产要素一般税的改革

我国现行的生产要素一般税可以认为是由企业所得税和个人所得税组成的。但在现行的财政体制中，企业所得税和个人所得税都是共享税。这种做法是不妥的。这两个税种都是对生产要素收入征税，性质是一样的，因而采取不同的方式"分税"是不合适的。

1. 关于企业所得税的改革

一种设想是可以把企业所得税改为公司所得税，即只对公司企业征税，对其他企业，如合伙人企业、私营企业、独资企业等不再征收企业所得税。

另一种设想是可以保留企业所得税，但对公有制以外的其他所有制企业已经缴纳的企业所得税可以递推到个人所得税中一并计算，或者对其他所有制企业的再投资允许退回企业所得税。

2. 关于个人所得税的改革

应该把个人所得区分为两类：劳动、经营所得和遗产、馈赠所得。这两种收入的性质是不同的，前者是靠自己努力获得的收入；后者则与个人的努力程度无关。从"人"的平等来说，两者收入应该有不同的税收政策。但目前，我国对后者并不征税。从发展方向来看，应该开征遗产税和馈赠税。但这不是这里要重点讨论的问题。

我国目前的个人所得税是按月计征的，并根据收入的不同性质设计不同的税率。

所得税应该按年计征，有利于贯彻能力原则。例如，一个家庭一个月收入了5万元，就要缴纳不少税收，如果分摊到12个月中，则不需要缴纳多少税。如果这个家庭一年就只一次收入，纳税以后生活难以维持；如果平均到每个月收入，那么生活就没有问题。因此，个人所得税和预算年度相一致，即按年计征是必要的。

我国的个人所得税按收入的不同性质规定不同的税率。从生产要素收入的角度看，存在劳动收入（工资）、资本收入（利润）、红利收入、利息收入等多种形式。对于社会主义市场经济体制来说，上述各种收入都是被允许的、合法的，都是个人的劳动或经营所得。从这个意义上说，区分收入的不同性质设计不同的税率是完全没有必要的。应该把一年内所有个人的生产要素收入加总，作为个人所得税的征税对象。

个税不仅应该设起征点，还应该允许家计扣除①，即对需要赡养或抚养的人数进行年生活费的免税处理。个税通常实行累进税率，但应该有税率上限的规定，鼓励投资。

（三）关于地方税

地方税本质上属于"分税"的范畴。通常由房地产税、地方商品劳务税和地方所得税组成。我国目前没有符合市场经济体制要求的地方税体系，深入研究很

---

① 法律上应该规定子女有赡养父母的义务。例如，如果父母下岗，子女有能力赡养，那么下岗者就不能享受政府的低保。除非子女没有能力赡养。目前我国似乎没有这样的法律，但我们认为应该有这样的立法。如果子女是富人，父母还要吃低保，于情于理都说不通。

有必要。

1. 房地产税

房地产税是对房产、地产征收的税收。这是对资本存量和生活存量征税。实际上纳税人要用其收入流量缴纳。房地产税是对物税，即不考虑纳税人的负担能力。从这个意义上说，不太符合税收的能力原则。

房地产税成为地方税的首选：一是因为税基不能流动；二是因为房地产价格和地方公共劳务受益程度正相关。这样，房地产税相当于对地方公共劳务受益程度的付费，符合受益原则。从"分税"的角度看，对于企业法人来说，房地产税的负担应该是商品劳务一般税和生产要素一般税的组成部分。对于个人来说，相当于是个人所得税的组成部分。地方税并不是为了加重纳税人的负担，而是使地方公共商品的资源配置更有效率。当然，房地产税会影响税负结构。

房地产税可以按房地产的交易价格或租金价格征税。但由于房地产的交易频率不高，出租也不普遍，因此需要对房地产价格或租金进行市场评估。这是导致房地产税征税成本较高的重要原因。

从效率和公平的角度看，房地产税应该对所有房地产都征税，不论是企业的、个人的，还是政府的、事业单位的。这样才有利于效率和公平原则的贯彻。

我国目前存在房产税这个税种，但税种设计不符合市场经济体制的要求。我国对于居民住房基本是免税的，只是对住房出租征税。因此，我国的房产税究竟是对房产征税还是对房产的收入（租金）征税，很难说得清楚。而对于企业来说，是对房产的原值征税，显然，原值和公共劳务受益之间没有关系。

我国的房产税对于事业单位、政府公共部门等都是免税的。

上述表明，要把我国的房产税转变为真正的公共劳务受益税还有许多前提条件要开创。

私人住房在传统体制下并不作为私人商品对待的。随着市场化改革的深入，住房作为私人商品的改革也得以进行。但住房私有化的改革采取老人老办法，新人新办法的政策。所谓老办法，实际上有很多福利补贴，私人不需要支付住房的全部市价。而新办法的住房补贴只是象征性的，因为根本购不起房；另外，如果住房作为私人商品，那么工资当中应该包含住房价格的因素。实际上工资改革是滞后的。而且，房地产价格的增长速度远远超过工资增长速度。如果是这样，意味着居民的实际税负会增加。如果要把现有的房产税改为真正的受益税，就必须考虑上述因素来设计税负。如果是这样，很难使改革后的房地产税有受益税的特点。但会影响私人住房的投资选择。

对于企业来说，要把房产税改为受益税，那么就必须按现值而不是原值来作为计税依据。我国建立的各种开发区，以及城区改造之所以能吸引投资，公共劳务受益免税是重要原因。房产税改革将会导致资源配置的调整。这个调整成本可能是极其高昂的。

如果房地产税真正成为受益税，那么应该对房地产普遍征税，否则将扭曲市场资源配置。如果是这样，就要重新核定行政事业单位的预算。例如，某高校要缴房地产税 X 万元，那么预算应该增加。这不只是账面数据变动的问题，本质上影响资源配置。

因此，目前开征房地产税至多对房地产的投资选择和收入再分配起一些微小的调节作用，真正转变为受益税的条件并不成熟。

2. 商品劳务地方税

由于资源和商品存在流动性，因此地方开征商品劳务税是有根据的。比如，一个人可以在一个地方居住，在另一个地方购物，再在又一个地方工作。这表明地方公共商品并不全是本地居民消费，因此对于消费者征收地方商品劳务税是必要的。

为了节约征税成本，可以采取一般税附加的方式。比如一件商品缴纳增值税 100 元，地方附加 10%，那么地方增值税就是 10 元。

地方商品劳务税的税负应该以不影响地方市场资源配置为限。

3. 地方个人所得税

前面已经指出，把企业所得税作为共享税，把个人所得税作为地方税的分税方法是不适当的。但地方也应该设立地方个人所得税，用以解决地方公共商品的成本问题。例如，某人居住在 A 地，却在 B 地取得收入。A 地却得不到此人的个人所得税，这是不合理的。因为此人享受 A 地的公共劳务。因此，开征地方个人所得税也是应该的。地方个人所得税也可以采取附加的形式。

（四） 地方税的使用

地方税应该用来支付地方一般公共商品的成本；地方特种公共商品需要增加的成本由地方的使用者费弥补。

地方一般公共商品的成本不可能全部由地方税满足，不足部分由上级政府的转移支付解决。理论上说，所有地方税之和加上一般税收入，在总量上能够满足一般公共商品的提供。这需要合理安排分税和转移支付制度。

需要强调的是，地方公共商品的概念适合于社区，应该重视社区财政的建设。每个社区的生活安定了，地方的生活也安定了，那么整个国家就安定了。

第八章

公共财政风险防范的一般公共预算制度改革

第一节 一般公共预算理论

一、一般公共预算界定

2015 年开始实施的新《预算法》明确指出：一般公共预算是"对以税收为主体的财政收入，安排用于保障和改善民生、推动经济社会发展、维护国家安全、维持国家机构正常运转等方面的收支预算"。

一般公共预算有三个职能：资源配置、收入分配和经济稳定。这三个职能也可以认为是政府的职能。

资源配置是指对公共商品的资源配置。人们需要私人商品和公共商品两类消费品。前者由市场经济从事资源配置；后者由政府①从事资源配置。两者的资源配置方式不同，但效率要求是一致的，因为市场经济在资源配置中起决定性作用。

公共商品资源配置效率的难点有两个。一是公共需求的决定依靠一套政治程序。但由于公共商品消费的非排他性特点，真实反映公共需求的曲线难以获得。

---

① 这里的政府是广义的概念，即由一套政治制度决定公共商品的资源配置。

另一个是公共商品的提供有政府单边垄断的特点，导致公共商品效率提供的困难。尽管如此，政府资源配置向市场效率靠拢是基本目标。

收入分配属于社会公平的范畴。市场经济的分配结果通常被认为是不公平的，因为资源占用的初始条件是不公平的，受教育条件是不公平的，就业是不公平的，以及市场经济效率所需要的条件总是不可能被充分满足的。因此政府要通过政治程序干预收入分配。

政府在一般公共预算中参与收入分配的方式有两种：公共劳务均等化和社会救济。

公共劳务均等化可以从效率和公平两个维度去理解。从效率角度看，税收可以看作是消费公共商品所支付的价格。如果每个人所支付的价格（税收）正好等于其从公共商品中的受益，那么既符合公共商品受益均等化的概念，又符合效率资源配置的要求。从公平的角度看，社会中没有纳税能力的人也必定享受公共劳务。他们所需要支付的成本是由高收入者支付的（多纳税）。但高收入者多纳税以后并没有改变他的就业、投资、消费等偏好，即没有影响效率。

社会救济属于另一类的收入再分配，实际上属于对个人消费贫困者的补助。这是财政资金的转移支付，即没有用于公共商品的资源配置，而是用于私人补贴。

经济不稳定可以说是市场经济的常态。经济不稳定可以表现为经济增长速度下降、物价上涨、就业不充分、收入分配不公平等现象。经济不稳定在不同的条件下表现形式是不一样的，这就需要对症下药的处理。

一般公共预算在处理上述三类问题的时候，也会遇到内在的矛盾。例如，效率与公平的矛盾、宏观和微观的矛盾。这取决于对经济形势的判断和政治程序的约束。

二、一般公共预算的制度结构

一般公共预算的制度结构是指公共预算收支的制度结构，包括税收制度、"分税"制度和转移支付制度。

一般公共预算的收入来源主要是税收，税收制度是一般公共预算的基础。上一章对税收和经济的关系已经作了详细讨论。

通常情况下一个国家总是设置中央政府和地方各级政府。公共商品又可分为全国公共商品和地方公共商品。这就是说"政府"在履行经济职能的时候是由中央政府和地方各级政府共同完成的。正确处理中央和地方各级政府之间的预算关系是公共预算制度需要解决的主要问题。

从效率的角度看，全国性公共商品由中央提供，地方公共商品由地方提供。地方之间无差别的公共服务由相应的上级政府提供，地方只提供有差别的地方公共服务，也符合效率原则。这需要正确界定中央和地方各级政府的职能分工，以及相应的财力保证方式。因此，从各级政府的预算支出来源看，需要"分税"，即把税收收入在各级政府之间划分。

中央税和地方税的划分就是"分税"的概念。但学术界对"分税"的理解是不统一的。一种观点认为，"分税"就是把税收收入在中央和地方各级政府之间划分，归中央政府支配的就是中央税；归地方政府支配的就是地方税。另一种观点是注重立法权，认为由中央立法的税收为中央税；由地方立法的税收是地方税。

我们的观点是："分税"要有税种依据，即把税制中的各个税种区分为中央税和地方税。如果只是注重税收收入的划分，那么"分税"和转移支付就区分不清楚了。为什么要有税种上的区别，隐含了税制中性的要求，虽然分税，税收仍然是中性的。支持税收收入在中央和地方划分观点的以"共享税"作为论据。实际上共享税是可以分解为中央税和地方税的。例如增值税的75%归中央，25%归地方，如果增值税税率17%，那么相当于中央征12.75%；地方征4.25%的增值税。由于增值税和企业所得税都是共享税，即地方可以获得很大数量的"地方税"，从而使地方之间不良竞争加剧，公共劳务均等化虽然总量上已经可以满足，但结构上问题很大。至于立法权，我们认为并不是地方税的必要条件，地方有相应的税收管辖权就可以了。

税收本质上属于国家，"分税"的意义是：中央税属于全国居民所有，为全国居民提供公共服务；地方税属于地方居民所有，为地方居民服务。从大数上决定地方居民为地方劳务支付的费用，是问题的实质。这表明合理的"分税"制度在公共预算制度中的重要地位。

中央和地方的关系是在中央统一领导下的关系，在公共预算职能上是分工合作关系。这种分工合作关系不仅在"分税"中得到体现，在转移支付中同样要体现。我们在讨论税制的时候已经指出了大数对称定律，这一定律符合经济增长受益共享的含义。在讨论转移支付时还将专门阐述。

公共预算制度安排是指保证公共预算职能实施的一套制度安排。从公共预算的收入角度看，则由税制、"分税"和转移支付制度构成。

三、一般公共预算制度是市场经济体制的核心制度

市场经济体制是指公共经济制度和市场经济制度的混合。当然，这种混合是理论上的，并不能把公共经济和市场经济剥离开来。在两者效率的关系中是市场资源配置起决定性作用。但从制度安排来看，一般公共预算制度是市场经济体制的核心制度。

我国新《预算法》包括四种预算：一般公共预算、政府性基金预算、国有资本经营预算和社会保险基金预算。但这四种预算的公共性质是有差别的。一般公共预算是提供公共商品的预算，是从资源配置、收入分配和经济稳定三个方面全面干预经济的预算。理论上说，政府性基金预算是对提供自然垄断产品的政府干预方式，其资源配置的主要方式是市场。从政府干预的特点来看有"公共性"，但本质上并不提供公共商品。国有资本经营预算本质上属于市场经济范畴的企业预算，但政府之所以要干预，因为是公有制。因此重点是管理什么国有资产可以资本化、怎样资本化、资本盈利怎样处置等问题。管理的重点是国有资本及其盈利的处置如何符合市场经济的要求。社会保险基金预算是政府强制保险，以解决居民的疾病、养老等风险。社会保险受益者是个人，受益也没有公共商品的特点。因此，只是从"政府强制"的意义上说有公共性。这表明，在这四种预算中，一般公共预算是基础。

对于市场经济体制来说，政府、企业、家户都是市场经济体制中的行为主体。从这个意义上说，政府与企业、家户一样都要按照市场经济体制的要求行为。但政府又是代表社会公正正义的管理者，是市场经济体制规则的制订者。从这个意义上说政府是高于社会组织的。因此，政府不仅仅处理公共经济的关系，而且全面管理市场经济关系。因此公共预算制度是市场经济体制中的核心制度。

因此，一般公共预算制度对市场经济体制有决定性的影响。

第二节 一般公共预算制度安排的准则

一、预算透明准则

预算透明是指决定预算的制度是透明的，预算的信息是透明的。

公共预算是反映公共需求的预算，因此决定公共需求的制度必须是透明的，决定公共需求收支的制度必须是透明的，公共需求的绩效是透明的，以及涉及上述的各种信息也是透明的。这使公共经济的行为是可预期的，也使公共经济的信息成为市场经济的可预期信息。

制度透明是保证公共选择正确合理的必要前提，信息透明是必要保障。公共预算所提供的公共服务，不仅是居民消费的重要组成部分，也是引导整个社会消费、投资的重要信息窗口。

公共预算制度的基础是税制，公共预算制度透明的基本要求就是税制对市场经济应该是中性的。这就要求按中性要求设置税种，并和相应公共商品的支出需求对应起来设计税负。公共预算制度透明还需要分税透明加以保证，按公共预算中性的要求划分税种。此外，分别建立一般转移支付和专项转移支付基金，明确转移支付基金分配制度也是保证公共预算制度透明的必要条件。

信息透明是制度透明的结果，且在此基础上的信息公开有利于绩效分析，便于制度不断改进。

二、预算硬约束准则

公共预算硬约束准则是指公共预算的收入来源和支出用途都受明确的制度约束。这要求公共预算和市场经济的边界是清晰的，公共预算内部的边界是清晰的，公共预算和其他预算的边界是清晰的。

首先，必须使公共预算和市场经济之间的边界是清楚的。公共预算的收入主要是税收，所以对税收的约束制度也就是处理公共经济和市场经济关系的制度。经济学原理告诉我们，收入受约束是经济效率的基本前提条件。以公共支出的需求来决定宏观税负是界定清楚政府和市场关系的重要保障。这也是把传统体制转变为市场经济体制的根本性变革，设定了税收干预市场经济的约束条件。

其次，公共预算内部一般公共商品支出和特种公共商品支出的边界是清楚的。这种约束是建立在一般税用于一般公共商品、特种税用于特种公共商品的大数对称规律的基础之上的。这就要求在预算支出安排时，一般公共商品的支出来源和特种公共商品的支出来源之间的边界也是清晰的。不仅如此，各种一般公共商品之间的支出需求是有约束的，因此相互之间不能随意挤占。同样，各种特种公共商品之间的支出需求也是有约束的，相互之间同样不能随意挤占。

再次，四种预算之间的边界是清楚的，相互之间不能随意调剂。

最后，各级政府之间的预算边界是清晰的，特别要防范地方的或有债务转移给中央，也要防范企业的债务转移给政府，还要防范给后代人增加债务负担。

三、预算中性准则

预算中性是指政府预算收支不扭曲市场资源配置效率。

我们在讨论税收中性的时候已经隐含了预算中性的假设。如果只从税收角度考虑，那么税收取走了再生产收入流中的一部分货币流量。这对经济来说是一部分福利损失。这部分福利损失由公共预算支出提供的公共服务得以补偿，那么社会总福利不变。这就是说，税收中性需要预算中性才能实现，预算中性需要税收中性为前提条件。

预算中性不仅从收支总量上看如此，从结构上看也是如此。这就是说地方公共预算也是中性的。中央和地方的关系是通过税制、"分税"和转移支付制度实现的，因此也必然要求相应的中性。

"分税"中性是指中央税和地方税的设立不扭曲市场资源配置效率。特别是地方税，一定要确保是当地居民享受地方公共服务所支付的一部分价格。这里强调的是"部分"成本价格，而不是"全部"成本价格。地方公共商品有两类：闭合性地方公共商品和开放性地方公共商品。闭合性地方公共商品由地方资源配置，符合中性。开放性地方公共商品需由上级公共预算补助才能维持中性。而且只有有差别的地方公共商品由地方提供才是有效率的。地方之间需要相同性质的地方公共商品，那么由上级公共预算提供更有效率。因此，分税不是让地方预算自给自足，而是为了更好地实现预算中性准则。

转移支付中性，是指上级政府对下级政府补助以后不扭曲市场资源配置效率。这就是我们上面已经指出的要根据大数对称定律办事。

第三节 中央和地方的职能分工和合作

一、资源配置职能的划分

从政府整体来看，具有资源配置、收入分配和经济稳定三个职能。从政府的组织结构来看，就存在职能在中央和地方之间的分工问题。

政府间的资源配置职能主要根据效率原则来划分。公共商品可以根据受益面区分为全国性公共商品和地方性公共商品两类，前者受益面是全国范围的，例如国防、外交等；后者的受益面是地方性的，例如城市交通、卫生等。全国性公共商品的资源配置是中央政府的职能，地方性公共商品的资源配置则由受益面相对应的辖区政府负责。政府职能部门的安排隐含了政府职责的履行方式，也是公共部门预算的安排基础。从政府预算的结构来看，一般公共预算由中央公共部门预算和地方公共部门预算组成。

地方公共商品还可以区分为地方闭合性公共商品和开放性公共商品两类。前者是指地方公共商品全部由该地居民受益；后者是指受益面溢出该地。后者使得

489

地方对那类公共商品不会有效供给。因此受益外溢部分的成本应该由上级政府的相应补助（转移支付）。这表明开放性地方公共商品的资源配置是由上下级政府共同完成的。

公共劳务均等化是实现社会效率的重要手段。地方公共劳务的水平对整体利益的影响是不同的。例如，如果某地的社会治安较差，那么不仅影响当地居民的生活质量，同时也影响其他地方居民的生活质量。因此地方公共商品的提供不只是地方政府的职责，中央政府对于地方公共商品的提供具有全面统筹和保证作用。

二、收入分配职能的划分

对于一般公共预算来说，收入分配职能通过两种方式实现。一种是通过公共商品的提供来实现收入再分配；另一种是对贫困户的直接资助。前者是主要方式。这就是说，收入分配政策是通过税收政策和公共商品资源配置职能去实现的。

在收入分配职能中，中央政府处于主导地位。首先，在通过税收处理政府和市场的关系中，在公共商品的资金提供中，中央起决定性的作用。其次，地方没有单独的、可持续的收入分配手段。例如地方若要减轻税收，增加地方公共福利，那么由于地方的开放性特点使这一政策难以为继。因为地方的这一政策必然吸引大量的穷人进入，从而使这一政策难以为继。

在收入分配职能中，地方有权处理地方性的收入分配问题。由于地方政府更贴近居民，更了解地方居民的公共需求，也更了解地方的收入分配现状。地方政府的这项职能通过地方税、地方的使用者费和地方资源配置权的安排来实现。

三、经济稳定职能的划分

经济波动可以说是市场经济的基本特征。这就需要借助政府的经济稳定职能来解决。经济稳定职能属于宏观经济的范畴。

经济稳定职能主要由中央政府承担。这是因为调节宏观经济的主要政策工具在中央，例如财政政策、货币政策、进出口政策、利率政策等。这些政策的运用对经济的影响是全局性的。

对于宏观调控来说，需求管理和供给管理都要重视。经济波动总是在结构性问题上表现出来。

地方政府也有经济稳定的功能。因为有些资源配置和收入分配问题只影响地方经济，而地方经济的改善对于经济稳定是必不可少的。

中央和地方对经济稳定都有重要的作用，但侧重点有所不同。一般说来两者的功能应该是互补的。例如，如果中央加大需求管理的力度，那么地方支持这一政策的最好办法是坚持平衡和结余的财政政策。应该说地方对于供给管理有优势。

四、职能分工和预算安排

职能分工似乎有三种预算：中央和地方的资源配置预算、收入分配预算和经济稳定预算。但实际上是不可能分别编三本预算的。因为面临的是一个经济整体，需要一本预算去履行三项职能。而且这三项职能之间可以说是融为一体的。上面的分析表明，对公共商品的资源配置隐含了收入分配的处理方式；经济稳定政策也要通过政府的资源配置和收入分配来贯彻。

这就要通过分税制财政体制来实施。这一制度安排就是由税制、"分税"和转移支付制度组成的。这一制度安排体现了政府和市场的关系、中央和地方在履行三项职能中的关系。这一制度安排从根本上决定政府的行为方式。

第四节 深化一般公共预算制度改革

税制改革在上一章已经讨论过，这里重点讨论"分税"和转移支付制度的改进。

一、深化"分税制"改革

在前面讨论地方税的时候已经勾勒了"分税制"改革的框架。这里讨论"分税制"中的几个具体问题。

（一）中央税划分的进一步说明

我们在前面已经指出，流动性税基适合当中央税，而且一般税应该用于提供一般公共商品；特种税应该用于特种公共商品。对此，我们称之为大数对称定律。

一般税是税收中性的基础，其收益用于一般公共商品是市场经济决定资源配置的内在要求。

首先，一般税收入是整个经济的产物，因此应该让全社会受益，以此提供一般公共商品符合收益共享原则。实际上，从消费角度看，私人商品（消费市场）和公共商品（公共劳务）共同决定消费水平；从生产角度看，私人商品（资本市场）和公共商品（基础设施和社会管理）共同决定生产水平。这两个方面综合起来才是公共劳务均等化的全部意义。

其次，对于市场经济体制来说，一般税收入是对社会纯收入的扣除，以一般公共商品支出需求来设计税负是建立硬预算约束的前提条件。私人消费和收入之间的关系研究较多，公共消费和收入之间的关系研究相对薄弱。但公共需求的增长受社会纯收入增长的制约是毫无疑问的。用一般税收入进行约束，既符合税收中性原则，也符合预算中性原则。

最后，一般税税源相对集中，便于征管，也就是说征税成本低，适合作为中央税。中央税并不是用于中央预算的税，而是由中央征管的税收。从使用来说，应该用于使全国人民都受益的公共劳务。当然，在讨论中央和地方职能分工的时候已经指出，中央负责全国性公共商品的资源配置，中央预算属于这方面的内容。但是，从结构上看，地方公共劳务均等化需要中央统筹，因此地方一般公共劳务需要中央的资助，即转移支付。而且我们在讨论收入再分配职能分工时已经指出，主要是通过公共劳务均等化来实现的，因此也需要中央资助。这就是说一般税是一般转移支付基金的来源。

从再生产角度看，在一般税基础上再选择税种形成的特种税，形式是对一般税的重复征税。但这种重复的目的是为了使税制更中性。因此，特种税的数量不宜太多，税负不宜太重。而且特种税的目的比较明确，征税对象和范围也容易确定。这本身已经隐含了特种税的使用方向。特种税应该是专项转移支付基金的来源。

（二）地方税划分的进一步说明

从再生产规律设计税制是为了更好地处理政府和市场的关系；把税种区分为中央税和地方税是为了更好地处理中央预算和地方预算的关系。

按照效率原则，地方税是指对地方公共商品受益的付费。但地方公共商品也可以分为一般地方公共商品和特种地方公共商品。

对于一般地方公共商品来说，其成本由税收承担，消费时不需要另外付费。这表明，地方一般公共商品属于公共劳务均等化的范畴。根据上面中央和地方职能分工的讨论，从宏观上说，应该是中央一般税收入加地方税收入等于一般公共劳务的支出需求。如果中央一般税总量上是按支出需求设计的，那么地方税是中央一般税对地方的让渡。为什么需要地方税呢？

中央一般税是中央履行资源配置和收入分配职能的重要政策工具，是使公共预算贯彻效率和公平原则的重要保障。但中央不可能具体处理每一个地方的效率和公平问题。地方税能使效率和公平更切合实际。

房地产税是进一步调节地方资源配置效率和地方公平的重要制度安排。我们已经说过，房地产价格和房地产的公共劳务受益呈正相关。因此房地产税能使地方公共商品的成本分摊更趋合理。当然，房地产税也存在扭曲资源配置效率的问题。例如，某地的公共劳务特别好，期望迁入的人口多，房地产价格就会畸高，比如学区房，造成对地方公共商品成本负担不公的状况。但从比较成熟的市场经济体制来说，房地产税仍然是调节效率和公平的较好税种。

在讨论地方税的时候，我们已经指出可以在一般税的基础上设置相应的地方增值税（或增值税附加）和地方个人所得税。这可以使地方公共商品的成本负担更合理，因为可以进一步使受益原则和能力原则得到更好的贯彻。一方面资源是可以流动的，因此在地方购物应该说获得了相应的地方公共商品的受益，因此缴纳地方增值税（或附加）是很有必要的。个人在居住地缴纳地方个人所得税也是很有必要的。例如，某人在另一个地方获得收入，居住地反而得不到相应的地方税是不合理的。

问题是地方税的税负究竟应该多高？地方税是在一般税调节基础上的再调节，是补充，是一般税宏观税负的一部分让渡。对于房地产税来说，住房税对于居民来说是收入的扣除；对于企业来说是利润的扣除；对于事业单位来说，在核定的范围内应该由预算拨款解决，实行收支两条线。因此，应根据各地的具体情况决定相应的税率。这里同时也指出，房地产税作为地方税是应该普遍征收的。否则反而会扭曲效率和公平。对于地方个人所得税来说是在中央个人所得税的基础上加征的税收。税负根据各地的具体情况确定。至于地方增值税（或附加）对居民来说影响消费水平，对企业来说影响利润，设计原则和上面所讲的是差不多的。

地方税税负为什么不宜太高？地方税并不是地方一般公共商品资源配置的自给自足。对于地方一般公共商品完全由地方自给自足是不可能的，需要中央统筹安排，中央对地方一般公共商品实行补助是必要的，否则难以保证全国范围内的效率和公平。

对于地方特种商品来说，通常要收取使用者费。使用者费就是对特别受益者的加价。显然，使用者费收入已经隐含了使用方向，即用于特种公共商品的资源配置。

（三）必须改革"共享税"

在我国现行的"分税制"安排中，地方财政收入中共享税所占的份额是最大的。

"营改增"之前，把商品劳务一般税中的营业税作为地方税，把增值税作为共享税，即25%的增值税收入归地方，75%归中央。"营改增"之后，地方财政收入大大减少，于是把增值税改为中央和地方各占50%的共享。在生产要素一般税中，把企业所得税作为"共享税"即中央和地方各占50%，为了弥补"营改增"以后地方收入的减少，而把共享收入改为四六开，即中央得40%，地方

493

得 60%。把生产要素一般税中的个人所得税作为地方税。把共享税作为"分税"的主要方式是不适当的，是不符合效率和公平原则的。

首先，这种"分税"方式是不符合税收中性原则的。在商品劳务一般税中，增值税和营业税的性质是一样的，即对商品劳务收入普遍征税。但把其中的增值税作共享税，却把营业税作地方税，缺乏根据。增值税的征税环节在卖方，税源集中，但真正的负税人是产品的最终购买者，遍布全国。共享税本质上是中央税，因为地方不可能对属于地方"共享"部分作出任何政策改动。这就是说以"共享税"为名义的地方收入对效率和公平没有进一步调整的可能。这种全国一刀切的做法，分配份额又那么大，就很可能产生不公平。原来的营业税实际上是对销售全额征税，税负参照增值税的税负。营业税作地方税完全没有考虑流动性，很不合理。一般说来，中心城市的销售额覆盖面是很大的，乃至全国。例如，武汉市的销售额超过武汉居民人均收入的两倍多。把它全部作为地方收入，其他地方的公共劳务得不到该项收入的任何补助。"营改增"以后，扩大增值税的共享比例，不符合效率和公平原则的根本问题并没有解决。

同样，在生产要素一般税中，可以说企业所得税和个人所得税是中国特色的对生产要素收入普遍征税的两个税种。把其中一个作为共享税，另一个作为地方税的做法是不合理的。利润收入和个人收入看起来是企业的事情和个人的事情，实际上是社会制度结构的产物。一个企业生产利润和企业自制的经营有关，但也和公共服务有关。共享比例过大，很可能使有些地方失去其应得的份额，或者说使一些地方多占了本应由其他地方应得的份额。

其次，共享税方式不仅扭曲了公共商品的资源配置效率，而且扭曲了市场经济的资源配置效率。经济效率有两种方式：一种是竞争出效率；另一种是合作出效率。但竞争未必都有效率，例如公共商品、经济外部性、垄断、自然垄断、未来不确定性等都会导致竞争的无效率。无效率产生的根源就是获得了不该得的利益，比如企业获得了垄断利润、没有承担外部不经济的成本等。合作的优势在于节约交易费用。一个效率的经济就要处理好这两者之间的关系。

地方公共商品的资源配置同样存在竞争和合作的效率问题。公共商品的资源配置同样存在竞争无效率的状况，原因同样是公共商品的成本分担不公平，即一部分地方公共商品的成本由其他地方的居民承担；有些地方公共劳务均等化的资金得不到保证。我们已经说过，地方公共商品对整体经济是有重大影响的，一般税用于一般公共商品，其中包含了地方间公共劳务均等化所需要的资金。这是公共劳务资源配置必要的合作效率。

从现实情况来看，地方间公共商品资源配置无效率的状况是严重存在的。这个问题已经引起学术界的高度关注，实证研究的文章也不少，但从地方公共商品成本分担不公的角度进行研究的较少。我们认为，共享税是导致地方之间无效竞争的重要原因。

在共享税的制度安排下，增加地方一般税的税源是地方财政增收的主要途径。从地方的角度看，靠地方自身的经济积累来增加一般税规模的潜力是有限的。要加快地方经济的发展，就要靠经济积聚，即招商引资。这相当于市场经济中扩大再生产的两种方式中，资本积聚的能量远大于资本积累一样。

地方财政怎样利用公共经济来招商引资？公共服务体系对于市场经济效率有至关重要的作用。因此，改善地方的公共服务水平是招商引资的重要举措。地方用什么来招商引资呢？唯一资源是"土地"。根据我们的制度安排，农用土地转为工商用地、居民的住房用地转为工商用地都存在级差收入。这部分级差收入就可以用来改善地方的公共设施，也是可以让渡给企业利润的空间。招商引资的能力还取决于当地的规模经济。只要增加资本密集度能够增加利润，就能吸引大量资本投入。由于"共享税"，地方财政收入就可以大量增加，而且可以通过税收优惠进一步吸引投资。地方之间的过度竞争，整体上说降低资源配置效率。

（四）"分税制"重构框架

由于我们在前面已经讨论过中央税和地方税的划分，这里主要进一步说明"分税"设想和转移支付的关系。

1. 中央税体系

我国的税制需要进一步改革和完善。这个问题前面已经讨论过，这里不再重复。我们需要强调的是：根据再生产规律设置的税种，或者说流动性税基的税种基本上属于中央税。具体说来，商品劳务一般税和生产要素一般税归中央，且用于满足全国的一般公共商品的支出需要。商品劳务和生产要素特种税也应该归中央，根据特种税的目的专款专用。

2. 地方税体系

地方税可以在中央一般税的基础上设置。通常可以设三个税种：房地产税、地方增值税附加和地方个人所得税。房地产税从征税对象来看是对"存量"征税，但本质上是对个人收入和企业利润的扣除。房地产税是对地方公共商品成本在中央税的基础上进一步调整。流动性税基也有理由征收地方税。在一般税基础上的地方增值税附加和地方个人所得税的收入应该用于地方一般公共商品的支出上。理论上说，根据具体情况，地方可以在某些中央特种税的基础上设置地方特种税，进一步调整公共商品的成本承担方式。

3. 中央税和地方税的关系

中央一般税收入加地方一般税收入（即房地产税、地方增值税附加和地方个人所得税收入）用于满足全国一般公共商品的支出需要。

中央特种税收入加上地方特种税收入应该用于满足特种公共商品的支出需要。

"分税"改革并不是孤立进行的，是一个系统工程。比如房地产税的改革条件还需要开创；以财政支出决定财政收入的做法，需要思想的转变、政府支出管理的进一步深化，等等。

二、深化转移支付制度改革

转移支付可以在两种情况下使用这一概念。一类是从公共预算支出的最终用途上划分，可以分为购买性支出和转移支付。公共预算支出主要是提供公共商品的。因此，用于提供公共商品的支出称之为购买性支出，即购买提供公共商品的各种条件。例如公共部门的人员工资、公用经费、基础设施等方面开支。另一类支出是用于社会救济，称之为转移支付。因为政府是单方面的价值转移，并没有"购买"行为。一种是从政府间预算关系上的划分，另一种是预算最终支出，另一种是中间过渡支出。前者是预算支出；后者就是预算的转移支付支出，即政府间的公共预算支出。这是主要讨论中央政府对地方政府的转移支付。

（一）转移支付原因

我们已经说过，税制是一般公共预算制度的基础，其中隐含了"分税"及转移支付制度的内在要求。

转移支付是公共劳务均等化的内在要求。税制主要处理政府和市场的关系问题；"分税"是处理政府间职能分工的问题。地方公共商品的供给状况不仅影响消费，同时也影响生产。经济是一个整体，因此地方公共商品的资源配置不可能全部"包"给地方解决。这是需要转移支付的根本原因。

首先，是因为税制设计不可能让地方包干。例如一般税，税源比较集中，但它应该用于所有一般公共劳务的支出需求，而不是只用于该地。因此需要转移支付。

其次，"收支两条线"是公共经济的内在要求。所谓收支两条线是指公共收支都有制度安排规定，相互之间不能挤占和挪用。因此，这就存在公共预算收支分开的制度安排。从收入来说，主要来自市场经济。而市场经济的资源配置本身就是对经济结构的调整，因此税源地是会发生变化的。从支出来看，主要提供公共商品，而公共商品的需求虽然和市场经济有关系，但变化并不同步，因此需要独立核算支出需求。对于地方来说，收支需求的不对称是经常发生的。因为中央是从整体上考虑问题的，因此总量上可以保持平衡，结构上的不平衡就需要转移支付解决。

收支两条线的优点是明显的，地方一般公共商品的资金供给是有保障的，和当地的经济发展水平之间并无必然联系。

最后，地方公共商品存在收益外溢的情况。随着市场化程度的提高，私人消费的趋同性增加。这使得公共消费的趋同性也增加。这种趋同使地方公共商品收益外溢的情况更加严重。或者说封闭式地方公共商品越来越少。开放性地方公共商品需要上级政府的资助才能使资源配置优化。开放性地方公共商品有两种情况。一种是地方公共商品本身的特点。例如联结两地的交通，使两地均受益。另一种是由于流动性造成的。例如社会治安。一个地方治安好，另一个地方治安差，那么整体上仍然会恶化社会治安。以上两种情况都需要转移支付。

（二）转移支付的类型

我们把公共商品分为一般公共商品和特种公共商品两类，因此我们把对前者的转移支付称之为一般转移支付（均衡性转移支付），对后者的转移支付称之为专项转移支付。

一般转移支付是用于一般公共需求支出的，属于无条件资助。即地方可以将这部分收入用于提供地方一般公共商品的支出。对于开放性地方公共商品来说，主要由受益面更大的辖区政府进行资源配置。需要下级政府进行资源配置，上级政府进行资助的，则要有条件限制。

特种公共商品的供给情况是比较复杂的。例如环境污染的治理，自然垄断商品的供给都有不同的筹资方式和资助方式。特种公共商品的筹资，由预算收入、政府性基金收入、使用者费收入等组成，支出则根据不同目标相应规划。专项转移支付的问题比较复杂，不仅涉及一般公共预算，还涉及政府性基金预算、国有资本经营预算和社会保险基金预算。这里主要讨论一般转移支付的问题。

不论是一般转移支付，还是专项转移支付，都属于支出精细化的范畴。支出精细化程度是反映政府治理水平和治理能力的重要标志。

（三）一般转移支付的制度框架

1. 宏观上以一般公共劳务的支出需求设计税收收入

前面已经指出，一般税满足一般公共商品的支出需要，地方税是在中央税基础上对效率和公平的进一步调节，使之更趋合理。从这个意义上说，用于地方一般公共商品支出的税收是地方一般税，是中央一般税对地方税的让渡。这是因为地方税的目的是为了更好地处理效率和公平，而不是为了增加宏观税负。因此，中央一般税加地方一般税应该是能够满足所有一般公共商品的支出需求的。

2. 核定地方一般公共劳务的标准支出需求

所谓标准支出需求，是指公共劳务均等化最低要求的标准。每项公共劳务的

497

支出标准都要根据历史的、传统的和现实的情况来确定。各项公共劳务支出标准的确定方法是不一样的。例如公共管理部门要核定人员经费和公用经费，环境卫生部门要根据需要清扫的街道面积、需要配备的人员和车辆等因素确定、义务教育要根据学龄人数、人口密度、师生比、生均活动场所等因素考虑。因为各地的情况差别很大，经费标准还要考虑当地的风俗习惯、物价水平、收入水平等因素。

公共支出精细化管理是财政理论和实践的发展趋势，也是提高财政治理水平的内在要求。

地方的标准支出需求并不是地方的实际支出，而是计算地方获得一般转移支付数量的重要依据。

3. 核定地方财政的标准收入

这里的财政收入是指地方税的收入。按照地方税的设计原则，地方税收入是用于地方公共商品的支出需求的，因此也可以称之为地方一般税收入。所谓地方财政的标准收入，是指按地方税的制度安排，地方经努力以后可以获得的收入。标准收入不是实际收入。核定地方的标准收入，目的是激励地方征收地方税的积极性。

4. 实行中央转移支付基金制

一般税收收入用于一般公共劳务的支出需求，这种大数对应的收支关系是建立中央转移支付基金制的重要前提。

因为一般税归中央，用于中央本级预算的支出应该属于全国性公共商品的资源配置。如果中央一般税收入用于本级预算支出占一般税收入的50%，那么可以从制度上规定一般税收入的50%形成转移支付基金，用于对地方财政的一般转移支付。

根据这样的制度框架，那么地方标准支出需求减去地方的标准收入的差额，如果是正数值，那么就是地方可以获得的一般转移支付收入。如果是负数值，那么表明地方税收入已经能够满足地方的一般公共劳务的支出需求，因此就不需要中央转移支付，也就是说得不到中央的资助。

如果经济状况较好，转移支付基金用于转移支付之后有积余，那么可以划转下年使用。如果经济不景气，当年的转移支付基金不能满足地方的标准支出需求，例如，只能满足90%，那么当年只能按九折进行转移支付。

5. 这种制度安排优点的进一步说明

首先，这种制度安排能激励地方之间的有序竞争。地方要增加地方一般公共商品的支出，就只有增加地方一般税收入，即地方税收入。因为中央的转移支付是根据标准收支计算的。地方要增加地方税收入有两种办法。一种是采取降低地方税税率，吸引招商引资。但由于地方税占地方支出的比重并不大，因此通过这种方式增加地方税收入的空间是不大的。更何况，只有某一个地方降低税率，并不会影响已核定的地方标准收入。这就是说地方单方面降低地方税税率是不可能增加地方的转移去收入的。除非所有地方都下降地方税率，才可能核减地方标准收入。如果是这样，地方通过降税招商引资的计划就会落空。另一种办法是地方通过增加地方税税率的方式来增加地方税。如果只有一个地方增税，目的可能达到。但由于地方之间是有竞争性的，其他地方也会提高，如果是这样，地方标准收入的核定也会提高。这就是说，这种激励在地方税的制度框架之内。当然，新预算法规定的四种预算之间的边界也必须是清楚的，预算约束是硬的。这个问题在下章将专门讨论。

其次，转移支付基金制体现了经济成果共享的合作机制。一般税是在全国范围内处理效率和公平的税收，用于一般公共商品的支出是合理的，至少在宏观上符合市场经济资源配置的效率法则。从经济发展的特点来看，地区间发展不平衡是常态。这样，不论地方的发展水平如何，公共劳务均等化的资金是有制度保障的。我们已经说过，公共劳务均等化不仅体现公平，同样体现效率。

最后，转移支付基金制体现了中央和地方合作的经济稳定机制。基金制是建立在地方预算平衡的基础之上的。当经济波动的时候，中央政府采取刺激需求的财政政策，结果是财政赤字。但对于地方一般预算来说，仍然恪守的是预算平衡原则。这是非常必要的。因为刺激公共消费扩大总需求的做法是不可取的。这就迫使地方走增加供给的道路。这就是说，中央和地方是互补的。中央扩大总需求，地方则应该在增加总供给方面作努力。

（四）一般转移支付基金制的可行性研究

我们构建了我国一般转移支付基金制度，为了测算其可行性，我们以 2008 ~ 2014 年为样本，[①] 按照前面建立的基金制度进行倒算账，测算一般转移支付基金能否满足我国一般公共商品的支出需求。

1. 我国中央一般税收入

我国中央一般税收入由增值税、营业税、企业所得税和个人所得税构成。其中，增值税收入不仅仅包括国内增值税收入，还应包括进口货物增值税、出口货物退增值税、免抵调减增值税，从 2012 年开始增加"改征增值税出口退税"科目。因为进口货物是在国内销售，增值的部分是属于国内居民享受一般公共商品的价格，所以应该加上该项收入。而出口货物用于国外销售，不能满足国内居民的消费需求，其在国内缴纳的增值税应予以退税。企业所得税和个人所得税则全额作为中央税，取消中央和地方政府间的按比例分享机制。因此，按照上述原则测算的我国 2008 ~ 2014 年中央一般税收入如表 8 - 1 所示。

---

① 2007 年政府收支分类科目改革，2008 年之前的数据没有可比性，因此选择从 2008 年开始。

表 8 - 1　　2008～2014 年中央一般税收入

单位：亿元

年份	中央一般税收入	(1) 增值税收入	其中		(2) 出口退税	其中			(3) 营业税	(4) 企业所得税	(5) 个人所得税
			(1.1) 国内增值税	(1.2) 进口货物增值税		(2.1) 出口货物退增值税	(2.2) 免抵调减增值税	(2.3) 改征增值税出口退税			
2008	42 955.6	25 266.4	18 139.3	7 127.1		3 983.5	1 873.3		7 628.4	12 195.2	3 722.3
2009	44 747.7	26 109.8	18 819.8	7 290.1		4 114.3	2 362.9		9 015.2	12 156.3	3 943.6
2010	54 679.8	31 451.6	21 608.6	9 843.0		5 521.2	1 796.1		11 159.2	14 548.9	4 837.3
2011	67 354.1	37 210.0	24 551.4	12 658.6		7 226.2	1 966.5		13 679.9	19 602.8	6 054.1
2012	73 612.9	40 448.2	26 532.9	13 915.3		7 518.0	2 894.7	2.1	15 751.2	22 007.9	5 820.3
2013	79 321.9	42 174.9	28 933.3	13 241.5		7 545.1	2 854.4	103.1	17 238.5	23 879.6	6 531.5
2014	84 863.8	44 581.5	30 983.2	13 598.3		7 880.4	3 319.0	115.6	17 778.9	26 441.8	7 376.6

资料来源：《中国税务年鉴》（2009～2015 年）。中央一般税收入 = (1) - (2) + (3) + (4) + (5)。

从表 8-1 中可以看出，2008 年中央一般税收入为 42 955.6 亿元，2014 年中央一般税收入增长到 84 863.8 亿元，增长了 97.6%，中央一般税收入占全国税收总收入的 71.2%。2014 年增值税、营业税、企业所得税和个人所得税占中央一般税比重分别为 39.2%、20.9%、31.2% 和 8.7%，商品劳务一般税占比 60.1%，生产要素一般税占比 39.9%。由此可见，我国流转税的比重仍然较高，需提高所得税占比。

2. 我国一般转移支付基金估算

上文估算了我国的中央一般税收入，那么，要估算一般转移支付基金总量，必须估算出中央本级和地方的一般公共商品消费需求。根据一般公共商品的性质，我国的一般公共商品主要包括一般公共服务、外交、国防、公共安全、教育、科学技术、文化体育与传媒、社会保障和就业、医疗卫生与计划生育支出、农林水事务。

我国的一般公共服务支出是为了行使政府的行政管理职能，保障机关事业单位的正常运转。外交支出是国家对外合作与交流的必要支出，维护了国家的主权和利益，国内所有居民受益，属于一般公共商品。国防是典型的公共商品，关系国家安全，全国人民受益，居民不可能不要，也不能转让，必然属于一般公共商品。公共安全支出反映了政府维护国家安全和社会稳定方面的支出，保障居民的安居乐业，是消费者普遍需求的公共服务。我国教育支出中，教育管理事务和普通教育中的小学、初中和高中教育都属于一般公共商品。其中，教育管理事务支出是公共部门为了履行教育职责必需的支出，而九年义务教育（包括小学和初中教育）是宪法规定适龄儿童必须接受的教育，关系到国民素质和社会发展，与社会公平政策有关，每一个居民都平等享有，属于一般公共商品支出的范畴。"十三五"规划提出普及高中阶段教育。虽然目前我国的义务教育范围还未延伸至高中阶段，但是随着经济发展，对知识型人才的需求增多，政府对教育的投入不断加大，高中教育也将逐步实现免费，最终必然纳入义务教育之中。"十三五"时期，陕西、青海和新疆等地的部分地区，将实施高中免费教育。因此在本书中，把高中教育也当作一般公共商品。而高等教育、职业教育、成人教育等支出，只是满足特定人群的教育需求，属于私人受益，不具有普遍性，因此不能划归为一般公共商品。科学技术、文化体育和传媒支出是居民普遍需求的，用于满足居民的精神文化需要，农林水事务支出反映政府用于农业、林业、水利等方面的支出，是最基本的支出，公共部门提供这些公共商品后，居民不用再付费，因此属于一般公共商品的范畴。医疗卫生与计划生育支出反映政府医疗卫生与计划生育管理方面的支出，属于一般公共商品。社会保障和就业支出是保证个人或家庭正常生活与就业的支出，有利于满足社会福利需求。其中属于生活保障方面的支出

501

需求，应由一般税收入解决，比如就业补助、抚恤、社会福利、残疾人事业等。但社会保障和就业支出中的财政对社会保险基金的补助、补充全国社会保障基金和企业改革补助除外。因为社会保险有强制保险的性质，政府补助一部分，再由消费者交纳一定比例的费用后才能享有，个人受益为主，不具有公共性，因此财政对社会保险基金的补助不纳入一般公共商品。全国社会保障基金专门用作人口老龄化高峰时期的养老保险等社会保障支出的补充，用途特定，因此补充全国社会保障基金也不属于一般公共商品的范畴。而企业改革补助①反映财政用于企业改革的补助，具有特殊性，属于特种公共商品。基于以上分析，测算我国的中央一般公共商品支出和地方一般公共商品支出，如表 8－2 所示。

表 8－2　　　　　　　2008～2014 年我国一般转移支付基金　　　　单位：亿元

年份	中央一般税收入（1）	中央一般公共商品支出（2）	一般转移支付基金（3）=（1）－（2）	地方一般税收入（4）	地方一般公共商品支出（5）	一般转移支付基金余额（6）=（3）+（4）－（5）
2008	42 955.56	8 274.78	34 680.78	680.34	31 023.24	4 337.88
2009	44 747.66	9 653.53	35 094.13	803.66	37 860.18	－ 1 962.39
2010	54 679.75	9 713.83	44 965.92	894.07	42 104.94	3 755.05
2011	67 354.13	11 006.76	56 347.37	1 102.39	51 060.87	6 388.89
2012	73 612.88	12 312.33	61 300.55	1 372.49	59 725.87	2 947.17
2013	79 321.89	13 384.65	65 937.24	1 581.50	66 339.1	1 179.64
2014	84 863.84	14 652.88	70 210.96	1 851.64	70 875.13	1 187.47

资料来源：根据《中国税务年鉴》《中国财政年鉴》、财政部网站中 2008～2014 年《中央本级支出决算表》《地方公共财政支出决算表》计算而得。

注：2008 年、2009 年中央本级和地方的教育支出决算中，没有小学、初中和高中教育明细数据，按照普通教育决算数计算而得。

对比表 8－2 中的（3）、（5），可以看出，我国中央一般税满足中央本级一般公共商品支出后的余额所建立的一般转移支付基金，基本可以满足地方一般公共商品支出需求。地方税并不是为了增加地方收入，而是使一般预算制度更为合理的安排。一般转移支付基金的分配基于地方标准收入和标准支出财力缺口的测算，而地方税实际上是地方可以获得补助的权数。从绝对数来看，除 2009 年外，2008～2014 年的一般转移支付基金余额均为正数，分别为 4 337.88 亿元、3 755.05亿元、6 388.89 亿元、2 947.17 亿元、1 179.64 亿元和 1 187.47 亿元，

① 2009 年名称为企业关闭破产补助。

一般税收入在满足中央和地方一般公共商品支出需求后还有结余，可将余额结转到下年使用，以弥补下年一般转移支付资金不足的情况。而 2009 年一般转移支付基金余额为负，一方面可能是由于 2008 年经济危机，政府拿出 4 万亿元投资，刺激经济，财政支出迅速增长，所以 2009 年呈现一般公共商品支出超过一般税收入的情况；另一方面可能是由于数据局限，2009 年中央和地方一般公共商品支出中的教育支出按照普通教育支出计算，不仅包括小学、初中、高中教育，还包括高等教育、学前教育、化解农村义务教育债务支出等其他普通教育支出，因此核算的一般公共商品支出数额高于模型测算值。总的来说，我国一般税收入可以满足一般公共商品的支出需求，一般转移支付基金数额也基本可以弥补地方一般公共商品支出与地方一般税收入差额。

从表 8-3 可知，就相对比重而言，中央一般税收入占税收总收入的比重大体来说大于一般公共商品占税收总收入的比重。例如，2012 年的中央一般税收入占税收总收入比重为 66.5%，一般公共商品支出占税收总收入的比重为 65%，中央一般税收入占比大于一般公共商品支出占比。因此，从相对比重来看，中央一般税收入也基本满足一般公共商品的支出需求。综上所述，我国中央一般税满足中央本级一般公共商品支出后的余额所建立的一般转移支付基金，基本可以满足地方一般公共商品支出。

表 8-3　　　　中央一般税收入和一般公共商品占税收收入的比重　　单位：亿元

年份	中央一般税收入	一般公共商品支出	税收总收入	一般税收入占税收总收入的比重	一般公共商品支出占税收总收入的比重
2008	42 955.56	39 298.02	57 861.80	74.2%	67.9%
2009	44 747.66	47 513.71	63 103.60	70.9%	75.3%
2010	54 679.75	51 818.77	77 394.44	70.7%	67.0%
2011	67 354.13	62 067.63	95 729.46	70.4%	64.8%
2012	73 612.88	72 038.2	110 764.04	66.5%	65.0%
2013	79 321.89	79 723.75	119 959.91	66.1%	66.5%
2014	84 863.84	85 528.01	129 541.12	65.5%	66%

资料来源：《中国税务年鉴》（2009~2015 年）。

3. 结论及政策意义

通过测算，在宏观税负不变的情况下，一般税收入基本能够满足一般公共商品的支出需求，我国建立一般转移支付基金制度是可行的。本书以 2008~2014

年为研究期，将我国增值税、营业税、个人所得税和企业所得税的全部收入划归中央，并测算出一般税收入和一般公共商品支出数额，在此基础上计算得到一般转移支付基金，结果显示，无论从一般转移支付基金的绝对规模还是相对规模看，本书建立的转移支付基金均能满足地方一般公共商品支出需求，弥补地方一般税收入缺口。

基于以上结论，本书认为在我国建立一般转移支付制度具有合理性和可行性。建立一般转移支付基金后，应逐步取消"共享税"，将增值税、个人所得税、企业所得税收入全部划归中央政府，作为中央税，用于满足一般公共商品的支出需求。通过改革，可以简化一般转移支付制度，从而使专项转移支付处于从属的地位。

当然，这个测算只是从宏观总量上的，具体的分项测算更为复杂。但只要改革的目标确定，技术上再难，总是可以找到解决路径的。

第五节　努力改善宏观调控

一、宏观经济理论和微观经济理论

凯恩斯在 1936 年发表了《就业、利息和货币通论》（以下简称《通论》），这被现代主流经济学认为开创了宏观经济理论。凯恩斯可以说是英国"经济学摇篮"的终结者。当时美国的经济学家不采用新古典分析方法分析经济问题，被当时垄断经济学界的剑桥学派和奥地利学派视为不入流。当时在哈佛大学任教授的经济学家汉森应该是首先在美国采用新古典分析方法的代表人物。凯恩斯成名作发表不久，萨缪尔森师从汉森攻读博士学位。萨缪尔森后来成了著名经济学家，是新古典综合派的创立者，1970 年成为获得诺贝尔经济学奖的第一个美国人，结束了英国人经济学界领头人的局面。

萨缪尔森后来回忆，博士生期间汉森让他们学习《通论》，当时读不懂。他并没有告诉我们后来是怎样读懂的，但他的代表新古典综合理论的《经济学》区分为宏观经济学和微观经济学两部分是对《通论》理解的最好注释。自 20 世纪 40 年代末至今，似乎一直是权威看法。可以说，大学里把经济学区分为宏微观经济学是国际现象。

但是从 20 世纪末开始，经济学界新生代对把经济学区分为宏微观的做法提出质疑。斯蒂格里茨①明确提出，经济理论只有一套而不是两套，他对于大学教学中仍然把经济学作为两套的做法极为不满。20世纪末，他出版过一部《经济学》，旨在把两套融合为一套，似乎没有产生巨大影响，也没有动摇宏微观的分法。

宏观和微观的相互关系确有很多问题没有搞清楚。实际上，宏观经济主要是研究政府调控经济；微观经济主要研究市场经济的问题。某种意义上说，宏观经济学相当于公共经济学；微观经济学相当于私人经济学。前者是研究公共经济行为的，后者是研究个人经济行为的。

公共经济和市场经济的关系极其复杂，宏观经济问题发生的直接原因几乎每次都是不一样的，表现形态每次也都不一样，治理政策当然也各异。

由于宏观问题是在原有微观基础和政策框架下发生的问题，因此宏观调控意味着需要相机抉择，即审时度势地采用调控政策。因此，宏观调控政策相对于原有经济体来说，相当于外生变量，对微观的资源配置和收入分配产生影响。因此，宏观调控本质上是对经济结构的全面调整。

现有的宏观经济理论都是以市场经济的指标来判断宏观经济状态的，几乎没有公共经济的指标。因此，在采用宏观调控政策的时候，同样需要研究公共经济的微观构造以及对宏观经济的影响。

二、宏观调控要有相对稳定的微观基础

宏观调控的目标是经济稳定。"稳定"并不是"不变"，而是指经济变化的趋势是可预期的，福利状况是变好的。这不仅要求市场经济的制度安排要稳定，而且要求公共经济的制度安排也要稳定。

在公共经济的制度安排中，一般公共预算的制度安排是基础。我们在上面探讨了一般公共预算的微观构造，这里从宏观角度作深入说明。

稳定的预算制度安排要求其本身有内在的稳定功能。首先，降低增值税税负、提高个人所得税在税收收入结构中的比重，有利于经济的内在稳定。我们在前面讨论实行一般转移支付基金制的可行性的时候已经表明，适当降低增值税税负的空间是存在的。降低增值税税负至少有三点好处。一是刺激市场经济的投资，尤其是刺激中小企业的投资。增值税实际上是对企业利润的"预扣"，因此是投资的门槛。"预扣"以后可以获得正常利润是企业投资该产业的基本前提。

---

① 美国人，1943年出生，著名经济学家，曾在多所世界著名大学任教授、当过美国总统经济顾问，2001年获得诺贝尔经济学奖。

增值税看似公平，实际上对投资激励是不公平的。一般说来，资本密集会产生规模经济，也就是说资本利润率高。而劳动密集型企业的资本利润率相对较低。因此，增值税税负太高不利于资本利润率相对较低的企业投资，这类企业基本上大多是中小企业。激励中小企业投资有利于增加供给、增加就业。这反过来促进税收收入的增长，同时有利于减少公共预算的济贫支出。二是为税制的进一步改革奠定基础。特别是建立相对稳定的公共预算制度需要建立合理的地方税体系。地方税体系中的主税种应该是房地产税。房地产税属于存量税，但终究是对收入流量的扣除。既要使地方税进一步调节效率和公平，又不下降增值税税负的话，改革就缺乏空间。三是有利于提高生产要素一般税的比重。提高生产要素一般税的比重，更有利于社会的公平与效率的实施。

其次，改革生产要素一般税，增强公共预算的内在稳定功能。在讨论税制改革的时候，我们提出取消公司所得税开征企业所得税。公司通常被认为获得了比其他企业更多的公共服务，而且在生产、销售方面也有优势，因此开征公司所得税是有理由的。如果是这样，个人所得税的份额将大大增加。因为私营企业、合伙人企业将会把原先的企业所得税转化为个人所得税。我们还主张把现行的个人所得税按月计征改为按年计征，而且采取综合计量个人的各种收入，设计累进的个从所得税制度。这样可以大大增加个人所得税在税收中的比重，增强公共预算的内在稳定功能。

再次，实行一般转移支付基金制有利于一般公共预算制度的稳定。应该说，经济情况总在不断的变化，公共政策作出及时的调整是必然的，这就是说地方财政收支的情况是经常变化的，这包括经济增长水平的变化、消费方式的改变、税率的调整、地方公共商品支出结构的改变等因素。目前那种具有包干性质的公共预算制度，适应变化的能力差，往往是牵一发而动全身。比如，如果采用基金制，那么"营改增"对公共预算制度的冲击会小很多。

最后，基金制的安排不仅解决公共劳务均等化的问题，而且使一般转移支付处于一种稳定的状态，专项转移支付则处于从属补充的地位。在目前的制度安排下，专项转移支付的份额之所以很大，是因为一般转移支付解决不了公共劳务均等化的问题。换句话说，专项转移支付成了解决公共劳务均等化的补充手段。这可以说是职能划分不清的结果，使制度自身处于一种不稳定的状态。微观制度的不稳定加强了宏观调控的要求，反过来又加强了微观的不稳定，导致不良循环。

上述表明，按市场经济的要求设计税制、"分税"和转移支付制度是宏观调控有序的基础。

三、需求管理和供给管理兼顾

凯恩斯的宏观理论属于需求管理理论。这一理论认为市场经济导致有效需求不足，因此需要刺激需求。有效需求是指包含一定就业量的需求，因此有效需求不足就表现为非自愿失业的存在和经济萧条。在这种情况下就要政府扩大需求，拉高有效需求水平，实现充分就业和经济增长。政府扩大需求的办法就是扩大财政开支，即推行赤字财政政策。政府的赤字财政支出是通过举债支撑的，这就等于减少了民间支出，为什么总需求可以扩大？那是因为政府的支出乘数大于民间的支出乘数所致。因此，只要存在扩大有效需求的空间（或者说潜在生产能力还有被发掘的潜力），赤字财政政策就有效。问题是政府增加支出就能恢复市场经济的活力？就能实现充分就业和经济增长的目标？这在当时，不仅萨缪尔森不理解，经济学界大多数都不理解。当时就有人嘲讽凯恩斯的理论，难道把得克萨斯的黑森林刷白就可以恢复经济活力？英国的罗宾逊夫人，被称为凯恩斯左派，出来捍卫凯恩斯的理论。罗宾逊夫人就是从宏观政策对微观的影响角度来解释的。她认为当时实行的政策本质上是收入分配调整，有利于穷人增加收入，有利于提高社会总需求。这实际上是认为当时宏观问题的主要原因是消费不足。

许多经济学家认为，"二战"打断了正常进程，因此"大萧条"被渡过是否是凯恩斯政策的功劳已经无法验证。但"二战"以后，各国都推行凯恩斯政策，经济获得了前所未有的发展。这实际上从微观上也可解释为：战后需要大量基础设施的重建，调整了市场经济和公共经济之间的资源配置关系。

1968年出现世界性的经济滞胀局面，这是对凯恩斯理论的挑战。这一挑战不仅丰富了宏观理论，而且也大大促进了微观理论的研究。越来越证明，宏观政策需要相应的微观基础支持，包括市场经济的微观基础和公共经济的微观基础。

实际上1937年科斯发表"企业的性质"，提出交易费用理论，是微观领域研究的重大进展，但反响并不大。因为当时认为微观问题研究得差不多了，宏观问题是新领域，处于言必称凯恩斯的时代。实际上后来发展起来的货币学派、预期学派、信息不对称理论等都是从微观角度解释政府行为。

里根的供应经济学，就是注重微观结构调整的宏观调控政策。20世纪80年代的所谓私有化浪潮，实际上是公共需求供给的重大改革。2008年影响全球的美国金融危机，许多国家采用干预私人经济的办法来进行宏观调控。

上述说明，宏观调控本身需要宏观和微观的结合。经济有问题会在宏观问题上表现出来，但原因可能是多方面的，有市场经济的原因，也有公共经济的原因，还有两者关系的原因。

507

以上分析表明，今天的宏观调控已经不是简单的需求管理了，而是需求管理、供给管理兼顾的结构性调整。上述分析还表明，宏观问题的主要矛盾在哪里的问题没有固定的模式，要具体情况具体分析。

当前，中央在新常态的背景下提出供给侧结构性改革是符合实际的。这并不表明要放弃需求管理，因为没有需求政策的改革，供给也难以有成效。我们的分析表明，要进行供给侧结构性改革，不仅涉及市场经济领域的微观改造，还涉及公共经济领域的微观改造。与此同时，宏观调控方式也相应改革，稳定、规范、有序是基本要求。

四、必须严控财政赤字

实际上，一般公共预算的微观制度安排是建立在预算平衡的基础之上的。宏观调控要改变原有的平衡方式，因此调控期间预算不平衡是必然的。

我们在评估公共财政风险的时候已经指出，财政风险的原因可能来自于宏观政策本身，也可能来自于微观机制。从这个意义上说，中央和地方对经济稳定都有重要的作用，但侧重点是有所不同的。中央侧重需求管理；地方侧重供给管理。

财政赤字是中央财政经常运用的刺激总需求的政策。这时尤其要重视供给侧的改革，才能使经济发展步入新的轨道。中央的债务可以由整个经济来承担，因此只要经济增长、只要负债率是收敛的，中央财政赤字就没有风险。这隐含了从长期看，财政是平衡的。

新预算法规定，地方也可以举债。地方债务必须由地方财政承担。地方债必须用于地方性的资源配置，增加地方财政收入，否则地方不可能清偿债务。这隐含了地方财政要求短期平衡。

地方债务应该有两个约束条件，用以严控地方债的规模。一是必须用地方预算收入作地方债发行的担保。二是应该采取债务风险共担的方式发行地方债。地方债对于债权人来说是一种投资选择。既然是投资，就应该有风险。地方债项目应该对成本收益进行充分论证，债权人就是对这种未来收益预期的投资。如果未来收益没有那样乐观，那么投资者的收益也要相应下降。例如，假定地方准备开发旅游项目举债，债务年利率5%。如果项目完工使用以后的实际收益没有预期的那样高，那么就要相应降低利率。如果亏损，就要共同承担风险。这样就可以严控地方债的规模。

对地方债的放宽，可以允许地方实行跨年度预算。这样，就可以把地方平衡的时间长度拉长，可以在更大的空间中规划地方的发展。

防范政府的或有债务风险是更应该引起重视的问题。因为这种债务不直接表现为政府债务，但一旦发生却必须由政府承担。或有债务是由于债务边界不明，软预算约束造成的。例如地方招商引资，地方政府进行变相担保，就可能产生或有债务的风险。避免或有债务，重点在于改革市场经济体制的微观制度安排，是公共预算制度的微观安排要公开、透明和硬约束。

五、宏观调控政策要形成合力

一般说来，财政政策和货币政策是宏观调控最重要的政策手段。因此两者的配合协调是宏观调控的重要内容。市场经济本质上是开放经济，利率政策、货币准备金制度和公开市场业务是影响宏观经济的重要政策手段。我国在实行扩张性财政政策的时候，通常用稳健的货币政策配合。这是总体上看的，那么结构上如何配合呢。要根据具体情况来定。

一般公共预算、政府性基金预算、国有资本经营预算和社会保险基金预算对经济的影响都是不一样的。因此相互之间的协调配合就尤其重要。

宏观调控不仅是理论问题，而且是一门艺术。需要对形势的敏锐判断，需要在复杂的关系中抓住主要矛盾，找准突破口，使经济较快地步入新常态。

第九章

防范公共财政风险的预算体系

新《预算法》明确指出，我国的政府预算由一般公共预算、政府性基金预算、国有资本经营预算和社会保险基金预算组成。其中，一般公共预算是基础，其他三种预算和一般公共预算之间关系密切，而且如果其他三种预算产生风险，那么一般公共预算是风险的最终责任者。因此，探讨四种预算之间的职责和分工是防范公共财政风险的重要内容。

国务院在 2014 年颁布的《国务院关于深化预算管理制度改革的决定》对于完善政府预算体系做出了以下要求：明确一般公共预算、政府性基金预算、国有资本经营预算、社会保险基金预算的收支范围，建立定位清晰、分工明确的政府预算体系，政府的收入和支出全部纳入预算管理。加大政府性基金预算、国有资本经营预算与一般公共预算的统筹力度，建立将政府性基金预算中应统筹使用的资金列入一般公共预算的机制，加大国有资本经营预算资金调入一般公共预算的力度。加强社会保险基金预算管理，做好基金结余的保值增值，在精算平衡的基础上实现社会保险基金预算的可持续运行。进一步完善政府预算体系是当务之急。

第一节　防范风险的政府性基金预算

一、政府性基金预算界定

政府性基金预算是指各种政府性基金的年度计划。

政府性基金，是指各级人民政府及其所属部门根据法律、国家行政法规和中共中央、国务院有关文件的规定，为支持某项事业发展，按照国家规定程序批准，向公民、法人和其他组织征收的具有专项用途的资金。

政府性基金属于财政收入的范畴，但主要采取收费、发行彩票、土地出让、税收附加等方式筹集。政府性基金的范围很广，从政府性基金的名称看，政府部门管理的特点很明显。例如铁路建设基金、民航发展基金、港口建设费、国家重大水利工程建设基金、政府住房基金、文化事业建设费、农网还贷基金、育林基金、教育费附加等。

从政府性基金的设置目的看，有的是为了解决一般公共预算中没有解决的问题、有的为了解决自然垄断的资金问题、有的为了解决发展中出现的新问题等，但缺乏高层次的理论认识和立法规范。

政府性基金，在历史上作预算外资金处理，即政府部门收取的政府性基金，专款专用，自求平衡，不在一般公共预算中反映。随着改革的深入，政府性基金的管理发生如下变化：绝大部分政府性基金纳入预算管理、部分政府性基金转入一般公共预算管理、只有少量的政府性基金仍然由部门管理。

政府性基金纳入预算管理，是指收入缴入国库，支出专款专用，实行收支两条线。各类政府性基金单独编制预算，但不在一般公共预算中汇总。

部分政府性基金的收入作为一般公共预算的收入，并按一般公共预算的要求安排支出。

少量政府性基金仍然是以往预算外资金的管理模式，即由部门负责收支。

二、政府性基金预算的现状分析

（一）政府性基金定位不清楚

上述政府性基金的定义是对实践的一种概括，并不是理论的界定。理论上说，政府性基金预算和一般公共预算的区别是：前者公共劳务受益者和交费者是对称的；后者公共劳务受益者和纳税人之间没有一一对应关系。

税收作为一般公共劳务的成本是大数概念，细节上并不清楚什么税用于什么方面，或者说某种税的多少比例用于某个方面。但这并不是说，税收的使用可以随意。根据前两章的分析可知，一般税用于一般公共劳务，根据支出决定收入的原理，可以设计相应的宏观税负。原则上说，特种税提供特种公共劳务，有基金预算的特点，即专款专用。这就是说在一般公共预算中隐含了基金预算的概念。实际上，在政府公共预算中，一般预算是基础，基金预算是补充。这是提高政府

511

资源配置效率的两种必不可少的手段。

为什么有了一般预算之后要有基金预算作补充?

1. 解决公共劳务基础设施费用承担的效率要求

有些公共劳务的基础设施建成以后,需要维护,因此需要直接受益者缴纳费用,满足经常费用的需要。例如,高速公路、水利设施等基础设施完成以后,需要经常维护,这些经常维护的费用由直接使用者付费。高速公路收费、水利灌溉用水收费就是这种情况,有利于提高效率。

理论上说,公共商品在消费上无排他性,但实际上大部分公共商品的消费是有容量限制的,超过容量就会影响公共商品的消费。例如,道路拥挤,就对用路收费。本来道路作为公共商品,其成本由一般税收负担,但拥挤影响消费,收费是对公共商品消费者加收的费用。应该说,这是有利于提高效率的。这部分加收的费用用于道路的改善,形成基金。

上述表明,公共商品需要三部定价:一是基础设施定价,由税收解决;二是经常费用定价,由使用者承担;三是拥挤定价,由特定的使用者承担。这种分部定价的方式有利于提高效率。后者除了税收之外再加收的费用就形成特定的政府基金的来源。

2. 对外部不经济加收的费用

市场经济是有效率的,但外部不经济是导致无效率的重要原因。例如,企业生产导致的环境污染是外部性的,即企业的效率只反映在它的盈利上。环境污染导致的成本并不影响企业的盈利,甚至污染越严重,盈利越大。因此,对环境污染这类外部不经济进行加收费用是必要的。显然,这类加收的费用有基金的性质,即专门用于治理环境污染。

3. 某些费的税化收入可以形成基金

所谓费的税化是指形式上是税,实际上是费的转化形式。例如,在我国的消费税的税目中的汽油税和轮胎税就是费的税化。汽油税和轮胎税名称上是税,实际上是对用路收费的税化。因为多用路必定多耗汽油和轮胎。但我国在实际处理中并没有把汽油税和轮胎税作为高速公路的基金来处理,必然导致重复收费,影响效率。

这表明,一般公共预算和政府性基金预算放在同一个"公共预算"中管理是比较恰当的。这就是说,政府性基金预算是一般公共预算的补充,把它放在和一般公共预算并列的地位是不适当的。

(二) 政府性基金重复严重、管理混乱

政府性基金与其他基金或公共预算的某些专项资金存在征收对象相同、资金

用途交叉重复的问题，导致管理混乱。

在政府性基金中，统一的预算被人为地割裂了。例如，我国的地方教育附加和教育费附加都是用于促进教育事业发展，但地方教育附加纳入基金预算管理，而教育费附加却纳入一般公共预算的专项收入管理。又如，目前水利建设相关的基金项目有国家重大水利工程建设基金、水利建设基金、三峡水库库区基金等，这些基金在用途上十分相似，设立交叉重叠问题十分严重。

在政府性基金的名目下，各类基金的性质并不统一。例如彩票收入、收费收入、土地出让收入以及通过市场经济私人商品加价的方式取得的基金收入的性质是完全不同的。彩票收入应该严格用于福利事业，其他行业是不能用彩票方式筹资的。收费收入是指使用者费收入，通常是三部定价方式取得的收入，应该和相应的一般公共预算配套使用。土地出让收入，本质上属于国有资本收入，应该纳入国有资本经营预算管理。像铁路建设基金、民航基础设施建设基金、国家重大水利工程建设基金等是通过加价取得基金收入的。这实际上是变相的税收，专款专用是缺乏经济依据的，而且严重违背税收中性和预算中性。

（三） 政府性基金的规模难以控制

在政府公共预算中，一般预算是基础，政府性基金预算是补充。但我国的政府性基金的规模难以控制，膨胀迅速，规模超过一般公共预算的40%。

2009 ~ 2011 年，政府性基金由 18 335.04 亿元 （占同期全国财政收入的26.8%）增加到 41 359.63 亿元，两年的时间里增长了一倍还多，尤其是地方政府性基金收入，差不多增长了两倍半。此外土地使用权出让始终是政府性基金收入的主体，2009 年其占比为 77.7%，到 2011 年已经增至 80.2%。

（四） 政府性基金管理分散、效率难以评估

政府性基金是从预算外资金演化而来。与公共预算资金相比，政府性基金在公开性和透明性上具有先天不足的特点，而且资金的管理分散，效益难以评估。

三、完善政府性基金预算的政策建议

（一） 提高认识、完善立法

政府性基金预算是政府一般公共预算的补充，应该把政府性基金预算和一般公共预算统筹考虑，统一纳入政府公共预算管理。

513

这里的所谓补充，是指某项特定的政府性基金肯定是相对应于某项特定的一般公共劳务的，目的是有利于提高政府的资源配置效率。

（二）进一步清理整顿政府性基金

目前的政府性基金实际上有三类：一是一般公共预算的补充，比如城市维护建设基金、教育费附加基金等；二是解决自然垄断行业的发展问题，例如涉及交通、水利、电力等方面的基金；三是属于国有资本经营问题的，比如土地出让金等基金。

属于一般公共预算范畴的，应该纳入目前的一般预算管理。属于解决自然垄断行业的基金，可以考虑多种模式，例如政府管理、企业经营模式或者公私合作、政府购买公共劳务模式等进行实践和探索。属于国有资本范畴的基金，比如土地出让金。国有土地作为资本经营是市场经济体制改革的产物。在传统体制下，土地是没有价格的，市场经济要求对土地定价。这是个非常复杂的问题，尤其是在土地公有制的条件下，需要探索。由于土地的"不动"性质，在产权上实际遵循的是属地主义原则。这就成为地方之间不良竞争的根本原因。事实上，土地虽然不动，但从相对的意义上理解，由于劳动和资本是可以流动的，所以土地也是流动的。国有资本对地区经济发展有重要影响，土地价格对资本空间上的资源配置有重要影响。

（三）政府性基金预算和一般公共预算逐步整合成统一的政府公共预算

政府性基金预算和一般公共预算整合成统一的政府公共预算是可能的。因为政府性基金预算和一般公共预算提供的都是公共劳务。区别只是政府性基金预算是在一般公共劳务的基础上加收的费用。这种加收，要么是必须多承担成本，比如缴纳的污染费；要么是特别的受益者多付的费用，比如过路费、过桥费等。这说明某项特别的基金总和某项特别的一般公共劳务相对应。因此，把两类公共预算整合成统一的预算是完全可能的。

把政府性基金预算和一般公共预算整合成统一的公共预算是非常必要的。一方面，有利于完善市场体制，即有利于市场经济在资源配置中起决定性作用。另一方面，有利于提高政府公共预算的公平正义，有利于提高政府的资源配置效率。

当然，并不是把现有的所有政府性基金都归于统一的政府公共预算之中去。而是在上述清理整顿的基础上，逐步推进。

第二节 防范风险的国有资本经营预算

新《预算法》把国有资本经营预算作为政府预算的组成部分是中国特有的，因为只有在我国进行公有制下的市场经济体制改革。从国有资本的角度看，国有资本经营预算应该属于市场经济的范畴；从公有制的角度看，国有资本经营预算应该属于公共经济的范畴。如何处理政府公共预算和国有资本经营预算的关系涉及如何建立中国特色市场经济体制的大问题。

一、国有资本经营预算的界定

国有资本经营预算是指国有资本所有权经营的年度财务计划，包括国有资本经营和国有资本收益经营的年度财务计划。国有资本经营预算并不包括国有资本企业经营的财务计划。

中国的市场经济体制以公有制为基础，因此在市场经济中国有资本占绝对优势。国有资产分两种类型：盈利性资产和非盈利性资产。国有资本盈利性资产在企业中的货币表达就是国有资本。对于市场经济体制来说，国有资本所在企业属于市场主体，因此，资本所属企业的财务并不属于政府预算的范畴。

盈利性国有资产属于国家，政府又不介入企业经营，依据的是所有权和经营权分离的理论。因此，在国有资产经营层面上的管理权属于政府，包括盈利性国有资产和非盈利性国有资产的管理，盈利性国有资产所有权、经营权分离的管理。盈利性国有资产存在在三种类型的管理。一是在使用用途上区分盈利性国有资产和非盈利性国有资产，例如土地，有的用于盈利性、有的用于非盈利性。二是自然资源的开发利用由政府规划。三是盈利性国有资产资本化的管理。这第三种是国有资本经营管理的重点和难点之一。这一改革涉及政企分离的问题，是公有制为主体的市场经济体制改革的关键。这必然要对传统的国有企业进行改制重组。例如，成立国有控股或国有参股的股份制企业、国有资本的委托经营或国有资产的拍卖转让等层面上的经营由政府管理。这应该说是国有资本经营管理最重要的方面。因为这是属于国有资产的资源配置问题，而且关系到国有资本企业能否真正成为市场主体的问题。

国有资本经营预算的上述方面没有引起理论界和实务界的高度重视，甚至可以说被完全忽视了。

515

目前被重视的是国有资本的收益权和分配权，对国有资本经营预算的定义大都多从这个角度立论。

邓子基（2006）认为国有资本经营预算是国有资产监督管理机构依据政府授权，以国有资产出资人身份依法取得国有资本经营收入、安排国有资本经营支出的专门预算。陈林（2014）指出国有资本经营预算是政府以国有资本所有人身份依法取得经营收入、安排支出的一种专门预算，是对政府在一个财政年度内国有资本收支活动进行价值管理和分配的工具，反映了国有资本所有者与经营者之间的收益分配关系，其实质是探索对国有资本的有效管理方式。2007年出台的《国务院关于实行国有资本经营预算的意见》（以下简称《试行意见》）中明确指出，国有资本经营预算是国家以所有者身份依法取得国有资本收益，并对所得收益进行分配而发生的各项收支预算。新《预算法》则把国有资本经营预算简单定义为对国有资本收益作出的收支预算。

以国有资本所有者的角度认识资本收益权是有道理的，但如何行使这种权利，仍然涉及国有资本企业自主权的问题。

二、国有资本经营预算的功能

（一）既保证公有制，又保证国有资本企业的市场主体

我国以公有制为主体，根据财政部《2013年全国国有企业财务决算情况》的报告，2013年全国非金融类国有企业资产总额104.1万亿元，在社会资产中占绝对优势。这就是说，在市场经济中，国有资本占绝对优势。要使市场经济在资源配置中起决定作用，就必须使国有资本为主的企业成为市场主体。所有权和经营权相分离是市场化改革的重要条件。国家征税权高于所有权是保证企业自主权的又一举措。在国家征税以后，企业自主经营。在国家履行所有权取得收入时，直接作一般公共预算的收入，并没有统一编制国有资本经营预算。这不利于国有资本的监管，也不利于市场化的改革。《试行意见》指出，建立国有资本经营预算制度，对增强政府的宏观调控能力，完善国有企业收入分配制度，推进国有经济布局和结构的战略性调整，集中解决国有企业发展中的体制性、机制性问题，具有重要意义。新《预算法》中则明确规定国有资本经营预算应当保持完整、独立。因此，中国作为国有资产数额最大与国有经济比重最大的"两大"国家，从预算体系这个宏观层面来看，如果说一般公共预算是公共经济的核心，那么独立完整的国有资本经营预算是促进国有企业市场化改革和构建社会主义市场经济体制的基础和关键。

（二） 国有资本经营预算和其他预算的关系

1. 部分国有资本收益调入一般公共财政预算

《试行意见》和新《预算法》中均规定国有资本经营预算应当与一般公共预算相衔接。2014 年财政部发布的《关于 2014 年中央国有资本经营预算的说明》以及同年国务院颁布的《国务院关于深化预算管理制度改革的决定》更是特别指出应加大国有资本经营预算资金调入公共财政预算的力度。根据财政部公布的数据，自 2010 年以来，中央国有资本经营预算逐步加大调入公共财政预算力度，用于社会保障等民生领域，而且所占比例逐年提高，例如，2010 年将国有资本经营预算中的 10 亿元调入公共预算，2014 年提高到 184 亿元。

2. 国有资本经营预算解决改革中的问题

国有资本经营预算在促进国有企业改革、支付国企改革成本中发挥了关键的作用，大大减轻了公共财政的压力。中央国有资本经营预算支出分为资本性支出、费用性支出和其他支出。其中，费用性支出主要用于弥补企业改革成本。国有资本经营预算的发展历程与国有企业的改革进程密切相关。由于历史原因，部分国有企业面临沉重的"债务包袱""人员包袱""厂办大集体"等"社会包袱"。在对国有企业进行改革时，这些沉重的包袱产生了巨大的改革成本，如大量的离退休职工产生了大量的社会保障支出，"大集体"性质的国有企业市场化改革带来了大量的教育、医疗等支出需求。这些庞大的改革成本是企业自身无法承担的，因此最终需要公共财政解决，以维护社会稳定。这些问题国有资本经营预算也有义务解决。

3. 有利于政府预算公开、透明

国有资本经营预算制度的独立和完善对于促进政府预算资金收支的规范和透明具有重要意义。国有资本经营预算与经常性预算相分离，有利于厘清政府作为政权行使者和国有资本所有者所分别行使的政治权和财产权，有利于划分"公共财政"和"国有资产（资本）财政"之间的界限，从而有利于界定和评价政府各类预算的职责和实施效果，明确各类预算收入的来源及支出去向。

三、国有资本市场化管理的探索

国有资本市场化改革经历了建设性预算、国有资产经营预算、国有资本金预算和国有资本经营预算四个发展阶段。

517

（一）建设性预算

在传统体制下，公共经济和国有经济是不分的，国家直接管理国有企业，因此也称国营企业。这是一种"计划"决定市场的体制。改革开放以后，我国国有企业市场化改革开始试点。同时，20世纪80年代随着国外资本预算概念的引入，我国理论界和实务界开始了对政府复式预算的研究，并有部分全国人大代表提出了实行复式预算的提案。针对我国财政体制由"统收统支"向"放权让利"的改革过程中出现的政府财力分散、财政职能肢解、宏观调控职能弱化等问题，国务院于1991年发布《国家预算管理条例》，规定国家预算按照复式预算编制，分为经常性预算和建设性预算两部分。计划经济时期通过的《预算决算暂行条例》同时废止。1992年财政部门开始在中央政府和部分省级政府层面编制建设性预算。

尽管建设性预算对预算收支按照经济建设的性质和用途进行了划分，但没有单独列举国有资本经营收支的情况，无法对国有资本的保值增值以及经济效益情况进行考核，不具备资本经营预算的特点。

（二）国有资产经营预算

1993年党的十四届三中全会通过的《中共中央关于建立社会主义市场经济体制若干问题的决定》指出，"改进和规范复式预算制度，建立政府公共预算和国有资产经营预算，并可以根据需要建立社会保障预算和其他预算"，首次提出了"国有资产经营预算"的概念，取代了之前建设性预算的提法。1994年颁布的《中华人民共和国预算法》规定，"中央预算和地方各级政府预算按照复式预算编制"，并把复式预算编制办法和实施步骤的具体工作安排权利交给了国务院。1995年国务院发布《中华人民共和国预算法实施条例》，明确指出，"各级政府预算按照复式预算编制，分为政府公共预算、国有资产经营预算、社会保障预算和其他预算"。虽然《预算法》及其实施条例1995年开始实施，国有资产经营预算也正式取得法律地位，但是受限于国有企业及国有资产管理体制改革和其他配套改革未能同步跟上，各级政府并没有编制国有资产经营预算。

（三）国有资本金预算

1998年财政部新"三定"方案中提出，"要改进预算制度、强化预算约束，逐步建立起政府公共预算、国有资本金预算和社会保障预算制度"，将原来的国有资产经营预算改为国有资本金预算。这一改变契合了我国经济体制改革不断深化、社会主义市场经济逐步建立条件下，国家对国有资产的管理由过去强调产权管理、静态的实务资产的管理过渡到强调产权管理与财务管理相结合、动态的价值形态的资本管理的转变要求，更加接近国有资本经营预算的内涵。但国有资本金预算依然只是停留在理论层面，未能付诸实践。

（四）国有资本经营预算

2003 年国务院国资委成立，为国有资本经营预算的编制提供了机构保障。同年，党的十六届三中全会通过的《中共中央关于完善社会主义市场经济体制若干问题的决定》明确提出，"建立国有资本经营预算制度和企业经营业绩考核体系"。国有资本经营预算首次在政府报告中被提出。2004 年起北京、上海等地方国资委试行当地的国有资本经营预算制度。由于存在诸如国资委与财政部就国有资本经营预算编制存在主体之争等一系列的分歧和制度上的缺陷，国有资本经营预算从首次提出到中央政府层面的具体执行，经历了 4 年左右的筹备。2007 年国务院颁布的《试行意见》明确提出，"中央本级国有资本经营预算从 2008 年开始实施，2008 年收取实施范围内企业 2007 年实现的国有资本收益。2007 年进行国有资本经营预算试点，收取部分企业 2006 年实现的国有资本收益。各地区国有资本经营预算的试行时间、范围、步骤，由各省、自治区、直辖市和计划单列市人民政府决定"。按照全国人大要求，中央本级国有资本经营预算于 2010 年首次提交全国人大审批。中央政府层面的国有资本经营预算制度最终得以建立并加以法律约束，地区试点范围也逐步扩大。以上海、北京、深圳、武汉、青岛和安徽等为代表的省市在探索国有资本经营管理体制方面走在了全国的前列。由于地方政府在国有资本经营预算的具体组织工作中被赋予了很大的自由，因而各试点省市各自制定了符合自身特点的国有资本经营预算模式，如"上海模式""青岛模式""安徽模式"等，为地方层面的国有资本经营预算的全面贯彻实施提供了丰富的经验和教训。

公有制条件下的市场经济体制改革是个创造，应该说还需要不断探索，不断改善国有资本经营预算。

四、国有资本经营预算的现状分析

由于各地国有资本经营预算在编制、管理和监督等方面均存在较大差异，因此这里主要针对中央国有资本经营预算的现状进行分析，存在的问题具有普遍性。

519

（一）国有资本经营预算没有全覆盖国有资本

中央国有资本经营预算实施之初，根据2007年财政部发布的《中央国有资本经营预算编报试行办法》，中央国有资本经营预算试行范围只包括国资委监管企业和中国烟草总公司。具体包含151家国有企业，其中还有34家暂缓3年上交或者免交利润。此后，纳入中央国有资本经营预算范围的企业名单逐年增加。根据财政部公布的《关于2014年中央国有资本经营预算的说明》，2014年中央国有资本经营预算编制范围包括国资委、教育部、工信部、农业部等部门或民间团体组织所属企业及中国烟草总公司、中国邮政集团公司，共计一级企业799户。根据2013年12月份企业财务快报，已纳入中央国有资本经营预算编制范围的中央企业资产总额422 667.86亿元，占全部中央国有企业资产总额的87.5%。但相对于5 000家左右的中央国有企业，中央国有资本经营预算涉及企业范围还比较窄，尤其是资金实力雄厚、盈利丰厚的金融类国有企业仍未纳入其预算范围。

（二）国有资本经营预算收益上缴比例缺乏依据

从1994年开始到国有资本经营预算制度实施之前，国有企业只需向政府交纳税收，其他利润收入可自行支配。这样做的原因是由于当时我国大部分国有企业经营困难，市场竞争力低，自身改革也需承担很大的成本。但经过二十余年的发展和变革，国有企业经营状况得到明显改善，资金实力、盈利能力、市场竞争力等方面均得到显著提升。2007年中央国有资本经营收入139.9亿元，此后增长迅速，到2014年已达1 578.03亿元，增长了十倍多。国有资本经营预算收入包括国有企业应上缴利润、国有股股利股息、国有产权转让收入、企业清算收入等，其中利润上缴为最主要收入，2010~2014年均占预算收入总量的95%以上。中央国有资本经营预算实施之初，国有独资企业利润上缴比例分为10%、5%、暂缓3年上缴或者免交三个等级，并且财政部2007年发布的《中央企业国有资本收益收取管理暂行办法》规定，"2007年作为试点，对国资委所监管企业2006年实现的国有资本收益进行收取，其中，企业税后利润按标准减半收取"。2014年，利润上缴比例最高已提高到针对烟草企业征收的25%，资源型企业也已提高到20%。

按照国际惯例，上市公司股东分红的比例为税后可分配利润30%~40%，英国盈利较好的企业上缴盈利相当于其税后利润的70%~80%。大多数国家国有企业的分红占净利润的比例平均在30%~50%，有些特殊情况下甚至高达70%。这表明我国国有企业利润上缴比例偏低，仍有提升空间。

问题是：我国目前对国有资本的不同类型的企业要求上缴利润的比例是不一

样的，为什么不一样，怎样定比例等问题缺乏可操作的规程，依据不明确。这显然会扭曲国有资本的资源配置。

（三）国有资本经营预算支出安排不尽合理

国有资本经营预算支出按功能分类已编列到项，覆盖范围广，涉及教育、文化体育与传媒、社会保障和就业、农林水、交通运输、资源勘探信息、商业服务等方面。从支出看，国有资本经营预算和一般公共预算、政府性基金预算和社会保险基金预算的职能都有重叠关系，而且从微观上看存在市场经济的资源配置职能。

中央国有资本经营预算按照经济性质划分的三大类支出中，资本性支出是指向新设企业注入国有资本金，向现有企业增加资本性投入，向公司制企业认购股权、股份等方面的支出。2014 年中央国有资本经营预算支出安排 1 578.03 亿元，其中资本性支出 1 150.83 亿元，占比达 72.9%，这说明绝大部分国有资本经营预算收入最终还是以各种名目返还给了中央企业，体现了"取之于国企、用之于国企"的国有资本经营预算支出原则。这与新预算法把国有资本经营预算定义为政府预算的定位是有矛盾的。从政府预算的角度看，国有资本经营预算的支出安排应该和公共劳务方面的事务有关。

2010 年，中央国有资本经营预算才提交全国人大审批，相比于公共财政预算，国有资本经营预算的管理和监督是相对落后的。而且，国有资本经营预算收支缺乏相应的法律法规，人大也难以履行监督职能。

（四）国有资本经营预算与一般公共预算之间的界限不清

近年来国务院、财政部数次发文强调需加强国有资本经营预算收入调入公共财政预算的力度，近五年来调入金额增加了近 20 倍。十八届三中全会《中共中央关于全面深化改革若干重大问题的决定》提出，完善国有资本经营预算制度，提高国有资本收益上缴公共财政比例，2020 年提到 30%，更多用于保障和改善民生。2014 年的上缴比例是 11.7%，与中央的要求之间还存在较大差距。从国有企业全民所有的性质来说，国有资本收益应当由全民共享，国有企业有义务承担相应社会责任，这也是进一步深化改革的重点之一。从客观事实上来说，国有企业近年来经营改革的成功离不开公共财政的大力支持，特别是在市场经济初期公共财政为国企改革支付了大量的改革成本，因此在当前公共财政支出增幅大于收入增幅的条件下，国有资本经营预算收入有必要加大调入公共预算的力度，缓解其支出压力。同时，国有资本经营预算支出项目的设置与一般公共预算之间相互紧密衔接，尤其是用于支付国企改革成本的费用性支出具备一定的公共预算功能，这都为国有资本经营收益调入公共预算提供了制度支持。

一方面，一般公共预算主要是为了提供基本公共服务，满足社会公共需要，而国有资本经营预算主要是为了国有资本的保值增值及配合国家宏观调控政策。另一方面，政府在前者中是作为政权行使者，依靠政治权利行使社会管理职能，而在后者中政府是作为国有资产所有者，依靠财产权利行使经济管理职能。因此，国有资本经营预算与一般公共预算之间在收入来源、目标机制、编制方法、监督管理方式、绩效考核等方面均存在很大差别，所以我们在强化两者之间的联系时需明确这些区别，新《预算法》也强调了四类预算之间的独立性。当前政府相关文件只是规定了需强化国有资本经营预算与一般公共预算的统筹和衔接，增加资金调入规模，或提出一个分阶段的调入比例目标，对于具体的年度指标及具体操作流程均没有细化规定。笔者认为，国有资本经营预算作为独立的预算，其预算收支必须符合法律法规的规定，特别是对于日益庞大的调入公共财政预算的这笔资金来说更需如此，不能仅仅是根据政府的一纸文件规定就决定了这笔动辄数十数百亿预算资金的支出去向。这种政策的随意性容易引起部门之间的利益冲突和博弈，增加政策制定成本，降低预算支出效率。

（五）国有资本经营预算过分强调分配权，忽视国有资本企业的市场主体地位

王景升（2010）认为，国有资本通常指由政府直接出资形成的经营性国有资产。按照此定义，我国国有资本经营的市场化改革等同于国有企业的市场化改革。改革开放以来，我国国有企业改革经历了放权让利、政企分开、股份制改造等三个阶段。我国国有资本经营预算经历建设性预算、国有资产经营预算、国有资本金预算、国有资本经营预算的演化历程正好与国有企业的股份制改革时间段相吻合。这说明了国有资本经营预算一路伴随着我国国有资本经营的市场化改革。

国有资本经营预算是国有资本既保持公有制又保证市场化经营特点的管理方法。十六大报告指出，要建立中央和地方政府分别代表国家履行出资人职责，享有所有者权益的国有资产新型管理体制。国有资本经营预算就是国有资产监督管理机构代表全民履行国有资产所有者职能的体现，它通过由各级人民代表大会审批和监管的预算管理机制，保证了国有资本的公有制性质。不同于计划经济体制下国有企业按照国家计划指令进行生产经营，国有资本经营预算范围内的国有企业拥有充分的市场自主权。国有企业可以以市场主体的身份参与市场化经营和竞争，国有独资企业以税后利润方式、国有控股参股企业以股利股息收入方式、国有独资或控股参股企业以产权转让收入或清算收入等方式向政府部门上缴国有资本经营收益，尤其是后三种方式，完全符合市场经济条件下资产所有者收取经营收入方式的要求。国有资本经营预算范围内的国有企业需编制国有资本经营预算支出项目计划，该计划

需要对项目的可行性进行分析，包括项目的经济效益、社会效益、项目筹资方案分析等方面，这也符合市场经济条件下市场主体安排支出的要求。因此，国有资本经营预算收支安排符合国有企业自身市场化发展的需求，为国有资本经营的市场化改革提供了条件。另外，国有资本经营预算作为政府筹措国有企业市场化改革成本最为重要的方式之一，为国有资本市场化经营的改革提供了后勤保障。

国有资本经营预算虽然为国有资本经营的市场化改革提供了条件，但其关于预算收支的规定却为国有企业参与市场竞争提供了不公平的环境。首先，当前纳入国有资本经营预算范围内的很大一部分企业或多或少拥有一定程度的垄断地位，这些垄断地位的获得往往是政府从收入角度考虑所造成的。垄断就意味着不公平的市场竞争，特别是非自然形成的垄断对于国有企业在市场中的健康发展是不利的。政府可以采取向垄断型国有企业收取垄断利润的方式来对企业的垄断地位加以限制。根据完全竞争市场理论，最为理想的利润收取比例就是使得企业的边际收益等于边际成本，这在实际操作中往往缺乏可行性。我国当前的国有企业利润上缴比例相对于完全竞争市场理论中的理想比例来说很低，给垄断型国有企业留下了庞大的垄断利润，不利于国有企业公平的参与市场竞争。其次，国有资本经营预算给国有企业注入资金，私有制企业缺乏相应的资金扶持，这给公、私企业制造了不公平的市场竞争环境以及税收环境。2014 年，有超过 1 100 亿元的中央国有资本经营预算支出以资本性支出的形式注入到了国有企业，占总预算支出的比例超过 70%。这些资金虽然来自于国有企业自身，绝大部分以利润上缴的方式收取，但这部分资金所承担的税负明显低于私有制企业所承担的税负。这笔庞大的预算资金"一上一下"，最终所导致的结果就是接受资金注入的国有企业得到了资金扶持和明显低于市场税率的税负。

陈艳利（2008）指出，作为国有资本财务监管方式与手段之一，建立国有资本经营预算制度是实现企业内部资源合理配置的重要机制，对于提升企业经营管理水平、强化内部控制和提高管理效率而言不可或缺。这些都是国有企业成功实现市场化经营所必备的素质。国有资本经营预算虽然从外部环境和内部控制两方面促进了国有资本经营的市场化进程，但是国有企业市场化改革最终要实现的目标是国有企业公平的参与市场竞争而不是建立在政府一系列不公平的偏袒政策基础之上。

五、完善国有资本经营预算的政策建议

（一）必须全面、完整认识国有资本经营预算

国有资本经营预算应该是介于公共预算和企业预算之间的一种预算。从资本

所有权看有公共的性质；从市场经济的角度看，是保证公有制为主体的市场经济体制的一种制度安排，充满中国特色。片面强调资本所有权取得收入和安排支出的观点是有疑问的。国有资本经营预算最重要的功能是保证国有资本企业成为市场主体，使市场经济在资源配置中起决定性作用。

既坚持公有制，又坚持市场经济，是中国市场经济体制改革的难点和重点。这一改革在世界上没有成例可援，需要探索。从改革方向看，或者长期的观点看，国有资本经营预算主要是资源配置功能，淡化收入分配功能。因为市场经济在资源配置中真正起决定性作用的话，国家征税权高于资本所有权应该可以解决这一问题。

（二）国有资本收益分配应该有章可循

现阶段，或在相当长的时期内，对国有资本的收益用于公共劳务和社会保险是必要的，但必须有章可循。

在改革过程中，国有资本所在的企业和行业存在垄断的问题。这种垄断的消除需要改革，需要时间。但对国有企业的垄断超额利润要求上缴是有理由的。但国有资本经营预算的目标是从制度安排上消除垄断，而不应该是为了收取收益而制造垄断。

国家征税权高于所有权是保证市场经济的重要手段。在我国的税制安排中，所得税是由企业所得税和个人所得税两个税种组成的。对于国有资本来说，在缴纳企业所得税后就成为企业自主支配的税后利润。但对于其他所有制资本来说，还要缴纳个人所得税，因此，国有资本实际上少缴税了。这种税负的不公平是需要政府解决的，或者说也是收益上缴的理由。

此外，要处理好国有资本经营预算和企业预算的关系。国有资产既然已经资本化了，表明已经处于资源配置状态。对于市场经济来说，资源的再配置权应该属于企业。如果不处理好这一关系，国有资本企业成为市场经济主体就是一句空话。但现阶段由于存在垄断，因此有利于消除垄断的国有资本资源配置也是可以的。

上述表明，国有资本经营预算的收益分配应该有理有据，有章可循。

（三）国有资本经营预算的支出安排应该和其他政府预算做好衔接

根据目前的情况看，国有资本经营预算的支出安排有三种类型：一是市场经济领域的支出；二是公共预算的支出，包括一般公共预算的支出和政府性基金预算的支出；三是社会保险基金预算的支出。

第一类支出是目前必须的，但重点是用于国有资本企业的改组，使其成为市

场经济的主体。第二类支出则属于国有资本经营收入部分应该调入一般公共预算
和政府性基金的预算。那么这类支出就不应该被保留在国有资本经营预算中安
排。第三类支出也是改革时期特有的，产生的主要原因如下：一是在市场化改革
的过程中，原有国有企业职工的社会保险方式发生改革，社会保险基金严重不
足。二是在市场化改革的过程中，二元经济必然走向一元经济，农村社会保险的
市场化方式必然要实行，就必然存在大量的资金缺口。这就需要做好规划，资助
一个时期，然后真正使社会保障基金的运行步入良性循环。

第三节　防范风险的社会保险基金预算

一、社会保险基金预算界定

社会保险基金预算是指社会保险收支的年度计划。社会保险是政府的强制保
险，被强制保险的企业和个人缴纳保险费用，形成基金，专门用于解决参加保险
者可能遇到的风险。显然，不参加社会保险的企业和个人是不能享受风险保障的。

社会保险基金由五大基金构成，包括养老保险基金、失业保险基金、生育保
险基金、工伤保险基金、医疗保险基金等五种。

社会保险基金虽然也是"基金"，但和政府性基金的性质是完全不同的。政
府性基金是提供公共劳务的专门资金，社会保险基金却是用于解决个人风险的。
社会保险基金之所以属于政府预算的范畴，是因为政府强制保险，抵御个人可能
发生的风险。

主流理论认为，一个人一生从市场经济中"挣得"的收入可以满足其一生的
消费需求，即满足与其收入相适应的正常生活需求。但这是总体判断，由于风险
的不确定因素，并不排除个人会遇到风险。

非自愿失业是市场经济的一种风险。现代主流经济理论认为，非自愿失业的
存在是"混合经济"的一种常态。通常认为5%以下的失业率属于"正常"。这
5%的家庭是随机发生的。保障失业家庭的生活费用是"社会成本"，因此应该由
社会保障支出承担。对于市场经济体制来说，经济波动是经常发生的，每年的失
业率有高有低。从长期看，失业率的"社会成本"可以类似于递延成本那样被平
均分摊到每个年份。因此，只要有失业社会保险支出存在，个人一生中就业期的
收入仍然不会影响其一生的需要。这就是说凡是在市场经济中就业的人都要参加

失业保险，缴纳失业保险费。这就是说，个人风险转化为社会风险的形式，由政府预算解决。

同样，年老丧失劳动能力是自然风险，即每个人都会面临的风险。上面所说的一个人一生的就业收入能满足其一生的消费需求是从社会的角度说的，即从大数平均概率测算的。但对个人来说，风险仍然可能发生。一方面是因为个人的寿命是不同的，也是不能预知的。如果从大数概率看，个人的平均寿命是75岁，社会的收入水平与此相关。但有的人的寿命高于平均数，有的却低于平均数。这样就有可能产生个人风险。另一方面是因为个人对风险的态度是不一样的。如果个人收入完全由个人自己安排，那么风险产生的可能性大大增加。例如，对未来收入乐观很可能不重视储蓄，对风险收入乐观者很可能把储蓄用于风险投资，道德风险者只重视即时消费而不顾将来，或只重视自己消费而不顾家庭，等等。因此，社会保险基金预算实际上是政府对家庭收入长期消费计划的干预。从社会保险基金预算的角度看，实际上是形成社会共同防范风险的基金，实际上是参加风险者的互助互济。

疾病也是每个人都可能遇到的风险，虽然从社会角度可以测算大数概率，但个体差异太大。有的人可能很少生病，有的人可能容易生病，有的人可能生小病，有的人可能生大病，甚至绝症。如果防范疾病的风险完全靠自己解决，那么将会产生个人可能无法解决的风险。医疗保险、生育保险、工伤保险等都是这种情况。

上述说明，社会保险基金预算需要单独编制是必然的。

二、社会保险基金预算的模式

受历史文化背景和社会经济发展状况影响，世界各国社会保险制度在政策取向、项目设计、待遇标准和实施办法等方面，都存在着很大差别。社会保险基金预算模式主要有以下几种。

(一) 专项基金预算模式

该模式将社会保险收入、支出与政府经常性预算收支分开，单独编列社会保险基金专项预算，是一种独立于公共预算之外的以基金形式反映社会保险收支状况的预算模式。美国、日本、德国都采用这种模式。目前美国的社会保险信托基金预算是以基金形式单独编制预算，不包含在联邦政府预算内，以养老保险、医疗保险、失业保险等项目列示。社会保险基金预算收入主要来自于社会保障税、捐款和联邦基金的拨款，社会保障预算支出除一小部分用于管理费绝大部分用于福利，反映其基金结余及其投资情况。而联邦预算中列示社会保障税收入和社会保险支出的总额。

我国的模式类似于此。

（二）政府公共预算模式

该模式将社会保险收入与支出全部纳入政府经常性预算收支中，同政府其他收支融为一体。其收入以社会保障税或社会保障缴款的形式纳入政府的经常性收入中，社会保险待遇支出由政府用一般预算收入安排，以"社会保障津贴"项目在政府的经常性预算支出中列示。国家全面担负起社会保障事业的财政责任，不存在单独的社会保障预算。英国、瑞典等福利国家是这种模式的典型代表。

（三）"一揽子"社会保障预算模式

该模式将来自社会保险基金的收支和来自政府一般公共预算安排的社会保障收支混合为一体，与政府财政预算完全脱离。由财政部门按照政府收支管理方式统一编制，以社会保险项目的收入和支出作为独立的社会保障预算的组成部分，形成一个独立完整并全面反映社会保障收支、结余、投资及调剂基金的使用情况的社会保障预算。

三、社会保险基金预算演变

在传统体制下，没有社会保险的概念。属于社会保险的事务采取传统的社会保障方式解决，即作为职工的福利对待。国有企业职工的养老、医疗、女工生育、工伤等风险由国有（营）企业解决承担；国有事业单位职工和政府工作人员的相应风险由公共财政承担。城镇集体企业职工的相应保障内容则参照国有企业的办法执行。这种保障方式与市场经济体制的要求是完全不相适应的。首先，市场经济有流动性。这种流动性表现为职工的岗位可能发生变动，也可能表现为企业发生重组的变化，因此把职工可能存在的风险锁定在企业是不适当的。其次，在市场经济体制中，不论企业的所有制形式，企业的市场主体地位是平等的，因此对个人可能发生的风险区别对待是不合适的，不利于资源配置优化。最后，解决个人可能存在的风险并不属于"社会福利"，而是政府强制、互助共济的方式解决。这表明，传统的社会保障方式必须改革。

1993 年 11 月 14 日中共十四届三中全会通过了《关于建立社会主义市场经济

体制若干问题的决定》，明确要求"建立多层次的社会保障体系"，并规定"社会保障体系包括社会保险、社会救济、社会福利、优抚安置和社会互助、个人储蓄积累保障"及"城镇职工养老和医疗保险金由单位和个人共同负担，实行社会统筹和个人账户相结合"。这种责任共担机制的构建，不仅使社会保障制度的互助共济功能得到了巩固，也为制度本身实现稳定与可持续发展奠定了基础。《决定》还进一步指出要改进和规范复式预算制度，建立政府公共预算和国有资产经营预算，并可以根据需要建立社会保障预算和其他预算，在中央文件中首次提出了社会保障预算的概念。

1994 年 3 月 22 日，八届全国人大二次会议通过了《中华人民共和国预算法》，其中第二十六条规定，"中央预算和地方各级政府预算按照复式预算编制"。1995 年 11 月 22 日，国务院第三十七次常务会议通过了《中华人民共和国预算法实施条例》，其中第二十条规定，"各级政府预算按照复式预算编制，分为政府公共预算、国有资产经营预算、社会保障预算和其他预算。"这标志着建立社会保障预算正式取得法律地位，拉开了社会保障预算管理的历史大幕。1996年，《国务院关于加强预算外资金管理的决定》中明确规定，以政府信誉强制建立的社会保障基金在国家财政建立社会保障预算制度以前，先按预算外资金管理制度进行管理，专款专用，实行"收支两条线管理"。一是"社会保障基金财政专户"，该账户由财政部门的社会保障业务部门具体管理，主要用途是接受收入和拨付支出，接受社会保险经办机构收入户划入的社会保险基金和税务部门征收的社会保险基金收入，接受国债到期本息及该账户资金形成的利息收入，划拨购买国家债券资金，根据社会保险经办机构的用款计划向社会保险经办机构支出账户拨付基本养老保险基金。二是"社会保障补助资金财政专户"，该账户是用于单独核算财政社会保障补助资金的专用账户，社会保障补助资金转入补助专户实行专项管理，根据补助资金的使用进度，拨入同级"社会保障基金专户"或下级补助专户。上述演进表明，我国实施复式预算制度，编制单独的社会保障预算那时已具备了必要的法律和政策依据，逐步形成了先行试编社会保险基金预算，在条件成熟时再编制社会保障预算的工作思路。

2006 年 10 月，《国务院批转劳动和社会保障事业发展"十一五"规划纲要的通知》明确要求"建立健全社会保险基金预决算制度"。2009 年 5 月，国务院在批转发展改革委《关于 2009 年深化经济体制改革工作意见》中指出，要"加快推进财税体制改革，建立有利于科学发展的财税体制，深化预算制度改革，研究起草国有资本经营预算条例，试行社会保险预算制度，实现政府公共预算、国有资本经营预算、政府性基金预算和社会保障预算有机衔接"。由此，编制社会保险基金预算工作拉开了序幕。2007 年，财政部积极研究建立社会保险基金预算制度，起草了《国务院关于试行社会保险基金预算的意见（代拟稿）》。经与人力资源和社会保障部共同努力、反复协商，于 2009 年 9 月形成了《财政部人力和资源社会保障部关于试行社会保险基金预算的请示》上报国务院。2010 年 1 月，国务院下发了《关于试行社会保险基金预算的意见》，对社会保险基金预算管理的基本原则、编制方法、程序及执行、调整等方面做出了明确规定。财政部、人力资源和社会保障部同时下发了《关于编报 2010 年社会保险基金预算的通知》，明确规定从 2010 年起在全国范围内建立社会保险基金预算制度，各级财政和人力资源社会保障部门正式开始编制社会保险基金收支预算。试编保险基金预算 3 年后，于 2013 年 3 月 8 日，由财政部首次向十二届全国人大一次会议报送社会保险基金预算，预算报告首次集齐公共财政预算、政府性基金预算、国有资本经营预算和社会保险基金预算"四本账"接受人大监督。2014 年 8 月 31 日，第十二届全国人大常委会第十次会议通过《关于修改〈中华人民共和国预算法〉的决定》，新预算法第五条规定："预算包括一般公共预算、政府性基金预算、国有资本经营预算、社会保险基金预算。"至此，新预算法开启了社会保险基金预算管理的新征程。

四、社会保险基金预算的构成

（一）养老保险基金预算

1. 养老保险基金收入预算

养老保险的参保者为国有企业、城镇集体企业、外商投资企业、城镇私营企业和其他城镇企业，以及实行企业化管理的事业单位以及职工。城镇个体工商户是否参加，由省、自治区、直辖市人民政府根据当地实际情况决定。

首先，养老保险基金预算的收入由当期征缴的养老保险费收入、清理企业欠费收入、预缴和符合国家和省政策规定的一次性补缴收入。养老保险基金收入预算应综合考虑当年参保扩面计划、缴费人数、缴费基数、在岗职工平均工资增长水平、清欠工作计划等政策性因素确定。

其次，利息收入、转移支付收入和其他收入。利息收入按各地上年度末基金累计结余、上年度人民银行公布的一年定期存款利率等因素确定。转移支付收入包括财政补贴收入、上级补助收入即省级调剂补助收入、下级上解收入，即按规定当年上解比例给省级预算的收入。

2. 养老保险基金支出预算

第一，养老金支出预算，根据平均离退休人数和人均养老金水平测算；

第二，丧葬抚恤补助支出预算，根据上年末离退休人数、上年度全省平均死亡率等因素确定；

第三，转移支出；

第四，上解上级支出，根据规定比例上解省级调剂金；

第五，补助下级支出，是指省级调剂金安排的各地调剂金补助支出；

第六，医疗补助金支出，根据上年实际发生数为准。如果上年度本统筹地区没有发生医疗补助金支出，则该科目预算支出数为零。

（二）医疗保险基金预算

医疗保险的参保者由国有企业、城镇集体企业、外商投资企业、城镇私营企业和其他城镇企业及其职工，国家机关及其工作人员，事业单位及其职工，民办非企业单位及其职工，社会团体及其专职人员。城镇个体工商户是否参加，由省、自治区、直辖市人民政府根据当地实际情况决定。

1. 城镇职工基本医疗保险基金收入预算

第一，基本医疗保险费统筹（个人账户、单建）基金收入，根据参保人数、缴费人数、缴费工资总额、缴费比例及城镇职工基本医疗保险扩面征缴任务等因素计算填列；

第二，利息收入，即预算年度基本医疗保险基金存入银行和购买国债等取得的利息收入；

第三，财政补贴收入，根据预算年度上年末数并剔除不可比因素后加上本级财政当年新增财政补助收入；

第四，转移收入，根据预算年度上年末数填列；

第五，其中上级补助收入按预算年度上年末数填列；

第六，下级上解收入按预算年度上年末数填分析填列；

第七，其他收入，按预算年度上年末数填列。

2. 城镇职工基本医疗保险基金支出预算

第一，基本医疗保险统筹（个人账户、单建）基金支出，根据诊疗人次、诊疗费用等因素决定；

第二，转移支出，根据预算年度上年末数决定；

第三，补助下级支出，按预算年度上年末数分析决定；

第四，上解上级支出，根据预算年度上年末数分析填列；

第五，其他支出，根据预算年度实际需要，报经同级财政部门核准开支的其他非基本医疗保险待遇性的支出数填列，或按预算年度上年末数分析填列。

（三）失业保险基金预算

失业保险的范围包括国有企业、城镇集体企业、外商投资企业、城镇私营企业和其他城镇企业及其职工，事业单位及其职工。省、自治区、直辖市人民政府根据当地实际情况，可以规定将社会团体及其专职人员、民办非企业单位及其职工以及有雇工的城镇个体工商户及其雇工纳入范围。

1. 失业保险基金收入预算

第一，失业保险费收入，是指缴费单位和缴费个人按缴费基数的一定比例缴纳的失业保险费；

第二，利息收入，是指用失业保险基金购买国家债券或存入银行（包括财政专户和基金支出户）所取得的利息收入；

第三，财政补贴收入，是指同级财政给予基金的补贴收入，根据统筹地区基金缺口数填列；

第四，其他收入，是指滞纳金及其他经财政部门核准的收入，根据上年实际发生数分析填列；

第五，转移收入，是指保险对象跨统筹地区流动而划入的基金收入。根据上年实际发生数分析填列。

第六，上级补助收入，是指下级经办机构接收上级经办机构拨付的补助收入；

第七，下级上解收入，是指上级经办机构接收下级经办机构上解的基金收入。

2. 失业保险基金支出预算

第一，失业保险金支出，是指支付给失业人员在失业期间的基本生活费用；

第二，医疗补助金支出，是指按规定支付给失业人员在领取失业保险金期间的医疗费用，由定额医疗补助金和住院医疗补助金两部分组成；

第三，丧葬抚恤补助支出，是指按规定支付给在领取失业保险金期间死亡的失业人员的丧葬补助费用及由其供养的配偶、直系亲属的抚恤金。丧葬补助费用按照同期对在职职工的丧葬补助费规定标准发放，抚恤金是指发给直系亲属的一次性抚恤费，按照八个月全省上年度职工月平均工资发给；

第四，职业培训和职业介绍补贴支出，是指按规定支付失业人员在领取失业保险金期间接受职业培训、职业介绍的补贴；

第五，其他支出，是指经财政部门核准开支的其他与失业保险有关的支出，包括农民合同制工人一次性生活补助金支出和困难企业岗位补贴支出等；

第六，转移支出，是指保险对象跨统筹地区流动而转出的基金支出，根据上年实际发生数分析填列；

第七，补助下级支出，是指上级经办机构拨付给下级经办机构的补助支出；

第八，上解上级支出，是指下级经办机构上解上级经办机构的支出。

（四）工伤保险基金预算

工伤保险基金预算的保险范围：中华人民共和国境内的企业、事业单位、社会团体、民办非企业单位、基金会、律师事务所、会计师事务所等组织的职工和个体工商户的雇工。

1. 工伤保险基金收入预算

第一，工伤保险费收入，根据参保人数、缴费人数、缴费工资总额、缴费比例及工伤保险扩面征缴任务等因素分析填列；

第二，利息收入，根据预算年度基本医疗保险基金存入银行和购买国债等取得的利息收入分析、计算填列；

第三，财政补贴收入，按预算年度上年末数并剔除不可比因素后加上本级财政当年新增财政补助分析填列；

第四，其他收入，按预算年度上年末数填列；

第五，上级补助收入，按预算年度上年末数填列；

第六，下级上解收入，按预算年度上年末数填列。

2. 工伤保险基金支出预算

第一，工伤保险待遇支出，根据工伤医疗费支出、工亡待遇支出、伤残待遇支出等因素分析填列；

第二，劳动能力鉴定费支出，根据工伤调查、工伤认定、劳动能力鉴定等因素及上年实际发生数分析填列；

第三，其他支出，根据预算年度实际需要，报经同级财政部门核准开支的其他非基本医疗保险待遇性的支出数填列，或按预算年度上年末数填列；

第四，补助下级支出，按预算年度上年末数填列；

第五，上解上级支出，按预算年度上年末数填列。

（五）生育保险基金预算

生育保险基金预算的范围：中华人民共和国境内的国家机关、企业、事业单位、社会团体、个体经济组织以及其他社会组织等用人单位及其女职工。

1. 生育保险基金收入预算

第一，生育保险费收入，根据参保人数、缴费人数、缴费工资总额、缴费比例及生育保险扩面征缴任务等因素分析填列；

第二，利息收入，根据预算年度基本医疗保险基金存入银行和购买国债等取得的利息收入分析、计算填列；

第三，财政补贴收入，按预算年度上年末数并剔除不可比因素后加上本级财政当年新增财政补助分析填列；

第四，其他收入，按预算年度上年末数填列。

2. 生育保险基金支出预算

第一，生育保险金支出，根据生育医疗费支出、生育津贴支出、计划生育支出等因素分析填列；

第二，其他支出，按预算年度上年末数填列。

五、社会保险基金预算现状分析

（一）近年来社会保险基金预算概况

20 年来，我国社会保险基金从 1995 年的 971 亿元，跃升至 2014 年的 37 667 亿元，占 2014 年政府管理的 4 类公共收入的 16.13%，其公共性和复杂性使之成为现代国家治理必须面对的问题。党的十八大以及新颁布的预算法修正案正式把"全口径"预算编制提上了议事日程，我国在试行编制社会保险基金预算 3 年后，于 2013 年 3 月 8 日，由财政部首次向十二届全国人大一次会议报送社会保险基金预算，预算报告首次集齐公共财政预算、政府性基金预算、国有资本经营预算和社会保险基金预算"四本账"接受人大监督。

根据 2014 年全国财政预算的收支情况，公共财政预算资金量最大，社会保险基金预算资金量约为公共财政预算的 26.84%。汇总中央和地方预算，2014 年全国社会保险基金收入 37 667 亿元，比上年增长 9.1%，其中：保险费收入 28 088 亿元；财政补贴收入 8 212 亿元。支出 32 581 亿元，比上年增长 13.9%。本年收支结余 5 086 亿元，年末滚存结余 48 527 亿元。分险种情况如下：企业职工基本养老保险基金收入 21 489 亿元，比上年增长 8.1%；城乡居民基本养老保险基金收入 2 296 亿元，比上年增长 9.5%；城镇职工基本医疗保险基金收入 7 242 亿元，比上年增长 10.2%；居民基本医疗保险基金收入 4 399 亿元，比上年增长 14.1%；工伤保险基金收入 613 亿元，比上年增长 8.9%；失业保险基金收入 1 230 亿元，比上年增长 2.6%；生育保险基金收入 397 亿元，比上年增长 14.2%。

（二）社会保险基金预算存在的问题

1. 社会保险责任划分不清

社会保障责任划分的模糊化，直接损害了新型社会保障制度的有计划性和可预见性，同时也给经济发展和市场竞争中的主体各方带来权利和义务的不确定性。一方面，政府和市场的社会保险责任划分不清，突出表现在企业职工基本养老保险责任划分上。现行统账结合的养老保险制度只是完成了收入方的统账分记，支出方仍然是统账混合，于是造成历史与现实、政府与市场之间责任的模糊。另一方面，中央和地方社会保险责任划分不清。1994年我国分税制中有关社会保险责任划分是空白，现实中社会保险事权下沉，有的险种基金收支是市县级统筹，但其预算却全部实行中央统一的预算管理。

2. 社保基金管理规定不明确

《国务院关于试行社会保险基金预算的意见》对社会保险基金征收主体、管理主体的规定不够清晰，在税务、社保两种征收模式情况下，管理主体间界定不明确。社会保险征收、经办机构、财政、税务等主体间社会保险管理权职交叉，基金征收主体不一，存储账户多样，基金流程混乱等问题都极大地影响着社会保险基金预算的管理效率。

3. 保险制度统筹层次不统一

目前我国的社会保险基金预算制度按人群、城乡分设，统筹层次不一，造成制度间转换、重复参保、财政重复补助等问题，不仅影响到社会保险基金预算的编制和管理，也不利于形成预算间的硬约束。例如，在养老保险中，职工基本养老保险处于地区分割统筹状态，农民工很难完全融入这一制度，城镇居民与农村居民养老保险分别由不同的政策规范；在医疗保险中，城镇职工基本医疗保险、城镇居民基本医疗保险与新型农村合作医疗三轨并存。又如在养老保险制度改革中，企业职工早已建立了统账结合的社会养老保险制度，而机关事业单位工作人员还停留在原有的退休制度中，这种不同步导致了两大群体在养老金权益上的差距持续扩大。

4. 预算间衔接出现缺口

社会保险基金除单位和个人缴费之外，还有来源于财政一般税收的补助，这便是社会保险基金预算和一般公共预算的联系和衔接之处。在一般公共预算中，财政按资金补助的部门将其分列为：人社部门的社会保险基金补助、卫生部门的医疗保障补助。而社会保险基金预算则是按险种列示财政补助资金，于是一般公共预算和社会保险基金预算关于社会保险基金的补助便无法对应。2013年，一般公共预算报表中列示财政对社会保险基金补助4 403.14亿元，而预算执行报告中社会保险基金从财政获得的补贴收入为7 371.5亿元，差额2 968.36亿元。近3 000亿元左右的差额，想要弄清它的来龙去脉，现有预算表的透明程度和详尽程度还不足以让我们审视四本账的衔接。如果加上卫生支出大类下的新农合补助2 428.70亿元，还差539.66亿元，与城镇居民基本医保补助578.24亿元也无法对应。四本账的衔接之处，其实有很大的空间和可作为的地方，这是账务上比较技术化的问题。因此，如何细化科目对应，完善社保基金预算与一般公共预算的衔接，是我们进一步需要研究的问题。

六、完善社会保险基金预算对策建议

（一）强化社会保险基金预算管理约束

社保基金预算处于改革初期，现行的"由下而上、以社保经办机构为主"的预算管理制度，存在诸多结构性缺陷，基金预算的计划性、约束性、民主政治监督功能亟待开发。应本着依法治理的原则尽快制定"社会保险基金预算管理办法"。这不仅有利于加强社会保险基金的法制管理和监督，更有利于建立统一的社会保险基金使用约束机制，规范社会保险基金收支程序及各项基金保值增值工作，提高基金的使用效率。

1. 明确责任划分

应尽快用明确的责任划分来替代现实中的责任模糊，用分级负责的固定拨款机制来促使各级财政到位。养老保险和医疗保险中要具体细分为社会统筹收入和个人账户收入、社会统筹支出和个人账户支出，结余中也应当分别列示社会统筹账户和个人账户的基金结余，条件成熟还可设置"投资收入"科目，以真实反映社会保障基金的投资情况。基础养老金应由中央政府管理，实行全国统筹；个人账户宜由市县级管理；职业年金以及地区年金宜由省级管理；历史债务应在截断时点后在中央和地方之间按一定方式和比例分摊。医疗保险以市级统筹为基础，实行全国联网，省市分级核算，异地就医即时结算。失业保险以市级统筹为主，省级调剂为辅。工伤和生育保险由市级统筹。

2. 理顺社会保险基金管理体制

由于社会保险基金的管理涉及社会保险费的征收、社保资金的使用以及社保基金的保值增值等问题，所以多部门共同管理就是当前提高社保基金安全性的一个比较好的制度选择。为了避免多个和尚没水吃的境况，应该尽快立法明确各部门的责任，做到依法治理，才能让社会保险的经办机构（劳动保障部门）与财政、税务、审计等部门各司其职，形成"税务收、财政管、劳动支、审计查"的部门分工格局。

3. 整合社会保险制度

现行的社会保险基金预算制度安排与管理的现实，明显地表现出统筹层次不一的特征。一方面，城乡分割实质上是计划经济时代城乡社会二元结构的延伸，

535

是社保改革不彻底、不成熟的具体表现。我国现有的养老保险制度分为城镇企业职工养老保险、机关事业单位养老保险和城乡居民养老保险，而医疗保险制度分为城镇职工医疗保险、城镇居民医疗保险和新型农村合作医疗。当前要尽快完成城乡居民基本养老保险制度和城乡居民基本医疗保险制度的统一，同时城镇居民医疗保险和新农合应该由人社部门统一管理，实现同一险种归由同一部门管理，理顺各险种的管理体制。另一方面，为解决企业与机关事业单位退休人员的矛盾，切实贯彻"老人老办法、新人新办法"的改革原则。同步改革力度，缩小不同群体的福利权益差距，着手改革机关事业单位养老保险制度，进而将其纳入全体国民社会保险制度的整合之中，并使之定型，为社会保险基金预算奠定制度基础。

（二）加强社保基金预算与其他预算间统筹

1. 四类预算的区别与联系

新预算法明确了全口径预算的国家账本：政府预算包括一般公共预算、政府性基金预算、国有资本经营预算、社会保险基金预算。四类预算间区别在于：①收入来源不同。公共财政和政府性基金预算都是财政收入，国有资本经营预算是国资收益，社会保险基金预算是社保缴费及其利息。②支出重点不同。公共财政侧重于国防安全和民生支出，政府性基金侧重于基建和公共事业发展，国资预算是国有经济结构调整和产业发展，社保基金则是社保待遇支出。③分配目的不同。公共财政以确保国家安定、维持政府运作、满足公众需求为主要目标，政府性基金以支持特定基建和公共事业发展为目的，国有资本经营预算的目标是既坚持公有制，又保证国有资本企业的市场经济主体地位。社保基金预算则属于社会成员之间互助互济的预算。相互之间分工合作，各自之间应该预算约束硬化。

2. 四类预算要兼顾独立与平衡

依据公共预算基本原则，四类预算应该保持独立，资金分类管理。财政资金可以分为公共资金和国有资本两类，公共资金可以细分为政策性资金（包括公共财政和政府性基金）和社保资金。不同类别资金，采取不同管理模式。其次，四类预算应建立综合平衡机制：一是建立公共资金内部的小平衡，即公共财政与政府性基金和社会保险基金之间的平衡；二是建立公共资金与国有资本之间的大平衡。最后，要建立统一的信息平台。预算编制过程中所需的政策、经济、人口以及未来形势预测等信息均出自该平台，健全会计和统计制度使四类预算的资金核算和信息数据保持一致性。

3. 社保基金预算与其他预算的衔接

细化科目对应就应保持四本分预算统一格式，并根据收支分类体系设置对应衔接。首先，做好与政府一般公共预算的衔接。建议财政和人社两部门联合研究确定有关财政对社会保险基金补助的分类及其预算科目，解决两部门间数据矛盾的宿疾，构建社会保险基金预算与一般公共预算的对应关系，在一般公共预算中的"财政对社会保险基金的补助支出"款下，按补助险种设置项目；与社会保险基金预算中的财政补助收入对应，将财政对新农合和城镇居民医疗保险补助由卫生支出大类调整到财政对社会保险基金补助支出，当然其前提是部门分工的调整。其次，在国有资本经营预算支出功能分类科目中增设新科目，"转移性支出—调出资金—国有资本经营预算调出资金"，构建两个预算之间的资金融通渠道，国有资本经营预算的结余资金可以通过这个科目向社会保障预算转移资金，以弥补社会保障资金的缺口。

（三）未来社会保险基金预算的展望

1. 提高社会保险基金预算的可持续性

社会保险基金预算保障社会保险对象的社会保险待遇，满足公众最低生活需求的目的决定了其收支平衡，留有结余的管理原则，即保证资金的可持续性（保值甚至增值），若出现入不敷出时需要一般公共预算补助。考虑到社会保险基金预算的特殊要求，一方面可以将中长期支出框架引入社保基金预算，以提高预算的计划性和稳定性。研究编制社会保险基金预算中长期计划，由熟悉社会保险制度的精算专家和有关管理者组成松散型的机构，预测未来 5 年、10 年、15 年的基金走势。通过全面的未来趋势预测编制年度预算，评估真实的收支能力以建立年度预算与中长期精算的衔接机制，进行可靠的基金投资管理更好地确保社保基金的承担能力。另一方面，可在条件成熟时进行"费转税"改革，缓解当前保险费收缴不利的问题。明确社会保险基金预算收入的法律地位，以确保社保基金资金来源的可持续性。

2. 建立社会保障预算

我国现行的社会保险基金预算模式是将社会保险收入、支出与政府经常性预算收支分开，单独编列社会保险基金专项预算。而政府预算体系发展的最终目标是建立能够全面反映社会保障资金收支情况和资金规模，体现国家社会保障整体水平的社会保障预算。这种"一揽子"模式的社会保障预算是把政府一般预算中的社会保障项目预算与社会保险基金预算合并，以利于政府对社会保障基金进行统筹安排，推动社会保障事业的协调发展。然而，目前建立社会保障预算涉及部门利益的重新调整，实施难度很大，具体编制方法比较复杂，技术处理有一定难度。因此，当前要将政府一般预算中的社会保障项目预算和社会保险基金预算建设好，为将来建立全国统一的社会保障预算制度积累宝贵的经验。

537

参 考 文 献

[1] 陈共：《积极财政政策及其财政风险》，中国人民大学出版社 2003 年版。

[2] 陈强：《高级计量经济学及 STATA 应用》，高等教育出版社 2010 年版。

[3] 邓子基：《税种结构研究》，中国税务出版社 2000 年版。

[4] 樊纲、王小鲁、朱恒鹏：《中国市场化指数——各地区市场化相对进程报告》，经济科学出版社 2011 年版。

[5] 方福前：《从〈货币论〉到〈通论〉：凯恩斯经济思想的发展过程研究》，武汉大学出版社 1997 年版。

[6] 方红生著：《中国式分权、内生的财政政策与宏观经济稳定：理论与实证》，上海格致出版社、上海三联书店、上海人民出版社 2010 年版。

[7] 高培勇、杨志勇：《将全面深化财税体制改革落到实处》，中国财政经济出版社 2014 年版。

[8] 高培勇：《中国：启动新一轮税制改革》，中国财政经济出版社 2003 年版。

[9] 高铁梅：《计量经济分析方法与建模》，清华大学出版社 2006 年版。

[10] 高铁梅：《计量经济学分析方法与建模：Eviews 应用及实例（第二版）》，清华大学出版社 2009 年版。

[11] 龚六堂：《公共财政理论》，北京大学出版社 2009 年版。

[12] 郭庆旺：《积极财政政策及其与货币政策配合研究》，中国人民大学出版社 2004 年版。

[13] 郭庆旺：《积极财政政策效果及淡出策略研究》，中国人民大学出版社 2004 年版。

[14] 胡晓义：《社会保障基金监管》，中国劳动社会保障出版社 2012 年版。

[15] 胡怡建：《税收学》，上海财经大学出版社 2008 年版。

[16] 敬志红：《地方政府性债务管理研究——兼论地方投融资平台管理》，

中国农业出版社 2011 年版。

[17] 刘京焕、陈志勇、李景友：《财政学原理》，高等教育出版社 2011 年版。

[18] 刘军、郭庆旺：《世界性税制改革理论与实践研究》，中国人民大学出版社 2001 年版。

[19] 刘立峰：《国债政策的可持续性和财政风险研究》，中国计划出版社 2001 年版。

[20] 刘尚希：《财政风险及其防范问题研究》，经济科学出版社 2004 年版。

[21] 刘尚希：《公共风险视角下的公共财政》，经济科学出版社 2010 年版。

[22] 刘佐：《社会主义市场经济中的中国税制改革》，中国税务出版社 2014 年版。

[23] 罗纳德·科斯、王宁：《变革中国：市场经济的中国之路》，中信出版社 2012 年版。

[24] 马骏、赵早早：《公共预算：比较研究》，中央编译出版社 2011 年版。

[25] 牛向东、于一贫、刘朝：《财政风险与控制》，中国财政经济出版社 2010 年版。

[26] 平新乔：《财政原理与比较财政制度》，上海三联书店、上海人民出版社 1997 年版。

[27] 沙安文、沈春丽：《财政联邦制与财政管理》，中信出版社 2005 年版。

[28] 唐朱昌：《公共财政学——理论与实践》，复旦大学出版社 2004 年版。

[29] 王金龙：《财政风险和金融风险》，中国财政经济出版社 2004 年版。

[30] 王景升：《国有资本经营预算组织与编制研究》，东北财经大学出版社 2010 年版。

[31] 王连山：《关于我国财政安全与财政风险的研究》，东北财经大学出版社 2006 年版。

[32] 文宗瑜、刘微：《国有资本经营预算管理》，经济科学出版社 2007 年版。

[33] 吴俊培、杨灿明、许建国：《现代财政学》，中国财政经济出版社 2001 年版。

[34] 吴俊培：《公共经济学》，武汉大学出版社 2009 年版。

[35] 吴俊培：《积极财政政策问题研究》，经济科学出版社 2004 年版。

[36] 吴俊培：《积极财政政策问题研究》，经济科学出版社 2004 年版。

[37] 吴俊培：《现代财政理论与实践——财政部"十五"规划教材·全国高等院校财经类专业教材》，经济科学出版社 2005 年版。

[38] 吴俊培：《中国地方政府预算改革研究》，中国财政经济出版社 2012 年版。

[39] 吴俊培：《重构财政理论的探索》，中国财政经济出版社 1999 年版。

[40] 武彦民：《财政风险：评估与化解》，中国财政经济出版社 2004 年版。

[41] 徐则荣：《弗里德曼经济思想研究》，首都经济贸易大学出版社 2012 年版。

[42] 叶振鹏、张馨：《双元结构财政》，经济科学出版社 1995 年版。

[43] 袁志刚、欧阳明：《宏观经济学》，上海人民出版社 2003 年版。

[44] 张维迎：《市场的逻辑》，上海人民出版社 2010 年版。

[45] 张五常：《科学说需求》，中信出版社 2010 年版。

[46] 张先治：《国有资本经营预算制度研究》，中国财政经济出版社 2009 年版。

[47] 张志超：《财政风险——成因、估测与防范》，中国财政经济出版社 2004 年版。

[48] 章江益：《财政分权条件下的地方政府负债——美国市政公债制度研究》，中国财政经济出版社 2009 年版。

[49] 中国人民银行价格监测分析小组：《2008 年价格监测分析报告》，经济科学出版社 2009 年版。

[50] 中国社会科学院财政与贸易经济研究所：《走向"共赢"的中国多级财政》，中国财政经济出版社 2005 年版。

[51] 中华人民共和国财政部：《2015 年政府收支分类科目》，中国财政经济出版社 2014 年版。

[52] 周成跃，周子康：《当代国债风险问题研究概况述评》，中国财政经济出版社 2004 年版。

[53] 周沅帆：《城投债——中国式市政债权》，中信出版社 2010 年版。

[54] 丛树海：《财政风险扩张与控制》，商务印书馆 2005 年版。

[55] 财政部：《国家财政困难与风险问题及振兴财政的对策研究》1996 年版。

[56] 城市化与土地制度改革课题组：《城市化，土地制度和经济可持续发展：以土地为依托的城市化到底能持续多久?》，世界银行研究报告，2005 年。

[57] 厉以宁：《中国对外经济与国际收支》，国际文化出版公司，1991 年版。

[58] 吴易风、王健、方松英：《市场经济和政府干预——新古典宏观经济学和新凯恩斯主义经济学研究》，商务印书馆 1998 年版。

[59] 安体富：《中国税制改革顶层设计问题研究》，载于《财经理论研究》2014 年第 12 期。

540

[60] 安毅：《我国中长期税制改革研究》，载于《税务研究》2010年第10期。

[61] 白景明：《我国公共财政债务风险的衡量》，载于《中国金融》2012年第5期。

[62] 鲍灵光：《西方税制优化理论综述》，载于《经济学动态》1998年第5期。

[63] 本课题组：《2009年我国宏观经济与财政政策分析报告——全球经济"绿色复苏"与"无就业增长"下的战略性财政政策构想》，载于《经济研究参考》2010年第18期。

[64] 郑志刚：《建立国有资本经营预算：筹措国有企业改革成本》，载于《财政研究》2006年第1期。

[65] 才国伟，钱金宝，鲁晓东：《外资竞争，行政效率与民营经济发展》，载于《世界经济》2012年第7期。

[66] 财科所课题组：《"十二五"时期我国地方政府性债务压力测试研究》，载于《经济研究参考》2012年第8期。

[67] "公共财政框架下的省域国有资本经营预算研究"课题组：《近年来国有资本经营预算研究进展综述》，载于《经济理论与经济管理》2009年第8期。

[68] 财政部财政科学研究所：《完善社会保险基金预算的法律问题研究报告》2011年第51期。

[69] 财政部财政科学研究所吉林省财政厅联合课题组：《中国财政体制改革研究》，载于《经济研究参考》2011年第50期。

[70] 蔡法山：《建立国有资本经营预算制度应当处理好三大基础关系》，载于《中国发展观察》2010年第7期。

[71] 蔡昉、都阳、高文书：《就业弹性，自然失业率和宏观经济政策》，载于《经济研究》2004年第9期。

[72] 蔡昉、王德文、都阳、王美艳：《技术效率，配置效率以及劳动力市场扭曲》，载于《经济学动态》2002年第8期。

[73] 蔡明超、费方域、朱保华：《中国宏观财政调控政策提升了社会总体效用吗?》，载于《经济研究》2009年第3期。

[74] 曹润林、宋尚恒：《积极财政政策下挤出效应评析》，载于《行政事业资产与财务》2009年第1期。

[75] 曹伟、周俊仰、罗浩：《汇率变动与就业关系研究——来自中国的经验证据》，载于《浙江金融》2011年第7期。

[76] 曹文华：《关于社会保险基金预算编制问题的探讨》，载于《财经界》

2013 年第 5 期。

　　[77] 曹协和、吴竞择、何志强:《货币政策,货币缺口与通货膨胀:基于中国的实证分析》,载于《国际金融研究》2010 年第 4 期。

　　[78] 邹蓉、张帆:《我国税收结构,资源配置与市场化实证分析——基于省际面板数据》,载于《华东经济管理》2015 年第 7 期。

　　[79] 常世旺、韩仁月:《效率损失,地区差距与省级最优税收负担》,载于《财贸研究》2011 年第 5 期。

　　[80] 陈冲:《政府公共支出对居民消费需求影响的动态演化》,载于《统计研究》2011 年第 5 期。

　　[81] 陈德球、李思飞、钟昀珈:《政府质量,投资与资本配置效率》,载于《世界经济》2012 年第 3 期。

　　[82] 陈工、洪礼阳:《财政分权对城乡收入差距的影响研究》,载于《财政研究》2012 年第 8 期。

　　[83] 陈莉:《我国宏观税负的现状及对策》,载于《财贸经济》2002 年第 10 期。

　　[84] 陈林:《什么是国有资本经营预算制度》,载于《求是》2014 年第 7 期。

　　[85] 陈敏、桂琦寒、陆铭、陈钊:《中国的经济增长如何持续发挥规模效应?》,载于《经济学(季刊期)》2007 年第 7 期。

　　[86] 陈少晖、朱珍:《省域国有资本经营预算制度的构建》,载于《经济纵横》2012 年第 2 期。

　　[87] 陈学安、侯孝国:《财政风险:特点,表现及防范对策》,载于《财政研究》2001 年第 3 期。

　　[88] 陈迅、余杰:《公共支出对我国技术效率的影响分析》,载于《财经研究》2005 年第 12 期。

　　[89] 陈彦斌:《中国经济增长与经济稳定:何者更为重要》,载于《管理世界》2005 年第 7 期。

　　[90] 陈彦斌:《中国经济周期的异质性信念与福利成本》,载于《管理世界》2007 年第 9 期。

　　[91] 陈艳利:《国有资本经营预算制度的构建:体系框架与难点解析》,载于《财政研究》2008 年第 10 期。

　　[92] 陈怡、周曙东、王洪亮:《外商直接投资对我国收入差距的影响——基于制造业工资基尼系数的实证分析》,载于《世界经济》2009 年第 5 期。

　　[93] 陈志勇、陈思霞:《制度环境,地方政府投资冲动与财政预算软约

束》，载于《经济研究》2014 年第 3 期。

[94] 成立为、孙玮、孙雁泽：《地方政府财政支出竞争与区域资本配置效率——区域制造业产业资本配置效率视角》，载于《公共管理学报》2009 年第 2 期。

[95] 安体富、高培勇：《社会主义市场经济体制与公共财政的构建》，载于《财贸经济》1993 年第 4 期。

[96] 程承坪、程鹏：《国有经济比重与中国经济增长波动的关系研究》，载于《湘潭大学学报（哲学社科版）》2014 年第 5 期。

[97] 程承坪、程鹏：《国有企业性质：市场与政府的双重替代物》，载于《当代经济研究》2013 年第 1 期。

[98] 邹昌波、林霞：《人民币汇率对国内通货膨胀的传递效应——来自中国省级面板数据的实证证据》，载于《经济问题》2011 年第 10 期。

[99] 程鹏：《高校 R&D 知识溢出与区域创新能力》，载于《教育与经济》2014 年第 6 期。

[100] 程鹏：《农村劳动力流动，产业结构调整与经济增长》，载于《产经评论》2014 年第 6 期。

[101] 程启智、李华：《区域经济非平衡发展的内在机理分析》，载于《经济纵横》2013 年第 5 期。

[102] 程启智、汪剑平：《区域经济非平衡发展：表现形式，根源与分析框架》，载于《江西社会科学》2009 年第 10 期。

[103] 踪家峰、胡艳、周亮：《转移支付能提升产业集聚水平吗?》，载于《数量经济技术经济研究》2012 年第 7 期。

[104] 丛明、胡哲一：《财政风险若干问题分析》，载于《经济研究参考》2001 年第 26 期。

[105] 丛树海、李生祥：《我国财政风险指数预警方法的研究》，载于《财贸经济》2004 年第 6 期。

[106] 戴祖祥：《我国贸易收支的弹性分析：1981～1995》，载于《经济研究》1997 年第 7 期。

[107] 单大栋等：《当前我国财政风险的主要问题及对策》，载于《宏观经济研究》2005 年第 8 期。

[108] 单晓红：《社保基金预算的方法，路径与机制解析》，载于《中国社会保障》2010 年第 3 期。

[109] 邓伟、向东进：《转型时期的国有经济与城乡收入差距——基于省级数据的实证分析》，载于《财贸经济》2011 年第 9 期。

[110] 邓小华、王宝宝、李颖：《欧洲主权债务危机的原因，模式及启示》，载于《经济问题探索》2011 年第 11 期。

[111] 邓子基、邓力平：《税收中性，税制调控和产业政策》，载于《财政研究》1995 年第 9 期。

[112] 邓子基、唐文倩：《2012 年政府公共支出的经济稳定效应研究》，载于《经济学动态》2012 年第 7 期。

[113] 邓子基、唐文倩：《我国财税改革与"顶层设计"——省以下分税制财政管理体制的深化改革》，载于《财政研究》2012 年第 2 期。

[114] 邓子基：《"国家分配论"与构建公共财政的基本框架》，载于《当代财经》1999 年第 5 期。

[115] 邓子基：《论国有资本经营预算》，载于《经济学动态》2006 年第 12 期。

[116] 丁从明、陈仲常：《价格波动与资源配置效率研究》，载于《统计研究》2010 年第 6 期。

[117] 丁从明、陈仲常：《经济增长为什么没有带来就业增加?》，载于《南方经济》2010 年第 1 期。

[118] 庄子银、邹薇：《公共支出能否促进经济增长：中国的经验分析》，载于《管理世界》2003 年第 7 期。

[119] 杜丽娟、贾康：《今年将是税制改革重要节点》，载于《中国经营报》2014 年 3 月 10 日 T04 版。

[120] 祝遵宏、张九如：《结构性减税的税制思考》，载于《财经科学》2011 年第 4 期。

[121] 鄂永剑、丁剑平：《实际汇率与就业——基于内生劳动力供给的跨期均衡分析》，载于《财经研究》2006 年第 4 期。

[122] 范晓莉：《城市化，财政分权与中国城乡收入差距相互作用的计量分析》，载于《现代财经》2012 年第 3 期。

[123] 范子英、张军：《财政分权，转移支付与国内市场整合》，载于《经济研究》2010 年第 3 期。

[124] 范子英、张军：《财政分权与中国经济增长的效率——基于非期望产出模型的分析》，载于《管理世界》2009 年第 7 期。

[125] 范子英、张军：《中国如何在平衡中牺牲了效率：转移支付的视角》，载于《世界经济》2010 年第 11 期。

[126] 方红生、张军：《中国地方地方政府竞争，预算软约束与扩张偏向的财政行为》，载于《经济研究》2009 年第 12 期。

[127] 方红生、朱保华：《价格水平决定的财政理论在中国的适用性检验》，载于《管理世界》2008 年第 3 期。

[128] 方红生：《FTPL 对于通货膨胀治理的政策含义——一个述评》，载于《当代经济管理》2010 年第 9 期。

[129] 方文全：《财政赤字，金融发展与经济增长：省级面板数据实证研究》，载于《金融评论》2011 年第 3 期。

[130] 祝志勇、吴垠：《内生型制度因子的财政风险分析框架——模型及实证分析》，载于《财经研究》2005 年第 2 期。

[131] 费茂清、石坚：《论我国地方税体系重构的目标与途径》，载于《税务研究》2014 年第 348 期。

[132] 冯海波、刘勇政：《多重目标制约下的中国房产税改》，载于《财贸经济》2011 年第 6 期。

[133] 冯兴元：《财政联邦制：政府竞争的秩序框架》，载于《制度经济学研究》2011 年第 1 期。

[134] 付荣：《中国农村金融发展对城乡收入差距影响的实证分析》，载于《税务与经济》2012 年第 2 期。

[135] 付文林、耿强：《税收竞争，经济集聚与地区投资行为》，载于《经济学（季刊期)》2011 年第 7 期。

[136] 付文林：《人口流动，增量预算与地方公共品的拥挤效应》，载于《中国经济问题》2012 年第 1 期。

[137] 傅强、朱浩：《中央政府主导下的地方政府竞争机制》，载于《公共管理学报》2013 年第 1 期。

[138] 傅晓霞、吴利学：《前沿分析方法在中国经济增长核算中的适用性》，载于《世界经济》2007 年第 7 期。

[139] 傅勇、张晏：《中国式分权与财政支出结构偏向：为增长而竞争的代价》，载于《管理世界》2007 年第 3 期。

[140] 傅振邦、陈先勇：《城市化，产业结构变动与城乡收入差距——以湖北省为例》，载于《中南财经政法大学学报》2012 年第 6 期。

[141] 高鹤：《财政分权，经济结构与地方政府行为：一个中国经济转型的理论框架》，载于《世界经济》2006 年第 10 期。

[142] 高培勇：《改革以来中国国债的实证分析》，载于《财贸经济》1995 年第 4 期。

[143] 高培勇：《论完善税收制度的新阶段》，载于《经济研究》2015 年第 2 期。

［144］高培勇：《新一轮税制改革评述：内容，进程与前瞻》，载于《财贸经济》2009 年第 2 期。

［145］高培勇：《由适应市场经济体制到匹配国家治理体系——关于新一轮财税体制改革基本取向的讨论》，载于《财贸经济》2014 年第 3 期。

［146］高亚军：《公共产品供给与税负轻重问题》，载于《税务研究》2008 年第 6 期。

［147］高亚军：《公共产品供给与税负轻重问题》，载于《税务研究》2008 年第 6 期。

［148］高远东、陈迅：《我国就业结构与外资 Geweke 因果关系分解检验》，载于《商业经济与管理》2010 年第 3 期。

［149］高志立、陈志国、王延杰：《财政风险及其构成内容的理论分析》，载于《财政研究》2001 年第 2 期。

［150］葛惟熹：《税收中性理论与实践》，载于《财政研究》1995 年第 9 期。

［151］葛新权、杨颖梅：《我国经济转轨期软预算约束与通货膨胀分析》，载于《数量经济技术经济研究》2012 年第 3 期。

［152］龚锋、雷欣：《中国式财政分权的数量测度》，载于《统计研究》2010 年第 10 期。

［153］龚锋、卢洪友：《公共支出结构，偏好匹配与财政分权》，载于《管理世界》2009 年第 1 期。

［154］龚刚：《积极财政政策宏观经济效益分析——基于宏观计量模型的研究》，载于《数量经济技术经济研究》2006 年第 12 期。

［155］龚六堂、邹恒甫、叶海云：《通货膨胀与社会福利损失》，载于《财经问题研究》2005 年第 8 期。

［156］龚六堂、邹恒甫：《财政政策与价格水平的决定》，载于《经济研究》2002 年第 2 期。

［157］龚六堂、邹恒甫：《政府公共开支的增长和波动对经济增长的影响》，载于《经济学动态》2001 年第 9 期。

［158］龚旻、张帆：《中国地方政府的"相机抉择依赖症"与地区经济波动》，载于《当代财经》2015 年第 3 期。

［159］龚玉泉、袁志刚：《中国经济增长与就业增长的非一致性及其形成机理》，载于《经济学动态》2002 年第 10 期。

［160］顾海兵、怀铁铮：《中国通货膨胀预警的初步研究》，载于《经济研究参考》1993 年第 5 期。

[161] 顾元媛：《寻租行为与 R&D 补贴效率损失》，载于《经济科学》2011年第 5 期。

[162] 官永彬、张应良：《转轨时期政府支出与居民消费关系的实证研究》，载于《数量经济技术经济研究》2008 年第 12 期。

[163] 官永彬：《财政转移支付对省际间财力不均等的贡献——基于基尼系数的分解》，载于《山西财经大学学报》2011 年第 1 期。

[164] 管清友：《欧洲主权债务危机的根源》，载于《中国经济周刊》2010年第 20 期。

[165] 郭杰、李涛：《中国地方政府间税收竞争研究——基于中国省级面板数据的经验证据》，载于《管理世界》2009 年第 11 期。

[166] 郭鹏辉、钱争鸣：《潜在产出——产出缺口与通货膨胀率关系研究》，载于《统计与信息论坛》2009 年第 4 期。

[167] 郭庆旺、贾俊雪、高立：《中央财政转移支付与地区经济增长》，载于《世界经济》2009 年第 12 期。

[168] 郭庆旺、贾俊雪、刘晓路：《财政政策与宏观经济稳定：情势转变视角》，载于《管理世界》2007 年第 5 期。

[169] 郭庆旺、贾俊雪：《地方政府行为，投资冲动与宏观经济稳定》，载于《管理世界》2006 年第 5 期。

[170] 郭庆旺、贾俊雪：《地方政府间策略互动行为，财政支出竞争与地区经济增长》，载于《管理世界》2009 年第 10 期。

[171] 郭庆旺、贾俊雪：《积极财政政策的全要素生产率增长效应》，载于《中国人民大学学报》2005 年第 4 期。

[172] 郭庆旺、贾俊雪：《中国潜在产出与产出缺口的估算》，载于《经济研究》2004 年第 5 期。

[173] 郭庆旺、吕冰洋、何乘才：《积极财政政策的乘数效应》，载于《财政研究》2004 年第 1 期。

[174] 郭庆旺、吕冰洋、何乘材：《李嘉图等价定理的实证分析：协整方法财政研究》，载于《财政研究》2003 年第 9 期。

[175] 郭庆旺：《最适课税论：所得课税与商品课税的比较》，载于《财经问题研究》1995 年第 7 期。

[176] 郭玉清：《化解地方政府债务的目标设计与制度选择》，载于《天津社会科学》2009 年第 6 期。

[177] 郭玉清：《逾期债务，风险状况与中国财政安全——兼论中国财政风险预警与控制理论框架的构建》，载于《经济研究》2011 年第 8 期。

[178] 国家发改委经济研究所课题组：《积极财政政策转型与财政可持续性研究》，载于《经济研究参考》2012 年第 2 期。

[179] 国家计委宏观经济研究院课题组：《积极财政政策暂不宜淡出》，载于《中国经济时报》2001 年 7 月 5 日。

[180] 国家统计课题组：《我国新一轮通货膨胀的主要特点及成因——〈通货膨胀趋势研究〉课题系列之一》，载于《统计研究》2005 年第 4 期。

[181] 国家信息中心新型城镇化建设课题组：《新型城镇化建设亟待重构地方税制》，载于《中国财政》2014 年第 2 期。

[182] 国务院发展研究中心"经济形势分析"课题组：《经济增长降中趋稳，宏观政策灵活微调》，载于《经济学动态》2010 年第 9 期。

[183] 国务院发展研究中心"经济形势分析"课题组：《经济增长降中趋稳，宏观政策灵活微调——2010 年上半年经济形势分析及全年展望》，载于《经济学动态》2010 年第 9 期。

[184] 国务院发展研究中心"制度创新与区域协调研究"课题组：《税收与税源背离的情况及其对区域协调发展的不利影响》，载于《发展研究》2011 年第 1 期。

[185] 郝春虹：《效率与公平兼顾的最优所得税：理论框架及最优税率估计》，载于《当代财经》2006 年第 2 期。

[186] 郝颖、刘星：《2011 年政府干预，资本投向与结构效率》，载于《管理科学学报》2011 年第 4 期。

[187] 朱建平、刘璐：《人民币汇率，国内总需求与通货膨胀——基于汇率传递理论的实证研究》，载于《经济理论与经济管理》2012 年第 3 期。

[188] 何强、董志勇：《中央转移支付对地方财政支出的影响机制及实证分析》，载于《统计研究》2015 年第 1 期。

[189] 贺大兴、姚洋：《社会平等，中性政府与中国经济增长》，载于《经济研究》2011 年第 1 期。

[190] 宏观经济研究院课题组：《公共服务供给中各级政府事权，财权划分问题研究》，载于《宏观经济研究》2005 年第 5 期。

[191] 洪功祥：《国有企业存在双重效率损失吗——与刘瑞明，石磊教授商榷》，载于《经济理论与经济管理》2011 年第 11 期。

[192] 洪源、罗宏斌：《财政赤字的通货膨胀风险——理论诠释与中国的实证分析》，载于《财经研究》2007 年第 4 期。

[193] 侯荣华、欧林宏：《中国财政风险的理论思考及实证分析》，载于《财政研究》2003 年第 6 期。

［194］胡爱华：《我国财政赤字的通货膨胀效应分析》，载于《商业时代》2011 年第 18 期。

［195］胡锋、贺晋兵：《我国财政风险形成原因的实证研究》，载于《保险研究》2010 年第 5 期。

［196］胡锋：《财政赤字率和政府收入赤字率研究》，载于《经济与管理研究》2010 年第 1 期。

［197］胡继晔：《对社会保障基金监管立法的几点思考》，载于《法制日报》2009 年 7 月 22 日。

［198］胡坚、王智强：《通货膨胀影响因素研究——基于 Probit 模型的实证分析》，载于《财政研究》2010 年第 11 期。

［199］胡蓉、劳川奇、徐荣华：《政府支出对居民消费具有挤出效应吗?》，载于《宏观经济研究》2011 年第 2 期。

［200］胡怡建：《我国税收改革发展的十大趋势性变化》，载于《税务研究》2015 年第 2 期。

［201］黄春蕾：《20 世纪 80 年代以来西方最优税收实证理论发展述评》，载于《税务研究》2002 年第 1 期。

［202］黄纯纯、周业安：《地方政府竞争理论的起源，发展及其局限》，载于《中国人民大学学报》2011 年第 3 期。

［203］朱翠萍、蒋智华：《政府财政支出的就业效应与政策建议》，载于《云南财经大学学报》2010 年第 3 期。

［204］黄剑雄：《西方最优税收理论的发展及其政策启示》，载于《财贸经济》2004 年第 2 期。

［205］黄少安、陈斌开、刘姿彤：《"租税替代"，财政收入与政府的房地产政策》，载于《经济研究》2012 年第 8 期。

［206］黄向梅、夏海勇：《我国通货膨胀风险与货币供给分析》，载于《统计与决策》2011 年第 15 期。

［207］黄新飞、舒元：《基于 VAR 模型的 FDI 与中国通货膨胀的经验分析》，载于《世界经济》2007 年第 10 期。

［208］黄益平、王勋、华秀萍：《中国通货膨胀的决定因素》，载于《金融研究》2010 年第 6 期。

［209］贾俊雪、郭庆旺、高立：《中央财政转移支付，激励效应与地区间财政支出竞争》，载于《财贸经济》2010 年第 11 期。

［210］贾俊雪、郭庆旺、赵旭杰：《地方政府支出行为的周期性特征及其制度根源》，载于《管理世界》2012 年第 2 期。

[211] 贾俊雪、宁静：《地方政府支出规模与结构的居民收入分配效应与制度根源》，载于《经济理论与经济管理》2011年第8期。

[212] 贾康、梁季：《我国地方税体系的现实选择：一个总体架构》，载于《改革》2014年第7期。

[213] 贾康、刘薇：《积极财政政策的理论与实践》，载于《中共中央党校学报》2009年第2期。

[214] 贾康、阎坤、鄢晓发：《总部经济，地区间税收竞争与税收转移》，载于《税务研究》2007年总第261期。

[215] 贾康：《"十二五"：中国税制改革展望》，载于《国家行政学院学报》2011年第4期。

[216] 贾康：《关于实施积极财政政策的要领》，载于《经济研究参考》2009年第1期。

[217] 贾晓俊、岳希明：《我国均衡性转移支付资金分配机制研究》，载于《经济研究》2012年第1期。

[218] 江俊龙、邹香、狄运中：《我国地方政府债务及其风险控制研究》，载于《经济问题》2011年第2期。

[219] 周云波：《城市化，城乡差距以及全国居民总体收入差距的变动——收入差距的倒U形假说的实证检验》，载于《经济学（季刊期）》2009年第4期。

[220] 姜竹、马文强：《"营改增"对地方财政稳定性的影响研究》，载于《中央财经大学学报》2013年第9期。

[221] 解保华、李彬联：《积极财政政策的冷思考》，载于《上海经济研究》2009年第12期。

[222] 金戈：《经济增长中的最优税收与公共支出结构》，载于《经济研究》2010年第11期。

[223] 金荣学、宋弦：《基于DEA的财政支出绩效实证分析——以湖北省为例》，载于《财政研究》2011年第8期。

[224] 金山、汪前元：《外部冲击的传递效应与中国的通货膨胀——基于VAR模型的实证分析》，载于《财贸经济》2011年第11期。

[225] 孔丹凤：《中国的货币政策，财政政策与物价稳定》，载于《山东大学学报（哲学社会科学版）》2012年第4期。

[226] 赖勤学、林文生：《试析我国地方税体系的制度安排》，载于《税务研究》2014年4月。

[227] 赖小琼、黄智淋：《财政分权，通货膨胀与城乡收入差距关系研究》，载于《厦门大学学报（哲学社会科学版）》2011年第1期。

［228］李保国：《步入社会保险基金管理工作的新阶段》，载于《中国社会保障》2010 年第 3 期。

［229］李昌达、曹萍：《通货膨胀，赤字，财政政策》，载于《四川财政》1996 年第 10 期。

［230］李春琦、唐哲一：《财政支出结构变动对私人消费影响的动态分析——生命周期视角下政府支出结构需要调整的经验证据》，载于《财经研究》2010 年第 6 期。

［231］周业安：《地方政府竞争与经济增长》，载于《中国人民大学学报》2003 年第 1 期。

［232］李方旺：《美国税制和税收征管的特点及启示》，载于《税务研究》2007 年第 8 期。

［233］李昊、迟国泰、路军伟：《我国地方政府债务风险及其预警：问题及对策》，载于《经济经纬》2010 年第 2 期。

［234］李华、任龙洋：《财政分权，预算约束与地方公共品供给效率》，载于《当代财经》2013 年第 3 期。

［235］李建强：《政府民生支出对居民消费需求的动态影响——基于状态空间模型的实证检验》，载于《财经研究》2010 年第 6 期。

［236］李江：《财政分权，地方政府竞争和区域经济增长》，载于《财经问题研究》2012 年第 2 期。

［237］李江：《财政分权，地方政府投资与通货膨胀——来自中国转型期的证据》，载于《经济问题》2012 年第 3 期。

［238］李金亮：《分配不公的根由和出路》，载于《南方经济》2010 年第 6 期。

［239］周业安、赵晓男：《地方政府竞争模式研究——构建地方政府间良性竞争秩序的理论和政策分析》，载于《管理世界》2002 年第 12 期。

［240］李力、杨柳：《对 1996～2005 年间我国通货膨胀成因的实证研究》，载于《理论月刊》2006 年第 1 期。

［241］李丽、吴秋余：《"营改增"谋一域而促全局》，载于《人民日报》2014 年 3 月 7 日第 9 版。

［242］李丽辉：《新预算法搭建现代财政制度框架》，载于《人民日报》2014 年第 9 期。

［243］李丽莎：《基于产业结构调整的扩大就业政策——以云南省实证研究为例》，载于《企业经济》2011 年第 3 期。

［244］李普亮：《财政农业支出，农民增收与城乡居民收入差距——基于省

级面板数据的实证》，载于《南方经济》2012年第8期。

[245] 李绍荣、耿莹：《中国的税收结构，经济增长与收入分配》，载于《经济研究》2005年第5期。

[246] 李生祥、丛树海：《中国财政政策理论乘数和实际乘数效应研究》，载于《财经研究》2004年第1期。

[247] 李涛、黄纯纯、周业安：《税收，税收竞争与中国经济增长》，载于《世界经济》2011年第4期。

[248] 李伟：《中国国债风险状况的实证分析与模型研究》，载于《中央财经大学学报》2009年第6期。

[249] 周业安、章泉：《财政分权，经济增长和波动》，载于《管理世界》2008年第3期。

[250] 李心源：《中国实施积极财政政策的财政风险分析》，载于《财政研究》2010年第5期。

[251] 李艳丽：《FDI对国内投资的挤入挤出效应——基于地区差异及资金来源结构视角的分析》，载于《经济学动态》2010年第10期。

[252] 李扬、张晓晶、常欣、汤铎铎、李成等：《中国主权资产负债表及其风险评估（上期）》，载于《经济研究》2012年第6期。

[253] 李扬、张晓晶、常欣、汤铎铎、李成等：《中国主权资产负债表及其风险评估（下期）》，载于《经济研究》2012年第7期。

[254] 李永刚、朱紫祎：《地方政府财政收入构成对其财政赤字规模的影响》，载于《经济研究参考》2014年第12期。

[255] 李永刚：《最优商品税理论与我国商品税设计实践》，载于《税务研究》2009年第11期。

[256] 李永友、丛树海：《我国财政支出时滞的测算与分析——兼论我国财政货币政策在宏观调控中的相对重要性》，载于《统计研究》2006年第10期。

[257] 李永友、丛树海：《我国相继财政支出的波动性研究》，载于《财经科学》2005年第1期。

[258] 李永友、沈坤荣：《辖区间竞争、策略性财政政策与FDI增长绩效的区域特征》，载于《经济研究》2008年第5期。

[259] 李永友：《我国经济波动与财政政策波动的关联性分析关联性分析——兼论我国财政政策的相机抉择与自动稳定机制》，载于《财贸经济》2006年第4期。

[260] 李永友：《我国税收负担对经济增长影响的经验分析》，载于《财经研究》2004年第12期。

[261] 李永友：《中国改革开放以来财政政策平滑经济波动的能力——基于传统 IS－LM 模型的实证分析》，载于《财经研究》2006 年第 7 期。

[262] 李勇刚、李祥：《财政分权，地方政府竞争与房价波动——中国 35 个大中城市的实证研究》，载于《软科学》2012 年第 1 期。

[263] 李增刚、韩相仪：《教育财政支出对基尼系数影响的理论分析与实证检验》，载于《财贸经济》2009 年第 8 期。

[264] 李志远：《我国税制结构优化探讨》，载于《税务研究》2008 年第 9 期。

[265] 安体富、任强：《公共服务均等化：理论，问题与对策》，载于《财贸经济》2007 年第 8 期。

[266] 梁发芾：《转移支付制度要解决监管难题》，载于《中国经营报》2015 年 2 月 9 日 E05 版。

[267] 梁涵：《地方政府竞争与集聚经济基于新经济地理学视角的评述》，载于《特区经济》2012 年第 8 期。

[268] 梁红梅：《转轨时期的财政风险及其防范与控制》，载于《财政研究》1999 年第 3 期。

[269] 梁琦：《内生经济增长理论的研究动态》，载于《经济学动态》第 5 期。

[270] 梁颖、葛新权：《全球金融危机下我国各地方政府的隐性债务扩张及其风险》，载于《经济研究导刊》2010 年第 2 期。

[271] 林毅夫、刘志强：《中国财政分权与经济增长》，载于《北京大学学报（哲学社会科学版）》2000 年第 4 期。

[272] 林治芬：《社会保险基金预算开启新征程》，载于《中国社会保障》2014 年第 10 期。

[273] 凌岚、张玲：《财政透明度的限度与效率：对一个分析框架的诠释》，载于《当代经济》2011 年第 6 期。

[274] 刘邦凡：《论优化社会保险基金预算制度的路径》，载于《中国商贸》2014 年。

[275] 刘大洪、张剑辉：《税收中性与税收调控的经济法思考》，载于《中南财经政法大学学报》2002 年第 4 期。

[276] 刘大洪、张剑辉：《税收中性与税收调控的经济法思考》，载于《中南财经政法大学学报》2002 年第 4 期。

[277] 刘桂花：《中国经济增长与就业增长的非一致性分析》，载于《经济与管理》2009 年第 4 期。

［278］刘宏杰、张亚博：《中国财政赤字与经济增长之间的经验研究》，载于《山东工商学院学报》2008 年第 4 期。

［279］刘家悦、王晗：《FDI 就业效应的状态空间模型估计——基于湖南省长株潭面板数据的实证研究》，载于《理论月刊》2010 年第 6 期。

［280］刘建徽、安然、周志波、李峦松：《包容性发展背景下中国地方税体系构建研究》，载于《宏观经济研究》2014 年第 6 期。

［281］刘洁、李文：《中国环境污染与地方政府税收竞争——基于空间面板数据模型的分析》，载于《中国人口资源与环境》2013 年第 4 期。

［282］周业安、冯兴元、赵坚毅：《地方政府竞争与市场秩序的重构》，载于《中国社会科学》2004 年第 1 期。

［283］刘俊英：《政府公共支出对区域经济协调发展的影响》，载于《经济问题探索》2013 年第 3 期。

［284］刘克庆：《我国货币增长与通货膨胀关系研究——基于 VAR 模型的脉冲响应和方差分解分析》，载于《上海金融学院学报》2012 年第 1 期。

［285］刘玲利、李建华：《基于随机前沿分析的我国区域研发资源配置效率实证研究》，载于《科学学与科学技术管理》2007 年第 12 期。

［286］刘溶沧、马珺：《税收中性：一个理论经济学的分析》，载于《经济学动态》1998 年第 12 期。

［287］刘溶沧、马拴友：《论税收与经济增长——对中国劳动，资本和消费征税的效应分析》，载于《中国社会科学》2002 年第 1 期。

［288］刘溶沧、马栓友：《赤字，国债与经济增长关系的实证分析——兼评积极财政政策是否有挤出效应》，载于《经济研究》2001 年第 2 期。

［289］刘瑞明、石磊：《国有企业的双重效率损失与经济增长》，载于《经济研究》2010 年第 1 期。

［290］刘瑞明：《金融压抑，所有制歧视与增长拖累——国有企业效率损失再考察》，载于《经济学（季刊期）》2011 年第 1 期。

［291］刘尚希、崔泽洋：《简政放权背景下的财政改革分析》，载于《新金融评论》2014 年第 2 期。

［292］刘尚希、隆武华、赵全厚：《论财政风险》，载于《财经问题研究》1997 年第 12 期。

［293］刘尚希、赵全厚：《政府债务：风险状况的初步分析》，载于《管理世界》2002 年第 5 期。

［294］刘尚希：《财政风险：从经济总量角度的分析》，载于《管理世界》2003 年第 7 期。

［295］刘尚希：《财政风险：一个分析框架》，载于《经济研究》2003 年第 5 期。

［296］刘尚希：《地方税改革关乎国家治理》，载于《经济体制改革》2015 年第 1 期。

［297］刘尚希：《基于国家治理的新一轮财政改革》，载于《当代经济管理》2013 年第 12 期。

［298］刘尚希：《如何看待地方债务》，载于《中国党政干部论坛》2010 年第 4 期。

［299］刘尚希：《准确把握财税改革的节奏》，载于《中国财政》2014 年第 4 期。

［300］刘少波、黄文青：《我国地方政府隐性债务状况研究》，载于《财政研究》2008 年第 9 期。

［301］刘士宁：《改革开放以来中国经济周期波动的影响因素研究》，博士论文，华中科技大学，2007 年。

［302］刘守英、蒋省三：《土地融资与财政和金融风险——来自东部一个发达地区的个案》，载于《中国土地科学》2005 年第 5 期。

［303］刘树成、韩朝华：《民营企业盲目投资冲动根源何在》，载于《学习月刊》2004 年第 11 期。

［304］刘树成：《新中国经济增长 60 年曲线的回顾与展望——兼论新一轮经济周期》，载于《经济学动态》2009 年第 10 期。

［305］刘伟、李传昭：《中国财政赤字与经常项目动态关系的实证分析》，载于《中央财经大学学报》2005 年第 9 期。

［306］刘霞辉：《对当前国内几个宏观经济问题的思考》，载于《经济学动态》2010 年第 6 期。

［307］刘笑霞、李建发：《中国财政透明度问题研究》，载于《厦门大学学报（哲学社会科学版）》2008 年第 6 期。

［308］刘砚华、赵琳：《财政政策与就业的互动关系及对策研究》，载于《东岳论丛》2012 年第 8 期。

［309］刘业政、刘军：《通货膨胀传导机制研究——基于货币供给和经济增长视角》，载于《经济与管理研究》2011 年第 10 期。

［310］刘一欧、黄静：《我国政府投资对民间投资的挤出（挤入）期效应研究——基于区域差异视角的面板数据分析》，载于《经济经纬》2012 年第 4 期。

［311］刘谊、刘星、马千真、陈园春：《地方财政风险监控体系的建立及实证分析》，载于《中央财经大学学报》2004 年第 7 期。

[312] 刘迎秋：《论中国现阶段的赤字率和债务率及其警戒线》，载于《经济研究》2001 年第 8 期。

[313] 马拴友：《中国公共部门债务和赤字的可持续性分析——兼评积极财政政策的不可持续性及其冲击》，载于《经济研究》2001 年第 8 期。

[314] 周绍朋、郭全中：《地方财政风险何以积重难返》，载于《经济研究参考》2005 年第 23 期。

[315] 刘元春：《中国通货膨胀成因的近期研究及其缺陷》，载于《经济学动态》2008 年第 10 期。

[316] 刘越飞、刘斌：《国外财政规则研究新进展及对我国的启示》，载于《金融理论与实践》2012 年第 8 期。

[317] 刘植才：《我国资源税制度改革发展的回顾与展望》，载于《税务研究》2014 年第 2 期。

[318] 刘志强：《财政风险的本质，特征及其转化机制研究》，载于《经济纵横》2011 年第 8 期。

[319] 刘志强：《债务危机的财政政策作用机制分析》，载于《社会科学战线》2012 年第 5 期。

[320] 刘宗明：《财政分权，房价上涨与消费抑制》，载于《财经科学》2012 年第 2 期。

[321] 柳欣，冯伟：《通货膨胀还是滞胀——对当前中国通货膨胀的分析》，载于《经济学动态》2008 年第 5 期。

[322] 柳欣：《滞胀与中国当前宏观经济政策的两难选择》，载于《经济学动态》2010 年第 6 期。

[323] 龙学成：《积极财政政策与财政稳定的关联：有国债负担率生发》，载于《改革》2008 年第 12 期。

[324] 楼国强：《竞争何时能有效约束政府》，载于《经济研究》2010 年第 12 期。

[325] 楼继伟：《深化财税体制改革建立现代财政制度》，载于《求是》2014 年第 20 期。

[326] 卢洪友、单新萍：《公民权利，民主预算与预算信息公开》，载于《财政研究》2012 年第 4 期。

[327] 卢洪友、龚锋：《政府竞争，"攀比效应"与预算支出受益外溢》，载于《管理世界》2007 年第 8 期。

[328] 钱宥妮：《菲利普斯曲线在中国经济中的实证研究》，载于《财经研究》2005 年第 6 期。

[329] 卢向前、戴国强:《人民币实际汇率波动对中国进出口的影响:1994～2003》,载于《经济研究》2005年第5期。

[330] 吕冰洋:《从市场扭曲看政府扩张:基于财政的视觉》,载于《中国社会科学》2014年第12期。

[331] 吕光明:《中国货币政策的宏观经济效应——基于不同中介目标SVAR模型的比较分析》,载于《财经问题研究》2012年第3期。

[332] 吕坚莉:《社会保险基金预算管理探析》,载于《当代会计》2014年第5期。

[333] 吕炜:《市场化进程与税制结构变动》,载于《世界经济》2004年第11期。

[334] 周黎安:《晋升博弈中政府官员的激励与合作——兼论我国地方保护主义和重复建设问题长期存在的原因》,载于《经济研究》2004年第6期。

[335] 马芳芳、田野:《中国货币供给量与通货膨胀关系的理论与实践》,载于《金融理论与实践》2011年第9期。

[336] 马国强:《税制结构基础理论研究》,载于《税务研究》2015年第1期。

[337] 马海涛、吕强:《我国地方政府债务风险问题研究》,载于《财贸经济》2004年第2期。

[338] 马海涛、任强、程岚:《我国中央和地方财力分配的合意性:基于"事权"与"事责"角度的分析》,载于《财政研究》2013年第4期。

[339] 马进、殷强:《地方发债与地方政府隐性债务问题研究》,载于《广西社会科学》2010年5月。

[340] 马骏、刘亚平:《中国地方政府财政风险研究:逆向软预算约束理论的视角》,载于《学术研究》2005年第11期。

[341] 马荣:《中国国有企业效率研究——基于全要素生产率增长及分解因素的分析》,载于《上海经济研究》2011年第2期。

[342] 马拴友、于红霞:《转移支付与地区经济收敛》,载于《经济研究》2001年第5期。

[343] 马拴友:《积极财政政策评价与展望》,载于《管理世界》2002年第5期。

[344] 马拴友:《中国公共部门债务和赤字的可持续性分析》,载于《经济研究》2001年第8期。

[345] 马拴友:《中国公共部门债务和赤字的可持续性分析——兼评积极财政政策的不可持续性及其冲击》,载于《经济研究》2001年第8期。

[346] 马拴友：《宏观税负，投资与经济增长：中国最优税率的估计》，载于《世界经济》2001 年第 9 期。

[347] 马柱、王洁：《地方融资平台成因探究——纵向财政竞争的新视野》，载于《经济学家》2013 年第 5 期。

[348] 毛夏鸾、任丽萍：《实施积极财政政策的理论与效应评价》，载于《税务研究》2009 年第 12 期。

[349] 米建国、倪红日：《中国财政赤字与债务规模预警系统的初步研究》，载于《涉外税务》1999 年第 8 期。

[350] 米增渝、刘霞辉、刘穷志：《经济增长与收入不平等：财政均衡激励政策研究》，载于《经济研究》2012 年第 2 期。

[351] 聂辉华、方明月、李涛：《增值税转型对企业行为和绩效的影响——以东北地区为例》，载于《管理世界》2009 年第 5 期。

[352] 欧林宏：《关于中国财政风险的几个问题》，载于《中央财经大学学报》2003 年第 10 期。

[353] 欧阳华生、刘明、余宇新：《我国税制税收超额负担定量研究：基于 CGE 模型框架的分析》，载于《财贸经济》2010 年第 1 期。

[354] 庞凤喜、潘孝珍：《财政分权与地方政府社会保障支出——基于省际面板数据的分析》，载于《财贸经济》2012 年第 2 期。

[355] 庞凤喜：《"营改增"与分税制财政体制重塑》，载于《中国财政》2014 年第 1 期。

[356] 逄锦聚：《新经济波动与宏观政策选择》，载于《南开经济研究》2004 年第 1 期。

[357] 裴育：《关于财政风险预警系统构建的基本思考》，载于《财政研究》2003 年第 7 期。

[358] 彭定赟：《中国区域基尼系数的测算及其非参数模型研究》，载于《中南财经政法大学学报》2012 年第 5 期。

[359] 彭红枫、鲁维洁：《外商直接投资的动态挤入挤出效应——基于全国及地区差异的分析和检验》，载于《世界经济研究》2011 年第 2 期。

[360] 彭志远：《现阶段我国政府债务"警戒线"的反思及债务风险的防范》，载于《管理世界》2000 年第 11 期。

[361] 亓寿伟、王丽蓉：《横向税收竞争与政府公共支出》，载于《税务研究》2013 年第 12 期。

[362] 钱海刚：《财政分权，预算软约束与地方政府恶性竞争》，载于《财政研究》2009 年第 3 期。

我国公共财政风险评估及其防范对策研究

[363] 卢文鹏:《中国经济转型中的政府担保与财政成本问题研究》,博士论文,2003 年。

[364] 乔宝云、范剑勇、冯兴元:《中国的财政分权与小学义务教育》,载于《中国社会科学》2005 年第 6 期。

[365] 乔宝云、范剑勇、彭骥鸣:《政府间转移支付与地方财政努力》,载于《管理世界》2006 年第 3 期。

[366] 秦朵、宋海岩:《改革中的过度投资需求和效率损失——中国分省固定资产投资案例分析》,载于《经济学(季刊)》2003 年第 4 期。

[367] 秦强:《中国财政分权与地方通货膨胀影响机制及其实证检验》,载于《经济研究参考》2011 年第 47 期。

[368] 卿定文、朱锡平:《最优税收理论及其政策含义》,载于《经济评论》2006 年第 4 期。

[369] 冉光和、李敬:《地方政府负债的生成机理与预警研究》,载于《中国软科学》2006 年第 9 期。

[370] 冉光和、汤芳桦:《我国非正规金融发展与城乡居民收入差距——基于省级动态面板数据模型的实证研究》,载于《经济问题探索》2012 年第 1 期。

[371] 沙文兵:《基于 VAR 模型的人民币有效汇率就业效应》,载于《商业研究》2010 年第 2 期。

[372] 厦门市地方税务局课题组:《新一轮财税改革与地方税体系建设的复合构想》,载于《福建论坛·人文社会科学版》2014 年第 7 期。

[373] 周克青、刘海二、吴碧英:《地方财政分权对地方科技投入的影响研究》,载于《财贸经济》2011 年第 10 期。

[374] 申亮:《财政分权,辖区竞争与地方政府投资行为》,载于《财经论丛》2011 年第 4 期。

[375] 沈坤荣、付文林:《税收竞争、地区博弈及其增长绩效》,载于《经济研究》2006 年第 6 期。

[376] 沈坤荣、付文林:《中国的财政分权制度与地区经济增长》,载于《管理世界》2005 年第 1 期。

[377] 沈坤荣:《中国经济转型期的政府行为与经济增长》,载于《管理世界》1998 年第 2 期。

[378] 沈沛龙、樊欢:《基于可流动性资产负债表的我国政府债务风险研究》,载于《经济研究》2012 年第 2 期。

[379] 施青军:《中国当前财政风险分析》,载于《财政研究》2000 年第 8 期。

[380] 施文泼:《新一轮税制改革对地方财政的影响及建议》,载于《中国财政》2013 年第 17 期。

[381] 史晨昱:《阿特金森:把社会价值引入对分配的度量》,载于《上海证券报》2007 年第 6(18)期。

[382] 宋涛、唐德善:《基于灰色数列预测和主成分分析的国债风险方程模型》,载于《统计与决策》2006 年第 2 期。

[383] 宋晓梧:《"三维市场经济"与地方政府职能界定》,载于《学术前沿》2013 年第 12 期。

[384] 孙犇、宋艳伟:《官员晋升,地方经济增长竞争与信贷资源配置》,载于《当代经济科学》2012 年第 1 期。

[385] 孙国相:《论防范和化解财政风险》,载于《财贸经济》2001 年第 2 期。

[386] 孙柳媚、王争:《转型时期的税收竞争,地方公共服务与经济表现》,载于《制度经济学研究》2009 年第 5 期。

[387] 孙文基:《公共治理和政治民主:我国预算透明度问题研究》,载于《财经问题研究》2013 年第 8 期。

[388] 孙文基:《开放经济下财政赤字和通货膨胀关系的理论分析》,载于《财政研究》2001 年第 5 期。

[389] 孙玉栋:《论我国税收政策对居民收入分配的调节——基于主体税制的税收政策视角》,载于《财贸经济》2009 年第 5 期。

[390] 覃毅:《我国现行增值税的超额负担——兼论税制结构效率》,载于《经济学动态》2013 年第 3 期。

[391] 唐雪松、周晓苏、马如静:《政府干预,GDP 增长与地方国企过度投资》,载于《金融研究》2012 年第 8 期。

[392] 唐志军、谌莹:《中国储蓄率远高于其他国家之原因探析——基于权力资源结构和地方政府竞争的视角》,载于《湖北经济学院学报》2011 年 11 月。

[393] 陶然、陆曦、苏福兵、汪晖:《地区竞争格局演变下的中国转轨:财政激励和发展模式反思》,载于《经济研究》2009 年第 7 期。

[394] 田青、高铁梅:《政府支出对居民消费的动态影响研究——基于可变参数模型的实证分析》,载于《社会科学辑刊》2008 年第 6 期。

[395] 田卫民:《省域居民收入基尼系数测算及其变动趋势分析》,载于《经济科学》2012 年第 2 期。

[396] 童本立、王美涵:《正确评价中国财政赤字的特殊风险》,载于《财政研究》2001 年第 12 期。

［397］涂立桥：《赤字财政引致通货膨胀的实证分析》，载于《预测》2008年第3期。

［398］汪昊：《我国税收超额负担变化，原因与对策——基于税收平滑模型的分析》，载于《财贸经济》2007年第5期。

［399］王彬：《财政政策，货币政策调控与宏观经济稳定——基于新凯恩斯主义垄断竞争模型的分析》，载于《数量经济技术经济研究》2010年第11期。

［400］王聪：《积极防范和化解财政风险的对策》，载于《经济研究参考》2000年第52期。

［401］王德祥、袁建国：《地方分税制改革与地方税制的完善》，载于《财经科学》2010年6月。

［402］王飞：《扩张性财政通胀风险之实证分析》，载于《发展研究》2012年第1期。

［403］王福重：《最优课税理论进展简评》，载于《税务研究》2005年第1期。

［404］王海霞：《金融危机环境下积极财政政策风险及其防范》，载于《财会研究》2009年第23期。

［405］王汉儒：《欧债危机爆发的再思考——基于国际货币体系视角的分析》，载于《当代财经》2012年第11期。

［406］王景升：《我国国有资本经营预算体系及运行机制研究》，载于《财经问题研究》2008年第11期。

［407］王能应：《地方财政风险现状，危害及防范》，载于《地方财政研究》2005年第5期。

［408］王宁：《中国财政赤字率和政府债务规模警戒线初探》，载于《财政研究》2005年第5期。

［409］王乔、伍红：《内外部经济失衡下我国税制改革取向》，载于《当代财经》2013年第3期。

［410］王守坤、任保平：《中国省级政府间财政竞争效应的识别与解析：1978~2006年》，载于《管理世界》2008年第11期。

［411］王威、潘若龙：《公共投资的就业效应——基于VAR模型的检验分析》，载于《社会科学战线》2009年第4期。

［412］周靖祥、何燕：《财政分权与区域平衡发展：理论逻辑及实践思路——基于文献研究的考释》，载于《经济社会体制比较》2013年第3期。

［413］王玮：《最低税负制：制度机理与政策选择》，载于《当代财经》2009年第11期。

[414] 王文甫：《动态随机一般均衡框架下的财政政策研究述评》，载于《经济学动态》2010年第7期。

[415] 王文甫：《非完全竞争市场、技术冲击和中国劳动就业——动态新凯恩斯主义视角》，载于《管理世界》2010年第1期。

[416] 王文甫：《价格粘性、流动性约束与中国财政政策的宏观效应——动态新凯恩斯主义视角》，载于《管理世界》2010年第9期。

[417] 王文剑、覃成林：《地方政府行为与财政分权增长效应的地区性差异——基于经验分析的判断，假说及检验》，载于《管理世界》2008年第1期。

[418] 王显勇：《社会保险基金预算法律制度研究》，载于《财经理论与实践》2012年第5期。

[419] 王翔、李凌：《财政分权和地区金融发展：基于中央政府视角的理论与实践》，载于《财政研究》2012年第4期。

[420] 王叙果、张广婷、沈红波：《财政分权，晋升激励与预算软约束——地方政府过度负债的一个分析框架》，载于《财政研究》2012年第3期。

[421] 王亚芬、梁云芳：《中国财政风险预警系统的建立与应用研究》，载于《财政研究》2004年第11期。

[422] 周坚卫、罗辉：《从"事与权"双视角界定政府间事权建立财力与事权相匹配的转移支付制度》，载于《财政研究》2011年第4期。

[423] 王雍君：《全球视野中的财政透明度：中国的差距与努力方向》，载于《国际经济评论》2003年第4期。

[424] 王玉华、孙雁冰：《最优税收理论与我国税制改革》，载于《当代财经》2006年第4期。

[425] 王振宁：《税收中性及其实用政策》，载于《财经问题研究》1995年第10期。

[426] 王志刚、龚六堂、陈玉宇：《地区间生产效率与全要素生产率增长率分解（1978~2003）》，载于《中国社会科学》2006年第2期。

[427] 魏浩、赵春明：《对外贸易对我国城乡收入差距影响的实证分析》，载于《财贸经济》2012年第1期。

[428] 魏加宁、宁静、朱太辉：《我国政府性债务测算框架和风险评估研究》，载于《金融监管研究》2012年第11期。

[429] 魏杰、谭伟：《我国收入分配不公的内涵和现状》，载于《财政研究》2006年第1期。

[430] 魏陆：《财政政策与经常项目赤字关系研究》，载于《中央财经大学学报》2001年第10期。

［431］魏蓉蓉、崔超：《货币供给，通货膨胀，经济增长之间关系的实证研究——基于 2006~2010 年数据的分析》，载于《经济问题》2011 年第 9 期。

［432］文娟、孙楚仁：《国际贸易对我国收入分配的影响——基于基尼系数的实证分析》，载于《国际贸易》2008 年第 11 期。

［433］文宗瑜：《国有资本经营预算如何与公共收支预算对接》，载于《财政研究》2008 年第 1 期。

［434］吴厚德：《略论财政风险及其防范》，载于《财政研究》2001 年第 3 期。

［435］吴京芳：《对我国税制结构的分析及建议》，载于《税务研究》2006 年第 11 期。

［436］吴净：《我国区域经济协调发展中若干理论问题思考——兼析区域经济协调发展的本质与内涵》，载于《区域经济评论》2013 年 6 月。

［437］吴俊培、陈思霞：《税收和政府转移支付的经济稳定效应分析》，载于《税务研究》2013 年第 7 期。

［438］吴俊培、龚旻：《基于公共预算中性的事权划分及其财力约束研究》，载于《财政研究》2015 年第 5 期。

［439］吴俊培、龚旻：《试析我国增值税的非中性效应》，载于《税务研究》2014 年第 7 期。

［440］吴俊培、胡文贤：《论最优税收理论与我国税制改革》，载于《湖北财税》2002 年第 7 期。

［441］吴俊培、李淼焱：《财政联邦主义理论述评》，载于《财政监督》2012 年第 33 期。

［442］吴俊培、王宝顺：《我国省际间税收竞争的实证研究》，载于《当代财经》2012 年第 4 期。

［443］吴俊培、张斌：《中国市场经济体制建构中的财政风险》，载于《财贸经济》2012 年第 1 期。

［444］吴俊培、张帆、龚旻：《我国一般税与市场化程度关系的实证研究》，载于《税务研究》2015 年第 4 期。

［445］吴俊培、张帆：《对我国税收收入结构分析及改革方向探讨》，载于《经济问题探索》2014 年第 5 期。

［446］吴俊培、张帆：《基于税收管理体制对中国税制改革探讨》，载于《中央财经大学学报》2015 年第 1 期。

［447］吴俊培、张青：《我国税制改革的优化路径——最优税收理论模型及政策分析》，载于《税务研究》2003 年第 5 期。

[448] 吴旬：《土地价格、地方政府竞争与政府失灵》，载于《中国土地科学》2004 年第 2 期。

[449] 吴延斌：《自主研发，技术引进与生产率——基于中国地区工业的实证研究》，载于《经济研究》2008 年第 8 期。

[450] 安体富：《我国宏观税负水平多维视角解析》，载于《广东商学院学报》2011 年第 1 期。

[451] 伍文中：《新疆财政风险的评估》，载于《新疆财经》2010 年第 6 期。

[452] 武剑：《外国直接投资的区域分布及其经济增长效应》，载于《经济研究》2002 年第 4 期。

[453] 武彦民：《我国积极财政政策实施前后财政风险的变动分析——兼议财政政策转型依据》，载于《财贸经济》2007 年第 12 期。

[454] 武彦民：《中国财政风险的现实性和可控性》，载于《经济理论与经济管理》2003 年第 4 期。

[455] 席建国、洪琦：《我国各省要素配置效率变化率的测算——基于随机前沿模型》，载于《江西社会科学》2011 年第 4 期。

[456] 席卫群、张友斗、张帆：《我国转移支付制度对市场化影响研究》，载于《财政研究》2015 年第 5 期。

[457] 夏少刚：《财政赤字与经济增长的定量研究》，载于《财经问题研究》2004 年第 1 期。

[458] 肖鹏、李燕：《预算透明：环境基础，动力机制与提升路径》，载于《财贸经济》2011 年第 1 期。

[459] 肖鹏：《基于防范财政风险视角的中国政府会计改革探讨》，载于《会计研究》2010 年第 6 期。

[460] 谢建国：《外商直接投资，实际有效汇率与中国的贸易盈余》，载于《管理世界》2005 年第 9 期。

[461] 钟惠波、许培源：《地方政府竞争，重复建设及其规制政策分析》，载于《运筹与管理》2012 年 6 月。

[462] 谢旭人：《深入学习十八届三中全会精神深化财税体制改革建立现代财政制度》，载于《财政研究》2014 年第 2 期。

[463] 谢志平、王红华：《中国地方政府间良性竞争机制探析》，载于《东北财经大学学报》2012 年第 3 期。

[464] 谢作诗、李善杰：《软预算约束的原因与性质：综述及评论》，载于《产业经济评论》2012 年第 3 期。

[465] 辛晓宁：《新形势下全面提高社会保险基金预算管理水平的思考》，载于《现代经济信息》2014 年第 10 期。

[466] 中国经济增长与宏观稳定课题组：《增长失衡与政府责任——基于社会性支出角度的分析》，载于《经济研究》2006 年第 10 期。

[467] 徐海霞：《周期性失业与宏观财政政策的就业效应》，载于《首都经济贸易大学学报》2011 年第 5 期。

[468] 徐旭川、杨丽琳：《公共投资就业效应的一个解释——基于 CES 生产函数的分析及其检验》，载于《数量经济技术经济研究》2006 年第 11 期。

[469] 徐仲昆：《通货膨胀基本结构及其货币政策调控反思》，载于《财经科学》2011 年第 9 期。

[470] 许涤龙、何达之：《财政风险指数预警系统的构建与分析》，载于《财政研究》2007 年第 1 期。

[471] 许梦博、王泽彩：《结构性视角：事权与支出责任的适应性浅析》，载于《财政研究》2014 年第 1 期。

[472] 许雄奇、张宗益：《财政赤字，金融深化与通货膨胀——理论分析和中国经验的实证检验（1978～2002）》，载于《管理世界》2004 年第 9 期。

[473] 许雄奇、张宗益：《财政赤字与贸易收支不平衡——来自中国经济的经验证据》，载于《世界经济》2006 年第 2 期。

[474] 许召元：《中国的潜在产出，产出缺口及产量—通货膨胀交替关系—基于"Kalman 滤波"方法的研究》，载于《数量经济技术经济研究》2005 年第 12 期。

[475] 薛钢：《我国宏观税负的经济分析与优化路径》，载于《中南财经政法大学学报》2011 年第 3 期。

[476] 薛青：《论积极财政政策与财政风险》，载于《改革与战略》2004 年第 1 期。

[477] 闫坤、于树一：《论我国政府间财政支出责任的"错配"和"纠错"》，载于《财政研究》2013 年第 8 期。

[478] 闫坤：《积极财政政策的通货膨胀分析》，载于《税务研究》2002 年第 6 期。

[479] 严成樑、龚六堂：《财政支出、税收与长期经济增长》，载于《经济研究》2009 年第 6 期。

[480] 严成樑、王弟海、龚六堂：《政府财政政策对经济增长的影响》，载于《南开经济研究》2010 年第 1 期。

[481] 阎坤、王进杰：《最优税制改革理论研究》，载于《税务研究》2002

年第 1 期。

［482］阎坤：《积极财政政策的通货膨胀风险分析》，载于《税务研究》2002 年第 6 期。

［483］阎坤：《积极财政政策与通货膨胀关系研究》，载于《财贸经济》2002 年第 4 期。

［484］颜燕等：《基于土地出让行为的地方政府竞争与经济增长》，载于《城市发展研究》2013 年 3 月。

［485］杨斌：《对西方最优税收理论之实践价值的质疑》，载于《管理世界》2005 年第 8 期。

［486］杨斌：《关于用西方最优税收理论指导税制改革的论辩》，载于《厦门大学学报（哲学社会科学版)》2005 年第 7 期。

［487］中国工商银行投资银行课题组：《地方债务风险的衡量，分布与防范》，载于《金融论坛》2011 年第 1 期。

［488］杨灿明：《关于国家财政的公共性问题》，载于《财政研究》1999 年第 9 期。

［489］杨传喜、李平、张俊飚：《基于投入的科技资源配置效率及其分解研究》，载于《科技进步与对策》2011 年第 16 期。

［490］杨帆：《浅谈全口径预算改革》，载于《理论界》2014 年第 6 期。

［491］杨光：《怎样理解提高一般转移支付的占比》，载于《中国财经报》2015 年 2 月 10 日第 7 版。

［492］杨海水：《地方政府竞争理论的发展述评》，载于《经济学动态》2004 年第 10 期。

［493］杨华军、胡弈明：《制度环境与自由现金流的过度投资》，载于《管理世界》2009 年第 9 期。

［494］杨俊、王燕：《积极财政政策与私人投资关系的区域差异——基于中国东、中、西部面板数据的检验与分析》，载于《财经科学》2007 年第 5 期。

［495］杨小军：《关注财政风险》，载于《资本市场》1999 年第 7 期。

［496］杨亚军、杨兴龙、孙芳城：《基于风险管理的地方政府债务会计系统构建》，载于《审计研究》2013 年第 3 期。

［497］杨溢：《货币供应与通货膨胀的动态关系研究》，载于《经济理论与经济管理》2011 年第 7 期。

［498］杨志勇：《地方债启动之配套条件研究》，载于《地方财政研究》2009 年第 4 期。

［499］杨志勇：《“十二五”时期的财政体制改革》，载于《经济研究参考》

2011 年第 4 期。

[500] 杨志勇：《政府预算管理制度演进逻辑与未来改革》，载于《南京大学学报》2009 年第 5 期。

[501] 姚洋、杨雷：《制度供给失衡和中国财政分权的后果》，载于《战略与管理》2003 年第 3 期。

[502] 叶子荣、林翰：《我国的税收竞争异化与税权制度创新》，载于《税务研究》2007 年第 2 期。

[503] 殷波：《货币超发是中国通货膨胀的根源吗？——基于 DSGE 模型不确定均衡解的分析》，载于《国际金融研究》2012 年第 3 期。

[504] 殷德生：《最优财政分权与经济增长》，载于《世界经济》2004 年第 11 期。

[505] 于东山、娄成武：《中国地方政府竞争理论研究的缘起、现状与展望》，载于《东北大学学报（社会科学版）》2010 年 7 月。

[506] 于佳：《论积极财政政策下的国债挤出效应》，载于《学术交流》2012 年第 4 期。

[507] 余永定：《财政稳定问题研究的一个理论框架》，载于《世界经济》2000 年第 6 期。

[508] 余长林：《财政分权、公共品供给与中国城乡收入差距》，载于《中国经济问题》2011 年第 5 期。

[509] 袁德宇：《公共投资与区域就业变动——基于动态面板数据模型的经验分析》，载于《上海财经大学学报》2010 年第 6 期。

[510] 袁浩然、欧阳晓：《大国地方政府间税收竞争策略研究——基于中国经验数据的空间计量面板模型》，载于《湖南师范大学学报》2012 年第 5 期。

[511] 袁佩佳：《资产负债管理框架下的地方财政可持续性分析》，载于《地方财政研究》2006 年第 3 期。

[512] 岳树民：《优化税制结构的理论分析和我国的现实选择》，载于《税务研究》1996 年第 12 期。

[513] 张春霖：《如何评估中国政府债务的可持续性?》，载于《经济研究》2000 年第 2 期。

[514] 张国生：《改进我国政府资产负债表的思考》，载于《财经论丛》2006 年第 3 期。

[515] 张恒龙、陈宪：《财政竞争对地方公共支出结构的影响——以中国的招商引资竞争为例》，载于《经济社会体制比较》2006 年第 6 期。

[516] 中国地方政府竞争课题组：《中国地方政府竞争与公共物品融资》，

载于《财贸经济》2002 年第 10 期。

[517] 郑思齐、师展：《土地财政下的土地和住宅市场：对地方政府行为的分析》，载于《广东社会科学》2011 年第 2 期。

[518] 张金清、赵伟：《开放经济条件下中国潜在产出水平的估算与解析——基于新凯恩斯主义的理论框架》，载于《数量经济技术经济研究》2009 年第 1 期。

[519] 张璟、沈坤荣：《地区政府干预，区域金融发展与中国经济增长方式转型——基于财政分权背景的实证研究》，载于《南开经济研究》2008 年第 6 期。

[520] 张军、高远、傅勇、张弘：《中国为什么拥有了良好的基础设施》，载于《经济研究》2007 年第 3 期。

[521] 张军、孙宁：《从李斯特经济增长理论到现代经济增长理论的演变》，载于《经济学动态》1995 年第 3 期。

[522] 张军、吴桂英、张吉鹏：《中国省际物质资本存量估算：1952 ~ 2000》，载于《经济研究》2004 年第 10 期。

[523] 张军：《道格拉斯·诺斯的经济增长理论述评》，载于《经济学动态》1994 年第 5 期。

[524] 张雷宝、胡志文：《中国财政风险两大警戒线的测算研究》，载于《财经论丛》2009 年第 6 期。

[525] 张明：《流动性过剩的测量，根源和风险涵义》，载于《世界经济》2007 年第 11 期。

[526] 张明喜、丛树海：《中国财政风险非线性预警系统——基于 BP 神经网络的研究》，载于《经济管理》2009 年第 5 期。

[527] 张鹏：《初始条件，地方政府竞争与自我发展能力：中国区域经济转型的演化路径》，载于《经济问题探索》2012 年第 4 期。

[528] 张日旭：《地方政府竞争引起的产能过剩问题研究》，载于《经济与管理》2012 年第 11 期。

[529] 张舒：《我国国有资本经营预算理论研究进展及评述》，载于《财政研究》2013 年第 1 期。

[530] 张维迎、栗树和：《地区间竞争与中国国有企业民营化》，载于《经济研究》1998 年第 12 期。

[531] 张侠、刘小川：《完善我国财政转移支付制度研究——基于公共服务均等化的视角》，载于《现代管理科学》2015 年第 2 期。

[532] 张馨、康锋莉：《中国相机抉择型财政政策：时间一致性分析》，载于《管理世界》2007 年第 9 期。

［533］张馨：《"公共财政"与"国家财政"关系析辨》，载于《财政研究》1997 年第 11 期。

［534］张馨：《论公共财政》，载于《经济学家》1997 年第 1 期。

［535］张延：《积极财政政策的中长期后果：通货膨胀—凯恩斯主义模型对 1992～2009 年中国数据的检验》，载于《经济学动态》2010 年第 1 期。

［536］张晏、龚六堂：《分税制改革，财政分权与中国经济增长》，载于《经济学（季刊期）》2005 年第 10 期。

［537］张友斗、苗杨、张帆：《美国税制特点分析及对我国的启示》，载于《国际税收》2013 年第 11 期。

［538］张治觉、吴定玉：《我国政府支出对居民消费产生引致还是挤出效应——基于可变参数模型的分析》，载于《数量经济技术经济研究》2007 年第 5 期。

［539］张治觉、张亮亮：《政府分类支出对居民消费产生引致还是挤出效应——基于 ECM 模型的分析》，载于《消费经济》2012 年第 3 期。

［540］赵和楠：《财政支农，基本公共服务均等化与城乡收入差距调节》，载于《地方财政研究》2012 年第 2 期。

［541］赵倩：《财政信息公开与财政透明度：理念，规则与国际经验》，载于《财贸经济》2009 年第 11 期。

［542］赵全厚：《中央与地方政府债务管理的演进及改革取向》，载于《地方财政研究》2009 年 12 月。

［543］赵文哲、董丽霞：《中国通货膨胀结构性变化的财政分权机制研究》，载于《国际金融研究》2011 年第 9 期。

［544］赵文哲、周业安：《基于省级面板的财政支出与通货膨胀关系研究》，载于《经济研究》2009 年第 10 期。

［545］赵昕东、耿鹏：《中国通货膨胀成因分解研究》，载于《数量经济技术经济研究》2010 年第 10 期。

［546］赵昕东、许志宏：《基于 P2 – Star 指示器的通货膨胀预测模型及应用》，载于《数量经济技术经济研究》2007 年第 10 期。

［547］赵志芳：《我国社保体系改革须建立市场化理念》，载于《工会信息》2015 年第 5 期。

［548］赵志耘、郭庆旺：《税制改革分析的理论基础》，载于《税务研究》2001 年第 3 期。

［549］赵志耘、吕冰洋：《财政支出支出对宏观经济体系的时滞分析》，载于《财贸经济》2006 年第 10 期。

569

　　[550] 郑功成：《从国家—单位保障制走向国家—社会保障制——30年来中国社会保障改革与制度变迁》，载于《社会保障研究》2008年第2期。

　　[551] 郑功成：《中国社会保障制度变革挑战》，载于《决策探索（下半月）》2014年第1期。

　　[552] 郑群峰、王迪、阙大学：《中国政府投资挤出，挤入期效应空间计量研究》，载于《财贸研究》2011年第3期。

　　[553] 张洪洁：《中国政府间转移支付均衡的博弈分析》，博士论文，上海社会科学院，2008年。

　　[554] 张恒龙：《转型期中国政府间财政关系研究》，博士论文，上海社会科学院，2006年。

　　[555] 杨波：《地方政府融资及其风险分担机制研究》，博士论文，财政部财政科学研究所，2008年。

　　[556] 徐承彦：《论转型期地方政府公共管理行为——从企业家型政府角度的分析考察》，博士论文，厦门大学，2003年。

　　[557] 谢群：《中国地方政府债务研究》，博士论文，财政部财政科学研究所，2013年。

　　[558] 王寅寅：《地方政府收支，财政分权与通货膨胀》，硕士论文，复旦大学，2011年。

　　[559] 王威：《我国积极财政政策的财政风险分析》，博士学位论文，吉林大学，2010年。

　　[560] 尚海涛：《陕西省地方财政风险实证研究》，博士论文，西北大学，2010年。

　　[561] 马汴京：《我国地区经济差距影响因素实证研究》，博士论文，华中科技大学，2011年。

　　[562] 周黎安：《中国地方官员的晋升锦标赛模式研究》，载于《经济研究》2007年第7期。

　　[563] 刘玉龙：《最优税收理论研究——劳动价值论观点》，博士论文，厦门大学，2002年。

　　[564] 刘俊华：《转型期地方财政风险的经济分析与防范》，博士论文，西北大学，2006年。

　　[565] 李曦：《中国现阶段税制结构合理性判别与优化研究》，博士学位论文，浙江大学，2012年。

　　[566] 李经纬：《经济社会学视角中的地方政府债务风险问题》，博士论文，复旦大学，2012年。

［567］李凡：《转移支付、财力均衡与基本公共服务均等化》，博士论文，山东大学，2013 年。

［568］江庆：《中国多级政府间财政不均衡性研究》，博士论文，厦门大学，2007 年。

［569］黄晖：《中国区域经济非均衡发展的制度分析》，博士论文，湖南大学，2012 年 12 月。

［570］何达之：《中国财政风险预警系统的构建与应用》，硕士学位论文，湖南大学，2007 年。

［571］方振：《财政分权，政府竞争与非经济性公共品供给》，硕士论文，复旦大学，2013 年。

［572］杜威：《中国经济转轨时期地方政府债务风险问题研究》，博士论文，辽宁大学，2006 年。

［573］丁从明：《财政分权，经济波动及其效率损失研究》，重庆大学博士学位论文，2011 年。

［574］仇娟东：《中国区域经济增长效率集聚与地区差距研究——基于空间经济学视角的实证分析》，博士论文，西北大学，2013 年。

［575］程俊峰：《促进就业的财政政策研究》，博士学位论文，财政部财政科学研究所 2010 年。

［576］曾明：《财政转移支付政策效应研究》，博士论文，南开大学，2009 年。

［577］Akyüz Y. Debt sustainability in emerging markets: a critical appraisal ［M］. Third World Network（TWN），2010.

［578］Alm J. Municipal Finance of Urban Infrastructure: Knowns and Unknowns ［M］. Wolfensohn Center for Development at Brookings，2010.

［579］Anselin L. Spatial econometrics: methods and models ［M］. Springer Science & Business Media，2013.

［580］Ball L. M. , Sheridan N. Does inflation targeting matter? ［M］//The inflation-targeting debate. University of Chicago Press，2004: 249 – 282.

［581］Baltagi B. Econometric analysis of panel data ［M］. John Wiley & Sons，2008.

［582］Battese G. E. , Coelli T. J. Frontier production functions, technical efficiency and panel data: with application to paddy farmers in India ［M］. Springer Netherlands，1992.

［583］Bernanke B. S. , Laubach T. , Mishkin F. S. Inflation targeting: lessons from the international experience ［M］. Princeton University Press，2001.

571

［584］Brixi H. P. Contingent Government Liabilities: A Hidden Risk for Fiscal Stability ［M］. World Bank, 1998.

［585］Buchanan J. M. Public Principles Of Public Debt A Defense and Restatement ［M］. 1958.

［586］Cebotari A. Fiscal risks: sources, disclosure, and management ［M］. Intl Monetary Fund, 2009.

［587］Cottarelli C. , Schaechter A. Long-term trends in public finances in the G – 7 economies ［M］. Washington, DC: International Monetary Fund, 2010.

［588］Cullis J. , Jones P. , Jones P. R. Public finance and public choice: analytical perspectives ［M］. Oxford University Press, 2009: 423 – 452.

［589］Das T. Contingent liability management: a study on India ［M］. Commonwealth Secretarial, 2002.

［590］Eugster B, Parchet R. Culture and taxes: towards identifying tax competition ［M］. Department of Economics, University of St. Gallen, 2013.

［591］Goldsmith R. W. The National Balance Sheet of the United States for 1975 ［M］//The National Balance Sheet of the United States, 1953 – 1980. University of Chicago Press, 1982: 41 – 56.

［592］Guscina A. Impact of Macroeconomic, Political, and Institutional Factorson the Structure of Government Debt in Emerging Market Countries ［M］. International Monetary Fund, 2008.

［593］Heclo H. , Wildavsky A. B. The private government of public money: community and policy inside British politics ［M］. Univ of California Press, 1974.

［594］International Monetary Fund. Fiscal Affairs Department. Manual on Fiscal Transparency (2007) ［M］. International Monetary Fund, 2007.

［595］Jenkner M. E. , Lu Z. Sub – National Credit Risk and Sovereign Bailouts: Who Pays the Premium? ［M］. International Monetary Fund, 2014.

［596］Khan A. , Hildreth W. B. Budget Theory in the public sector ［M］. Greenwood Publishing Group, 2002.

［597］Kopits M. G. , Craig M. J. D. Transparency in government operations ［M］. International monetary fund, 1998.

［598］Lee R. D. , Johnson R. W. , Joyce P. G. Public budgeting systems ［M］. Jones & Bartlett Publishers, 2012.

［599］Llanto G. M. Dealing with contingent liabilities: the Philippines ［M］// Fiscal Policy and Management in East Asia, NBER – EASE, Volume 16. University of

Chicago Press, 2007: 257 – 284.

[600] McHugh M. J. , Petrova I. , Baldacci M. E. Measuring fiscal vulnerability and fiscal stress: A proposed set of indicators [M]. International Monetary Fund, 2011.

[601] Musgrave R. A. Fiscal systems [M]. Yale university press, 1969.

[602] North D. C. , Thomas R. P. The rise of the western world: A new economic history [M]. Cambridge University Press, 1973.

[603] North D. C. Institutions, institutional change and economic performance [M]. Cambridge university press, 1990.

[604] Olson M. Power And Prosperity: Outgrowing Communist And Capitalist Dictatorships: Outgrowing Communist and Capitalist Dictatorships [M]. Basic books, 2000.

[605] Poterba J. M. , von Hagen J. Introduction to "Fiscal Institutions and Fiscal Performance" [M]//Fiscal Institutions and Fiscal Performance. University of Chicago Press, 1999: 1 – 12.

[606] Robinson J. , Acemoglu D. , Johnson S. Institutions as the Fundamental Cause of Long – Run Growth [M]. National Bureau of Economic Research, 2004.

[607] Romer D. , Chow C. Advanced Macroeconomic Theory [M]. Mcgraw-hill, 1996.

[608] Stern N. The theory of optimal commodity and income taxation: an introduction [M]. Oxford University Press, 1987: 22 – 59.

[609] Stiglitz J. E. Economics of the public sector [M]. WW Norton, 1988.

[610] Sundrum R. M. Income distribution in less developed countries [M]. Psychology Press, 1992.

[611] Tanzi V. Government versus markets: The changing economic role of the state [M]. Cambridge University Press, 2011.

[612] Timofeev A. Fiscal decentralization and soft budget constraints [M]. Economics Education and Research Consortium, 2002.

[613] Wooldridge J. Introductory econometrics: A modern approach [M]. Cengage Learning, 2012.

[614] Yläoutinen S. Fiscal frameworks in the Central and Eastern European countries [M]. Helsinki: Ministry of Finance, 2004.

[615] Abdullah H. , Mustafa M. M. , Dahalan J. An Empirical Study On Fiscal Sustainability In Malaysia [J]. International Journal of Academic Research in Business

and Social Sciences, 2012, 2 (1): 72 – 90.

[616] Abell J. D. Twin deficits during the 1980s: An empirical investigation [J]. Journal of macroeconomics, 1991, 12 (1): 81 – 96.

[617] Abrams B. A. The effect of government size on the unemployment rate [J]. Public Choice, 1999, 99 (3 – 4): 395 – 401.

[618] Afonso A. , Furceri D. Government size, composition, volatility and economic growth [J]. European Journal of Political Economy, 2010, 26 (4): 517 – 532.

[619] Aigner D. , Lovell C. A. K. , Schmidt P. Formulation and estimation of stochastic frontier production function models [J]. journal of Econometrics, 1977, 6 (1): 21 – 37.

[620] Aizenman J. , Pasricha G. K. Fiscal Fragility: What the Past may say about the Future [R]. National Bureau of Economic Research, 2010.

[621] Akai N. , Sakata M. Fiscal decentralization contributes to economic growth: evidence from state-level cross-section data for the United States [J]. Journal of urban economics, 2002, 52 (1): 93 – 108.

[622] Albuquerque B. Fiscal institutions and public spending volatility in Europe [J]. Economic Modelling, 2011, 28 (6): 2544 – 2559.

[623] Alesina A. , Campante F. R. , Tabellini G. Why is fiscal policy often procyclical? [J]. Journal of the european economic association, 2008, 6 (5): 1006 – 1036.

[624] Alesina A. , Perotti R. Income distribution, political instability, and investment [J]. European economic review, 1996, 40 (6): 1203 – 1228.

[625] Alm J. What is an "optimal" tax system? [J]. National Tax Journal, 1996: 117 – 133.

[626] Amosa D. U. Local government and good governance: The case of Samoa [J]. Commonwealth Journal of Local Governance, 2010 (7).

[627] Anne C. , Harvey R. Budget spillovers and fiscal policy interdependence [J]. Journal of public economics, 1993, 52: 285 – 307.

[628] Annicchiarico B. Government deficits, wealth effects and the price level in an optimizing euro-model [J]. Journal of Policy Modeling, 2007, 29 (1): 15 – 28.

[629] Anselin L. Thirty years of spatial econometrics [J]. Papers in regional science, 2010, 89 (1): 3 – 25.

[630] Asogwa R. C. , Ezema C. C. Domestic Government Debt Structure, Risk Characteristics and Monetary Policy Conduct: Evidence from Nigeria [C]//

Access from: http://www.imf.org/external/np/res/seminars/2005/macro/pdf/asog-wa.pdf.2005.

[631] Auerbach A. J., Feenberg D. The significance of federal taxes as automatic stabilizers [R]. National Bureau of Economic Research, 2000.

[632] Auerbach A. J. Tax neutrality and the social discount rate: A suggested framework [J]. Journal of Public Economics, 1982, 17 (3): 355 –372.

[633] Ayres I., Levitt S. D. Measuring positive externalities from unobservable victim precaution: an empirical analysis of Lojack [R]. National Bureau of Economic Research, 1997.

[634] Badinger H. Fiscal rules, discretionary fiscal policy and macroeconomic stability: an empirical assessment for OECD countries [J]. Applied Economics, 2009, 41 (7): 829 –847.

[635] Badinger H. Fiscal rules, discretionary fiscal policy and macroeconomic stability: an empirical assessment for OECD countries [J]. Applied Economics, 2009, 41 (7): 829 –847.

[636] Bahl R., Bird R. Subnational taxes in developing countries: The way forward [J]. Public Budgeting & Finance, 2008, 28 (4): 1 –25.

[637] Bahl R., Martinez – Vazquez J. Sequencing Fiscal Decentralization [J]. Annals of Economics and Finance, 2013, 14 (2): 641 –687.

[638] Bailey S. J., Connolly S. The flypaper effect: Identifying areas for further research [J]. Public Choice, 1998, 95 (3 –4): 335 –361.

[639] Bairam E. Government expenditure, money supply and unemployment in the USA: an analysis of the pre – war and post – war functional forms [J]. Applied Economics, 1991, 23 (9): 1483 –1486.

[640] Baldacci E., Petrova I. K., Belhocine N., et al. Assessing fiscal stress [J]. IMF Working Papers, 2011: 1 –41.

[641] Ball L. M. Has globalization changed inflation? [R]. National Bureau of Economic Research, 2006.

[642] Barbosa – Filho N. H. Inflation targeting in Brazil: 1999 –2006 [J]. International Review of Applied Economics, 2008, 22 (2): 187 –200.

[643] Bardhan P. Decentralization of governance and development [J]. Journal of Economic perspectives, 2002: 185 –205.

[644] Barro R. J. Democracy and growth [J]. Journal of economic growth, 1996, 1 (1): 1 –27.

［645］Barro R. J. Perceived wealth in bonds and social security and the Ricardian equivalence theorem: Reply to Feldstein and Buchanan ［J］. The Journal of Political Economy, 1976: 343 – 349.

［646］Barro R. J. The Ricardian approach to budget deficits ［R］. National Bureau of Economic Research, 1988.

［647］Barro R. J. Unanticipated money growth and unemployment in the United States ［J］. The American Economic Review, 1977: 101 – 115.

［648］Baskaran T. Decentralization and public debt ［J］.

［649］Baskaran T. Soft budget constraints and strategic interactions in subnational borrowing: Evidence from the German States, 1975 – 2005 ［J］. Journal of Urban Economics, 2012, 71 (1): 114 – 127.

［650］Baskaran T. Soft budget constraints and strategic interactions in subnational borrowing: Evidence from the German States, 1975 – 2005 ［J］. Journal of Urban Economics, 2012, 71 (1): 114 – 127.

［651］Basu P. , Guariglia A. Foreign direct investment, inequality, and growth ［J］. Journal of Macroeconomics, 2007, 29 (4): 824 – 839.

［652］Battese G. E. , Coelli T. J. A model for technical inefficiency effects in a stochastic frontier production function for panel data ［J］. Empirical economics, 1995, 20 (2): 325 – 332.

［653］Baumol W. J. Macroeconomics of unbalanced growth: the anatomy of urban crisis ［J］. The American economic review, 1967: 415 – 426.

［654］Benigno P. , Woodford M. Optimal taxation in an RBC model: A linear-quadratic approach ［J］. Journal of Economic Dynamics and Control, 2006, 30 (9): 1445 – 1489.

［655］Bennett J. , Dixon H. D. Monetary policy and credit inChina: A theoretical analysis ［J］. Journal of Macroeconomics, 2001, 23 (2): 297 – 314.

［656］Beresteanu A, Dahan M. An optimal shape of income tax: Evidence from zero income tax countries – Paraguay & Uruguay ［Z］. Department of Economics, Duke University, 2002.

［657］Bergh A. , Karlsson M. Government size and growth: Accounting for economic freedom and globalization ［J］. Public Choice, 2010, 142 (1 – 2): 195 – 213.

［658］Bergin P. R. Fiscal solvency and price level determination in a monetary union ［J］. Journal of Monetary Economics, 2000, 45 (1): 37 – 53.

［659］ Besag J. Spatial interaction and the statistical analysis of lattice systems ［J］. Journal of the Royal Statistical Society. Series B （Methodological）, 1974: 192 – 236.

［660］ Besley T. , Case A. Incumbent behavior: Vote seeking, tax setting and yardstick competition ［R］. National Bureau of Economic Research, 1992.

［661］ Hui Xin B. , EricM. Leep Hui Xin B. , EricM. Leeper, Campbell Leith: Stabilization Versus Sustainability: Macroeconomic Policy Tradeoffs ［R］. Working Paper, 2010.

［662］ Bi H. Sovereign default risk premia, fiscal limits, and fiscal policy ［J］. European Economic Review, 2012, 56 （3）: 389 – 410.

［663］ Binner J. M. , Tino P. , Tepper J. , et al. Does money matter in inflation forecasting? ［J］. Physica A: Statistical Mechanics and its Applications, 2010, 389 （21）: 4793 – 4808.

［664］ Bird R. M. Subnational taxation in developing countries: a review of the literature ［J］. Journal of International Commerce, Economics and Policy, 2011, 2 （01）: 139 – 161.

［665］ Blanchard O. J. , Quah D. The dynamic effects of aggregate demand and supply disturbances ［R］. National Bureau of Economic Research, 1988.

［666］ Blanchard O. , Shleifer A. Federalism with and without political centralization: China versus Russia ［R］. National bureau of economic research, 2000.

［667］ Blanchard O. , Simon J. The long and large decline in US output volatility ［J］. Brookings papers on economic activity, 2001, 2001 （1）: 135 – 174.

［668］ Blundell R. , Bond S. Initial conditions and moment restrictions in dynamic panel data models ［J］. Journal of econometrics, 1998, 87 （1）: 115 – 143.

［669］ Boadway R. , Marceau N. , Marchand M. Investment in education and the time inconsistency of redistributive tax policy ［J］. Economica, 1996: 171 – 189.

［670］ Boex J. , Martinez – Vazquez J. , Timofeev A. Subnational government structure and intergovernmental fiscal relations ［R］. International Center for Public Policy, Andrew Young School of Policy Studies, Georgia State University, 2004.

［671］ Borio C. E. V. , Filardo A. J. Globalisation and inflation: New cross-country evidence on the global determinants of domestic inflation ［J］. 2007.

［672］ Brandt L. , Zhu X. Soft budget constraint and inflation cycles: a positive model of the macro-dynamics in China during transition ［J］. Journal of Development Economics, 2001, 64 （2）: 437 – 457.

577

［673］ Bravo A. B. S. , Silvestre A. L. Intertemporal sustainability of fiscal policies: some tests for European countries ［J］. European Journal of Political Economy, 2002, 18 (3): 517 – 528.

［674］ Brennan G. , Nellor D. Wealth, Consumption and Tax Neutrality ［J］. National Tax Journal, 1982: 427 – 436.

［675］ Brett C. , Pinkse J. The determinants of municipal tax rates in British Columbia ［J］. Canadian Journal of Economics/Revue canadienne d'économique, 2000, 33 (3): 695 – 714.

［676］ Brixi H. P. Contingent liabilities in new member states ［J］. European Commission, Fiscal Surveillance in EMU: New Issues and Challenges. Edward Elgar Publishing (forthcoming), 2005.

［677］ Broome J. An important theorem on income tax ［J］. The Review of Economic Studies, 1975: 649 – 652.

［678］ Brueckner J K. Strategic interaction among governments: An overview of empirical studies ［J］. International regional science review, 2003, 26 (2): 175 – 188.

［679］ Bucovetsky S. Public input competition ［J］. Journal of Public Economics, 2005, 89 (9): 1763 – 1787.

［680］ Buettner T. Local business taxation and competition for capital: the choice of the tax rate ［J］. Regional Science and Urban Economics, 2001, 31 (2): 215 – 245.

［681］ Burger P. Fiscal sustainability and fiscal reaction functions in the US and UK ［J］. International Business & Economics Research Journal (IBER), 2012, 11 (8): 935 – 942.

［682］ Burnside C. , Eichenbaum M. , Fisher J. D. M. Fiscal shocks and their consequences ［J］. Journal of Economic theory, 2004, 115 (1): 89 – 117.

［683］ Burridge P. Testing for a common factor in a spatial autoregression model ［J］. Environment and Planning A, 1981, 13 (7): 795 – 800.

［684］ Burstein A. , Hellwig C. Welfare costs of inflation in a menu cost model ［J］. The American Economic Review, 2008: 438 – 443.

［685］ Buti M. , van den Noord P. Discretionary Fiscal Policy And Elections: The Experience Of The Early Years Of Emu Economics Department Working Paper No. 351 ［J］. Working Papers – Organisation For Economic Cooperation And Development Economics Department, 2003.

［686］ Butler J. S. , Moffitt R. A computationally efficient quadrature procedure for the one-factor multinomial probit model ［J］. Econometrica: Journal of the Econometric Society, 1982: 761 – 764.

［687］ Calvo G. A. On the time consistency of optimal policy in a monetary economy ［J］. Econometrica: Journal of the Econometric Society, 1978: 1411 – 1428.

［688］ Campbell R. J. Leviathan and fiscal illusion in local government overlapping jurisdictions ［J］. Public Choice, 2004, 120 (3 – 4): 301 – 329.

［689］ Cannon M. F. Large health savings accounts: a step toward tax neutrality for health care ［C］//Forum for Health Economics & Policy. 2008, 11 (2).

［690］ Carlstrom C. T. , Fuerst T. S. , Paustian M. Inflation persistence, monetary policy, and the great moderation ［J］. Journal of Money, Credit and Banking, 2009, 41 (4): 767 – 786.

［691］ Catrina I. L. Budget Constraints and Political Behavior in Democracy ［J］. Procedia Economics and Finance, 2014, 15: 214 – 220.

［692］ Caves D. W. , Christensen L. R. , Diewert W. E. The economic theory of index numbers and the measurement of input, output, and productivity ［J］. Econometrica: Journal of the Econometric Society, 1982: 1393 – 1414.

［693］ Chang K. L. , He Chiwei. Does the magnitude of the effect of inflation uncertainty on output growth depend on the level of inflation? ［J］. The Manchester School, 2010, 78 (2): 126 – 148.

［694］ Chari V. V. , Jones L. E. , Marimon R. The economics of split-ticket voting in representative democracies ［J］. The American Economic Review, 1997: 957 – 976.

［695］ Charnes A. , Cooper W. W. , Rhodes E. Measuring the efficiency of decision making units ［J］. European journal of operational research, 1978, 2 (6): 429 – 444.

［696］ Cheasty A. , Das U. Crisis – Related Measures in the Financial System and Sovereign Balance Sheet Risks ［J］. IMF Policy Paper SM/09/91, Washington, DC, 2009.

［697］ Chen A. Urbanization and disparities in China: challenges of growth and development ［J］. China Economic Review, 2002, 13 (4): 407 – 411.

［698］ Chen N. , Imbs J. , Scott A. The dynamics of trade and competition ［J］. Journal of International Economics, 2009, 77 (1): 50 – 62.

［699］ Chenery H. B. Patterns of industrial growth ［J］. The American Economic

Review, 1960: 624 – 654.

[700] Cheyne C. Empowerment of local government in New Zealand: A new model for contemporary local-central relations? [J]. Commonwealth Journal of Local Governance, 2008, 1.

[701] Chiu J., Molico M. Liquidity, redistribution, and the welfare cost of inflation [J]. Journal of Monetary Economics, 2010, 57 (4): 428 – 438.

[702] Christopoulos D. K., Tsionas E. G. Unemployment and government size: Is there any credible causality? [J]. Applied Economics Letters, 2002, 9 (12): 797 – 800.

[703] Chuang H., Ho H. C. Measuring the default risk of sovereign debt from the perspective of network [J]. Physica A: Statistical Mechanics and its Applications, 2013, 392 (9): 2235 – 2239.

[704] Ciarlone A., Trebeschi G. Designing an early warning system for debt crises [J]. Emerging Markets Review, 2005, 6 (4): 376 – 395.

[705] Claeys P. G., Ramos Lobo R., Suriñach Caralt J. Testing the FTPL across government tiers [J]. IREA – Working Papers, 2008, IR08/012, 2008.

[706] Clarida R., Gali J., Gertler M. Optimal monetary policy in closed versus open economies: An integrated approach [R]. National Bureau of Economic Research, 2001.

[707] Cochrane J. H. Identification and price determination with Taylor rules: A critical review [J]. manuscript, University of Chicago, 2006.

[708] Cochrane J. H. Money as stock [J]. Journal of Monetary Economics, 2005, 52 (3): 501 – 528.

[709] Coenen G., Straub R. Does Government Spending Crowd in Private Consumption? Theory and Empirical Evidence for the Euro Area[J]. International Finance, 2005, 8 (3): 435 – 470.

[710] Commendatore P., Kubin I., Petraglia C. Productive public expenditure in a new economic geography model [J]. 2009.

[711] Corlett W. J., Hague D. C. Complementarity and the excess burden of taxation [J]. The Review of Economic Studies, 1953: 21 – 30.

[712] Craig B., Rocheteau G. Inflation and welfare: A search approach [J]. Journal of Money, Credit and Banking, 2008, 40 (1): 89 – 119.

[713] Crowder W. J. The Long – Run Link Between Money Growth And Inflation [J]. Economic Inquiry, 1998, 36 (2): 229 – 243.

［714］Daniel B. C. , Shiamptanis C. Fiscal risk in a monetary union ［J］. European Economic Review, 2012, 56 (6): 1289 – 1309.

［715］Daniel B. C. Exchange rate crises and fiscal solvency ［J］. Journal of Money, Credit and Banking, 2010, 42 (6): 1109 – 1135.

［716］Daveri F. , Tabellini G. Unemployment, growth and taxation in industrial countries ［J］. Economic policy, 2000, 15 (30): 47 – 104.

［717］De Mello L. Fiscal Decentralisation and Public Investment: The Experience of Latin America ［R］. OECD Publishing, 2010.

［718］de Mendonca H. Towards credibility from inflation targeting: the Brazilian experience ［J］. applied Economics, 2007, 39 (20): 2599 – 2615.

［719］Department of Finance Canada, Debt Management Strategy, 2003 – 2004, 2010, www. collectionscanada. gc. ca

［720］Devereux M. B. , Head A. C. , Lapham B. J. Monopolistic competition, increasing returns, and the effects of government spending ［J］. Journal of Money, credit and Banking, 1996: 233 – 254.

［721］Economic Policy and Debt Department (PRMED), Banking and Debt Management Department (TRE – BDM), Debt ManagemengPerformance Assessment Tool (DEMPA), *Report No.* 44267, 2008, www-wds. worldbank. org

［722］Edmark K. , Ågren H. Identifying strategic interactions in Swedish local income tax policies ［J］. Journal of Urban Economics, 2008, 63 (3): 849 – 857.

［723］Elhorst J. P. Applied spatial econometrics: raising the bar ［J］. Spatial Economic Analysis, 2010, 5 (1): 9 – 28.

［724］Engel K. Tax neutrality to the left, international competitiveness to the right, stuck in the middle with subpart F ［J］. Tex. L. Rev. , 2000, 79: 1525.

［725］Epstein G. , Yeldan E. Inflation targeting, employment creation and economic development: assessing the impacts and policy alternatives ［J］. International Review of Applied Economics, 2008, 22 (2): 131 – 144.

［726］Fabrizio S. , Mody A. Can budget institutions counteract political indiscipline? ［J］. Economic Policy, 2006, 21 (48): 690 – 739.

［727］Falleti T. G. A sequential theory of decentralization and its effects on the intergovernmental balance of power: Latin American cases in comparative perspective ［M］. Helen Kellogg Institute for International Studies, 2004.

［728］Fatas A. , Mihov I. Fiscal Policy and Business Cycles: An Empirical Investigation ［M］. INSEAD, 2001.

581

［729］Fatás A., Mihov I. The case for restricting fiscal policy discretion ［J］. The Quarterly Journal of Economics, 2003, 118 (4): 1419 – 1447.

［730］Fatás A., Mihov I. The macroeconomic effects of fiscal rules in the US states ［J］. Journal of Public Economics, 2006, 90 (1): 101 – 117.

［731］Feltenstein A., Iwata S. Decentralization and macroeconomic performance in China: regional autonomy has its costs ［J］. Journal of Development Economics, 2005, 76 (2): 481 – 501.

［732］Ferejohn J., Krehbiel K. The budget process and the size of the budget ［J］. American Journal of Political Science, 1987: 296 – 320.

［733］Ferejohn J. Incumbent performance and electoral control ［J］. Public choice, 1986, 50 (1): 5 – 25.

［734］Ferris J. S., West E. G. Cost disease versus Leviathan explanations of rising government cost: An empirical investigation ［J］. Public Choice, 1999, 98 (3 – 4): 307 – 316.

［735］Figlio D. N., Blonigen B. A. The effects of foreign direct investment on local communities ［J］. Journal of Urban Economics, 2000, 48 (2): 338 – 363.

［736］Fioramanti M. Predicting sovereign debt crises using artificial neural networks: a comparative approach ［J］. Journal of Financial Stability, 2008, 4 (2): 149 – 164.

［737］Forbes K. J. A Reassessment of the Relationship between Inequality and Growth ［J］. American economic review, 2000: 869 – 887.

［738］Fratzscher M., Mehl A., Vansteenkiste I. 130 years of fiscal vulnerabilities and currency crashes in advanced economies ［J］. IMF Economic Review, 2011, 59 (4): 683 – 716.

［739］Friedman B. M., Kuttner K. N. Money, income, prices, and interest rates ［J］. The American Economic Review, 1992: 472 – 492.

［740］Fuertes A. M., Kalotychou E. Early warning systems for sovereign debt crises: The role of heterogeneity ［J］. Computational statistics & data analysis, 2006, 51 (2): 1420 – 1441.

［741］Fung M. K. Y., Ho W. M., Zhu L. Stagflationary effect of government bond financing in the transforming Chinese economy: a general equilibrium analysis ［J］. Journal of Development Economics, 2000, 61 (1): 111 – 135.

［742］Furceri D. Stabilization effects of social spending: empirical evidence from a panel of OECD countries ［J］. The North American Journal of Economics and Finance, 2010, 21 (1): 34 - 48.

[743] Galí J. , López - Salido J. D. , Vallés J. Understanding the effects of government spending on consumption [J]. Journal of the European Economic Association, 2007, 5 (1): 227 - 270.

[744] Galí J. , Perotti R. Fiscal policy and monetary integration in Europe [J]. economic policy, 2003, 18 (37): 533 - 572.

[745] Geoffrey B. , Buchanan J. M. The power to tax: Analytical foundations of a fiscal constitution [J]. 1980.

[746] Gerlach S. , Wensheng P. Output gaps and inflation in Mainland China [J]. China Economic Review, 2006, 17 (2): 210 - 225.

[747] Gilchrist S. , Ortiz A. , Zakrajsek E. Credit risk and the macroeconomy: Evidence from an estimated dsge model [J]. Unpublished manuscript, Boston University, 2009.

[748] Gleich H. Budget institutions and fiscal performance in Central and Eastern European Countries [J]. 2003.

[749] Government at risk: contingent liabilities and fiscal risk [M]. World Bank Publications, 2002.

[750] Gravelle J. G. , Taylor J. Tax neutrality and the tax treatment of purchased intangibles [J]. National Tax Journal, 1992: 77 - 88.

[751] Gray C. W. Tax systems in the reforming socialist economies of Europe [J]. Communist Economies and Economic Transformation, 1991, 3 (1): 63 - 79.

[752] Grossman P. J. Fiscal decentralization and government size: An extension [J]. Public Choice, 1989, 62 (1): 63 - 69.

[753] Guender A. V. Stabilising Properties of Discretionary Monetary Policies in a Small Open Economy [J]. The Economic Journal, 2006, 116 (508): 309 - 326.

[754] Gupta R. , Uwilingiye J. Evaluating the welfare cost of inflation in a monetary endogenous growth general equilibrium model: The case of South Africa [J]. International Business & Economics Research Journal (IBER), 2010, 9 (8).

[755] Hallerberg M. , Strauch R. , Von Hagen J. The design of fiscal rules and forms of governance in European Union countries [J]. European Journal of Political Economy, 2007, 23 (2): 338 - 359.

[756] Hallerberg M. , Strauch R. On the cyclicality of public finances in Europe [J]. empirica, 2002, 29 (3): 183 - 207.

[757] Hamilton J. D. , Flavin M. A. On the limitations of government borrowing:

A framework for empirical testing [R]. National Bureau of Economic Research, 1985.

[758] Hamilton J. D. Oil and the Macroeconomy [J]. The New Palgrave Dictionary of Economics Palgrave Macmillan, London. Available online at http: //www. dictionaryofeconomics. com/dictionary. Jiménez-Rodríguez, Rebeca and Marcelo Sánchez, 2005: 201 – 228.

[759] Harris M. N. , Macquarie L. R. , Siouclis A. J. A Comparison of Alternative Estimators for Binary Panel Probit Models [R]. Monash University, Department of Econometrics and Business Statistics, 1998.

[760] Harvey A. Modelling the Phillips curve with unobserved components [J]. Applied Financial Economics, 2011, 21 (1 – 2): 7 – 17.

[761] Hasen D. Tax Neutrality and Tax Amenities [J]. Florida Tax Review, 2012, 12 (2): 57 – 125.

[762] Haug A. A. Cointegration and government borrowing constraints: Evidence for the United States [J]. Journal of Business & Economic Statistics, 1991, 9 (1): 97 – 101.

[763] Hayashi M. , Boadway R. An empirical analysis of intergovernmental tax interaction: the case of business income taxes in Canada [J]. Canadian Journal of Economics/Revue canadienne d'économique, 2001, 34 (2): 481 – 503.

[764] Hayes S. Fiscal vulnerability: a stocktake [J]. The IFS Green Budge, 2011, 2: 61 – 76.

[765] Helbling T. , Jaumotte F. , Sommer M. How has globalization affected inflation? [J]. IMF World Economic Outlook, 2006: 97 – 134.

[766] Hemming R. , Petrie M. A framework for assessing fiscal vulnerability [R]. IMF Working Paper No. 00152.

[767] Hercowitz Z. , Strawczynski M. Cyclical ratcheting in government spending: evidence from the OECD [J]. Review of Economics and Statistics, 2004, 86 (1): 353 – 361.

[768] Heyndels B. , Vuchelen J. Tax mimicking among Belgian municipalities [J]. National Tax Journal, 1998: 89 – 101.

[769] Hills Jr R. M. Federalism and Public Choice [R]. MPRA Paper No. 13625.

[770] Hinrichs H. H. A general theory of tax structure change during economic development [J]. A general theory of tax structure change during economic development. , 1966.

［771］Holm – Hadulla F. , Hauptmeier S. , Rother P. The impact of expenditure rules on budgetary discipline over the cycle ［J］. Applied Economics, 2012, 44 (25): 3287 – 3296.

［772］Holtz – Eakin D. , Newey W. , Rosen H. S. Estimating vector autoregressions with panel data ［J］. Econometrica: Journal of the Econometric Society, 1988: 1371 – 1395.

［773］Holub T. , Hurník J. Ten years of Czech inflation targeting: missed targets and anchored expectations ［J］. Emerging Markets Finance and Trade, 2008, 44 (6): 67 – 86.

［774］Hsieh C. T. , Klenow P J. Development accounting ［J］. American Economic Journal: Macroeconomics, 2010, 2 (1): 207 – 223.

［775］Iacoviello M. House prices, borrowing constraints, and monetary policy in the business cycle ［J］. American economic review, 2005: 739 – 764.

［776］Iyigun M. F. , Owen A. L. Income inequality, financial development, and macroeconomic fluctuations ［J］. The Economic Journal, 2004, 114 (495): 352 – 376.

［777］Jacquinot P. , Kuismanen M. , Mestre R. , et al. An assessment of the inflationary impact of oil shocks in the euro area ［J］. The Energy Journal, 2009: 49 – 83.

［778］James T. Asset Accumulation and Economic Activity ［J］. Economic Journal, 1982, 92 (365): 474.

［779］Jandik T. , Makhija A. K. The impact of the structure of debt on target gains ［R］. Dice Center Working Paper No. 2005 – 5.

［780］Jha R. Inflation targeting in India: issues and prospects ［J］. International Review of Applied Economics, 2008, 22 (2): 259 – 270.

［781］Jha S. , Mallick S. K. , Park D. , et al. Effectiveness of countercyclical fiscal policy: Evidence from developing Asia ［J］. Journal of Macroeconomics, 2014, 40: 82 – 98.

［782］Johansen S. , Juselius K. Maximum likelihood estimation and inference on cointegration with applications to the demand for money ［J］. Oxford Bulletin of Economics and statistics, 1990, 52 (2): 169 – 210.

［783］John S. S. Farewell to tax neutrality: the implications for an aging population ［J］. The Economic and Labour Relations Review, 2007, 18 (1): 27 – 52.

［784］Jones J. B. Has fiscal policy helped stabilize the postwar US economy? ［J］.

Journal of Monetary Economics, 2002, 49 (4): 709 – 746.

[785] Jones L. E., Manuelli R. E., Rossi P. E. On the optimal taxation of capital income [J]. journal of economic theory, 1997, 73 (1): 93 – 117.

[786] Jonsson M. The welfare cost of imperfect competition and distortionary taxation [J]. Review of Economic Dynamics, 2007, 10 (4): 576 – 594.

[787] Kara H., Ö ğünç F. Inflation targeting and exchange rate pass-through: the Turkish experience [J]. Emerging Markets Finance and Trade, 2008, 44 (6): 52 – 66.

[788] Karanasos M., Schurer S. Is the relationship between inflation and its uncertainty linear? [J]. German Economic Review, 2008, 9 (3): 265 – 286.

[789] Karanassou M., Sala H. The US Inflation – Unemployment Tradeoff: Methodological Issues and Further Evidence [J]. 2009.

[790] Karras G. Government spending and private consumption: some international evidence [J]. Journal of Money, Credit and Banking, 1994: 9 – 22.

[791] Kassaipour N., Taghavi M., Ghadimi M. The effect of fiscal policy in terms of government spending on private consumption in recessions and booms in Iran [J]. Management Science Letters, 2012, 2 (7): 2521 – 2524.

[792] Kaufmann S., Scharler J., Winckler G. The Austrian current account deficit: Driven by twin deficits or by intertemporal expenditure allocation? [J]. Empirical Economics, 2002, 27 (3): 529 – 542.

[793] Keen M., Marchand M. Fiscal competition and the pattern of public spending [J]. Journal of Public Economics, 1997, 66 (1): 33 – 53.

[794] Kelejian H. H., Prucha I. R. 2SLS and OLS in a spatial autoregressive model with equal spatial weights [J]. Regional Science and Urban Economics, 2002, 32 (6): 691 – 707.

[795] Kelejian H. H., Prucha I. R. A generalized spatial two-stage least squares procedure for estimating a spatial autoregressive model with autoregressive disturbances [J]. The Journal of Real Estate Finance and Economics, 1998, 17 (1): 99 – 121.

[796] Khan A. R., Griffin K., Riskin C., et al. Household income and its distribution in China [J]. The China Quarterly, 1992, 132: 1029 – 1061.

[797] Kim S., Roubini N. Twin Deficit or Twin Divergence? Fiscal Policy, Real Exchange Rate, and the Current Account in the US [C]//2004 Meeting Papers. Society for Economic Dynamics, 2004 (792).

[798] Koray F., McMillin W. D. Fiscal shocks, the trade balance, and the ex-

change rate [J]. LSU Deparment of Economic Working Paper, 2006, 2.

[799] Korenok O. , Radchenko S. , Swanson N. R. International evidence on the efficacy of new – Keynesian models of inflation persistence [J]. Journal of Applied Econometrics, 2010, 25 (1): 31 – 54.

[800] Kornai J. The soft budget constraint [J]. Kyklos, 1986, 39 (1): 3 – 30.

[801] Kumar M. S. , Okimoto T. Dynamics of persistence in international inflation rates [J]. Journal of Money, Credit and Banking, 2007, 39 (6): 1457 – 1479.

[802] Kunvoro H. The Indonesias state budget sustainability and its implication for financial system stability [J]. Romanian Journal of Fiscal Policy (RJFP), 2011, 2 (1): 36 – 53.

[803] Kuznets S. Economic growth and income inequality [J]. The American economic review, 1955: 1 – 28.

[804] Kydland F. E. , Prescott E. C. Dynamic optimal taxation, rational expectations and optimal control [J]. Journal of Economic Dynamics and Control, 1980, 2: 79 – 91.

[805] Kydland F. E. , Prescott E. C. Rules rather than discretion: The inconsistency of optimal plans [J]. The Journal of Political Economy, 1977: 473 – 491.

[806] Ladd H. F. Mimicking of local tax burdens among neighboring counties [J]. Public finance review, 1992, 20 (4): 450 – 467.

[807] Lai Y. , Cheng T. Intergovernmental Allocation of Public Resources, Fiscal Decentralization and Economic Growth [J]. International Journal of Information Engineering and Electronic Business (IJIEEB), 2011, 3 (3): 8.

[808] Lane P. R. , Tornell A. Why aren't savings rates in Latin America procyclical? [J]. Journal of Development economics, 1998, 57 (1): 185 – 199.

[809] Lane P. R. The cyclical behaviour of fiscal policy: evidence from the OECD [J]. Journal of Public Economics, 2003, 87 (12): 2661 – 2675.

[810] Lardy N. R. Centralization and decentralization in China's fiscal management [J]. The China Quarterly, 1975, 61: 25 – 60.

[811] Leachman L. L. , Francis B. Twin deficits: apparition or reality? [J]. Applied Economics, 2002, 34 (9): 1121 – 1132.

[812] Lee L. , Yu J. Estimation of spatial autoregressive panel data models with fixed effects [J]. Journal of Econometrics, 2010, 154 (2): 165 – 185.

[813] Lee L. GMM and 2SLS estimation of mixed regressive, spatial autoregres-

sive models [J]. Journal of Econometrics, 2007, 137 (2): 489 – 514.

[814] Leeper E. M. , Walker T. B. Fiscal Limits in Advanced Economies [J]. Economic Papers: A journal of applied economics and policy, 2011, 30 (1): 33 – 47.

[815] Leeper E. M. discussion on Identification and Price Determination with Taylor Rules: A Critical Review by John Cochrane [J]. Manuscript, Indiana University, 2006.

[816] Leeper E. M. Equilibria under "active" and "passive" monetary and fiscal policies [J]. Journal of monetary Economics, 1991, 27 (1): 129 – 147.

[817] LeSage J. P. An introduction to spatial econometrics [J] . Revue d'économie industrielle, 2008 (123): 19 – 44.

[818] Lim G. C. Inflation targeting [J]. Australian Economic Review, 2009, 42 (1): 110 – 118.

[819] Lin J. Y. , Liu Z. Fiscal decentralization and economic growth in China ∗ [J]. Economic development and cultural change, 2000, 49 (1): 1 – 21.

[820] Linnemann L. , Schabert A. Productive government expenditure in monetary business cycle models [J]. Scottish Journal of Political Economy, 2006, 53 (1): 28 – 46.

[821] Linnemann L. The effect of government spending on private consumption: a puzzle? [J]. Journal of Money, Credit and Banking, 2006: 1715 – 1735.

[822] Liu L. , Nagarajan M. Subnational Fiscal Sustainability Analysis [J]. 2006.

[823] Lucas. R. E. Econometricpolicyevaluation: A critique [C]//Carnegie – Rochester conference series on public policy. North – Holland, 1976, 1: 19 – 46.

[824] Lucas R. E. Expectations and the Neutrality of Money [J]. Journal of economic theory, 1972, 4 (2): 103 – 124.

[825] Lucas R. E. On the mechanics of economic development [J]. Journal of monetary economics, 1988, 22 (1): 3 – 42.

[826] Lyon A. B. Tax neutrality under parallel tax systems [J]. Public Finance Review, 1992, 20 (3): 338 – 358.

[827] Lyytikäinen T. Tax competition among local governments: evidence from a property tax reform in Finland [J]. Government Institute for Economic Research Working Paper, 2011 (26).

[828] Ma J. Hidden fiscal risks in local China [J]. Australian Journal of Public

Administration, 2013, 72 (3): 278 – 292.

[829] Ma J. Modelling central – local fiscal relations in China [J]. China Economic Review, 1995, 6 (1): 105 – 136.

[830] Manasse P, Roubini N. "Rules of thumb" for sovereign debt crises [J]. Journal of International Economics, 2009, 78 (2): 192 – 205.

[831] Mankiw N. G., Romer D., Weil D. N. A contribution to the empirics of economic growth [R]. National Bureau of Economic Research, 1990.

[832] Matilla – García M. A SVAR model for estimating core inflation in the Euro zone [J]. Applied Economics Letters, 2005, 12 (3): 149 – 154.

[833] McGrattan E. R., Ohanian L. E. Does Neoclassical Theory Account For The Effects of Big Fiscal Shocks? Evidence From World War II [J]. International Economic Review, 2010, 51 (2): 509 – 532.

[834] Meeusen W., Van den Broeck J. Efficiency estimation from Cobb – Douglas production functions with composed error [J]. International economic review, 1977: 435 – 444.

[835] Melecky A., Machá ček M. The Role of National and Supranational Fiscal Rules – International Evidence and Situation in the Czech Republic [J]. Journal of Applied Economic Sciences (JAES), 2010 (14): 375 – 382.

[836] Miles W. Inflation targeting and monetary policy in Canada: What is the impact on inflation uncertainty? [J]. The North American Journal of Economics and Finance, 2008, 19 (2): 235 – 248.

[837] Milesi – Ferretti G. M. Good, bad or ugly? On the effects of fiscal rules with creative accounting [J]. Journal of Public Economics, 2004, 88 (1): 377 – 394.

[838] Mirrlees J. A. An exploration in the theory of optimum income taxation [J]. The review of economic studies, 1971: 175 – 208.

[839] Mirrlees J. A. Optimal tax theory: A synthesis [J]. Journal of public Economics, 1976, 6 (4): 327 – 358.

[840] Mishkin F. S., Schmidt – Hebbel K. Does inflation targeting make a difference? [R]. National Bureau of Economic Research, 2007.

[841] Mishkin F. S. Challenges for inflation targeting in emerging market countries [J]. Emerging Markets Finance and Trade, 2008, 44 (6): 5 – 16.

[842] Miyazaki T. Public investment and business cycles: The case of Japan [J]. Journal of Asian Economics, 2009, 20 (4): 419 – 426.

参考文献

［843］Mršnik M. International Seminar ON Strengthening Public Investment AND Managing Fiscal Risks FROM Public – Private Partnerships ［J］. 2007.

［844］Nakov A. , Pescatori A. Monetary Policy Trade – Offs with a Dominant Oil Producer ［J］. Journal of Money, Credit and Banking, 2010, 42 （1）: 1 – 32.

［845］Nelson C. R. , Plosser C. R. Trends and random walks in macroeconmic time series: some evidence and implications ［J］. Journal of monetary economics, 1982, 10 （2）: 139 – 162.

［846］Nelson E. , Nikolov K. UK inflation in the 1970s and 1980s: the role of output gap mismeasurement ［J］. Journal of Economics and Business, 2003, 55 （4）: 353 – 370.

［847］Nelson R. M. , Belkin P. , Mix D. E. Greece's debt crisis: Overview, policy responses, and implications ［C］. Library of Congress Washington DC Congressional Research Service, 2010.

［848］Nickell S. , Layard R. Labor market institutions and economic performance ［J］. Handbook of labor economics, 1999, 3: 3029 – 3084.

［849］Niemann R. , Sureth C. Tax neutrality under irreversibility and risk aversion ［J］. Economics Letters, 2004, 84 （1）: 43 – 47.

［850］Niemann R. Tax rate uncertainty, investment decisions, and tax neutrality ［J］. International Tax and Public Finance, 2004, 11 （3）: 265 – 281.

［851］Novoa C. G. Tax neutrality in the exercise of the right of establishment within the EU and the funding of companies ［J］. Intertax, 2010, 38 （11）: 568 – 576.

［852］Oates W. E. An essay on fiscal federalism ［J］. Journal of economic literature, 1999: 1120 – 1149.

［853］Oates W. E. Fiscal decentralization and economic development ［J］. National Tax Journal, 1993: 237 – 243.

［854］Oates W. E. Searching for Leviathan: An empirical study ［J］. The American Economic Review, 1985: 748 – 757.

［855］Oates W. E. Toward a second – generation theory of fiscal federalism ［J］. International tax and public finance, 2005, 12 （4）: 349 – 373.

［856］Ord K. Estimation methods for models of spatial interaction ［J］. Journal of the American Statistical Association, 1975, 70 （349）: 120 – 126.

［857］Osborn D. R. , Sensier M. UK inflation: persistence, seasonality and monetary policy ［J］. Scottish Journal of Political Economy, 2009, 56 （1）: 24 – 44.

［858］Pace R. K. , LeSage J. P. Introduction to spatial econometrics ［J］. Boca

Raton, FL: Chapman &Hall/CRC, 2009.

[859] Panico C. The causes of the debt crisis in Europe and the role of regional integration [J]. Political Economy Research Institute University of Massachusetts, 2010: 1 – 20.

[860] Pan – Long T. Foreign direct investment and income inequality: further evidence [J]. World Development, 1995, 23 (3): 469 –483.

[861] Payne J. E. Inflation targeting and the inflation-inflation uncertainty relationship: evidence from Thailand [J]. Applied Economics Letters, 2009, 16 (3): 233 –238.

[862] Payne J. E. Official dollarization in El Salvador and the inflation-inflation uncertainty nexus [J]. Applied Economics Letters, 2009, 16 (12): 1195 –1199.

[863] Perotti R. In search of the transmission mechanism of fiscal policy [J]. 2007.

[864] Phipps A J, Sheen J R. Macroeconomic policy and employment growth in Australia [J]. Australian Economic Review, 1995, 28 (1): 86 –104.

[865] Piersanti G. Current account dynamics and expected future budget deficits: some international evidence [J]. Journal of international Money and Finance, 2000, 19 (2): 255 –271.

[866] Polackova Brixi H, Shatalov S, Zlaoui L. Managing fiscal risk in Bulgaria [R]. The World Bank, 2000.

[867] Poterba J M. Do budget rules work? [R]. National Bureau of Economic Research, 1996.

[868] Qian Y, Roland G. Federalism and the soft budget constraint [J]. American economic review, 1998, 88 (5).

[869] Qian Y, Weingast B R. Federalism as a commitment to perserving market incentives [J]. The Journal of Economic Perspectives, 1997: 83 –92.

[870] Qian Y, Weingast B R. Federalism as a commitment to perserving market incentives [J]. The Journal of Economic Perspectives, 1997: 83 –92.

[871] Qian Y, Xu C. Why China's economic reforms differ: the M – form hierarchy and entry/expansion of the non-state sector [J]. The Economics of Transition, 1993, 1 (2): 135 –170.

[872] Qiao B, Martinez – Vazquez J, Xu Y. The tradeoff between growth and equity in decentralization policy: China's experience [J]. Journal of Development Economics, 2008, 86 (1): 112 –128.

［873］Quintos C E. Sustainability of the deficit process with structural shifts ［J］. Journal of Business & Economic Statistics, 1995, 13 (4): 409 – 417.

［874］Ramey G, Ramey V A. Cross-country evidence on the link between volatility and growth ［R］. National bureau of economic research, 1994.

［875］Ramsey F P. A Contribution to the Theory of Taxation ［J］. The Economic Journal, 1927: 47 – 61.

［876］Rangasamy L. Inflation persistence and core inflation: The case of South Africa ［J］. South African Journal of Economics, 2009, 77 (3): 430 – 444.

［877］Remmer K L. Does foreign aid promote the expansion of government? ［J］. American Journal of Political Science, 2004, 48 (1): 77 – 92.

［878］Revelli F. Spatial patterns in local taxation: tax mimicking or error mimicking? ［J］. Applied Economics, 2001, 33 (9): 1101 – 1107.

［879］Rhodes S. A decade of improvement for local government ［J］. Editorial Board, 2010: 15.

［880］Robotti L, Dollery B. Structural reform, revenue adequacy and optimal tax assignment in local government ［J］. Commonwealth Journal of Local Governance, 2009.

［881］Rocha F, Picchetti P. Fiscal adjustment in Brazil ［J］. Revista Brasileira de Economia, 2003, 57 (1): 239 – 252.

［882］Rodrik D. Why do more open economies have bigger governments? ［R］. National Bureau of Economic Research, 1996.

［883］Rommerts M. The role of EU – supported projects in policy transfer in urban transport ［D］. UCL (University College London), 2012.

［884］Roodman D. An introduction to difference and system GMM in Stata ［J］. Center for Global Development Working Paper Series, 2006.

［885］Rostow W W. Politics and the Stages of Growth ［J］. Cambridge Books, 1971.

［886］Sacchi A, Salotti S. The impact of national fiscal rules on the stabilisation function of fiscal policy ［J］. European Journal of Political Economy, 2015, 37: 1 – 20.

［887］Sachs J. (1989) Developing Country Debt and the World Economy ［J］.

［888］Sargent T J, Wallace N. Some unpleasant monetarist arithmetic ［J］. Federal reserve bank of minneapolis quarterly review, 1981, 5 (3): 1 – 17.

［889］Schakel A H. A Postfunctionalist Theory of Regional Government ［J］.

2009.

［890］Schakel A H. Validation of the regional authority index ［J］. Regional and Federal Studies, 2008, 18 (2 – 3): 143 – 166.

［891］Schaltegger C A, Feld L P. Are fiscal adjustments less successful in decentralized governments? ［J］. European Journal of Political Economy, 2009, 25 (1): 115 – 123.

［892］Schoburgh E D. Modernising Local Government by Fragmentation: Lessons From The Portmore Municipal Experiment – Jamaica ［J］. Commonwealth Journal of Local Governance, 2010 (5).

［893］Seade J. K. On the shape of optimal tax schedules ［J］. Journal of public Economics, 1977, 7 (2): 203 – 235.

［894］Seiglie C. A theory of the politically optimal commodity tax ［J］. Economic Inquiry, 1990, 28 (3): 586 – 603.

［895］Selim S. T. Optimal Taxation with Commitment in a Two-sector Neoclassical Economy ［J］. Royal Economic Society, 2005.

［896］Sen A. Informational bases of alternative welfare approaches: aggregation and income distribution ［J］. Journal of Public Economics, 1974, 3 (4): 387 – 403.

［897］Shankar R. , Shah A. Bridging the economic divide within countries: A scorecard on the performance of regional policies in reducing regional income disparities ［J］. World Development, 2003, 31 (8): 1421 – 1441.

［898］Shi M. , Svensson J. Political budget cycles: Do they differ across countries and why? ［J］. Journal of public economics, 2006, 90 (8): 1367 – 1389.

［899］Sims C. A. Fiscal foundations of price stability in open economies ［J］. Available at SSRN 75357, 1997.

［900］Singh N. Fiscal decentralization in China and India: competitive, cooperative or market preserving federalism? ［J］. Cooperative or Market Preserving Federalism, 2007.

［901］Singh N. Fiscal federalism and decentralization in India ［J］. Available at SSRN 1282267, 2007.

［902］Slack L. The Commonwealth Local Government Forum: An Overview ［J］. Editorial Board, 2008: 133.

［903］Slimane S. B. , Tahar M. B. Why is fiscal policy procyclical in MENA countries? ［J］. International Journal of Economics and Finance, 2010, 2 (5): p44.

［904］Smith G. W. , Zin S. E. Persistent deficits and the market value of government debt [J]. Journal of Applied Econometrics, 1991, 6 (1): 31 - 44.

[905] Solow R. M. Technical change and the aggregate production function [J]. The review of Economics and Statistics, 1957: 312 - 320.

[906] Stein E. Fiscal decentralization and government size in Latin America [J]. 1998.

[907] Stiglitz J. E. , Walsh C. E. Economics (3RD) [J]. 2003.

[908] Stoian A. A Simple Public Debt Dynamic Model for Assessing Fiscal Vulnerability: Empirical Evidence for EU Countries [J]. Research in Applied Economics, 2011, 3 (2): 3.

[909] Sucharita S. , Sethi N. Fiscal discipline in India [J]. Romanian Journal of Fiscal Policy (RJFP), 2011, 2 (1): 1 - 23.

[910] Sy A. N. R. Rating the rating agencies: Anticipating currency crises or debt crises? [J]. Journal of Banking & Finance, 2004, 28 (11): 2845 - 2867.

[911] Talvi E. , Vegh C. A. Tax base variability and procyclical fiscal policy in developing countries [J]. Journal of Development economics, 2005, 78 (1): 156 - 190.

[912] Thornton J. The relationship between inflation and inflation uncertainty in emerging market economies [J]. Southern Economic Journal, 2007: 858 - 870.

[913] Tiebout C. M. A pure theory of local expenditures [J]. The journal of political economy, 1956: 416 - 424.

[914] Tornell A. , Lane P. R. The voracity effect [J]. american economic review, 1999: 22 - 46.

[915] Tovar C. E. DSGE models and central banks [J]. Economics: The Open - Access, Open - Assessment E - Journal, 2009, 3.

[916] Trehan B. , Walsh C. E. Common trends, the government's budget constraint, and revenue smoothing [J]. Journal of Economic Dynamics and Control, 1988, 12 (2): 425 - 444.

[917] Tumennasan B. Fiscal decentralization and corruption in the public sector [J]. 2005.

[918] Uribe M. A fiscal theory of sovereign risk [J]. Journal of Monetary Economics, 2006, 53 (8): 1857 - 1875.

[919] Vamvoukas G. A. The twin deficits phenomenon: evidence from Greece [J]. Applied economics, 1999, 31 (9): 1093 - 1100.

[920] Von Hagen J. , Harden I. Budget processes and commitment to fiscal disci-

pline [J]. 1996.

[921] Von Hagen J. Budgeting procedures and fiscal performance in the ECC [J]. Economic Papers, 1992, 96.

[922] Wallis J. J. , Weingast B R. Dysfunctional or Optimal Institutions: State Debt Limitations, the Structure of State and Local Governments, and the Finance of American Infrastructure [J]. Fiscal Challenges: An Interdisciplinary Approach to Budget Policy, 2008, 331: 342 – 349.

[923] Wang H. J. , Schmidt P. One-step and two-step estimation of the effects of exogenous variables on technical efficiency levels [J]. journal of Productivity Analysis, 2002, 18 (2): 129 – 144.

[924] Weil P. Love thy children: reflections on the Barro debt neutrality theorem [J]. Journal of Monetary Economics, 1987, 19 (3): 377 – 391.

[925] Weingast B. R. Second generation fiscal federalism: implications for decentralized democratic governance and economic development [J]. Available at SSRN 1153440, 2006.

[926] Weingast B. R. Second generation fiscal federalism: The implications of fiscal incentives [J]. Journal of Urban Economics, 2009, 65 (3): 279 – 293.

[927] Wilcox D. W. The sustainability of government deficits: Implications of the present-value borrowing constraint [J]. Journal of Money, credit and Banking, 1989: 291 – 306.

[928] Wildasin D. E. The institutions of federalism: Toward an analytical framework [J]. National Tax Journal, 2004: 247 – 272.

[929] Wilson J. D. Theories of tax competition [J]. National tax journal, 1999: 269 – 304.

[930] Wong C. P. W. Central-local relations in an era of fiscal decline: the paradox of fiscal decentralization in post – Mao China [J]. The China Quarterly, 1991, 128: 691 – 715.

[931] Wong C. P. W. Central-local relations revisited the 1994 tax-sharing reform and public expenditure management in China [J]. China Perspectives, 2000: 52 – 63.

[932] Woodford M. Fiscal requirements for price stability [R]. National Bureau of Economic Research, 2001.

[933] Woodford M. How important is money in the conduct of monetary policy? [J]. Journal of Money, credit and Banking, 2008, 40 (8): 1561 – 1598.

[934] Woodford M. Interest and price [M]. Princeton University Press, 2003.

[935] Woodford M. Price-level determinacy without control of a monetary aggregate [C]//Carnegie – Rochester Conference Series on Public Policy. North – Holland, 1995, 43: 1 – 46.

[936] Wu Junpei, Gong Min. A study on budget transparency: an analytical framework for tax-sharing system transparency [J]. China Finance and Economic Review, 2014, (2): 50 – 61.

[937] Wyplosz C. Fiscal policy: institutions versus rules [J]. National Institute Economic Review, 2005, 191 (1): 64 – 78.

[938] Yang S. C. S. Quantifying tax effects under policy foresight [J]. Journal of Monetary Economics, 2005, 52 (8): 1557 – 1568.

[939] York R., Zhan Z. Fiscal vulnerability and sustainability in oil-producing sub – Saharan African Countries [J]. IMF Working Papers, 2009: 1 – 40.

[940] Young A. The razor's edge: Distortions and incremental reform in the People's Republic of China [R]. National bureau of economic research, 2000.

[941] Zakharova D. Fiscal Coverage in the Countries of the Middle East and Central Asia: Current Situation and a Way Forward [J]. IMF Working Papers, 2008: 1 – 29.

[942] Zhang T., Zou H. Fiscal decentralization, public spending, and economic growth in China [J]. Journal of public economics, 1998, 67 (2): 221 – 240.

[943] Zodrow G. R., Mieszkowski P. Pigou, Tiebout, property taxation, and the underprovision of local public goods [J]. Journal of urban Economics, 1986, 19 (3): 356 – 370.

我国公共财政风险评估及其防范对策研究

后 记

　　本书是教育部哲学社会科学研究重大课题攻关项目《我国公共财政风险评估及其防范对策研究》的最终成果。2010 年 12 月批准（批准号：10JZD0023），2015 年 8 月申请结项。2016 年武汉大学接到"教育部司局函件（教社科司函〔2016〕16 号）"，被告知："经审核，你校以吴俊培为首席专家承担的教育部哲学社会科学研究重大课题攻关项目（以下简称重大攻关项目）《我国公共财政风险评估及其防范对策研究》符合《教育部人文社会科学研究项目成果鉴定和结项办法》的规定，通过了本次专家鉴定，其最终成果已纳入重大攻关项目成果出版计划。"函件还提出了修改意见、编辑体例等要求，并附上专家的评审意见和修改意见。后又收到评审等级为优秀的证书。原计划 2016 年 8 月底以前修改完毕。随着研究的深入，感到需要修改的地方很多，有的章节需要重写。为了深入揭示公共财政宏观风险和微观风险之间的内在关系、为了使本书的风格一致和逻辑更为严谨，修改工作由我一人承担，直到今天才完成。

　　本书的主要理论成果有两点，也可能属于创新性成果的范畴。

　　一是深入探讨公共经济微观制度安排，尤其是一般公共预算的微观制度安排和财政宏观调控政策之间的关系。以往在研究宏观经济和微观经济的关系时着重宏观政策和市场经济的关系，不重视甚至完全忽视了公共经济微观制度安排对宏观政策的重要影响。

　　宏观调控政策实际上是政府运用经济手段干预经济。但这种干预是通过公共经济微观制度安排起作用的。市场经济的无效率是由于微观经济中存在公共商品、经济外部性、垄断、自然垄断和信息不对称等因素造成的。公共经济的无效率是由于公共预算微观制度安排中的税制非中性、"分税"和转移支付制度引起的预算非中性等因素造成的。两者表现形式不同，实质是一样的。前者是因为在市场经济中某些"个人"获得了不当收益，从而导致资源配置失效。后者是因为税制非中性和预算非中性导致的公共商品成本分担不公，使某些地方（"公共"）获得了不当利益。公共经济自身的资源配置失效加剧了对宏观调控的需求，宏观调控的强化又进一步恶化了资源配置效率。显然，这使宏观调控陷入不良循环。因此，完善公共经济微观制度安排是改善宏观调控的重要路径，也是防范公共财政风险的公共预算的微观基础。

二是提出了效率和公平兼顾的一般公共预算的微观制度安排。这一制度安排有利于在资源配置中由市场经济起决定性作用；在收入分配中有利于公共劳务均等化；在政府进行宏观调控时有利于公共预算微观制度的相对稳定，即有利于制度变迁的连续性和可预期性。

一般公共预算微观制度安排是由税制、"分税"和转移支付制度组成的。我们提出并论证了以转移支付制度基金制为核心的分税制财政体制的微观制度重构。这一制度安排的基本思想是：税制是公共预算微观制度安排的基础，合理的税制隐含了"分税"、转移支付制度要求的各项要素。根据再生产规律选择税种是正确处理税收和市场经济关系的唯一选择。一般税是税收中性的基础，特种税是使税收中性必不可少的补充。但特种税的种类不宜太多、数量不宜太大。我们提出并论证，一般税应该满足一般公共商品的支出需求；特种税应该满足特种公共商品支出需求的大数对称定律。首次提出并论证了税收收入来源和财政支出之间存在大数对应关系的观点。我们还提出应该取消"共享税"建立有利于预算中性的中央税和地方税体系。中央税是中央对整个经济效率和公平的调节，是基础；地方税是在中央税调节的基础上根据地方的具体情况进一步调节，使效率和公平状态优化。据此，我们提出并论证了转移支付的基金制构想，特别对一般转移支付制度实行基金制的可行性进行了论证，具有重要的政策参考价值。

本书研究组织了一个庞大的团队，是典型的协作攻关。参加本书研究的单位有武汉大学、中国财政科学研究院、厦门大学、中南财经政法大学、湖北经济学院等单位；课题组的主要成员有吴俊培教授、刘尚希教授、张馨教授、卢洪友教授、张青教授、刘京焕教授等；参加课题研究及资料收集整理工作的将近20人。熊波副教授、张斌副教授、甘家武副教授、王宝顺副教授，卢盛峰博士、陈思霞博士、王宁博士、李森焱博士、张帆博士、龚旻博士、郭柃沂博士生，王玥入、赵斌、黄梦云、万甘忱等硕士，以及硕士生刘意明参加了课题研究。

本书还广泛听取了学术界著名学者的意见，一是来自课题申报时答辩专家们的意见，二是来自课题论证专家们的意见，三是来自课题中期评审专家们的意见，四是来自课题评审匿名专家的意见。他们有何盛明教授、高培勇教授、郭庆旺教授、靳东升研究员、陈工教授、黄泰岩教授、丛树海教授、杨灿明教授、陈志勇教授、邓宏乾教授、蒋金法教授、寇铁军教授、蔡春教授等。此外，时任湖北省副厅长的洪流、教育部社科司副司长张东刚、社科司规划处处长何健、高校社会科学评价中心主任李建军等参加了课题开题论证会。

特别要提起的是匿名评审专家的建设性意见对本书的修改帮助极大，也使本书增色不少。

重大攻关项目首席专家吴俊培教授负责课题研究的总体设计、著述和总纂，并负责最终的修改定稿。

本书共分九章。吴俊培教授执笔第一章、第二章、第四章、第七章、第八章、第九章，张斌副教授执笔第三章，甘家武副教授执笔第五章，李森焱副教授执笔第六章。张青、熊波、龚旻参与了第一章的写作；吴俊培、卢盛峰参与了第三章的写作，王宝顺、陈思霞、王宁、龚旻参与了第四章的写作，郭枱沂、张帆、刘昶参与了第七章的资料整理工作，郭枱沂撰写了第八章第四节中的一般转移支付实行基金制的可行性研究部分、龚旻参与了该章的资料整理工作，赵斌、黄梦云、万甘忆、刘意明等参与了第九章的写作。博士生刘谊军、沈勇涛、郭枱沂、刘昶、韩彬、艾莹莹，以及赵斌、黄梦云等做了大量的编辑、校对工作。刘谊军对课题组的协调工作付出了大量心血。没有这样的团队和协作是难以完成本书的。

衷心感谢教育部社会科学司对课题组的充分信任！

衷心感谢武汉大学对课题研究的大力支持！

衷心感谢课题组的全体成员和协作单位的大力支持！

衷心感谢匿名评审专家提供的宝贵修改意见！

衷心感谢关心和支持本书研究的所有人员！

衷心感谢经济科学出版社，尤其是吕萍社长的大力支持和耐心等待。

吴俊培

2017 年 1 月 22 日于武汉

教育部哲学社會科学研究重大課題攻関項目
成果出版列表

序号	书　名	首席专家
1	《马克思主义基础理论若干重大问题研究》	陈先达
2	《马克思主义理论学科体系建构与建设研究》	张雷声
3	《马克思主义整体性研究》	逄锦聚
4	《改革开放以来马克思主义在中国的发展》	顾钰民
5	《新时期　新探索　新征程 ——当代资本主义国家共产党的理论与实践研究》	聂运麟
6	《坚持马克思主义在意识形态领域指导地位研究》	陈先达
7	《当代资本主义新变化的批判性解读》	唐正东
8	《当代中国人精神生活研究》	童世骏
9	《弘扬与培育民族精神研究》	杨叔子
10	《当代科学哲学的发展趋势》	郭贵春
11	《服务型政府建设规律研究》	朱光磊
12	《地方政府改革与深化行政管理体制改革研究》	沈荣华
13	《面向知识表示与推理的自然语言逻辑》	鞠实儿
14	《当代宗教冲突与对话研究》	张志刚
15	《马克思主义文艺理论中国化研究》	朱立元
16	《历史题材文学创作重大问题研究》	童庆炳
17	《现代中西高校公共艺术教育比较研究》	曾繁仁
18	《西方文论中国化与中国文论建设》	王一川
19	《中华民族音乐文化的国际传播与推广》	王耀华
20	《楚地出土戰國簡册［十四種］》	陈　伟
21	《近代中国的知识与制度转型》	桑　兵
22	《中国抗战在世界反法西斯战争中的历史地位》	胡德坤
23	《近代以来日本对华认识及其行动选择研究》	杨栋梁
24	《京津冀都市圈的崛起与中国经济发展》	周立群
25	《金融市场全球化下的中国监管体系研究》	曹凤岐
26	《中国市场经济发展研究》	刘　伟
27	《全球经济调整中的中国经济增长与宏观调控体系研究》	黄　达
28	《中国特大都市圈与世界制造业中心研究》	李廉水

序号	书　名	首席专家
29	《中国产业竞争力研究》	赵彦云
30	《东北老工业基地资源型城市发展可持续产业问题研究》	宋冬林
31	《转型时期消费需求升级与产业发展研究》	臧旭恒
32	《中国金融国际化中的风险防范与金融安全研究》	刘锡良
33	《全球新型金融危机与中国的外汇储备战略》	陈雨露
34	《全球金融危机与新常态下的中国产业发展》	段文斌
35	《中国民营经济制度创新与发展》	李维安
36	《中国现代服务经济理论与发展战略研究》	陈　宪
37	《中国转型期的社会风险及公共危机管理研究》	丁烈云
38	《人文社会科学研究成果评价体系研究》	刘大椿
39	《中国工业化、城镇化进程中的农村土地问题研究》	曲福田
40	《中国农村社区建设研究》	项继权
41	《东北老工业基地改造与振兴研究》	程　伟
42	《全面建设小康社会进程中的我国就业发展战略研究》	曾湘泉
43	《自主创新战略与国际竞争力研究》	吴贵生
44	《转轨经济中的反行政性垄断与促进竞争政策研究》	于良春
45	《面向公共服务的电子政务管理体系研究》	孙宝文
46	《产权理论比较与中国产权制度变革》	黄少安
47	《中国企业集团成长与重组研究》	蓝海林
48	《我国资源、环境、人口与经济承载能力研究》	邱　东
49	《"病有所医"——目标、路径与战略选择》	高建民
50	《税收对国民收入分配调控作用研究》	郭庆旺
51	《多党合作与中国共产党执政能力建设研究》	周淑真
52	《规范收入分配秩序研究》	杨灿明
53	《中国社会转型中的政府治理模式研究》	娄成武
54	《中国加入区域经济一体化研究》	黄卫平
55	《金融体制改革和货币问题研究》	王广谦
56	《人民币均衡汇率问题研究》	姜波克
57	《我国土地制度与社会经济协调发展研究》	黄祖辉
58	《南水北调工程与中部地区经济社会可持续发展研究》	杨云彦
59	《产业集聚与区域经济协调发展研究》	王　珺

序号	书　名	首席专家
60	《我国货币政策体系与传导机制研究》	刘　伟
61	《我国民法典体系问题研究》	王利明
62	《中国司法制度的基础理论问题研究》	陈光中
63	《多元化纠纷解决机制与和谐社会的构建》	范　愉
64	《中国和平发展的重大前沿国际法律问题研究》	曾令良
65	《中国法制现代化的理论与实践》	徐显明
66	《农村土地问题立法研究》	陈小君
67	《知识产权制度变革与发展研究》	吴汉东
68	《中国能源安全若干法律与政策问题研究》	黄　进
69	《城乡统筹视角下我国城乡双向商贸流通体系研究》	任保平
70	《产权强度、土地流转与农民权益保护》	罗必良
71	《我国建设用地总量控制与差别化管理政策研究》	欧名豪
72	《矿产资源有偿使用制度与生态补偿机制》	李国平
73	《巨灾风险管理制度创新研究》	卓　志
74	《国有资产法律保护机制研究》	李曙光
75	《中国与全球油气资源重点区域合作研究》	王　震
76	《可持续发展的中国新型农村社会养老保险制度研究》	邓大松
77	《农民工权益保护理论与实践研究》	刘林平
78	《大学生就业创业教育研究》	杨晓慧
79	《新能源与可再生能源法律与政策研究》	李艳芳
80	《中国海外投资的风险防范与管控体系研究》	陈菲琼
81	《生活质量的指标构建与现状评价》	周长城
82	《中国公民人文素质研究》	石亚军
83	《城市化进程中的重大社会问题及其对策研究》	李　强
84	《中国农村与农民问题前沿研究》	徐　勇
85	《西部开发中的人口流动与族际交往研究》	马　戎
86	《现代农业发展战略研究》	周应恒
87	《综合交通运输体系研究——认知与建构》	荣朝和
88	《中国独生子女问题研究》	风笑天
89	《我国粮食安全保障体系研究》	胡小平
90	《我国食品安全风险防控研究》	王　硕

序号	书　名	首席专家
91	《城市新移民问题及其对策研究》	周大鸣
92	《新农村建设与城镇化推进中农村教育布局调整研究》	史宁中
93	《农村公共产品供给与农村和谐社会建设》	王国华
94	《中国大城市户籍制度改革研究》	彭希哲
95	《国家惠农政策的成效评价与完善研究》	邓大才
96	《以民主促进和谐——和谐社会构建中的基层民主政治建设研究》	徐　勇
97	《城市文化与国家治理——当代中国城市建设理论内涵与发展模式建构》	皇甫晓涛
98	《中国边疆治理研究》	周　平
99	《边疆多民族地区构建社会主义和谐社会研究》	张先亮
100	《新疆民族文化、民族心理与社会长治久安》	高静文
101	《中国大众媒介的传播效果与公信力研究》	喻国明
102	《媒介素养：理念、认知、参与》	陆　晔
103	《创新型国家的知识信息服务体系研究》	胡昌平
104	《数字信息资源规划、管理与利用研究》	马费成
105	《新闻传媒发展与建构和谐社会关系研究》	罗以澄
106	《数字传播技术与媒体产业发展研究》	黄升民
107	《互联网等新媒体对社会舆论影响与利用研究》	谢新洲
108	《网络舆论监测与安全研究》	黄永林
109	《中国文化产业发展战略论》	胡惠林
110	《20 世纪中国古代文化经典在域外的传播与影响研究》	张西平
111	《国际传播的理论、现状和发展趋势研究》	吴　飞
112	《教育投入、资源配置与人力资本收益》	闵维方
113	《创新人才与教育创新研究》	林崇德
114	《中国农村教育发展指标体系研究》	袁桂林
115	《高校思想政治理论课程建设研究》	顾海良
116	《网络思想政治教育研究》	张再兴
117	《高校招生考试制度改革研究》	刘海峰
118	《基础教育改革与中国教育学理论重建研究》	叶　澜
119	《我国研究生教育结构调整问题研究》	袁本涛 王传毅
120	《公共财政框架下公共教育财政制度研究》	王善迈

序号	书 名	首席专家
121	《农民工子女问题研究》	袁振国
122	《当代大学生诚信制度建设及加强大学生思想政治工作研究》	黄蓉生
123	《从失衡走向平衡：素质教育课程评价体系研究》	钟启泉 崔允漷
124	《构建城乡一体化的教育体制机制研究》	李 玲
125	《高校思想政治理论课教育教学质量监测体系研究》	张耀灿
126	《处境不利儿童的心理发展现状与教育对策研究》	申继亮
127	《学习过程与机制研究》	莫 雷
128	《青少年心理健康素质调查研究》	沈德立
129	《灾后中小学生心理疏导研究》	林崇德
130	《民族地区教育优先发展研究》	张诗亚
131	《WTO 主要成员贸易政策体系与对策研究》	张汉林
132	《中国和平发展的国际环境分析》	叶自成
133	《冷战时期美国重大外交政策案例研究》	沈志华
134	《新时期中非合作关系研究》	刘鸿武
135	《我国的地缘政治及其战略研究》	倪世雄
136	《中国海洋发展战略研究》	徐祥民
137	《深化医药卫生体制改革研究》	孟庆跃
138	《华侨华人在中国软实力建设中的作用研究》	黄 平
139	《我国地方法制建设理论与实践研究》	葛洪义
140	《城市化理论重构与城市化战略研究》	张鸿雁
141	《境外宗教渗透论》	段德智
142	《中部崛起过程中的新型工业化研究》	陈晓红
143	《农村社会保障制度研究》	赵 曼
144	《中国艺术学学科体系建设研究》	黄会林
145	《人工耳蜗术后儿童康复教育的原理与方法》	黄昭鸣
146	《我国少数民族音乐资源的保护与开发研究》	樊祖荫
147	《中国道德文化的传统理念与现代践行研究》	李建华
148	《低碳经济转型下的中国排放权交易体系》	齐绍洲
149	《中国东北亚战略与政策研究》	刘清才
150	《促进经济发展方式转变的地方财税体制改革研究》	钟晓敏
151	《中国—东盟区域经济一体化》	范祚军